이것이 MySQL이다

개정판

이것이 MySQL이다(개정판)

초판 1쇄 발행 2016년 6월 10일
개정판 1쇄 발행 2020년 5월 10일
개정판 6쇄 발행 2024년 4월 19일

지은이 우재남 / **펴낸이** 전태호
펴낸곳 한빛미디어(주) / **주소** 서울시 서대문구 연희로 2길 62 한빛미디어(주) IT출판1부
전화 02-325-5544 / **팩스** 02-336-7124
등록 1999년 6월 24일 제25100-2017-000058호 / **ISBN** 979-11-6224-278-0 93000

총괄 배윤미 / **책임편집** 이미향 / **기획** 박민아 / **교정** 방세근 / **진행** 박새미
디자인 박정화 / **전산편집** 김현미
영업 김형진, 장경환, 조유미 / **마케팅** 박상용, 한종진, 이행은, 김선아, 고광일, 성화정, 김한솔 / **제작** 박성우, 김정우

이 책에 대한 의견이나 오탈자 및 잘못된 내용은 출판사 홈페이지나 아래 이메일로 알려주십시오.
파본은 구매처에서 교환하실 수 있습니다. 책값은 뒤표지에 표시되어 있습니다.
한빛미디어 홈페이지 www.hanbit.co.kr / 이메일 ask@hanbit.co.kr
카페 cafe.naver.com/thisismysql
자료실 www.hanbit.co.kr/src/10278

지금 하지 않으면 할 수 없는 일이 있습니다.
책으로 펴내고 싶은 아이디어나 원고를 메일(writer@hanbit.co.kr)로 보내주세요.
한빛미디어(주)는 여러분의 소중한 경험과 지식을 기다리고 있습니다.

이것이
MySQL이다

개정판

아무것도 모르고 시작해도 상관없다.
MySQL의 A to Z를
모두 다뤄본다!

🐬 **MySQL 설치부터 PHP, 파이썬 연동까지 한번에!**

우재남 지음 | **김성철** 감수

11B 한빛미디어
Hanbit Media, Inc.

제가 데이터베이스를 처음 접하게 된 이야기를 먼저 해 볼까 합니다. 꽤 오래 전 제가 학생일 때 규모가 큰 시스템 개발회사의 일을 개인적으로 맡아서 한 적이 있는데 그 인연을 계기로 그 회사에 입사했습니다. 운이 좋은 건지, 나쁜 건지 알 수 없으나 그곳에 가자마자 좀 규모가 있는 프로젝트의 PM(프로젝트 관리자)이라는 중요한 업무를 맡게 되었습니다. 그런데 문제는 제가 수업에서 이론적으로만 배웠던 데이터베이스 환경에서 개발해야 한다는 점이었습니다. 솔직히 그때는 너무 막막했습니다. 프로젝트를 바로 진행해야 하는 상황에서 하루 이틀 공부한다고 실제 데이터베이스를 운영할 수 있을 것 같지는 않았습니다. 그렇다고 PM인 제가 일을 맡긴 고객에게 "저는 데이터베이스는 잘 모르는데요."하고 말할 입장도 아니었습니다.

그때, 저에게 너무나 고마운 회사 선배가 있었습니다. 저는 그 선배로부터 채 한나절이 되지 않는 짧은 시간에 해당 데이터베이스 툴의 설치부터 기본적인 운영과 관리 그리고 간단한 백업까지 모두 배울 수 있었습니다. 당시에는 그 선배가 우리나라에서 데이터베이스를 가장 잘하는 사람으로 느꼈을 정도로 쉽고 빠르게 가르쳐 줬습니다. 물론 그 짧은 시간에 세부적인 내용까지는 배우지 못했지만, 실무에서 데이터베이스를 운영해 본 적이 없는 저에게 실제로 데이터베이스를 다룰 수 있는 기본적인 방법과 자신감을 심어주기에는 충분했습니다. 덕분에 저는 처음 맡은 프로젝트를 무사히 성공적으로 마칠 수 있었습니다.

이 책은 앞에서 말한 저의 '회사 선배'와 같은 역할을 할 수 있도록 집필하였습니다. 그때의 저와 같이 **데이터베이스에 대한 지식이 거의 전무한 독자가 최대한 빠른 시간에 MySQL을 설치하고 데이터베이스를 기본적으로 운영할 수 있도록 도와주는 것이 이 책이 존재하는 이유**입니다.

그래서 이 책은 기존의 MySQL 운영자나 다른 데이터베이스 사용자보다는 처음으로 데이터베이스를 접하는 사용자나 데이터베이스를 배우기를 원하는 웹 프로그래머를 대상으로 집필했습니다. 이를 위해서 이론적인 이야기는 되도록 배제하고, 실무와 가깝게 구성하되 이해를 돕기 위해 최대한 단순화시킨 실무형 〈실습〉을 통해서 자연스럽게 MySQL을 이해하고 운영할 수 있도록 구성하였습니다. MySQL을 처음 접하는 독자라면 이 책을 끝내는 시점에서 스스로 한 단계 업그레이드된 자신을 발견할 수 있게 될 것입니다. 어쩌면 'MySQL이 이렇게 쉬운 것이었던가!'라고 생각하게 될지도 모르겠습니다. 만약 그렇게 된다면 저는 더없이 기쁠 것 같습니다.

저는 실무에서 MySQL/SQL Server/Oracle/MariaDB 등을 운영한 경험으로 대학에서 데이터베이스와 관련된 과목을 강의하고 있습니다. 그런데 3학년 이상의 데이터베이스와 관련된 과목을 2과목 정도는 수강한 학생도 제가 기대하는 만큼의 데이터베이스와 관련된 실력을 갖추지 못한 것 같습니다. 제가 추론하기에 그 이유는 학생들이 단지 '학습'으로 데이터베이스를 공부했기 때문입니다.

이 책은 이론적인 학습 방법을 탈피해서 MySQL을 단시간에 운영할 수 있도록 구성했고 MySQL에 독자의 흥미와 관심을 유발하려 했습니다. 특히, 책의 앞부분인 chapter 03 'MySQL 전체 운영 실습'을 통해서 짧은 시간에 미리 전반적인 운영을 경험할 수 있도록 구성하였습니다. 이 과정을 통해서 초보자도 MySQL의 기본적인 운영에 대한 전반적인 개념과 자신감을 얻게 될 것입니다. 그 이후부터는 Chapter 03에서 훑어보았던 내용을 하나하나 상세히 실습함으로써 더욱 자신감을 얻게 될 것이다. 특히 책의 후반부에는 PHP 프로그래밍을 MySQL과 연동할 수 있는 내용으로 구성하였습니다. 비록 PHP의 깊은 내용까지 다루지는 못했으나, MySQL을 웹에서 활용하기 위한 기본적인 내용은 충분히 기술해 놓았습니다. 이번 개정판에서는 추가로 데이터베이스 고급 기술인 공간 데이터에 대해서 다루고, 최근 인기가 급상승한 파이썬 언어와 MySQL의 연동을 다뤘습니다. 책의 마지막 부분에서는 파이썬으로 공간 데이터를 조회하고 화면을 출력하는 GUI 응용 프로그램을 완성합니다. 이 책의 학습을 마치면 충분히 훌륭한 MySQL 개발자로서 기본적인 자질을 갖추게 될 것입니다.

이 책은 집필하는 시점의 최신 버전인 MySQL 8.0 버전을 사용하지만, MySQL의 새로운 기능 소개에 그치지는 않습니다. 이 책은 MySQL 및 데이터베이스를 학습하기 위한 책이며,

그 내용 중에 MySQL의 새로운 기능을 자연스럽게 포함시켜 놓았습니다. 만약 MySQL의 새로운 기능만을 원한다면 MySQL 웹사이트나 다른 사이트에서 그 정보를 충분히 얻을 수 있을 것입니다. 또한 이 책은 데이터베이스 입문자를 위해 구성하였으며, MySQL의 관리적 측면은 최소한으로 다루었습니다. 향후 데이터베이스 관리자로서 MySQL을 더 심도 있게 학습하고자 한다면 인터넷이나 다른 고급 서적으로 계속 학습하길 권합니다.

끝으로 집필에 집중할 수 있도록 다방면으로 지원해 주신 한빛미디어 임직원 여러분께 감사 드립니다. 특히 신경을 많이 써주시는 전정아 부서장님과 책의 완성도를 높여준 박민아 과장 님께 감사의 말씀을 드립니다.

그리고 좋은 강의를 위해서 제게 많은 조언과 격려를 주시는 주위의 교수님들께도 감사의 말 씀을 드립니다. 썰렁한 농담(출석 부를 때 "오늘 안 나온 사람 손들어봐" ^^)이 유일한 재미 인 제 강의를 항상 진지하게 열의를 가지고 들어주는 학생들에게도 언제나 감사와 사랑의 마 음을 전합니다.

지금 가진 것만으로도 항상 행복할 수 있는 가족에게 무한한 사랑을 전합니다.

2020년 어느 날 이른 새벽 연구실에서…
우재남

■ **데이터베이스에 입문하는 독자의 수준에 맞춰 기본적인 내용으로 구성하였습니다.**

데이터베이스 입문자가 필수적으로 알아야 할 내용으로 구성하였습니다. 이 책은 입문자도 막힘없이 혼자서 충분히 학습할 수 있는 난이도로, 대학이나 학원의 데이터베이스 입문이나 기초 과목의 한 학기 강의 분량을 다룹니다. 이 책만으로도 데이터베이스 및 MySQL의 기본적인 운영이 가능합니다.

■ **MySQL의 가장 큰 활용 분야인 PHP 및 파이썬 프로그래밍과 공간 데이터를 다뤘습니다.**

Part 04에서는 PHP 프로그래밍의 기본적인 내용을 학습한 후에 MySQL과 PHP 프로그래밍을 연동하는 방법을 배울 수 있습니다. 이 책이 PHP 책은 아니어서 PHP의 고급 내용을 지면상 다룰 수 없지만 MySQL과 PHP의 연동을 위해서는 이 책 한 권이면 충분합니다. 또한 개정판에서는 이전 판에서는 다루지 않았던 고급 데이터베이스 기술인 공간 데이터와 파이썬 연동 프로그래밍을 자세하게 수록했습니다.

■ **처음 데이터베이스를 접하거나 MySQL을 시작하는 독자도 실무의 MySQL 개발자 및 관리자가 하는 데이터베이스 운영을 막히는 부분 없이 실습할 수 있습니다.**

데이터베이스, MySQL을 처음 접하거나 단지 이론만 학습한 입문자는 실제 업무에 두려움이 앞서기 마련입니다. 그래서 이 책은 실무에서 바로 적용 가능한 다양한 실습 예제로 현업에서 이뤄지고 있는 데이터베이스 개발과 운영을 모두 체험해볼 수 있게 구성하였습니다. 각 실습 예제에는 저자의 실무 경험과 고급 운영자들의 기술을 고스란히 녹여 냈습니다.

■ 실무에서 사용하는 리눅스(Linux) 환경의 MySQL도 추가로 구성하였습니다.

실무에서는 Windows 보다는 리눅스 환경에서 MySQL을 더 많이 사용합니다. 물론 이 책을 보는 입문자에게는 리눅스 자체가 어렵게 느껴질 수 있으므로 Windows를 기반으로 구성했습니다. 그리고 부록에는 실무를 대비해서 리눅스 환경에서 MySQL을 설치/운영하는 방법도 담아 두었습니다. 부록만으로도 충분히 리눅스 환경에서 MySQL을 운영할 수 있을 것입니다.

■ 기존의 다른 책들과 차별화된 구성으로 빈틈없이 학습하고 점검할 수 있습니다.

'학습 로드맵'을 통해 책 전체의 큰 그림을 보여줌으로써 각 주제의 연관성과 더불어 공통 내용/데이터베이스 개발자/웹 프로그래머가 알아야 할 내용을 한눈에 파악할 수 있습니다. 또한 앞부분(chapter 03)에서는 'MySQL 전체 운영 실습'을 통해서 이 책에서 다루는 전반적인 내용 및 실제 응용 프로그램과 연동하는 기본적인 내용을 미리 살펴볼 수 있도록 구성하였습니다.

■ 저자가 직접 운영하는 네이버 카페에서 Q&A 서비스를 제공합니다.
http://cafe.naver.com/thisisMysql

네이버 카페에서 이 책에 사용된 소스 코드와 Q&A를 제공합니다. 책에 관한 질의응답 외에도 MySQL 관련 최신 기술을 비롯한 다양한 자료들을 접할 수 있습니다. 저자와 함께 하는 책 밖의 공간에서 다른 독자들의 고민과 궁금증도 함께 공유해보세요!

■ **동영상 강의**

https://www.youtube.com/user/HanbitMedia93

한빛미디어 유튜브 채널에서 『이것이 MySQL이다』(개정판)의 저자 직강 동영상도 만나보세요! PC뿐만 아니라 스마트폰, 태블릿 등 어느 디바이스에서나 제약 없이 동영상 강의를 만나볼 수 있습니다.

■ **자료실**

http://www.hanbit.co.kr/src/10278

☼ 학습 목표

chapter 06의 핵심 개념

chapter 06은 데이터베이스를 운영하기 위한 기본적인 SQL문을 학습한다. chapter 06의 핵심 개념은 다음과 같다.

1. SELECT문의 기본 구조는 'SELECT 열 이름 FROM 테이블이름 WHERE 조건'이다.

2. 책 전체 실습을 위해 쇼핑몰을 간략화한 sqlDB를 생성하고 사용한다.

3. WHERE절은 조회하는 결과에 특정한 조건을 줘서, 원하는 데이터만 보고 싶을 때 사용한다.

4. CREATE TABLE … SELECT 구문은 테이블을 복사해서 사용할 경우에 주로 사용된다.

5. GROUP BY절은 지정된 열을 그룹으로 묶어주는 역할을 하며, 주로 집계 함수와 함께 사용된다.

6. SQL문은 크게 DML, DDL, DCL로 분류한다.

7. INSERT/UPDATE/DELETE문은 데이터의 입력/수정/삭제의 기능을 한다.

chapter 06의 학습 흐름

SELECT문의 형식과 사용법
↓
책 전체에서 사용할 sqlDB 생성
↓
특정 조건을 조회하는 WHERE절
↓
ORDER BY절 및 LIMIT절
↓
GROUP BY 및 HAVING 그리고 집계 함수
↓
INSERT/UPDATE/DELETE문의 형식

이 chapter의 핵심 개념
본문으로 들어가기 전, 각 chapter의 핵심 개념과 무엇을 배울지 확인해봅니다.

이 chapter의 학습 흐름
각 chapter에서 다룰 주요 학습 내용을 한눈에 살펴봅니다.

여기서 잠깐
보충 설명, 참고 사항, 관련 용어 등을 본문과 구분하여 정리해 두었습니다.

여기서 잠깐

☼ **SQL의 대소문자 구분**

SQL은 일반적으로 대소문자를 구분하지 않는다. 즉, USE, use, uSE를 모두 동일하게 인식한다. 하지만, 여러 가지 면에서 전체 대문자 또는 소문자 등으로 통일하는 것이 구문을 읽기 쉽게 하며, MySQL의 성능에도 약간의 도움이 된다. 필자는 독자가 읽기 쉽게 예약어(USE, SELECT 등)는 대문자로, 사용자 정의어(테이블 이름, 열 이름) 등은 대소문자를 섞어서 사용하겠다.

실습별 step

각 예제는 실습별 step에
이르기까지 최대한 상세히
실습 과정을 다루고 있습니다.
또한 그림만 보고도 빠르고
쉽게 따라갈 수 있도록
단계별로 안내했습니다.

선배의 실무 Tip

실무 현장에서 꼭 필요한 팁을
회사 선배처럼 실속 있게 알려
줍니다.

△ MySQL의 모든 권한이 있는 관리자의 이름은 root다. 이 관리자의 비밀번호가 유출된다면 이 컴퓨터의 중요한 정보가 모
두 유출될 것이다. 그러므로 root의 비밀번호는 최소 8자 이상에 문자/숫자/기호를 섞어서 만들 것을 적극 권장한다. 지금은
학습 중이므로 잊어버릴까 봐 1234로 지정한 것뿐이다. 절대 실무에서 이런 비밀번호를 사용하면 안 된다.

주의

실습을 진행하면서 혼동하기
쉬운 내용을 표기했습니다.
입문자라면 빼놓지 말고 꼭
읽어보세요!

비타민 퀴즈

간단히 비타민 퀴즈를 풀면서
학습한 내용을 점검하고, 잠시
쉬어가는 코너입니다.

☆ 비타민 퀴즈 6-1

Linux 가상머신의 명령어 모드에서 〈실습 1〉을 진행해 보자.

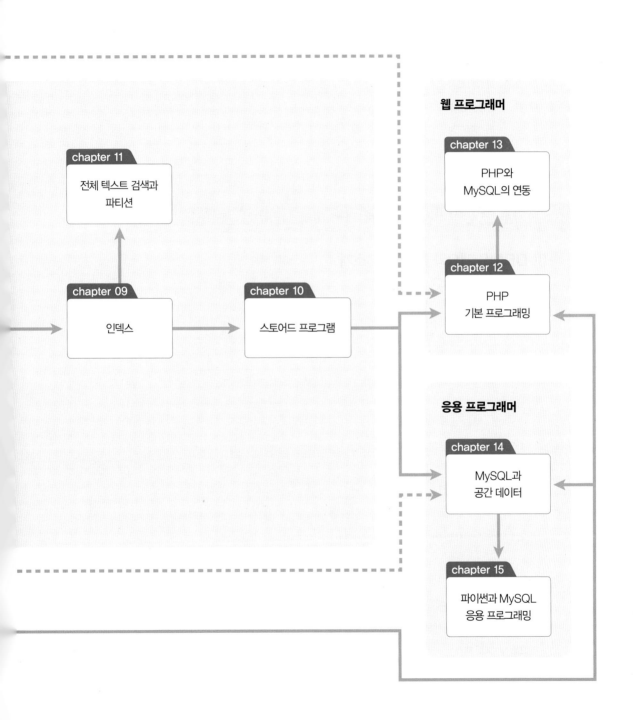

웹 프로그래머

chapter 13

PHP와
MySQL의 연동

chapter 11

전체 텍스트 검색과
파티션

chapter 09

인덱스

chapter 10

스토어드 프로그램

chapter 12

PHP
기본 프로그래밍

응용 프로그래머

chapter 14

MySQL과
공간 데이터

chapter 15

파이썬과 MySQL
응용 프로그래밍

PART 01 MySQL 설치 및 DB 구축과정 미리 실습하기

chapter 01 DBMS 개요와 MySQL 소개

chapter 02 MySQL 설치

PART 02 MySQL 기본

chapter 04 데이터베이스 모델링

chapter 05 MySQL 유틸리티 사용법

chapter 06 SQL 기본

chapter 07 SQL 고급

PART 03 MySQL 고급

chapter 08 테이블과 뷰

chapter 09 인덱스

chapter 10 스토어드 프로그램

chapter 13 PHP와 MySQL의 연동

chapter 14 MySQL과 공간 데이터

chapter 15 파이썬과 MySQL 응용 프로그래밍

APPENDIX A Linux 환경에서 MySQL 설치

MySQL 설치 및 DB 구축과정 미리 실습하기

DBMS 개요와 MySQL 소개

이 책에서 다룰 MySQL은 DBMS 소프트웨어의 일종으로 Oracle사에서 제작한 툴이다. 우리는 책 전반에 걸쳐서 MySQL을 사용하고 다루는 법을 배우겠지만, 우선 이번 chapter에서는 DBMS에 대한 개략적인 내용과 MySQL에 대해 소개한다.

이번 chapter는 이론적인 내용이 좀 많아서, 처음 학습하는 입장에서 좀 지루할 수도 있겠으나 책 전체를 이해하기 위한 기본적인 내용을 실었으니 간략하게나마 기억하고 넘어가자.

chapter 01의 핵심 개념

chapter 01은 데이터베이스를 접하는 사용자를 위해서 데이터베이스의 개념과 이 책에서 사용할 MySQL을 소개한다. chapter 01에서 다루는 핵심 개념은 다음과 같다.

1. 데이터베이스를 간단히 정의하면 '대용량의 데이터 집합을 체계적으로 구성해 놓은 것'이다.

2. DBMS의 유형은 크게 계층형 Hierarchical DBMS, DBMS 망형 Network DBMS, 관계형 Relational DBMS, 객체지향형 Object-Oriented DBMS, 그리고 객체관계형 Object-Relational DBMS 등으로 분류된다.

3. SQL Structured Query Language 은 관계형 데이터베이스에서 사용되는 언어다.

4. MySQL은 Oracle사에서 제작한 DBMS 소프트웨어로, 오픈 소스 Open Source 로 제공된다.

5. MySQL은 크게 상용 에디션과 무료 에디션으로 나뉘는데 상용 에디션에는 Standard, Enterprise, Cluster CGE 세 개의 상용 에디션과 Community 무료 에디션이 제공된다.

---

chapter 01의 학습 흐름

> 데이터베이스/DBMS 개념 파악

> 상용 데이터베이스 종류 구분

> 데이터베이스 발전사와 데이터베이스 분류

> SQL 언어 개념

> MySQL 역사와 에디션별 기능 비교

1.1 DBMS 개요

1.1.1 데이터베이스의 정의와 특징

데이터베이스를 '데이터의 집합'이라고 정의한다면 DBMS는 이 데이터베이스를 관리 · 운영하는 역할을 한다. 또한, 데이터베이스는 여러 명의 사용자나 응용 프로그램이 공유하고 동시에 접근이 가능해야 한다. 그래서 Microsoft의 Excel과 같은 프로그램은 데이터의 집합으로 사용될 수 있기 때문에 DBMS와 비슷하게 보일 수도 있지만, 대용량을 관리하거나 여러 명의 사용자가 공유하는 개념은 아니므로 DBMS라 부르지 않는다.

또, 데이터베이스는 '데이터의 저장공간' 자체를 의미하기도 한다. 특히, MySQL에서는 '데이터베이스'를 자료가 저장되는 디스크 공간(주로 파일로 구성됨)으로 취급한다.

⚠ 종종 다른 책이나 소프트웨어에서는 데이터베이스를 DBMS와 혼용해서 같은 용어처럼 사용하기도 한다. 바라보는 시각에 따라서 그렇게 취급하는 것이 틀리지는 않지만, 이 책에서는 데이터베이스는 '데이터의 집합' 또는 '데이터의 저장공간'으로 다룰 것이며, DBMS는 데이터베이스를 운영하는 '소프트웨어'를 의미하는 것으로 하겠다.

[그림 1-1]은 데이터베이스/DBMS/사용자/응용 프로그램의 관계를 간단히 보여준다.

[그림 1-1] DBMS 개념도

[그림 1-1]에 표현되어 있듯이 DBMS는 데이터베이스를 관리하는 역할을 하는 소프트웨어의 개념이다. 또, 여러 명의 사용자나 응용 프로그램이 이 DBMS가 관리하는 데이터에 동시에 접속하고 데이터를 공유하게 된다. 즉, DBMS에서 데이터가 집중적으로 관리되고 있을 것이다.

[그림 1-1]에서는 DBMS를 MySQL로 표현했지만, MySQL 외에도 많이 사용되는 DBMS는 [표 1-1]과 같다.

DBMS	제작사	운영 체제	최신 버전 (2020년 초 기준)	기타
MySQL	Oracle	Unix, Linux, Windows, Mac	8.0	오픈 소스(무료), 상용
MariaDB	MariaDB	Unix, Linux, Windows	10.4	오픈 소스(무료)
PostgreSQL	PostgreSQL	Unix, Linux, Windows, Mac	11	오픈 소스(무료)
Oracle	Oracle	Unix, Linux, Windows	18c	상용 시장 점유율 1위
SQL Server	Microsoft	Windows	2019	
DB2	IBM	Unix, Linux, Windows	12	메인프레임 시장 점유율 1위
Access	Microsoft	Windows	2019	PC용
SQLite	SQLite	Android, iOS	3	모바일 전용, 오픈 소스(무료)

[표 1-1] MySQL 외에 많이 사용되는 DBMS

DBMS 또는 데이터베이스는 다음과 같은 몇 가지의 중요한 특징을 가지고 있다.

데이터의 무결성

데이터베이스 안의 데이터는 어떤 경로를 통해 들어 왔던지 데이터에 오류가 있어서는 안 된다. 이 무결성Integrity을 위해서 데이터베이스는 제약 조건Constraint이라는 특성을 가진다.

예를 들어, 학생 데이터에서 모든 학생은 학번이 반드시 있어야 하며, 각 학생의 학번은 서로 중복되면 안 되는 제약 조건이 있을 수 있다. 이 제약 조건을 지키면, 학번만 알아도 그 학생이 어떤 학생인지 정확히 한 명의 학생이 추출될 수 있다. 즉, 학번은 무결한 데이터로 보장할 수 있기에 성적증명서, 재학증명서 등을 자동발급기에서 출력할 때 학번만 가지고도 정확히 자신의 것을 출력할 수 있다.

데이터의 독립성

데이터베이스의 크기를 변경하거나 데이터 파일의 저장소를 변경하더라도 기존에 작성된 응용 프로그램은 전혀 영향을 받지 않아야 한다. 즉, 서로 의존적 관계가 아닌 독립적인 관계여야 한다.

예를 들어, 데이터베이스가 저장된 디스크가 새 것으로 변경되어도 기존에 사용하던 응용 프로그램은 아무런 변경 없이 계속 사용되어야 한다.

보안

데이터베이스 안의 데이터에 아무나 접근할 수 있는 것이 아니라 데이터를 소유한 사람이나 데이터에 접근이 허가된 사람만 접근할 수 있어야 한다. 또, 접근할 때도 사용자의 계정에 따라서 다른 권한을 가져야 한다. 최근 들어 고객 정보의 유출 사고가 빈번한 상황에서 보안Security은 더욱 중요한 데이터베이스의 이슈가 되었다.

데이터 중복의 최소화

동일한 데이터가 여러 개 중복되어 저장되는 것을 방지한다.

학교를 예를 들면, 학생 정보를 이용하는 교직원(학생처, 교무처, 과사무실 등)이 여러 명이 될 수 있다고 가정하자. 이때, 엑셀Excel을 사용한다면 각 직원마다 별도의 엑셀 파일을 가지고 사용해야 한다. 그러면 한 명의 학생 정보가 각각의 엑셀 파일에 중복되어 관리된다. 이를 데이터베이스에 통합하면 하나의 테이블에 저장하고 공유함으로써 데이터 중복이 최소화된다.

응용 프로그램 제작 및 수정이 쉬워짐

기존 파일시스템을 사용할 때는 각각 파일의 포맷에 맞춰 개발해야 하는 응용 프로그램을 데이터베이스를 이용함으로써 통일된 방식으로 응용 프로그램 작성이 가능해지고, 유지보수 또한 쉬워진다.

데이터의 안전성 향상

대부분의 DBMS가 제공하는 백업 · 복원 기능을 이용함으로써, 데이터가 깨지는 문제가 발생할 경우에 원상으로 복원 또는 복구하는 방법이 명확해진다.

1.1.2 데이터베이스의 발전

당연히 초창기의 컴퓨터에는 데이터베이스라는 개념이 없었을 것이다. 다음과 같이 몇 가지 단계를 거쳐 데이터베이스를 사용하게 되었다.

오프라인으로 관리

아무리 오래 전이라도 데이터를 관리하고 있었을 것이다. 즉, 컴퓨터가 없던 시기에도 회사를 운영하기 위해서는 수입과 지출이 있었을 것이고 그것을 종이에 연필로 기록했을 것이다. 물론 아직도 종이에 수입·지출을 직접 기록하고 관리하는 분야나 회사가 존재한다.

[그림 1-2] 종이 장부

파일시스템의 사용

컴퓨터를 사용하면서, 종이에 기록하던 내용을 컴퓨터 파일에 기록 저장하게 되었다.

컴퓨터에 데이터를 저장할 때는 메모장이나 엑셀을 활용해서 저장하였고, 그것들을 활용하기 위해서 많은 응용 프로그램들이 이 파일에 저장된 내용을 읽고 쓰는 기능을 가지게 되었다. 그래서, 컴퓨터에 저장된 파일의 내용은 읽고, 쓰기가 편한 약속된 형태의 구조를 사용한다.

[그림 1-3] 데이터가 파일에 저장된 형태

파일시스템은 대개 하나의 응용 프로그램마다 하나의 데이터 파일이 할당된다. 즉, 어떤 기능을 구현하기 위해서 기능의 개수만큼 데이터 파일의 숫자가 생겨야 할 것이다.

이것은 초기에는 큰 문제가 없을 수도 있지만, 시간이 지나서 데이터의 양이 많아지면 데이터의 중복으로 인한 불일치가 발생된다.

예로 '회원 정보'가 수록된 파일에는 회원 이름, 회원 주소, 회원 연락처, 회원 가입일, 취미 등이 기록될 것이다. 또, 회원이 물건을 구매한 '구매 정보'가 수록된 파일에도 회원 이름, 회원 주소, 연락처, 구매한 물건, 가격, 수량 등이 기록되어야 할 것이다.

만약 회원이 이사를 가거나 연락처가 바뀌면 '회원 정보'와 '구매 정보' 모두를 변경해 줘야 한다. 그런데, 깜박 잊고 한곳밖에 수정하지 않는다면, 나중에 시간이 지난 후에는 두 정보가 일치하지 않는 것을 발견하게 되더라도 어느 주소가 회원의 올바른 주소인지를 알아내기가 어렵다.

이러한 불일치가 파일시스템의 큰 문제점 중 한 가지다. 이러한 문제점에도 불구하고 파일시스템은 소량의 데이터를 처리하기에는 처리 속도가 DBMS보다 훨씬 빠르며 별도의 추가비용이 들지 않기에 아직도 많이 사용된다.

데이터베이스 관리시스템

파일시스템의 단점을 보완하고 대량의 데이터를 보다 효율적으로 관리하고 운영하기 위해서 사용되기 시작한 것이 DBMS^DataBase Management System다.

DBMS는 데이터의 집합인 '데이터베이스'를 잘 관리하고 운영하기 위한 시스템 또는 소프트웨어를 말한다. DBMS에 데이터를 구축하고 관리하고 활용하기 위해서 사용되는 언어가 SQL^Structured Query Language이다. 이 SQL을 사용해서 우리가 DBMS를 통해 중요한 정보들을 입력하고 관리하고 추출할 수 있다.

1.1.3 DBMS 분류

DBMS의 유형은 크게 계층형Hierarchical DBMS, 망형Network DBMS, 관계형Relational DBMS, 객체지향형Object-Oriented DBMS, 그리고 객체관계형Object-Relational DBMS 등으로 분류된다.

현재 사용되는 DBMS 중에는 관계형 DBMS가 가장 많은 부분을 차지하며, 일부 멀티미디어 분야에서 객체지향형이나 객체관계형 DBMS가 활용되고 있는 추세이다.

우리가 배울 MySQL과 더불어 Oracle, DB2, SQL Server, Access 등은 모두 관계형 DBMS이므로, 이 책에서 다루게 되는 내용도 모두 관계형 DBMS(RDBMS)를 기준으로 맞추었다.

계층형 DBMS

처음으로 나온 DBMS 개념으로 1960년대에 시작되었는데 [그림 1-4]와 같이 각 계층은 트리Tree 형태를 가지며 1:N 관계를 갖는다. 즉, [그림 1-4]와 같이 사장 1명에 부서가 3개 연결되어 있는 구조다.

계층형 DBMSHierarchical DBMS의 문제는 처음 구축한 이후에는 그 구조를 변경하기가 상당히 까다롭다는 것이다. 또, 주어진 상태에서의 검색은 상당히 빠르지만, 접근의 유연성이 부족해서 임의의 검색에는 어려움이 따른다.

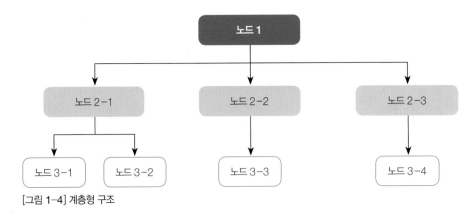

[그림 1-4] 계층형 구조

망형 DBMS

망형 DBMSNetwork DBMS는 계층형 DBMS의 문제점을 개선하기 위해 1970년대에 시작되었으며 1:1, 1:N, N:M(다대다) 관계가 지원되어 효과적이고 빠른 데이터 추출이 가능해졌다. 하지만, 계층형과 마찬가지로 매우 복잡한 내부 포인터를 사용하고 프로그래머가 이 모든 구조를 이해해야만 프로그램의 작성이 가능하다는 단점이 여전히 존재한다.

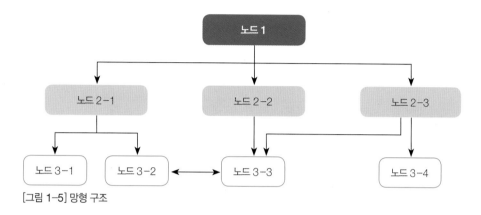

[그림 1-5] 망형 구조

관계형 DBMS

관계형 DBMS^{Relational DBMS: RDBMS}의 시초는 1969년 E.F.Codd라는 학자가 수학 모델에 근거해서 고안하면서 시작되었다. RDBMS의 핵심 개념은 "데이터베이스는 테이블^{Table}이라 불리는 최소 단위로 구성되어 있다. 그리고 이 테이블은 하나 이상의 열로 구성되어 있다."라고 생각하면 된다.

⚠ 테이블을 부르는 다른 용어로는 릴레이션^{Relation}, 엔티티^{Entity} 등이 있다.

[그림 1-6] 관계형 구조

관계형 DBMS에서는 모든 데이터는 테이블에 저장되므로 테이블이라는 구조가 RDBMS의 가장 기본적이고 중요한 구성이 된다. 그러므로 이 테이블에 대한 이해만 잘 한다면 RDBMS의 기본적인 것을 이해한 것이라고 말할 수 있다.

테이블은 데이터를 효율적으로 저장하기 위한 구조이다. 정보를 저장하기 위해서 하나의 테이블이 아닌 여러 개의 테이블로 나누어서 저장함으로써 불필요한 공간의 낭비를 줄이고 데이터 저장의 효율성을 보장해 줄 수 있다. 또, 이렇게 나뉜 테이블의 관계^{Relation}를 기본 키^{Primary Key}와 외래 키^{Foreign Key}를 사용해서 맺어 줌으로써, 두 테이블을 부모와 자식의 관계로 묶어 줄 수 있다.

추후에 부모 테이블과 자식 테이블을 조합해서 결과를 얻고자 할 경우에는 SQL^{Structured Query Language, 구조화된 질의 언어}의 조인^{JOIN} 기능을 이용하면 된다.

관계형 DBMS의 장점은 다른 DBMS에 비해서 업무가 변화될 경우에 쉽게 변화에 순응할 수 있는 구조이며 유지보수 측면에서도 편리한 특징을 가지고 있다는 것이다. 또한, 대용량 데이터의 관리와 데이터 무결성의 보장을 잘 해주기 때문에 동시에 데이터에 접근하는 응용 프로그램을 사용할 경우에 RDBMS는 적절한 선택이 될 수 있다. 이와 반대로 RDBMS의 가장 큰 단점은 시스템 자원을 많이 차지해서 시스템이 전반적으로 느려지는 것이다. 그러나, 최근 들어서 하드웨어의 급속한 발전으로 인해 이러한 단점은 많이 보완되고 있다.

1.1.4 SQL 개요

SQL^{Structured Query Language}은 관계형 데이터베이스에서 사용되는 언어로 '에스큐엘' 또는 '시퀄'로 읽는다. 중국의 문화, 사회, 경제 등을 배우고자 한다면 우선 중국어를 잘 사용해야 가능한 것처럼, 우리가 공부하고자 하는 관계형 DBMS(그 중 MySQL)를 배우고자 한다면 SQL을 익혀야 하는 것이 필수다. SQL이 비록 데이터베이스를 조작하는 '언어'지만 일반적인 프로그래밍 언어(C, C++, JAVA, C# 등)와는 좀 다른 특성을 갖는다.

SQL은 국제 표준화 기관에서 표준화된 내용을 계속 발표해 왔는데, 다음과 같은 특징을 갖는다.

DBMS 제작 회사와 독립적이다

SQL은 모든 DBMS 제작회사에 공통적으로 공개되고 각 제작회사는 이 표준 SQL에 맞춰서 DBMS를 개발한다. 그러므로 표준 SQL은 대부분의 DBMS 제품에서 공통적으로 호환된다.

다른 시스템으로 이식성이 좋다

SQL 표준은 서버용, 개인용, 휴대용 장비에서 운영되는 DBMS마다 상호 호환성이 뛰어나다. 그러므로 어느 곳에서 사용된 SQL을 다른 시스템으로 이식하는데 별 문제가 없다.

표준이 계속 발전한다

SQL 표준은 SQL-86, SQL-89, SQL-92, SQL:1999, SQL:2003, SQL:2008, SQL:2011, SQL:2016, SQL:2019 등 계속 개선된 표준안이 발표되어 왔으며 지금도 개선된 안이 연구되고 보완되고 있다.

대화식 언어이다

기존 프로그래밍 언어는 프로그램 작성, 컴파일 및 디버깅, 실행이라는 과정을 거쳐야만 그 결과를 확인할 수 있었으나 SQL은 이와 달리 바로 질의하고 결과를 얻는 대화식 언어로 구성되어 있다.

분산형 클라이언트/서버 구조이다

SQL은 분산형 구조인 클라이언트/서버 구조를 지원한다. 즉, 클라이언트에서 질의하면 서버에서 그 질의를 받아서 처리한 후, 다시 클라이언트에게 전달하는 구조를 가진다.

주의할 점은 모든 DBMS의 SQL문이 완벽하게 동일하지는 않다는 것이다. 즉, 많은 회사가 되도록 표준 SQL은 준수하려고 노력하지만 각 회사의 DBMS마다 특징이 있기에 현실적으로 완전히 통일되기는 어렵다. 그래서, 각 회사는 표준 SQL을 지키면서도 자신의 제품에 특화시킨 SQL을 사용한다. 이를 Oracle에서는 PL/SQL이라고 부르고, SQL Server에서는 T-SQL, MySQL에서는 그냥 SQL로 부른다.

[그림 1-7] 표준 SQL과 각 회사의 SQL

[그림 1-7]과 같이 각 회사의 제품은 모두 표준 SQL을 사용하면 공통적으로 사용할 수 있고, 각 회사 제품의 특성에 맞춘 호환되지 않는 SQL문도 있다. 이 책은 chapter 06과 chapter 07에서 표준 SQL 및 MySQL의 특화된 SQL에 대해서 상세히 배운다.

1.2 MySQL 소개

MySQL은 Oracle사에서 제작한 DBMS 소프트웨어로 오픈 소스^{Open Source}로 제공된다. 오픈 소스란 말그대로 소스를 공개한 소프트웨어를 말한다.

오픈 소스로 된 소프트웨어는 누구나 무료로 다운로드해서 사용할 수 있으며 소스를 제공하기 때문에 소스를 고쳐서 소프트웨어를 더 발전시켜도 된다.

⚠ MySQL은 비상업용이나 교육용으로는 제한 없이 사용해도 되지만, 2010년 오라클이 MySQL을 인수하면서 상용으로 사용하기 위해서는 상용 라이선스를 취득해야 한다.

만약, 상용으로 MySQL을 라이선스 문제없이 사용하고 싶다면 초창기 MySQL 개발자들이 독립해서 만든 MariaDB (https://www.maraidb.org)를 사용하기를 권장한다. MariaDB는 MySQL과 대부분 호환되며 이 책의 대부분의 코드도 MariaDB에서 잘 작동한다.

이 책에서 다루는 MySQL 버전은 이전 버전에 비해서 향상된 많은 기능들을 가지고 있으며 특히 대용량 데이터베이스를 운영하기 위한 기술들이 많이 포함되었다. 하지만, 이 책을 보고 있는 대부분의 독자는 MySQL을 처음 다루거나 많이 사용해 본 적이 없을 것이라고 생각한다. MySQL에 생소한 독자에게 MySQL이 이전 버전에 비해서 좋아진 기능들을 나열해 보았자 그다지 감흥이 오지 않을 것 같다. 게다가 알지도 못하는 부분이 첫 장에 나옴으로써 학습에 대한 효과는 오히려 반감될 것으로 보인다.

그렇다고 제목이 MySQL인 책에서 MySQL 소개를 하지 않을 수도 없으므로 이 책에서도 MySQL에 대한 소개를 하겠다.

이번 내용은 MySQL을 처음으로 배우는 독자에게는 크게 중요한 장은 아니므로 간단히 훑어보는 정도로 보아도 좋다. 그리고, 2장부터 나오는 설치를 진행하고 추후에 어느 정도 MySQL에 익숙해지면 이번 내용을 다시 편안하게 읽는 것이 더 좋은 학습 방법일 것이다. 그렇게 되면 MySQL이 기존 버전에 비해서 어떠한 좋은 기능을 가지고 있는지 자연스럽게 익힐 수 있으리라 생각한다.

서두에서도 언급했지만, 이 책의 전체 구성은 MySQL의 특징에 대해서만 기술하는 것이 아니라 데이터베이스를 처음 접하는 독자가 데이터베이스를 학습하기 위한 도구로써 MySQL을 사용하는 것에 초점을 맞추었다. 그리고, MySQL의 특징에 대해서는 필요할 때마다 책의 전체에서 자연스럽게 표현함으로써 독자가 MySQL뿐 아니라 DBMS에 대해서 최대한 부담 없이 접근할 수 있게 할 것이다.

1.2.1 MySQL의 개요와 변천사

이 책은 MySQL('마이에스큐엘'로 읽으면 된다)이 무엇인지 공부하고자 하는 독자이거나, 학교에서 강의를 위해서 보고 있는 독자, 또는 기존에 MySQL을 사용해본 일부 실무자들이 대부분일 것이다. MySQL에 대해서 처음 접해보든지, 이미 어느 정도 MySQL을 사용해 보았던지, 아무튼 MySQL이 무엇인지 알고 싶거나 MySQL과 관련된 일을 하고 있을 것이다.

MySQL은 Oracle사에서 제공하는 데이터베이스 관리 소프트웨어다. 데이터베이스 관리 소프트웨어DataBase Management System: DBMS는 한마디로 대량의 데이터를 관리해주는 소프트웨어라고 생각하면 쉽다.

DBMS에 대한 개념은 앞에서 이미 배웠으니, 일단 MySQL의 변천을 간단하게 알아보자.

[표 1-2]는 버전별 MySQL의 변천을 간략하게 소개한다.

일자	버전	기타
1994년		마이클 위데니우스, 데이빗 액스마크가 개발
1995년 5월		최초 국제 버전 공개
1996년 말	3.19	
1997년 1월	3.20	
1998년 1월		Windows용 릴리즈
1998년	3.21	상용제품 릴리즈. www.mysql.com 사이트 구축
2003년 3월	4.0	
2004년 10월	4.1	R-트리, B-트리, 서브쿼리 등 지원
2005년 10월	5.0	커서, 저장 프로시저, 트리거, 뷰 등 지원
2008년		선마이크로시스템사에 인수됨
2008년 11월	5.1	파티셔닝, 복제 등 지원
2010년 1월		선마이크로시스템사를 오라클이 인수함
2010년 12월	5.5	InnoDB를 기본 엔진으로 사용하는 등의 대량의 변화가 있었음
2013년 2월	5.6	성능 개선, NoSQL 지원 등
2015년 10월	5.7	보안 강화, InnoDB 확장, JSON 지원 등
2018년 4월	8.0	NoSQL 확장, JSON 확장, 정렬 강화 등

[표 1-2] MySQL의 변천사

이 책에서 사용하게 될 MySQL 버전은 8.0을 사용하며 5.X도 대부분 문제없이 사용할 수 있다. 하지만, 굳이 하위 버전으로 학습할 필요는 없으므로 8.0을 사용할 것을 적극 권장한다.

1.3 MySQL의 에디션 및 기능 비교

MySQL은 크게 상용 에디션과 무료 에디션으로 나뉘는데, Standard, Enterprise, Cluster CGE 세 개의 상용 에디션과 Community 무료 에디션이 제공된다.

비용이나 기능 면에서는 Standard ⟨ Enterprise ⟨ Cluster CGE 순서로 비싸거나 기능이 높다고 보면 된다. 무료인 Community 에디션은 Enterprise 에디션과 기능상 차이는 거의 없으며, 사용 허가에 대한 라이선스 차이라고 보면 된다.

이 책에서는 Community 무료 에디션을 사용할 것인데, 상용 목적이 아닌 곳에서는 별도의 라이선스 허가 없이 사용할 수 있다.

만약 향후에 회사에서 영리 목적으로 MySQL을 사용해야 한다면 Standard나 Enterprise 에디션을 구매해서 사용하면 책에서 배운 내용과 동일하게 사용할 수 있을 것이다.

[표 1-3]은 주요한 에디션 별로 기능 차이의 주요한 항목을 추린 것이다.

기능	Standard	Enterprise	Cluster CGE
MySQL Database Server	●	●	●
MySQL Document Store		●	●
MySQL Connectors	●	●	●
MySQL Replication	●	●	●
MySQL Router		●	●
MySQL Partitioning		●	●
MySQL Utilities		●	●
MySQL Workbench	●	●	●
Storage Engine: MyISAM	●	●	●
Storage Engine: InnoDB	●	●	●
Storage Engine: NDB			●
Oracle Enterprise Manager for MySQL		●	●

MySQL Enterprise Monitor		●	●
MySQL Enterprise Backup		●	●
MySQL Enterprise Security		●	●
MySQL Enterprise Scalability		●	●
MySQL Enterprise High-Availability		●	●
MySQL Cluster Manager			●
MySQL Cluster Geo-Replication			●

[표 1-3] MySQL 에디션별 지원하는 주요한 기능 요약(출처: MySQL 웹 사이트)

[표 1-3]에서 주로 나왔듯이 Enterprise 에디션을 사용하면 MySQL의 모든 기능을 사용할 수 있다. 우리가 사용할 Community 에디션도 일부를 제외하고 Enterprise 에디션과 기능이 비슷하다.

처음에 언급했듯이 MySQL에 대한 이해가 잘 안 되어도 괜찮다. 앞으로 chapter 02부터 본격적으로 MySQL의 설치 및 운영을 학습하다 보면 이번 chapter는 자연스럽게 이해가 될 것이다.

이제 다음 chapter부터 본격적으로 MySQL을 학습해 보자.

MySQL 설치

chapter 01에서 DBMS와 MySQL에 대한 기본적인 개요를 파악했으니, 이제는 본격적으로 MySQL을 설치
해보자. MySQL은 대부분의 Windows 응용 프로그램과 마찬가지로 마우스만 클릭할 줄 알면 설치를 할 수 있
을 정도로 쉽다. 설치 과정에서 잘 모르는 부분이 있을 경우 〈다음〉을 클릭하더라도 무난히 설치를 마칠 수 있다.
그렇지만 실무에서 고려해야 할 시스템 성능이나 제공될 서비스의 종류에 따라서 좀 더 고려해야 할 사항들도
많다. 이번 chapter에서는 기본적으로 MySQL을 설치하는 방법을 차근차근 실습을 통해 익히자.

chapter 02의 핵심 개념

chapter 02에서는 다양한 MySQL 설치 방법을 확인한다. chapter 02의 핵심 개념은 다음과 같다.

1. MySQL Community 8.0은 Windows 10(64bit)에 설치된다.

2. MySQL을 기본적으로 사용하기 위해서는 MySQL Server와 MySQL Client만 있으면 된다.

3. 이 책은 MySQL Community 에디션 8.0.17을 설치해서 사용한다.

4. MySQL 서버에 접속해서 사용하기 위해서 MySQL Workbench 툴을 사용한다.

5. MySQL은 전통적으로 employees라는 이름의 샘플 데이터베이스를 제공하고 있다.

6. MySQL을 제거하는 방법은 다른 Windows 응용 프로그램과 마찬가지로 제어판을 사용하면 된다.

7. 실무에서는 Linux 환경에서 MySQL을 더 많이 사용한다.

---

chapter 02의 학습 흐름

MySQL 설치 전 관련 소프트웨어 요구사항 파악

⬇

Windows 환경에서 MySQL 설치

⬇

MySQL Workbench 실행 및 환경 설정

⬇

샘플 데이터베이스 설치

⬇

MySQL 제거

⬇

MySQL의 명령어 모드 설치

⬇

Linux 환경에서 MySQL 설치(부록)

2.1 MySQL 설치 전 준비사항

2.1.1 소프트웨어 요구사항

이 책에서 사용할 MySQL Community 8.0을 설치하기 위한 하드웨어는 Windows가 설치된 머신이 특별히 제한이 없다. 하지만 Windows 운영 체제는 64bit Windows 10 이후나 Windows Server 2012 R2 이상의 버전에서만 설치할 수 있다.

서버 운영 체제(x64)	PC 운영 체제(x64)
Windows Server 2019	
Windows Server 2016	Windows 10
Windows Server 2012 R2	

[표 2-1] MySQL Community 8.0을 설치하기 위한 운영 체제

> **여기서 잠깐**
>
> ☼ **MySQL 8.0의 설치 환경**
>
> 오라클에서 MySQL 8.0을 설치하려면 64bit Windows 10 또는 Windows Server 2012 R2 이후를 사용해야 한다고 명시하고 있다. 하지만, 64bit Windows 7을 사용해도 MySQL 8.0.3 rc 버전을 설치하면 책과 동일하게 실습을 진행할 수 있다. 그 외에도 32bit Windows를 사용할 때는 32bit용 MySQL 5.7.x 버전을 사용해서 책을 학습하면 되지만, 책의 일부 기능이 작동하지 않을 수 있어서 권장하지 않는다.

또한 MySQL Community 8.0을 설치할 때 Server 기능 및 Client만 설치하기 위해서는 별도의 추가 소프트웨어가 필요 없다. 하지만, 부가적인 기능을 사용하기 위해서 추가 소프트웨어를 설치하려면 몇 가지 소프트웨어를 미리 설치해야 한다.

관련 소프트웨어	요구사항	요구사항 설치	비고
MySQL Server	Visual C++ 2015 Runtime	자동	서버 프로그램
MySQL Client			클라이언트 프로그램
MySQL Workbench	Visual C++ 2015 Runtime	자동	GUI 지원 통합 관리 툴
Sample Database			샘플 데이터베이스
MySQL Notifier			서비스 알림 기능
Connector/ODBC			ODBC 연결
MySQL for Visual Studio	Visual Studio 2010 이후 버전	수동	Visual Studio 개발 지원
Connector/C++			C++ 연동
Connector/J			Java 연동
Connector/NET			.NET 연동
Connector/Python	Python 3.4	수동	Python 연동
MySQL Connector/C			C 연동
MySQL For Excel 1.3.5	Visual Studio Tools for Office 2010	자동	엑셀 연동
	Microsoft Excel 2007 이후 버전	수동	
MySQL Documentation			도움말 문서

[표 2-2] MySQL 관련 소프트웨어와 사용하기 위한 필수 요구사항

MySQL을 기본적으로 사용하기 위해서는 MySQL Server와 MySQL Client만 있으면 된다. 이 책에서는 추가로 MySQL Workbench와 Sample Database도 설치해서 사용하겠다.

⚠ Unix나 Linux는 텍스트 기반으로 주로 사용되므로 MySQL Server, MySQL Client만 있으면 된다. 이 두 가지로도 충분히 사용할 수 있다. 많은 실무환경에서는 이러한 텍스트 기반 환경으로 MySQL을 운영한다. 부록에서 Linux 환경의 MySQL 설치/운영을 다뤘다.

2.2 MySQL 설치

이제 본격적으로 설치를 진행해보자. 필자는 Windows 10에 설치하겠지만, [표 2-1]에 나온 운영체제라면 어떤 것이든 상관 없다. 이 책을 집필하는 시점의 가장 상위 버전인 MySQL Community 8.0.17을 설치하겠으니, 가능하면 독자도 필자와 동일한 버전을 사용하는 것을 권장한다.

⚠ 앞으로 이 책에서 사용되는 웹 사이트의 링크가 변경되거나 없어졌을 수도 있다. 그러한 경우를 대비해서 이 책에서 사용되는 모든 파일 또는 최신 링크를 책의 사이트(https://cafe.naver.com/thisisMySQL) 자료실에 등록하였다. 실습할 때 파일을 찾기 어렵거나 버전이 다르다면, 책의 사이트에 접속하면 모두 해결된다.

실습1

MySQL Community 8.0을 설치해보자. 1장에서 얘기했듯이 MySQL Community 8.0의 기능은 상용인 MySQL Enterprise 8.0과 거의 동일하다.

step 0

먼저 컴퓨터의 OS가 x64(=64bit)인지 x86(=32bit)인지 확인하자. Windows의 [시작] 버튼에서 마우스 오른쪽 버튼을 클릭하고 [시스템]을 선택해서 확인하자.

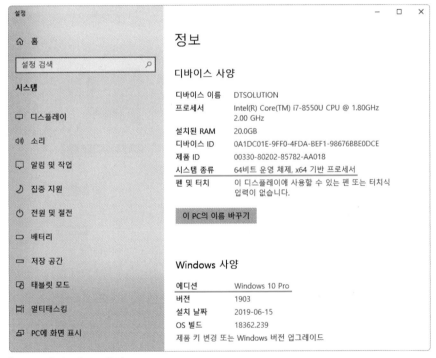

[그림 2-1] 시스템 종류 확인

MySQL Community 8.0을 다운로드하자.

1-1 http://dev.mysql.com/downloads/mysql/에 접속해서 플랫폼을 'Microsoft Windows'로 선택하고 [Windows (x86, 32 & 64-bit), MySQL Installer MSI]를 다운로드하자. MySQL Community 8.0은 64bit용이 별도로 없으며 32bit용을 설치하면 필요에 따라서 64bit용을 제공한다. (다운로드 링크가 변경될 수도 있다. 그럴 경우 책의 사이트 https://cafe.naver.com/thisisMySQL/ 자료실을 참조하자.)

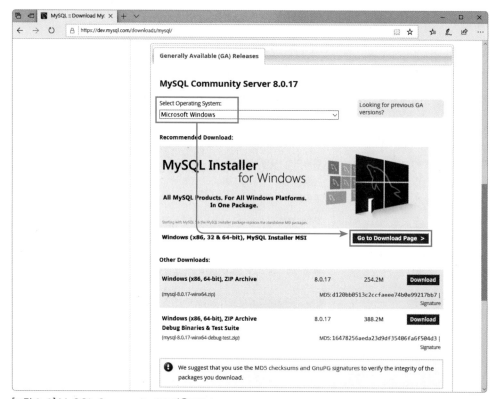

[그림 2-2] MySQL Community 8.0 다운로드 1

1-2 이 책을 집필하는 시점에는 8.0.17이 가장 최신 버전이다. 설치 파일에 모든 내용이 들어 있는 아래쪽의 파일(mysql-installer-community-8.0.17.0, 393.4MB)을 다운로드하자.

⚠ 64bit Windows 7을 사용 중이라면 https://downloads.mysql.com/archives/installer/ 또는 책의 사이트 (https://cafe.naver.com/thisisMySQL/)에서 MySQL 8.0.3 RC(mysql-installer-community-8.0.3.0-rc.msi) 버전을 다운로드한다.

[그림 2-3] MySQL Community 8.0 다운로드 2

1-3 로그인 화면이 나오면 왼쪽 아래 'No thanks, just start my download.'를 클릭하면 로그인 없이 다운로드할 수 있다.

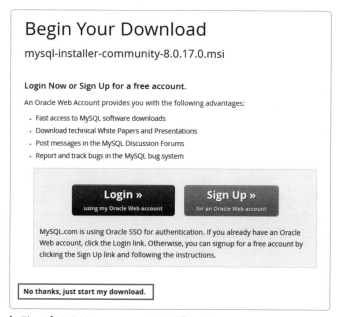

[그림 2-4] MySQL Community 8.0 다운로드 3

다운로드 받은 MySQL을 설치하자.

2-1 다운로드한 'mysql-installer-community-8.0.17.0' 파일을 더블클릭해서 설치를 진행한다. 잠깐 로고와 버전을 나타내는 화면이 나온다.

⚠ MySQL 버전은 8.0이지만, MySQL 설치를 도와주는 프로그램인 'Installer'의 버전은 1.4다. Installer 버전은 중요하지 않다.

[그림 2-5] MySQL Community 8.0 설치 1

2-2 [License Agreement]에서 〈I accept the license terms〉를 체크하고 〈Next〉를 클릭한다.

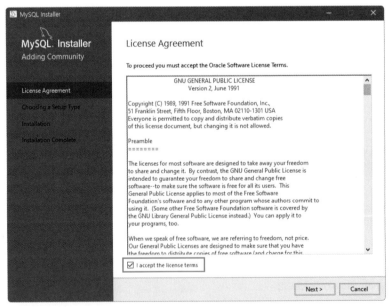

[그림 2-6] MySQL Community 8.0 설치 2

2-3 [Choosing a Setup Type]은 설치할 유형을 선택할 수 있는데, 제일 아래의 〈Custom〉을 선택하고 〈Next〉를 클릭한다. 우리는 필요한 것들만 골라서 설치할 것이다.

⚠ 설치 유형 중 Developer Default는 개발용으로 서버, 클라이언트, 대부분의 개발 관련 툴이 설치된다. Server only는 서버만 설치된다. Client only는 클라이언트 및 관련 툴이 설치되고 Full은 전체가 설치된다. 마지막 Custom은 사용자가 설치할 항목들을 선택할 수 있다.

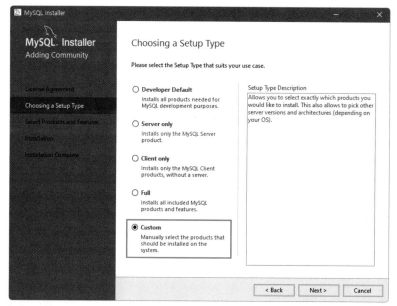

[그림 2-7] MySQL Community 8.0 설치 3

2-4 [Select Products and Features]에서는 설치할 제품들을 선택한다. 우선 [Available Products:]에서 MySQL Servers 〉〉 MySQL Server 〉〉 MySQL Server 8.0 〉〉 MySQL Server 8.0.17 − X64를 선택해서 〈➡〉를 클릭한다.

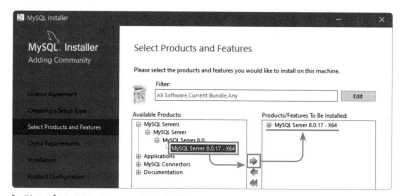

[그림 2-8] MySQL Community 8.0 설치 4

2-5 같은 방식으로 다음 2개를 추가한다.

① Applications 〉〉 MySQL Workbench 〉〉 MySQL Workbench 8.0 〉〉 MySQL Workbench 8.0.17 – X64

② Documentation 〉〉 Samples and Examples 〉〉 Samples and Examples 8.0 〉〉 Samples and Examples 8.0.17 – X86

⚠ MySQL Client는 MySQL Server를 추가하면 그 안에 포함되어 있다. 만약, 아주 기본적인 MySQL 사용 환경만 사용하려면 위의 2개를 설치하지 않아도 된다. 하지만, 이 책을 전체적으로 따라하려면 필자와 같이 위 2개를 추가해 야 한다.

2-6 최종적으로 다음과 같이 3개가 선택되었으면 〈Next〉를 클릭해서 진행한다.

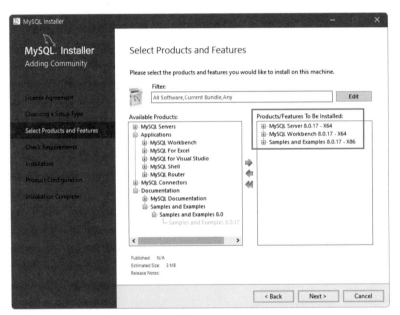

[그림 2-9] MySQL Community 8.0 설치 5

2-7 [Check Requirements]에서 Visual C++ 2015 Runtime이 필요하다고 나온다. 〈Execute〉를 클릭 해서 Visual C++ 2013 Runtime을 설치하자. (〈Next〉를 누르지 않도록 주의하자.)

⚠ Microsoft Visual C++ 2015 Runtime은 인터넷에서 다운로드 받아서 설치하는 방식이므로, 인터넷이 연결되어 있어 야 정상적으로 설치된다.

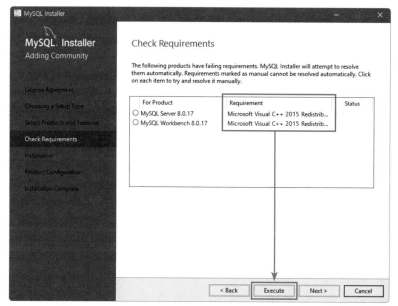

[그림 2-10] MySQL Community 8.0 설치 6

2-8 잠시 후 [Microsoft Visual C++ 2015 Redistributable] 창에서 〈동의함〉을 체크하고 〈설치〉를 클릭한다.

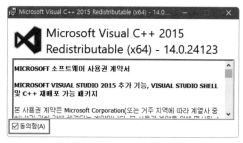

[그림 2-11] MySQL Community 8.0 설치 7

2-9 잠시 설치가 진행되고 설치가 성공적으로 완료되면 〈닫기〉를 클릭해서 닫는다.

2-10 [Microsoft Visual C++ 2015 Redistributable]이 성공적으로 설치되면 [Check Requirements]의 제품 앞에는 초록색 체크 표시가 보인다. 〈Next〉를 클릭해서 설치를 계속 진행한다.

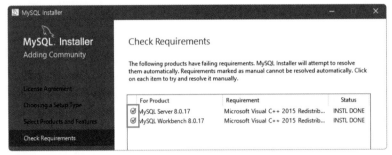

[그림 2-12] MySQL Community 8.0 설치 8

2-11 [Installation]에서 3개 항목이 보인다. 〈Execute〉를 클릭해서 본격적으로 설치하자. 각 항목 오른쪽에 설치 진행 퍼센트가 보이면서 잠시 설치가 진행된다.

[그림 2-13] MySQL Community 8.0 설치 9

2-12 성공적으로 설치가 되면 앞에 초록색 아이콘이 표시되고 [Status]는 [Complete]로 표시된다. 기본적인 설치는 완료된 것이다. 이제는 추가로 환경 설정을 해야 한다. 〈Next〉를 클릭한다.

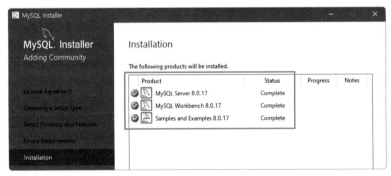

[그림 2-14] MySQL Community 8.0 설치 10

MySQL 설치 이후에 몇 가지 MySQL의 환경을 설정해줘야 한다.

3-1 [Product Configuration]에서 2개 항목의 환경 설정이 필요하다고 나온다. 〈Next〉를 클릭한다.

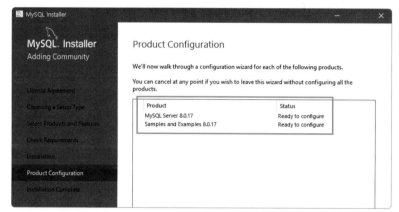

[그림 2-15] MySQL Community 8.0 환경 설정 1

3-2 [High Availability]에서는 기본 값인 'Standard MySQL Server ~~' 가 선택된 상태에서 〈Next〉를 클릭한다.

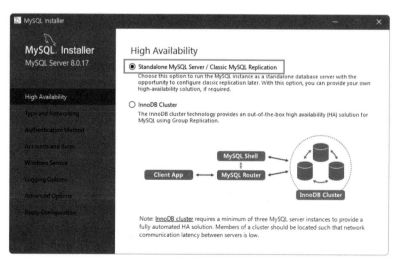

[그림 2-16] MySQL Community 8.0 환경 설정 2

3-3 [Type and Networking]에서 [Config Type]을 'Development Computer'로 선택한다. 그리고 [TCP/IP]가 체크된 상태에서 포트 번호가 3306인 것을 확인하자. 그 아래 [Open Windows Firewall ports for network access]도 체크되어 있어야 한다. 〈Next〉를 클릭해서 계속 진행하자.

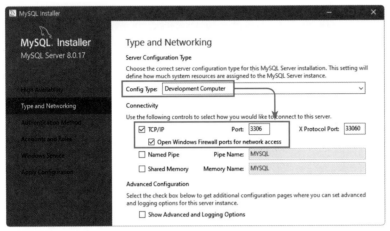

[그림 2-17] MySQL Community 8.0 환경 설정 3

☼ Type and Networking 설정

① Config Type

컴퓨터를 MySQL 외에도 여러 프로그램을 사용할 예정이라면 'Development Computer'가 적당하다. 'Server Computer'는 웹 서버 등의 중요한 서버가 가동되는 컴퓨터에 MySQL을 설치할 때 선택하면 좋다. 그러면 MySQL은 최소한의 메모리만 사용해서 웹 서버 등의 성능 저하를 최소화 한다. 'Dedicated Computer'는 다른 프로그램을 사용하지 않고 MySQL 전용의 컴퓨터에 선택하면 좋다. MySQL이 사용 가능한 메모리를 최대한 사용해서 성능이 좋아진다.

② TCP/IP

네트워크를 통해서 MySQL에 접근할 때 체크해야 한다. 가장 일반적인 선택 사항이며 이것을 체크하지 않으면 외부에서 이 컴퓨터의 MySQL에 접근할 수 없다. Named Pipe나 Shared Memory는 사용할 일이 거의 없다.

③ Open Firewall port for network access

외부 컴퓨터에서 접근할 수 있도록 [Windows 방화벽]의 포트를 허용해 주는 것이다. MySQL의 포트 번호는 3306이다. 기억해 놓는 것이 좋다.

3-4 [Authentication Method]에서 기본 값인 'Use Strong Password ~~'가 선택된 상태에서 〈Next〉를 클릭한다.

[그림 2-18] MySQL Community 8.0 환경 설정 4

3-5 [Account and Roles]에서 MySQL 관리자(root)의 비밀번호를 지정해줘야 한다. 쉽게 '1234'를 입력해서 지정하자. 아래쪽의 MySQL User Accounts는 root 외의 사용자를 추가할 수 있다. 사용자 추가는 나중에 다시 해보겠다. 지금은 그냥 비워 두자. 〈Next〉를 클릭한다.

⚠ MySQL의 모든 권한이 있는 관리자의 이름은 root다. 이 관리자의 비밀번호가 유출된다면 이 컴퓨터의 중요한 정보가 모두 유출될 것이다. 그러므로 root의 비밀번호는 최소 8자 이상에 문자/숫자/기호를 섞어서 만들 것을 적극 권장한다. 지금은 학습 중이므로 잊어버릴까 봐 1234로 지정한 것뿐이다. 절대 실무에서 이런 비밀번호를 사용하면 안 된다.

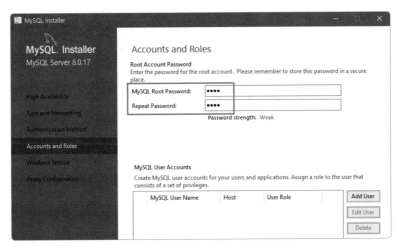

[그림 2-19] MySQL Community 8.0 환경 설정 5

3-6 [Windows Service]는 MySQL 서버를 Windows의 서비스로 등록하기 위한 설정을 한다. [Windows Service Name]은 전통적으로 많이 사용해온 'MySQL'로 지정하자. 나머지는 그대로 두고 〈Next〉를 클릭한다.

⚠ 'Windows Service Name'은 추후 Windows의 [관리도구] 》 [서비스]에서 확인할 수 있다.

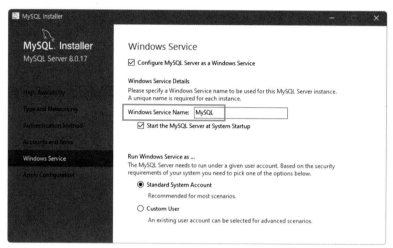

[그림 2-20] MySQL Community 8.0 환경 설정 6

3-7 [Apply Configuration]에서 〈Execute〉를 클릭하면 설정된 내용이 적용된다. 앞쪽이 모두 초록색 체크박스로 보이면 된다. [MySQL Server]에 대한 설정이 완료되었으면 〈Finish〉를 클릭해서 설정을 종료한다.

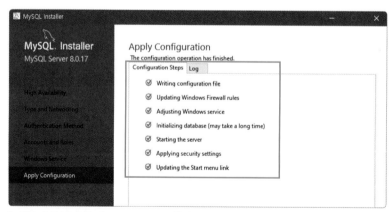

[그림 2-21] MySQL Community 8.0 환경 설정 7

3-8 다시 [Product Configuration]이 나온다. [MySQL Server 8.0.17]은 설정이 완료되었으며, 두 번째 [Samples and Examples 8.0.17]의 설정을 할 차례다. 〈Next〉를 클릭한다.

[그림 2-22] MySQL Community 8.0 환경 설정 8

3-9 [Connect To Server]에 연결할 서버가 보이고 사용자와 비밀번호가 설정되어 있다. 〈Check〉를 클릭하면 연결이 성공되었다고 나온다. 〈Next〉를 클릭한다.

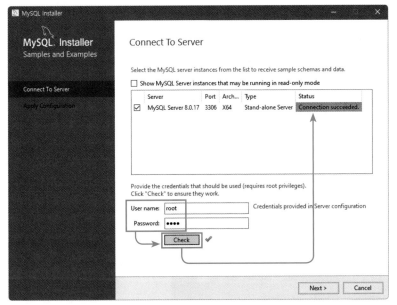

[그림 2-23] MySQL Community 8.0 환경 설정 9

3-10 [Apply Configuration]에서 〈Execute〉를 클릭하면 설정된 내용이 적용된다. 앞쪽이 모두 초록색 체크박스로 보이면 된다. [Samples and Examples]에 대한 설정이 완료되었으면 〈Finish〉를 클릭해서 설정을 종료한다.

[그림 2-24] MySQL Community 8.0 환경 설정 10

3-11 다시 [Product Configuration] 창이 나온다. 〈Next〉를 클릭한다.

3-12 [Installation Complete]에서 〈Start MySQL Workbench after Setup〉의 체크를 끈다. 〈Finish〉를 클릭한다. 이렇게 해서 MySQL의 설치를 완전히 완료했다.

[그림 2-25] MySQL Community 8.0 환경 설정 11

3-13 Windows의 [시작] 메뉴를 클릭하면 MySQL이 등록되어 있는 것을 확인할 수 있다.

[그림 2-26] MySQL 메뉴

설치가 완료되었으니 우선은 MySQL에 접속해 보자.

4-1 Windows의 [시작] 》 [M] 》 [MySQL] 》 [MySQL Workbench 8.0 CE]를 선택하자. (진한 색깔의 돌고래 모양의 아이콘이다.)

4-2 [MySQL Workbench]의 초기 화면이 나온다. 아직 MySQL Server에 연결된 상태는 아니다. [MySQL Connections]에서 [Local instance MySQL]을 클릭해서 컴퓨터에 설치한 MySQL Server에 연결을 시도하자.

⚠ Workbench는 사전적 의미로 '작업대'를 뜻하듯이, MySQL Workbench에서 MySQL과 관련된 대부분의 작업을 GUI로 처리하고 결과를 확인할 수 있다. 이러한 것을 [통합 개발 환경]이라고도 부른다. 물론 MySQL Workbench가 없어도 MySQL을 텍스트 모드로 동일하게 운영할 수 있다. 이에 대해서는 3장에서 알아보겠다.

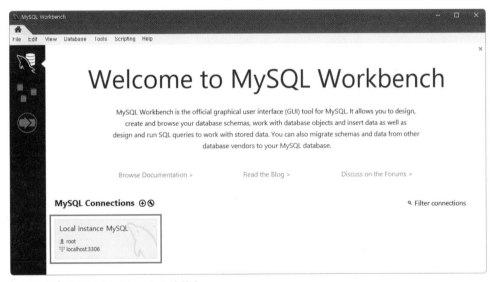

[그림 2-27] MySQL Workbench 초기 화면

4-3 [Connect to MySQL Server] 창이 나온다. 설치 중에 지정했던 MySQL의 관리자인 root의 비밀번호인 '1234'를 입력하고 〈OK〉를 클릭한다.

[그림 2-28] MySQL Server에 접속

4-4 이제는 컴퓨터에 설치된 MySQL Server에 완전히 접속된 MySQL Workbench 화면이 나온다. 여기서 대부분의 작업이 가능하다.

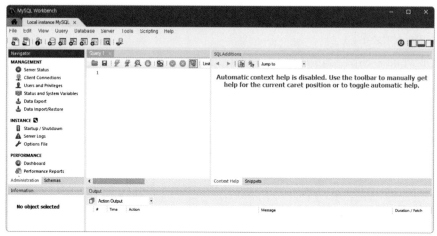

[그림 2-29] MySQL Server에 접속된 MySQL Workbench

4-5 그런데 화면 구성 중에서 오른쪽 [SQL Additions]는 당분간 사용할 일이 없으며, 중간의 [Query 1], 왼쪽의 [Navigator], 아래쪽의 [Output] 부분만 있으면 된다. 오른쪽 상단의 세 개의 파란색 네모 아이콘 중에서 제일 오른쪽을 클릭하면 [SQL Additions] 창이 없어진다. 결국 다음 화면과 같아진다. 앞으로 이 화면으로 주로 작업을 진행하게 될 것이다.

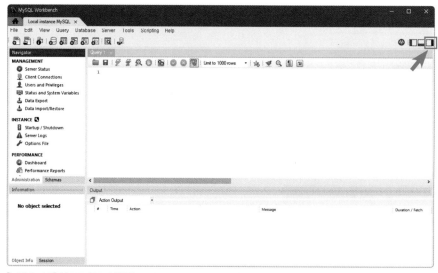

[그림 2-30] 앞으로 주로 사용될 MySQL Workbench 화면

MySQL Workbench의 몇 가지 설정을 확인하자.

5-1 Workbench 메뉴의 [Edit] 〉〉 [Preferences]를 선택한다.

[그림 2-31] MySQL Workbench 설정 1

5-2 왼쪽에서 [SQL Editor]를 선택하고 오른쪽 제일 아래의 〈Safe Updates…〉의 체크를 *끄고* 〈OK〉를
클릭한다.

⚠ 좀 어려운 얘기를 미리 하자면, 지금 〈Safe Updates〉의 체크를 끄는 이유는 앞으로 이 책에서 사용할 Update문과
Delete문을 원활하게 사용하기 위해서다. 이 체크를 켜 놓으면 Update문이나 Delete문의 조건에서 Primary Key가 설
정된 열이 들어가야만 한다. 아직은 이해가 안되겠지만, 앞으로 학습하면서 이해해 보도록 하자.

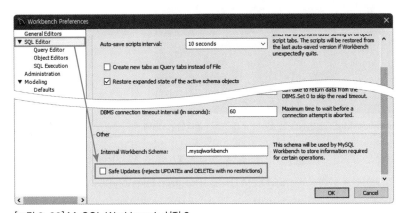

[그림 2-32] MySQL Workbench 설정 2

5-3 메뉴의 [File] 〉〉 [Exit]를 선택해서 MySQL Workbench를 닫는다.

MySQL의 실행 파일이 있는 경로를 Path에 추가하자.

6-1 파일 탐색기를 실행해서 MySQL 관련 실행 파일이 있는 폴더(C:\Program Files\MySQL\MySQL Server 8.0\bin)를 찾아가자. 그리고 파일 탐색기의 주소 표시줄을 선택하고 [Ctrl] + [C]를 눌러 복사한다.

⚠ [Windows] + [E]를 누르면 파일 탐색기가 바로 실행된다.

[그림 2-33] C:\Program Files\MySQL\MySQL Server 8.0\bin 폴더를 path에 추가 1

6-2 [시작]에서 마우스 오른쪽 버튼을 클릭한 후 [Windows PowerShell(관리자)]를 선택해서 관리자 권한으로 파워셸을 실행하자. 그리고 **cmd** 명령을 입력해서 명령 프롬프트로 전환한다.

⚠ Windows 7은 [시작] 》 [모든 프로그램] 》 [보조 프로그램] 》 [명령 프롬프트]에서 마우스 오른쪽 버튼을 클릭한 후 [관리자 권한으로 실행]을 선택하면 된다.

```
관리자: Windows PowerShell                                  —  □  ×
Windows PowerShell
Copyright (C) Microsoft Corporation. All rights reserved.

새로운 크로스 플랫폼 PowerShell 사용 https://aka.ms/pscore6

PS C:\WINDOWS\system32> cmd
Microsoft Windows [Version 10.0.18362.295]
(c) 2019 Microsoft Corporation. All rights reserved.

C:\WINDOWS\system32>
```

[그림 2-34] C:\Program Files\MySQL\MySQL Server 8.0\bin 폴더를 path에 추가 2

6-3 SETX PATH "까지만 입력한 후, [Ctrl] + [V]를 눌러 복사한 경로를 붙여넣기 한다. 그리고 추가로 **;%PATH%**" 글자를 입력한다. 최종적으로는 **SETX PATH "C:\Program Files\MySQL\MySQL Server 8.0\bin;%PATH%"** 글자가 완성된다. (띄어쓰기 및 글자가 틀리지 않도록 주의한다.) [Enter]를 눌러 실행한다.

[그림 2-35] C:\Program Files\MySQL\MySQL Server 8.0\bin 폴더를 path에 추가 3

6-4 [시작] 》 [전원] 》 [다시 시작]을 선택해서 컴퓨터를 재부팅한다.

⚠ shutdown -r -t 0 명령어를 입력해도 재부팅 된다.

2.3 샘플 데이터베이스 설치

앞으로 실습을 진행할 때, 종종 대량의 데이터가 필요한 경우가 있다. 당연히 사용자가 학습을 위해서 수십만, 수백만 건의 데이터를 입력할 수는 없다. 그래서 MySQL은 전통적으로 'employees'라는 이름의 샘플 데이터베이스를 제공하고 있다.

이 책에서도 종종 대량의 데이터가 필요하므로, employees 데이터베이스를 다운로드해서 설치해놓자.

⚠ 샘플 데이터베이스에 대한 자세한 내용은 http://dev.mysql.com/doc/employee/en/에 설명되어 있다.

〔실습2〕────────────────────────

employees 샘플 데이터베이스를 설치하자.

〔step 1〕────

먼저 관련 파일을 다운로드하자.

1-1 웹 브라우저로 책의 사이트(https://cafe.naver.com/thisisMySQL)의 자료실에서 '샘플 데이터베이스(employees)'를 다운로드하자. 파일명은 'employees.zip'(약 34.9MB)을 다운로드 하자. 그리고 압축을 풀자. 필자는 C:\employees\ 폴더에 압축을 풀었다.

⚠ employees.zip 파일은 http://launchpad.net/test-db/에서 배포하는 employees_db-full-1.0.6.tar.bz2 파일을 MySQL 8.0에서 잘 작동하도록 필자가 일부 내용을 수정해서 재배포하는 것이다.

[그림 2-36] 샘플 데이터베이스 파일 확인

step 2

샘플 데이터베이스를 MySQL로 가져오자.

2-1 [시작]에서 마우스 오른쪽 버튼을 클릭한 후 [Windows PowerShell(관리자)]를 선택해서 관리자 권한으로 파워셸을 실행하자. 그리고 **cmd** 명령을 입력해서 명령 프롬프트로 전환한다.

2-2 **CD \employees** 명령으로 경로를 이동한 후에, **mysql -u root -p** 명령으로 비밀번호 1234를 입력해서 MySQL에 접속한다.

[그림 2-37] MySQL 접속

2-3 다음 SQL문으로 샘플 데이터베이스를 가져온다. 한동안 'Query OK' 메시지와 함께 실행될 것이다.

```
source employees.sql ;
```

[그림 2-38] 샘플 데이터베이스 가져오기

2-4 다음 SQL문으로 데이터베이스를 확인해 보자. employees 데이터베이스가 보일 것이다.

```
show databases ;
```

[그림 2-39] 샘플 데이터베이스 확인

2-5 exit SQL문으로 MySQL 접속을 종료한다. 파워셸 창도 닫는다.

2.4 설치 후에 확인할 사항

MySQL을 설치한 바로 다음에, 확인해봐야 할 사항들이 몇 가지 있다. 우선 설치된 폴더를 확인하자. 파일 탐색기를 열어서 'C:\Program Files\MySQL\MySQL Server 8.0' 폴더를 보면 [그림 2-40]과 같이 되어 있을 것이다.

[그림 2-40] MySQL 설치 폴더 확인

각 폴더의 역할 또는 저장된 파일은 다음과 같다.

폴더	역할
bin (중요)	MySQL 서버 프로그램, 클라이언트 프로그램 및 유틸리티 프로그램 파일
docs	도움말 또는 설정 파일
etc	설정 파일 샘플
include	응용 프로그램을 개발할 때 필요한 헤더 파일
lib	MySQL 관련 라이브러리 파일
share	기타 지원 파일, 각 언어별 오류 메시지 파일 등

[표 2-3] MySQL 관련 설치 폴더

이 외에 중요한 폴더가 더 있는데, 이는 숨김 폴더로 되어 있다. 파일 탐색기 메뉴의 [보기]의 '숨긴 항목'의 체크를 켜면 ProgramData 폴더가 보인다.

⚠ Windows 7은 파일 탐색기 메뉴 중 [구성] 》 [폴더 및 검색 옵션]을 선택한다. [폴더 옵션] 창의 [보기] 탭을 클릭한 후에 '숨김 파일 및 폴더' 아래의 〈숨김 파일, 폴더 및 드라이브 표시〉를 선택하면 된다.

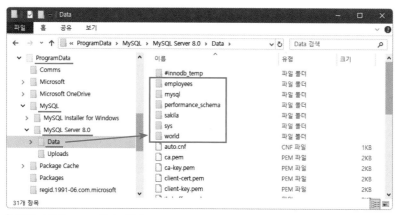

[그림 2-41] ProgramData 폴더

'C:\ProgramData\MySQL\MySQL Server 8.0\Data'는 데이터베이스 파일들과 로그 파일들이 들어 있는 중요한 폴더다. 특히 데이터베이스는 데이터베이스 이름과 동일하게 각 폴더별로 그 내부에 파일들이 저장되어 있다. 필자의 경우에는 employees 등 6개의 데이터베이스가 저장되어 있는 것을 확인할 수 있다.

2.5 MySQL 제거

MySQL을 제거하는 방법은 다른 Windows용 응용 프로그램과 마찬가지로 제어판을 사용하면 된다.

실습3

MySQL을 제거하는 방법을 살펴보자.

step 0

이번 실습은 굳이 하지 않아도 된다. 만약 이번 〈실습 3〉을 진행하면 바로 앞의 〈실습 1〉과 〈실습 2〉를 다시 진행해야 한다.

step 1

조금 전에 설치한 MySQL 관련 프로그램을 제거하자. [시작]에서 마우스 오른쪽 버튼을 클릭한 후, [앱 및 기능]을 선택해서 실행한다.

관련 프로그램 6개를 제거하자.

2-1 [MySQL Example and Samples 8.0]을 선택하고, 마우스 오른쪽 버튼을 클릭해서 〈제거〉를 선택한다.

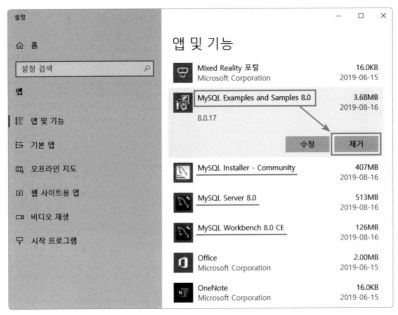

[그림 2-42] MySQL 제거

2-2 확인 창이 나오면 〈예〉를 클릭한다.

같은 방식으로 MySQL이 들어가는 나머지 3개를 제거한다. 관련된 경고 창이 나오면 모두 〈예〉를 클릭한다.

제거가 완료되었으면 [앱 및 기능] 창을 종료한다.

2.6 Linux에 MySQL 설치하기

이 책은 MySQL 초보자를 대상으로 한다. 그래서 일반적으로 가장 쉽고 많이 사용하는 Windows 환경에서 주로 얘기하고 있지만, 실무에서는 Linux 환경에서 MySQL을 더 많이 사용한다.

Linux 환경에서 MySQL을 설치하려면 먼저 Linux의 설치와 명령을 이해해야 한다. 이러한 Linux 자체에 대한 것은 이 책의 범위를 벗어나기에 다루기가 어렵다.

그래도 실무에서 필요한 환경을 구축하기 위해서 책의 제일 뒤 '부록'에 Linux에 MySQL을 설치하는 방법을 수록했으니, 좀 더 어렵더라도 실무 환경에 관심이 있는 독자는 부록을 지금 수행할 것을 적극 권장한다. 설치된 Linux 환경의 MySQL도 책의 중간중간에서 사용할 것이다.

지금까지 다양한 방법으로 MySQL을 설치하는 방법을 완전히 마쳤으므로, 다음 chapter부터는 본격적으로 설치된 MySQL를 사용해 보겠다.

MySQL 전체 운영 실습

이번 chapter에서는 실무에서 발생하는 상황과 비슷한 설정을 하겠다. 물론, 실제 내용을 아주 간략하게 진행하게 될 것이다. 실무는 이번 chapter의 내용보다 훨씬 더 복잡하고, 많은 예외 상황이 발생할 것이다. 하지만 그러한 점은 그냥 무시하고 MySQL을 '처음으로' 실무에 적용해 보는 독자를 위해서 최대한 간략히 '단순화'시킨 프로젝트를 진행하겠다. 이번 chapter를 수행하고 나면 MySQL이 좀더 친숙하거나 쉽게 느껴질 것이다.

이번 chapter를 수행할 때, 기존에 MySQL를 운영해 보았거나 다른 DBMS 프로그램을 사용해본 독자라면 과장해서 표현하거나 일부 생략된 부분을 발견할 수 있을 지도 모른다. 이러한 과장이나 생략은 오류라기보다 '처음으로' 학습하는 독자의 이해를 돕기 위해 일부러 설정한 것이므로, 그러한 것이 보이더라도 그냥 넘어가기 바란다. 이러한 과장이나 생략의 세부 내용은 다시 각각의 chapter에서 상세히 살펴보게 될 것이다.

chapter 03의 핵심 개념

chapter 03에서는 이 책 전체에서 배울 내용을 미리 전체적으로 학습하는 것을 목표로 한다. chapter 03의 핵심 개념은 다음과 같다.

1. 데이터베이스 관련 용어는 데이터, 테이블, DB, DBMS, 열 등이 있다.
2. 데이터베이스 구축 절차는 데이터베이스 생성, 테이블 생성, 데이터 입력, 데이터 조회/활용의 순서로 진행된다.
3. 테이블 외의 데이터베이스 개체로는 인덱스, 뷰, 스토어드 프로시저, 트리거, 커서 등이 있다.
4. 백업은 현재의 데이터베이스를 다른 매체에 보관하는 작업을 말하며, 복원은 다른 매체에 백업된 데이터를 이용해서 원상태로 돌려놓는 작업을 말한다.
5. MySQL을 응용 프로그램과 연동하는 것은 실무에서 많이 사용되는 방식이다.

chapter 03의 학습 흐름

3.1 요구사항 분석과 시스템 설계 그리고 모델링

3.1.1 정보시스템 구축 절차 요약

정보시스템을 구축하기 위해서는 일반적으로 분석, 설계, 구현, 시험, 유지보수의 5가지 단계를 거친다.

먼저 분석 단계는 구현하고자 하는 프로젝트의 가장 첫 번째 단계로, 시스템 분석 또는 요구사항 분석이라고 부른다. 요구사항 분석은 현재 우리가 '무엇을What' 할 것인지를 결정한다. 사용자의 인터뷰와 업무 조사 등을 수행해야 하며, 프로젝트의 첫 단추를 끼우는 중요한 단계이므로 당연히 많은 시간 동안 심혈을 기울여야 한다. 또한, 분석의 결과로서 많은 문서를 작성해야 한다.

그 다음에 진행하는 것은 설계 단계이다. 설계는 주로 시스템 설계 또는 프로그램 설계라는 용어로 부르는데, 우리가 구축하고자 하는 시스템을 '어떻게How' 할 것인지를 결정한다.

사실 시스템 설계가 끝나면 그 결과 문서들을 프로그래머(또는 코더)에게 넘겨 주기만 하면 프로그래머는 설계서에 나온 그대로 프로그램을 작성한다.

그래서 시스템 설계가 끝나면 가장 큰 작업이 끝난 것으로 간주한다. 대부분의 프로젝트에서 이 분석과 설계의 과정이 전체 공정의 50% 이상을 차지한다. 이에 대한 얘기는 4장에서 좀 더 확인해 보겠다.

3.1.2 데이터베이스 모델링과 필수 용어

분석과 설계 과정 중에서 가장 중요한 과정 중의 하나가 '데이터베이스 모델링'이다. 데이터베이스 모델링이란 현실세계에서 사용되는 데이터를 MySQL에 어떻게 옮겨 놓을 것인지를 결정하는 과정이라고 생각하면 된다.

⚠ 실제로 데이터베이스 모델링 방법은 chapter 04에서 실습을 통해서 배운다.

우리가 구현하고자 하는 인터넷 쇼핑몰에서 사람(또는 회원)이 필요하다. 그렇다면 이 '사람'을 어떻게 MySQL에 넣을 것인가? 사람의 몸을 컴퓨터에 넣을 수는 없기 때문에 사람을 나타낼 수 있는 특성(속성)들을 추출해서 그것들을 MySQL에 넣어야 한다.

예로 어떤 사람의 신분을 증명하기 위해서는 신분증에 이름, 주민번호, 주소 등의 정보가 있는 것과 비슷한 개념이다. 또한, 우리가 판매할 제품들도 마찬가지다. 제품을 컴퓨터에 넣을 수는 없으므로 제품의 이름, 가격, 제조일자, 제조회사, 남은 수량 등을 MySQL에 저장해야 한다.

그런데, 이러한 저장할 정보는 그냥 단편적으로 저장하는 것이 아니라 테이블Table이라는 형식에 맞춰서 넣어야 한다.

지금 얘기한 사람과 제품에 대한 정보를 테이블에 구현하면 [그림 3-1]과 같다. 테이블은 [그림 3-1]과 같은 구조를 갖는다.

⚠ 지금은 [그림 3-1]의 테이블을 바로 표현했지만, 이 테이블이 나오기 위해서는 다소 복잡한 절차를 거쳐야 한다. chapter 04에서 다시 확인하겠다.

[그림 3-1] 테이블의 구조와 관련 용어

테이블 외에 몇 가지 용어가 나왔다. 이에 대해서 살펴보자. 처음 접한 독자들은 좀 어렵게 느껴질 수도 있겠지만, 이 책을 공부하기 위해 우선적으로 알아야 할 내용이므로 잘 읽어보도록 하자.

- **데이터:** 당탕이, 컴퓨터, 2023.2.1과 같이 하나하나의 단편적인 정보를 뜻한다. 즉, 정보는 있으나 아직 체계화 되지 못한 상태를 말한다.
- **테이블:** 회원이나 제품의 데이터를 입력하기 위해, 표 형태로 표현한 것을 말한다. 지금은 인터넷 쇼핑몰을 구현하기 위해서, 회원에 대한 정보를 보관할 회원 테이블과 제품 정보를 보관할 제품 테이블 등 두 개의 테이블을 만들었다.

- **데이터베이스(DB):** 테이블이 저장되는 저장소를 말한다. [그림 3-1]과 같이 원통 모양으로 주로 표현한다. 현재는 그림 상에 3개의 데이터베이스가 보인다. 각 데이터베이스는 서로 다른 고유한 이름을 가지고 있어야 한다. 우리가 사용하게 될(또는 만들게 될) 데이터베이스는 쇼핑몰 데이터베이스이다.

- **DBMS:** DataBase Management System의 약자로 데이터베이스를 관리하는 시스템 또는 소프트웨어를 말한다. chapter 02에서 설치한 MySQL이 바로 DBMS이며, [그림 3-1]에서는 DBMS가 3개의 데이터베이스를 관리하고 있다.

⚠ DBMS나 DB에 대한 정의를 컴퓨터 학자나 다른 툴에서는 의견을 달리 하기도 한다. 학문적으로 얘기하면 자꾸 얘기가 길어질 수 있으므로, DB는 데이터(테이블)의 저장소를 말하며, DBMS는 이 DB를 관리하는 소프트웨어 정도로 이해하면 이 책을 공부하는 데 무리가 없을 것이다.

- **열(=컬럼=필드):** 각 테이블은 열로 구성된다. 회원 테이블의 경우에는 아이디, 회원 이름, 주소 등 3개의 열로 구성되어 있다.

- **열 이름:** 각 열을 구분하기 위한 이름이다. 열 이름은 각 테이블 내에서는 중복되지 않고, 고유해야 한다. 회원 테이블의 아이디, 회원 이름, 주소 등이 열 이름이다.

- **데이터 형식:** 열의 데이터 형식을 말한다. 회원 테이블의 회원 이름 열은 당연히 숫자 형식이 아닌, 문자 형식이어야 한다. 또한, 제품 테이블의 가격 열은 숫자(특히, 정수) 형식이어야 할 것이다. 가격에 "비쌈" 같은 글자가 들어가서는 안되기 때문이다. 이 데이터 형식은 테이블을 생성할 때 열 이름과 함께 지정해 줘야 한다. 잠시 후에 살펴보자.

- **행(=로우=레코드):** 실질적인 데이터를 말한다. 예로, 'Jee/지운이/서울 은평구 증산동'이 하나의 행으로 행 데이터라고도 부른다. 회원 테이블의 예로 '회원이 몇 명인지'는 '행 데이터가 몇 개 있는지'와 동일한 의미다. 이 예에서는 4건의 행 데이터, 즉 4명의 회원이 존재한다.

- **기본 키**[Primary Key] **열:** 기본 키(또는 주키) 열은 각 행을 구분하는 유일한 열을 말한다. 기본 키 열은 중복되어서는 안되며, 비어 있어서도 안 된다. 또, 각 테이블에는 기본 키가 하나만 지정되어 있어야 한다. [그림 3-1]의 회원 테이블의 기본 키가 아이디 열에 지정되어 있다. 만약, 기본 키를 회원 이름 열에 지정하면 어떻게 될까? 기본 키는 각 행을 구분하는 유일한 열이라고 했는데 '지운이'라는 이름만으로 그 사람이 서울 은평구 증산동에 산다는 것을 확신할 수 있는가? 만약, '지운이'라는 이름이 또 있다면? 현실적으로 이름이 같은 사람은 언제든지 있을 수 있기 때문에, 이 회원 이름 열은 기본 키로 지정하기가 부적합하다. 그렇다면 주소 열은 어떨까?

마찬가지로 주소만 가지고 그 사람이 유일한 사람이라는 것을 알 수는 없다. 같은 집에 사는 사람이 있을 수 있기 때문이다.

마지막으로 아이디 열은 어떤가? 쇼핑몰 사이트에 가입해본 독자라면 회원 가입 시에 아이디를 만들면서 〈아이디 중복 확인〉을 클릭했던 것을 기억할 것이다. 즉, 아이디는 중복되지 않게 지정해야 하는 것이다. 또한, 쇼핑몰 사이트에 회원 가입 시 아이디를 만들지 않고 가입할 수 없다. 결국, '모든 회원이 아이디가 다르며 또한 모든 회원은 아이디를 가지고 있는가?'에 대한 답은 'YES'이므로 이 '아이디'는 기본 키로 설정하기에 아주 적절하다. 그 외에도 회원 테이블에 주민등록번호나 E-Mail 열이 있다면 그것들 역시 중복되지 않고 비어 있지도 않으므로 기본 키로 지정이 가능하다.

- **외래 키**Foreign Key **필드:** 두 테이블의 관계를 맺어주는 키를 말한다. 이에 대한 내용은 그림 상에는 표현되어 있지 않다. 외래 키는 나중에 상세히 얘기하겠다.

- **SQL**Structured Query Language **(구조화된 질의 언어):** DBMS에서 무슨 작업을 하고 싶다면 어떻게 해야 할까? "어이~ MySQL아~~ 테이블 하나 만들어 볼래?"라고 사람끼리 하는 언어로 말할 수는 없을 것이다. DBMS에 무슨 작업을 하고 싶다면 DBMS가 알아듣는 말로 해야 할 것이다. 그것이 SQL이다. 즉, SQL은 사람과 DBMS가 소통하기 위한 말(언어)이다. 우리는 chapter 06, chapter 07에서 이 SQL 문법에 대해서 상세히 배우게 될 것이며, 이번 chapter에서는 꼭 필요한 간단한 내용만 먼저 사용해 볼 것이다.

이 외에도 앞으로 많은 새로운 용어들이 등장할 것이다. 필요한 용어는 학습을 진행하면서 그때마다 소개하겠지만, 위 용어는 기본적으로 반드시 필요한 것이므로 잘 이해해 두어야 앞으로 학습이 무리 없이 진행될 것이다.

3.2 MySQL을 이용한 데이터베이스 구축 절차

이론적인 얘기만 하니 조금 이해가 안될 수도 있고 또, 좀 지루했을 것이다. 지금부터는 직접 [그림 3-1]에 표현된 것을 MySQL에서 구축해 보겠다.

현재는 데이터베이스 모델링(chapter 04에서 소개)이 완료된 상태로 가정한다. 그래서 [그림 3-1]과 같이 테이블의 구조를 결정할 수가 있었다. 모델링이 완성된 후에, 실제로 데이터베이스를 구축하는 가장 기본적인 순서는 [그림 3-2]의 순서를 따르면 된다. 이제 각 단계들을 하나씩 직접 진행해 보자.

데이터베이스 구축 절차

DBMS 설치 (chapter 02에서 했음) → 데이터베이스 생성 → 테이블 생성 → 데이터 입력 → 데이터 조회/활용

테이블 외의 데이터베이스 개체의 활용 → 데이터 백업 및 관리

응용 프로그램에서 구축된 데이터 활용 (웹 서비스/애플리케이션)

[그림 3-2] 데이터베이스 구축/관리 및 활용의 전반적인 절차

3.2.1 데이터베이스 생성

[그림 3-1]의 인터넷 쇼핑몰을 구축하기 위한 '쇼핑몰' 데이터베이스를 생성하자.

실습1

'쇼핑몰'(ShopDB) 데이터베이스를 생성해 보자.

step 0

MySQL Workbench(앞으로 그냥 Workbench라고 부르겠다)를 실행하자.

0-1 Windows의 [시작] 》 [M] 》 [MySQL] 》 [MySQL Workbench 8.0 CE]를 클릭해서 Workbench 를 실행한다.

0-2 [MySQL Connections] 창이 나온다. 'Local instance MySQL' 아래를 보면 사용자는 root로 되어 있고, 컴퓨터는 localhost, 포트는 3306으로 되어 있는 것을 확인할 수 있다. 클릭해서 MySQL에 연결한 다. root의 비밀번호를 입력하는 창이 나오면 '1234'를 입력하고 〈OK〉를 클릭하자.

⚠ localhost(=127.0.0.1)은 자신의 컴퓨터를 의미한다. 그리고, MySQL 포트는 3306을 사용한다. 포트는 컴퓨터의 가상 의 연결 통로 개념으로, 0번부터 65535번까지 사용할 수 있다. 일반적으로 0~1023번까지는 운영 체제 등에 의해서 할당 되어 있고, 그 이후는 응용 프로그램별로 자신의 포트를 사용한다. MySQL은 기본적으로 3306번을 사용하며, Oracle은 1521번, SQL Server는 1433번을 사용한다.

인스턴스Instance는 MySQL 프로그램이 컴퓨터에서 활성화되어 있는 서비스를 말한다. 그래서 일반적으로 MySQL 서버, MySQL 서비스, MySQL 인스턴스 등 모두를 MySQL 자체로 보면 된다.

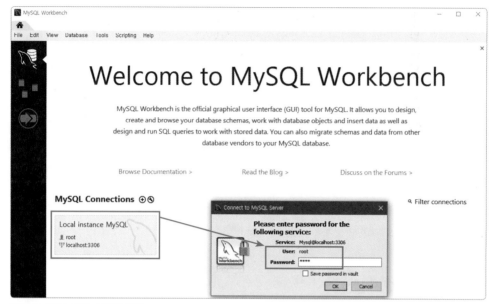

[그림 3-3] MySQL 서버에 연결

☼ MySQL Workbench의 화면 구성

MySQL Workbench를 줄여서 Workbench라 부르기로 했다. Workbench를 처음 사용하는 독자에게는
익숙하지 않은 화면이므로 미리 이 책에서 주로 사용될 이 Workbench 화면을 잠깐 살펴보고 넘어가자.

[그림 3-4] Workbench 관련 용어

이 책에서 주로 사용할 것들만 우선 기억해 두자.

- **쿼리 창:** 쿼리(SQL)를 직접 입력하는 곳으로, chapter 06부터는 이 책에서 가장 많이 사용되는 창이다.

- **쿼리 실행 버튼:** 쿼리 창에 입력된 쿼리문을 실행한다. 왼쪽 버튼은 쿼리 창에 입력된 전체 쿼리나 선택된 부분을 실행하고, 오른쪽 버튼은 키보드 커서가 있는 그 행만 실행한다.

- **쿼리 결과:** 쿼리 창에 SQL을 입력하고 〈쿼리 실행〉을 클릭하면 결과 목록이 출력된다.

- **결과 메시지 창:** 쿼리가 정상 실행되거나, 오류가 발생한 경우 그 결과 메시지가 나온다.

- **데이터 개수:** 쿼리의 수행 결과로 몇 건의 데이터가 조회되었는지 개수를 보여준다.

- **쿼리 수행 시간(초):** SQL을 수행해서 결과가 나오기까지 소요된 시간(초)을 보여준다.

- **서버 관리 창:** 서버의 상태, 데이터 가져오기/내보내기 등의 MySQL을 관리하기 위한 기능을 제공한다.

- **데이터베이스 목록 창:** MySQL 내부에 존재하는 데이터베이스의 목록과 그 내부 테이블 등을 보여준다. 데이터베이스를 더블클릭하면 해당 데이터베이스가 선택되며 굵은 폰트로 보여진다.

⚠ 앞으로 쿼리, 쿼리문, SQL, SQL문 등의 용어가 나오면 모두 동일한 용어라고 생각하자. 문맥에 맞게 그때마다 다양하게 사용할 것이다.

0-3 왼쪽 아래 부분이 탭으로 [Administration]과 [Schemas]로 구분될 것이다. 앞으로 이 탭을 클릭해서 사용할 것이다. 기본적으로는 [Schemas] 탭을 클릭해 놓자.

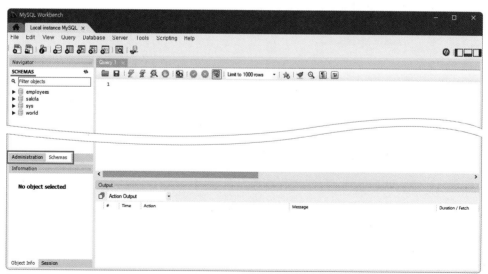

[그림 3-5] Navigator를 탭으로 설정 2

0-4 Workbench를 종료하고, 다시 실행해 보자. 앞으로는 이 화면이 기본적으로 고정되어 나올 것이다. 앞으로 주로 사용될 화면이다.

step 1

[그림 3-1]의 쇼핑몰(ShopDB) 데이터베이스를 생성하자.

⚠ 스키마(SCHEMA)라는 용어가 나오는데, MySQL에서는 스키마와 데이터베이스가 완전히 동일한 용어로 사용된다. 그러므로 필자가 데이터베이스라고 지칭하더라도 스키마가 나오면 동일한 것으로 기억해 놓기 바란다. 주의할 점은 다른 DBMS에서는 스키마와 데이터베이스가 동일한 용어가 아니다.

1-1 Workbench의 [SCHEMAS]의 빈 부분에서 마우스 오른쪽 버튼을 클릭한 후 [Create Schema](= Create Database)를 선택한다.

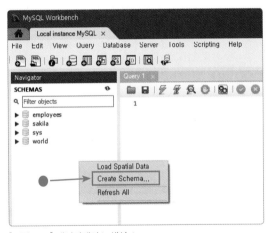

[그림 3-6] 데이터베이스 생성 1

1-2 새 스키마 창에서 Name을 [그림 3-1]에 나온 데이터베이스 이름인 'shopdb'로 입력하면, 위쪽 탭 이름이 자동으로 'shopdb – Schema'로 변경된다. 〈Apply〉를 클릭하면 [Apply SQL Script to Database] 창에서 SQL문이 자동으로 생성되는 것을 확인할 수 있다. 다시 〈Apply〉와 〈Finish〉를 클릭하면 왼쪽 데이터베이스 목록에 shopdb 데이터베이스(=스키마)가 추가된다.

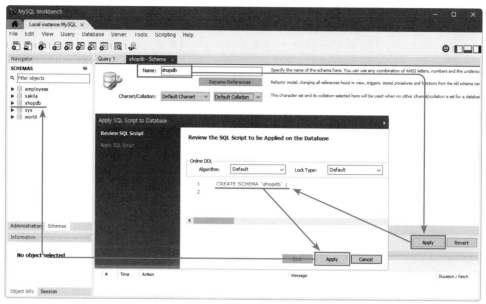

[그림 3-7] 데이터베이스 생성 2

⚠ 지금은 GUI 모드를 사용하고 있지만, 지금 마우스로 클릭하는 것과 **CREATE SCHEMA 'shopdb'**문을 쿼리 창에서 입력하는 것은 동일한 작동을 한다. 이 책에서는 앞으로 SQL문을 입력하는 방법을 주로 사용하게 될 것이다. SQL문을 입력하는 것은 Unix/Linux 등과 완전히 호환되기 때문에 권장한다.

1-3 Workbench 메뉴의 [File] >> [Close Tab]을 클릭하고 〈Don't Save〉를 선택해서 탭을 닫자.

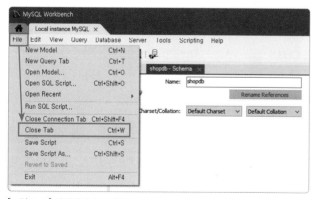

[그림 3-8] 데이터베이스 생성 3

이렇게 해서 [그림 3-1]의 원통 모양의 쇼핑몰 데이터베이스가 생성되었다. 당연히 그 안에는 아직 아무것도 들어 있지 않다.

3.2.2 테이블 생성

[그림 3-1]과 같이 쇼핑몰 데이터베이스 안에 회원 테이블과 제품 테이블을 생성하자.

실습2

테이블을 생성하자.

step 0

테이블을 생성하기 전에 [그림 3-1]에는 나타나 있지 않은 각 열의 영문 이름 및 데이터 형식을 결정하자. 이 과정은 원래 데이터베이스 모델링(특히 물리적 모델링) 시에 결정된다.

⚠ 개체(데이터베이스, 테이블, 열 등) 이름은 영문을 사용해야 한다. 단지 행 데이터의 값(실제 데이터 내용)만 한글을 사용하자. 실무에서는 각 개체의 이름을 한글로 쓰는 경우는 거의 없으며, 만약 개체의 이름을 한글로 사용하게 되면 호환성 등 추후에 문제가 발생할 소지가 많다.

0-1 회원 테이블(memberTBL)의 데이터 형식을 다음과 같이 지정할 것이다.

열 이름(한글)	영문 이름	데이터 형식	길이	NULL 허용
아이디	memberID	문자(CHAR)	8글자(영문)	X
회원 이름	memberName	문자(CHAR)	5글자(한글)	X
주소	memberAddress	문자(CHAR)	20글자(한글)	O

[표 3-1] 회원 테이블 정의

데이터 형식 및 길이에 대한 상세한 내용은 7장에서 살펴보겠다. 지금은 그냥 영문(숫자, 기호 포함)이나 한글을 입력하기 위한 데이터 형식은 CHAR 또는 VARCHAR가 있다는 정도만 기억해 두자. 참고로, 'NULL 허용'은 아무것도 입력하지 않는 것을 허용하는지 여부를 나타낸다.

0-2 제품 테이블(productTBL)의 데이터 형식을 지정할 것이다.

열 이름(한글)	영문 이름	데이터 형식	길이	NULL 허용
제품 이름	productName	문자(CHAR)	4글자 (한글)	X
가격	cost	숫자(INT)	정수	X
제조일자	makeDate	날짜(DATE)	날짜형	O
제조회사	company	문자(CHAR)	5글자(한글)	O
남은 수량	amount	숫자(INT)	정수	X

[표 3-2] 제품 테이블 정의

정수를 나타내는 INT와 날짜를 나타내는 DATE 형식을 추가로 사용하였다.

step 1

위 설계대로 회원 테이블(memberTBL)을 만들어 보자.

1-1 Workbench의 왼쪽 [Navigator] 〉〉 [SCHEMAS]에서 [shopdb]를 확장하고 [Tables]을 선택한 후, 마우스 오른쪽 버튼 클릭하고 [Create Table]을 선택한다

⚠ 테이블을 생성하는 화면의 크기가 좀 작다면 오른쪽 위의 네모 모양의 아이콘 중, 가운데를 클릭하면 아래쪽 [Output] 창이 On/Off 되어서 화면을 크게 사용할 수 있다.

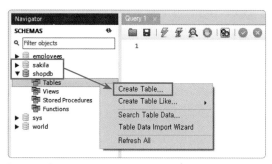

[그림 3-9] 테이블 생성 1

1-2 [표 3-1]에 나온 회원 테이블의 내용을 우선 입력한다. 테이블 이름^{Table Name}에 'memberTBL'을 입력 하고 〈Apply〉를 클릭한 후 열 이름^{Column Name} 부분을 더블클릭해서 입력하자. 데이터 형식^{Datatype}은 직접 써 주거나 드롭다운으로 선택할 수 있다. 또, 아이디^{memberID}와 회원 이름^{memberName}은 〈NN^{Not Null}〉에서 체크를 켠다. 나머지는 모두 체크를 끄자.

⚠ 혹시, 열의 정의를 잘못 입력했다면, 해당 열을 선택한 후에 마우스 오른쪽 버튼을 클릭하고 [Delete Selected]를 선택하면 열 정보가 삭제된다.

[그림 3-10] 테이블 생성 2

1-3 [그림 3-1]을 보면 아이디^{memberID} 열을 기본 키로 설정하기로 되어 있다. 아이디 열의 PK^{Primary Key}의 체크를 켜서 기본 키로 지정한다. 그러면 제일 앞의 작은 아이콘이 열쇠 모양으로 변경될 것이다.

[그림 3-11] 테이블 생성 3

1-4 오른쪽 아래 〈Apply〉를 클릭한다. 경고 창이 나오면 〈Don't show this message again〉을 체크하고 〈OK〉를 클릭한다.

⚠ MySQL은 기본적으로 테이블 이름, 열 이름 등을 모두 소문자로 처리한다. 그러므로, 대문자로 입력하더라도 소문자로 변경되어서 저장된다. 하지만, 필자는 대소문자를 섞어서 사용할텐데, 이는 읽기 편하도록 하기 위함이다. 즉 memberTBL은 멤버^{member}의 테이블(TBL)이라는 의미로 사용한다. 결국 memberTBL MEMBERtbl, membertbl 모두 동일하며 MySQL 내부적으로는 membertbl로 처리된다.

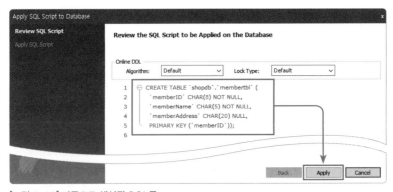

[그림 3-12] 대소문자를 모두 소문자로 변경한다는 경고 창

1-5 [Apply SQL Script to Database] 창이 나오고 자동으로 생성된 SQL문이 보인다. (이 SQL문을 직접 쿼리 창에 입력해서 테이블을 생성해도 동일한 결과를 얻을 수 있다). 〈Apply〉와 〈Finish〉를 클릭해서 테이블의 생성을 완료하자.

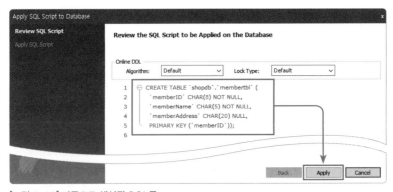

[그림 3-13] 자동으로 생성된 SQL문

1-6 메뉴의 [File] 〉〉 [Close Tab]을 선택해서 테이블 생성 창을 닫는다.

step 2

같은 방식으로 [표 3-2]의 제품 테이블(productTBL)을 독자가 직접 만들고 저장하자. (productName 열을 PK로 지정해야 한다.) 결과는 다음과 같다. 변경 내용을 적용시키고 테이블 생성 창을 닫는다.

[그림 3-14] 제품 테이블 생성 완료

step 3

생성한 테이블을 확인해 보자. ShopDB의 [테이블]에서 '▶'를 클릭해서 확장하면 두 개의 테이블이 생성된 것을 확인할 수 있다. 테이블이 모두 보이지 않으면 [Tables]에서 마우스 오른쪽 버튼을 클릭하고 [Refresh All]을 선택해 본다.

[그림 3-15] 생성된 테이블 확인

이로써 [그림 3-1]의 쇼핑몰 데이터베이스(ShopDB)의 회원 테이블과 제품 테이블의 생성이 완료되었다. 아직은 데이터가 입력되지 않았으므로 이어서 데이터를 입력하자.

3.2.3 데이터 입력

생성한 테이블에 실제 행 데이터를 입력할 순서다. [그림 3-1]의 각 테이블에 데이터를 입력하자.

실습3

행 데이터를 입력하자.

step 1

회원 테이블의 데이터를 입력하자.

1-1 Navigator의 [SCHEMAS]에서 [ShopDB] 〉〉 [Tables] 〉〉 [membertbl]을 선택한 후, 마우스 오른쪽
버튼을 클릭하고 [Select Rows – Limits 1000]을 선택한다.

[그림 3-16] 행 데이터 입력 1

1-2 오른쪽 아래의 [Result Grid]에서 [그림 3-1]의 데이터를 입력한다. 입력된 결과는 다음과 같다. (다
른 칸으로 이동하려면 Tab을 사용하면 편리하다.) 입력이 완료되었으면 오른쪽 아래 〈Apply〉를 클릭한다.
SQL문이 자동 생성되면 〈Apply〉와 〈Finish〉를 클릭해서 입력을 완료한다.

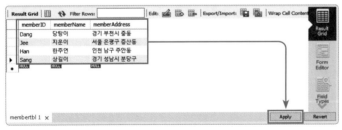

[그림 3-17] 행 데이터 입력 2

입력이 끝났으므로 Workbench 메뉴의 [File] 〉〉 [Close Tab]을 선택해서 창을 닫는다.

⚠ 만약, 중간에 데이터를 잘못 입력했다면 다음과 같이 삭제할 행의 앞부분에서 마우스 오른쪽 버튼을 클릭한 후 [삭제]를 선택하면 된다.

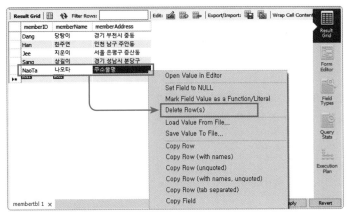

[그림 3-18] 행 데이터 삭제

step 2

동일한 방식으로 제품 테이블(productTBL)에 [그림 3-1]의 데이터를 입력한다. 입력된 결과는 다음과 같다. 변경 내용을 적용시키고 입력 창을 닫는다.

productName	cost	makeDate	company	amount
컴퓨터	10	2021-01-01	삼성	17
세탁기	20	2022-09-01	LG	3
냉장고	5	2023-02-01	대우	22
NULL	NULL	NULL	NULL	NULL

[그림 3-19] 행 데이터 입력 3

⚠ 데이터를 입력하는 SQL은 **INSERT INTO** …를, 삭제하는 SQL은 **DELETE** …를 사용하면 된다. chapter 06에서 상세히 배우게 된다.

step 3

입력이 끝났으면 테이블 입력 창의 닫기(X) 버튼을 클릭해서 입력 창을 닫는다.

이렇게 해서 인터넷 쇼핑몰을 운영하기 위한 [그림 3-1]의 데이터베이스 구축은 기본적으로 완료되었다. 비록, 간단히 마쳤지만 실무에서 대용량의 데이터베이스를 구축할 때도 지금 실습한 것과 흐름 자체는 동일하다. 단지, 더 복잡한 몇 가지만 더 고려하면 된다. 그 사항들은 앞으로 이 책에서 계속 나오게 될 것이다.

3.2.4 데이터 활용

입력한 데이터를 그대로 두고 활용하지 않는다면 데이터를 구축한 의미가 없을 것이다. 이제는 이렇게 입력된 데이터를 활용하는 방법을 살펴보자.

실습4

데이터를 활용한다는 것은 주로 'SELECT'문을 사용한다는 의미이다. 이 SELECT는 앞으로 계속 나오게 될 것이며 특히, chapter 06과 chapter 07에서 더 자세히 배우게 될 것이다.

step 0

SQL문을 직접 입력할 수 있는 쿼리 창을 하나 열자.

0-1 기존에 열려 있는 쿼리 창이 있으면 모두 닫는다.

0-2 Workbench의 상단 제일 왼쪽의 〈Create a new SQL tab for executing queries〉 아이콘을 클릭하거나 메뉴의 [File] 〉〉 [New Query Tab]을 클릭한다.

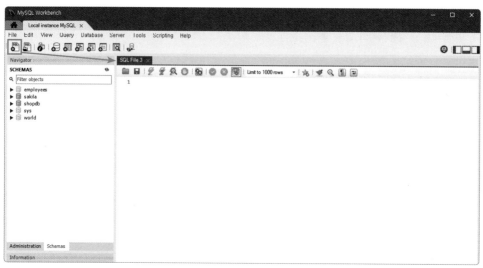

[그림 3-20] 새 쿼리 창 열기

0-3 먼저, 처리할 것은 [SCHEMAS]의 데이터베이스 ShopDB를 더블클릭하면 진하게 색상이 변하면서 선택된다. 이것은 앞으로 쿼리 창에 입력할 SQL문이 선택된 ShopDB에 적용된다는 의미이다. 처음 MySQL 사용 시에 자주 실수하는 부분이므로 유의하자.

[그림 3-21] 사용할 데이터베이스 선택하기

step 1

몇 가지 기본적인 SELECT문을 사용해 보자.

1-1 제품 테이블의 모든 데이터를 조회해 보자.

```
SELECT * FROM productTBL;
```

SQL의 실행 방법은 쿼리 창에 문법에 맞는 SQL을 입력한 후에 툴바의 〈Execute the selected portion ~~〉을 클릭하거나 Ctrl + Shift + Enter 를 누르면 된다. Workbench 메뉴의 [Query] 〉〉 [Execute (All or Selection)]을 선택해도 된다. 독자가 편한 것을 사용하자.

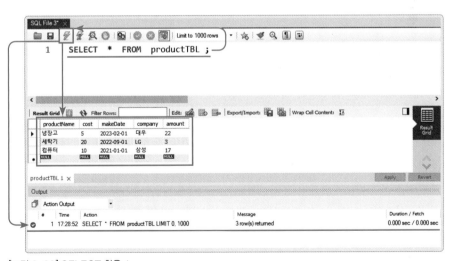

[그림 3-22] SELECT 활용 1

⚠ 만약, 입력한 SQL이 틀리지 않았음에도, [Output] 창에 'Error Code: 1146. Table ~~~ doesn't exist'라는 오류 메시지가 나온다면 [그림 3-21]과 같이 데이터베이스의 선택을 해주지 않아서 그런 경우가 대부분이다. 그러므로, 쿼리 창을 연 후에, 사용하고자 하는 데이터베이스를 먼저 선택하는 습관을 갖는 것이 좋다.

✿ SQL 예약어

쿼리 창에서 SQL문을 입력하면 예약어는 자동으로 파란 색깔로 표시된다. 예제로 사용한 'SELECT', 'FROM'은 이미 SQL문에서 약속된 예약어이므로 파란색으로 표시된다.

또한, MySQL Workbench는 IntelliSense 기능을 제공해 주는데, 이는 글자의 일부만 입력해도 그와 관련되는 글자들이 나타난다. 다음 예에서 's'만 입력해도 'select'문 등이 자동으로 표현된다. 이 상태에서 화살표 키와 탭Tab 키를 누르면 자동으로 'select'가 완성된다. 잘 활용하면 입력도 빨라지고 오타도 많이 줄어드는 장점이 있다.

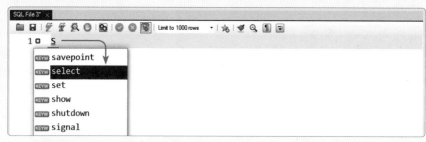

[그림 3-23] IntelliSense 기능

우선, SQL은 대소문자를 구분하지 않는다. 하지만 이 책에서는 독자가 읽기 편하도록 되도록 예약어를 대문자로 사용하겠다.

SELECT의 기본 형식은 **SELECT 열 이름 FROM 테이블 이름 [WHERE 조건]** 형식을 갖는다. (chapter 06에서 계속 언급할 것이다.) '*'는 모든 열을 의미한다. 그러므로, **SELECT * FROM memberTBL** 문은 '회원 테이블의 모든 열을 보여줘라' 정도의 의미다. 그 결과가 아래쪽 [결과] 창에 나타난다. 또한, [Output] 창에는 현재 결과가 몇 건이고 조회하는 데 얼마의 시간(초)이 걸렸는지 표시해 준다. 이 경우에는 4건밖에 없으므로 한눈에 보이지만, 수천/수만 건일 경우에는 [Output] 창의 오른쪽 아래를 통해서 데이터의 건수를 확인하는 것이 더 빠르다.

마지막에 세미콜론(;)은 없어도 관계없지만, Workbench가 아닌 명령어 모드로 사용할 때는 반드시 필요하기 때문에 Workbench에서도 반드시 넣어주는 것으로 기억하자.

1-2 회원 테이블 중에 이름과 주소만 출력하자. 기존 SQL을 지우고 새로 입력한 후 실행하자.

```
SELECT memberName, memberAddress FROM memberTBL;
```

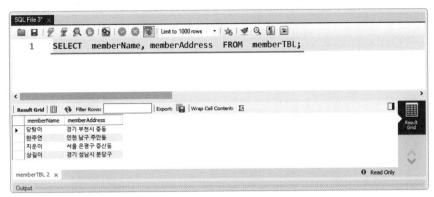

[그림 3-24] SELECT 활용 2

1-3 '지운이'에 대한 정보만 추출해 보자. 그런데, 이번에는 앞의 SQL을 지우지 말고 다음 줄에 이어서 쓴 후에 실행하자.

```
SELECT * FROM memberTBL WHERE memberName = '지운이' ;
```

[그림 3-25] SELECT 활용 3

그런데, 위 결과를 보니 좀 이상하다. 지금 우리가 실행하려고 했던 SQL은 두 번째 줄의 **SELECT * FROM memberTBL WHERE memberName = '지운이'**문에 대한 결과만을 원했는데, 결과 창을 자세히 보니 탭으로 구분되어서 위에 써있는 **SELECT memberName, memberAddress FROM memberTBL**문의 결과까지 동시에 실행된 두 개의 결과가 나왔다.

이는 쿼리 창에서 실행했을 때, 그 쿼리 창에 있는 모든 SQL문을 수행하기 때문이다. 필자는 지금 SELECT 만 있고 몇 줄 안되므로 별 문제가 없지만 데이터를 변경하는 SQL을 사용하거나 또, 코드가 길어진다면 데이터에 문제를 발생시킬 수 있으므로 주의해야 한다. 바로 이어서 이를 방지하는 방법을 살펴보자.

1-4 이번에는 실행할 두 번째 쿼리 부분만을 마우스로 드래그해서 선택한 후에 툴바의 〈Execute the selected portion~~〉 아이콘을 클릭하거나 Ctrl + Shift + Enter 를 눌러 실행하자.

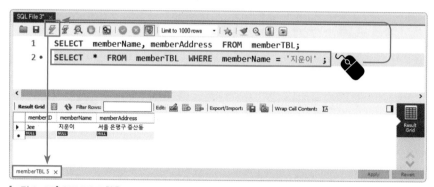

[그림 3-26] SELECT 활용 4

선택된 부분만 실행되기 때문에 하나의 결과 탭만 나왔다. 앞으로는 기존에 사용한 SQL을 지우지 말고, 실행하고자 하는 SQL만 마우스로 드래그해서 선택한 후에 실행하는 방법을 사용하자.

WHERE절을 사용하면 조건을 지정할 수 있다. 지금은 회원 이름memberName이 '지운이'인 회원의 모든 열을 보고자 하는 SQL이다.

step 2

SQL문으로 새로운 테이블을 하나 더 생성하자.

2-1 기존 SQL문은 모두 지우고, 다음의 간단한 테이블을 생성하는 SQL을 실행하자. (주의할 점은 키보드 제일 왼쪽 위의 백틱backtick 키다.)

```
CREATE TABLE `my TestTBL` (id INT);
```

이 구문은 테이블을 생성해 주는 SQL이다. 그런데, 테이블 이름에 띄어쓰기가 허용된 점에 주목하자.

⚠ 중간에 공백space이 있는 개체의 이름을 사용할 때는 백틱(backtick) ` `으로 묶어줘야 하나의 이름으로 인식한다. 그리고 '--'(하이픈 연속 2개)가 앞에 붙으면 그 줄은 모두 주석Remark 처리가 되어서 그 줄은 MySQL이 무시한다. 주의할 점은 -- 뒤에 공백이 하나 있어야 한다는 것이다. 붙여서 쓸 경우에 주석으로 인식하지 않을 수 있다.

2-2 그런데 Navigator를 살펴보면, 방금 생성한 'my TestTBL'이 보이지 않는다.

[그림 3-27] Navigator에는 적용이 안됨

이유는 쿼리 창에서 CREATE문으로 개체를 생성하면 Navigator에 자동으로 적용되지 않는다.

2-3 그러므로 테이블 등을 쿼리 창에서 SQL문으로 생성한 후에 Navigator에서 바로 확인하고 싶다면, 다음과 같이 해당 개체 그룹을 선택한 후에 마우스 오른쪽 버튼을 클릭하고 [Refresh All]을 해줘야 한다.

[그림 3-28] 새로 고침

처음 MySQL 사용 시에 자주 실수하는 부분이므로 이것도 잊지 말자. 즉, 테이블 등의 개체가 있어야 하는데 보이지 않는다면 먼저 [Navigator]에서 [Refresh All]을 해준 후에 확인하자.

step 3

테이블을 삭제해 보자. my TestTBL을 삭제하자. DROP TABLE문을 사용하면 된다. 또는 [Navigator]에서 해당 테이블을 선택한 후 마우스 오른쪽 버튼을 클릭하고 [Drop Table]을 선택해도 된다.

```
DROP TABLE `my TestTBL` ;
```

삭제 후에도 만약 [Navigator]에 적용이 안되어 있다면 [Refresh All]을 해야 한다.

어떤가? 이 정도면 할 만하지 않은가? 좀 과장해서 얘기하면 이 정도면 데이터베이스의 대부분을 한 것이나 마찬가지다. 실무에서도 이보다 많은 테이블과 많은 열이 존재하고 행 데이터의 양이 꽤 많을 뿐 지금 우리가 한 것과 데이터베이스를 구축하는 것은 별반 차이가 없다.

비유를 하자면 이 정도면 독자는 물에 빠져 죽지는 않을 정도의 수영 실력은 갖춘 셈이다. 이제부터는 좀더 멋지고 빠른 수영을 하는 방법을 배우게 될 것이다. 그리고 실내 수영장이 아닌 바다나 강가에서 수영하는 법도 배우게 될 것이다. 궁극적으로 어느 상황이든지 훌륭한 수영선수(데이터베이스 개발자 또는 관리자)가 되는 것이 앞으로의 남은 과제이다.

3.3 테이블 외의 데이터베이스 개체의 활용

[그림 3-1]에는 데이터베이스 안에 '테이블'만 표현되어 있다. 테이블은 데이터베이스의 가장 기본적이고 중요한 개체임에는 확실하지만, 테이블만을 가지고 실무에서 데이터베이스를 운영하지는 않는다. 비유하자면 자동차(=데이터베이스)에서 가장 중요한 것을 '엔진(=테이블)'으로 본다면 엔진 외에도 바퀴, 운전대, 기어, 사이드 미러 등도 있어야만 실제 자동차의 운행이 가능한 것과 마찬가지다.

테이블 외에 다른 중요한 데이터베이스 개체로는 인덱스, 스토어드 프로시저, 트리거, 함수, 트리거, 커서 등이 있다. 이들에 대해서는 앞으로 각 chapter에서 상세히 살펴보게 될 것이며 지금은 그 중 몇 가지에 대해서만 우선 간단히 살펴보자.

3.3.1 인덱스

인덱스^{Index}는 chapter 09에서 상세히 배우게 될 것이다. 지금은 인덱스가 무엇인지 개념만 파악해 보자.

인덱스란 대부분의 책의 제일 뒤에 붙어 있는 '찾아보기'(또는 색인)와 같은 개념이다. (이 책의 제일 뒷부분에 '찾아보기'를 생각하면 된다.) 즉, 책의 내용 중에서 특정 단어를 찾고자 할 때 책의 첫 페이지부터 마지막까지 한 페이지씩 전부를 찾아보는 것보다는 책 뒤의 '찾아보기'를 찾아보고 색인에 나와 있는 페이지로 바로 찾아가는 것이 훨씬 빠를 것이다.

지금 우리가 실습하는 데이터들은 양이 몇 건 되지 않으므로 이 인덱스가 있든 없든 별 문제가 되지 않지만, 실무에서 사용되는 많게는 수천만~수억 건 이상의 데이터에서 인덱스없이 전체 데이터를 찾아본다는 것은 MySQL 입장에서는 엄청나게 부담스러운(=시간이 오래 걸리는) 일이 될 것이다. 실제로 실무에서도 이 인덱스를 잘 활용하지 못해서 시스템의 성능이 전체적으로 느린 경우가 아주 흔하게 있다.

인덱스는 테이블의 열 단위에 생성된다. (물론, 복합 인덱스도 있지만 지금은 그냥 하나의 열에 하나의 인덱스를 생성할 수 있다고 생각하자.) 우리는 아직 별도의 인덱스를 생성한 적이 없지만, 우리도 모르게 이미 회원 테이블(memberTBL)의 아이디(memberID)에는 이미 인덱스가 생성되어 있다. 열을 기본 키로 설정하면 자동으로 인덱스가 생성되기 때문이다.

지금 우리는 작은 데이터를 가지고 실습하고 있기 때문에 인덱스가 있든 없든 쿼리에 대한 응답 속도는 몇 초도 되지 않을 것이다. 예로 **SELECT * FROM productTBL WHERE productName = '세탁기'**문을 실행하면 전체 제품이 현재 [그림 3-1]에 3개만 들어 있으므로 그 3개를 읽어서 '세탁기'에 해당하는 행을 가져온다. 그런데, 만약 제품이 100만 개라면 100만 행을 읽어서 그 중에서 해당하는 1개 행을 가져온다. 이는 MySQL의 입장에서는 엄청나게 부하가 많이 걸리는 일을 한 것이다. 이렇게 되면 결과가 나오기는 하겠지만 그 결과를 보기 위해서 MySQL이 한참 동안 디스크를 읽는 것을 꾹 참고 기다려야 할 것이다. 이를 해결하기 위한 것이 바로 '인덱스'다.

⚠ 요즘은 하드디스크보다는 SSD를 주로 사용하기에 예전보다는 훨씬 응답 속도가 빨라졌지만, 100만 건을 읽는다면 SSD를 사용해도 시간이 한참 걸릴 것이다.

실습5

인덱스를 간단히 사용해 보자.

step 0

인덱스의 사용 여부를 확인하기 위해서는 데이터의 양이 어느 정도 있어야 의미가 있다. 적정량이 있는 테이블을 우선 생성하자.

0-1 열려 있는 쿼리 창을 모두 닫는다.

⚠ 앞으로 쿼리 창을 닫을 때, 다음과 같이 저장하겠냐는 메시지 창이 나오면 〈Don't Save〉를 클릭한다. 특별한 경우가 아니라면 이 책에서 입력한 쿼리를 저장할 일은 별로 없다.

[그림 3-29] 쿼리 내용을 저장하지 않음

0-2 새 쿼리 창을 연다. 그리고, Navigator에서 ShopDB를 더블클릭해서 현재 데이터베이스를 ShopDB로 변경하자.

0-3 다음 쿼리를 실행해서 500건의 데이터가 있는 indexTBL을 생성하자. (다음 쿼리의 내용은 chapter 06에서 살펴볼 것이고, 지금은 그냥 샘플DB인 employees에서 대량의 데이터를 복사해서 indexTBL을 생성한다는 정도로만 알면 된다.)

⚠ 이미 언급했으나 쿼리 창에 쿼리를 입력한 후에 해당 쿼리를 마우스로 드래그해서 선택한 후 〈Execute the selected portion~~〉 아이콘을 클릭해야 한다. 그렇지 않다면 쿼리 창에 기존의 내용을 모두 지운 후, 실행할 쿼리만 입력하고 〈Execute the selected portion~~〉 아이콘을 클릭해야 한다. 처음 MySQL을 사용할 경우에 자주 실수하는 부분이므로 다시 언급했다.

```
CREATE TABLE indexTBL (first_name varchar(14), last_name varchar(16) , hire_date
date);
INSERT INTO indexTBL
    SELECT first_name, last_name, hire_date
    FROM employees.employees
    LIMIT 500;
SELECT * FROM indexTBL;
```

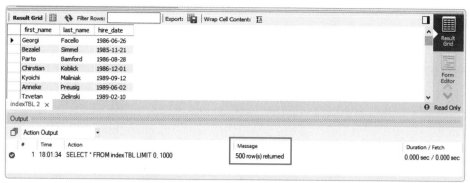

[그림 3-30] indexTBL의 생성 및 확인

step 1

먼저 인덱스가 없는 상태에서 쿼리가 어떻게 작동하는지를 확인하자.

1-1 indexTBL의 이름 중에서 'Mary'인 사람을 조회해 보자.

```
SELECT * FROM indexTBL WHERE first_name = 'Mary';
```

1-2 잠시 후에 결과가 나오면 오른쪽에서 아래로 내려가는 아이콘(▽)을 계속 클릭한다. 제일 아래로 내리면 [Execution Plan](실행 계획)을 확인할 수 있다.

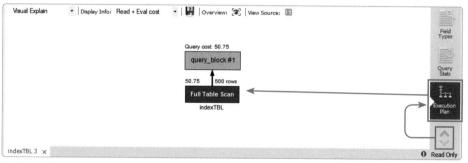

[그림 3-31] 인덱스 생성 전의 실행 계획 확인

실행 계획Execution Plan의 내용에 대한 상세한 사항은 나중에 다시 언급할 것이다. 지금은 'Full Table Scan' (전체 테이블 스캔)이라는 것에 주목하자. 이 뜻은 인덱스를 사용하지 않고, 테이블 전체를 검색Scan했다는 뜻이다. 즉, 500건을 모두 읽어서 1개의 결과를 찾아냈다고 생각하면 된다. 현재는 인덱스가 없으니, 당연히 테이블의 전체 내용을 검색해서 찾을 수밖에 없을 것이다.

☼ 전체 테이블 검색

예를 들어, 현재 이 책의 제일 뒤의 찾아보기가 없다고(= 인덱스가 없다고) 가정하고 책의 내용 중에서 'trigger'와 관련된 내용을 찾아야 한다면 어떻게 해야 할까? 당연히 책의 처음부터 끝까지 전체를 뒤져봐야 (= 테이블을 전체를 검색해야) 한다. 이것이 'Full Table Scan'이다. 즉, 전체 테이블의 모든 행 데이터를 다 읽어보는 것을 말한다. 지금은 데이터 건수가 겨우 500건밖에 되지 않지만, 대량의 데이터(수십만~수억 건) 가 들어 있었다면 많은 시간 및 시스템에 과부하를 초래했을 것이다.

step 2

다음 SQL을 실행해서 테이블(indexTBL)의 이름(first_name)열에 인덱스를 생성해 보자.

```
CREATE INDEX idx_indexTBL_firstname ON indexTBL(first_name);
```

⚠ SELECT문의 경우에는 성공적으로 실행되면 아래 결과 창에 해당 데이터가 보인다. 하지만, CREATE문의 경우에는 새로 운 개체를 생성하는 것이므로 성공했을 경우에는 아래 [Output] 창에 초록색 아이콘으로 성공 메시지만 표시된다. 성공 메시지가 아니라면 SQL문이 수행되지 않은 것이다.

이제 인덱스 이름 idx_indexTBL_firstname은 indexTBL 테이블의 first_name열에 생성된 색인이 된다. 사실 인덱스의 이름은 별로 중요하지 않지만 지금처럼 이름만으로 어느 테이블의 어느 열에 설정된 인덱스 인지를 알 수 있도록 지정해 주는 것이 좋다. (idx는 InDeX의 약자를 의미한다.)

2-1 다시 **1-1**에서 조회했던 것과 동일한 내용을 다시 조회해 보자.

```
SELECT * FROM indexTBL WHERE first_name = 'Mary';
```

2-2 결과는 동일하게 1건이 출력되겠지만, 그 내부적인 작동은 인덱스를 만들기 전과 지금 인덱스를 만든 후에는 큰 차이가 있다.

[그림 3-32] 인덱스 생성 후의 실행 계획 확인

나머지는 chapter 09에서 상세히 살펴보도록 하고 'Non-Unique Key Lookup'(인덱스를 사용했다는 의미)이라는 말에 주목하자. 이는 인덱스를 사용해서 결과를 찾아냈다는 의미이다. 그래서 그 아래 작은 글씨로 인덱스 이름인 idx_indexTBL_firstname이 나타나 있다.

결론적으로, 인덱스를 생성하기 전인 **1-1**에서의 쿼리는 이 책의 제일 뒤의 찾아보기가 없는 상태에서 trigger 단어를 검색하는 것(즉, 책의 전체 페이지를 찾아본 것)과 같고, 인덱스를 생성한 후인 **2-1**에서의 쿼리는 이 책 뒤의 찾아보기가 있는 상태에서 찾아보기에서 먼저 trigger 단어를 찾아 본 후에 그곳에 써있는 페이지를 바로 펴서 검색한 것과 같은 의미이다.

즉, **2-1**에서의 결과는 **1-1**에 비해서 엄청나게 적은 수고를 통해서 얻었다. 그러므로 인덱스를 생성한 후에 조회하는 것이 데이터의 양에 따라서 심하게는 몇 십 배 이상 빠를 수도 있다. (지금은 데이터 양이 겨우 500건밖에 되지 않으므로 독자가 체감으로는 별로 느끼지 못했을 것이다.)

실무에서는 지금의 실습과 같이 필요한 열에는 꼭 인덱스를 생성해 줘야 한다. 하지만, 인덱스는 잘 사용하면 좋은 '약'이 되지만 잘못 사용하거나 함부로 남용한다면 '독'이 될 수 있으므로 세심한 주의가 필요하다. 그러한 내용은 chapter 09에서 살펴보겠다.

3.3.2 뷰

뷰^{View}란 가상의 테이블이라고 생각하면 된다. (그래서, 뷰를 '뷰 테이블'이라고도 부르지만 엄밀히 말하면 정확한 말은 아니다.) 즉, 사용자의 입장에서는 테이블과 동일하게 보이지만, 뷰는 실제 행 데이터를 가지고 있지 않다. 그 실체는 없는 것이며, 진짜 테이블에 링크^{Link}된 개념이라고 생각하면 된다. 그래서 뷰를 SELECT하면 결국 진짜 테이블의 데이터를 조회하는 것과 동일한 결과가 된다.

예를 들면, 기존에 구축된 쇼핑몰을 운영하다가 회원의 주소를 대량으로 변경해주는 작업이 필요하다고 가정해 보자. 그래서 새로운 아르바이트생을 고용해서 회원의 다른 정보는 그대로 두고 '주소'만 변경하는 일을 시키려 한다. 그런데, 만약 이 아르바이트생에게 회원 테이블(memberTBL)을 사용할 권한을 준다면 회원의 주소 외에 주민등록번호, 전화번호, 결혼 여부 등의 중요한 개인정보를 열람하게 된다. 그럴 경우 고의든 실수든 개인정보 유출이라는 심각한 상황이 발생될 수도 있다.

⚠ 우리는 테이블을 간단히 만들기 위해서 실제 회원 테이블에 주민등록번호 등의 열은 생성하지 않았지만, 실제 상황이라면 당연히 회원 테이블에 더 많은 열을 생성해야 할 것이다.

이럴 때, 두 가지 방법을 생각해 낼 수 있다. 하나는 회원의 주민등록번호 등의 중요한 정보를 뺀 아이디와 주소만 있는 테이블을 다시 생성한 후에 데이터를 다시 입력하는 것이다. 당연히 이미 있는 데이터를 다시 입력하는 소모적인 작업이 될 것이며, 더 큰 문제는 동일한 데이터가 두 테이블에 존재하게 되는 것이다. 즉, 아이디 'Dang'의 주소가 이미 회원 테이블에 존재하는데 새로 만든 테이블에도 존재하게 되어서, 나중에는 중복된 주소가 서로 다르다면 어느 주소가 정확한 주소인지를 알아낼 수 없는 심각한 문제가 발생할 소지가 있다.

이러한 문제를 해결하기 위해 뷰를 사용할 수 있다. 아이디와 주소만 있는 뷰를 생성하면 된다. 뷰는 실체가 있는 것이 아니라, 회원 테이블의 링크 개념이므로 실제 데이터는 회원 테이블에만 존재하기 때문에 데이터의 중복이 발생되지 않는다. 또한, 아르바이트생은 뷰에만 접근 권한을 줘서 회원들의 주민번호는 아예 볼 수가 없다. 즉, [그림 3-33]과 같은 구조가 된다.

[그림 3-33] 뷰의 사용 예

실습6

기본적인 뷰의 사용법을 실습하자.

step 0

기존의 쿼리 창을 닫고, Workbench의 왼쪽 상단의 〈Create a new SQL tab for executing queries〉 아이콘을 클릭해서 새 쿼리 창을 연다. 그리고 [Navigator]에서 ShopDB를 더블클릭해서 현재 데이터베이스를 ShopDB로 변경한다.

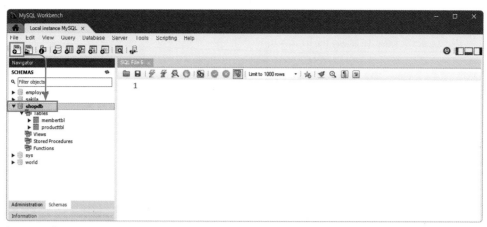

[그림 3-34] 현재 데이터베이스 선택

---

step 1

회원 이름과 주소만 존재하는 뷰를 생성하자. 뷰 이름은 uv_memberTBL로 하자.

⚠ uv_를 붙이는 것은 User View를 의미하는데, 그냥 View를 의미하는 v_를 붙이기도 한다.

```
CREATE VIEW uv_memberTBL
AS
    SELECT memberName, memberAddress FROM memberTBL ;
```

눈치 빠른 독자는 이미 알아챘겠지만, 뷰의 실체는 SELECT문이다. 우리가 뷰(uv_memberTBL)에 접근하게 되면 뷰 생성 시에 입력한 SELECT문이 그때 작동한다.

---

step 2

아르바이트생이 뷰(uv_memberTBL)를 조회해보자. 아르바이트생은 이게 뷰인지 테이블인지 알 필요도 없이 그냥 다른 테이블과 동일하게 사용하면 된다.

```
SELECT * FROM uv_memberTBL ;
```

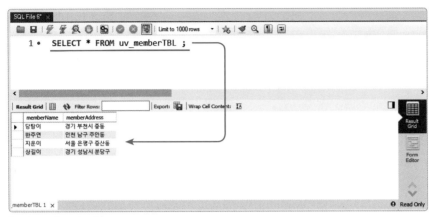

[그림 3-35] 뷰의 조회

이제부터는 안심하고 아르바이트생에게 주소변경 작업을 맡기면 된다.

뷰에 대해서 완전히 이해되지 않았어도 걱정하지 않아도 된다. 뷰에 대한 상세한 내용은 chapter 09에서 다룬다.

3.3.3 스토어드 프로시저

스토어드 프로시저Stored Procedure란 MySQL에서 제공해주는 프로그래밍 기능을 말한다. 즉, SQL문을 하나로 묶어서 편리하게 사용하는 기능이다. 물론, SQL을 묶는 개념 외에 다른 프로그래밍 언어와 같은 기능을 담당할 수도 있다. 실무에서는 SQL문(주로 SELECT)을 매번 하나하나 수행하기보다는 스토어드 프로시저로 만들어 놓은 후에 스토어드 프로시저를 호출하는 방식을 많이 사용한다. 직접 실습을 통해서 이해하자.

실습7

간단한 스토어드 프로시저를 실습하자.
매번 회원 테이블 '당탕이'의 정보와 제품 테이블의 '냉장고'의 정보를 동시에 조회한다고 가정하자.

step 0

현재 데이터베이스가 ShopDB인지 확인한다.

지금까지 배운 SQL문으로는 다음과 같이 동시에 수행하게 될 것이다.

```
SELECT * FROM memberTBL WHERE memberName = '당탕이';
SELECT * FROM productTBL WHERE productName = '냉장고';
```

[그림 3-36] 여러 테이블의 조회

매번 이 두 줄의 긴(?) SQL을 입력해야 한다면 상당히 불편할 것이며, 오타나 SQL의 문법을 잊어버려서 틀릴 소지도 다분하다. (물론 실제로는 두 줄이 아닌 몇 백 줄이더라도 동일한 얘기다.)

이 두 쿼리를 하나의 스토어드 프로시저로 만들자.

2-1 myProc()이라는 이름의 스토어드 프로시저를 만들자.

⚠ DELIMITER는 '구분 문자'를 의미한다. 뒤에 //가 나오면 기존의 세미콜론(;)을 //로 대신한다는 의미다. 이는 CREATE PROCEDURE ~~ END까지를 하나의 단락으로 묶어주는 효과를 갖는다는 정도로 기억하자. 그리고, 다시 제일 마지막 행에서 세미콜론(;)으로 돌려놓아야 한다. chapter 07에서 다시 언급하겠다.

```
DELIMITER //
CREATE PROCEDURE myProc()
BEGIN
    SELECT * FROM memberTBL WHERE memberName = '당탕이' ;
    SELECT * FROM productTBL WHERE productName = '냉장고' ;
END //
DELIMITER ;
```

2-2 앞으로는 방금 생성한 스토어드 프로시저를 실행하기만 하면 된다. 스토어드 프로시저는 **CALL 스토어드 프로시저_이름( )**으로 실행하면 된다.

```
CALL myProc() ;
```

[그림 3-37] 스토어드 프로시저 실행

> **선배의 실무 Tip**
>
> **CREATE와 DROP문**
>
> 지금까지 사용해 왔듯이 데이터베이스 개체를 만들기 위해서는 **CREATE 개체종류 개체이름 ~~** 형식을 사용했다. 즉, **CREATE TABLE 테이블_이름 ~~** , **CREATE VIEW 뷰_이름 ~~**, **CREATE PROCEDURE 스토어드프로시저_이름( ) ~~** 과 같이 사용하면 된다.
>
> 반대로 데이터베이스 개체를 삭제하기 위해서는 간단히 **DROP 개체종류 개체이름**으로 간단히 사용하면 된다.
>
> 예로 실습에서 생성한 스토어드 프로시저를 삭제하려면 **DROP PROCEDURE myProc**라고만 간단히 사용하면 된다.

스토어드 프로시저는 실무에서 많이 사용되는 개체이다. 상세한 내용은 chapter 10에서 살펴보겠다.

3.3.4 트리거

트리거Trigger란 테이블에 부착되어서 테이블에 INSERT나 UPDATE 또는 DELETE 작업이 발생되면 실행되는 코드를 말한다. 다른 개체에 비해서 개념이 조금 어려워서 처음에는 잘 이해가 안될 수도 있다. 트리거의 상세한 내용은 chapter 10에서 다시 알아보고, 지금은 간단한 사례를 통해서 트리거의 용도를 확인하자.

예를 들어 이번에는 '당탕이'가 가입했던 회원에서 탈퇴하는 경우를 생각하자. 회원에서 탈퇴하면 간단히 회원 테이블(memberTBL)에서 당탕이의 정보를 삭제하면 된다. (즉, 당탕이의 행 데이터를 지우면 된다.) 그런데, 나중에 회원에서 탈퇴한 사람이 누구 누구인지 정보를 어떻게 알 수 있을까? 원칙적으로 당탕이는 이미 데이터베이스에 존재하지 않기 때문에 알 수 있는 방법이 없다.

그래서 당탕이의 행 데이터를 삭제하기 전에 그 내용을 다른 곳에 먼저 복사해 놓으면 된다. 그런데, 이것을 매번 수작업으로 할 경우에 지우기 전에 다른 곳에 복사해 놓아야 한다는 것을 깜박 잊는다면 이것 또한 충분히 믿을 수가 없을 것이다.

그래서 회원 테이블(memberTBL)에 삭제 작업이 일어날 경우에 삭제되기 전에 미리 다른 곳에 삭제될 데이터를 '자동으로' 저장해주는 기능이 있다면 그런 실수를 하지 않게 될 것이다. 즉, 사용자는 더 이상 행 데이터를 삭제하기 전에 다른 곳에 저장해야 하는 업무적 부담에서 벗어나게 될 뿐 아니라 삭제된 모든 사용자는 완벽하게 별도의 곳에 저장되어 있을 것이다.

이것이 트리거의 대표적인 용도이다.

실습8

가장 일반적으로 사용되는 트리거의 용도를 실습해 보자.

step 0

먼저 데이터를 입력하고 수정하고 삭제하는 SQL문을 연습해보자. 앞의 〈실습 3〉과 같이 MySQL Workbench 의 [Navigator]에서도 가능하지만, 실무적으로는 지금 배울 SQL을 훨씬 많이 사용하게 될 것이다. (상세한 내용은 chapter 06에서 나올 것이며 지금은 기본적인 것만 연습해 보자). 먼저 새 쿼리 창을 열고, [Navigator]에서 현재 데이터베이스가 ShopDB인지 확인한다.

0-1 회원 테이블에 새로운 회원 'Figure/연아/경기도 군포시 당정동' 을 새로 입력하자.

```
INSERT INTO memberTBL VALUES ('Figure', '연아', '경기도 군포시 당정동');
```

별로 어려울 것은 없다. **SELECT * FROM memberTBL**문으로 데이터가 잘 입력되었는지 확인하자.

0-2 이번에는 이름이 '연아'인 회원의 주소를 '서울 강남구 역삼동'으로 변경시켜 보자.

```
UPDATE memberTBL SET memberAddress = '서울 강남구 역삼동' WHERE memberName = '연아';
```

SELECT * FROM memberTBL문으로 데이터가 잘 변경되었는지 확인해 보자.

0-3 '연아'가 회원탈퇴 했다고 생각하고, 회원 테이블에서 삭제해 보자.

```
DELETE FROM memberTBL WHERE memberName = '연아';
```

SELECT * FROM memberTBL문으로 데이터가 잘 삭제되었는지 확인해 보자. 그런데, '연아'가 예전에 회원이었다는 정보는 그 어디에도 기록되어 있지 않다. 혹시라도 '연아'가 나중에라도 이 쇼핑몰의 회원이었다는 증명을 요구한다면 그걸 증명해 줄 방법이 없다.

위와 같은 사례를 방지하기 위해서 회원 테이블에서 행 데이터를 삭제할 경우에 다른 테이블에 지워진 데이터와 더불어 지워진 날짜까지 기록해 보자.

1-0 먼저, 지워진 데이터를 보관할 테이블(deletedMemberTBL)을 만들자. 이번에는 SQL로 만들어 보자. (테이블을 생성하는 상세한 내용은 chapter 08에서 배운다.)

```
CREATE TABLE deletedMemberTBL (
    memberID CHAR(8) ,
    memberName CHAR(5) ,
    memberAddress  CHAR(20),
    deletedDate DATE  -- 삭제한 날짜
);
```

1-1 회원 테이블(memberTBL)에 DELETE 작업이 일어나면 백업 테이블(deletedMemberTBL)에 지워진 데이터가 기록되는 트리거를 생성하자.

```
DELIMITER //
CREATE TRIGGER trg_deletedMemberTBL  -- 트리거 이름
    AFTER DELETE -- 삭제 후에 작동하게 지정
    ON memberTBL -- 트리거를 부착할 테이블
    FOR EACH ROW -- 각 행마다 적용시킴
BEGIN
    -- OLD 테이블의 내용을 백업 테이블에 삽입
    INSERT INTO deletedMemberTBL
            VALUES (OLD.memberID, OLD.memberName, OLD.memberAddress, CURDATE() );
END //
DELIMITER ;
```

문법이 좀 어렵다. 세부 내용은 chapter 10에서 배우고 지금부터는 memberTBL에 삭제delete 작업이 일어나면 삭제된 행이 deletedMemberTBL에 저장된다고만 알면 된다.

회원 테이블의 데이터를 삭제해 보고 삭제된 데이터가 백업 테이블에 들어가는지 확인하자.

2-0 먼저 회원 테이블에 데이터가 4건 들어 있는지 확인하자. 아마도 4건의 데이터가 보일 것이다.

```
SELECT * FROM memberTBL;
```

2-1 이 중에서 '당탕이'를 삭제해 보자.

```
DELETE FROM memberTBL WHERE memberName = '당탕이';
```

[Output] 창에 1개 행이 지워졌다는 메시지가 나왔을 것이다.

2-2 회원 테이블에는 삭제되었는지 확인해 보자. 잘 삭제되었다면 3건만 남았을 것이다.

```
SELECT * FROM memberTBL;
```

[그림 3-38] 데이터가 삭제된 것을 확인

2-3 이번에는 백업 테이블을 확인해 보자.

```
SELECT * FROM deletedMemberTBL;
```

[그림 3-39] 삭제된 데이터가 백업 테이블에 들어가 있음

회원 테이블(memberTBL)에서 삭제된 행이 트리거에 의해서 자동으로 백업 테이블(deletedMember TBL)에 들어가 있는 것을 확인할 수 있다. 더불어서 deletedMemberTBL 테이블에는 삭제된 날짜 (deletedDate)까지 자동으로 입력되어 있다.

2-4 Workbench를 종료한다.

이 정도면 트리거를 사용하는 기본적인 용도는 파악했을 것이다.

지금 다룬 것 외에도 데이터베이스 개체에는 커서, 스토어드 함수 등이 더 있다. 이 내용들은 각 chapter에서 확인하겠다.

3.4 데이터베이스 백업 및 관리

백업^{Backup}은 데이터베이스 관리 측면에서 가장 중요한 주제 중 한 가지다. 간단한 시나리오를 통해서 백업의 필요성을 확인하자.

3.4.1 백업과 복원

백업은 현재의 데이터베이스를 다른 매체에 보관하는 작업을 말하며 복원은 데이터베이스에 문제가 발생했을 때 다른 매체에 백업된 데이터를 이용해서 원상태로 돌려놓는 작업을 말한다.

단적으로 얘기해서 DBA^{DataBase Administrator: 데이터베이스 관리자}가 해야 할 가장 중요한 일을 꼭 한 가지만 뽑으라면, 이 백업과 복원을 들 수 있겠다. 디스크가 깨져서 중요한 데이터를 잃어버린 경험을 해본 독자라면 백업의 필요성을 느낄 것이다. 하물며 회사의 중요 정보가 보관되어 있는 서버의 디스크가 깨졌을 때 그 내용을 모두 잃어버린다는 것은 생각만 해도 끔찍하다.

실습9

간단한 백업과 복원을 실습하자.
쇼핑몰 데이터베이스를 백업(Backup 또는 Export) 받은 후에, 실수로 데이터를 모두 삭제했을 경우에 원상태로 복원(Restore 또는 Import)시켜 보자.

step 0

실제로 백업을 받는다면 현재의 데이터베이스가 저장된 디스크에 백업을 받는다는 것은 별 의미가 없다. 디스크가 깨진다면 어차피 백업을 받은 것까지 다 날아가기 때문이다. 그러므로 백업은 다른 디스크에 백업을 받아야만 의미가 있다.

0-1 독자는 테이프 장치나 별도의 디스크를 준비하기가 어려울 것이므로 그냥 파일 탐색기에서 'C:\DB백업\' 폴더를 만들어서 이 폴더를 다른 디스크라고 가정하자.

[그림 3-40] 백업용 폴더 생성

0-2 Workbench를 실행해서 localhost에 접속한다. 열려있는 쿼리 창이 있으면 모두 닫고, 새 쿼리 창을 하나 연다.

0-3 현재의 데이터를 확인해 본다.

```
USE ShopDB;
SELECT * FROM productTBL;
```

계속 실습을 따라한 독자는 3개의 데이터가 보일 것이다. 몇 개이든 관계는 없다. 단지 개수만 기억하자.

step 1

쇼핑몰 데이터베이스(ShopDB)를 백업하자.

1-1 Workbench의 [Navigator]의 [Administration] 탭을 클릭한 후, [Data Export]를 클릭하면 오른쪽에 [Data Export] 창이 열린다.

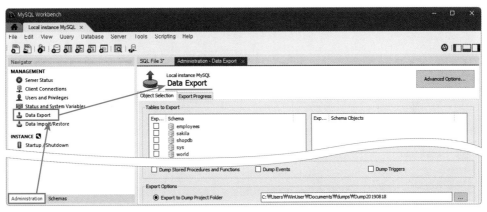

[그림 3-41] 데이터베이스 백업 1

1-2 ShopDB 데이터베이스를 선택하면 오른쪽에 테이블, 뷰 등이 보인다. 모두 체크하자. 그리고 [Objects to Export]도 모두 체크해서 스토어드 프로시저, 스토어드 함수, 트리거 등도 백업을 하도록 한다. 백업될 경로는 〈Export to Self-Contained File〉을 선택하고 파일을 'C:\DB백업\ShopDB.sql'로 수정하자. 그리고, 〈Create Dump in a Single ~~〉 및 〈Include Create Shema〉도 체크하자. 결국 ShopDB의 모든 내용을 백업하도록 설정한 것이다. 〈Start Export〉를 클릭한다.

⚠ 화면이 모두 보이지 않으면 아래쪽 [Output] 창의 크기를 조절해서 줄이면 된다.

[그림 3-42] 데이터베이스 백업 2

1-3 성공적으로 백업이 종료되었으면 〈X〉를 클릭해 창을 닫는다.

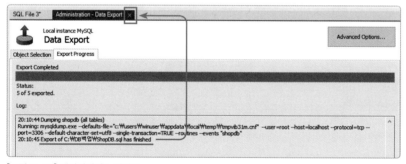

[그림 3-43] 데이터베이스 백업 3

step 2

파일 탐색기로 C:\DB백업\ 폴더를 확인하면 백업된 파일(ShopDB.sql)을 확인할 수 있다.

⚠ 백업한 *.sql 파일은 텍스트 파일로 메모장에서 열어볼 수도 있다. 이 파일을 열어보면 테이블 생성, 데이터 입력 등 앞에서 작업한 내용들이 조금 복잡한 코드로 적혀 있는 것을 확인할 수 있다.

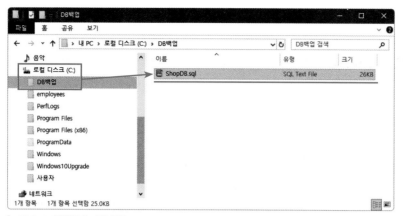

[그림 3-44] 백업된 파일 확인

step 3

큰 사고를 발생시키자. productTBL의 모든 데이터를 삭제하자.

```
DELETE FROM productTBL;
```

큰 사고다. 삭제가 완료된 후에는 데이터를 살릴 방도는 없다. 당연히 다음의 SQL은 아무런 데이터를 보여 줄 수 없을 것이다. (0건의 데이터가 조회된다.)

```
SELECT * FROM productTBL;
```

step 4

백업 받은 데이터를 복원(Restore 또는 Import)시켜서, 실수로 삭제된 productTBL을 원상 복구시키자.

4-1 사용중인 DB를 복원하면 문제가 생길 수도 있으므로, 우선 현재 데이터베이스를 ShopDB에서 다른 DB로 변경해야 한다.

```
USE sys; -- 일단 다른 DB를 선택함
```

sys 외에 다른 데이터베이스를 현재 데이터베이스로 해도 관계는 없다.

4-2 Workbench의 [Navigator] 〉〉 [Administrator]에서 〈Data Import/Restore〉를 클릭한다.

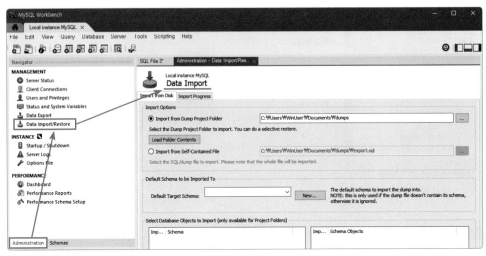

[그림 3-45] 데이터베이스 복원 1

4-3 [Data Import] 창에서 〈Import from Self-Contained File〉을 선택하고 〈…〉을 클릭해서 'C:\DB 백업\ShopDB.sql' 파일을 선택한다. Default Target Schema는 'ShopDB'를 선택한 후 〈Start Import〉를 클릭한다.

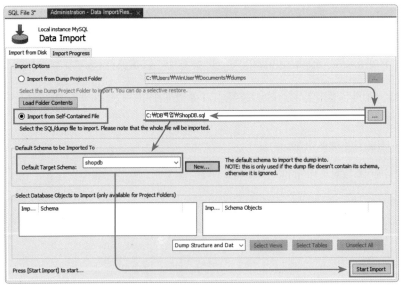

[그림 3-46] 데이터베이스 복원 2

4-4 복원이 잘 된 것을 확인하고 [Data Import] 창을 닫는다.

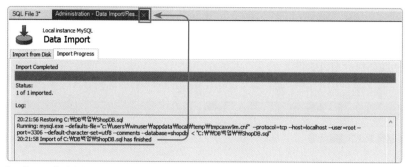

[그림 3-47] 데이터베이스 복원 3

step 5

데이터가 잘 복원되었는지 확인한다.

```
USE ShopDB;
SELECT * FROM productTBL;
```

원래대로 3개의 데이터가 보일 것이다. 이로써 완전한 데이터의 복구가 성공했다.

step 6

Workbench를 종료한다.

백업과 복원에 대한 간단한 실습을 했다. 참고로 Workbench가 GUI 모드로 편리하게 백업/복원을 제공해 주었지만, 그 내부적으로는 mysqldump.exe와 mysql.exe 프로그램이 작동했다. 즉, 명령어 모드에서도 mysqldump.exe 명령의 옵션과 함께 백업을 진행해도 동일한 백업/복원이 가능하다.

명령어의 옵션은 백업/복원 결과 창을 자세히 보면 확인할 수 있다. 앞의 〈실습 9〉에서는 [그림 3-43]과 [그림 3-47]을 자세히 보면 명령어 모드의 옵션이 잘 보인다.

선배의 실무 Tip **MySQL Enterprise Backup**

백업과 복원은 훨씬 중요한 얘기가 더 많고, 실무에서는 다양한 경우가 발생할 수 있다. 상용 제품인 MySQL Enterprise Edition에서는 더 고급 백업/복원 툴인 'MySQL Enterprise Backup' 툴을 제공해 준다. 이 툴을 사용하면 실시간으로 변경되는 내용들도 백업이 되는 기업 환경의 백업 기능이 제공된다. 추가로 사용을 권장하는 툴은 'MySQL Enterprise Monitor'인데 이 툴은 MySQL 서버의 상태를 GUI 모드에서 한눈으로 파악할 수 있는 기능을 제공한다. 향후 실무에서 중요한 DB라면 이 제품들을 사용하는 것을 권장한다.

3.5 MySQL과 응용 프로그램의 연결

이 책은 데이터베이스 자체에 대한 것이므로 다른 응용 프로그램(PHP, C#, Java, Python 등)과는 주제가 다르기는 하지만, 이번에는 앞에서 구축한 쇼핑몰 데이터베이스가 응용 프로그램과 연계되어 사용하는 방법을 간단히 살펴보자.

여기서 잠깐

☼ MySQL과 응용 프로그램의 연동

지금 응용 프로그램과 MySQL의 연동에 관련된 것은 실무에서 어떻게 활용되는지에 대해 감(?)을 잡기 위해 아주 간략한 내용으로 살펴본다. 실무에서는 MySQL과 PHP의 연동이 많이 사용되는데, 이는 PHP 문법을 어느 정도 배워야만 가능하다. 이에 대해서는 책의 후반부인 PART 4에서 PHP 문법을 익힌 후에 상세히 학습해 보겠다. 또한 추가로 최근 인기가 높은 Python을 MySQL과 연동하는 고급 프로그래밍 방법도 간단히 살펴볼 것이다. 지금은 별도의 코딩 없이 MySQL을 응용 프로그램과 연동하는 간단한 방법을 사용해 보는 것으로 하자.

웹 서비스를 하기 위한 방법은 ASP.NET, JSP, PHP 등 다양한 기술이 있다. 우리는 무료 프로그램인 Microsoft Visual Studio Community를 사용해서 웹과 데이터베이스가 연동되는 것을 실습하자. 이번 실습은 설치를 위해서 시간이 상당히 많이 필요하므로 시간에 여유가 있을 때 진행하자.

실습10

MySQL에서 구축한 쇼핑몰 데이터베이스를 웹에서 서비스하자.

step 1

개발 툴로 사용할 Microsoft Visual Studio Community 2017 설치 파일을 다운로드하자.

1-1 책의 사이트(http://cafe.naver.com/thisisMysql) 또는 http://download.hanbit.co.kr/mysql/8.0/에서 Visual Studio Community 2017 (vs_community_2017.exe, 1.22MB)을 다운로드 하자.

⚠ Visual Studio는 무료와 유료로 나뉘는데 지금 사용하는 Visual Studio Community는 무료로 사용할 수 있다. 이 책을 집필하는 시점에는 Visual Studio 2019 버전이 최신이지만, 이 책에서는 일부 필요한 기능이 작동하지 않는다. 그러므로 필자와 동일한 Visual Studio Community 2017 버전을 사용해서 실습하자.

[그림 3-48] Visual Studio Community 2017 설치 파일 다운로드

1-2 다운로드한 파일을 실행하자. [Visual Studio Installer] 창이 나오면 〈계속〉을 클릭한다. 잠시 필요한 파일을 다운로드할 것이다.

1-3 [설치 중] 화면이 나오면 〈ASP.NET 및 웹 개발〉 부분만 체크하고 〈설치〉를 클릭해서 설치를 진행한다.

[그림 3-49] Visual Studio Community 설치 1

1-4 한동안 다운로드 및 설치가 진행된다. 〈설치 후 시작〉은 체크를 끄자. 컴퓨터 성능 및 네트워크 속도에 따라서 몇 십분 이상 걸릴 수도 있다.

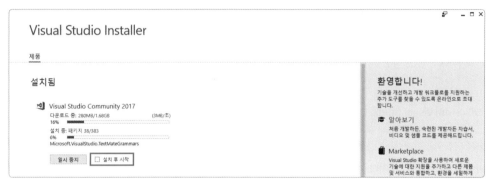

[그림 3-50] Visual Studio Community 설치 2

1-5 설치가 완료되면 오른쪽 위 〈X〉를 클릭해서 닫는다.

[그림 3-51] Visual Studio Community 설치 3

1-6 Windows의 [시작] 〉〉 [V] 〉〉 [Visual Studio 2017]을 클릭해서 실행하자.

[그림 3-52] Visual Studio Community 실행 1

1-7 Visual Studio 시작 화면에서 '나중에 로그인'을 클릭한다.

[그림 3-53] Visual Studio Community 실행 2

1-8 [친숙한 환경에서 시작] 화면에서 기본으로 두고 〈Visual Studio 시작〉을 클릭한다.

1-9 잠시 동안 사용 준비를 한 후, 처음으로 Visual Studio 화면이 나올 것이다. 시작 화면을 확인했으면 Visual Studio를 종료하자.

[그림 3-54] Visual Studio Community 실행 화면

step 2

MySQL과 응용 프로그램을 연결해주는 Connector/ODBC를 설치하자.

2-1 https://dev.mysql.com/downloads/connector/odbc/나 책의 자료실(https://cafe.naver. com/thisimysql)에서 32bit용을 다운로드한다. (64bit용은 잘 작동을 하지 않으므로 꼭 32bit용을 다운 로드하자.)

⚠ 웹 브라우저의 주소창에 직접 https://cdn.mysql.com//Downloads/Connector-ODBC/8.0/mysql-connector-odbc-8.0.17-win32.msi를 입력해서 다운로드해도 된다.

[그림 3-55] MySQL Connector/ODBC 다운로드

2-2 다운로드한 파일(mysql-connector-odbc-8.0.7-win32.msi)을 실행해서 설치를 진행한다. 초기 화면에서 〈Next〉를 클릭한다.

[그림 3-56] MySQL Connector/ODBC 설치

2-3 [License Agreement] 창에서 〈I accept the terms ~~~〉를 선택해서 동의하고 〈Next〉를 클릭한다.

2-4 [Setup Type]에서 기본 값이 〈Typical〉로 선택된 상태에서 〈Next〉를 클릭한다.

2-5 [Ready to Install the Program]에서 〈Install〉을 클릭해서 설치를 진행한다. 설치가 완료되면 〈Finish〉를 클릭해서 설치를 마친다.

응용 프로그램과 MySQL과 연결되도록 ODBC를 설정하자.

3-0 MySQL Connector/ODBC를 설치한다고 별도의 응용 프로그램이 설치되는 것은 아니다. Windows ODBC에서 MySQL에 연결되는 기능이 추가된 개념이다.

⚠ 직접 웹 브라우저의 주소창에 https://cdn.mysql.com//Downloads/Connector-ODBC/8.0/mysql-connector-odbc-8.0.17-win32.msi를 입력해서 다운로드해도 된다.

3-1 Windows의 [시작] 〉〉 [W] 〉〉 [Windows 관리 도구] 〉〉 [ODBC Data Sources (32-bit)]를 실행한다. 또는 Windows + R 을 누르고 **C:\WINDOWS\syswow64\odbcad32.exe**를 직접 실행해도 된다.

3-2 [ODBC 데이터 원본 관리자(32비트)]가 나오면 [시스템 DSN] 탭을 클릭한 후, 〈추가〉 버튼을 클릭한다.

[그림 3-57] ODBC 설정 1

3-3 [새 데이터 원본 만들기]에서는 [MySQL ODBC 8.0 Unicode Driver]를 선택하고, 〈마침〉을 클릭한다.

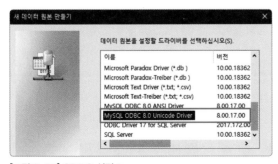

[그림 3-58] ODBC 설정 2

3-4 [Connect/ODBC]가 나온다. [Data Source Name]은 적당한 이름을 지어주면 된다. 필자는 MysqlODBC라고 지었다. [Description]은 생략하고, [TCP/IP Server]는 MySQL 서버가 설치되어 있는 자신의 컴퓨터를 의미하는 127.0.0.1을 적어준다. [User]와 [Password]는 MySQL 서버에서 생성해 준 사용자 이름과 비밀번호를 적어준다. (필자는 root/1234로 만들었다.) [Database]에서는 드롭 박스 메뉴를 확장해서 [ShopDB]를 선택하고 〈Test〉를 클릭하면 성공 메시지가 나올 것이다. 설정을 마쳤으면 〈OK〉 버튼을 클릭해서 설정을 종료한다.

[그림 3-59] ODBC 설정 3

3-5 시스템 DSN으로 MysqlODBC가 잘 만들어진 것이 확인된다. 〈확인〉을 클릭한다.

[그림 3-60] ODBC 설정 4

이제 Windows의 어떤 응용 프로그램이든 ODBC와 접속이 된다면 MysqlODBC를 통해서 MySQL 서버로 접속할 수 있다.

ASP.NET 웹 응용 프로그램을 작성하자.

4-0 다시 Visual Studio 2017을 실행한다.

4-1 메뉴의 [파일] 〉〉 [새로 만들기] 〉〉 [프로젝트]를 클릭한 후, [Visual C#] 〉〉 [웹] 〉〉 [이전 버전]에서 'ASP.NET 빈 웹 사이트'를 선택하고 〈확인〉을 클릭한다.

[그림 3–61] Microsoft Visual Studio의 웹 사이트 구축 1

잠시 후에 자동으로 빈 웹 사이트가 구성될 것이다.

4-2 오른쪽 솔루션 탐색기에서 지구 모양 아이콘의 'WebSite1(1)'에서 마우스 오른쪽 버튼을 클릭하고 [추가] 〉〉 [Web Form]을 선택해서 이름은 'Default' 그대로 두고 〈확인〉을 클릭한다.

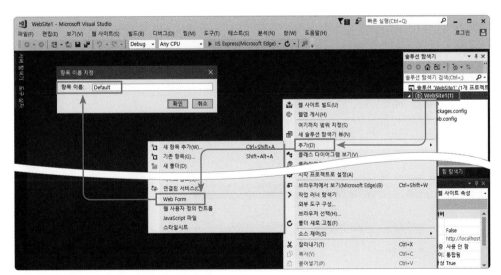

[그림 3–62] Microsoft Visual Studio의 웹 사이트 구축 2

4-3 왼쪽 아래의 [디자인]을 클릭해서 디자인 모드로 변경하고 [도구 상자]를 클릭해서 확장한 후 [데이터] 부분의 [SqlDataSource]를 더블클릭하거나 드래그해서 우측의 빈 디자인 창에 가져가 놓는다.

[그림 3-63] Microsoft Visual Studio의 웹 사이트 구축 3

4-4 디자인 창의 'SqlDataSource' 오른쪽의 [데이터 소스 구성]을 클릭한다. (보이지 않으면 '>'를 클릭한다.)

[그림 3-64] Microsoft Visual Studio의 웹 사이트 구축 4

4-5 [데이터 연결 선택]에서 〈새 연결〉 버튼을 클릭하고 [Microsoft ODBC 데이터 소스]를 선택한 후 〈계속〉 버튼을 클릭한다.

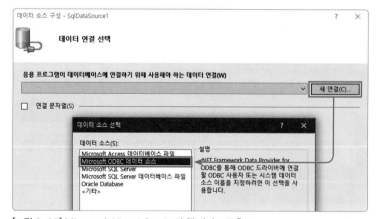

[그림 3-65] Microsoft Visual Studio의 웹 사이트 구축 5

4-6 [연결 추가] 창에서 [사용자 또는 시스템 데이터 소스 이름 사용]을 앞에서 설정한 MysqlODBC로 선택하고 사용자 이름에 'root', 암호에 '1234'를 입력한 후 〈연결 테스트〉를 클릭한다. 연결에 성공하면 〈확인〉을 연속 클릭해 창을 닫는다.

[그림 3-66] Microsoft Visual Studio의 웹 사이트 구축 6

4-7 다시 [데이터 연결 선택]이 나오면 〈다음〉을 클릭한다.

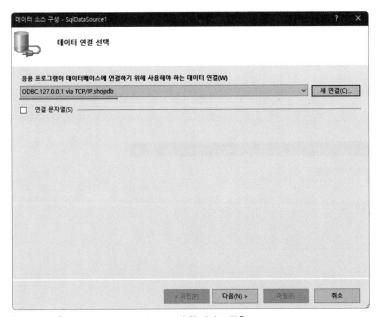

[그림 3-67] Microsoft Visual Studio의 웹 사이트 구축 7

4-8 [응용 프로그램 구성 파일에 연결 문자열 저장]에서도 기본 값으로 두고 〈다음〉을 클릭한다. (연결 문자열 이름은 ConnectionString으로 자동 저장된다.)

[그림 3–68] Microsoft Visual Studio의 웹 사이트 구축 8

4-9 [Select 문 구성]에서는 〈사용자 지정 SQL문 또는 스토어드 프로시저 지정〉을 선택하고 〈다음〉을 클릭한다.

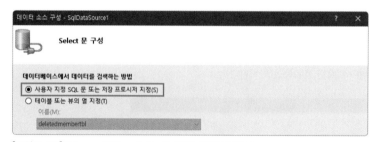

[그림 3–69] Microsoft Visual Studio의 웹 사이트 구축 9

4-10 [사용자 지정 문 또는 스토어드 프로시저 정의]에서 **SELECT * FROM memberTBL**문을 입력하고 〈다음〉을 클릭한다.

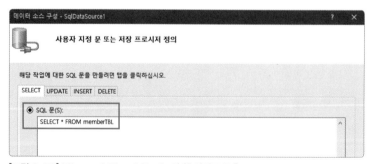

[그림 3–70] Microsoft Visual Studio의 웹 사이트 구축 10

4-11 [쿼리 테스트] 창에서 〈쿼리 테스트〉를 클릭해서 쿼리가 정상적으로 실행되는지 확인한 후에 〈마침〉을 클릭해 창을 닫는다.

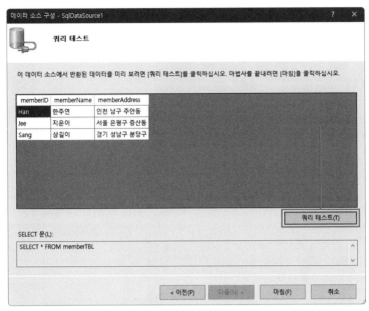

[그림 3-71] Microsoft Visual Studio의 웹 사이트 구축 11

Visual Studio를 통해 DB 서버의 '회원 테이블'까지의 접근이 완성된 상태가 되었다.

4-12 다시 왼쪽 [도구 상자]를 클릭하고 '데이터' 부분의 'ListView'를 더블클릭한다.

4-13 [데이터 소스 선택]을 'SqlDataSource1'로 선택한 후, [ListView 구성]을 클릭한다. (ListView 작업 부분이 안보이면 '〉'를 클릭해서 확장한다.)

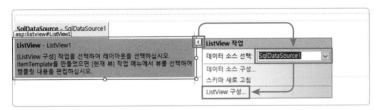

[그림 3-72] Microsoft Visual Studio의 웹 사이트 구축 12

4-14 [ListView 구성] 창에서 적절한 레이아웃을 설정하고 〈확인〉 버튼을 클릭한다. (보이는 모양을 선택하는 것이므로 무엇을 하든 별 관계없다.)

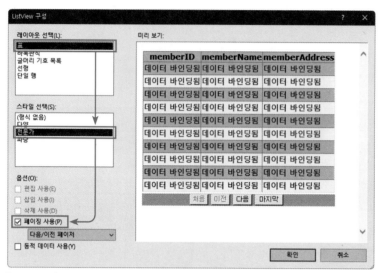

[그림 3-73] Microsoft Visual Studio의 웹 사이트 구축 13

4-15 최종 디자인 창은 다음 그림과 비슷한 것이 나왔을 것이다.

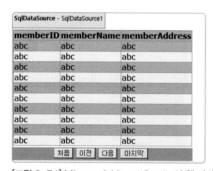

[그림 3-74] Microsoft Visual Studio의 웹 사이트 구축 14

4-16 메뉴의 [파일] 〉〉 [모두 저장]을 선택해 지금까지 한 것을 모두 저장한다.

step 5

실제 웹 서비스가 되는 것을 확인해 보자. 메뉴의 [파일] 〉〉 [브라우저에서 보기]를 선택하고 잠시 기다리면 웹 브라우저가 실행되고 MySQL의 데이터들이 웹 브라우저에서 보이게 될 것이다.

[그림 3-75] 웹 브라우저에서 MySQL 데이터 조회

지금은 데이터가 몇 건 없기 때문에 〈다음〉, 〈이전〉 등의 버튼이 비활성화되어 있지만, 실제로 많은 양의 데이터를 사용하게 된다면 이 버튼들이 모두 활성화될 것이다. 웹 브라우저 및 Visual Studio를 종료한다.

지금은 웹 서버(IIS 또는 Apache)나 DNS 서버를 설정하지 않아서 주소(예로 http://localhost: 53202/Default.aspx)가 좀 생소하게 보이겠지만, 실제로 웹 서버를 정상적으로 구축한 후에는 http://도메인이름(예: http://www.hanbit.co.kr)과 같은 주소를 사용해서 MySQL의 데이터를 웹을 통해 접근한다.

실무에서 더 많이 사용되는 PHP와 MySQL의 연동에 관해서는 이후에 MySQL에 대해서 좀 더 자세히 공부하고 PART 4에서 PHP 문법을 학습한 후에 살펴보겠다. 추가로 Python 기본을 학습하고 공간 데이터와 Python을 연동하는 프로그래밍도 학습하겠다.

이상으로 MySQL을 기본적으로 사용하는 방법과 MySQL과 응용 프로그램을 연동하는 방식에 대해 개략적이지만 전반적으로 살펴보았다. 당연히 아직 생소한 용어와 개념이 많이 나와서 100% 이해하지 못했을 수도 있다. 그래도 앞으로 이 책을 보는데 아무런 상관이 없다. 오히려, 이번 chapter만 읽고도 MySQL이 다 이해된 독자라면 이 책을 보기에는 실력이 너무 뛰어난 독자일 것이다.

다음 chapter부터는 이번 chapter에서 무작정 실행해 보았던 내용들을 상세하게 파악하는 시간을 갖게 될 것이다. 그리고 이 책의 전부를 다 본 후에 다시 이번 chapter를 읽어보자. 그때는 정말 쉽다는 느낌이 들 것이며 그렇게 된 독자는 충분히 MySQL에 대한 실력이 갖춰진 것이다.

MySQL 기본

데이터베이스 모델링

이 책은 데이터베이스 이론서도 아니고, 또 데이터베이스 모델링을 주제로 한 책도 아니지만 데이터베이스 입문자를 위한 최소한의 개념 정도는 파악하고 넘어가겠다. 더 깊은 RDBMS 이론이나 데이터베이스 모델링의 깊은 내용은 다른 책이나 인터넷 사이트에서 참조하자.

chapter 04의 핵심 개념

chapter 04에서는 데이터베이스 모델링에 대한 개념을 파악하고 간단히 모델링 절차를 실습한다.
chapter 04의 핵심 개념은 다음과 같다.

1. 프로젝트 진행 단계는 폭포수 모델이 대표적으로 계획/분석/설계/구현/테스트/유지보수 등의 단계를 거친다.

2. 데이터베이스 모델링이란 현 세계에서 사용되는 작업이나 사물을 DBMS의 데이터베이스 개체로 옮기기 위한 과정을 말한다.

3. Workbench에는 자체적으로 데이터 모델링 툴을 제공한다.

chapter 04의 학습 흐름

프로젝트 진행 단계와 폭포수 모델 개념 파악

데이터베이스 모델링 실습

Workbench의 모델링 툴 실습

4.1 프로젝트의 진행 단계

프로젝트Project란 '현실세계의 업무를 컴퓨터 시스템으로 옮겨놓는 일련의 과정'이라고 할 수 있다. 더 쉽게 얘기하면 '대규모의 프로그램을 작성하기 위한 전체 과정'이라고 얘기할 수도 있다.

초창기의 컴퓨터 프로그램은 몇몇 뛰어난 프로그래머에 의해서 작성되어 왔다. (프로그래밍을 공부해본 독자라면 아마도 프로그램은 다른 사람과 같이 작성하는 것보다는 혼자서 작성하는 것을 주로 해보았을 것이다.) 초기에는 이렇게 혼자서 프로그램을 작성하는 것이 별 문제가 되지 않았으나 근래에 들어서면서부터 프로그램을 작성해야 하는 규모가 커지고, 예전과 달리 사용자들의 요구사항이 더욱 복잡해지면서 문제가 발생되기 시작했다.

그런데도 소프트웨어 분야에서는 아직도 큰 규모의 프로그램 작업(이것을 프로젝트라고 부를 수 있다)을 수행 시에도 옛날과 같이 계속 몇몇 우수한 프로그래머에게 의존하는 형태를 취해 왔다. 그 결과 프로젝트가 참담한 실패로 이어지는 경우가 너무 많이 발생되었고, 제작 기간의 지연 등 많은 문제에 노출이 되었다.

이것을 비유하자면 집을 짓는 것과 비교할 수 있다. 옛날에 초가집이나 목조건물을 지을 때는 몇 명의 우수한 기술자로도 충분히 가능했지만, 현대의 수십 층 이상의 건물을 몇 명의 우수한 기술자만으로 지을 수는 없는 것과 같은 이치다.

그러한 건물을 지으려면 정확한 계획과 분석, 그리고 설계도 작업을 마친 후에 실제로 건물을 짓는 시공 작업을 해야만 한다. 만약, 누군가 100층짜리 건물을 지어달라는데 계획도 세우기 전에 벽돌부터 쌓는다는 것은 '아무 준비가 안된 미련한 일'이라고 생각할 것이다. 만약 벽돌을 이미 10층까지 쌓았는데, 벽돌건물이 아닌 콘크리트건물로 지어야 한다는 걸 깨닫는다면? 어쩔 수 없이 무너뜨린 후에 다시 처음부터 작업해야 할 것이다. 당연히 비용과 시간이 엄청나게 낭비되어서 결국 제시간에 건물을 지을 수 없을 뿐만 아니라 열심히 일한 대가로 공사를 망친 비난만 받게 될 것이다. 그래서 건물을 지을 때는 설계도가 완전히 완성되기 전에 벽돌을 쌓지는 않는다.

그런데, 이 '아무 준비가 안된 미련한 일'을 소프트웨어 분야에서는 계속 진행해 왔던 것이다. 누가 어떤 프로그램을 작성해 달라고 요청하면 계획하고 분석하기보다는 먼저 '코딩'하는 습관에 길들여져 있었다. 그래서 매일 밤을 새서 열심히 프로그램을 짠 결과가 결국 잘못되어 −벽돌을 다시 무너뜨리고 다시 시작하듯이− 프로그램을 삭제하고 처음부터 다시 프로그램을 짜야 하는 상황이 많이 발생했다. 그 원인은 바로 분석과 설계 작업을 등한시하는 소프트웨어 분야의 고질적인 문제점 때문이었다.

결론적으로 이러한 문제점을 해결하기 위해서 '소프트웨어 개발 방법론'이 나타났다. 이 방법론은 없던 것에서 생겼다기보다는 다른 공학 분야의 것을 소프트웨어 분야에 가져와서 적합하도록 수정한 것이라고 보면 된다. 그래서 이러한 분야를 '소프트웨어 공학'이라고 부르게 된 것이다.

소프트웨어 공학에서 제시하는 소프트웨어 개발 모델은 많지만, 가장 오래되고 전통적으로 사용되는 것은 폭포수 모델Waterfall Model이다. [그림 4-1]을 보자.

[그림 4-1] 폭포수 모델

말 그대로 폭포가 떨어지듯이 각 단계가 끝나면 다음 단계로 진행한다. 이 폭포수 모델의 장점은 각 단계가 명확히 구분되어서 프로젝트의 진행 단계가 명확해지는 장점이 있으나 당연히 단점도 존재한다. 이 모델의 가장 큰 단점은 폭포에서 내려가기는 쉬워도 다시 거슬러 올라가기는 어려운 것과 마찬가지로 문제점이 발생될 경우에는 다시 앞 단계로 거슬러 올라가기가 어렵다는 점이다. 또한 문제점이 초기 단계인 업무 분석이나 시스템 설계에서 나오기보다는 대부분 프로그램 구현 단계나 테스트 단계에서 나온다. 그러면 대부분 업무 분석 단계로 거슬러 올라가서 다시 시작해야 하는 단점이 있다. (물론, 이를 보완한 소프트웨어 개발 모델도 많이 존재한다.)

여기서 가장 핵심적인 단계는 업무 분석(줄여서 분석으로도 부른다)과 시스템 설계(그냥 설계로도 부른다)다. 경우에 따라서 다르지만, 대부분의 소프트웨어 프로젝트는 이 두 단계를 합쳐서 전체 공정의 최소 50% 이상을 할당해야 한다. 이 두 단계의 비율을 자꾸 줄일수록 프로젝트가 실패할 확률이 높아지는 것을 경험했다. 실패하는 대부분의 프로젝트는 주로 프로그램 구현에 비중을 많이 두는 경우이다. 단순히 생각하면 프로그램 구현(코딩)이 가장 중요한 듯하지만, 그건 몇 백 줄짜리 프로그램을 짜는 경우에만 해당되며, 복잡한 시스템을 구현하기 위해서 구현(코딩)은 분석과 설계에 비해서는 그다지 중요한 작업이 아니다. 100층짜리 건물을 지을 때 벽돌을 예쁘게 쌓거나 빨리 쌓는 것이 전체 건물을 완성하기 위해서 그다지 중요한 작업이 아닌 것과 같은 원리다.

더 이상의 관련된 내용은 '소프트웨어 공학'이나 '시스템 분석 및 설계'와 관련된 책을 참고하고, 우리가 살펴볼 데이터베이스 모델링은 분석과 설계 단계에서 가장 중요한 작업 중 하나라는 점만 기억하자.

4.2 데이터베이스 모델링

4.2.1 데이터베이스 모델링 개념

데이터베이스 모델링(또는 데이터 모델링)이란 현 세계에서 사용되는 작업이나 사물들을 DBMS의 데이터베이스 개체로 옮기기 위한 과정이라고 말할 수 있다. 더 쉽게 설명하면 현실에서 쓰이는 것을 테이블로 변경하기 위한 작업이라고 생각해도 좋다. [그림 4-2]를 보자.

[그림 4-2] 데이터베이스 모델링의 개념

[그림 4-2]를 보면 쉽게 데이터베이스 모델링이 어떤 것인지 알 수 있다. [그림 4-2]의 현실세계의 고객, 물건, 직원 등은 데이터베이스의 각각의 테이블이라는 개체로 변환된다. (물론, 일부는 테이블 외의 다른 개체로도 변환되기도 한다.)

또한, 주의해서 볼 점은 현실세계의 실체가 없는 '물건을 산다'라는 행위도 테이블로 변환된다는 점이다. 그렇다면 이러한 데이터베이스 모델링의 정답은 있는가? 즉, 현실세계를 데이터베이스 개체로 변환하기 위한 정확한 답은 있는가?

그렇지는 않다. 데이터베이스 모델링은 모델링을 하는 사람이 어떤 사람이냐에 따라서 각기 다른 결과가 나올 수밖에 없다. 그렇지만 중요한 점은 좋은 모델링과 나쁜 모델링이 존재한다는 점이다. 즉, 정답은 없더라도 좋은 답안은 존재한다.

데이터베이스 모델링은 상당히 어려운 작업이다. 그 이유는 구현하고자 하는 업무에 대한 폭넓고 정확한 지식이 필요하고 데이터베이스 시스템에 대한 깊은 지식과 경험도 요구되기 때문이다.

그래서 모델링을 담당하는 사람은 많은 프로젝트 경험과 데이터베이스 관련 지식이 있는 사람이 담당하는 것이 일반적이다. 만약, 모델링이 잘못 된다면 나중에 열심히 만든 프로그램이 결국 아무짝에도 쓸모 없는 결과를 낳을 수도 있기 때문이다.

4.2.2 데이터베이스 모델링 실습

데이터베이스 모델링은 크게 3단계를 거쳐서 완성시키는 것이 보편적이다.

개념적 모델링, 논리적 모델링, 물리적 모델링으로 나눌 수 있다. 개념적 모델링은 주로 [그림 4-1]의 업무 분석 단계에 포함되며 논리적 모델링은 업무 분석의 후반부와 시스템 설계의 전반부에 걸쳐서 진행된다. 그리고 물리적 모델링은 시스템 설계의 후반부에 주로 진행된다. (이 분류가 절대적인 것은 아니다.)

우리는 데이터베이스를 학습하는 과정 중의 일부로 데이터베이스 모델링에 대해서는 약간의 개념만 익히고 있는 것이므로 지금은 간단한 데이터베이스 모델링 절차를 실습해 보자.

⚠ 원칙적으로는 정규화, 비정규화 등의 정확히 구분된 작업을 해야 하지만 지금은 필자가 그러한 것들을 분류하지 않고 그냥 자연스럽게 데이터베이스 모델링을 하는 과정을 실습할 것이다. 지금 필자가 하는 모델링이 데이터베이스 모델링의 전부는 아니며 데이터베이스 모델링의 전체 흐름을 독자가 이해하기 쉽도록 가정해서 실습하는 것임을 기억하자.

우리는 지금 새로운 쇼핑몰을 오픈했다고 가정하자. 지금부터 우리 매장을 찾는 고객의 명단을 기록하고 또 물건을 구매할 때 구매한 내역도 기록하겠다. 이러한 업무로 데이터베이스 모델링을 해보자.

step 1

고객이 방문한 내역은 다음과 같이 기록될 것이다. 이 기록이 메모장 또는 엑셀에 기록되어 있다고 가정하자.

고객 방문 기록

고객 이름	출생년도	주소	연락처	구매한 물건	단가(천 원)	수량
이승기	1987	서울	011-111-1111			
김범수	1979	경남	011-222-2222	운동화	30	2
김범수	1979	경남	011-222-2222	노트북	1000	1
김경호	1971	전남	019-333-3333			
조용필	1950	경기	011-444-4444	모니터	200	1
바비킴	1973	서울	010-000-0000	모니터	200	5
윤종신	1969	경남	안 남김			
김범수	1979	경남	011-222-2222	청바지	50	3
임재범	1963	서울	016-666-6666			
바비킴	1973	서울	010-000-0000	메모리	80	10
성시경	1979	경남	안 남김	책	15	5
은지원	1978	경북	011-888-8888	책	15	2
임재범	1963	서울	016-666-6666			
은지원	1978	경북	011-888-8888	청바지	50	1
바비킴	1973	서울	010-000-0000	운동화	30	2
은지원	1978	경북	011-888-8888			
은지원	1978	경북	011-888-8888	책	15	1
바비킴	1973	서울	010-000-0000	운동화	30	2
조관우	1965	경기	018-999-9999			

[그림 4-3] 데이터베이스 모델링 단계 1

당연히 고객은 여러 번 방문할 수도 있고, 방문해서 아무것도 사지 않고 갈 수도 있다.

기록된 내용에서 물건을 구매한 적이 없는 고객을 위쪽으로 다시 정렬해 보자.

고객 방문 기록

고객 이름	출생년도	주소	연락처	구매한 물건	단가(천 원)	수량
이승기	1987	서울	011-111-1111			
김경호	1971	전남	019-333-3333			
윤종신	1969	경남	안 남김			
임재범	1963	서울	016-666-6666			
임재범	1963	서울	016-666-6666			
은지원	1978	경북	011-888-8888			
조관우	1965	경기	018-999-9999			
김범수	1979	경남	011-222-2222	운동화	30	2
김범수	1979	경남	011-222-2222	노트북	1000	1
조용필	1950	경기	011-444-4444	모니터	200	1
바비킴	1973	서울	010-000-0000	모니터	200	5
김범수	1979	경남	011-222-2222	청바지	50	3
바비킴	1973	서울	010-000-0000	메모리	80	10
성시경	1979	경남	안 남김	책	15	5
은지원	1978	경북	011-888-8888	책	15	2
은지원	1978	경북	011-888-8888	청바지	50	1
바비킴	1973	서울	010-000-0000	운동화	30	2
은지원	1978	경북	011-888-8888	책	15	1
바비킴	1973	서울	010-000-0000	운동화	30	2

[그림 4-4] 데이터베이스 모델링 단계 2

이렇게 무엇이 들어있는 칸을 진한 색으로 보니 전체 테이블이 L자 모양의 테이블이 되었다. 이러한 것을 L자형 테이블이라는 용어를 쓴다. L자형 테이블의 문제는 공간이 낭비된다는 것이다. [그림 4-4]에서도 구매한 물건 정보 부분이 많이 비어 있는데도, 그 공간을 사용하지 않고 있다.

L자형 테이블을 빈칸이 있는 곳과 없는 곳으로 분리해 보자. 그러면 다음과 같이 고객 방문 기록이 고객 테이블과 구매 테이블로 테이블이 분리된다.

고객 테이블

고객 이름	출생년도	주소	연락처
이승기	1987	서울	011-111-1111
김경호	1971	전남	019-333-3333
윤종신	1969	경남	안 남김
임재범	1963	서울	016-666-6666
임재범	1963	서울	016-666-6666
은지원	1978	경북	011-888-8888
조관우	1965	경기	018-999-9999
김범수	1979	경남	011-222-2222
김범수	1979	경남	011-222-2222
조용필	1950	경기	011-444-4444
바비킴	1973	서울	010-000-0000
김범수	1979	경남	011-222-2222
바비킴	1973	서울	010-000-0000
성시경	1979	경남	안 남김
은지원	1978	경북	011-888-8888
은지원	1978	경북	011-888-8888
바비킴	1973	서울	010-000-0000
은지원	1978	경북	011-888-8888
바비킴	1973	서울	010-000-0000

구매 테이블

구매한 물건	단가(천 원)	수량
운동화	30	2
노트북	1000	1
모니터	200	1
모니터	200	5
청바지	50	3
메모리	80	10
책	15	5
책	15	2
청바지	50	1
운동화	30	2
책	15	1
운동화	30	2

[그림 4-5] 데이터베이스 모델링 단계 3

잘 분리되었다. 이제는 빈 부분이 없어졌다. 즉, 공간을 절약할 수가 있다. 그런데 고려해야 할 사항이 두 가지가 생겼다. 우선 고객 테이블에서 똑같은 정보가 중복된다는 것이다. 즉, 여러 번의 물건을 산 고객의 정보는 동일한 정보가 여러 번 기록되어 있다. 그럴 필요는 없으므로 중복된 고객을 하나만 남기자.

3-1 고객 테이블의 중복을 없앤다. 중복을 없애니 고객이 10명이 되었다. 그런데 우리는 각각의 고객을 구분해야 한다. 그래서 고객 이름을 고객을 구분할 수 있는 구분자로 설정하도록 하겠다. 이런 구분자를 기본 키^{PK, Primary Key}라고 부른다. 다시 얘기하면 각 행을 구분하는 유일한 값이 기본 키이다. 기본 키의 조건은 중복되지 않고 비어있지 않아야 한다. (기본 키에 대한 내용은 chapter 08에서 상세히 다루겠다.)

⚠ 실제로는 고객 테이블의 이름은 중복이 되어서 같은 이름의 고객이 있을 수 있으므로 PK로 사용하기가 적당하지 않다. 그래서 인터넷 쇼핑몰에 회원 가입 시에 회원ID를 생성하고 가입하는 것이다. 당연히 이미 해당 아이디가 있으면 가입하지 못할 것이다. 즉, 회원ID를 회원을 구분할 수 있는 구분자인 Primary Key로 사용하는 것이다. 지금은 그냥 단순화를 위해서 이름은 중복되지 않는다고 생각하자.

고객 테이블

고객 이름	출생년도	주소	연락처
이승기	1987	서울	011-111-1111
김경호	1971	전남	019-333-3333
윤종신	1969	경남	안 남김
임재범	1963	서울	016-666-6666
은지원	1978	경북	011-888-8888
조관우	1965	경기	018-999-9999
김범수	1979	경남	011-222-2222
조용필	1950	경기	011-444-4444
바비킴	1973	서울	010-000-0000
성시경	1979	경남	안 남김

PK
[그림 4-6] 데이터베이스 모델링 단계 4

3-2 이번에는 구매 테이블만 보니 누가 구매한 것인지를 알 수가 없다. 그래서 구매 테이블의 앞에 회원을 구분할 수 있는 회원의 기본 키로 설정된 이름을 넣어주자. 다음과 같이 구매 테이블이 완성되었다. 주의할 점은 구매 테이블의 고객 이름은 중복되었다고 중복을 없애면 안 된다. 즉, 구매 테이블의 각각의 행은 별도의 구매한 내역이므로 삭제하면 안 된다.

구매 테이블

고객 이름	구매한 물건	단가(천 원)	수량
김범수	운동화	30	2
김범수	노트북	1000	1
조용필	모니터	200	1
바비킴	모니터	200	5
김범수	청바지	50	3
바비킴	메모리	80	10
성시경	책	15	5
은지원	책	15	2
은지원	청바지	50	1
바비킴	운동화	30	2
은지원	책	15	1
바비킴	운동화	30	2

[그림 4-7] 데이터베이스 모델링 단계 5

step 4

테이블의 구분이 잘 되었다. 그런데, 고객 테이블과 구매 테이블은 밀접한 관련이 있는 테이블이다. 즉, 구매 테이블만으로는 고객에게 배송할 수가 없다. 고객의 주소와 연락처는 고객 테이블에 존재하기 때문이다. 그래서 이 두 테이블의 업무적인 연관성을 맺어줘야 한다. 이를 '관계Relation'라고 부른다.

여기서 두 테이블 중에서 부모 테이블과 자식 테이블을 결정해 보도록 하자. 부모와 자식을 구분하는 방법 중에서 주Master가 되는 쪽은 부모로, 상세Detail가 되는 쪽을 자식으로 설정할 수 있다.

그렇다면 고객과 물건(구매한 내역) 중에서 어느 것이 주가 되는가? 다음의 문장을 보자.

"고객은 물건(구매한 내역)을 소유한다." 또는 "물건(구매한 내역)은 고객을 소유한다."

어느 것이 더 자연스러운가? 당연히 전자가 훨씬 자연스러운 표현이다. 그러므로, 고객 테이블이 부모 테이블이 되고 구매 테이블이 자식 테이블이 되면 된다.

모델링을 좀 더 하다 보면 이렇게 나누는 방법이 자연스럽게 습득된다. 그래서 주로 기준이 하나인 것과 하나의 기준이 여러 개의 기록을 남기는 것으로 부모 테이블과 자식 테이블을 구분할 수도 있다.

예로 학생 테이블과 과목 테이블을 생각하면 학생 한 명이 여러 개의 과목을 신청할 수 있으므로 부모는 학생 테이블이 되고 과목 테이블은 자식 테이블로 설정하면 된다. 이러한 관계를 테이블의 '1대다(1:N) 관계'라고 지칭하고, 이 1대다 관계가 관계형 데이터베이스에서 가장 보편적인 테이블 사이의 관계다.

4-1 여기서 부모 테이블인 고객 테이블과 자식 테이블인 구매 테이블의 관계를 맺어주는 역할은 기본 키^{PK, Primary Key}와 외래 키^{FK, Foreign Key}를 설정함으로써 이뤄진다. 이미 고객 테이블에서 기본 키를 고객 이름으로 설정했다. 그러므로 자식 테이블의 외래 키는 부모 테이블의 기본 키와 일치되는 구매 테이블의 고객 이름으로 설정해야 한다.

외래 키가 갖는 의미는 외래 키를 가지고, 부모 테이블로 찾아가면 유일하게 하나의 정보를 얻을 수 있을 수 있다는 것이다. 예로 [그림 4-8]에서 구매 테이블의 외래 키인 '김범수'를 가지고 고객 테이블의 '김범수'를 찾아가면 그 김범수의 정보는 유일한 한 명의 정보(주소, 연락처 등)만을 얻을 수 있다.

고객 이름	출생년도	주소	연락처
이승기	1987	서울	011-111-1111
김경호	1971	전남	019-333-3333
윤종신	1969	경남	안 남김
임재범	1963	서울	016-666-6666
은지원	1978	경북	011-888-8888
조관우	1965	경기	018-999-9999
김범수	1979	경남	011-222-2222
조용필	1950	경기	011-444-4444
바비킴	1973	서울	010-000-0000
성시경	1979	경남	안 남김

고객 이름	구매한 물건	단가(천 원)	수량
김범수	운동화	30	2
김범수	노트북	1000	1
조용필	모니터	200	1
바비킴	모니터	200	5
김범수	청바지	50	3
바비킴	메모리	80	10
성시경	책	15	5
은지원	책	15	2
은지원	청바지	50	1
바비킴	운동화	30	2
은지원	책	15	1
바비킴	운동화	30	2

[그림 4-8] 데이터베이스 모델링 단계 6

부모 테이블과 자식 테이블 설정

부모 테이블과 자식 테이블을 결정할 때 주의할 점은 인간이 사물보다 소중하므로 고객 테이블이 부모가 된다는 논리를 가지고 결정해서는 안 된다. 특히, 모델링에 익숙하지 않은 사람이 모델링을 할 경우에 그러한 성향이 강한 듯하다.

지금의 사례와 반대로 물건이 부모 테이블이 되는 경우도 무척 많다. 예로 물품 종류에 대한 정보가 기록된 '물품종류 테이블'과 물품을 판매한 직원의 '물품 판매 직원 기록 테이블'이 있다면 '물품 종류' 하나당 여러 명의 직원이 판매할 수 있으므로 부모 테이블은 '물풀 종류 테이블'이 될 것이고, 자식 테이블은 '물품 판매 직원 기록 테이블'이 될 것이다.

4-2 이렇게 관계가 맺어진 후에는, 제약 조건이라는 관계가 자동으로 설정된다. (제약 조건의 종류 및 설정법은 chapter 08에서 자세히 배운다.)

예로 '존밴이'라는 사람이 모니터를 1개 구매하려고 한다고 생각해 보자. 그러면 구매 테이블에는 '존밴이/모니터/200/1'이라는 행이 하나 추가되어야 한다. 그런데, 구매 테이블의 FK로 설정된 '존밴이'가 고객 테이블에 존재하지 않는다. 그러므로 이 행은 PK, FK 제약조건을 위배하므로 추가될 수가 없다. (이를 참조 무결성으로도 부른다.) 그러므로 '존밴이'가 물건을 구매하기 위해서는 먼저 부모 테이블인 고객 테이블에 '존밴이'의 정보를 입력해야 한다. (이것은 우리가 인터넷 쇼핑몰에서 물건을 구매할 때 회원으로 가입이 되지 않았는데, 물건을 구매할 수 없는 것과 같은 이치다.)

또한, 부모 테이블(고객 테이블)의 '김범수'가 회원탈퇴를 한다고 가정해 보자. 이는 '김범수' 행을 삭제하는 것이다. 그런데, 김범수는 자식 테이블(구매 테이블)에 구매한 기록이 있기 때문에 삭제되지 않는다. 부모 테이블의 데이터를 삭제하기 위해서는 먼저 자식 테이블에 연관된 데이터를 삭제해야만 삭제가 가능하다.

`step 5`

이제는 완성된 고객 테이블과 구매 테이블의 테이블 구조를 정의하자. 즉, 열 이름, 데이터 형식, Null 여부 등을 결정하는 과정이다.

테이블 이름	열 이름	데이터 형식	Null 허용	기타
고객 테이블 (userTBL)	고객 이름(userName)	문자(최대 3글자)	X	PK
	출생년도(birthYear)	숫자(정수)	X	
	주소(addr)	문자(최대 2글자)	X	
	연락처(mobile)	문자(최대 12글자)	O	
구매 테이블 (buyTBL)	고객 이름(userName)	문자(최대 3글자)	X	FK
	구매한 물건(prodName)	문자(최대 3글자)	X	
	단가(price)	숫자(정수)	X	
	수량(amount)	숫자(정수)	X	

[표 4-1] 데이터베이스 설계로 완료된 2개의 테이블 설계

두 개의 테이블과 각 테이블에는 4개의 열이 정의되었다. 그리고 Null 허용은 연락처에만 없는 데이터가 있을 수 있다. 데이터 형식도 실제 들어 있는 값을 기준으로 정하였다. 지금은 데이터 형식을 필자가 대략 임의로 설정하였으나 필요하다면 이름이 4자 이상인 경우도 있으므로 고객 이름의 데이터 형식을 더 크게 변경하는 것도 고려할 수 있겠다.

모델링의 간단한 개념과 방법을 익혔으니 이번에는 MySQL에서 제공해 주는 데이터베이스 모델링 툴의 사용법을 익혀보자.

실습2

MySQL Workbench는 모델링 툴을 제공해 준다. 이를 이용해서 앞의 〈실습 1〉에서 정의한 테이블을 다이어그램으로 만들어 보자.

step 1

Workbench를 실행하고 localhost로 접속한다.

1-1 root/1234로 로그인한다.
1-2 기존의 열린 쿼리 창은 모두 닫는다.

step 2

모델 다이어그램을 작성한다.

2-1 메뉴의 [File] 〉〉 [New Model]을 선택한다.
2-2 [MySQL Model] 탭이 열린다. 기본적으로 데이터베이스 이름은 mydb로 되는데 데이터베이스에서 마우스 오른쪽 버튼을 클릭한 후 [Edit Schema]를 선택한다.

⚠ 이전에도 언급했지만 MySQL에서는 Schema(스키마)와 Database(데이터베이스)가 동일한 용어라고 생각하면 된다.

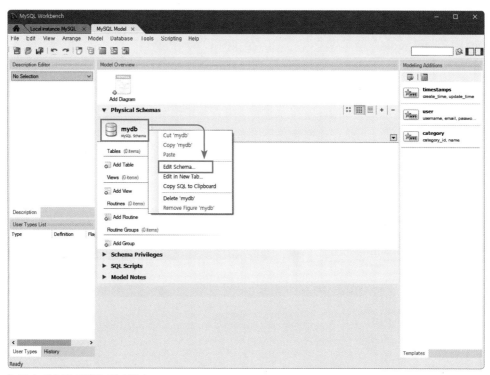

[그림 4-9] 모델 다이어그램 사용 1

2-3 데이터베이스 이름을 'modelDB'로 변경한 후 [Schema] 창을 닫는다.

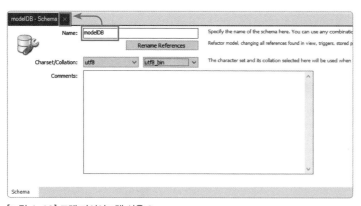

[그림 4-10] 모델 다이어그램 사용 2

2-4 [Model Overview]의 [Add Diagram]을 더블클릭한다.

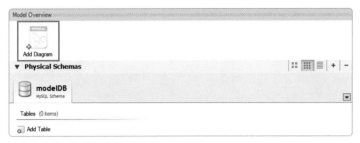

[그림 4-11] 모델 다이어그램 사용 3

2-5 [EER Diagram] 탭이 추가되고 다이어그램을 그릴 수 있는 상태가 된다.

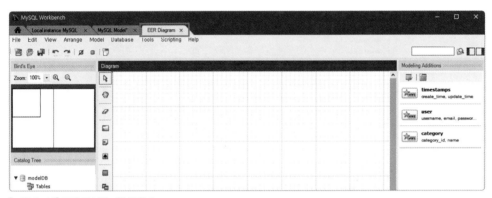

[그림 4-12] 모델 다이어그램 사용 4

2-6 왼쪽의 [Place a New Table] 아이콘을 클릭한 후에, 빈 화면에서 다시 마우스를 클릭하면 그 위치에 테이블이 생성된다.

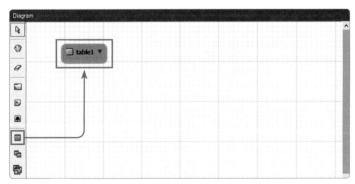

[그림 4-13] 모델 다이어그램 사용 5

2-7 다이어그램의 table1을 더블클릭한 후에 [표 4-1]의 고객 테이블(userTBL)을 만들자. (화면이 작다면 아래쪽 [table1-Table] 창을 크게 늘려야 입력 창이 보일 것이다.)

[그림 4-14] 모델 다이어그램 사용 6

2-8 입력을 완료하면 고객 테이블(userTBL)의 다이어그램이 위쪽에 완성된다.

[그림 4-15] 모델 다이어그램 사용 7

2-9 앞의 **2-6**과 **2-7**을 참조해서 이번에는 [표 4-1]의 구매 테이블(buyTbl)을 입력하자. (아직 FK의 설정은 하지 말자.) 현재까지 생성된 두 테이블의 다이어그램은 다음과 같다. 확인했으면 아래쪽의 [buyTbl – Table] 창은 닫는다.

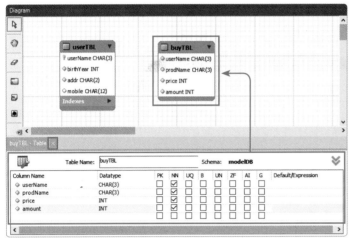

[그림 4-16] 모델 다이어그램 사용 8

2-10 [그림 4-8]에 나온 두 테이블의 1:N 관계를 맺어줄 차례다. 이것을 기본키-외래 키 관계로도 부른다. 아이콘 중 제일 아래쪽에 있는 〈Place a Relationship Using Existing column〉 아이콘을 클릭한 후 먼저 buyTBL의 'userName' 열과 userTBL의 'userName' 열을 차례로 클릭하면 [그림 4-8]과 같은 1:N 관계가 다음 그림으로 생성된다.

[그림 4-17] 모델 다이어그램 사용 9

2-11 Workbench 메뉴의 [File] 〉〉 [Save Model]을 클릭하면 지금까지 설정한 내용이 저장된다. 모델 이름을 물어보는 창이 나오면 적절히 'modelDB.mwb' 정도로 입력하고 〈저장〉을 클릭한다. [EER Diagram] 탭과 [MySQL Model (modelDB.mwb)] 탭을 닫는다.

⚠ Workbench에 약간의 버그가 있어서, 저장할 폴더명이 한글일 경우 저장 중에 오류가 발생할 수 있다. 저장할 폴더는 C:\model\ 등의 영문 폴더에 저장하도록 한다.

모델링 파일을 실제 데이터베이스에 적용시켜보자.

3-1 Workbench 메뉴의 [File] 〉〉 [Open Model]을 선택해서 앞에서 저장한 modelDB.mwb를 열자.

⚠ 파일이 잘 열리지 않는다면 Workbench를 종료하고 다시 실행해 본다.

3-2 Workbench 메뉴의 [Database] 〉〉 [Forward Engineer]를 선택한다.

3-3 [Forward Engineer to Database]가 시작된다. 초기 화면인 [Set Parameters for connecting to a DBMS]에서 [Stored Connection]이 'Local instance MySQL'로 선택된 것을 확인한다. 모두 그대로 두고 〈Next〉를 클릭한다.

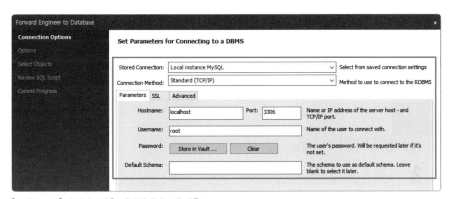

[그림 4-18] 다이어그램을 데이터베이스에 적용 1

3-4 [Set Options for Database to be Created]에서 여러 가지 옵션을 선택할 수 있다. 그대로 두고 〈Next〉를 클릭한다.

[그림 4-19] 다이어그램을 데이터베이스에 적용 2

3-5 root 비밀번호를 물어보면 '1234'를 입력하고 〈OK〉를 클릭한다.

3-6 [Select Objects to Forward Engineer]에는 'Export MySQL Table Objects'가 체크되어 있다. 그리고 2개의 Object가 선택되어 있고 설명이 써 있다. 그대로 두고 〈Next〉를 클릭한다.

⚠ 앞에서 userTBL과 buyTBL을 만들었는데 필요하다면 〈Show Filter〉를 클릭해서 데이터베이스로 내보내기할 테이블을 별도로 선택할 수도 있다. 그 외에도 View, Routine, Trigger, User 등도 모델링에서 만들어 놨다면 데이터베이스로 내보내기를 할 수 있다.

[그림 4-20] 다이어그램을 데이터베이스에 적용 3

3-7 [Review the SQL Script to be Executed]는 자동으로 SQL문이 생성된다. 〈Next〉를 클릭한다. (만약 다시 root의 비밀번호를 물어보면 1234를 입력하고 〈OK〉를 클릭한다.)

⚠ 필요하다면 아래쪽의 〈Save to File〉을 클릭해서 SQL문을 파일로 저장할 수도 있다.

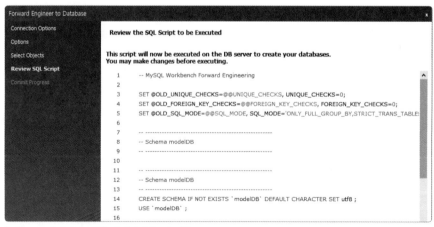

[그림 4-21] 다이어그램을 데이터베이스에 적용 4

3-8 성공적으로 데이터베이스에 적용되는 것을 확인할 수 있다. 〈Close〉를 클릭한다.

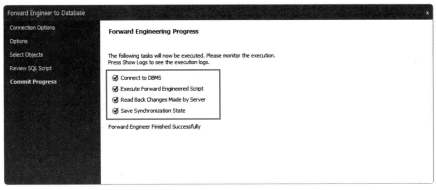

[그림 4-22] 다이어그램을 데이터베이스에 적용 5

3-9 [EER Diagram] 탭과 [MySQL Model (modelDB.mwb)] 탭을 닫는다.

step 4 ─────────────────────────────

다이어그램에서 데이터베이스로 내보내기한 결과를 확인하자.

4-1 [Navigator]의 [Schemas]의 빈 곳에서 마우스 오른쪽 버튼을 클릭한 후 [Refresh All]을 선택해서 새로 고침한다.

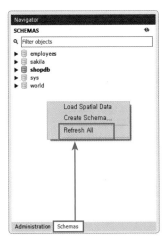

[그림 4-23] 데이터베이스 확인 1

4-2 modelDB 데이터베이스를 확장하면 테이블을 확인할 수 있다.

[그림 4-24] 데이터베이스 확인 2

step 5

이번에는 기존에 존재하는 데이터베이스를 이용해서 다이어그램을 작성하는 방법을 확인하자.

5-0 ShopDB의 테이블, 인덱스, 스토어드 프로시저, 트리거를 다이어그램으로 변경해 보겠다.

5-1 Workbench 메뉴의 [Database] 〉〉 [Reverse Engineer]를 선택한다.

5-2 초기 화면인 [Set Parameters for connecting to a DBMS]에게 기본 값으로 두고 〈Next〉를 클릭한다. root 비밀번호를 물어보면 '1234'를 입력하고 〈OK〉를 클릭한다.

[그림 4-25] 데이터베이스를 다이어그램으로 변경 1

5-3 [Connect to DBMS and Fetch Information]에서 모두 성공적으로 체크되었으면 〈Next〉를 클릭한다.

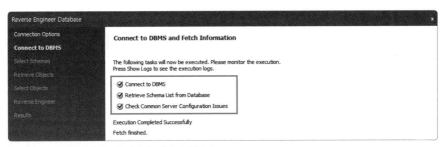

[그림 4-26] 데이터베이스를 다이어그램으로 변경 2

5-4 [Select the schemas you want to include:]에서 〈shopdb〉를 선택하고 〈Next〉를 클릭한다. (root 비밀번호를 물어보면 1234를 입력하고 〈OK〉를 클릭한다.)

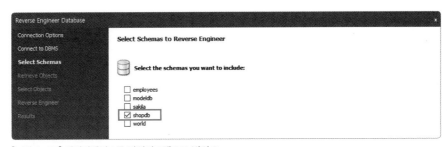

[그림 4-27] 데이터베이스를 다이어그램으로 변경 3

5-5 [Retrieve and Reverse Engineer Schema Objects]에서 모두 성공적으로 체크되었으면 〈Next〉를 클릭한다.

[그림 4-28] 데이터베이스를 다이어그램으로 변경 4

5-6 [Select Objects to Reverse Engineer]에서 필요한 내용을 선택해서 다이어그램으로 변경할 수 있다. 기본으로 모두 선택된 상태를 그대로 두고 〈Execute〉를 클릭한다. (root 비밀번호를 물어보면 1234를 입력하고 〈OK〉를 클릭한다.)

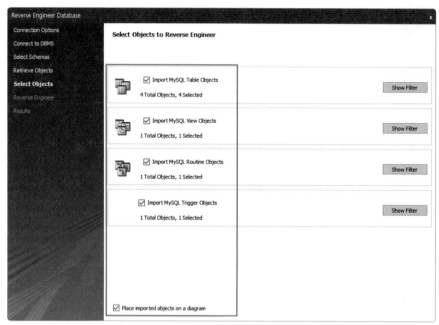

[그림 4-29] 데이터베이스를 다이어그램으로 변경 5

5-7 [Reverse Engineering Progress]에서 성공적으로 체크된 것을 확인하고 〈Next〉를 클릭한다.

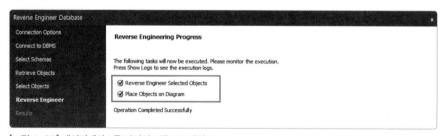

[그림 4-30] 데이터베이스를 다이어그램으로 변경 6

5-8 [Reverse Engineering Results]에서 4개에 테이블, 1개 뷰, 1개 루틴(=스토어드 프로시저)이 변환된 것을 확인할 수 있다. 〈Finish〉를 클릭한다.

⚠ chapter 03에서 ShopDB를 필자와 완전히 동일하게 실습했다면 변환된 개수도 필자와 같을 것이다. 만약 개수가 다르더라도 문제가 되지 않으니 그냥 넘어가자.

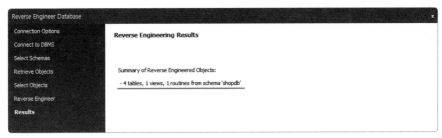

[그림 4-31] 데이터베이스를 다이어그램으로 변경 7

5-9 변환이 완료된 4개의 테이블과 1개의 뷰를 다이어그램으로 확인할 수 있다.

⚠ 스토어드 프로시저와 트리거는 다이어그램으로 표시되지 않는다. 또한 변환된 개체의 그림 상의 위치는 이곳 저곳에 흩어져 있을 수 있다. 필자는 보기 좋게 마우스로 드래그해서 한쪽으로 모아 놓았다. 왼쪽 [Bird's Eye]에 전체 위치가 확인된다.

[그림 4-32] 데이터베이스를 다이어그램으로 변경한 결과

5-10 변환된 다이어그램을 저장하자. 메뉴의 [File] 〉〉 [Save Model]을 클릭해서 'ShopDB.mwb' 정도로 입력하고 〈저장〉을 클릭한다.

5-11 [EER Diagram] 탭과 [MySQL Model (ShopDB.mwb)] 탭을 닫는다.

지금 사용한 MySQL Workbench에 포함된 모델링 기능은 고가의 데이터베이스 모델링 툴보다는 좀 부족할 수도 있겠으나, MySQL를 사용한다면 데이터베이스 모델링 툴이 없더라도 나름대로 좋은 기능을 활용할 수 있다. (데이터베이스 모델링 툴의 사용법은 이 책의 범주를 벗어나므로 더 이상 다루지는 않는다.)

여기서 잠깐

☆ 모델링 소프트웨어

유명한 데이터베이스 모델링 소프트웨어로는 CA사의 ERwin 제품이 있으나 가격이 고가여서 최근에는 무료 또는 저가의 모델링 툴인 Microsoft Visio, MySQL Workbench, SQL Power Architect, exERD 등도 많이 사용되고 있다.

이로써 간단하게 데이터베이스 모델링을 마치도록 하겠다. 비록, 단순화한 예제였지만 다른 것들도 이보다 훨씬 복잡할 뿐이지 기본적인 골격은 비슷하다. 또, 서두에서 얘기했지만 데이터베이스 모델 링은 한 두 번 해봤다고 잘할 수 있는 성질의 것이 아니므로 많은 관심과 노력이 필요할 것이다. 그 래서 실무에서도 데이터베이스 모델링을 잘하는 사람이 드물다.

MySQL 유틸리티 사용법

chapter 03과 chapter 04를 실습하면서 우리는 이미 MySQL의 툴과 유틸리티를 계속 사용해 봤다.

이번 chapter에서는 MySQL에서 제공하는 여러 가지 툴과 유틸리티의 사용법에 대해서 체계적으로 익히는 시간을 갖자. 특히 최근 들어서 기능이 확장되고 활용도가 높아진 MySQL Workbench에 대해 상세히 알아보겠다.

chapter 05의 핵심 개념

chapter 05에서는 MySQL의 핵심 유틸리티인 MySQL Workbench의 다양한 활용법을 확인해 본다. chapter 05의 핵심 개념은 다음과 같다.

1. MySQL Workbench는 데이터베이스 연결, 인스턴스 관리, 쿼리 창 등의 다양한 기능을 제공한다.

2. MySQL Workbench의 내비게이터를 통해 대부분의 데이터베이스 작업을 수행할 수 있다.

3. MySQL Workbench의 쿼리 창은 '쿼리 문장(SQL 구문)을 입력하고 실행하는 텍스트 에디터'라고 할 수 있다.

4. MySQL Workbench는 Linux, Windows 등의 외부의 MySQL도 접속해서 사용할 수 있다.

5. 실무에서는 root 외의 별도의 사용자를 만들고, 모든 권한이 아닌 적당한 권한을 부여해서 관리할 필요가 있으며, MySQL은 사용자를 생성하고 차등적인 권한을 부여하는 기능이 있다.

---

chapter 05의 학습 흐름

MySQL Workbench 화면 구성 및 사용법

↓

쿼리 창 사용법

↓

외부의 MySQL 서버 관리

↓

사용자 관리와 권한 부여

5.1 MySQL Workbench 사용 방법

MySQL Workbench(줄여서 Workbench)의 간단한 발전과정을 간단히 알아보자. 2002년에 만들어진 DBDesigner4 제품은 MySQL의 비주얼 툴로 사용되다가 2003년에 MySQL GUI Tools Bundle로 통합되었다. MySQL GUI Tools Bundle은 2005년에 MySQL Workbench 프리뷰 버전으로 변경되어 발표되고 2007년부터 본격적으로 개발되고 버전이 업그레이드 되었다.

MySQL Workbench는 MySQL 5.0 버전부터 본격적으로 MySQL의 GUI 툴로 제공되었다. Workbench 5.0 버전은 Windows용으로만 제공되었으며 5.1 버전에서 다른 운영 체제도 지원되기 시작했다. 이후 Workbench 5.2, 6.0, 6.1, 6.2, 6.3 버전이 발표되었고 2018년에 8.0 버전이 발표되었다.

Workbench의 주요한 기능을 몇 가지 요약하면 다음과 같다.

- 데이터베이스 연결 기능
- 인스턴스 관리
- 위저드를 이용한 MySQL의 동작
- 통합된 기능의 SQL 편집기
- 데이터베이스 모델링 기능
- 포워드/리버스 엔지니어링 기능
- 데이터베이스 인스턴스 시작/종료
- 데이터베이스 내보내기/가져오기
- 데이터베이스 계정 관리

5.1.1 MySQL Workbench의 버전과 실행

Windows의 [시작] 〉〉 [모든 앱] 〉〉 [MySQL] 〉〉 [MySQL Workbench 8.0 CE]를 선택하면 [그림 5-1]과 같은 MySQL Workbench 로고 화면이 나온다. 이 책에서 사용한 MySQL Community 8.0.17의 배포 파일 안에는 MySQL Workbench 8.0 버전이 포함되어 있다.

⚠ 이 책에서 사용하는 MySQL 버전과 MySQL Workbench가 모두 8.0 버전이다. 하지만, MySQL과 MySQL Workbench가 서로 연관성이 높은 제품이지만 동일한 제품이 아니라서 버전이 다를 수도 있으므로 학습하면서 혼동하지 말기 바란다. 예를 들어 이전 버전인 MySQL 5.7에서 MySQL Workbench 8.0 버전만 별도로 다운로드(https://dev.mysql.com/downloads/workbench/)해서 사용해도 문제가 없다.

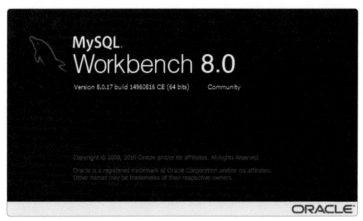

[그림 5-1] MySQL Workbench 로고 화면

5.1.2 [MySQL Connections] 창

Workbench를 실행하면 계속 처음에 나오게 될 창이 [그림 5-2]와 같은 [MySQL Connections] 창이다. 간단히 얘기하면 접속될 서버와 사용자, 포트를 선택한 후에 접속을 시도하게 된다. 즉, 아무나 MySQL 서버에 접속할 수 없고 MySQL에 등록된 사용자만 접속하게 된다.

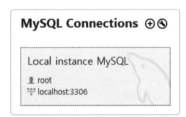

[그림 5-2] MySQL 연결 창

기본 값으로는 MySQL의 관리자인 'root' 사용자로, 서버는 자신의 컴퓨터를 의미하는 'localhost' 에, 포트는 3306 번호로 접속하도록 설정되어 있다. 다른 서버로 접속하려면 [Local instance MySQL]에서 마우스 오른쪽 버튼을 클릭한 후 [Edit Connection]을 선택해서 추가로 접속할 서버를 등록하거나 편집할 수 있다.

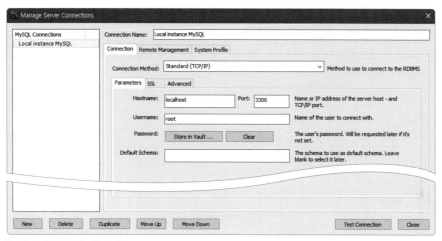

[그림 5-3] MySQL 연결 창

잠시 후에 실습에서 살펴보겠지만, 몇 가지를 미리 알아두자.

- [MySQL Connections]: 접속하는 서버가 등록되어 있다. 여러 개를 등록할 수 있다.
- Connection Name: 접속하는 이름이다. 사용자가 직접 지어주면 된다.

[Connection] 탭

Connection Method는 Standard (TCP/IP), Local Socket/Pipe, Standard TCP/IP over SSH 등 3가지 중에 선택할 수 있는데, 대부분 Standard (TCP/IP)를 사용한다.

[Parameters] 탭

Hostname에 localhost나 127.0.0.1은 자신의 컴퓨터(= MySQL이 설치된 컴퓨터)를 의미한다. 접속할 컴퓨터가 외부에 있다면 접속할 서버 컴퓨터의 IP 주소를 적어주면 된다. Port는 접속할 MySQL 포트 번호를 적어주는데 특별한 경우가 아니면 3306을 사용한다. 보안을 위해서 서버 컴퓨터에서 포트를 변경할 수도 있다. Username은 접속할 MySQL 사용자를 적어준다. root는 MySQL 관리자의 이름이다. Password에서 〈Store in Vault ...〉를 클릭하면 미리 사용자의 비밀번호를 저장할 수 있다. 〈Clear〉를 클릭하면 저장해 둔 비밀번호를 지운다. Default Schema는 접속 후에 기본적으로 선택되는 데이터베이스 이름이다. 이 부분을 비워두면 접속 후에 사용할 데이터베이스를 별도로 지정해야 한다.

⚠ 실무에서 사용한다면 root 사용자로 접속하는 것은 바람직하지 않다. root 사용자는 MySQL의 모든 작업을 할 수 있기 때문에, 만약 root의 암호가 유출된다면 심각한 문제가 생길 수도 있다.

그래서, 실무에서는 일반 사용자를 생성하고 그에 적합한 권한을 부여한다. 사용자를 생성하고 권한을 부여하는 방식은 이번 chapter의 후반부에 다시 알아보겠다.

[SSL] 탭

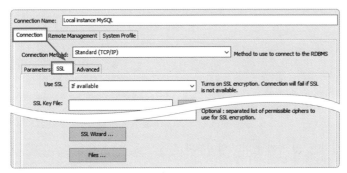

[그림 5-4] [Connection]의 [SSL] 탭

SSL^Secure Socket Layer은 보안을 위한 암호 규약으로, 서버와 클라이언트가 통신할 때 암호화를 통해서 비밀을 유지시켜주고 보안을 강화시켜준다. 서버에서 특별히 설정하지 않았다면 그대로 두면 된다.

SSL의 상세한 내용은 이 책의 범위를 벗어나므로 더 이상 언급하지는 않겠다.

[Advanced] 탭

[그림 5-5] [Connection]의 [Advanced] 탭

프로토콜의 압축, 인증 방식 등을 설정할 수 있다. 이 부분도 특별한 경우가 아니라면 변경할 필요는 없다.

[Remote Management] 탭

[그림 5-6] [Remote Management] 탭

원격 관리를 위해 설정하는 부분이다. 이 부분이 활성화 되기 위해서는 [그림 5-3]의 Hostname 부분이 127.0.0.1을 제외한 실제 IP 주소로 설정되어 있어야 한다. 'Native Windows remove Management'를 선택하면 MySQL 서버가 설치된 OS가 Windows인 경우에만 설정할 수 있다. 'SSH login based management'는 SSH 서버 기반으로 원격 접속이 된다.

[System Profile] 탭

[그림 5-7] [System Profile] 탭(System Type을 Linux로 선택한 경우)

접속할 서버의 OS 종류 및 MySQL 설정 파일의 경로 등을 설정한다. 이 부분이 활성화 되기 위해서는 [그림 5-6]의 [Remote Management]에서 'Native Windows remove Management'나 'SSH login based management'가 선택되어 있어야 한다.

System Type은 FreeBSD, Linux, MacOS X, OpenSolaris, Windows 등 5가지를 선택할 수 있다. 이에 따라서 다양한 해당 운영 체제의 [Installation Type]을 선택할 수 있다. [Configuration Type]은 MySQL의 설정 파일이 경로와 함께 지정된다. [Configuration File Section]은 서버의 서비스 이름을 지정한다. 그 외에 [MySQL Management]에서는 MySQL 서비스를 시작하거나 중지하는 시스템 명령어를 적어준다.

이리저리 설정이 많이 나왔지만, 특별히 다른 서버에 접속하고 싶지 않은 이상, 계속 사용하던 컴퓨터라면 그냥 초기 화면에서 [Local instance MySQL]을 클릭하고 root의 비밀번호만 입력하면 지금까지와 같이 접속이 잘 될 것이다.

5.1.3 MySQL Workbench의 화면 구성

패널

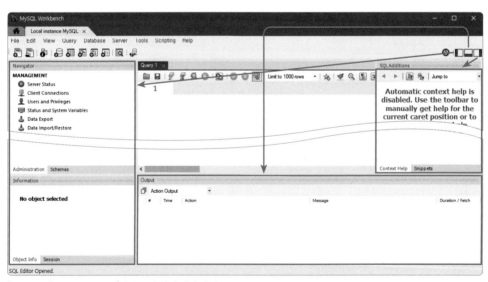

[그림 5-8] Workbench의 기본 구성 창과 패널 아이콘

처음 나타나는 Workbench의 화면은 [그림 5-8]과 같을 것이며, 앞으로 이 구성으로 주로 사용하

게 될 것이다. Workbench는 사용자가 화면구성을 유연하고 원하는 데로 구성할 수 있는 기능을 제공한다.

[그림 5-8]의 오른쪽 상단의 아이콘 3개는 패널 3개를 On/Off하는 기능을 제공한다. 그래서 필요할 경우에 쿼리 창을 크게 사용할 수 있다. [그림 5-9]는 3개의 패널을 모두 Off하고 쿼리 창만 크게 사용하는 화면이다.

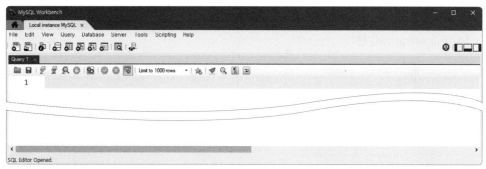

[그림 5-9] 3개 패널을 Off한 상태

내비게이터

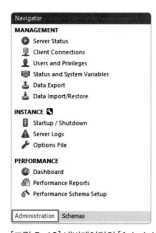

[그림 5-10] 내비게이터의 [Administration] 탭

내비게이터Navigator는 MySQL의 관리 및 운영을 위한 강력한 도구이다. 이 내비게이터를 통해서 MySQL의 많은 작업이 가능하며 MySQL 명령문이나 SQL문을 모르더라도 대부분의 작업을 수행할 수 있을 정도다.

내비게이터에서 할 수 있는 역할들을 개략적으로 나열하면 다음과 같다.

[Schemas] 탭

- 데이터베이스(=스키마) 생성 및 삭제
- 데이터베이스 개체(테이블, 뷰, 인덱스, 저장 프로시저, 함수 등)를 생성하고 관리
- 데이터베이스의 속성을 조회

[Administration] 탭

- MANAGEMENT
  - MySQL 서버의 가동 상태, 설치된 폴더 등을 확인
  - MySQL 서버에 연결되어 있는 클라이언트의 정보를 확인
  - 사용자의 생성, 삭제 및 권한 관리
  - 서버 변숫값의 확인
  - 데이터 내보내기/가져오기 기능

- INSTANCE
  - MySQL 연결 정보 관리
  - MySQL 인스턴스의 중지, 시작
  - Server에 기록된 로그 조회
  - MySQL 옵션 파일의 설정 정보 확인 및 변경

- PERFORMANCE
  - 네트워크 상태 및 MySQL의 성능 상태를 확인
  - 성능 상태의 보고서 작성
  - 성능 구성의 설정

이 외에도 더 많은 기능이 있으며 [Schemas] 및 [Administration] 탭은 앞으로 이 책을 학습하면서 많이 사용되는 Workbench의 도구 중의 하나다.

[Navigator]의 [Schemas]는 트리 형태로 되어 있어서, 각각의 항목을 '▶' 기호를 클릭해서 확장할 수 있다. [그림 5-11]은 shopdb 데이터베이스의 테이블을 확장해서 열, 인덱스, 트리거 등의 목록을 조회하는 화면이다.

[그림 5-11] [Schemas] 탭의 테이블 확장

실습1

내비게이터의 [Schemas] 탭을 이용해서 SQL문을 자동 생성해 보자.

내비게이터의 [Schemas] 탭은 모든 개체에 대해서 SQL문을 자동으로 생성해주는 기능을 가지고 있다. 이 기능을 잘 이용하면 개체 생성을 위한 SQL 구문을 파악하기가 쉽다.

step 1

테이블을 만드는 SQL문을 자동 생성하자.

1-1 chapter 03에서 생성한 ShopDB의 memberTBL 테이블을 선택한 후, 마우스 오른쪽 버튼을 클릭하고 [Send to SQL Editor] 〉〉 [Create Statement]를 선택하면 새로운 쿼리 창에 선택한 테이블을 생성하는 SQL 구문이 나올 것이다.

[그림 5-12] 테이블 생성 스크립트 자동 생성

쿼리 창을 자세히 보면 **CREATE TABLE 테이블_이름 ~~**과 같은 SQL문이 보인다. 즉, 우리가 chapter 03 에서 Workbench의 그래픽 창에서 생성했던 membertbl을 SQL문으로는 이와 같이 사용하면 된다. (테이블 생성 SQL문은 chapter 08에서 상세히 다룬다.)

1-2 CREATE 외에도 SELECT/INSERT/UPDATE/DELETE 등의 구문 형식도 생성이 가능하다. 독자 스스로 해보자.

`step 2`

다른 개체들도 마찬가지로 SQL 구문의 생성이 가능하다. 다음은 uv_memberTBL 뷰의 CREATE문을 확인해 본 것이다. (chapter 03에서 뷰를 생성했던 구문보다는 복잡해졌지만, 기본적인 내용은 동일하다.)

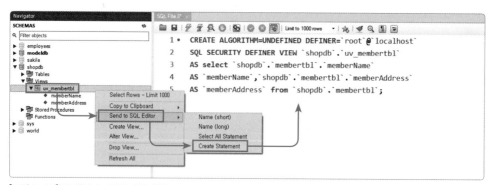

[그림 5-13] 뷰 생성 스크립트 자동 생성

실습이 끝나면 열린 쿼리 창을 모두 닫는다.

이번에는 내비게이터의 [Administration] 탭을 활용해서 MySQL 서버를 관리하는 방법을 익혀 보자.

실습2

내비게이터의 [Administration] 탭을 이용해서 MySQL을 관리해 보자.

step 0

[Navigator]의 [Administration] 탭을 클릭하면 접속된 MySQL 서버를 관리할 수 있다.

step 1

[Administration] 부분을 살펴보자.

1-1 [Server Status]를 클릭하면 현재 접속된 서버의 상태를 알 수 있다. 현재 서버의 가동 상태, 포트, 환경 파일의 경로, 메모리 상태나 CPU 사용 상태 등을 확인할 수 있다. (화면을 최대한으로 확대해야 전체 상태를 확인할 수 있다.)

[그림 5-14] Server Status

1-2 [Client Connections]를 클릭하면 연결된 클라이언트와 현재 상태가 휴면Sleep인지 아닌지 여부 등을 확인할 수 있다. 필요하다면 해당 연결에서 마우스 오른쪽 버튼을 클릭한 후 [Kill Connection(s)]로 연결 을 강제로 끊을 수도 있다.

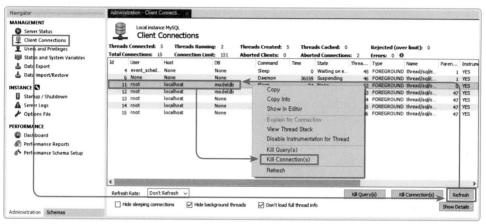

[그림 5-15] Client Connections

1-3 [User and Privileges]에서 MySQL 사용자를 관리할 수 있다. 이 부분은 잠시 후 〈실습 5〉에서 상세 히 살펴보겠다.

1-4 [Status and System Variables]에서 MySQL 서버에 설정된 시스템 변수들을 확인할 수 있다. 필요하 다면 Value 부분을 더블클릭해서 값을 변경하면 된다.

[그림 5-16] Status and System Variables

1-5 [Data Export] 및 [Data Import/Restore]는 백업 및 복원과 관련된 부분으로 chapter 03의 〈실습 9〉에서 이미 실습으로 확인했었다.

[INSTANCE] 부분을 살펴보자.

2-1 [Startup / Shutdown]에서 MySQL 서버의 현재 작동 상태를 확인할 수 있다. 또한, MySQL 서버의 중지와 시작도 할 수 있다.

⚠ 인스턴스(Instance)란 MySQL 서버가 메모리상에서 실행 중인 상태를 지칭한다. 굳이 구분하자면 'MySQL 서버'는 하드 디스크에 설치된 프로그램을 말하며 'MySQL 인스턴스'는 프로그램이 컴퓨터에서 백그라운드로 서비스를 제공중인 상태를 말한다. 하지만, 일반적으로 MySQL 서버, MySQL 인스턴스, MySQL 서비스를 모두 같은 것으로 취급해도 큰 무리는 없다.

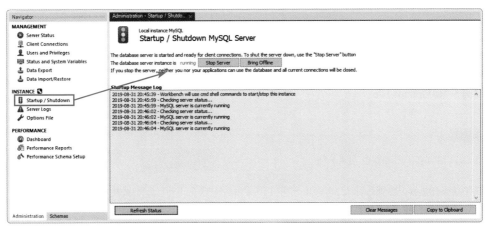

[그림 5-17] Startup / Shutdown

2-2 [Server Logs]는 서버에 기록된 오류, 경고 등의 로그를 확인할 수 있다. 서버에 문제가 발생되면 이 로그를 분석해서 문제를 해결하기도 한다.

[그림 5-18] Server Logs

2-3 [Option File]은 MySQL의 핵심 설정 파일인 my.ini 파일의 내용을 GUI 모드로 보여준다. 설정을 변경해서 적용시키면 my.ini 파일을 에디터로 편집하는 것과 동일한 효과를 갖는다.

[그림 5-19] Options File

step 3

[PERFORMANCE] 부분을 살펴보자.

3-1 [Dashboard]는 네트워크, MySQL 서버, InnoDB의 상태를 그래픽으로 보여준다.

[그림 5-20] Dashboard

☼ MySQL 스토리지 엔진

MySQL 서버의 스토리지 엔진으로는 오랫동안 MyISAM이라는 엔진이 사용되었으나, MySQL 5.5부터는 기본적으로 InnoDB를 엔진으로 사용하고 있다. MyISAM은 소형 데이터일 경우에 효율적이지만 대형 데이터일 경우에는 InnoDB가 효율적이며 더 최신의 엔진으로 보면 된다. MyISAM에 대한 내용은 이 책에서는 다루지 않는다.

3-2 [Performance Reports]는 입출력이 오래 걸린 파일, 비용이 많이 든 쿼리문, 데이터베이스 통계 등의 항목들을 조회하고 결과를 내보내기할 수 있다.

[그림 5-21] Performance Reports

3-3 [Performance Schema Setup]은 성능에 대한 설정을 할 수 있다. 오른쪽 위 ⟨Show Advanced⟩나 ⟨Hide Advanced⟩를 클릭하면 세부적인 설정까지 확인할 수 있다.

[그림 5-22] Performance Schema Setup

그 외에도 내비게이터에 포함된 내용은 워낙 많아서 따로 소개하지는 않고 앞으로 필요할 때마다 계속 나오게 될테니 그때마다 필요한 기능을 파악해두자.

쿼리 창

데이터베이스를 학습할 때 가장 먼저 배우게 되는 것은 SQL^Structured Query Language문일 것이다. chapter 03에서도 사용해보았고 앞으로도 계속 내비게이터와 더불어서 '쿼리 창^Query Editor'을 계속 사용하게 될 것이다. 쿼리 창을 간단히 표현하면 '쿼리 문장(SQL 구문)을 입력하고 실행하는 텍스트 에디터'라고 할 수 있다.

이미 어느 정도 사용에 익숙해졌겠지만 쿼리 창을 사용하는 순서를 정리하면 다음과 같다.

① Workbench의 상단 제일 왼쪽의 〈Create a new SQL tab for executing queries〉 아이콘을 클릭하거나 Workbench 메뉴의 [File] 〉〉 [New Query Tab]을 클릭해서 쿼리 창을 연다.

② 작업할 데이터베이스를 [Schemas] 탭에서 더블클릭해서 선택한다.

③ SQL문을 문법에 맞게 입력한다.

④ SQL 구문에 이상이 없다, 툴바의 〈Execute the selected portion~~〉 아이콘을 클릭하거나 Ctrl + Shift + Enter 를 눌러서 SQL 문장을 실행한다.

⑤ 아래쪽의 결과 창을 통해서 결과를 확인한다. [Output] 창의 메시지는 성공된 결과 또는 오류 메시지를 확인할 수 있다.

⚠ 이 책에서는 쿼리, 쿼리문, SQL, SQL문 등은 대부분의 상황에서 동일한 의미로 사용된다. 필자도 특별히 구분해야 하는 경우를 제외하고는 문맥에 맞게 필요한 단어를 사용하도록 하겠으니 혼동하지 말기 바란다.

사실 실행 순서를 글로 써서 좀 어색해 보이는 것일 뿐 몇 번 사용하다 보면 자연스럽게 익숙해질 것이다.

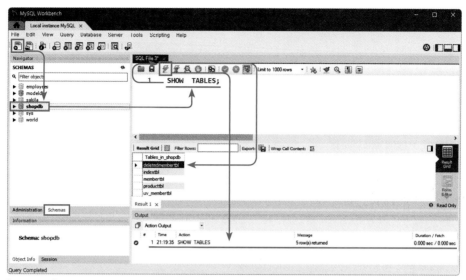

[그림 5-23] 쿼리 창의 사용 순서

한번 쿼리 창을 연 후에는 계속 SQL문을 입력해서 사용하면 된다.

실습3

쿼리 창을 이용하는 방법을 연습하자. chapter 03에서도 일부는 이미 실습했지만 다시 한 번 확실히 실습하자.

step 0

먼저 기존의 열려 있는 쿼리 창을 모두 닫는다. 쿼리 창 제목 오른쪽 〈x〉를 클릭하거나 Workbench 메뉴의 [File] 〉〉 [Close Tab]을 선택한다. 저장하겠냐고 묻는 창이 나오면 〈Don't Save〉를 선택한다.

[그림 5-24] 쿼리 창 닫기

0-1 왼쪽 위의 〈Create a new SQL tab for executing queries〉 아이콘을 클릭해서 새로운 쿼리 창을 하나 연다.

step 1

다음과 같은 SQL문을 입력한 후에 〈Execute the selected portion~~〉 아이콘을 눌러서 실행한다.

```
USE employees;
SELECT * FROM employees;
```

오타가 나지 않았다면 잘 실행되어 결과를 확인할 수 있을 것이다.

⚠ MySQL에서 각 SQL문의 끝에 세미콜론(;)을 써줘야만 문장의 끝으로 인식한다. 즉, 세미콜론이 나올 때까지는 문자의 끝이 아니라고 인식하므로 행 바꿈을 해도 된다. 예로 다음 두 문장은 동일하다.

```
USE employees ;                      USE
                                     employees ;
```

step 2

Workbench는 몇 글자만 입력해도 관련된 글자를 미리 나타나는 IntelliSense 기능이 지원되어서 오타가 나는 경우가 많이 줄었다. 그런데, 데이터베이스의 이름 및 테이블 이름 자체가 아예 기억이 안 나는 경우가 있을 것이다.

우선 쿼리를 모두 지운다. 'USE'만 입력하고 한 칸을 띄운 후에 다음 그림과 같이 employees 데이터베이스를 마우스 왼쪽 버튼을 누른 상태에서 쿼리 창에 끌어다 놓으면 글자가 자동으로 완성된다.

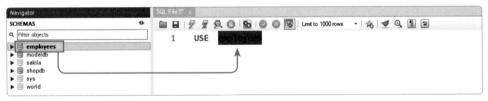

[그림 5-25] 개체를 드래그해서 자동 완성하는 기능

[Tables]을 확장해서 departments 테이블도 마찬가지로 해본다. 이러한 자동 완성 기능을 사용하면 오타를 줄이면서 훨씬 빠르게 SQL 코딩을 할 수 있다.

Workbench의 몇 가지 기능을 더 살펴보자.

3-1 예약어를 대문자 또는 소문자로 변경할 수 있다.

① 다음을 쿼리 창에 입력하자. 예약어는 모두 소문자로 썼다.

```
use shopDB;
select * from memberTBL;
```

② 메뉴의 [Edit] 〉〉 [Format] 〉〉 [UPCASE Keywords]를 선택하면 예약어만 모두 대문자로 변경되고 나머지는 그대로 있을 것이다.

[그림 5-26] 예약어를 대문자로 변경

③ 같은 방식으로 [Edit] 〉〉[Format] 〉〉 [lowercase Keywords]를 선택하면 예약어는 모두 소문자로 변경될 것이다. 긴 코드를 입력한 경우 예약어만 대문자 또는 소문자로 보이게 할 때 사용하면 편리하다.

3-2 선택된 부분을 일괄적으로 주석처리하거나 주석을 해제하자.

① 다음 그림과 같이 앞의 2줄을 마우스로 드래그해서 선택하자.

② 메뉴의 [Edit] 〉〉[Format] 〉〉 [Un/Comment Selection]을 선택하면 마우스로 드래그했던 코드가 모두 주석처리 된다.

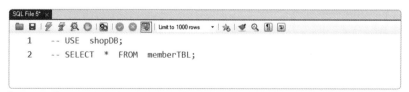

[그림 5-27] 주석으로 처리된 코드

⚠ 한 줄 주석은 --를 사용하고, 여러 줄 주석은 /* */ 를 사용한다.

③ 다시 2줄을 마우스로 드래그한 후 메뉴의 [Edit] 〉〉[Format] 〉〉 [Un/Comment Selection]을 선택하면 주석이 해제된다.

④ 다시 2줄을 마우스로 드래그한 후 메뉴의 [Edit] 〉〉[Format] 〉〉 [Beautify Query]를 선택하면 쿼리문을 표준 형태로 재배열해 준다.

[그림 5-28] 표준 형태로 재배열된 쿼리

3-3 행 데이터의 개수가 상당히 많을 경우에 쿼리의 결과는 1,000개까지만 되도록 설정되어 있다.

① 기본 값이 1,000행(Limit to 1000 rows)으로 설정되어 있으므로 최대 1,000개까지만 조회가 된다.

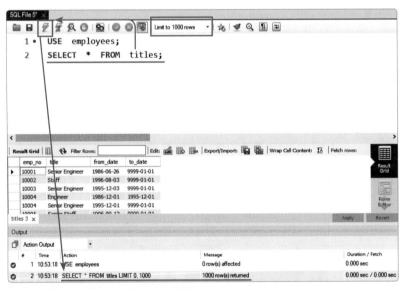

[그림 5-29] 1,000행까지만 출력되도록 설정됨

⚠ 설정이 'Limit to 1000 rows'로 되어 있으면 SELECT를 실행하는 순간에 SELECT의 제일 뒤에 **LIMIT 0, 1000** 구문이 자동으로 붙는다. 즉 0번째 행부터 1000개 행이 출력되도록 한다는 의미이다.

② 제한 없음(Don't Limit) 및 조회에서 필요한 개수를 지정할 수 있다. 제한 없음인 'Don't Limit'를 선택해 보자.

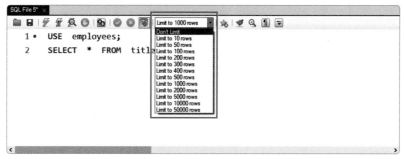

[그림 5-30] 행 개수의 제한 선택

③ 다시 쿼리를 실행하면 40만 개가 넘는 결과가 나오는 것을 확인할 수 있다.

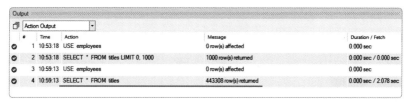

[그림 5-31] Output 창

④ 다시 기본 값인 'Limit to 1000 rows'로 설정을 변경하자.

3-4 자동 완성되는 예약어를 대문자로 설정하자.

① 자동 완성되는 예약어는 기본적으로 소문자로 완성된다. 예로 'se'까지 입력하면 소문자로 예약어가 제시되고 선택하면 소문자로 완성된다.

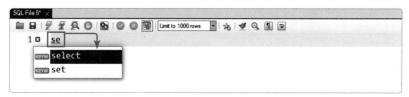

[그림 5-32] 소문자로 자동 완성되는 상태

② 메뉴의 [Edit] 〉〉 [Preferences]를 선택한 후, [SQL Editor] 〉〉 [Query Editor]를 선택하고 〈USE UPPERCASE keywords on completion〉을 체크하고 〈OK〉를 클릭한다.

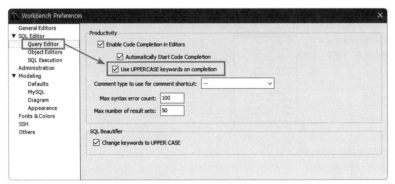

[그림 5-33] 대문자로 자동 완성되도록 변경

③ 이제부터는 예약어의 자동 완성이 대문자로 완성된다.

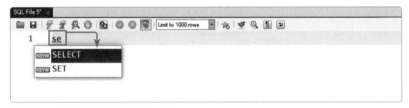

[그림 5-34] 대문자로 자동 완성되는 상태

3-5 글꼴이나 크기를 변경하려면 메뉴의 [Edit] 〉〉 [Preferences]를 선택한 후 [Fonts & Colors]를 선택하면 된다. 다음은 쿼리 창(SQL Editor)의 글꼴의 크기를 14로 변경하는 예다.

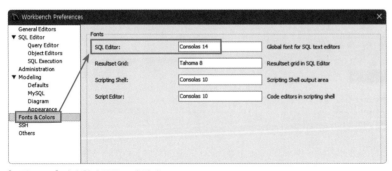

[그림 5-35] 쿼리 창의 글꼴 크기 변경

여러 SQL문을 실행하는 방법을 확인해 보자. 앞에서 이미 얘기한 것도 있지만 초보자가 실수하기 쉬우므로 다시 확인하겠다.

4-1 기존의 SQL문은 모두 지운다. 이번에는 테이블을 생성하는 간단한 구문을 입력한 후 〈Execute the selected portion~~〉 아이콘을 클릭해서 실행해 보자.

```
USE ShopDB;
CREATE TABLE test (id INT);
```

아래쪽 [Output] 창에 초록색 체크 아이콘이 나오면서 정상적으로 쿼리가 실행되었을 것이다.

4-2 이번에는 앞에서 입력한 구문을 지우지 말고 그 아래에 INSERT문을 추가한 후에 〈Execute the selected portion~~〉 아이콘을 클릭해서 실행해 보자.

```
USE ShopDB;
CREATE TABLE test (id INT);
INSERT INTO test VALUES(1);
```

[Output] 창에 다음과 같은 오류 메시지가 나올 것이다.

	#	Time	Action	Message	Duration / Fetch
✓	1	11:08:43	USE ShopDB	0 row(s) affected	0.000 sec
✓	2	11:08:43	CREATE TABLE test (id INT)	0 row(s) affected	0.110 sec
✓	3	11:08:45	USE ShopDB	0 row(s) affected	0.000 sec
✗	4	11:08:46	CREATE TABLE test (id INT)	Error Code: 1050. Table 'test' already exists	0.016 sec

[그림 5-36] 이미 테이블이 있다는 오류 메시지

4-3 왜 이런 오류 메시지가 나올까? 우리가 기대하기는 앞에서 이미 실행했던 **USE ShopDB** 구문과 **CREATE TABLE test (id INT)** 구문은 생략되고 마지막에 입력한 **INSERT INTO test VALUES(1)** 구문만 실행되기를 기대했지만, 쿼리 창은 다시 제일 첫 문장부터 실행해서 이런 결과가 나온 것이다.

그러므로 두 번째 줄의 'CREATE ~~' 구문을 다시 실행하게 되어서 이미 생성한 'test'라는 테이블을 또 생성하려고 하니 오류가 난 것이다. 오류가 난 이후에는 더 이상 실행되지 않아서 'INSERT ~~' 구문은 정상적으로 실행되지 않았다.

⚠ 지금은 두 번째 줄에서 오류가 발생해서 세 번째 'INSERT ~~' 구문이 실행되지 않았다. 만약, 오류가 발생해도 이어서 다음 행은 실행되도록 하려면 메뉴의 [Query] 》 [Stop Script Execution on Errors]를 선택해서 체크를 끄면 된다. 그리고 실행하면 오류가 발생해도 이어서 다음 행을 실행한다. 이 설정을 권장하지는 않는다.

4-4 앞으로는 SQL문을 사용할 때에는 쿼리 창에 써 있는 모든 SQL을 실행할 것이 확실하지 않다면 실행할 부분만을 마우스로 드래그해서 선택한 후에 〈Execute the selected portion~~〉 아이콘을 누르거나 Ctrl + Shift + Enter 를 눌러야 한다. 앞으로도 잊지 말고 마우스로 드래그한 후에 실행하는 습관을 기르자.

[그림 5-37] 실행하기를 원하는 부분만 마우스로 선택한 후에 실행

step 5

결과를 다양한 방식으로 필터링할 수 있으며 다양한 파일 형태로 저장할 수도 있다.

5-1 다음의 간단한 쿼리문을 실행해 보자. (이제는 당연히 실행할 SQL문은 마우스로 드래그해서 선택한 후에 실행해야 하는 것을 기억할 것이다.)

```
USE employees;
SELECT * FROM employees;
```

결과는 다음 그림과 같이 표 형태로 보일 것이다.

[그림 5-38] 표 형태의 결과

5-2 결과 창의 아이콘 중에 〈Filter Rows:〉 옆의 텍스트 상자에 'Mary'를 입력하고 Enter 를 누른다. 그러면 결과 중에서 'Mary'가 들어간 행만 결과로 보일 것이다. 즉, 1,000개의 행 중에서 Mary라는 이름의 직원은 2명인 것을 확인할 수 있다.

[그림 5-39] 필터를 사용

5-3 이번에는 쿼리 결과를 엑셀 파일로 저장해 보자. 〈Export recordset to an external file〉 아이콘을 클릭한다. 저장 창이 나오면 파일 형식을 'CSV'로 선택하고 파일 이름 및 저장 장소는 적절히 입력한 후, 〈저장〉을 클릭한다.

⚠ CSV 파일은 콤마(,)로 셀이 구분되는 형식의 파일로, 엑셀 등에서 쉽게 읽을 수 있다. 또한, 메모장에서도 읽을 수 있다.

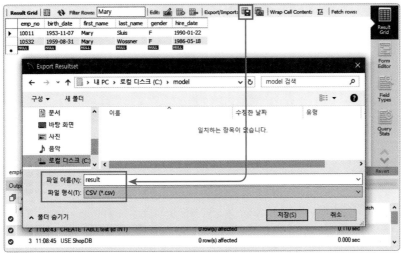

[그림 5-40] 엑셀 CSV로 저장

5-4 Microsoft 엑셀을 실행해서 [열기] 창의 파일 형식을 '텍스트 파일(*.prn; *.txt; *.csv)'로 선택하고 방금 저장한 csv 파일을 선택한 후 〈열기〉를 클릭한다.

⚠ 엑셀이 설치되어 있지 않은 독자는 무료 오피스 프로그램인 리브레 오피스(https://ko.libreoffice.org/)를 다운로드해서 설치한 후 실습해도 된다. 리브레 오피스는 마이크로소프트 오피스 파일(엑셀, 워드, 파워포인트)을 모두 읽고 쓸 수 있으며 HWP 파일 읽기, PDF 저장 기능 등 많은 기능을 무료로 제공해 주는 오픈 소스 프로그램이다.

[그림 5-41] 엑셀의 파일 열기 창

5-5 이제는 엑셀에서 읽어 들인 1,000개 행의 결과를 확인할 수 있다. 필요하다면 엑셀 파일로 저장한다. (지금은 그냥 저장하지 않고 닫아도 된다.)

⚠ **5-2**에서 Mary로 필터링한 2개만 보이지만, 저장된 것은 쿼리 결과의 전체인 1,000개 행이 저장되었다. 필터링한 결과는 잠시 보이는 것뿐이며, 저장되는 것은 SELECT한 결과 전체임을 주의하자.

[그림 5-42] 엑셀에서 읽어 들인 결과

5-6 그 외에도 저장하는 파일 형태로 HTML, JSON, SQL INSERT문, XML 등으로도 저장할 수도 있다.

`step 6`

이번에는 실행되는 SQL문이 어떻게 실행되는지 실행 계획Execution Plan을 확인해 보자.

6-1 다시 조금 전의 SQL문인 **SELECT * FROM employees**문을 드래그해서 다시 실행한다.

6-2 결과 창의 오른쪽의 제일 아래로 내려서 [Execution Plan]을 클릭하면, 다음 그림과 같이 SQL이 어떻게 실행되었는지 나타내준다. (또는 메뉴의 [Query] >> [Explain Current Statement]를 선택해도 된다.)

[그림 5-43] 실행된 SQL의 실행 계획

6-3 결과의 그림에 마우스를 올려 놓으면 다음과 같이 상세한 내용이 풍선 도움말로 나온다. 이것은 데이터베이스 튜닝에 필요한 내용인데, MySQL을 더 깊게 공부하면 좀 더 자세히 살펴볼 기회가 있을 것이다.

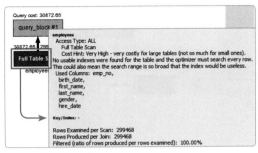

[그림 5-44] 풍선 도움말

6-4 실습을 마쳤으므로 Workbench를 종료하자. 저장을 물어보면 저장할 필요는 없다.

5.2 외부 MySQL 서버 관리

실무에서는 Windows용 MySQL보다는 Linux용 MySQL을 더 많이 사용한다. 그런데 Linux는 대부분 명령어 모드로만 사용하기 때문에 앞에서 배운 강력한 MySQL 툴인 Workbench를 사용할 수가 없다.

우선 우리가 지금까지 사용한 네트워크 환경의 구조는 [그림 5-45]와 같다.

[그림 5-45] Windows 1대에 서버와 클라이언트를 모두 설치한 상태

[그림 5-45]에서 Windows 1대에 '서버'에 해당하는 MySQL Server와 '클라이언트'에 해당하는 MySQL Workbench를 모두 설치해 놓았으므로 외부 네트워크로 나갈 일이 없어 별도의 설정이 없이 실습을 잘 진행할 수 있었다.

하지만 Linux 컴퓨터에 설치된 MySQL 서버를 사용하고 싶다면 [그림 5-46]과 같은 구성을 해야한다.

[그림 5-46] Linux가 설치된 MySQL Server에 Windows에 설치된 Workbench가 접속된 상태

[그림 5-46]을 보면 '서버'인 MySQL Server는 Linux에 설치되어 있다. 이를 접근하기 위해서 '클라이언트'인 MySQL Workbench만 Windows에 설치해 놓았다. 비록 서로 다른 컴퓨터와 운영체제이지만 몇 가지 설정을 통해서 마치 1대의 컴퓨터에 설치된 [그림 5-45]와 동일하게 운영 관리할 수 있다.

다음 3가지 정도를 주의 깊게 봐야 할 것이다.

- Linux 컴퓨터의 방화벽에서 MySQL의 포트인 3306번을 허용하도록 설정해야 한다. (부록에서 이미 수행했다.)
- Linux 컴퓨터의 IP 주소를 알고 있어야 한다.
- Windows 컴퓨터의 Workbench에서 Linux 컴퓨터로 연결고리를 만들어 놓아야 한다.

실습을 통해서 [그림 5-46]을 구성하고 확인해 보자.

⚠ 다음 〈실습 4〉는 책 뒤의 부록을 수행해야 진행할 수 있다. 만약 부록을 진행하지 않은 독자는 부록을 먼저 수행해야 한다. 부록의 실습이 부담된다면 〈실습 4〉는 생략하자. 〈실습 4〉를 진행하지 않아도 향후 이 책의 대부분의 실습을 수행하는 데 문제는 없다.

실습4

Linux에 설치된 MySQL Server를 관리하자.

step 0

부록에서 설치한 Linux 컴퓨터를 부팅하고 네트워크가 정상적으로 작동하는지 확인하자.

0-1 VMware를 실행해서 부록에서 설치한 Linux 컴퓨터를 부팅한 후 root/password로 로그인한다. 비밀번호를 입력하는 것은 보이지 않는다. 또, 성공적으로 로그인되면 프롬프트가 **[root@localhost ~]#**으로 보인다.

[그림 5-47] Linux 로그인

0-2 먼저 [그림 5-46]에 표현된 Linux 컴퓨터의 IP 주소를 확인해야 한다. **ip addr** 명령을 입력해서 두 번째의 inet이라고 써있는 부분의 주소를 확인하자. 필자와 독자가 다를 수 있다.

[그림 5-48] Linux 컴퓨터의 IP 주소 확인

0-3 Windows에서 [Windows] + [R]을 누른 후, **cmd** 명령을 입력해서 명령 프롬프트를 하나 열고 **ping Linux_IP_주소** 명령을 입력하자. 필자와 같이 응답한다면 [그림 5-46]의 서버인 Linux 컴퓨터와 클라이언트인 Windows 컴퓨터가 네트워크로 잘 작동하는 상태인 것이다.

⚠ 부록에서 언급했지만, 게스트 컴퓨터와 호스트 컴퓨터의 포커스를 이동하는 키는 왼쪽 [Ctrl] + [Alt]다.

```
C:\WINDOWS\system32\cmd.exe                                     —  □  ×

C:\Users\WinUser>
C:\Users\WinUser> ping 192.168.111.215

Ping 192.168.111.215 32바이트 데이터 사용:
192.168.111.215의 응답: 바이트=32 시간<1ms TTL=64
192.168.111.215의 응답: 바이트=32 시간=1ms TTL=64
192.168.111.215의 응답: 바이트=32 시간<1ms TTL=64
192.168.111.215의 응답: 바이트=32 시간=1ms TTL=64

192.168.111.215에 대한 Ping 통계:
    패킷: 보냄 = 4, 받음 = 4, 손실 = 0 (0% 손실),
왕복 시간(밀리초):
    최소 = 0ms, 최대 = 1ms, 평균 = 0ms
```

[그림 5-49] 두 컴퓨터의 정상적인 네트워크 상태

⚠ 만약, 필자와 같이 ping 명령이 응답하지 않는다면 더 이상 실습을 진행할 수 없다. 부록의 실습을 다시 한 번 자세히 확인해야 한다.

step 1

[그림 5-46]에 나온 것처럼 Windows 환경의 Workbench에서 Linux 환경의 MySQL Server에 연결하자.

1-1 Workbench를 실행하고, 초기 화면에서 [MySQL Connections] 옆의 〈+〉 아이콘을 클릭한다.

[그림 5-50] Linux 컴퓨터의 새로운 연결 생성 1

1-2 [Setup New Connection] 창에서 연결 이름Connection Name을 적당히 'Linux' 정도로 입력하고 [Parameters] 탭의 컴퓨터 이름Hostname은 앞에서 알아낸 Linux 컴퓨터의 IP 주소를 적어준다. 사용자 이름Username은 root가 된다. 그리고 비밀번호Password 옆의 〈Store in Vault …〉를 클릭해서 MySQL 관리자인 root의 비밀번호 '1234'를 입력하고 〈OK〉를 클릭한다.

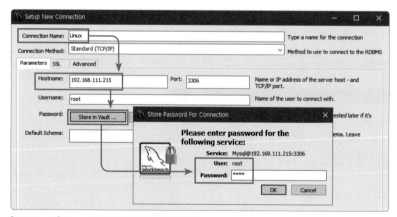

[그림 5-51] Linux 컴퓨터의 새로운 연결 생성 2

1-3 연결을 확인하기 위해 아래쪽의 〈Test Connection〉을 클릭하면 'Successfully made ~~' 메시지 창이 나온다. 〈OK〉를 연속 클릭해서 설정을 완료한다.

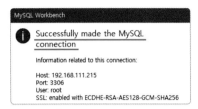

[그림 5-52] Linux 컴퓨터의 새로운 연결 생성 3

1-4 새로운 연결이 하나 추가된 것을 확인할 수 있다. 이렇게 해서 [그림 5-46]의 환경이 완성되었다.

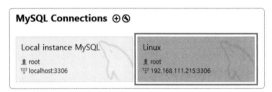

[그림 5-53] Linux 컴퓨터의 새로운 연결 생성 4

---

step 2

Linux의 MySQL을 사용해 보자.

⚠ 리눅스에 접속해서 쿼리를 사용할 때는, 예약어(SELECT, USE 등)는 대소문자 상관없으나, 데이터베이스 이름과 테이블 이름은 꼭 소문자를 사용해야 한다.

2-1 초기 화면에서 [Linux] 연결을 클릭해서 연결하자. 초기 화면이 Windows에 접속하는 것과 다르지 않을 것이다. 기본적으로 쿼리문인 **show databases**문을 입력하고 실행해서 확인해 보자.

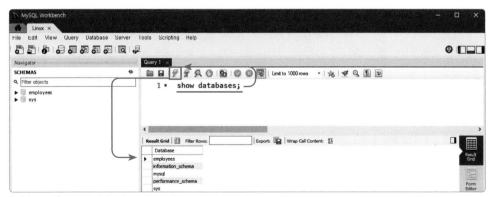

[그림 5-54] Linux 컴퓨터의 MySQL 사용 1

2-2 연습 삼아서 다음 쿼리를 입력한 후 실행해 보자. 그리고 왼쪽 [Navigator]의 빈 곳에서 마우스 오른쪽 버튼을 클릭한 후, 새로 고침Refresh All을 하면 데이터베이스를 확인할 수 있다.

⚠ 부록의 〈실습 3〉에서 한글도 잘 입력되도록 설정했었다.

```
create database mydb;
use mydb;
create table mytbl (uname char(10));
insert into mytbl values ('마이리틀텔레비전');
select * from mytbl;
```

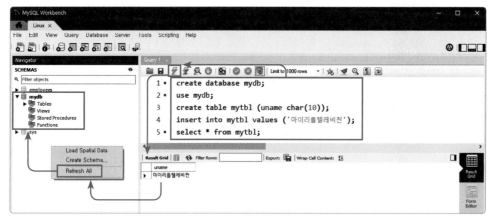

[그림 5-55] Linux 컴퓨터의 MySQL 사용 2

2-3 Workbench를 종료한다.

step 3

Linux에서 입력된 데이터를 확인해 보자.

3-1 가상머신의 프롬프트(#)에서 **mysql -u root -p** 명령으로 접속하자. 비밀번호는 1234다.

3-2 다음 쿼리문으로 확인하자. 이 상태는 [그림 5-46]의 Linux 서버에서 직접 작업하는 것이다.

⚠ 만약 세미콜론(;)을 찍지 않고 Enter를 누르면 프롬프트가 (→)로 변경된다. 그때 세미콜론을 입력해도 된다. 어차피 세미콜론이 나올 때까지는 Enter를 아무리 눌러도 한 문장으로 취급한다.

```
use mydb;
insert into mytbl values ('MyLittleTV');
select * from mytbl;
```

3-3 최종적으로 한글은 깨져 보이지만, Linux 터미널 환경이 한글을 지원하지 못하는 것일 뿐 한글은 테이블에 잘 들어 있는 상태다. 즉, Linux 터미널에서 영문이나 숫자는 INSERT문으로 입력이 가능하지만 한글 입력은 Workbench와 같은 외부의 툴을 사용하여 입력해야 한다.

[그림 5-56] Linux 컴퓨터에서 작업하기

3-4 **exit**문과 **shutdown -h now** 명령으로 종료하자.

이번 실습을 통해서 Windows에 MySQL이 설치되어 있든, Linux에 MySQL이 설치되어 있든 [그림 5-46]과 같이 Windows 컴퓨터에서 동일하게 접근하고 관리/운영할 수 있는 것을 확인했다.

비타민 퀴즈 5-1

Windows의 Workbench에서 Linux의 MySQL 서버에 접속해서 chapter 03의 [그림 3-1]의 쇼핑몰 데이터베이스를 구현하자. 그리고 인덱스, 뷰, 저장 프로시저, 트리거, 백업/복원, 웹서비스 등도 구현해 보자. 즉, Windows의 MySQL 대신에 Linux의 MySQL을 사용해보는 것이다.

힌트 chapter 03 전체를 참조해서 진행한다.

5.3 사용자 관리

지금까지 우리는 MySQL 관리자인 root로 접속해서 사용했다. 그런데, 실무에서는 MySQL 데이터베이스를 혼자 사용하는 것이 아니라 다양한 사용자나 응용 프로그램에 접속해서 사용한다.

이렇게 MySQL에 접속하는 사람들에게 모두 root의 비밀번호를 알려준다면 어떻게 될까? 고의든 실수든 문제가 발생한다면 회사의 중요한 데이터가 모두 유출되거나 증발하는 끔찍한 일이 생길 수도 있다. 이런 것을 방지하기 위해서 root 외의 별도의 사용자를 만들고 모든 권한이 아닌 적당한 권한을 부여해서 관리할 필요가 있다.

[그림 5-57]은 일반적인 회사의 사용자 및 권한에 대한 상황을 단순화한 예시다.

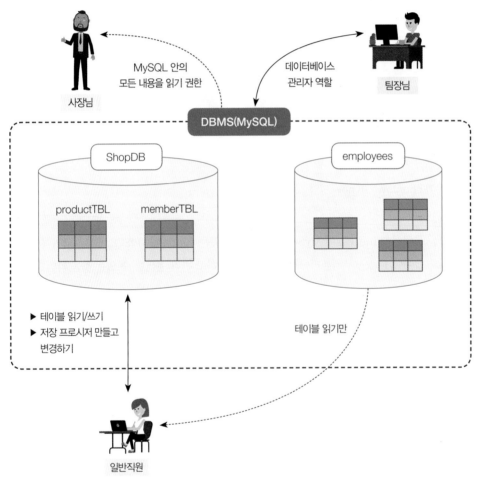

[그림 5-57] 사용자에게 부여된 다양한 권한

[그림 5-57]은 사용자에게 다양한 권한을 부여하는 형태다. 먼저 '팀장님'은 root와 동일한 데이터베이스 관리자의 역할을 갖는다. 즉 모든 작업을 할 수 있다.

'사장님'은 특별히 데이터베이스 작업을 하지는 않지만, 회사의 모든 데이터를 읽을 수 있는 권한을 부여했다. '일반직원'은 자신의 업무인 ShopDB 데이터베이스의 모든 테이블을 읽기/쓰기 할 수 있다. 또한, 스토어드 프로시저나 스토어드 함수를 만들거나 변경할 수 있는 권한을 부여한다. 추가로 업무에 참조할 수 있도록 employees 데이터베이스는 테이블에 대한 읽기 권한만 부여한다. 실습을 통해서 [그림 5-57]을 구현해 보자.

⚠ 권한Privileges은 단편적인 것을 말하는데, 예로 SELECT 권한, INSERT 권한, CREATE 권한 등을 말한다. 역할Role은 권한의 집합을 말하는데, 예로 DBA 역할은 SELECT 권한 등 모든 권한이 포함되어 있다.

실습5

MySQL의 사용자 및 역할/권한을 관리하자.

step 0

Workbench를 실행하고 [Local instance MySQL]을 클릭해서 접속하자. 사용자를 생성하는 권한은 root에게만 있다. 현재는 root 사용자로 접속한 상태다.

step 1

[그림 5-57]의 팀장님director을 생성하고 데이터베이스 관리자(DBA)의 역할을 부여하자.

1-1 [Navigator]의 [Administration] 탭을 선택하고 [User and Privileges]를 클릭한다.

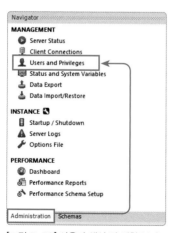

[그림 5-58] 사용자 생성 및 권한 부여 1

1-2 [Users and Privileges] 창에서 왼쪽 아래 〈Add Account〉를 클릭한 후, [Login] 탭의 [Login Name]에 'director'로 입력하자. 비밀번호도 기억하기 쉽게 'director'로 입력하고 〈Apply〉를 클릭하면 director 사용자가 등록된 것을 확인할 수 있다.

⚠ 화면이 작다면 오른쪽 위 아이콘을 클릭해서 다른 창을 숨기고 작업한다. [Login] 탭에서 'Limits to Hosts Matching'은 특정한 IP 주소만 지정할 수 있다. 그러면 그 IP 주소 외의 컴퓨터에서는 현재 생성하는 사용자로 접속할 수 없다. 이는 보안 상 좋은 방법으로 추천한다. 지금 '%'를 입력한 것은 모든 컴퓨터를 의미한다. 즉, 어떤 컴퓨터든 director 사용자와 비밀번 호로 접속이 가능하다는 의미다. (보안에는 좀 취약하다.)

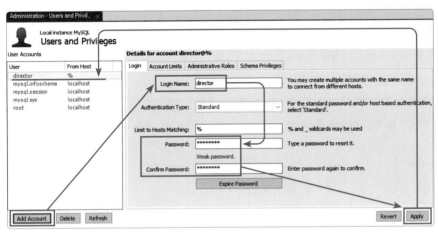

[그림 5-59] 사용자 생성 및 권한 부여 2

1-3 [Account Limits] 탭을 클릭하면 최대 쿼리 수, 최대 업데이트 수, 시간당 최대 접속 수, 실시간 동시 접속 최대 수 등을 설정할 수 있다. 모두 0은 특별히 제한이 없다는 의미다. 특별히 제한할 것이 아니라면 그 대로 두자.

Details for account director@%		
Login	Account Limits	Administrative Roles	Schema Privileges

Max. Queries:	0	Number of queries the account can execute within one hour.
Max. Updates:	0	Number of updates the account can execute within one hour.
Max. Connections:	0	The number of times the account can connect to the server per hour.
Concurrent Connections:	0	The number of simultaneous connections to the server the account can have.

[그림 5-60] 사용자 생성 및 권한 부여 3

1-4 [Administrative Roles]에서는 MySQL 자체에 대한 권한을 설정할 수 있다. [그림 5-57]에서 팀장 님은 데이터베이스 관리자DBA: Data Base Administrator로 계획되어 있다. DBA는 모든 권한이 있으므로 [Role]의 〈DBA〉를 체크하면 나머지는 모두 자동으로 체크될 것이다. 오른쪽 아래 〈Apply〉를 클릭해서 설정한 내 용을 적용하자.

[그림 5-61] 사용자 생성 및 권한 부여 4

⚠ 다음 SQL문을 이용해도 팀장님^{director}을 Workbench에서 작업한 것과 동일한 결과를 얻을 수 있다. 주로 명령어 모드에서 사용자를 직접 만들 때 사용할 수 있으며, 테이블 단위 등의 더 세밀한 권한 부여도 가능하다.

CREATE USER director@'%' IDENTIFIED BY 'director';
GRANT ALL ON *.* TO director@'%' WITH GRANT OPTION;

step 2

[그림 5-57]의 사장님^{ceo}을 생성하고 MySQL의 모든 데이터에 읽기^{Select} 권한을 부여하자.

2-1 [Users and Privileges] 창에서 왼쪽 아래 ⟨Add Account⟩를 클릭한 후, [Login] 탭의 [Login Name] 에 'ceo'로 입력하자. 비밀번호도 기억하기 쉽게 'ceo'로 입력하고 ⟨Apply⟩를 클릭하면 ceo 사용자가 등록 된 것을 확인할 수 있다.

2-2 [Administrative Roles] 탭을 클릭한다. [그림 5-57]에서 사장님은 MySQL의 읽기(SELECT)로 계 획되어 있다. [Global Privileges] 중에서 ⟨SELECT⟩를 체크한다. 그러면 왼쪽 Role 중에 ⟨Custom⟩이 자 동으로 체크될 것이다. 오른쪽 아래 ⟨Apply⟩를 클릭해서 설정한 내용을 적용하자.

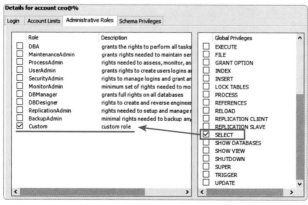

[그림 5-62] 사용자 생성 및 권한 부여 5

⚠ 사장님(ceo)을 만드는 SQL은 다음과 같다.

CREATE USER ceo@'%' IDENTIFIED BY 'ceo';
GRANT SELECT ON *.* TO ceo@'%';

step 3

이번에는 [그림 5-57]의 일반직원staff을 생성하고, ShopDB 데이터베이스의 모든 테이블에 대해 읽기Select 쓰기Insert, Update, Delete 권한을 부여하자. 또, 스토어드 프로시저 등을 생성Create Routine하고 수정Alter Routine할 수 있는 권한도 부여한다. 추가로 employees 데이터베이스의 테이블에 대해서는 읽기Select 권한만 부여하자.

3-1 [Users and Privileges] 창에서 왼쪽 아래 〈Add Account〉를 클릭한 후, [Login] 탭의 [Login Name]에 'staff'로 입력하자. 비밀번호도 기억하기 쉽게 'staff'로 입력하고 〈Apply〉를 클릭하면 staff 사용자가 등록된 것을 확인할 수 있다.

3-2 이번에는 각 데이터베이스(=스키마)에 대한 권한을 부여해야 하므로 [Schema Privileges] 탭을 클릭한다. 그리고 〈Add Entry〉를 클릭한다. [New Schema Privilege Definition] 창에서 〈Select schema〉를 선택하고 계획대로 'shopdb'를 선택한 후 〈OK〉를 클릭한다. Object Rights에서는 〈SELECT〉, 〈INSERT〉, 〈UPDATE〉, 〈DELETE〉를 체크하고 DDL Rights에서는 〈CREATE ROUTINE〉과 〈ALTER ROUTINE〉을 체크한다. 오른쪽 아래 〈Apply〉를 클릭해서 설정한 내용을 적용하자.

⚠ Workbench의 약간의 버그로 인해서 체크박스가 들쑥날쑥해 보일 수 있다. 별 문제는 안되니 그냥 넘어가자.

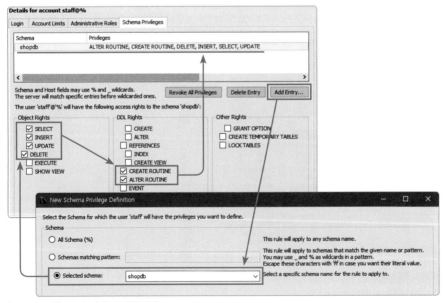

[그림 5-63] 사용자 생성 및 권한 부여 6

3-3 다시 〈Add Entry〉를 클릭한다. 이번에는 employees 데이터베이스의 SELECT 권한만 부여한다. 오른쪽 아래 〈Apply〉를 클릭해서 설정한 내용을 적용하자.

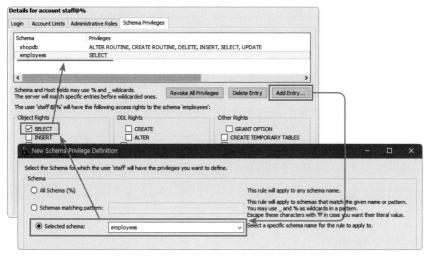

[그림 5-64] 사용자 생성 및 권한 부여 7

⚠ 일반직원(staff)을 만드는 SQL은 다음과 같다.

```
CREATE USER staff@'%' IDENTIFIED BY 'staff';
GRANT SELECT, INSERT, UPDATE, DELETE ON shopdb.* TO staff@'%';
GRANT SELECT ON employees.* TO staff@'%';
```

3-4 Workbench를 종료한다.

---

step 4

팀장님^{director}으로 접속해서 [그림 5-57]처럼 DBA 권한이 있는지 확인해 보자.

4-0 Workbench를 실행한다.

4-1 새로운 연결을 만들어도 되지만 기존의 [Local instance MySQL]에서 사용자를 변경해 보자. [Local instance MySQL]에서 마우스 오른쪽 버튼을 클릭한 후 [Edit Connection]을 선택한다.

4-2 [Manage Server Connection] 창에서 Username을 root에서 director로 변경한 후 〈Close〉를 클릭해서 닫는다.

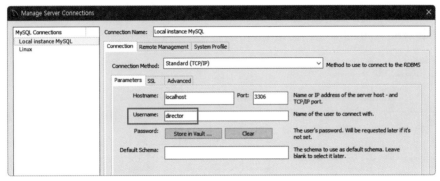

[그림 5-65] 접속하는 사용자를 변경

4-3 [Local instance MySQL]을 클릭해서 접속한다. 비밀번호는 'director'를 입력한다.

4-4 쿼리 창을 입력해서 데이터베이스를 하나 생성하고 다시 삭제해 보자. 잘 실행되면 DBA의 권한이 있는 것으로 보면 된다.

```
CREATE DATABASE sampleDB;
DROP DATABASE sampleDB;
```

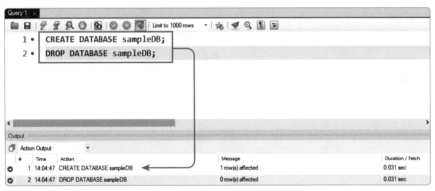

[그림 5-66] DBA 역할을 확인

4-5 메뉴의 [File] 〉〉 [Close Connection Tab]을 선택해서 접속을 종료하자.

---

step 5

사장님ceo으로 접속해서 [그림 5-57]처럼 전체 MySQL에 읽기 권한만 있는지 확인해 보자.

5-0 [Local instance MySQL]에서 마우스 오른쪽 버튼을 클릭한 후 [Edit Connection]을 선택한다.

5-1 [Manage Server Connection] 창에서 Username을 ceo로 변경한 후 〈Close〉를 클릭해서 닫는다.

5-2 [Local instance MySQL]을 클릭해서 접속한다. 비밀번호는 'ceo'를 입력한다.

5-3 다음 읽기가 정상적으로 되는지 확인한다.

```
USE ShopDB;
SELECT * FROM membertbl;
```

[그림 5-67] SELECT 권한을 확인

5-4 데이터를 삭제해 보자. 권한이 없으므로 안될 것이다. 그 외 INSERT, UPDATE, CREATE 등도 모두 실행되지 않을 것이다.

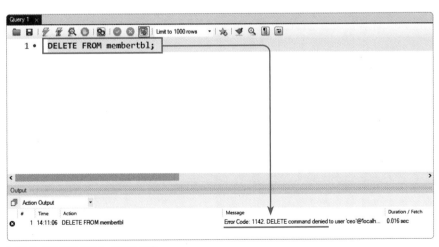

[그림 5-68] DELETE는 권한이 없음

5-5 메뉴의 [File] ≫ [Close Connection Tab]을 선택해서 접속을 종료하자.

일반직원staff으로 접속해서 [그림 5-57]처럼 각 데이터베이스에 대한 권한을 확인해 보자.

6-1 앞에서 했던 방식처럼 staff로 접속한다.

6-2 [Navigator]의 [Schemas] 탭을 보면 데이터베이스가 2개밖에 보이지 않을 것이다. [그림 5-57]을 보면 staff에게는 2개의 데이터베이스에만 접근 권한을 줬기 때문이다.

[그림 5-69] 2개의 DB만 보임

6-3 다음 쿼리를 실행한다. 잘 수행될 것이다.

```
USE ShopDB;
SELECT * FROM memberTBL;
DELETE FROM memberTBL WHERE memberID = 'Sang';
```

6-4 테이블을 DROP으로 삭제해 보자. DROP 권한은 주지 않았으므로 실패할 것이다.

```
DROP TABLE memberTBL;
```

6-5 employees 데이터베이스에도 SELECT문은 실행될 것이다. 하지만 다른 SQL문은 수행되지 않을 것이다.

```
USE employees;
SELECT * FROM employees;
```

6-6 메뉴의 [File] >> [Close Connection Tab]을 선택해서 접속을 종료하자.

[Local instance MySQL]을 원래대로 root로 변경해 놓고, Workbench를 종료한다.

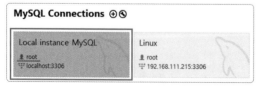

[그림 5-70] 다시 root 사용자로 변경

─────────────────────────────

비타민 퀴즈 5-2

Windows의 Workbench에서 Linux의 MySQL 서버에 접속해서 [그림 5-57]과 같이 사용자를 생성해 보자.

힌트 1 Linux의 MySQL 사용자의 비밀번호는 8자 이상에 대문자, 소문자, 숫자, 특수문자를 섞어서 만들어야 한다. (예: Pass1234#)

힌트 2 Linux에서 데이터베이스 이름과 테이블 이름은 소문자로 사용해야 한다.

─────────────────────────────

비타민 퀴즈 5-3

Linux 가상머신의 명령어 모드에서, [그림 5-57]과 같이 사용자를 생성해 보자.

힌트 1 우선 다음 SQL문으로 [비타민 퀴즈 5-2]에서 만든 사용자를 삭제한다.

```
DROP USER director;
DROP USER ceo;
DROP USER staff;
```

힌트 2 앞의 〈실습 4〉에서 사용자를 생성하는 SQL문도 다뤘다.

힌트 3 명령어 모드에서 사용자로 접속하려면 **mysql -u 사용자이름 -p** 명령을 사용한다.

이 정도로 MySQL의 툴 및 유틸리티의 사용법을 마치고자 한다. 물론, MySQL Workbench의 많은 기능의 일부만 살펴본 셈이지만 이 책에서 사용되는 필수적인 것들을 위주로 살펴보았다.

또, 계속 Workbench의 기능만 나열한다면 별로 효과적이지 못할 듯하다. 앞으로 다른 내용들을 계속 진행하면서 더 필요한 툴이나 유틸리티들은 그때마다 사용법을 살펴보는 것이 더 학습에 효과적일 것이다.

SQL 기본

MySQL이 사용하는 SQL은 대부분의 DBMS에 공통적으로 적용되는 ANSI-92/99 SQL의 내용을 포함하면서 MySQL의 특징을 반영하는 내용이 포함된, 확장된 SQL이다. 앞으로는 SQL을 문맥에 따라서 쿼리 또는 쿼리문이라고도 부를 것이다. 다 같은 의미이므로 혼동하지 말기 바란다.

chapter 06의 핵심 개념

chapter 06은 데이터베이스를 운영하기 위한 기본적인 SQL문을 학습한다. chapter 06의 핵심 개념은 다음과 같다.

1. SELECT문의 기본 구조는 'SELECT 열 이름 FROM 테이블이름 WHERE 조건'이다.

2. 책 전체 실습을 위해 쇼핑몰을 간략화한 sqlDB를 생성하고 사용한다.

3. WHERE절은 조회하는 결과에 특정한 조건을 줘서, 원하는 데이터만 보고 싶을 때 사용한다.

4. CREATE TABLE … SELECT 구문은 테이블을 복사해서 사용할 경우에 주로 사용된다.

5. GROUP BY절은 지정된 열을 그룹으로 묶어주는 역할을 하며, 주로 집계 함수와 함께 사용된다.

6. SQL문은 크게 DML, DDL, DCL로 분류한다.

7. INSERT/UPDATE/DELETE문은 데이터의 입력/수정/삭제의 기능을 한다.

---

chapter 06의 학습 흐름

SELECT문의 형식과 사용법

책 전체에서 사용할 sqlDB 생성

특정 조건을 조회하는 WHERE절

ORDER BY절 및 LIMIT절

GROUP BY 및 HAVING 그리고 집계 함수

INSERT/UPDATE/DELETE문의 형식

6.1 SELECT문

chapter 03에서도 간단히 사용해 보았던, 기본적인 SQL 문장인 SELECT/INSERT/UPDATE/
DELETE에 대해서 알아보자. 이 4개만 알아도 SQL 구문을 기본적으로는 사용할 수 있다. 특히, 관
리자보다는 응용 프로그램 개발자가 이 4개를 잘 사용하는 것이 중요하다.

6.1.1 원하는 데이터를 가져와 주는 기본적인 〈SELECT... FROM〉

SELECT문은 가장 많이 사용하는 구문이다. 처음에는 쉬운 듯 별 것 아닌 것처럼 보이지만, 갈수록
어렵게 느껴진다. SELECT는 한마디로 데이터베이스 내의 테이블에서 원하는 정보를 추출하는 명
령이다.

SELECT의 구문 형식

다음은 MySQL 8.0의 도움말에 나오는 SELECT의 구문 형식이다.

```
SELECT
    [ALL | DISTINCT | DISTINCTROW ]
      [HIGH_PRIORITY]
      [STRAIGHT_JOIN]
      [SQL_SMALL_RESULT] [SQL_BIG_RESULT] [SQL_BUFFER_RESULT]
      [SQL_NO_CACHE] [SQL_CALC_FOUND_ROWS]
    select_expr [, select_expr ...]
    [FROM table_references
      [PARTITION partition_list]
    [WHERE where_condition]
    [GROUP BY {col_name | expr | position}, ... [WITH ROLLUP]]
    [HAVING where_condition]
    [WINDOW window_name AS (window_spec)
        [, window_name AS (window_spec)] ...]
    [ORDER BY {col_name | expr | position}
      [ASC | DESC], ... [WITH ROLLUP]]
    [LIMIT {[offset,] row_count | row_count OFFSET offset}]
    [INTO OUTFILE 'file_name'
        [CHARACTER SET charset_name]
        export_options
```

```
        | INTO DUMPFILE 'file_name'
        | INTO var_name [, var_name]]
    [FOR {UPDATE | SHARE} [OF tbl_name [, tbl_name] ...] [NOWAIT | SKIP LOCKED]
        | LOCK IN SHARE MODE]]
```

필자가 조금 전에 처음에는 쉽다고 얘기했는데, 위 형식을 보면 전혀 쉬워 보이지 않는다고 생각하는 독자가 많을 것이다.

SELECT문은 다양한 옵션으로 인해서 전체 구문 형식은 복잡해 보이지만, 실제적으로 많이 사용되는 형태로 요약한 구조는 다음과 같다. 여기서 대괄호([ ])의 내용은 생략할 수 있다.

```
SELECT select_expr
    [FROM table_references]
    [WHERE where_condition]
    [GROUP BY {col_name | expr | position}]
    [HAVING where_condition]
    [ORDER BY {col_name | expr | position}]
```

아까보다 훨씬 단순해졌다. 그래도 좀 복잡해 보인다면 다음과 같이 가장 자주 쓰이는 형식으로 줄이자.

```
SELECT 열 이름
FROM 테이블이름
WHERE 조건
```

어떤가? 이 정도면 충분히 해볼 만하게 보일 것이다. 앞으로 쉬운 것부터 하나씩 배워보면서 추가적으로 살을 붙여가는 형식으로 SELECT문을 정복하자.

USE 구문

SELECT문을 학습하려면 먼저 사용할 데이터베이스를 지정해야 한다. 이번 chapter에서 주로 사용할 데이터베이스는 잠시 후에 만들게 될 sqldb 데이터베이스와 MySQL의 샘플 데이터베이스인 employees다. 현재 사용하는 데이터베이스를 지정 또는 변경하는 구문 형식은 다음과 같다.

```
USE 데이터베이스_이름;
```

만약, employees를 사용하기 위해서는 쿼리 창에서 다음과 같이 입력한다.

```
USE employees;
```

이렇게 지정해 놓은 후에는 특별히 다시 USE문을 사용하거나 다른 DB를 사용하겠다고 명시하지 않는 이상 모든 SQL문은 employees에서 수행된다. 한마디로 **"지금부터 employees를 사용하겠으니, 모든 쿼리는 employees에서 수행하라"**는 의미다.

여기서 잠깐

✿ SQL의 대소문자 구분

SQL은 일반적으로 대소문자를 구분하지 않는다. 즉, USE, use, uSE를 모두 동일하게 인식한다. 하지만, 여러 가지 면에서 전체 대문자 또는 소문자 등으로 통일하는 것이 구문을 읽기 쉽게 하며, MySQL의 성능에도 약간의 도움이 된다. 필자는 독자가 읽기 쉽게 예약어(USE, SELECT 등)는 대문자로, 사용자 정의어(테이블 이름, 열 이름) 등은 대소문자를 섞어서 사용하겠다.

또는 [그림 6-1]과 같이 Workbench에서 직접 선택하여 지정할 수도 있다. [Navigator]의 [Schemas] 탭에서 employees 데이터베이스를 더블클릭하거나 해당 데이터베이스에서 마우스 오른쪽 버튼을 클릭한 후 [Set as Default Schema]를 선택하면 진한 글자로 바뀐다. 또한 왼쪽 아래 'Active schema changed to employees' 메시지가 나온다. 이제부터는 employees 데이터베이스가 기본적으로 사용된다.

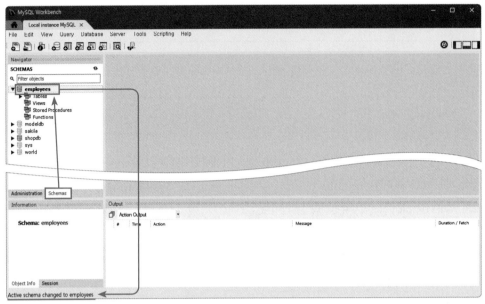

[그림 6-1] 현재 데이터베이스의 변경

만약, 다른 데이터베이스가 지정된 상태에서 조회를 하면 주로 다음과 같은 메시지가 나온다.

```
USE mysql;
SELECT * FROM employees;
```

[그림 6-2] 오류 메시지

현재 선택된 mysql 데이터베이스에는 employees라는 테이블이 없기 때문에 나오는 메시지다. 따라서, 이런 경우에는 먼저 데이터베이스 이름을 확인하고, 데이터베이스가 제대로 지정되었다면 열이름이나 테이블 이름의 철자를 확인해 보자.

⚠ MySQL 초보자가 가장 자주 만나는 오류 메시지다. 그러므로 쿼리 창을 연 후에 가장 먼저 자신이 작업할 데이터베이스가 선택되어 있는가를 확인하는 습관이 필요하다.

SELECT와 FROM

다시 employees 데이터베이스를 선택한 후에, Workbench의 쿼리 창에서 간단한 SQL문을 수행하자. (먼저 쿼리의 결과 개수의 제한이 없도록 위쪽에서 행 개수 제한을 〈Don't Limit〉로 선택해 놓자.)

```
SELECT * FROM titles ;
```

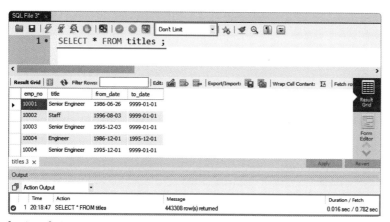

[그림 6-3] 쿼리 수행 결과

결과를 확인할 수 있다. [그림 6-3]에 표시해 놓은 아래쪽 상태 바의 의미를 간단히 살펴보자.

- **초록색 아이콘:** 정상적으로 쿼리가 실행된 상태를 나타낸다. 오류인 경우 빨간색 아이콘이 나타난다.
- **1:** 실행한 쿼리의 순번을 나타낸다. 실행한 쿼리가 여러 개라면 1, 2, 3… 순서로 증가한다.
- **Action:** 실행된 쿼리문이 나온다.
- **Messages:** SELECT문은 조회된 행의 개수가 나온다. 오류 발생 시에는 오류 번호 및 오류 메시지가 표시된다.
- **Duration/Fetch:** Duration은 SQL문이 실행되는데 걸린 시간(초)이, Fetch는 데이터를 테이블에서 가져오는데 걸린 시간(초)이 표시된다.

이제, SELECT문을 하나하나 뜯어보자. 일반적으로 *은 '모든 것'을 의미한다. 그런데 *가 사용된 곳이 열 이름이 나올 곳의 위치이므로 이곳의 *은 모든 열을 의미한다. FROM 다음은 테이블/뷰 등의 항목이다. 결국 풀어서 쓰면 'titles 테이블에서 모든 열의 내용을 가져와라'는 의미다.

원래 테이블의 전체 이름은 '데이터베이스이름.테이블이름' 형식으로 표현된다. 필자를 예로 든다면, 이 테이블의 전체 이름은 employees.titles이므로 원칙적으로 다음과 같이 사용하여야 한다.

```
SELECT * FROM employees.titles;
```

하지만 데이터베이스 이름을 생략하더라도 [그림 6-1]에서 선택된 데이터베이스 이름이 자동으로 붙게 된다. 그러므로 현재 선택된 데이터베이스가 employees라면 다음 두 쿼리는 동일하다.

```
SELECT * FROM employees.titles;
SELECT * FROM titles;
```

이번에는 해당 테이블에서 전체 열이 아닌 필요로 하는 열만 가져오자. 다음과 같이 사원 테이블의 이름만 가져와 보자. (위쪽에서 행 개수 제한을 기본 값인 〈Limit to 1000 rows〉로 선택해 놓자.)

```
SELECT first_name FROM employees;
```

사원의 이름만 얻을 수 있다.

[그림 6-4] 쿼리 실행 결과

여러 개의 열을 가져오고 싶으면 콤마(,)로 구분하면 된다. 또한, 열 이름의 순서는 사용자 마음대로 바꿔도 된다.

```
SELECT first_name, last_name, gender FROM employees;
```

[그림 6-5] 쿼리 실행 결과

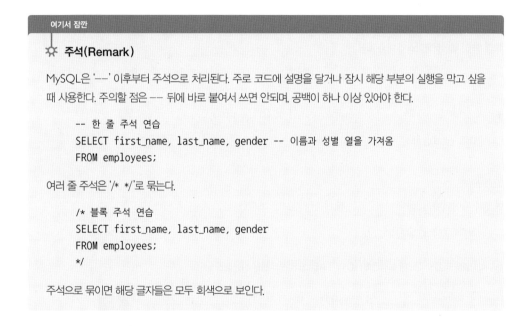

여기서 잠깐

☆ 주석(Remark)

MySQL은 '――' 이후부터 주석으로 처리된다. 주로 코드에 설명을 달거나 잠시 해당 부분의 실행을 막고 싶을 때 사용한다. 주의할 점은 ―― 뒤에 바로 붙여서 쓰면 안되며, 공백이 하나 이상 있어야 한다.

```
-- 한 줄 주석 연습
SELECT first_name, last_name, gender -- 이름과 성별 열을 가져옴
FROM employees;
```

여러 줄 주석은 '/* */'로 묶는다.

```
/* 블록 주석 연습
SELECT first_name, last_name, gender
FROM employees;
*/
```

주석으로 묶이면 해당 글자들은 모두 회색으로 보인다.

실습1

데이터베이스 이름, 테이블 이름, 필드 이름이 정확히 기억나지 않거나 또는 각 이름의 철자가 확실하지 않을 때 찾아서 조회하는 방법을 실습하자. 지금 조회하고자 하는 내용이 employees 데이터베이스에 있는 employees 테이블의 first_name 및 gender열이라고 가정한다.

step 0

모든 쿼리 창을 닫고, 새 쿼리 창을 연다.

step 1

현재 서버에 어떤 데이터베이스가 있는지 조회한다.

    SHOW DATABASES;

[그림 6-6] 데이터베이스의 이름 조회

step 2

우리가 찾던 데이터베이스 이름이 employees인 것 같다. employees 데이터베이스를 지정한다.

    USE employees;

step 3

현재의 데이터베이스employees에 있는 테이블의 정보를 조회한다.

    SHOW TABLE STATUS;

⚠ 테이블의 이름만 간단히 보려면 **SHOW TABLES;** 쿼리문을 사용하면 된다.

[그림 6-7] 테이블 이름 조회

그 중, 찾고자 하는 테이블 이름Name인 employees의 정확한 이름을 찾았다.

step 4

employees 테이블의 열이 무엇이 있는지 확인해 보자.

> DESCRIBE employees; 또는 DESC employees;

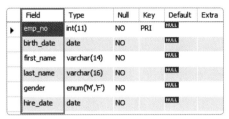

Field	Type	Null	Key	Default	Extra
emp_no	int(11)	NO	PRI	NULL	
birth_date	date	NO		NULL	
first_name	varchar(14)	NO		NULL	
last_name	varchar(16)	NO		NULL	
gender	enum('M','F')	NO		NULL	
hire_date	date	NO		NULL	

[그림 6-8] 열 이름 조회

first_name과 gender 열 이름을 확인했다.

step 5

최종적으로 데이터를 조회한다.

> SELECT first_name, gender FROM employees;

물론, 지금의 방법 외에 간단히 Workbench의 [Navigator]를 확인할 수도 있다. 하지만, 지금 〈실습 1〉의 방법을 잘 알아두면 Linux 명령어 모드에서도 사용될 수 있을 것이다.

┌─ 비타민 퀴즈 6-1 ────────────────────────────────┐

Linux 가상머신의 명령어 모드에서 〈실습 1〉을 진행해 보자.

└───┘

☆ 열 이름의 별칭

열 이름을 별도의 별칭Alias으로 지정할 수도 있다. 열 이름 뒤에 **AS 별칭** 형식으로 붙이면 된다. 하지만, 별칭의 중간에 공백이 있다면 꼭 작은 따옴표(' ')로 별칭을 감싸줘야 한다. 또, AS는 붙여도 되고 생략해도 된다. 권장하기로는 별칭을 붙일 경우에는 되도록 ' ' 안에 별칭을 사용하기를 권장한다.

```
SELECT first_name AS 이름 , gender 성별, hire_date '회사 입사일'
FROM employees;
```

이름	성별	회사 입사일
Georgi	M	1986-06-26
Bezalel	F	1985-11-21
Parto	M	1986-08-28
Chirstian	M	1986-12-01
Kyoichi	M	1989-09-12
Anneke	F	1989-06-02
Tzvetan	F	1989-02-10
Saniya	M	1994-09-15
Sumant	F	1985-02-18

[그림 6-9] 열 이름 별칭

별칭을 사용하면 결과를 보기가 한결 편해지므로, 열 제목이 좀 알아보기 힘들거나 계산식에 의해서 복잡한 열 이름이 되는 경우에 사용하면 좋다.

이제는 조건을 지정하는 WHERE문에 대해서 설명할 차례다. 기존의 employees를 가지고 설명해도 관계 없지만, MySQL을 처음 대하는 대부분의 독자의 입장에서는 employees의 구조가 조금 복잡해서 한눈에 보기가 쉽지 않다. 그래서 필자는 아주 간단하고, 보기 쉬운 테이블을 만들어서 사용하려고 한다. 이는 현실성은 조금 떨어져 보이지만, 조금 어려운 SQL의 구문을 이해하는 데는 훨씬 도움이 된다. 즉, 테이블의 구조에 부담이 없어져서 SQL 문법에 집중할 수 있는 효과를 거둘 수 있을 것이다. employees도 필요한 경우에는 중간중간 계속 사용하게 될 것이다.

데이터베이스의 생성과 테이블의 생성은 chapter 08에서 학습하겠지만, 우리는 chapter 03에서 이미 맛보기로 만들어본 경험이 있으므로 그리 어색하지는 않을 것이다. 혹, 모르는 내용이 나와도 chapter 08에서 자세히 다룰 것이므로 〈실습 2〉는 그냥 따라하기만 해도 관계 없다.

회원 테이블(userTbl)

아이디	이름	생년	지역	국번	전화번호	키	가입일
LSG	이승기	1987	서울	011	1111111	182	2008.8.8
KBS	김범수	1979	경남	011	2222222	173	2012.4.4
KKH	김경호	1971	전남	019	3333333	177	2007.7.7
JYP	조용필	1950	경기	011	4444444	166	2009.4.4
SSK	성시경	1979	서울			186	2013.12.12
LJB	임재범	1963	서울	016	6666666	182	2009.9.9
YJS	윤종신	1969	경남			170	2005.5.5
EJW	은지원	1978	경북	011	8888888	174	2014.3.3
JKW	조관우	1965	경기	018	9999999	172	2010.10.10
BBK	바비킴	1973	서울	010	0000000	176	2013.5.5

PK

구매 테이블(buyTbl)

순번	아이디	물품명	분류	단가	수량
1	KBS	운동화		30	2
2	KBS	노트북	전자	1000	1
3	JYP	모니터	전자	200	1
4	BBK	모니터	전자	200	5
5	KBS	청바지	의류	50	3
6	BBK	메모리	전자	80	10
7	SSK	책	서적	15	5
8	EJW	책	서적	15	2
9	EJW	청바지	의류	50	1
10	BBK	운동화		30	2
11	EJW	책	서적	15	1
12	BBK	운동화		30	2

PK   FK

[그림 6-10] 샘플 데이터베이스 (테이블의 내용은 필자가 임의로 작성한 것임)

이 구조는 간단히 인터넷 쇼핑몰 업체에서 운영하는 데이터베이스를 단순화한 것이라고 생각하면 된다. (chapter 04에서 했던 모델링의 결과와 비슷한 구조다). 대부분의 독자는 인터넷 쇼핑몰에서 물건을 사보았을 것이다. 구매자가 물건을 사기 위해서 회원 가입을 하면, 기입한 회원 정보는 회원 테이블(usertbl)에 입력된다. 물론, 더 많은 정보를 입력해야 하지만 그냥 간단히 아이디/이름/출생년도/거주지역/휴대폰 국번/휴대폰 전화번호/키/가입일 등만 입력하는 것으로 하자. 회원 가입을 한 후에, 인터넷 쇼핑몰에서 물건을 구입하면 회원이 구매한 정보는 구매 테이블(buytbl)에 기록된다. 그러면 이 쇼핑몰의 배송 담당자는 구매 테이블을 통해서 회원이 주문한 물건을 준비하고, 구매 테이블의 아이디와 일치하는 회원 테이블의 아이디를 찾아서 그 행의 주소로 회원에게 물품을 배송한다.

예로, 배송 담당자는 구매 테이블(buytbl)의 아이디 'KBS'라는 사람이 구매한 운동화 2개, 노트북 1개, 청바지 3벌을 포장한 후에, 회원 테이블(usertbl)의 'KBS'라는 아이디를 찾는다. 그리고 이름은 '김범수', 주소는 '경남', 연락처는 '011-222-2222'를 포장박스에 적어서 배송하게 될 것이다. 지금 얘기한 이 당연한(?) 과정을 SQL문에서도 거의 동일한 방식으로 수행하게 된다. 지금은 그냥 감만 잡아놓고 차근차근 학습해 보자.

앞으로 책의 전 과정에서 사용할 데이터베이스와 테이블을 생성하자.

아직 배우지 않은 문장이 많이 나올 것이므로 잘 이해되지 않더라도 우선은 똑같이 진행하자. 앞으로 하나씩
계속 배워나갈 것이다.

step 0

기존의 쿼리 창을 닫고, 새로운 쿼리 창을 연다. 이번에 입력할 쿼리는 앞으로 다른 chapter에서도 거의 비슷
하게 많이 사용될 것이다. 그러므로, 이번 실습에서 입력한 쿼리를 저장해 놓는 것이 나중에 편리할 것이다.

step 1

우선 DB를 만들자.

⚠ 지금부터 입력하는 SQL문은 추후에 다시 사용할 수 있다. 그러므로 앞 번호의 SQL문을 지우지 말고, 해당 번호의 SQL문
을 마우스로 드래그한 후에 실행하자.

```
DROP DATABASE IF EXISTS sqldb; -- 만약 sqldb가 존재하면 우선 삭제한다.
CREATE DATABASE sqldb;
```

⚠ 개체 이름을 알기 쉽도록, 데이터베이스 이름은 뒤에 db를, 테이블 이름은 뒤에 tbl을 붙였다. 예로 회원 테이블은 User
Table을 조합해서 usertbl로 생성했다. 또한 예약어(CREATE, TABLE, CHAR, INT 등)는 독자가 읽기 쉽도록 가능하
면 대문자를 사용했다.

step 2

테이블을 만들자.

```
USE sqldb;
CREATE TABLE usertbl -- 회원 테이블
( userID       CHAR(8) NOT NULL PRIMARY KEY, -- 사용자 아이디(PK)
  name         VARCHAR(10) NOT NULL, -- 이름
  birthYear    INT NOT NULL,  -- 출생년도
  addr         CHAR(2) NOT NULL, -- 지역경기, 서울, 경남 식으로 2글자만 입력)
  mobile1      CHAR(3), -- 휴대폰의 국번011, 016, 017, 018, 019, 010 등)
  mobile2      CHAR(8), -- 휴대폰의 나머지 전화번호(하이픈 제외)
  height       SMALLINT,  -- 키
  mDate        DATE  -- 회원 가입일
);
CREATE TABLE buytbl -- 회원 구매 테이블(Buy Table의 약자)
(  num          INT AUTO_INCREMENT NOT NULL PRIMARY KEY, -- 순번(PK)
```

```
    userID       CHAR(8) NOT NULL, -- 아이디(FK)
    prodName     CHAR(6) NOT NULL, --  물품명
    groupName    CHAR(4)  , -- 분류
    price        INT  NOT NULL, -- 단가
    amount       SMALLINT  NOT NULL, -- 수량
    FOREIGN KEY (userID) REFERENCES usertbl(userID)
);
```

⚠ 일부 DBMS에서는 CHAR와 VARCHAR는 영문자를 기준으로 1Byte를 할당하고, NCHAR와 NVARCHAR는 유니코드를 기준으로 2Byte를 할당한다. 그래서 영문자를 입력할 계획이라면 CHAR나 VARCHAR를, 한글을 입력할 계획이라면 NCHAR나 NVARCHAR를 사용한다. 하지만, 우리가 사용하는 MySQL 8.0은 CHAR와 VARCHAR가 모두 UTF-8 코드를 사용한다. UTF-8 코드는 영문/숫자/기호를 입력하면 내부적으로 1바이트를 할당하고, 한글/중국어/일본어 등을 입력하면 내부적으로 3Byte로 할당되므로 특별히 NCHAR와 NVARCHAR를 사용할 필요가 없다. 결론적으로 CHAR(10)으로 설정하면 영문이든 한글이든 10글자까지 입력할 수 있으며, 내부적으로는 MySQL이 공간을 할당하므로 사용자는 특별히 신경쓸 필요는 없다.

여기서 잠깐

☼ 데이터베이스 개체의 이름 규칙

데이터베이스(=스키마) 개체의 이름을 식별자Identifier라고 한다. 데이터베이스 개체란 데이터베이스, 테이블, 인덱스, 열, 인덱스, 뷰, 트리거, 스토어드 프로시저 등과 같은 개체들을 의미한다. MySQL에서 이러한 개체를 정의할 때는 몇 가지 규칙을 따라야 한다. 즉, 데이터베이스 개체에 이름을 줄 때 따라야 할 규칙이다.

* 알파벳 a~z, A~Z, 0~9, $, _를 사용할 수 있다. 하지만 기본 설정은 영문 대문자나 소문자 어떤 것을 사용해도 소문자로 생성된다.
* 개체 이름은 최대 64자로 제한된다.
* 예약어를 사용하면 안 된다. 예로 CREATE TABLE select(...)는 안 된다. select는 예약어다.
* 개체 이름은 원칙적으로 중간에 공백이 있으면 안되지만, 중간에 공백을 꼭 사용하려면 [Esc] 아래의 백틱(`)으로 묶어야 한다. 예로 **CREATE TABLE `My Table`(...)**은 가능하다.
* 개체에 이름을 줄 때는 되도록 알기 쉽게 주는 것이 좋고 너무 길게 주는 것보다는 짧으면서도 이름만으로도 어떤 것인지 파악할 수 있는 것이 바람직하다. 다음은 좋지 않은 예다.
    - CREATE TABLE abc → 어떤 테이블인지 의미를 파악할 수 없음
    - CREATE TABLE sales (`Price of Production` int, …) → 열 이름이 의미 파악은 쉽게 되지만, 너무 길다.
* Linux에서는 데이터베이스 이름과 테이블 이름은 모두 소문자로 사용해야 한다. 그러므로 Windows와 Linux 모두 동일한 코드를 사용하려면 개체 이름을 모두 소문자로 사용하는 것이 더 편리하다.

[그림 6–10] 같은 데이터를 입력하자. (각각의 INSERT문을 한 줄씩 쓰자.)

```
INSERT INTO usertbl VALUES('LSG', '이승기', 1987, '서울', '011', '1111111', 182, '2008-8-8');
INSERT INTO usertbl VALUES('KBS', '김범수', 1979, '경남', '011', '2222222', 173, '2012-4-4');
INSERT INTO usertbl VALUES('KKH', '김경호', 1971, '전남', '019', '3333333', 177, '2007-7-7');
INSERT INTO usertbl VALUES('JYP', '조용필', 1950, '경기', '011', '4444444', 166, '2009-4-4');
INSERT INTO usertbl VALUES('SSK', '성시경', 1979, '서울', NULL , NULL    , 186, '2013-12-12');
INSERT INTO usertbl VALUES('LJB', '임재범', 1963, '서울', '016', '6666666', 182, '2009-9-9');
INSERT INTO usertbl VALUES('YJS', '윤종신', 1969, '경남', NULL , NULL    , 170, '2005-5-5');
INSERT INTO usertbl VALUES('EJW', '은지원', 1972, '경북', '011', '8888888', 174, '2014-3-3');
INSERT INTO usertbl VALUES('JKW', '조관우', 1965, '경기', '018', '9999999', 172, '2010-10-10');
INSERT INTO usertbl VALUES('BBK', '바비킴', 1973, '서울', '010', '0000000', 176, '2013-5-5');
INSERT INTO buytbl VALUES(NULL, 'KBS', '운동화', NULL , 30,    2);
INSERT INTO buytbl VALUES(NULL, 'KBS', '노트북', '전자', 1000, 1);
INSERT INTO buytbl VALUES(NULL, 'JYP', '모니터', '전자', 200,  1);
INSERT INTO buytbl VALUES(NULL, 'BBK', '모니터', '전자', 200,  5);
INSERT INTO buytbl VALUES(NULL, 'KBS', '청바지', '의류', 50,   3);
INSERT INTO buytbl VALUES(NULL, 'BBK', '메모리', '전자', 80,  10);
INSERT INTO buytbl VALUES(NULL, 'SSK', '책'  , '서적', 15,   5);
INSERT INTO buytbl VALUES(NULL, 'EJW', '책'  , '서적', 15,   2);
INSERT INTO buytbl VALUES(NULL, 'EJW', '청바지', '의류', 50,   1);
INSERT INTO buytbl VALUES(NULL, 'BBK', '운동화', NULL , 30,   2);
INSERT INTO buytbl VALUES(NULL, 'EJW', '책'  , '서적', 15,   1);
INSERT INTO buytbl VALUES(NULL, 'BBK', '운동화', NULL , 30,   2);
```

⚠ 문자형(char, varchar)에 데이터를 입력하려면 작은 따옴표(' ')로 묶어줘야 한다. 또, 앞 SQL문에서는 생략했지만, 한글을 입력할 경우에는 그 앞에 영문자 N이나 n을 붙여도 된다. 예로 '이승기' 또는 N'이승기'로 써도 된다.

데이터를 확인하자. 두 문장을 따로 실행하자.

```
SELECT * FROM usertbl;
SELECT * FROM buytbl;
```

userID	name	birthYear	addr	mobile1	mobile2	height	mDate
BBK	바비킴	1973	서울	010	0000000	176	2013-05-05
EJW	은지원	1972	경북	011	8888888	174	2014-03-03
JKW	조관우	1965	경기	018	9999999	172	2010-10-10
JYP	조용필	1950	경기	011	4444444	166	2009-04-04
KBS	김범수	1979	경남	011	2222222	173	2012-04-04
KKH	김경호	1971	전남	019	3333333	177	2007-07-07
LJB	임재범	1963	서울	016	6666666	182	2009-09-09
LSG	이승기	1987	서울	011	1111111	182	2008-08-08
SSK	성시경	1979	서울	NULL	NULL	186	2013-12-12
YJS	윤종신	1969	경남	NULL	NULL	170	2005-05-05
NULL	NULL	NULL	NULL	NULL	NULL	NULL	NULL

[그림 6-11] 회원 테이블(usertbl)

⚠ 회원 테이블의 결과 순서가 입력한 순서와 다른 이유는 userID를 Primary Key로 지정했기 때문에 자동으로 클러스터형 인덱스가 생성돼서 입력 시에 userID열로 정렬되기 때문이다. 이에 대해서는 chapter 09에서 자세히 얘기하겠다.

num	userID	prodName	groupName	price	amount
1	KBS	운동화	NULL	30	2
2	KBS	노트북	전자	1000	1
3	JYP	모니터	전자	200	1
4	BBK	모니터	전자	200	5
5	KBS	청바지	의류	50	3
6	BBK	메모리	전자	80	10
7	SSK	책	서적	15	5
8	EJW	책	서적	15	2
9	EJW	청바지	의류	50	1
10	BBK	운동화	NULL	30	2
11	EJW	책	서적	15	1
12	BBK	운동화	NULL	30	2
NULL	NULL	NULL	NULL	NULL	NULL

[그림 6-12] 구매 테이블(buytbl)

step 5

앞으로는 이 책의 많은 부분에서 이 sqldb를 사용하게 될 것이다. 혹, 실수로 이 DB를 변경하여도 다시 입력하는 번거로움이 없도록 SQL문을 저장해 놓자.

5-1 메뉴의 [File] 〉〉 [Save Script]를 선택하고, C:\SQL\ 폴더에 sql.sql로 저장하자. (필자는 C:\SQL\
폴더를 미리 만들어 놓았다.)

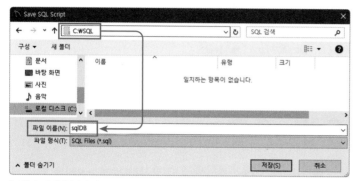

[그림 6-13] C:\SQL\sqlDB.sql로 스크립트를 저장

5-2 열린 쿼리 창을 모두 닫는다.

> **step 6**

sqldb 데이터베이스에 문제가 생겼을 경우에 초기화 시키는 방법을 확인하자. 앞으로 자주 사용될 것이므
로 방법을 잘 기억해 두자.

6-1 Workbench의 열려 있는 모든 쿼리 창을 닫는다.

6-2 메뉴의 [File] 〉〉 [Open SQL Script]를 선택한 후 C:\SQL\sqlDB.sql 파일을 선택하고 〈열기〉를 클
릭한다.

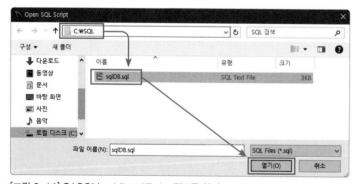

[그림 6-14] C:\SQL\sqldb.sql로 스크립트를 열기

6-3 쿼리 창이 열리면 툴바의 〈Execute the selected portion~~〉 아이콘을 클릭하거나 Ctrl + Shift +
Enter 를 눌러서 SQL 문장을 실행한다.

```
1 •   DROP DATABASE IF EXISTS sqldb; -- 만약 sqldb가 존재하면 우선 삭제한다.
2 •   CREATE DATABASE sqldb;
3
4 •   USE sqldb;
5 •   CREATE TABLE usertbl -- 회원 테이블
6     ( userID    CHAR(8) NOT NULL PRIMARY KEY, -- 사용자 아이디(PK)
7       name      VARCHAR(10) NOT NULL, -- 이름
8       birthYear  INT NOT NULL,   -- 출생년도
9       addr      CHAR(2) NOT NULL, -- 지역(경기,서울,경남 식으로 2글자만입력)
```

[그림 6-15] 쿼리 실행하기

6-4 왼쪽 [Navigator]에 sqldb가 보이지 않으면, 빈 곳에서 마우스 오른쪽 버튼을 클릭한 후 [Refresh All]을 선택한다.

6-5 열린 쿼리 창을 닫는다.

⚠ Windows의 명령어 모드에서 초기화하려면 Windows의 [시작] 》 [M] 》 [MySQL] 》 [MySQL 8.0 Command Line Client – Unicode]를 실행해서 root의 비밀번호인 1234를 입력하고 접속한다. 그리고 다음 SQL문을 입력한다.

```
source C:\SQL\sqlDB.sql
exit
```

비타민 퀴즈 **6-2**

Workbench에서 Linux의 MySQL 서버에 접속한 후 [그림 6-10]의 sqlDB를 구축하자.

힌트 1 기존 연결을 닫지 않고 Workbench의 [Home] 화면에서 추가로 Linux에 접속해서 작업해도 된다.

[그림 6-16] Home 화면에서 추가 접속

힌트 2 root 관리자로 접속해야 한다.

힌트 3 새로 입력하지 말고, 백업 받은 sqldb.sql을 활용한다(〈실습 2〉의 step 6 을 참조).

6.1.2 특정한 조건의 데이터만 조회하는 〈SELECT… FROM … WHERE〉

기본적인 WHERE절

WHERE절은 조회하는 결과에 특정한 조건을 줘서 원하는 데이터만 보고 싶을 때 사용하는데, 다음과 같은 형식을 갖는다.

```
SELECT 필드이름 FROM 테이블이름 WHERE 조건식;
```

만약 WHERE 조건 없이 다음을 조회해 보자.

```
USE  sqldb;
SELECT * FROM usertbl;
```

지금 usertbl은 우리가 10건의 데이터만 넣었지만, 만약 실제로 대형 인터넷 쇼핑몰의 가입 회원으로 생각하면 수백만 명이 될 수도 있다. 그렇다면 전체 데이터가 스크롤되어 넘어가는 데에도 많은 시간이 걸릴 것이다. 예로, 지금 찾는 이름이 '김경호'라면 수백만 건을 조회한 후에 스크롤해서 찾을 필요는 없다.

```
SELECT * FROM usertbl WHERE name = '김경호';
```

	userID	name	birthYear	addr	mobile1	mobile2	height	mDate
▶	KKH	김경호	1971	전남	019	3333333	177	2007-07-07
*	NULL	NULL	NULL	NULL	NULL	NULL	NULL	NULL

[그림 6-17] 쿼리 실행 결과

관계 연산자의 사용

1970년 이후에 출생하고 신장이 182 이상인 사람의 아이디와 이름을 조회해 보자.

```
SELECT userID, Name FROM usertbl WHERE birthYear >= 1970 AND height >= 182;
```

'이승기', '성시경' 등 두 고객만 결과에 나올 것이다.

이번에는 1970년 이후에 출생했거나, 신장이 182 이상인 사람의 아이디와 이름을 조회해 보자.

```
SELECT userID, Name FROM usertbl WHERE birthYear >= 1970 OR height >= 182;
```

7명의 결과가 나올 것이다. '…했거나', '… 또는' 등은 OR 연산자를 사용하면 된다. '…하고', '…면서', '… 그리고' 등의 조건은 AND 연산자를 이용하면 된다.

이렇듯 조건 연산자(=, 〈, 〉, 〈=, 〉=, 〈 〉, != 등)와 관계 연산자(NOT, AND, OR 등)를 잘 조합하면 다양한 조건의 쿼리를 생성할 수 있다.

BETWEEN… AND와 IN( ) 그리고 LIKE

이번에는 키가 180 ~ 183인 사람을 조회해 보자.

```
SELECT name,  height FROM usertbl WHERE height >= 180 AND height <= 183;
```

'임재범', '이승기' 등 2명이 나올 것이다.

동일한 방식으로 BETWEEN… AND를 사용할 수 있다.

```
SELECT name,  height FROM usertbl WHERE height BETWEEN 180 AND 183;
```

키의 경우에는 숫자로 구성되어 있어서 연속적인 값을 가지므로 BETWEEN… AND를 사용했지만 지역이 '경남'이거나 '전남'이거나 '경북'인 사람을 찾을 경우에 연속된 값이 아니기 때문에 BETWEEN… AND를 사용할 수 없다.

지역이 '경남', '전남', '경북'인 사람의 정보를 확인해 보자.

```
SELECT name,  addr FROM usertbl WHERE addr='경남' OR  addr='전남' OR addr='경북';
```

이와 동일하게 연속적인Continuous 값이 아닌 이산적인Discrete 값을 위해 IN( )을 사용할 수 있다.

```
SELECT name,  addr FROM usertbl WHERE addr IN ('경남','전남','경북');
```

문자열의 내용을 검색하기 위해서는 LIKE 연산자를 사용할 수 있다.

```
SELECT name, height FROM usertbl WHERE name LIKE '김%';
```

위 조건은 성이 '김'씨이고 그 뒤는 무엇이든(%) 허용한다는 의미다. 즉, '김'이 제일 앞 글자인 것들을 추출한다. 그리고 한 글자와 매치하기 위해서는 '_'를 사용한다. 아래는 맨 앞 글자가 한 글자이고, 그 다음이 '종신'인 사람을 조회해 준다.

```
SELECT name, height FROM usertbl WHERE name LIKE '_종신';
```

이 외에도 '%'와 '_'를 조합해서 사용할 수 있다. 조건에 '_용%'라고 사용하면 앞에 아무거나 한 글자가 오고 두 번째는 '용', 그리고 세 번째 이후에는 몇 글자든 아무거나 오는 값을 추출해 준다.

예를 들어 '조용필', '사용한 사람', '이용해 줘서 감사합니다' 등의 문자열이 해당될 수 있다.

⚠ %나 _가 검색할 문자열의 제일 앞에 들어가는 것은 MySQL 성능에 나쁜 영향을 끼칠 수 있다. 예로 name열을 '%용'이나 '_용필' 등으로 검색하면, name열에 인덱스Index가 있더라도 인덱스Index를 사용하지 않고 전체 데이터를 검색하게 된다. 지금은 데이터 양이 얼마 되지 않으므로 그 차이를 느낄 수 없겠으나 대용량 데이터를 사용할 경우에는 아주 비효율적인 결과를 낳게 된다. 인덱스Index에 대해서는 chapter 09에서 상세히 다루겠다.

ANY/ALL/SOME 그리고 서브쿼리(SubQuery, 하위쿼리)

서브쿼리란 간단히 얘기하면 쿼리문 안에 또 쿼리문이 들어 있는 것을 얘기한다. 예로 김경호보다 키가 크거나 같은 사람의 이름과 키를 출력하려면 WHERE 조건에 김경호의 키를 직접 써줘야 한다.

```
SELECT name, height FROM usertbl WHERE height > 177;
```

그런데 이 177이라는 키를 직접 써주는 것이 아니라 이것도 쿼리를 통해서 사용하려는 것이다.

```
SELECT name, height FROM usertbl
    WHERE height > (SELECT height FROM usertbl WHERE Name = '김경호');
```

후반부의 **(SELECT height FROM usertbl WHERE Name = '김경호')**는 177이라는 값을 돌려주므로, 결국 177이라는 값과 동일한 값이 되어서 위 두 쿼리는 동일한 결과를 내주는 것이다.

이번에는 지역이 '경남' 사람의 키보다 키가 크거나 같은 사람을 추출해 보자. [그림 6–10]을 보고 미리 결과를 예측해 보자. 경남인 사람은 김범수(키 173)와 윤종신(키 170)이므로 173 또는 170 보다 작은 조용필을 제외한 나머지 9명이 출력된다. 다음을 안보고도 직접 쿼리문을 만들어 보자.

```
SELECT name,  height FROM usertbl
    WHERE height >= (SELECT height FROM usertbl WHERE addr = '경남');
```

위와 동일하게 생각했는가? 그렇다면 실행해 보자.

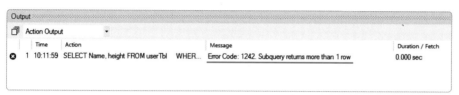

[그림 6–18] 쿼리 실행 결과

논리적으로 틀린 것은 없는 듯하지만, 오류가 나온다. 오류 메시지를 보니 하위쿼리가 둘 이상의 값을 반환하기 때문이다. 즉 **(SELECT height FROM usertbl WHERE addr = '경남')**이 173과 170 이라는 두 개의 값을 반환하기 때문에 오류가 나는 것이다.

그래서 필요한 구문이 ANY 구문이다. 다음과 같이 고쳐서 실행해 보자.

```
SELECT name,  height FROM usertbl
    WHERE height >= ANY (SELECT height FROM usertbl WHERE addr = '경남');
```

예상한대로 키가 173보다 크거나 같은 사람 또는 키가 170보다 크거나 같은 사람이 모두 출력될 것이다. 결국 키가 170보다 크거나 같은 사람이 해당된다.

Name	height
바비킴	176
은지원	174
조관우	172
김범수	173
김경호	177
임재범	182
이승기	182
성시경	186
윤종신	170

[그림 6-19] 쿼리 실행 결과

이번에는 ANY를 ALL로 바꿔서 실행해 보자. 7명만 출력되었다. 그 이유는 키가 170보다 크거나 같아야 할 뿐만 아니라, 173보다 크거나 같아야 하기 때문이다. 결국 키가 173보다 크거나 같은 사람만 해당된다.

Name	height
바비킴	176
은지원	174
김범수	173
김경호	177
임재범	182
이승기	182
성시경	186

[그림 6-20] 쿼리 실행 결과

결론적으로 ANY는 서브쿼리의 여러 개의 결과 중 한 가지만 만족해도 되며, ALL은 서브쿼리의 여러 개의 결과를 모두 만족시켜야 한다. 참고로, SOME은 ANY와 동일한 의미로 사용된다.

이번에는 '>= ANY' 대신에 '= ANY'를 사용해 보자.

```
SELECT name, height FROM usertbl
    WHERE height = ANY (SELECT height FROM usertbl WHERE addr = '경남');
```

Name	height
김범수	173
윤종신	170

[그림 6-21] 쿼리 실행 결과

정확히 ANY 다음의 서브쿼리 결과와 동일한 값인 173, 170에 해당되는 사람만 출력되었다.

이는 다음과 동일한 구문이다. 즉 '=ANY(서브쿼리)'는 'IN(서브쿼리)'와 동일한 의미다.

```
SELECT name,  height FROM usertbl
   WHERE height IN (SELECT height FROM usertbl WHERE addr = '경남');
```

원하는 순서대로 정렬하여 출력: ORDER BY

ORDER BY절은 결과물에 대해 영향을 미치지는 않지만, 결과가 출력되는 순서를 조절하는 구문이다.
먼저 가입한 순서로 회원들을 출력해 보자.

```
SELECT name,  mDate FROM usertbl ORDER BY mDate;
```

Name	mDate
윤종신	2005-05-05
김경호	2007-07-07
이승기	2008-08-08
조용필	2009-04-04
임재범	2009-09-09
조관우	2010-10-10
김범수	2012-04-04
바비킴	2013-05-05
성시경	2013-12-12
은지원	2014-03-03

[그림 6-22] 쿼리 실행 결과

기본적으로 오름차순ASCENDING으로 정렬된다. 내림차순DESCENDING으로 정렬하기 위해서는 열 이름
뒤에 DESC라고 적어주면 된다.

```
SELECT name,  mDate FROM usertbl ORDER BY mDate DESC;
```

이번에는 여러 개로 정렬해 보자. 키가 큰 순서로 정렬하되 만약 키가 같을 경우에 이름 순으로 정렬
하려면 다음과 같이 사용하면 된다. ASC(오름차순)는 디폴트 값이므로 생략해도 된다.

```
SELECT name,  height FROM usertbl ORDER BY height DESC, name ASC;
```

ORDER BY에 나온 열이 SELECT 다음에 꼭 있을 필요는 없다. 즉, **SELECT userID FROM usertbl ORDER BY height**와 같은 구문을 사용해도 된다.

ORDER BY는 어렵지 않은 개념이므로 이 정도면 충분하다. ORDER BY는 WHERE절과 같이 사용되어도 무방하다. 그리고, ORDER BY절은 SELECT, FROM, WHERE, GROUP BY, HAVING, ORDER BY 중에서 제일 뒤에 와야 한다는 것을 잊지 말자.

⚠ ORDER BY절은 MySQL의 성능을 상당히 떨어뜨릴 소지가 있다. 꼭 필요한 경우가 아니라면 되도록 사용하지 않는 것이 좋다.

중복된 것은 하나만 남기는 DISTINCT

회원 테이블에서 회원들의 거주지역이 몇 군데인지 출력해 보자.

```
SELECT addr FROM usertbl;
```

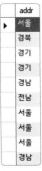

[그림 6-23] 쿼리 실행 결과

10개 행밖에 안 되는 데도 중복된 것을 세는 것이 어렵다. 조금 전에 배운 ORDER BY를 사용해 보자.

```
SELECT addr FROM usertbl ORDER BY addr;
```

[그림 6-24] 쿼리 실행 결과

아까보다는 쉽지만 그래도 중복된 것을 골라서 세기가 좀 귀찮다. 또, 몇 만 건이라면 정렬이 되었어도 세는 것을 포기해야 할 것이다. 이때 사용하는 구문이 DISTINCT다.

```
SELECT DISTINCT addr FROM usertbl;
```

[그림 6-25] 쿼리 실행 결과

중복된 것은 1개씩만 보여주면서 출력되었다.

출력하는 개수를 제한하는 LIMIT

이번에는 employees DB를 잠깐 사용해 보자. hire_date(회사 입사일)열이 있는데, 입사일이 오래된 직원 5명의 emp_no(사원번호)를 알고 싶다면 어떻게 해야 할까? 조금 전에 배운 ORDER BY절을 사용하면 된다. 먼저 쿼리 창 상단의 행 개수 제한에서 제한 없음(Don't Limit)을 선택하고 다음 쿼리를 실행하자.

```
USE employees;
SELECT emp_no, hire_date FROM employees
    ORDER BY hire_date ASC;
```

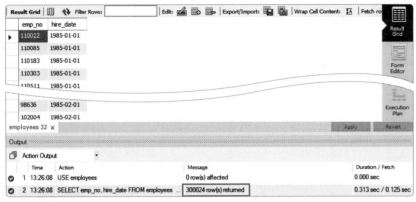

[그림 6-26] 쿼리 실행 결과

[그림 6-26]의 결과에서 제일 앞의 5건만 사용하면 된다. 그런데, 5건을 보기 위해서 필요 없는 약 30만 건을 더 출력하였다. 어쩌면 이런 것이 별것 아니라고 생각할 수도 있겠지만, 이러한 조회가 자주 일어난다면 필요 없는 부담을 MySQL에게 많이 주는 것이다. 그래서 상위의 N개만 출력하는 'LIMIT N' 구문을 사용하면 된다.

```
USE employees;
SELECT emp_no, hire_date FROM employees
    ORDER BY hire_date ASC
    LIMIT 5;
```

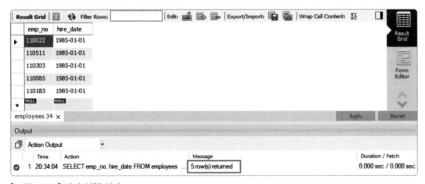

[그림 6-27] 쿼리 실행 결과

딱 원하는 개수만큼 출력되었다. 이는 개수의 문제보다는 MySQL의 부담을 많이 줄여주는 방법이기도 하다.

LIMIT절은 'LIMIT 시작, 개수' 또는 'LIMIT 개수 OFFSET 시작' 형식으로도 사용할 수 있다. 시작은 0부터 시작한다. 그러므로 5개를 출력하기 위해서는 다음과 같이 사용해도 된다.

```
SELECT emp_no, hire_date FROM employees
    ORDER BY hire_date ASC
        LIMIT 0, 5;  -- LIMIT 5 OFFSET 0과 동일
```

테이블을 복사하는 CREATE TABLE ⋯ SELECT

CREATE TABLE ⋯ SELECT 구문은 테이블을 복사해서 사용할 경우에 주로 사용된다.

```
형식:
CREATE TABLE 새로운테이블 (SELECT 복사할열 FROM 기존테이블)
```

다음은 buytbl을 buytbl2로 복사하는 구문이다.

```
USE sqldb;
CREATE TABLE buytbl2 (SELECT * FROM buytbl);
SELECT * FROM buytbl2;
```

필요하다면 지정한 일부 열만 복사할 수도 있다.

```
CREATE TABLE buytbl3 (SELECT userID, prodName FROM buytbl);
SELECT * FROM buytbl3;
```

[그림 6-28] 쿼리 실행 결과

그런데, buytbl은 Primary Key 및 Foreign Key가 지정되어 있다. 그것들도 복사가 될까? Workbench의 [Navigator]에서 확인해 보면 PK나 FK 등의 제약조건은 복사되지 않는 것을 알 수 있다.

⚠️ [Navigator]의 데이터베이스에서 테이블이 안보이면 [Tables]을 선택한 상태에서 마우스 오른쪽 버튼을 클릭하고 [Refresh All]을 선택한다. 전에도 얘기했지만, 쿼리문으로 데이터베이스나 테이블 생성 시에 [Navigator]에는 바로 보이지 않을 수 있다. 그럴 때는 [Refresh All]을 해주면 된다.

[그림 6-29] Workbench의 [Navigator] 확인

6.1.3 GROUP BY 및 HAVING 그리고 집계 함수

GROUP BY절

이제는 SELECT 형식 중에서 GROUP BY, HAVING절에 대해서 파악해 보자.

```
형식 :
SELECT select_expr
    [FROM table_references]
    [WHERE where_condition]
    [GROUP BY {col_name | expr | position}]
    [HAVING where_condition]
    [ORDER BY {col_name | expr | position}]
```

먼저 GROUP BY절을 살펴보자. 이 절이 말 그대로 그룹으로 묶어주는 역할을 한다. sqlDB의 구매 테이블(buytbl)에서 사용자(userID)가 구매한 물품의 개수^{amount}를 보려면 다음과 같이 하면 된다.

```
USE sqldb;
SELECT userID, amount FROM buytbl ORDER BY userID;
```

[그림 6-30] 쿼리 실행 결과

[그림 6-30]의 결과를 보면 사용자별로 여러 번의 물건 구매가 이루어져서 각각의 행이 별도로 출력된다. BBK 사용자의 경우에는 5+10+2+2=19개의 구매를 했다. 합계를 낼 때 이렇게 손이나 전자계산기를 두드려서 계산한다면 MySQL을 사용할 이유가 없을 것이다.

이럴 때는 집계 함수를 사용하면 된다. 집계 함수^Aggregate Function^는 주로 GROUP BY절과 함께 쓰이며 데이터를 그룹화^Grouping^ 해주는 기능을 한다. 상세한 내용은 잠시 후에 살펴보자.

[그림 6-30]의 결과에서 우리가 원하는 바는 BBK:19개, EJW:4개, JYP:1개, KBS:6개, SSK:5개와 같이 각 사용자(userID)별로 구매한 개수^amount^를 합쳐서 출력하는 것이다. 이럴 경우에는 집계 함수인 SUM()과 GROUP BY절을 사용하면 된다. 즉, 사용자(userID)별로 GROUP BY로 묶어준 후에 SUM() 함수로 구매 개수^amount^를 합치면 된다.

```
SELECT userID, SUM(amount) FROM buytbl GROUP BY userID;
```

userID	SUM(amount)
BBK	19
EJW	4
JYP	1
KBS	6
SSK	5

[그림 6-31] GROUP BY 사용 결과

그런데, SUM(amount)의 결과 열에는 제목이 함수 이름 그대로 나왔다. 전에 배운 별칭^alias^을 사용해서 결과를 보기 편하게 만들자.

```
SELECT userID AS '사용자 아이디', SUM(amount) AS '총 구매 개수'
    FROM buytbl GROUP BY userID;
```

사용자 아이디	총 구매 개수
BBK	19
EJW	4
JYP	1
KBS	6
SSK	5

[그림 6-32] 별칭의 활용

이번에는 구매액의 총합을 출력하자. 구매액은 가격^Price^ * 수량^amount^이므로, 총합은 SUM()을 사용하면 된다.

```
SELECT userID AS '사용자 아이디', SUM(price*amount) AS '총 구매액'
    FROM buytbl GROUP BY userID;
```

사용자 아이디	총 구매액
▶ BBK	1920
EJW	95
JYP	200
KBS	1210
SSK	75

[그림 6-33] 총 구매액

집계 함수

SUM( ) 외에 GROUP BY와 함께 자주 사용되는 집계 함수(또는 집합 함수)는 [표 6-1]과 같다.

⚠ 집계 함수 외의 MySQL 내장 함수는 chapter 07에서 확인해 보겠다.

함수명	설명
AVG( )	평균을 구한다.
MIN( )	최소값을 구한다.
MAX( )	최대값을 구한다.
COUNT( )	행의 개수를 센다.
COUNT(DISTINCT)	행의 개수를 센다(중복은 1개만 인정).
STDEV( )	표준편차를 구한다.
VAR_SAMP( )	분산을 구한다.

[표 6-1] GROUP BY와 함께 사용되는 집계 함수

전체 구매자가 구매한 물품의 개수amount의 평균을 구해보자.

```
USE sqldb;
SELECT AVG(amount) AS '평균 구매 개수' FROM buytbl ;
```

평균 구매 개수
▶ 2.9167

[그림 6-34] 쿼리 실행 결과

평균 구매 개수의 결과가 2.9167개가 나왔다.

이번에는 각 사용자 별로 한 번 구매 시 물건을 평균 몇 개 구매했는지 평균을 내보자. GROUP BY 를 사용하면 된다.

```
SELECT userID, AVG(amount) AS '평균 구매 개수' FROM buytbl  GROUP BY userID;
```

userID	평균 구매 개수
BBK	4.7500
EJW	1.3333
JYP	1.0000
KBS	2.0000
SSK	5.0000

[그림 6-35] 쿼리 실행 결과

다른 예를 살펴보자. 가장 큰 키와 가장 작은 키의 회원 이름과 키를 출력하는 쿼리를 만들어서 직접 실행해 보자.

```
SELECT name,  MAX(height), MIN(height) FROM usertbl;
```

Name	MAX(height)	MIN(height)
바비킴	186	166

[그림 6-36] 쿼리 실행 결과

결과가 예상한 대로는 아니다. 가장 큰 키와 가장 작은 키는 나왔으나, 이름은 하나뿐이라서 어떤 것에 해당하는지 알 수가 없다. GROUP BY를 활용해서 다음과 같이 고쳐보았다.

```
SELECT name,  MAX(height), MIN(height) FROM usertbl GROUP BY Name;
```

Name	MAX(height)	MIN(height)
김경호	177	177
김범수	173	173
바비킴	176	176
성시경	186	186
윤종신	170	170
은지원	174	174
이승기	182	182
임재범	182	182
조관우	172	172
조용필	166	166

[그림 6-37] 쿼리 실행 결과

역시 원하는 결과가 아니다. 그냥 모두 다 나왔다.

이런 경우에는 앞에서 배운 서브쿼리와 조합을 하는 것이 제일 수월하다.

```
SELECT name,  height
  FROM usertbl
  WHERE height = (SELECT MAX(height)FROM usertbl)
      OR height = (SELECT MIN(height)FROM usertbl) ;
```

[그림 6-38] 쿼리 실행 결과

이번에는 휴대폰이 있는 사용자의 수를 카운트하자.

```
SELECT COUNT(*) FROM usertbl;
```

위 쿼리의 결과는 전체 회원인 10명이 나올 것이다. 휴대폰이 있는 회원만 카운트하려면 휴대폰 열이름(mobile1)을 지정해야 한다. 그럴 경우에, NULL 값인 것은 제외하고 카운트를 한다.

```
SELECT COUNT(mobile1) AS '휴대폰이 있는 사용자' FROM usertbl;
```

[그림 6-39] 쿼리 실행 결과

Having절

앞에서 했던 SUM()을 다시 사용해서 사용자별 총 구매액을 구해보자.

```
USE sqldb;
SELECT userID AS '사용자', SUM(price*amount) AS '총구매액'
  FROM buytbl
  GROUP BY userID ;
```

사용자	총구매액
BBK	1920
EJW	95
JYP	200
KBS	1210
SSK	75

[그림 6-40] 쿼리 실행 결과

그런데, 이 중에서 총 구매액이 1,000 이상인 사용자에게만 사은품을 증정하고 싶다면 앞에서 배운 조건을 포함하는 WHERE 구문을 생각했을 것이다.

```
SELECT userID AS '사용자', SUM(price*amount) AS '총구매액'
    FROM buytbl
    WHERE SUM(price*amount) > 1000
    GROUP BY userID ;
```

Output

Action Output

	Time	Action	Message	Duration / Fetch
✕	1 23:13:01	SELECT userID AS '사용자', SUM(price*amount)...	Error Code: 1111. Invalid use of group function	0.000 sec

[그림 6-41] 오류 메시지

오류 메시지를 보면 집계 함수는 WHERE절에 나타날 수 없다는 얘기다. 이럴 때 사용되는 것이 HAVING절이다. HAVING은 WHERE와 비슷한 개념으로 조건을 제한하는 것이지만, 집계 함수에 대해서 조건을 제한하는 것이라고 생각하면 된다. 그리고, HAVING절은 꼭 GROUP BY절 다음에 나와야 한다. 순서가 바뀌면 안 된다.

```
SELECT userID AS '사용자', SUM(price*amount) AS '총구매액'
    FROM buytbl
    GROUP BY userID
    HAVING SUM(price*amount) > 1000 ;
```

사용자	총구매액
BBK	1920
KBS	1210

[그림 6-42] 쿼리 실행 결과

추가로 총 구매액이 적은 사용자부터 나타내려면 ORDER BY를 사용하면 된다.

```
SELECT userID AS '사용자', SUM(price*amount) AS '총구매액'
    FROM buytbl
    GROUP BY userID
    HAVING SUM(price*amount) > 1000
    ORDER BY SUM(price*amount) ;
```

ROLLUP

총합 또는 중간 합계가 필요하다면 GROUP BY절과 함께 WITH ROLLUP문을 사용하면 된다.
만약 분류groupName별로 합계 및 그 총합을 구하고 싶다면 다음의 구문을 사용하자.

```
SELECT num, groupName, SUM(price * amount) AS '비용'
    FROM buytbl
    GROUP BY  groupName, num
    WITH ROLLUP;
```

[그림 6-43] ROLLUP( )의 결과

중간에 num열이 NULL로 되어 있는 추가된 행이 각 그룹의 소합계를 의미한다. 또 마지막 행은 각 소합계의 합계, 즉 총합계의 결과가 나왔다.

위 구문에서 num은 Primary Key이며, 각 항목이 보이는 효과를 위해서 넣어 준 것이다. 만약 소합계 및 총합계만 필요하다면 다음과 같이 num을 빼면 된다.

```
SELECT groupName, SUM(price * amount) AS '비용'
    FROM buytbl
    GROUP BY  groupName
    WITH ROLLUP;
```

[그림 6-44] 쿼리 실행 결과

이로써 기본적이 SELECT문의 틀을 살펴보았다.

```
형식 :
SELECT select_expr
    [FROM table_references]
    [WHERE where_condition]
    [GROUP BY {col_name | expr | position}]
    [HAVING where_condition]
    [ORDER BY {col_name | expr | position}]
```

SELECT문은 가장 많이 사용되는 쿼리문이며, 가장 쉬우면서도 동시에 가장 어려운 부분이기도 하다.

이 책에서 다룬 내용은 일부일 뿐이므로, 앞으로 실무에서 적용할 더욱 전문적인 고급 SQL을 익히기 위해서는 다른 SQL 책이나 도움말, 인터넷 등을 통해서 더욱 깊게 학습하기 바란다.

이쯤에서 SQL문의 분류에 대해서 짧게 살펴보고 계속 기본 SQL문인 INSERT/UPDATE/DELETE를 익히자.

6.1.4 SQL의 분류

SQL문은 크게 DML, DDL, DCL로 분류한다.

DML

DML^{Data Manipulation Language: 데이터 조작 언어}은 데이터를 조작(선택, 삽입, 수정, 삭제)하는 데 사용되는 언어다. DML 구문이 사용되는 대상은 테이블의 행이다. 그러므로 DML을 사용하기 위해서는 꼭 그 이전에 테이블이 정의되어 있어야 한다.

SQL문 중에 SELECT, INSERT, UPDATE, DELETE가 이 구문에 해당된다. 또, 트랜잭션^{Transaction}이 발생하는 SQL도 이 DML이다.

트랜잭션이란 쉽게 표현하면, 테이블의 데이터를 변경(입력/수정/삭제)할 때 실제 테이블에 완전히 적용하지 않고, 임시로 적용시키는 것을 말한다. 그래서 만약 실수가 있었을 경우에 임시로 적용시킨 것을 취소시킬 수 있게 해준다.

⚠ SELECT도 트랜잭션을 발생시키기는 하지만, INSERT/UPDATE/DELETE와는 조금 성격을 달리하므로 별도로 생각하는 것이 좋다.

DDL

DDL^{Data Definition Language: 데이터 정의 언어}은 데이터베이스, 테이블, 뷰, 인덱스 등의 데이터베이스 개체를 생성/삭제/변경하는 역할을 한다. 자주 사용하는 DDL은 CREATE, DROP, ALTER 등이다. DDL은 이번 chapter 이후부터 종종 나오게 될 것이므로 그때마다 다시 살펴보자. 한 가지 기억할 것은 DDL은 트랜잭션을 발생시키지 않는다는 것이다. 따라서 되돌림(ROLLBACK)이나 완전 적용(COMMIT)을 시킬 수가 없다. 즉, DDL문은 실행 즉시 MySQL에 적용된다.

DCL

DCL^{Data Control Language: 데이터 제어 언어}은 사용자에게 어떤 권한을 부여하거나 빼앗을 때 주로 사용하는 구문으로, GRANT/REVOKE/DENY 등이 이에 해당된다.

⚠ 사용자에게 권한을 부여하는 방법은 chapter 05의 〈실습 5〉에서 학습했다.

6.2 데이터의 변경을 위한 SQL문

6.2.1 데이터의 삽입 : INSERT

INSERT문 기본

INSERT는 테이블에 데이터를 삽입하는 명령어다. 어렵지 않고 간단하다. 기본적인 형식은 다음과 같다.

```
INSERT [INTO] 테이블[(열1, 열2, …)] VALUES (값1, 값2 …)
```

INSERT문은 별로 어려울 것이 없으며, 몇 가지만 주의하면 된다.

우선 테이블 이름 다음에 나오는 열은 생략이 가능하다. 하지만, 생략할 경우에 VALUES 다음에 나오는 값들의 순서 및 개수가 테이블이 정의된 열 순서 및 개수와 동일해야 한다.

```
USE sqldb;
CREATE TABLE testTbl1 (id  int, userName char(3), age int);
INSERT INTO testTbl1 VALUES (1, '홍길동', 25);
```

만약, 위의 예에서 id와 이름만을 입력하고 나이를 입력하고 싶지 않다면 다음과 같이 테이블 이름 뒤에 입력할 열의 목록을 나열해줘야 한다.

```
INSERT INTO testTbl1(id, userName) VALUES (2, '설현');
```

이 경우 생략한 age에는 NULL 값이 들어간다.

열의 순서를 바꿔서 입력하고 싶을 때는 꼭 열 이름을 입력할 순서에 맞춰 나열해 줘야 한다.

```
INSERT INTO testTbl1(userName, age, id) VALUES ('하니', 26,  3);
```

자동으로 증가하는 AUTO_INCREMENT

테이블의 속성이 AUTO_INCREMENT로 지정되어 있다면, INSERT에서는 해당 열이 없다고 생각하고 입력하면 된다. AUTO_INCREMENT는 자동으로 1부터 증가하는 값을 입력해 준다. AUTO_INCREMENT로 지정할 때는 꼭 PRIMARY KEY 또는 UNIQUE로 지정해 줘야 하며 데이터 형은 숫자 형식만 사용할 수 있다. AUTO_INCREMENT로 지정된 열은 INSERT문에서 NULL 값을 지정하면 자동으로 값이 입력된다.

```
USE  sqldb;
CREATE TABLE testTbl2
  (id  int AUTO_INCREMENT PRIMARY KEY,
   userName char(3),
   age int );
INSERT INTO testTbl2 VALUES (NULL, '지민', 25);
INSERT INTO testTbl2 VALUES (NULL, '유나', 22);
INSERT INTO testTbl2 VALUES (NULL, '유경', 21);
SELECT * FROM testTbl2;
```

id	userName	age
1	지민	25
2	유나	22
3	유경	21
NULL	NULL	NULL

[그림 6-45] 쿼리 실행 결과

계속 입력을 하다 보면 현재 어느 숫자까지 증가되었는지 확인할 필요도 있다. **SELECT LAST_INSERT_ID();** 쿼리를 사용하면 마지막에 입력된 값을 보여준다. 이 경우에는 3을 보여줄 것이다.

그런데, 이후에는 AUTO_INCREMENT 입력값을 100부터 입력되도록 변경하고 싶다면 다음과 같이 수행하면 된다.

```
ALTER TABLE testTbl2 AUTO_INCREMENT=100;
INSERT INTO testTbl2 VALUES (NULL, '찬미', 23);
SELECT * FROM testTbl2;
```

	id	userName	age
▶	1	지민	25
	2	유나	22
	3	유경	21
	100	찬미	23
*	NULL	NULL	NULL

[그림 6-46] 쿼리 실행 결과

증가값을 지정하려면 서버 변수인 @@auto_increment_increment 변수를 변경시켜야 한다.

다음 예제는 초깃값을 1000으로 하고 증가값은 3으로 변경하는 예제다.

```
USE  sqldb;
CREATE TABLE testTbl3
  (id   int AUTO_INCREMENT PRIMARY KEY,
   userName char(3),
    age int );
ALTER TABLE testTbl3 AUTO_INCREMENT=1000;
SET @@auto_increment_increment=3;
INSERT INTO testTbl3 VALUES (NULL, '나연', 20);
INSERT INTO testTbl3 VALUES (NULL, '정연', 18);
INSERT INTO testTbl3 VALUES (NULL, '모모', 19);
SELECT * FROM testTbl3;
```

	id	userName	age
▶	1000	나연	20
	1003	정연	18
	1006	모모	19
*	NULL	NULL	NULL

[그림 6-47] 쿼리 실행 결과

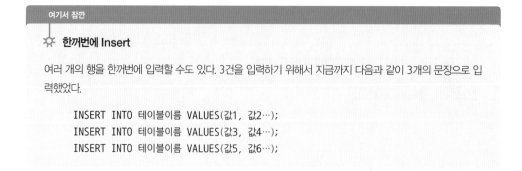

여기서 잠깐

☆ 한꺼번에 Insert

여러 개의 행을 한꺼번에 입력할 수도 있다. 3건을 입력하기 위해서 지금까지 다음과 같이 3개의 문장으로 입력했었다.

```
INSERT INTO 테이블이름 VALUES(값1, 값2…);
INSERT INTO 테이블이름 VALUES(값3, 값4…);
INSERT INTO 테이블이름 VALUES(값5, 값6…);
```

3건의 데이터를 한 문장에서 다음과 같이 입력할 수도 있다.

```
INSERT INTO 테이블이름 VALUES  (값1, 값2…) , (값3, 값4…) , (값5, 값6…) ;
```

대량의 샘플 데이터 생성

이번에는 샘플 데이터를 입력하는 경우를 생각해보자. 지금까지 했던 방식으로 직접 키보드로 입력하려면 많은 시간이 걸릴 것이다. 이럴 때 INSERT INTO… SELECT 구문을 사용할 수 있다. 이는 다른 테이블의 데이터를 가져와서 대량으로 입력하는 효과를 낸다.

```
형식:
INSERT INTO 테이블이름 (열 이름1, 열 이름2, …)
    SELECT문  ;
```

물론, SELECT문의 결과 열의 개수는 INSERT를 할 테이블의 열 개수와 일치해야 한다.

employees의 데이터를 가져와서 입력해 보자.

```
USE sqldb;
CREATE TABLE testTbl4 (id int, Fname varchar(50), Lname varchar(50));
INSERT INTO testTbl4
  SELECT emp_no, first_name, last_name
    FROM employees.employees ;
```

```
결과 메시지:
300024 row(s) affected Records: ~~~
```

이렇듯 기존의 대량의 데이터를 샘플 데이터로 사용할 때 INSERT INTO … SELECT문은 아주 유용하다.

아예, 테이블 정의까지 생략하고 싶다면 앞에서 배웠던 CREATE TABLE … SELECT 구문을 다음과 같이 사용할 수도 있다.

```
USE sqldb;
CREATE TABLE testTbl5
    (SELECT emp_no, first_name, last_name  FROM employees.employees) ;
```

6.2.2 데이터의 수정 : UPDATE

기존에 입력되어 있는 값을 변경하기 위해서는 UPDATE문을 다음과 같은 형식으로 사용한다.

```
UPDATE  테이블이름
    SET  열1=값1, 열2=값2 …
    WHERE  조건 ;
```

UPDATE도 사용법은 간단하지만 주의할 사항이 있다. WHERE절은 생략이 가능하지만 WHERE 절을 생략하면 테이블의 전체의 행이 변경된다.

다음 예는 'Kyoichi'의 Lname을 '없음'으로 변경하는 예다. 251건이 변경될 것이다.

```
UPDATE testTbl4
    SET Lname = '없음'
    WHERE Fname = 'Kyoichi';
```

만약, 실수로 WHERE절을 빼먹고 **UPDATE testTbl4 SET Lname = '없음'**을 실행했다면 전체 행의 Lname이 모두 '없음'으로 변경된다. 실무에서도 이러한 실수가 종종 일어날 수 있으므로 주의가 필요하다. 원상태로 복구하기 위해서는 많은 복잡한 절차가 필요할 뿐만 아니라 다시 되돌릴 수 없는 경우도 있다.

가끔은 전체 테이블의 내용을 변경하고 싶을 때 WHERE를 생략할 수도 있는데, 예로 구매 테이블에서 현재의 단가가 모두 1.5배 인상되었다면 다음과 같이 사용할 수 있다.

```
USE sqldb;
UPDATE buytbl SET price = price * 1.5 ;
```

6.2.3 데이터의 삭제 : DELETE FROM

DELETE도 UPDATE와 거의 비슷한 개념이다. DELETE는 행 단위로 삭제하는데, 형식은 다음과 같다.

```
DELETE FROM 테이블이름 WHERE 조건;
```

만약, WHERE문이 생략되면 전체 데이터를 삭제한다.

testTbl4에서 'Aamer' 사용자가 필요 없다면 다음과 같은 구문을 사용하면 된다. ('Aamer'라는 이름의 사용자는 200명이 넘게 있다.)

```
USE sqldb;
DELETE FROM testTbl4 WHERE Fname = 'Aamer';
```

이 예에서는 228건의 행이 삭제될 것이다.

만약 228건의 'Aamer'을 모두 지우는 것이 아니라 'Aamer' 중에서 상위 몇 건만 삭제하려면 LIMIT 구문과 함께 사용하면 된다. 다음은 'Aamer' 중에서 상위 5건만 삭제된다.

```
DELETE FROM testTbl4 WHERE Fname = 'Aamer'  LIMIT 5;
```

이번에는 대용량 테이블의 삭제에 대해서 생각해 보자. 만약 대용량의 테이블이 더 이상 필요 없다면 어떻게 삭제하는 것이 좋을까? 실습을 통해서 효율적인 삭제가 어떤 것인지 확인하자. 또, 트랜잭션의 개념도 함께 살펴보자.

> **실습3**

대용량의 테이블을 삭제하자.

> step 1

대용량의 테이블을 세 개 생성하자. employees에서 약 30만 건이 있는 테이블을 복사해서 사용하겠다.

```
USE sqldb;
CREATE TABLE bigTbl1 (SELECT * FROM employees.employees);
```

```
CREATE TABLE bigTbl2 (SELECT * FROM employees.employees);
CREATE TABLE bigTbl3 (SELECT * FROM employees.employees);
```

step 2

Workbench 쿼리 창에서, 먼저 DELETE, DROP, TRUNCATE문으로 세 테이블을 모두 삭제한다. 세 구문 모두 테이블의 행을 삭제한다. (단, DROP문은 테이블 자체를 삭제한다.)

```
DELETE FROM bigTbl1;
DROP TABLE bigTbl2;
TRUNCATE TABLE bigTbl3;
```

step 3

[Output]을 비교하면, DELETE만 시간이 오래 걸리고 나머지는 짧은 시간이 걸린 것을 확인할 수 있다.

	Time	Action	Message	Duration / Fetch
1	19:05:00	DELETE FROM bigTbl1	300024 row(s) affected	1.438 sec
2	19:05:01	DROP TABLE bigTbl2	0 row(s) affected	0.016 sec
3	19:05:01	TRUNCATE TABLE bigTbl3	0 row(s) affected	0.031 sec

[그림 6-48] 삭제의 수행 속도 비교

DML문인 DELETE는 트랜잭션 로그를 기록하는 작업 때문에 삭제가 오래 걸린다. 수백 만 건 또는 수천 만 건의 데이터를 삭제할 경우에 한참동안 삭제를 할 수도 있다. DDL문인 DROP문은 테이블 자체를 삭제한다. 그리고 DDL은 트랜잭션을 발생시키지 않는다고 했다. 역시 DDL문인 TRUNCATE문의 효과는 DELETE와 동일하지만 트랜잭션 로그를 기록하지 않아서 속도가 무척 빠르다. 그러므로 대용량의 테이블 전체 내용을 삭제할 때는 테이블 자체가 필요 없을 경우에는 DROP으로 삭제하고, 테이블의 구조는 남겨놓고 싶다면 TRUNCATE로 삭제하는 것이 효율적이다.

6.2.4 조건부 데이터 입력, 변경

앞에서 INSERT문이 행 데이터를 입력해 주는 것에 대해 배웠다. 그러면 기본 키가 중복된 데이터를 입력하면 어떻게 될까? 당연히 입력되지 않는다. 하지만 100건을 입력하고자 하는데 첫 번째 한 건의 오류 때문에 나머지 99건도 입력되지 않는 것도 문제가 될 수 있다. MySQL은 오류가 발생해도 계속 진행하는 방법을 제공한다. 실습을 통해서 확인해 보자.

INSERT의 다양한 방식을 실습하자.

step 1

우선 멤버테이블(memberTBL)을 정의하고, 데이터를 입력하자. 지금은 연습 중이므로 기존 usertbl에서 아이디, 이름, 주소만 가져와서 간단히 만들겠다. 앞에서 배운 CREATE TABLE… SELECT를 활용하면 된다.

```
USE sqldb;
CREATE TABLE memberTBL (SELECT userID, name, addr FROM usertbl LIMIT 3);
        -- 3건만 가져옴
ALTER TABLE memberTBL
    ADD CONSTRAINT pk_memberTBL PRIMARY KEY (userID); -- PK를 지정함
SELECT * FROM memberTBL;
```

userID	name	addr
BBK	바비킴	서울
EJW	은지원	경북
JKW	조관우	경기
NULL	NULL	NULL

[그림 6-49] 멤버 테이블

step 2

여러 건 입력 시에 오류가 발생해도 나머지는 계속 입력되도록 하자.

2-1 데이터를 추가로 3건 입력해 보자. 그런데, 첫 번째 데이터에서 PK를 중복하는 실수를 했다.

```
INSERT INTO memberTBL VALUES('BBK' , '비비코', '미국');
INSERT INTO memberTBL VALUES('SJH' , '서장훈', '서울');
INSERT INTO memberTBL VALUES('HJY' , '현주엽', '경기');
SELECT * FROM memberTBL;
```

조회해보면 데이터가 그대로 3건뿐일 것이다. 즉, 첫 번째 오류 때문에 나머지 2건도 입력이 되지 않았다.

2-2 INSERT IGNORE문으로 바꿔서 다시 실행해 보자.

```
INSERT IGNORE INTO memberTBL VALUES('BBK' , '비비코', '미국');
INSERT IGNORE INTO memberTBL VALUES('SJH' , '서장훈', '서울');
INSERT IGNORE INTO memberTBL VALUES('HJY' , '현주엽', '경기');
SELECT * FROM memberTBL;
```

[그림 6-50] 2건이 입력된 멤버 테이블

첫 번째 데이터는 비록 오류 때문에 들어가지 않았지만, 2건은 추가로 입력되었다. INSERT IGNORE는
PK 중복이더라도 오류를 발생시키지 않고 무시하고 넘어간다. ([Output] 메시지를 보면 중복 키 경고 메
시지가 보일 것이다.)

step 3

이번에는 입력 시에, 기본 키가 중복되면 데이터가 수정되도록 해보자.

```
INSERT INTO memberTBL VALUES('BBK' , '비비코', '미국')
    ON DUPLICATE KEY UPDATE name='비비코', addr='미국';
INSERT INTO memberTBL VALUES('DJM' , '동짜몽', '일본')
    ON DUPLICATE KEY UPDATE name='동짜몽', addr='일본';
SELECT * FROM memberTBL;
```

[그림 6-51] 1건 수정, 1건 입력된 멤버 테이블

첫 번째 행에서 BBK는 중복이 되었으므로 UPDATE문이 수행되었다. 그리고 두 번째 입력한
DJM은 없으므로 일반적인 INSERT처럼 데이터가 입력되었다. 결국 ON DUPLICATE UPDATE
는 PK가 중복되지 않으면 일반 INSERT가 되는 것이고, PK가 중복되면 그 뒤의 UPDATE문이 수
행된다.

6.3 WITH절과 CTE

6.3.1 WITH절과 CTE 개요

WITH절은 CTE[Common Table Expression]를 표현하기 위한 구문으로 MySQL 8.0 이후부터 사용할 수 있다. CTE는 기존의 뷰, 파생 테이블, 임시 테이블 등으로 사용되던 것을 대신할 수 있으며, 더 간결한 식으로 보여지는 장점이 있다. CTE는 ANSI-SQL99 표준에서 나온 것이다. 기존의 SQL은 ANSI-SQL92를 기준으로 한다. 하지만, 최근의 DBMS는 대개 ANSI-SQL99와 호환되므로 다른 DBMS에서도 같거나 비슷한 방식으로 응용된다.

CTE는 비재귀적[Non-Recursive] CTE와 재귀적[Recursive] CTE 두 가지가 있다. 이 책에서는 주로 사용되는 비재귀적 CTE에 대해서 학습하겠다.

6.3.2 비재귀적 CTE

비재귀적 CTE는 말 그대로 재귀적이지 않은 CTE다. 단순한 형태이며, 복잡한 쿼리문장을 단순화시키는 데에 적합하게 사용될 수 있다. 우선 비재귀적 CTE의 형식을 살펴보자.

```
WITH CTE_테이블이름(열 이름)
AS
(
    <쿼리문>
)
SELECT 열 이름 FROM CTE_테이블이름 ;
```

⚠ 비재귀적 CTE에는 **SELECT 필드들 FROM CTE_테이블이름** 구문 외에 UPDATE 등도 가능하지만, 주로 사용되는 것은 SELECT문이다.

위의 형식이 좀 생소해 보일 수도 있지만, 위쪽을 떼버리고 그냥 **SELECT 열 이름 FROM CTE_테이블이름** 구문만 생각해도 된다. 그런데 이 테이블은 기존에는 실제 DB에 있는 테이블을 사용했지만, CTE는 바로 위의 WITH절에서 정의한 CTE_테이블이름을 사용하는 것만 다르다. 즉, **WITH CTE_테이블이름(열 이름) AS**⋯ 형식의 테이블이 하나 더 있다고 생각하면 된다.

쉽게 이해하기 위해서 앞에서 했던 buyTBL에서 총 구매액을 구하는 것을 다시 살펴보자.

```
USE sqlDB;
SELECT userid AS '사용자', SUM(price*amount) AS '총구매액'
  FROM buyTBL GROUP BY userid;
```

사용자 ▲	총구매액
▶ BBK	2880
EJW	144
JYP	300
KBS	1815
SSK	115

[그림 6-52] 쿼리의 결과

위의 결과를 총 구매액이 많은 사용자 순서로 정렬하고 싶다면 어떻게 해야 할까? 물론, 앞의 쿼리에 이어서 ORDER BY문을 첨가해도 된다. 하지만, 그럴 경우에는 SQL문이 더욱 복잡해 보일 수 있으므로 이렇게 생각해 보자. 위의 쿼리의 결과가 바로 abc라는 이름의 테이블이라고 생각하면 어떨까? 그렇다면, 정렬하는 쿼리는 다음과 같이 간단해진다.

```
SELECT * FROM abc ORDER BY 총구매액 DESC
```

이것이 CTE의 장점 중 하나다. 구문을 단순화시켜 준다. 지금까지 얘기한 실질적인 쿼리문은 다음과 같이 작성하면 된다.

```
WITH abc(userid, total)
AS
(SELECT userid, SUM(price*amount)
  FROM buytbl GROUP BY userid )
SELECT * FROM abc ORDER BY total DESC ;
```

	userid	total
▶	BBK	2880
	KBS	1815
	JYP	300
	EJW	144
	SSK	115

[그림 6-53] CTE 쿼리의 결과

[그림 6-54] CTE의 작동

제일 아래의 'FROM abc' 구문에서 abc는 실존하는 테이블이 아니라, 바로 위에 네모로 표시된 WITH 구문으로 만든 SELECT의 결과다. 단, 여기서 'AS (SELECT …'에서 조회하는 열과 'WITH abc (…'과는 개수가 일치해야 한다.

즉, 위의 네모상자 안의 구문은 결국 abc라는 [그림 6-53]과 같은 테이블이라고 간주하면 된다.

다른 예로 하나 더 연습을 해보자. 회원 테이블(userTBL)에서 각 지역별로 가장 큰 키를 1명씩 뽑은 후에, 그 사람들 키의 평균을 내보자. 만약, 전체의 평균이라면 AVG(height)만 사용하면 되지만, 각 지역별로 가장 큰 키의 1명을 우선 뽑아야 하므로 얘기가 좀 복잡해진다. 이럴 때 CTE를 유용하게 사용할 수 있다. 한꺼번에 생각하지 말고, 하나씩 분할해서 생각해 보자.

① "각 지역별로 가장 큰 키"를 뽑는 쿼리는 다음과 같다.

```
SELECT addr, MAX(height) FROM usertbl GROUP BY addr
```

② 위 쿼리를 WITH 구문으로 묶는다.

```
WITH cte_userTBL(addr, maxHeight)
AS
  ( SELECT addr, MAX(height) FROM usertbl GROUP BY addr)
```

③ "키의 평균을 구하는 쿼리를 작성한다."

```
SELECT AVG(키) FROM CTE_테이블이름
```

④ ②와 ③의 쿼리를 합친다. 이 예에서는 키의 평균을 실수로 만들기 위해서 키에 1.0을 곱해서 실수로 변환했다.

```
WITH cte_usertbl(addr, maxHeight)
AS
  ( SELECT addr, MAX(height) FROM usertbl GROUP BY addr)
SELECT AVG(maxHeight*1.0) AS '각 지역별 최고키의 평균' FROM cte_usertbl;
```

각 지역별 최고키의 평균
▶ 176.40000

[그림 6-55] CTE 쿼리의 결과

이제는 복잡한 쿼리를 작성해야 할 경우에 이러한 단계로 분할해서 생각하면, 이전보다 더 쉽게 SQL문을 작성할 수 있을 것이다.

CTE는 뷰와 그 용도는 비슷하지만 개선된 점이 많다. 또한, 뷰는 계속 존재해서 다른 구문에서도 사용할 수 있지만, CTE와 파생 테이블은 구문이 끝나면 같이 소멸된다. 즉, 위의 예에서 cte_usertbl은 다시 사용할 수 없다.

추가로 좀더 CTE에 대해서 얘기하면 CTE는 다음 형식과 같은 중복 CTE가 허용된다.

```
WITH
AAA (컬럼들)
AS ( AAA의 쿼리문 ),
   BBB (컬럼들)
     AS ( BBB의 쿼리문 ),
   CCC (컬럼들)
     AS ( CCC의 쿼리문 )
SELECT * FROM [AAA 또는 BBB 또는 CCC]
```

주의할 점은 CCC의 쿼리문에서는 AAA나 BBB를 참조할 수 있지만, AAA의 쿼리문이나 BBB의 쿼리문에서는 CCC를 참조할 수 없다. 즉, 아직 정의되지 않은 CTE를 미리 참조할 수 없다.

이상으로 MySQL에서 사용되는 기본적인 SQL문에 대해서 살펴봤다. 다음 chapter에서는 추가로 고급 용도의 SQL문에 대한 좀 더 심도있게 다뤄보자.

SQL 고급

chapter 06에서 SQL의 기본 내용을 살펴보았다. 이번에는 MySQL에서 제공하는 데이터 형식과 변수의 사용, 대용량 데이터의 저장 방식, 그리고 MySQL 프로그래밍을 위한 내용을 살펴보겠다.

chapter 07의 핵심 개념

chapter 07은 SQL문의 데이터 형식 및 변수, 대용량 데이터의 저장에 대해서 학습한다. 추가적으로 MySQL 프로그래밍을 학습한다. chapter 07의 핵심 개념은 다음과 같다.

1. MySQL은 숫자, 문자, 날짜 등의 다양한 데이터 형식을 지원한다.

2. 대용량 데이터의 저장과 추출을 위해서는 LONGTEXT, LONGBLOB 데이터 형식을 사용한다.

3. MySQL도 변수를 사용할 수 있는데, 앞에 @를 붙여서 사용해야 한다.

4. MySQL은 제어 흐름 함수, 문자열 함수, 수학 함수, 날짜/시간 함수, 전체 텍스트 검색 함수, 형 변환 함수 등 다양한 내장 함수를 제공한다.

5. LONGTEXT, LONGBLOB 형식은 대용량 텍스트 및 바이너리 파일을 저장할 수 있다.

6. MySQL은 데이터 교환을 위한 JSON 데이터 형식을 지원한다.

7. 두 개 이상의 테이블을 묶는 조인은 내부 조인, 외부 조인 등이 있다.

8. MySQL은 일반 프로그래밍 언어와 비슷한 프로그래밍 문법을 지원한다.

---

chapter 07의 학습 흐름

MySQL 데이터 형식

⬇

변수의 활용

⬇

MySQL 내장 함수

⬇

테이블 조인

⬇

SQL 프로그래밍

7.1 MySQL의 데이터 형식

앞에서 SELECT/INSERT/UPDATE/DELETE문에 대해서 살펴보았다. chapter 06의 내용 정도만 충분히 숙지해도 기본적인 SQL문은 만들 수 있다. 이제는 지금까지 은연 중에 계속 사용했지만 특별히 얘기하지 않았던 MySQL의 데이터 형식Data Types에 대해서 살펴보겠다. 원래 이 부분이 SQL문을 배우기 전에 나오는 것이 순서라고 생각되나 처음에 그냥 나열만 해서는 이해하기 어렵고 또별 흥미도 느끼지 못할 것 같아서 SQL문이 어느 정도 익숙해진 지금에서야 소개한다.

Data Type은 데이터 형식, 데이터형, 자료형, 데이터 타입 등 다양하게 불릴 수 있다. SELECT문을 더 잘 활용하고 테이블을 효율적으로 생성하기 위해서는 데이터 형식에 대한 이해가 반드시 필요하다.

7.1.1 MySQL에서 지원하는 데이터 형식의 종류

MySQL에서 데이터 형식의 종류는 30개 가까이 된다. 이를 모두 외우는 것은 무리이며, 거의 쓰이지 않는 것도 있으니 그럴 필요도 없다. 또한, 각각의 바이트 수나 숫자의 범위를 외우는 것도 당장 MySQL을 학습하는 데 큰 도움이 되는 것은 아니다.

우선은 꼭 필요한 것만 눈으로 한번 익히는 시간을 갖도록 하자. 잘 사용하지 않는 것은 추후에 다시 이 부분을 참조하거나 도움말을 찾아보는 것이 좋겠다. 자주 사용되는 것은 이름 앞에 별표(★)를 해 놓았으니 유심히 살펴보자.

여기서 잠깐

☼ DBMS 회사 별 SQL

한국인에게는 한국어로, 중국인에게는 중국어로 얘기해야 서로 의사소통이 되듯이, DBMS에게는 SQL문으로 질문하고 명령을 지시해야만 DBMS가 알아듣고, 작업을 수행한 후 그 결과 값을 우리에게 준다. 그런데, 우리가 학습하는 MySQL 외에도 많은 DBMS가 있기 때문에 모든 DBMS에서 통용되는 공통의 SQL 표준이 필요하다. 이를 위해 NCITS(국제 표준화 위원회)에서는 ANSI/ISO SQL이라는 명칭의 SQL의 표준을 관리하고 있으며, 이 중에서도 1992년에 제정된 ANSI-92 SQL과 1999년에 제정된 ANSI-99 SQL이라는 명칭의 표준이 대부분의 DBMS 회사에서 적용하는 기준이 되고 있다. 그러나, ANSI-92/99 SQL이 모든 DBMS 제품의 특성을 반영할 수가 없기 때문에, 각 회사들은 ANSI-92/99 SQL의 표준을 준수하면서도 자신들의 제품의 특성을 반영하는 SQL에 별도의 이름을 붙였다. 일례로, MySQL에서는 그냥 SQL이라고 명명한 SQL 문을, Oracle에서는 PL/SQL 이라는 이름의 SQL 문을, SQL Server는 Transact SQL(SQL)이라는 이름의 SQL 문을 사용한다.

숫자 데이터 형식

숫자형 데이터 형식은 정수, 실수 등의 숫자를 표현한다.

데이터 형식	바이트 수	숫자 범위	설명
BIT(N)	N/8		1~64bit를 표현. b'0000' 형식으로 표현
TINYINT	1	−128~127	정수
★SMALLINT	2	−32,768~32,767	정수
MEDIUMINT	3	−8,388,608~8,388,607	정수
★INT INTEGER	4	약 −21억 ~ +21억	정수
★BIGINT	8	약 −900경 ~ +900경	정수
★FLOAT	4	−3.40E+38~−1.17E−38	소수점 아래 7자리까지 표현
DOUBLE REAL	8	−1.22E−308~1.79E+308	소수점 아래 15자리까지 표현
★DECIMAL(m,[d]) NUMERIC(m,[d])	5~17	$-10^{38}+1 \sim +10^{38}-1$	전체 자릿수(m)와 소수점 이하 자릿수(d)를 가진 숫자형 예) decimal(5,2)는 전체 자릿수를 5자리로 하되, 그 중 소수점 이하를 2자리로 하겠다는 의미

[표 7–1] 숫자 데이터 형식

DECIMAL 데이터 형식은 정확한 수치를 저장하게 되고 FLOAT, DOUBLE은 근사치의 숫자를 저장한다. 대신 FLOAT, DOUBLE은 상당히 큰 숫자를 저장할 수 있다는 장점이 있다.

그러므로 소수점이 들어간 실수를 저장하려면 되도록 DECIMAL을 사용하는 것이 바람직하다. 예로 −999999.99부터 +999999.99까지의 숫자를 저장할 경우에는 DECIMAL(9,2)로 설정한다.

또 MySQL은 부호 없는 정수를 지원하는데 부호 없는 정수로 지정하면 TYNYINT는 0~255, SMALLINT는 0~65535, MIDIUMINT는 0~ 16777215, INT는 0~약 42억, BIGINT는 0~약 1800경으로 표현할 수 있다. 부호 없는 정수를 지정할 때는 UNSIGNED 예약어를 뒤에 붙여준다. FLOAT, DOUBLE, DECIMAL도 UNSIGNED 예약어를 사용할 수 있지만 자주 사용되지는 않는다.

문자 데이터 형식

데이터 형식		바이트 수	설명
★CHAR(n)		1~255	고정길이 문자형. n을 1부터 255까지 지정. character의 약자 그냥 CHAR만 쓰면 CHAR(1)과 동일
★VARCHAR(n)		1~65535	가변길이 문자형. n을 사용하면 1부터 65535까지 지정. Variable character의 약자
BINARY(n)		1~255	고정길이의 이진 데이터 값
VARBINARY(n)		1~255	가변길이의 이진 데이터 값
TEXT 형식	TINYTEXT	1~255	255 크기의 TEXT 데이터 값
	TEXT	1~65535	N 크기의 TEXT 데이터 값
	MEDIUMTEXT	1~16777215	16777215 크기의 TEXT 데이터 값
	★LONGTEXT	1~4294967295	최대 4GB 크기의 TEXT 데이터 값
BLOB 형식	TINYBLOB	1~255	255 크기의 BLOB 데이터 값
	BLOB	1~65535	N 크기의 BLOB 데이터 값
	MEDIUMBLOB	1~16777215	16777215 크기의 BLOB 데이터 값
	★LONGBLOB	1~4294967295	최대 4GB 크기의 BLOB 데이터 값
ENUM(값들…)		1 또는 2	최대 65535개의 열거형 데이터 값
SET(값들…)		1, 2, 3, 4, 8	최대 64개의 서로 다른 데이터 값

[표 7-2] 문자 데이터 형식

CHAR 형식은 고정길이 문자형으로 자릿수가 고정되어 있다. 예를 들어, CHAR(100)에 'ABC' 3글자만 저장해도 100자리를 모두 확보한 후에 앞에 3자리를 사용하고 뒤의 97자리는 낭비하게 되는 결과가 나온다. VARCHAR 형식은 가변길이 문자형으로 VARCHAR(100)에 'ABC' 3글자를 저장할 경우에 3자리만 사용하게 된다. 그래서 공간을 효율적으로 운영할 수 있다. 하지만, CHAR 형식으로 설정하는 것이 INSERT/UPDATE 시에 일반적으로 더 좋은 성능을 발휘한다.

여기서 잠깐

☼ CHAR, VARCHAR의 내부 크기

MySQL은 기본적으로 CHAR, VARCHAR는 모두 UTF-8 형태를 지니므로, 입력한 글자가 영문, 한글 등에 따라서 내부적으로 크기가 달라진다. 하지만 사용자 입장에서는 CHAR(100)은 영문, 한글 구분 없이 100글자를 입력하는 것으로 알고 있으면 되며, 내부적인 할당 크기는 신경 쓸 필요가 없다.

참고로 MySQL의 기본 문자 세트^{Default Character Set}는 my.ini 또는 my.cnf 파일에 다음과 같이 기본적으로 설정되어 있다.

```
# 클라이언트 문자 세트
[mysql]
default-character-set=utf8
# 서버 문자 세트
[mysqld]
character-set-server=utf8
```

BINARY와 VARBINARY는 바이트 단위의 이진 데이터 값을 저장하는 데 사용된다. TEXT 형식은 대용량의 글자를 저장하기 위한 형식으로 필요한 크기에 따라서 TINYTEXT, TEXT, MEDIUMTEXT, LONGTEXT 등의 형식을 사용할 수 있다. BLOB^{Binary Large OBject}은 사진 파일, 동영상 파일, 문서 파일 등의 대용량의 이진 데이터를 저장하는 데 사용될 수 있다. BLOB도 필요한 크기에 따라서 TINYBLOB, BLOB, MEDIUMBLOB, LONGBLOB 등의 형식을 사용할 수 있다.

ENUM은 열거형 데이터를 사용할 때 사용될 수 있는데 예로 요일(월, 화, 수, 목, 금, 토, 일)을 ENUM 형식으로 설정할 수 있다. SET은 최대 64개를 준비한 후에 입력은 그 중에서 2개씩 세트로 데이터를 저장시키는 방식을 사용한다.

날짜와 시간 데이터 형식

데이터 형식	바이트 수	설명
★DATE	3	날짜는 1001-01-01 ~ 9999-12-31까지 저장되며 날짜 형식만 사용 'YYYY-MM-DD' 형식으로 사용됨.
TIME	3	-838:59:59.000000 ~ 838:59:59.000000까지 저장되며. 'HH:MM:SS' 형식으로 사용
★DATETIME	8	날짜는 1001-01-01 00:00:00 ~ 9999-12-31 23:59:59까지 저장되며 형식은 'YYYY-MM-DD HH:MM:SS' 형식으로 사용
TIMESTAMP	4	날짜는 1001-01-01 00:00:00 ~ 9999-12-31 23:59:59까지 저장되며 형식은 'YYYY-MM-DD HH:MM:SS' 형식으로 사용. time_zone 시스템 변수와 관련이 있으며 UTC 시간대 변환하여 저장
YEAR	1	1901 ~ 2155까지 저장. 'YYYY' 형식으로 사용

[표 7-3] 날짜와 시간 데이터 형식

날짜와 시간형 데이터에 대해서는 간단한 예를 통해서 그 차이를 확인하자.

```
SELECT CAST('2020-10-19 12:35:29.123' AS DATE) AS 'DATE' ;
SELECT CAST('2020-10-19 12:35:29.123' AS TIME) AS 'TIME' ;
SELECT CAST('2020-10-19 12:35:29.123' AS DATETIME) AS 'DATETIME' ;
```

[그림 7-1] 날짜형과 시간형 데이터 비교

기타 데이터 형식

데이터 형식	바이트 수	설명
★GEOMETRY	N/A	공간 데이터 형식으로 선, 점 및 다각형 같은 공간 데이터 개체를 저장하고 조작
★JSON	8	JSON(JavaScript Object Notation) 문서를 저장

[표 7-4] 기타 데이터 형식

GEOMETRY 형식은 chapter 14에서 상세히 살펴보고, JSON 형식은 잠시 후에 살펴보겠다.

LONGTEXT, LONGBLOB

MySQL은 LOB^{Large Object: 대량의 데이터}을 저장하기 위해서 LONGTEXT, LONGBLOB 데이터 형식을 지원한다. 지원되는 데이터 크기는 약 4GB 크기의 파일을 하나의 데이터로 저장할 수 있다. 예로 장편소설과 같은 큰 텍스트 파일이라면, 그 내용을 전부 LONGTEXT 형식으로 지정된 하나의 컬럼에 넣을 수 있고, 동영상 파일과 같은 큰 바이너리 파일이라면 그 내용을 전부 LONGBLOB 형식으로 지정된 하나의 컬럼에 넣을 수 있다. 예로 [그림 7-2]와 같은 구성이 가능하다.

[그림 7-2] LONGTEXT, LONGBLOB 데이터 형식의 활용 예

위의 예를 보면 영화 대본 열에는 영화 대본 전체가 들어가고, 영화 동영상 열에는 실제 영화 파일 전체가 들어갈 수 있다. 실무에서는 이러한 방식도 종종 사용되니 잘 기억해 놓으면 도움이 된다. 대량의 데이터를 입력하는 실습은 잠시 후에 〈실습 2〉에서 해보겠다.

7.1.2 변수의 사용

SQL도 다른 일반적인 프로그래밍 언어처럼 변수Variable를 선언하고 사용할 수 있다. 변수의 선언과 값의 대입은 다음의 형식을 따른다.

```
SET @변수이름 = 변수의 값 ;        -- 변수의 선언 및 값 대입
SELECT @변수이름 ;                  -- 변수의 값 출력
```

⚠ 스토어드 프로시저나 함수 안에서의 변수를 사용하는 방법은 DECLARE문으로 선언한 후에 사용할 수 있다. 또한, 스토어드 프로시저나 함수 안에서는 @변수명 형식이 아닌 그냥 변수명만 사용한다. 구분하자면 @변수명은 '전역 변수'처럼 사용하고, DECLARE 변수명은 스토어드 프로시저나 함수 안에서 '지역 변수'처럼 사용된다. 이 chapter의 후반부에서 다시 살펴보겠다.

변수는 Workbench를 재시작할 때까지는 계속 유지되지만 Workbench를 닫았다가 재시작하면 소멸된다.

실습1

간단히 변수의 사용을 실습하자.

step 0

Workbench를 종료하고 새로 실행한 후, 저장해 놓은 sqlDB.sql을 이용해서 sqldb 데이터베이스를 초기화 시키자.

⚠ 방법이 기억나지 않으면 chapter 06 〈실습 2〉의 step 6 을 참조한다. C:\SQL\sqlDB.sql 파일이 없는 독자는 chapter 06의 〈실습 2〉를 다시 수행하거나 책의 사이트인 http://cafe.naver.com/thisisMySQL/에서 sqlDB.sql을 다운로드 해서 C:\SQL\에 저장하자.

step 1

쿼리 창을 하나 열자. 변수를 몇 개 지정하고, 변수에 값을 대입한 후에 출력해 본다. (전체를 한 번에 선택해서 실행한다.)

```
USE sqldb;

SET @myVar1 = 5 ;
SET @myVar2 = 3 ;
SET @myVar3 = 4.25 ;
SET @myVar4 = '가수 이름==> ' ;

SELECT @myVar1 ;.
SELECT @myVar2 + @myVar3 ;

SELECT @myVar4 , Name FROM usertbl WHERE height > 180 ;
```

변수의 값은 일반적인 SELECT.. FROM문과도 같이 사용할 수 있다.

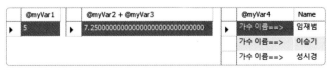

[그림 7-3] 변수 출력 결과

LIMIT에는 원칙적으로 변수를 사용할 수 없으나 PREPARE와 EXECUTE문을 활용해서 변수의 활용도 가능하다.

```
SET @myVar1 = 3 ;
PREPARE myQuery
    FROM 'SELECT Name, height FROM usertbl ORDER BY height LIMIT ?';
EXECUTE myQuery USING @myVar1 ;
```

[그림 7-4] TOP()에 변수 사용

LIMIT는 **LIMIT 3**과 같이 직접 숫자를 넣어야 하며 **LIMIT @변수** 형식으로 사용하면 오류가 발생하기 때문에 다른 방식을 사용해야 한다. **PREPARE 쿼리이름 FROM '쿼리문'**은 쿼리이름에 '쿼리문'을 준비만 해놓고 실행하지는 않는다. 그리고 EXECUTE 쿼리이름을 만나는 순간에 실행된다. EXECUTE는 **USING @변수**를 이용해서 '쿼리문'에서 ?으로 처리해 놓은 부분에 대입된다. 결국 **LIMIT @변수** 형식으로 사용된 것과 동일한 효과를 갖는다.

이에 대한 활용은 이번 chapter의 끝부분에서 다시 다뤄보겠다.

 비타민 퀴즈 7-1

Linux 가상머신의 명령어 모드에서 앞 〈실습 1〉을 진행해 보자.

힌트 한글이 입력되지 않으므로, 모두 영문으로 사용한다.

7.1.3 데이터 형식과 형 변환

데이터 형식과 관련된 함수는 자주 사용되므로 잘 기억하자.

데이터 형식 변환 함수

가장 일반적으로 사용되는 데이터 형식 변환과 관련해서는 CAST( ), CONVERT( ) 함수를 사용한다. CAST( ), CONVERT( )는 형식만 다를 뿐 거의 비슷한 기능을 한다.

```
형식:
CAST ( expression AS 데이터형식 [ (길이) ] )
CONVERT ( expression , 데이터형식 [ (길이) ] )
```

데이터 형식 중에서 가능한 것은 BINARY, CHAR, DATE, DATETIME, DECIMAL, JSON, SIGNED INTEGER, TIME, UNSIGNED INTEGER 등이다.

사용 예를 보면 좀 더 쉽게 이해될 것이다. 다음은 sqlDB의 구매 테이블(buyTbl)에서 평균 구매 개수를 구하는 쿼리문이다.

```
USE sqldb ;
SELECT AVG(amount) AS '평균 구매 개수' FROM buytbl ;
```

결과는 2.9167개가 나왔다.

[그림 7-5] 쿼리 실행 결과

그런데, 개수이므로 정수로 보기 위해서 다음과 같이 CAST() 함수나 CONVERT() 함수를 사용할 수 있다.

```
SELECT CAST(AVG(amount) AS SIGNED INTEGER) AS '평균 구매 개수'  FROM buytbl ;
또는
SELECT CONVERT(AVG(amount) , SIGNED INTEGER) AS '평균 구매 개수'  FROM buytbl ;
```

[그림 7-6] 쿼리 실행 결과

위의 결과를 보면 반올림한 정수의 결과를 확인할 수 있다.

다양한 구분자를 날짜 형식으로 변경할 수 있다.

```
SELECT CAST('2020$12$12' AS DATE);
SELECT CAST('2020/12/12' AS DATE);
SELECT CAST('2020%12%12' AS DATE);
SELECT CAST('2020@12@12' AS DATE);
```

CAST('2020@12@12' AS DATE)
2020-12-12

[그림 7-7] 쿼리 실행 결과 (4개 모두 동일)

쿼리의 결과를 보기 좋도록 처리할 때도 사용된다. 단가price와 수량amount을 곱한 실제 입금액을 표시하는 쿼리는 다음과 같이 사용할 수 있다.

```
SELECT num, CONCAT(CAST(price AS CHAR(10)), 'X', CAST(amount AS CHAR(4)) ,'=' )  AS
        '단가X수량',
     price*amount AS '구매액'
   FROM buytbl ;
```

num	단가X수량	구매액
1	30X2=	60
2	1000X1=	1000
3	200X1=	200
4	200X5=	1000
5	50X3=	150
6	80X10=	800
7	15X5=	75
8	15X2=	30
9	50X1=	50
10	30X2=	60
11	15X1=	15
12	30X2=	60

[그림 7-8] 쿼리 실행 결과

암시적인 형 변환

형 변환 방식에는 명시적인 변환과 암시적인 변환, 두 가지가 있다. 명시적인 변환Explicit conversion이란 위에서 한 CAST() 또는 CONVERT() 함수를 이용해서 데이터 형식을 변환하는 것을 말한다. 암시적인 변환Implicit conversion이란 CAST()나 CONVERT() 함수를 사용하지 않고 형이 변환되는 것을 말한다. 다음의 예를 보자.

```
SELECT '100' + '200' ; -- 문자와 문자를 더함(정수로 변환되서 연산됨)
SELECT CONCAT('100', '200'); -- 문자와 문자를 연결(문자로 처리)
SELECT CONCAT(100, '200'); -- 정수와 문자를 연결(정수가 문자로 변환되서 처리)
SELECT 1 > '2mega'; -- 정수인 2로 변환되어서 비교
SELECT 3 > '2MEGA'; -- 정수인 2로 변환되어서 비교
SELECT 0 = 'mega2'; -- 문자는 0으로 변환됨
```

'100' + '200'	CONCAT('100', '200')	CONCAT(100, '200')	1 > '2mega'	3 > '2MEGA'	0 = 'mega2'
300	100200	100200	0	1	1

[그림 7-9] 쿼리 실행 결과

첫 번째 결과인 문자열+문자열은 더하기 연산자 때문에 문자열이 숫자로 변경되어서 계산되었다. 두 번째는 문자열을 연결해주는 CONCAT() 함수이기에 문자열이 그대로 문자열로 처리되었다. 세 번째도 CONCAT() 함수 안의 숫자는 문자열로 변환되어 처리되었다.

네 번째와 비교 연산자인데 앞에 '2'가 들어간 문자열이 숫자로 변경되어서 결국 '1 > 2'의 비교가 된다. 결과는 거짓(0)이 나왔다. 다섯 번째도 마찬가지 방식이다. 마지막 'mega2' 문자열은 숫자로 변경되어도 그냥 0으로 되기 때문에 결국 '0 = 0'이 되어 true(1)의 결과가 나왔다.

⚠ 다른 DBMS에서는 암시적인 형 변환의 결과가 MySQL과 다를 수 있다. 예로 어떤 DBMS에서 **SELECT '100' + '200'** 의 결과가 '100200' 문자열로 처리되기도 한다.

7.1.4 MySQL 내장 함수

MySQL은 많은 내장 함수를 포함하고 있다. 내장 함수는 크게 제어 흐름 함수, 문자열 함수, 수학 함수, 날짜/시간 함수, 전체 텍스트 검색 함수, 형 변환 함수, XML 함수, 비트 함수, 보안/압축 함수, 정보 함수, 공간 분석 함수, 기타 함수 등으로 나눌 수 있다. 전체 함수의 개수는 수백 개가 넘으며, 이 중 일부는 이미 책의 중간중간에 사용해 왔다. 지금까지 다루지 않았던 내장 함수 중에서 자주 사용되는 것을 소개하겠다. 각각 소개된 함수의 예를 직접 쿼리 창에서 실행해 보기 바란다. 그러면 더 이해가 빨리 될 것이다.

제어 흐름 함수

제어 흐름 함수는 프로그램의 흐름을 제어한다.

• IF(수식, 참, 거짓)

수식이 참 또는 거짓인지 결과에 따라서 2중 분기한다.

```
SELECT IF (100>200, '참이다', '거짓이다');
```

거짓이 출력된다.

• IFNULL(수식1, 수식2)

수식1이 NULL이 아니면 수식1이 반환되고, 수식1이 NULL이면 수식2가 반환된다.

```
SELECT IFNULL(NULL, '널이군요'), IFNULL(100, '널이군요');
```

첫 번째는 '널이군요'가 출력되고, 두 번째는 100이 출력된다.

• NULLIF(수식1, 수식2)

수식1과 수식2가 같으면 NULL을 반환하고, 다르면 수식1을 반환한다.

```
SELECT NULLIF(100,100), NULLIF(200,100);
```

첫 번째는 NULL이, 두 번째는 200이 반환된다.

• CASE ~ WHEN ~ ELSE ~ END

CASE는 내장 함수는 아니며 연산자Operator로 분류된다. 다중 분기에 사용될 수 있으므로 내장 함수와 함께 알아두자.

```
SELECT   CASE 10
                WHEN 1  THEN   '일'
                WHEN 5  THEN   '오'
                WHEN 10 THEN   '십'
                ELSE '모름'
         END AS 'CASE연습';
```

CASE 뒤의 값이 10이므로 세 번째 WHEN이 수행되어 '십'이 반환된다. 만약, 해당하는 사항이 없다면 ELSE 부분이 반환된다. 마지막 END AS 뒤에는 출력될 열의 별칭을 써주면 된다.

문자열 함수

문자열 함수는 문자열을 조작한다. 활용도가 높으므로 잘 알아두도록 한다.

• ASCII(아스키 코드), CHAR(숫자)

문자의 아스키 코드값을 돌려주거나 숫자의 아스키 코드값에 해당하는 문자를 돌려준다.

```
SELECT ASCII('A'), CHAR(65);
```

65와 'A'를 돌려준다.

⚠ Workbench의 약간의 버그로 CHAR(65)의 결과가 'BLOB'으로 보일 수 있다. 그러면 'BLOB' 글자에서 마우스 오른쪽 버튼을 클릭한 후 [Open Value in Viewer]를 선택하고 위쪽의 [Text] 탭을 클릭하면 된다. 일반 명령행 모드에서는 정상적으로 'A'로 출력된다.

• BIT_LENGTH(문자열), CHAR_LENGTH(문자열), LENGTH(문자열)

할당된 Bit 크기 또는 문자 크기를 반환한다. CHAR_LENGTH()는 문자의 개수를 반환하며 LENGTH()는 할당된 Byte 수를 반환한다.

```
SELECT BIT_LENGTH('abc'),  CHAR_LENGTH('abc'), LENGTH('abc');
SELECT BIT_LENGTH('가나다'),  CHAR_LENGTH('가나다'), LENGTH('가나다');
```

MySQL은 기본으로 UTF-8 코드를 사용하기 때문에 영문은 3Byte를, 한글은 3×3=9Byte를 할당한다.

• CONCAT(문자열1, 문자열2,…), CONCAT_WS(구분자, 문자열1, 문자열2,…)

문자열을 이어준다. CONCAT()은 앞에서 여러 번 사용해 봤다. CONCAT_WS()는 구분자와 함께 문자열을 이어준다.

```
SELECT CONCAT_WS('/', '2025', '01', '01');
```

구분자 '/'를 추가해서 '2025/01/01'이 반환된다.

- **ELT(위치, 문자열1, 문자열2, …), FIELD(찾을 문자열, 문자열1, 문자열2, …), FIND_IN_SET(찾을 문자열, 문자열 리스트), INSTR(기준 문자열, 부분 문자열), LOCATE(부분 문자열, 기준 문자열)**

ELT()는 위치 번째에 해당하는 문자열을 반환한다. FIELD()는 찾을 문자열의 위치를 찾아서 반환한다. FILED()는 매치되는 문자열이 없으면 0을 반환한다. FIND_IN_SET()은 찾을 문자열을 문자열 리스트에서 찾아서 위치를 반환한다. 문자열 리스트는 콤마(,)로 구분되어 있어야 하며 공백이 없어야 한다. INSTR()는 기준 문자열에서 부분 문자열을 찾아서 그 시작 위치를 반환한다. LOCATE()는 INSTR()와 동일하지만 파라미터의 순서가 반대로 되어 있다.

```
SELECT ELT(2, '하나', '둘', '셋'), FIELD('둘', '하나', '둘', '셋'), FIND_IN_SET('둘',
   '하나,둘,셋'), INSTR('하나둘셋', '둘'), LOCATE('둘', '하나둘셋');
```

'둘', 2, 2, 3, 3을 반환한다.

⚠ LOCATE()와 POSITION()은 동일한 함수다.

- **FORMAT(숫자, 소수점 자릿수)**

숫자를 소수점 아래 자릿수까지 표현한다. 또한 1000 단위마다 콤마(,)를 표시해 준다.

```
SELECT FORMAT(123456.123456, 4);
```

'123,456.1235'를 반환한다.

- **BIN(숫자), HEX(숫자), OCT(숫자)**

2진수, 16진수, 8진수의 값을 반환한다.

```
SELECT BIN(31), HEX(31), OCT(31);
```

2진수 11111, 16진수 1F, 8진수 37을 반환한다.

• INSERT(기준 문자열, 위치, 길이, 삽입할 문자열)
기준 문자열의 위치부터 길이만큼을 지우고 삽입할 문자열을 끼워 넣는다.

```
SELECT INSERT('abcdefghi', 3, 4, '@@@@'), INSERT('abcdefghi', 3, 2, '@@@@');
```

'ab@@@@ghi'와 'ab@@@@efghi'를 반환한다.

• LEFT(문자열, 길이), RIGHT(문자열, 길이)
왼쪽 또는 오른쪽에서 문자열의 길이만큼 반환한다.

```
SELECT LEFT('abcdefghi', 3), RIGHT('abcdefghi', 3);
```

'abc'와 'ghi'를 반환한다.

• UPPER(문자열), LOWER(문자열)
소문자를 대문자로, 대문자를 소문자로 변경한다.

```
SELECT LOWER('abcdEFGH'), UPPER('abcdEFGH');
```

'abcdefgh'와 'ABCDEFGH'를 반환한다.

⚠ LOWER()는 LCASE()와 UPPER()는 UCASE()와 동일한 함수다.

• LPAD(문자열, 길이, 채울 문자열), RPAD(문자열, 길이, 채울 문자열)
문자열을 길이만큼 늘린 후에, 빈 곳을 채울 문자열로 채운다.

```
SELECT LPAD('이것이', 5, '##'), RPAD('이것이', 5, '##');
```

'##이것이'와 '이것이##'를 반환한다.

• LTRIM(문자열), RTRIM(문자열)

문자열의 왼쪽/오른쪽 공백을 제거한다. 중간의 공백은 제거되지 않는다.

```
SELECT LTRIM('    이것이'), RTRIM('이것이    ');
```

둘다 공백이 제거된 '이것이'를 반환한다.

• TRIM(문자열), TRIM(방향 자를_문자열 FROM 문자열)

TRIM(문자열)은 문자열의 앞뒤 공백을 모두 없앤다. TRIM(방향 자를_문자열 FROM 문자열)에서 방향은 LEADING(앞), BOTH(양쪽), TRAILING(뒤)가 나올 수 있다.

```
SELECT TRIM('    이것이    '), TRIM(BOTH 'ㅋ' FROM 'ㅋㅋㅋ재밌어요.ㅋㅋㅋ');
```

'이것이'와 '재밌어요.'를 반환한다.

• REPEAT(문자열, 횟수)

문자열을 횟수만큼 반복한다.

```
SELECT REPEAT('이것이', 3);
```

'이것이이것이이것이'를 반환한다.

• REPLACE(문자열, 원래 문자열, 바꿀 문자열)

문자열에서 원래 문자열을 찾아서 바꿀 문자열로 바꿔준다.

```
SELECT REPLACE ('이것이 MySQL이다', '이것이' , 'This is');
```

'This is MySQL이다'를 반환한다.

• REVERSE(문자열)

문자열의 순서를 거꾸로 만든다.

```
SELECT REVERSE ('MySQL');
```

'LQSyM'을 반환한다.

• SPACE(길이)

길이만큼의 공백을 반환한다.

```
SELECT CONCAT('이것이', SPACE(10), 'MySQL이다');
```

'이것이   MySQL이다'를 반환한다.

• SUBSTRING(문자열, 시작위치, 길이) 또는 SUBSTRING(문자열 FROM 시작위치 FOR 길이)

시작 위치부터 길이만큼 문자를 반환한다. 길이가 생략되면 문자열의 끝까지 반환한다.

```
SELECT SUBSTRING('대한민국만세', 3, 2);
```

'민국'을 반환한다.

⚠ SUBSTRING(), SUBSTR(), MID()는 모두 동일한 함수다.

• SUBSTRING_INDEX(문자열, 구분자, 횟수)

문자열에서 구분자가 왼쪽부터 횟수 번째 나오면 그 이후의 오른쪽은 버린다. 횟수가 음수면 오른쪽부터 세고 왼쪽을 버린다. 다음의 예를 보면 쉽게 이해가 될 것이다.

```
SELECT SUBSTRING_INDEX('cafe.naver.com', '.', 2),  SUBSTRING_INDEX('cafe.naver.com', '.', -2);
```

'cafe.naver'와 'naver.com'을 반환한다.

수학 함수

다양한 수학 함수도 제공된다.

• ABS(숫자)

숫자의 절댓값을 계산한다.

```
SELECT ABS(-100);
```

절댓값인 100을 반환한다.

• ACOS(숫자), ASIN(숫자), ATAN(숫자), ATAN2(숫자1, 숫자2), SIN(숫자), COS(숫자), TAN(숫자)

삼각 함수와 관련된 함수를 제공한다.

• CEILING(숫자), FLOOR(숫자), ROUND(숫자)

올림, 내림, 반올림을 계산한다.

```
SELECT CEILING(4.7), FLOOR(4.7), ROUND(4.7);
```

5, 4, 5를 반환한다.

⚠ CELING()과 CEIL()은 동일한 함수다.

• CONV(숫자, 원래 진수, 변환할 진수)

숫자를 원래 진수에서 변환할 진수로 계산한다.

```
SELECT CONV('AA', 16, 2), CONV(100, 10, 8);
```

16진수 AA를 2진수로 변환한 10101010과 100을 8진수로 변환한 144가 반환된다.

• DEGREES(숫자), RADIANS(숫자), PI()

라디안 값을 각도값으로, 각도값을 라디안 값으로 변환한다. PI()는 파이값인 3.141592를 반환한다.

```
SELECT DEGREES(PI()), RADIANS(180);
```

파이의 각도값인 180과 180의 라디안 값이 출력된다.

• EXP(X), LN(숫자), LOG(숫자), LOG(밑수, 숫자), LOG2(숫자), LOG10(숫자)

지수, 로그와 관련된 함수를 제공한다.

• MOD(숫자1, 숫자2) 또는 숫자1 % 숫자2 또는 숫자1 MOD 숫자2

숫자1을 숫자2로 나눈 나머지 값을 구한다.

```
SELECT MOD(157, 10), 157 % 10, 157 MOD 10;
```

모두 157을 10으로 나눈 나머지 값 7을 반환한다.

• POW(숫자1, 숫자2), SQRT(숫자)

거듭제곱값 및 제곱근을 구한다.

```
SELECT POW(2,3), SQRT(9);
```

2의 3제곱과 루트9의 값을 반환한다.

⚠ POW()와 POWER()는 동일한 함수다.

• RAND()

RAND()는 0 이상 1 미만의 실수를 구한다. 만약 'm<= 임의의 정수 < n'를 구하고 싶다면 FLOOR(m + (RAND() * (n-m))을 사용하면 된다.

```
SELECT RAND(), FLOOR(1 + (RAND() * (7-1)) );
```

0~1 미만의 실수와 주사위 숫자를 구한다.

• SIGN(숫자)

숫자가 양수, 0, 음수인지를 구한다. 결과는 1, 0, −1 셋 중에 하나를 반환한다.

```
SELECT SIGN(100), SIGN(0), SIGN(-100.123);
```

1, 0, −1을 반환한다.

• TRUNCATE(숫자, 정수)

숫자를 소수점을 기준으로 정수 위치까지 구하고 나머지는 버린다.

```
SELECT TRUNCATE(12345.12345, 2), TRUNCATE(12345.12345, -2);
```

12345.12와 12300을 반환한다.

날짜 및 시간 함수

날짜 및 시간을 조작하는 다양한 함수를 사용할 수 있다.

• ADDDATE(날짜, 차이), SUBDATE(날짜, 차이)

날짜를 기준으로 차이를 더하거나 뺀 날짜를 구한다.

```
SELECT ADDDATE('2025-01-01', INTERVAL 31 DAY), ADDDATE('2025-01-01', INTERVAL
    1 MONTH);
SELECT SUBDATE('2025-01-01', INTERVAL 31 DAY), SUBDATE('2025-01-01', INTERVAL
    1 MONTH);
```

31일 후 또는 한달 후인 '2025−02−01'과 31일 전 또는 한달 전인 '2024−12−01'을 반환한다.

⚠ ADDDATE()와 DATE_ADD()는 동일한 함수이며 SUBDATE()와 DATE_SUB()도 동일한 함수다.

• ADDTIME(날짜/시간, 시간), SUBTIME(날짜/시간, 시간)

날짜/시간을 기준으로 시간을 더하거나 뺀 결과를 구한다.

```
SELECT ADDTIME('2025-01-01 23:59:59', '1:1:1'), ADDTIME('15:00:00', '2:10:10');
SELECT SUBTIME('2025-01-01 23:59:59', '1:1:1'), SUBTIME('15:00:00', '2:10:10');
```

1시간 1분 1초 후인 '2025-01-02 01:01:00'과 2시간 10분 10초 후인 '17:10:10'을 반환한다.
또 1시간 1분 1초 전인 '2025-01-01 22:58:58'과 2시간 10분 10초 전인 '12:49:50'을 반환
한다.

• CURDATE(), CURTIME(), NOW(), SYSDATE()

CURDATE()는 현재 연-월-일을, CURTIME()은 현재 시:분:초를 구한다. NOW()와
SYSDATE()는 현재 '연-월-일 시:분:초'를 구한다.

⚠ CURDATE(), CURRENT_DATE(), CURRENT_DATE는 모두 동일하며 CURTIME(), CURRENT_
TIME(), CURRENT_TIME도 모두 동일하다. NOW(), LOCALTIME, LOCALTIME(), LOCALTIMESTAMP,
LOCALTIMESTAMP()도 모두 동일하다.

• YEAR(날짜), MONTH(날짜), DAY(날짜), HOUR(시간), MINUTE(시간), SECOND(시간), MICROSECOND(시간)

날짜 또는 시간에서 연, 월, 일, 시, 분, 초, 밀리초를 구한다.

```
SELECT YEAR(CURDATE()), MONTH(CURDATE()), DAYOFMONTH(CURDATE());
SELECT HOUR(CURTIME()), MINUTE(CURRENT_TIME()), SECOND(CURRENT_TIME),
MICROSECOND(CURRENT_TIME);
```

현재 연, 월, 일 및 시, 분, 초, 밀리초를 구한다.

⚠ DAYOFMONTH()와 DAY()는 동일한 함수다.

• DATE(), TIME()

DATETIME 형식에서 연-월-일 및 시:분:초만 추출한다.

```
SELECT DATE(NOW()), TIME(NOW());
```

현재 연-월-일 및 시:분:초를 반환한다.

• DATEDIFF(날짜1, 날짜2), TIMEDIFF(날짜1 또는 시간1, 날짜1 또는 시간2)

DATEDIFF( )는 날짜1−날짜2의 일수를 결과로 구한다. 즉, 날짜2에서 날짜1까지 몇 일이 남았는지 구한다. TIMEDIFF( )는 시간1−시간2의 결과를 구한다.

```
SELECT DATEDIFF('2025-01-01', NOW()), TIMEDIFF('23:23:59', '12:11:10');
```

2025년1월1일에서 오늘의 날짜를 뺀 일자와 11:12:49가 반환된다.

• DAYOFWEEK(날짜), MONTHNAME( ), DAYOFYEAR(날짜)

요일(1:일, 2:월~7:토) 및 1년 중 몇 번째 날짜인지를 구한다.

```
SELECT DAYOFWEEK(CURDATE()), MONTHNAME(CURDATE()), DAYOFYEAR(CURDATE());
```

현재 요일과 월 이름 그리고 일년 중 몇 일이 지났는지를 반환한다.

• LAST_DAY(날짜)

주어진 날짜의 마지막 날짜를 구한다. 주로 그 달이 몇 일까지 있는지 확인할 때 사용한다.

```
SELECT LAST_DAY('2025-02-01');
```

'2025−02−29'를 반환한다.

• MAKEDATE(연도, 정수)

연도에서 정수만큼 지난 날짜를 구한다.

```
SELECT MAKEDATE(2025, 32);
```

2025년의 32일이 지난 날짜인 '2025−02−01'을 반환한다.

• MAKETIME(시, 분, 초)

시, 분, 초를 이용해서 '시:분:초'의 TIME 형식을 만든다.

```
SELECT MAKETIME(12, 11, 10);
```

'12:11:10'의 TIME 형식을 반환한다.

• PERIOD_ADD(연월, 개월수), PERIOD_DIFF(연월1, 연월2)

PERIOD_ADD()는 연월에서 개월만큼의 개월이 지난 연월을 구한다. 연월은 YYYY 또는 YYYYMM 형식을 사용한다. PERIOD_DIFF()는 연월1−연월2의 개월수를 구한다.

```
SELECT PERIOD_ADD(202501, 11), PERIOD_DIFF(202501, 202312);
```

2025년 12월과 13개월을 반환한다.

• QUARTER(날짜)

날짜가 4분기 중에서 몇 분기인지를 구한다.

```
SELECT QUARTER('2025-07-07');
```

7월7일에 해당하는 3분기를 반환한다.

• TIME_TO_SEC(시간)

시간을 초 단위로 구한다.

```
SELECT TIME_TO_SEC('12:11:10');
```

43870초가 반환된다.

시스템 정보 함수

시스템의 정보를 출력하는 함수를 제공한다.

• USER(), DATABASE()

현재 사용자 및 현재 선택된 데이터베이스를 구한다.

```
SELECT CURRENT_USER(), DATABASE();
```

현재 사용자와 현재 선택된 데이터베이스를 반환한다.

⚠ USER(), SESSION_USER(), CURRENT_USER()는 모두 동일하다. DATABASE()와 SCHEMA()도 동일한 함수다.

• FOUND_ROWS()

바로 앞의 SELECT문에서 조회된 행의 개수를 구한다.

```
USE sqldb;
SELECT * FROM usertbl;
SELECT FOUND_ROWS();
```

고객 테이블의 10개 행을 조회했으므로 10이 반환된다.

• ROW_COUNT()

바로 앞의 INSERT, UPDATE, DELETE문에서 입력, 수정, 삭제된 행의 개수를 구한다. CREATE, DROP문은 0을 반환하고, SELECT문은 −1을 반환한다.

```
USE sqldb;
UPDATE buytbl SET price=price*2;
SELECT ROW_COUNT();
```

구매 테이블의 12개 행을 변경했으므로 12가 반환된다.

• VERSION()

현재 MySQL의 버전을 구한다.

• SLEEP(초)

쿼리의 실행을 잠깐 멈춘다.

```
SELECT SLEEP(5);
SELECT '5초후에 이게 보여요';
```

5초를 멈춘 후에 결과가 보인다.

그 외의 함수

지금 소개한 함수 외에도 비트 함수, 전체 텍스트 검색 함수, 보안 및 압축 함수, MySQL Enterprise
암호화 함수, XML 함수, 공간 분석 함수, JSON 함수 등이 있지만, 너무 많이 나열하는 것보다는
앞으로 필요할 때 소개하는 것으로 하겠다.

⚠ 이 책에서 생략된 MySQL 8.0에서 제공하는 나머지 내장 함수에 대해서는 https://dev.mysql.com/doc/
refman/8.0/en/functions.html에서 확인할 수 있다.

함수에 대해서 어느 정도 익혔으니 함수도 활용할 겸해서, 대량의 문자를 저장할 수 있는 TEXT 데
이터 형식에 대한 실습을 해보자.

<code>실습2</code>

[그림 7-2]에 나온 영화사이트 데이터베이스를 구축해 보자.

<code>step 0</code>

대용량 텍스트 파일과 대용량 동영상 파일을 준비하자.

0-1 이번 chapter를 실습하기 위해서는 [그림 7-2]에 나오는 영화 대본 파일 3개와 영화 동영상 파일 3개
가 필요하다. 영화 대본 파일은 TXT 파일로 아무 글자나 적혀 있으면 되고, 영화 동영상 파일은 MP4 등의
파일이면 된다. 적당한 파일이 없으면 책의 자료실(https://cafe.naver.com/thisisMySQL)에서 다운로
드하자. 파일은 모두 C:\SQL\Movies\ 폴더에 저장해 놓자.

[그림 7-10] 영화 동영상 3개와 영화 대본 3개

⚠ 영화 대본으로 사용할 텍스트 파일은 UTF-8 인코딩으로 저장해야 한다. 메모장에서 해당 파일을 연 후에 [파일] 〉〉 [다른 이름으로 저장]을 선택하고 아래쪽 '인코딩'을 〈UTF-8〉로 변경하고 저장한다. 또한 파일명은 영문으로 되어 있어야 한다.

0-2 새 쿼리 창을 하나 연다.

step 1

[그림 7-2]의 영화 데이터베이스(movieDB) 및 영화 테이블(movieTBL)을 만들자.

```
CREATE DATABASE moviedb;

USE moviedb;
CREATE TABLE movietbl
  (movie_id        INT,
   movie_title     VARCHAR(30),
   movie_director  VARCHAR(20),
   movie_star      VARCHAR(20),
   movie_script    LONGTEXT,
   movie_film      LONGBLOB
) DEFAULT CHARSET=utf8mb4;
```

영화 대본(movie_script)은 LONGTEXT 형식으로, 영화 동영상(movie_file)은 LONGBLOB 형식으로 설정했다. 한글 처리를 문제 없이 하기 위해서 기본 문자세트를 utf8mb4로 지정했다.

데이터를 한 건 입력하자.

2-1 파일을 데이터로 입력하려면 LOAD_FILE() 함수를 사용하면 된다.

```
INSERT INTO movietbl VALUES ( 1, '쉰들러 리스트', '스필버그', '리암 니슨',
    LOAD_FILE('C:/SQL/Movies/Schindler.txt'), LOAD_FILE('C:/SQL/Movies/Schindler.mp4')
);
```

LOAD_FILE('전체파일경로')에서 폴더 구분은 슬래시(/)를 사용한다.

2-2 오류 없이 입력이 되었으면 조회해 보자.

```
SELECT * FROM movietbl;
```

movie_id	movie_title	movie_director	movie_star	movie_script	movie_film
1	쉰들러 리스트	스필버그	리암 니슨	NULL	NULL

[그림 7-11] 입력 데이터 조회

그런데 영화 대본과 영화 동영상은 NULL값으로 표시되고, 아무것도 입력되지 않았다.

영화 대본과 영화 동영상이 입력되지 않은 이유는 두 가지다.

3-1 먼저 최대 패킷 크기(= 최대 파일 크기)가 설정된 시스템 변수인 max_allowed_packet 값을 조회해 보자.

```
SHOW variables LIKE 'max_allowed_packet';
```

Variable_name	Value
max_allowed_packet	4194304

[그림 7-12] 최대 입력 크기 확인

값이 4194304바이트(=4 MB)로 설정되어 있다. 이 값을 수정해야 한다.

3-2 파일을 업로드/다운로드할 폴더 경로를 별도로 허용해 줘야만 한다. 시스템 변수인 secure_file_priv 값을 조회해 보자. 이 경로도 수정해야 한다.

```
SHOW variables LIKE 'secure_file_priv';
```

Variable_name	Value
secure_file_priv	C:\ProgramData\MySQL\MySQL Server 8.0\Uploads\

[그림 7-13] 허용된 폴더 확인

최대 파일 크기 및 허용된 파일의 경로를 추가하자. 우선 Workbench를 종료한다.

4-0 명령 프롬프트를 관리자 모드로 연다.

⚠ 명령 프롬프트를 관리자 모드로 열기 위해서는 다음과 같이 사용하면 된다.

① Windows 10

Windows의 [시작] 버튼에서 마우스 오른쪽 버튼을 클릭하고 [Windows PowerShell(관리자)]를 선택해서 파워셸을 실행한 후 'CMD' 명령을 입력하면 된다.

② Windows 7

Windows의 [시작] 〉〉 [모든 프로그램] 〉〉 [보조 프로그램] 〉〉 [명령 프롬프트]에서 버튼에서 마우스 오른쪽 버튼을 클릭하고 [관리자 권한으로 실행]을 선택하면 된다.

4-1 다음 명령어로 my.ini 파일을 확인하자.

```
CD %PROGRAMDATA%
CD MySQL
CD "MySQL Server 8.0"
DIR
```

[그림 7-14] my.ini 파일 확인

4-2 **NOTEPAD my.ini** 명령으로 파일을 열고 Ctrl + F 를 눌러서 max_all로 검색해서 max_allowed_packet 값을 1G(=1024M)로 변경한 후 저장하고, 메모장을 닫는다.

⚠ 지금 수정하거나 추가하는 내용은 my.ini의 [mysqld]로 표시된 부분 아래쪽을 수정하는 것이다. 즉, MySQL 서버의 설정을 변경하는 것이므로 잠시 후 MySQL 서비스를 재시작해야 한다.

```
max_allowed_packet=4M  →  1024M
```

[그림 7-15] max_allowed_packet 값 수정

4-3 다시 **NOTEPAD my.ini** 명령으로 파일을 열고 Ctrl + F 를 눌러서 secure-file-priv 옵션을 찾아서
그 아래 한 줄을 추가한 후 저장하자. 메모장을 닫는다.

> **선배의 실무 Tip** MySQL 안에서 시스템 변수는 'secure_file_priv'이지만, my.ini 파일에서는 'secure-file-priv'로 글자가 좀 다
> 르다. secure_file_priv 옵션은 보안을 강화하기 위해서 지정한 폴더 외에는 파일의 읽기/쓰기를 금지하는 옵션이다.
> 이 옵션은 여러 개가 써 있어도 상관은 없지만, 제일 마지막의 것만 적용된다.

```
secure-file-priv="C:/ProgramData/MySQL/MySQL Server 8.0/Uploads"
secure-file-priv="C:/SQL/Movies"
```

[그림 7-16] secure-file-priv 값 추가

4-4 my.ini 설정 파일을 변경하면 MySQL 서버를 재시작해야 하므로, 명령 프롬프트에서 다음과 같이 입
력한다.

```
NET STOP MySQL
NET START MySQL
```

⚠ 만약 MySQL 서버를 재시작하는데 실패했다면 설정된 글자가 틀렸거나 추가한 폴더가 없기 때문이다.

[그림 7-17] MySQL 서버 재시작

---

step 5

다시 시도해 보자. Workbench를 실행해서 새 쿼리 창을 하나 연다.

5-1 기존 데이터를 모두 지우고 다시 [그림 7-2]의 데이터를 입력해 보자. 이번에는 3건을 모두 입력하자.

```
USE moviedb;
TRUNCATE movietbl; -- 기존 행 모두 제거

INSERT INTO movietbl VALUES ( 1, '쉰들러 리스트', '스필버그', '리암 니슨',
    LOAD_FILE('C:/SQL/Movies/Schindler.txt'), LOAD_FILE('C:/SQL/Movies/Schindler.mp4')
);
INSERT INTO movietbl VALUES ( 2, '쇼생크 탈출', '프랭크 다라본트', '팀 로빈스',
    LOAD_FILE('C:/SQL/Movies/Shawshank.txt'), LOAD_FILE('C:/SQL/Movies/Shawshank.mp4')
);
INSERT INTO movietbl VALUES ( 3, '라스트 모히칸', '마이클 만', '다니엘 데이 루이스',
    LOAD_FILE('C:/SQL/Movies/Mohican.txt'), LOAD_FILE('C:/SQL/Movies/Mohican.mp4') );

SELECT * FROM movietbl;
```

movie_id	movie_title	movie_director	movie_star	movie_script	movie_film
1	쉰들러 리스트	스필버그	리암 니슨	{1939년 9월 독일은 침공 2주만에 폴란드 군을 대…	BLOB
2	쇼생크 탈출	프랭크 다라본트	팀 로빈스	은행원인 앤디 듀플레인은 아내와 프로골퍼인 그의…	BLOB
3	라스트 모히칸	마이클 만	다니엘 데이 루이스	마이클 만Michael Mann이 영화화하려 했던 토머스 …	BLOB

[그림 7-18] 입력된 데이터 조회

데이터가 잘 입력된 것이 확인된다. 영화 동영상(movie_film)의 경우에는 영화 내용이 보일 수는 없으므로 BLOB이라고 대신 써져 있다.

5-2 전체 글자를 확인하기 위해서는 영화 대본(movie_script)의 조회 결과 3개중 아무 것에서 마우스 오른쪽 버튼을 클릭한 후 [Open Value in Viewer]를 선택하면 된다. 그리고 [Text] 탭을 클릭하면 모든 글자가 보인다.

[그림 7-19] LONGTEXT 내용 보기

---

step 6

입력된 데이터를 파일로 내려받기 해보자.

6-1 LONGTEXT 형식인 영화 대본(movie_script)은 INTO OUTFILE문을 사용하면 텍스트 파일로 내려받을 수 있다.

```
SELECT movie_script FROM movietbl WHERE movie_id=1
    INTO OUTFILE 'C:/SQL/Movies/Schindler_out.txt'
    LINES TERMINATED BY '\\n';
```

영화ID가 1번인 쉰들러 리스트의 영화 대본(movie_script)을 Schindler_out.txt 파일로 내려 받았다. 마지막 LINES TERMINATED BY '\\n'은 줄 바꿈 문자도 그대로 저장하기 위한 옵션이다.

6-2 메모장에서 내려받은 파일을 열면 기존과 동일하게 보일 것이다.

[그림 7-20] 파일로 내려받은 LONGTEXT 데이터

6-3 LONGBLOB 형식인 영화 동영상(movie_film)은 INTO DUMPFILE문을 사용하면 바이너리 파일로 내려받을 수 있다.

```
SELECT movie_film FROM movietbl WHERE movie_id=3
    INTO DUMPFILE 'C:/SQL/Movies/Mohican_out.mp4';
```

[그림 7-21] 파일로 내려받은 LONGBLOB 데이터를 재생함

대용량 텍스트 및 바이너리 파일을 MySQL에서 활용하는 방법을 살펴봤다. 실무에서 충분히 활용할 수 있는 기능이므로 방법을 잘 기억해 놓자.

비타민 퀴즈 7-2

Windows의 Workbench에서 Linux에 접속한 후, 앞의 〈실습 2〉를 진행해 보자.

힌트 1 Linux의 설정 파일은 /etc/my.cnf이며, vi 편집기를 사용해서 제일 아래에 서버 옵션을 추가하자.

```
max_allowed_packet=1024M
secure-file-priv=/tmp
```

힌트 2 다음 명령으로 영화 관련 파일을 다운로드 한다.

```
cd   /tmp
wget http://download.hanbit.co.kr/mysql/8.0/movie.zip
unzip movie.zip
```

힌트 3 reboot 명령으로 재부팅한다.

힌트 4 SQL문에서 파일의 경로를 C:/SQL/Movies/에서 /tmp/로 변경한다.

피벗의 구현

피벗Pivot은 한 열에 포함된 여러 값을 출력하고, 이를 여러 열로 변환하여 테이블 반환 식을 회전하고 필요하면 집계까지 수행하는 것을 말한다. 다음 예를 보자.

[그림 7-22] 피벗 테이블 사례

왼쪽은 판매자 이름, 판매 계절, 판매 수량으로 구성된 테이블이다. 이를 각 판매자가 계절별로 몇 개 구매했는지 표로 나타내고 싶을 때 SUM( )과 IF( ) 함수를 활용해서 피벗 테이블을 만들 수 있다.

실습3

간단한 피벗 테이블을 실습해 보자.

step 1

[그림 7-22]와 같은 샘플 테이블을 만든다.

```
USE sqldb;
CREATE TABLE pivotTest
    ( uName CHAR(3),
      season CHAR(2),
      amount INT );
```

step 2

[그림 7-22]의 왼쪽과 동일하게 데이터를 9건 입력한다.

```
INSERT INTO pivotTest VALUES
    ('김범수', '겨울', 10), ('윤종신', '여름', 15), ('김범수', '가을', 25), ('김범수', '봄', 3),
    ('김범수', '봄', 37), ('윤종신', '겨울', 40) ('김범수', '여름', 14), ('김범수', '겨울', 22),
    ('윤종신', '여름', 64) ;
SELECT * FROM pivotTest;
```

SUM()과 IF() 함수, 그리고 GROUP BY를 활용해 보자. [그림 7-22]의 오른쪽과 같은 결과가 나온다.

```
SELECT uName,
    SUM(IF(season='봄', amount, 0)) AS '봄',
    SUM(IF(season='여름', amount, 0)) AS '여름',
    SUM(IF(season='가을', amount, 0)) AS '가을',
    SUM(IF(season='겨울', amount, 0)) AS '겨울',
    SUM(amount) AS '합계' FROM pivotTest GROUP BY uName ;
```

간단한 예이므로 별로 어렵지 않았을 것이다. 피벗 테이블은 한 눈에 테이블 내용을 파악할 수 있는 장점이 있으므로 종종 유용하게 사용된다.

비타민 퀴즈 7-3

[그림 7-22]의 왼쪽 테이블이 다음과 같이 계절 별로 나오도록 피벗 테이블을 만드는 SQL을 만들자.

season	김범수	윤종신	합계
가을	25	0	25
겨울	32	40	72
봄	40	0	40
여름	14	79	93

[그림 7-23] 피벗 테이블 결과

JSON 데이터

JSON[JavaScript Object Notation]은 현대의 웹과 모바일 응용 프로그램 등과 데이터를 교환하기 위한 개방형 표준 포맷을 말하는데, 속성[Key]과 값[Value]으로 쌍을 이루며 구성되어 있다. JSON은 비록 JavaScript 언어에서 파생되었지만 특정한 프로그래밍 언어에 종속되어 있지 않은 독립적인 데이터 포맷이라고 생각하면 된다. 즉, 그 포맷이 단순하고 공개되어 있기에 거의 대부분의 프로그래밍 언어에서 쉽게 읽거나 쓸 수 있도록 코딩할 수 있다.

⚠ JSON은 MySQL 5.7.8부터 지원하며, MySQL 8.0에서는 인라인 패스라 불리는 → 연산자 및 JSON_ARRAYAGG(), JSON_OBJECTAGG(), JSON_PRETTY(), JSON_STORAGE_SIZE(), JSON_STORAGE_FREE(), JSON_MERGE_PATCH() 등의 함수가 추가되었다.

JSON의 가장 단순한 형태의 예를 들면 다음과 같다. 다음은 한 명의 사용자를 JSON 형태로 표현한 것이다. 속성^{Key}과 값^{Value}으로 쌍을 이루는 것을 확인할 수 있다.

```
{
    "아이디" : "BBK" ,
    "이름" : "바비킴" ,
    "생년" : 1973 ,
    "지역" : "서울" ,
    "국번" : "010" ,
    "전화번호" : "00000000" ,
    "키" : 178 ,
    "가입일" : "2013.5.5"
}
```

MySQL은 JSON 관련된 다양한 내장 함수를 제공해서 다양한 조작이 가능하다. 우선 테이블의 데이터를 JSON 데이터로 표현하면 다음과 같다.

[그림 7-24] 테이블과 JSON의 변환 개념

우선 [그림 7-24] 왼쪽의 테이블은 userTbl에서 키가 180 이상인 사람의 이름과 키를 나타내며 이것을 JSON으로 변환하려면 JSON_OBJECT()나 JSON_ARRAY() 함수를 이용하면 된다.

```
USE sqldb;
SELECT JSON_OBJECT('name', name, 'height', height) AS 'JSON 값'
    FROM usertbl
    WHERE height >= 180;
```

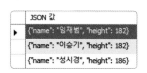

[그림 7-25] 쿼리 실행 결과

결과 값은 JSON 형태로 구성되었다. 이렇게 구성된 JSON을 MySQL에서 제공하는 다양한 내장 함수를 사용해서 운영할 수 있다. JSON 관련 함수의 사용법을 확인해 보자.

```
SET @json='{ "usertbl" :
  [
     {"name":"임재범","height":182},
     {"name":"이승기","height":182},
     {"name":"성시경","height":186}
  ]
}' ;
SELECT JSON_VALID(@json) AS JSON_VALID;
SELECT JSON_SEARCH(@json, 'one', '성시경') AS JSON_SEARCH;
SELECT JSON_EXTRACT(@json, '$.usertbl[2].name') AS JSON_EXTRACT;
SELECT JSON_INSERT(@json, '$.usertbl[0].mDate', '2009-09-09') AS JSON_INSERT;
SELECT JSON_REPLACE(@json, '$.usertbl[0].name', '홍길동') AS JSON_REPLACE;
SELECT JSON_REMOVE(@json, '$.usertbl[0]') AS JSON_REMOVE;
```

JSON_VALID	JSON_SEARCH	JSON_EXTRACT
1	"$.userTBL[2].name"	"성시경"

JSON_INSERT
{"userTBL": [{"name": "임재범", "mDate": "2009-09-09", "height": 182}, {"name": "이승기", "height": 182}, {"name": "성시경", "height": 186}]}

JSON_REPLACE
{"userTBL": [{"name": "홍길동", "height": 182}, {"name": "이승기", "height": 182}, {"name": "성시경", "height": 186}]}

JSON_REMOVE
{"userTBL": [{"name": "이승기", "height": 182}, {"name": "성시경", "height": 186}]}

[그림 7-26] 쿼리 실행 결과

위의 코드에서 @json 변수에 JSON 데이터를 우선 대입하면서 테이블의 이름은 usertbl로 지정했다. JSON_VALID() 함수는 문자열이 JSON 형식을 만족하면 1을, 그렇지 않으면 0을 반환한다. JSON_SEARCH() 함수는 세 번째 파라미터에 주어진 문자열의 위치를 반환한다. 두 번째 파라미터는 'one'과 'all' 중 하나가 올 수 있다. 'one'은 처음으로 매치되는 하나만 반환하면 'all'은 매치되는 모든 것을 반환한다. 결과를 보면 '성시경'은 usertbl의 두 번째의 name에 해당하는 부분에 위치하는 것을 확인할 수 있다.

JSON_EXTRACT()는 JSON_SEARCH()와 반대로 지정된 위치의 값을 추출한다. JSON_INSERT()는 새로운 값을 추가한다. 결과를 보면 usertbl의 첫 번째(0)에 mDate를 추가했다. JSON_REPLACE()는 값을 변경한다. 이 예에서는 첫 번째(0)의 name 부분을 '홍길동'으로 변경했다. JSON_REMOVE()는 지정된 항목을 삭제한다. 이 예에서는 첫 번째(0)의 항목을 통째로 삭제했다.

간단한 예로 MySQL에서 지원하는 JSON을 확인해 봤다. JSON과 관련된 내용은 앞으로 지속적으로 활용도가 높아질 것이므로 잘 기억해 두기 바란다.

비타민 퀴즈 7-4

Linux 가상머신의 명령어 모드에서 JSON 데이터를 연습해 보자. 이번에는 구매 테이블(buytbl)의 구조를 활용해 본다.

7.2 조인

지금까지 우리는 대개 하나의 테이블을 다루는 작업을 위주로 수행했다. 이를 기반으로 해서 지금부터는 두 개 이상의 테이블이 서로 관계되어 있는 상태를 고려해 보자.

조인Join이란 두 개 이상의 테이블을 서로 묶어서 하나의 결과 집합으로 만들어 내는 것을 말한다.

지금부터 나오는 것은 chapter 01에서 이미 나온 얘기도 있지만 조인을 이해하기 위해서 꼭 필요한 개념이므로, 복습을 겸해서 다시 살펴보자.

데이터베이스의 테이블은 중복과 공간 낭비를 피하고 데이터의 무결성을 위해서 여러 개의 테이블로 분리하여 저장한다. 그리고 이 분리된 테이블들은 서로 관계Relation를 맺고 있다. 그 중에서 간단하지만 가장 많이 사용되는 보편적인 관계가 chapter 06의 [그림 6-10]에 나타난 sqldb의 usertbl과 buytbl의 관계인 '1대다'의 관계다. 이 데이터베이스는 간단한 가상의 쇼핑몰에서 운영하는 데이터베이스라고 가정한 것이며 [그림 6-10]은 그 중에서 회원의 기본 정보(usertbl)와 회원이 구매한 구매 정보(buytbl)만 표시한 것이다. 1대다 관계란 한쪽 테이블에는 하나의 값만 존재해야 하지만, 다른 쪽 테이블에는 여러 개가 존재할 수 있는 관계다. [그림 6-10]을 계속 보면서 살펴보자.

먼저 회원 테이블(usertbl)을 살펴보자. 김범수 사용자는 회원 가입 시에 ID를 KBS로 생성했다. 그런데, 만약 이 'KBS'를 다른 사람도 사용할 수 있을까? 아이디 열은 Primary Key로 지정되어 있으므로 절대 동일한 아이디를 사용할 수가 없다. 그래서 KBS는 하나만 존재한다. 이것이 1대다 관계에서 '1'이다.

이번에는 구매 테이블(buytbl)을 살펴보자. 만약, 구매 테이블의 아이디 열을 회원 테이블과 동일하게 Primary Key로 지정한다면 어떻게 될까? 그럴 경우에는 Primary Key는 한 번만 들어갈 수 있으므로 KBS라는 아이디를 가진 사람은 물건을 한번 구매한 이후에는, 두 번 다시 이 가상의 쇼핑몰에서 물건을 살 수가 없다. 그래서, 한 명의 회원이 당연히 여러 건의 구매를 할 수 있도록 설정되어야 한다. 이러한 설정이 바로 1대다 관계의 설정인 것이다. 그래서 회원 테이블의 아이디는 Primary Key로 지정한 것이며, 구매 테이블의 아이디는 Primary Key와 관련되는 Foreign Key로 지정한 것이다.

이러한 1대다 관계는 많은 현실의 업무에서 발견할 수 있다. 회사원 테이블과 급여 테이블도 마찬가지다. 회사원은 한 명이 여러 번의 급여를 받아야 하므로 1대다 관계이다. 또, 학생과 학점 테이블의 관계도 마찬가지이다. 학생 한 명이 여러 과목의 학점을 받아야 하므로 1대다 관계로 설정된다.

아무튼, 직접 조인을 다루기 위한 SQL문은 [그림 6-10]의 관계를 기준으로, 두 테이블을 조인Join 해서 결과를 추출하는 방법을 통해 익혀보겠다.

7.2.1 INNER JOIN(내부 조인)

조인 중에서 가장 많이 사용되는 조인이다. 대개의 업무에서 조인은 INNER JOIN을 사용한다. 일반적으로 JOIN이라고 얘기하는 것이 이 INNER JOIN을 지칭하는 것이다.

INNER JOIN을 사용하기 위한 경우를 생각해 보자. 지금 구매 테이블을 보면, 물건을 구매한 사용자의 아이디와 물건 등의 정보만 나타난다. 그런데, 이 물건을 배송하기 위해서는 구매한 회원의 주소를 알아야 한다. 이 회원의 주소 정보를 알기 위해 주소 정보가 있는 회원 테이블과 결합하는 조인이 INNER JOIN이다. 우선, 형식을 살펴보자.

```
SELECT <열 목록>
FROM <첫 번째 테이블>
        INNER JOIN <두 번째 테이블>
        ON <조인될 조건>
[WHERE 검색조건]
```

위의 형식에서 INNER JOIN을 그냥 JOIN이라고만 써도 INNER JOIN으로 인식한다.

구매 테이블 중에서 JYP라는 아이디를 가진 사람이 구매한 물건을 발송하기 위해서 이름/주소/연락처 등을 조인해서 검색하려면 다음과 같이 작성하면 된다.

```
USE sqldb;
SELECT *
  FROM buytbl
    INNER JOIN usertbl
      ON buytbl.userID = usertbl.userID
  WHERE buytbl.userID = 'JYP';
```

num	userID	prodName	groupName	price	amount	userID	name	birthYear	addr	mobile1	mobile2	height	mDate
3	JYP	모니터	전자	400	1	JYP	조용필	1950	경기	011	4444444	166	2009-04-04

[그림 7-27] INNER JOIN 결과 1

⚠ ON 구문과 WHERE 구문에는 '테이블이름.열 이름'의 형식으로 되어 있다. 그렇게 해야 하는 이유는 두 개의 테이블 (buytbl, usertbl)에 동일한 열 이름이 모두 존재하기 때문이다. 그래서 두 개 테이블을 결합하는 경우에 동일한 열 이름이 있다면 꼭 '테이블명.열 이름' 형식으로 표기해 줘야 한다.

위 결과를 생성하기 위해서 [그림 7-28]과 같은 과정을 거친다.

우선, 구매 테이블의 userID(buytbl.userID)인 'JYP'를 추출한다. 그리고 'JYP'와 동일한 값을 회원 테이블의 userID(usertbl.userID)열에서 검색한 후 'JYP'라는 아이디를 찾으면 구매 테이블과 회원 테이블의 두 행을 결합ᴶᴼᴵᴺ한다.

[그림 7-28] INNER JOIN의 작동

만약 **WHERE buytbl.userID = 'JYP'**를 생략하면 buytbl의 모든 행에 대해서 위와 동일한 방식으로 반복하게 된다. WHERE를 뺀 결과는 다음과 같다.

```
USE sqldb;
SELECT *
    FROM buytbl
        INNER JOIN usertbl
            ON buytbl.userID = usertbl.userID
    ORDER BY num;
```

⚠ MySQL 8.0.16 버전까지는 ORDER BY num 구문을 넣지 않아도 기준 테이블인 buytbl의 num열에 의해서 정렬되었으나 MySQL 8.0.17 버전에서는 ORDER BY num 구문을 넣지 않으면 userID열로 정렬된다. 정렬되는 것 외에 결과값이 달라지는 것이 없고, 별로 중요한 사항은 아니다. MySQL 버전에 따라서 차례가 조금 다르게 나오더라도 무시하고 넘어가자.

num	userID	prodName	groupName	price	amount	userID	name	birthYear	addr	mobile1	mobile2	height	mDate
1	KBS	운동화	NULL	60	2	KBS	김범수	1979	경남	011	2222222	173	2012-04-04
2	KBS	노트북	전자	2000	1	KBS	김범수	1979	경남	011	2222222	173	2012-04-04
3	JYP	모니터	전자	400	1	JYP	조용필	1950	경기	011	4444444	166	2009-04-04
4	BBK	모니터	전자	400	5	BBK	바비킴	1973	서울	010	0000000	176	2013-05-05
5	KBS	청바지	의류	100	3	KBS	김범수	1979	경남	011	2222222	173	2012-04-04
6	BBK	메모리	전자	160	10	BBK	바비킴	1973	서울	010	0000000	176	2013-05-05
7	SSK	책	서적	30	5	SSK	성시경	1979	서울	NULL	NULL	186	2013-12-12
8	EJW	책	서적	30	2	EJW	은지원	1972	경북	011	8888888	174	2014-03-03
9	EJW	청바지	의류	100	1	EJW	은지원	1972	경북	011	8888888	174	2014-03-03
10	BBK	운동화	NULL	60	2	BBK	바비킴	1973	서울	010	0000000	176	2013-05-05
11	EJW	책	서적	30	1	EJW	은지원	1972	경북	011	8888888	174	2014-03-03
12	BBK	운동화	NULL	60	2	BBK	바비킴	1973	서울	010	0000000	176	2013-05-05

[그림 7-29] INNER JOIN 결과 2

열의 항목이 너무 많은 것 같아서 복잡해 보이므로 이번에는 필요한 열만 추출해 보자. 아이디/이름/구매물품/주소/연락처만 추출하자.

```
SELECT userID, name, prodName, addr, CONCAT(mobile1, mobile2) AS '연락처'
    FROM buytbl
        INNER JOIN usertbl
            ON buytbl.userID = usertbl.userID
    ORDER BY num;
```

```
오류 메시지:
Error Code: 1052. Column 'userid' in field list is ambiguous
```

열 이름 userID가 불확실하다는 오류 메시지가 나왔다. userID의 경우에는 두 테이블 모두에 들어 있어서 어느 테이블의 userID를 추출할지 명시해줘야 한다. 이 경우에는 어느 테이블의 userID를 추출할지 선택해야 한다. 동일한 값이지만 지금은 buytbl을 기준으로 하는 것이므로 buytbl의 userID가 더 정확하다.

```
SELECT buytbl.userID, name, prodName, addr, CONCAT(mobile1, mobile2) AS '연락처'
    FROM buytbl
        INNER JOIN usertbl
            ON buytbl.userID = usertbl.userID
    ORDER BY num;
```

⚠ 다음과 같은 WHERE 구문으로도 INNER JOIN을 표현할 수도 있다. 하지만, 호환성 등의 문제로 별로 권장하지 않는 방식이다. 개발자에 따라서 다음의 방식으로 조인하는 경우도 있으니 알아둘 필요는 있다.

```
SELECT buytbl.userID, name, prodName, addr, mobile1 + mobile2
    FROM buytbl, usertbl
    WHERE buytbl.userID = usertbl.userID
    ORDER BY num ;
```

userID	name	prodName	addr	연락처
▶ KBS	김범수	운동화	경남	0112222222
KBS	김범수	노트북	경남	0112222222
JYP	조용필	모니터	경기	0114444444
BBK	바비킴	모니터	서울	0100000000
KBS	김범수	청바지	경남	0112222222
BBK	바비킴	메모리	서울	0100000000
SSK	성시경	책	서울	NULL
EJW	은지원	책	경북	0118888888
EJW	은지원	청바지	경북	0118888888
BBK	바비킴	운동화	서울	0100000000
EJW	은지원	책	경북	0118888888
BBK	바비킴	운동화	서울	0100000000

[그림 7-30] INNER JOIN 결과 3

예상대로 구매 테이블의 12건에 대해서 각각의 구매자 이름/주소/연락처 등을 조회할 수 있었다.

코드를 좀더 명확히 하기 위해서 SELECT 다음의 컬럼 이름(열 이름)에도 모두 '테이블이름.열 이름'식으로 붙여주자.

```
SELECT buytbl.userID, usertbl.name, buytbl.prodName, usertbl.addr,
        CONCAT(usertbl.mobile1 ,usertbl.mobile2)  AS '연락처'
    FROM buytbl
      INNER JOIN usertbl
        ON buytbl.userID = usertbl.userID
    ORDER BY buytbl.num;
```

각 열이 어느 테이블에 속한 것인지는 명확해졌지만, 코드가 너무 길어져 오히려 복잡해 보인다. 이를 간편하게 하기 위해서 다음과 같이 각 테이블에 별칭Alias을 줄 수 있다. 다음 코드는 위와 동일하지만 훨씬 간결하다.

```
SELECT B.userID, U.name, B.prodName, U.addr, CONCAT(U.mobile1, U.mobile2)  AS '연락처'
    FROM buytbl B
      INNER JOIN usertbl U
        ON B.userID = U.userID
    ORDER BY B.num;
```

테이블에 별칭을 주기 위해서는 간단히 FROM절에 나오는 테이블의 이름 뒤에 별칭을 붙여주면 된다. 앞으로는 여러 개의 테이블이 관련되는 조인에서는 이러한 방식을 사용할 것을 적극 권장한다.

[그림 7-28]에서 JYP 아이디의 사용자가 구매했던 것과 조인한 것을 다시 생각해보자. 같은 결과이지만 다음과 같이 아이디/이름/물품/주소/연락처만 출력되도록 하고, 코드도 간결하게 수정했다.

```
SELECT B.userID, U.name, B.prodName, U.addr, CONCAT(U.mobile1, U.mobile2)  AS '연락처'
    FROM buytbl B
      INNER JOIN usertbl U
        ON B.userID = U.userID
    WHERE B.userID = 'JYP';
```

userID	name	prodName	addr	연락처
JYP	조용필	모니터	경기	0114444444

[그림 7-31] 구매 테이블 기준의 조회 결과

구매 테이블의 JYP라는 아이디가 구매한 물품을 배송하기 위해서 회원 테이블에서 JYP에 해당하는 이름/주소/연락처를 가져온 것이다. 이를 반대로 생각해 보자. 이번에는 회원 테이블(usertbl)을 기준으로 JYP라는 아이디가 구매한 물건의 목록을 보자.

```
SELECT U.userID, U.name, B.prodName, U.addr, CONCAT(U.mobile1, U.mobile2)  AS '연락처'
   FROM usertbl U
     INNER JOIN buytbl B
        ON U.userID = B.userID
   WHERE B.userID = 'JYP';
```

구매 테이블을 기준으로 한 것에서 순서 정도만 바꾸었을 뿐, 큰 차이는 없다. 결과도 [그림 7-31]
과 동일하다.

이번에는 전체 회원들이 구매한 목록을 모두 출력해 보자. 지금 필자가 '전체 회원들'이라고 얘기한
것에 주목하자. 위의 쿼리문에서 WHERE 조건만 빼면 된다. 그리고 결과를 보기 쉽게 회원ID순으
로 정렬하도록 하자.

⚠ MySQL 8.0.17 버전에서는 ORDER BY U.userID 구문을 생략해도, userID열로 정렬해서 출력된다.

```
SELECT U.userID, U.name, B.prodName, U.addr, CONCAT(U.mobile1, U.mobile2)  AS '연락처'
   FROM usertbl U
     INNER JOIN buytbl B
        ON U.userID = B.userID
   ORDER BY U.userID;
```

userID	name	prodName	addr	연락처
BBK	바비킴	모니터	서울	0100000000
BBK	바비킴	메모리	서울	0100000000
BBK	바비킴	운동화	서울	0100000000
BBK	바비킴	운동화	서울	0100000000
EJW	은지원	책	경북	0118888888
EJW	은지원	청바지	경북	0118888888
EJW	은지원	책	경북	0118888888
JYP	조용필	모니터	경기	0114444444
KBS	김범수	운동화	경남	0112222222
KBS	김범수	노트북	경남	0112222222
KBS	김범수	청바지	경남	0112222222
SSK	성시경	책	서울	NULL

[그림 7-32] 전체 회원의 구매 목록 조회

어차피 구매 테이블의 목록이 12건이었으므로, 이상 없이 잘 나왔다.

[그림 7-32]는 아무런 이상이 없기는 하지만 필자가 조금 전에 말했던 '전체 회원들'과는 차이가 있다. [그림 7-32]는 '전체 회원들'이 아닌 '구매한 기록이 있는 회원들'의 결과다.

[그림 7-32]에서 한 번도 구매하지 않은 회원인 이승기, 김경호, 임재범, 윤종신, 조관우는 나타나지 않았다. 여기서는 구매한 회원의 기록도 나오면서, 더불어 구매하지 않았어도 회원의 이름/주소 등은 나오도록 조인할 필요도 있을 수 있다. 이렇게 조인해주는 방식이 OUTER JOIN이다. 결국 INNER JOIN은 양쪽 테이블에 모두 내용이 있는 것만 조인되는 방식이고, OUTER JOIN은 INNER JOIN과 마찬가지로 양쪽에 내용이 있으면 당연히 조인되고, 한쪽에만 내용이 있어도 그 결과가 표시되는 조인 방식이다. OUTER JOIN은 잠시 후에 상세히 알아보겠다.

앞의 INNER JOIN이 한쪽에는 없는 목록만 나오기 때문에 유용한 경우도 있다. 예를 들어, "쇼핑몰에서 한번이라도 구매한 기록이 있는 우수회원들에게 감사의 안내문을 발송하도록 하자"의 경우에는 다음과 같이 DISTINCT문을 활용해서 회원의 주소록을 뽑을 수 있다.

```
SELECT DISTINCT U.userID, U.name,  U.addr
   FROM usertbl U
     INNER JOIN buytbl B
       ON U.userID = B.userID
   ORDER BY U.userID ;
```

	userID	name	addr
▶	BBK	바비킴	서울
	EJW	은지원	경북
	JYP	조용필	경기
	KBS	김범수	경남
	SSK	성시경	서울

[그림 7-33] 구매한 적이 있는 회원 조회

위의 결과를 EXISTS문을 사용해서도 동일한 결과를 낼 수 있다.

```
SELECT U.userID, U.name,  U.addr
   FROM usertbl U
   WHERE EXISTS (
       SELECT *
       FROM buytbl B
       WHERE U.userID = B.userID );
```

이번에는 세 개 테이블의 조인을 살펴보자.

세 개의 테이블을 테스트하기 위한 예를 보자. 학생과 동아리의 관계를 생각해 보자. 한 학생은 여러 개의 동아리에 가입해서 활동할 수 있고, 하나의 동아리에는 여러 명의 학생이 가입할 수 있으므로 두 개는 서로 '다대다^{many-to-many}'의 관계라고 표현할 수 있다. 다대다 관계는 논리적으로는 구성이 가능하지만 이를 물리적으로 구성하기 위해서는 두 테이블의 사이에 연결 테이블을 둬서 이 연결 테이블과 두 테이블이 일대다 관계를 맺도록 구성해야 한다.

[그림 7-34] 세 개의 테이블 샘플

[그림 7-34]의 구조는 테이블의 복잡성을 없애려고, 학생의 이름 및 동아리명을 Primary Key로 설정했다.

⚠ 실제로는 학생 이름으로 Primary Key를 설정하지 않는다. 왜냐하면, 이름이 같은 학생이 있다면 한 명만 빼고 나머지는 자퇴해야 하는 웃지 못할 상황이 생길 수 있다.

이 구조를 보면 학생 테이블과 동아리 테이블은 서로 직접적인 관련이 없다. 하지만, 중간의 학생_동아리 테이블이 두 테이블의 연관관계를 맺어주고 있다.

세 개 테이블의 조인을 실습하자.

[그림 7-34]를 보고 3개 테이블을 정의하고 데이터를 입력하자. 연습을 위해서 chapter 06의 [그림 6-10]을 만들 때 사용한 쿼리문을 참조해서, 독자가 다음의 쿼리문을 보지 않고 [그림 7-34]를 정의해 보자. 테이블 생성은 chapter 08에서 배우지만 미리 연습해 놓으면 좋을 것이다.

step 1

테이블을 생성하고, 데이터를 입력하는 쿼리문을 작성하자.

```
USE sqldb;
CREATE TABLE stdTbl
( stdName    VARCHAR(10) NOT NULL PRIMARY KEY,
  addr       CHAR(4) NOT NULL
);
CREATE TABLE clubTbl
( clubName   VARCHAR(10) NOT NULL PRIMARY KEY,
  roomNo     CHAR(4) NOT NULL
);
CREATE TABLE stdclubTbl
(  num int AUTO_INCREMENT NOT NULL PRIMARY KEY,
   stdName    VARCHAR(10) NOT NULL,
   clubName   VARCHAR(10) NOT NULL,
   FOREIGN KEY(stdName) REFERENCES stdtbl(stdName),
   FOREIGN KEY(clubName) REFERENCES clubtbl(clubName)
);
INSERT INTO stdtbl VALUES ('김범수','경남'), ('성시경','서울'), ('조용필','경기'), ('은지원',
     '경북'),('바비킴','서울');
INSERT INTO clubtbl VALUES ('수영','101호'), ('바둑','102호'), ('축구','103호'), ('봉사',
     '104호');
INSERT INTO stdclubtbl VALUES (NULL, '김범수','바둑'), (NULL,'김범수','축구'), (NULL,
     '조용필','축구'), (NULL,'은지원','축구'), (NULL,'은지원','봉사'), (NULL,'바비킴','봉사');
```

step 2

학생 테이블, 동아리 테이블, 학생동아리 테이블을 이용해서 학생을 기준으로 학생 이름/지역/가입한 동아리/동아리방을 출력하자.

```
SELECT S.stdName, S.addr, C.clubName, C.roomNo
   FROM stdtbl S
       INNER JOIN stdclubtbl SC
```

```
            ON  S.stdName = SC.stdName
      INNER JOIN clubtbl C
            ON  SC.clubName = C.clubName
   ORDER BY S.stdName;
```

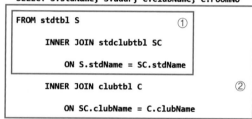

stdName	addr	clubName	roomNo
김범수	경남	바둑	102호
김범수	경남	축구	103호
바비킴	서울	봉사	104호
은지원	경북	봉사	104호
은지원	경북	축구	103호
조용필	경기	축구	103호

[그림 7-35] 3개 테이블 조인 결과

이 쿼리문은 학생동아리 테이블과 학생 테이블의 일대다 관계를 INNER JOIN하고, 또한 학생동아리 테이블과 동아리 테이블의 일대다 관계를 INNER JOIN한다.

```
SELECT S.stdName, S.addr, C.clubName, C.roomNo

┌──────────────────────────────────────────────┐
│ FROM stdtbl S                            ①    │
│                                               │
│       INNER JOIN stdclubtbl SC                │
│                                               │
│           ON S.stdName = SC.stdName           │
└──────────────────────────────────────────────┘
        INNER JOIN clubtbl C              ②

            ON SC.clubName = C.clubName

   ORDER BY S.stdName;
```

[그림 7-36] 조인의 묶음

[그림 7-36]에 나와 있듯이 세 개의 테이블이 조인되는 쿼리를 만드는 순서는 처음에 실선 박스로 표시된 stdtbl과 stdclubtbl이 조인되고, 그 조인 결과와 clubtbl이 조인되는 형식으로 쿼리문을 작성하면 된다.

step 3

이번에는 동아리를 기준으로 가입한 학생의 목록을 출력하자.

```
SELECT C.clubName, C.roomNo, S.stdName, S.addr
   FROM  stdtbl S
      INNER JOIN stdclubtbl SC
         ON SC.stdName = S.stdName
      INNER JOIN clubtbl C
           ON SC.clubName = C.clubName
   ORDER BY C.clubName;
```

clubName	roomNo	stdName	addr
▶ 바둑	102호	김범수	경남
봉사	104호	은지원	경북
봉사	104호	바비킴	서울
축구	103호	김범수	경남
축구	103호	조용필	경기
축구	103호	은지원	경북

[그림 7-37] 동아리 기준 결과

뭐 별거는 없다. 그냥 출력 차례만 바꾸고 정렬되는 기준만 동아리 이름으로 바꾼 것뿐이다.

☼ **비타민 퀴즈 7-5**

Linux 가상머신의 명령어 모드에서 앞의 〈실습 4〉를 진행해 보자. 한글이 입력되지 않으므로 모두 영문으로 사용한다.

7.2.2 OUTER JOIN(외부 조인)

Outer Join은 조인의 조건에 만족되지 않는 행까지도 포함시키는 것이라고 얘기했다. 자주 사용되지는 않지만 가끔 유용하게 사용되는 방식이므로 알아둘 필요가 있다.

구문은 다음의 형식을 가진다.

```
SELECT <열 목록>
FROM <첫 번째 테이블(LEFT 테이블)>
  <LEFT | RIGHT | FULL> OUTER JOIN <두 번째 테이블(RIGHT 테이블)>
      ON <조인될 조건>
[WHERE 검색조건] ;
```

좀 복잡한 것 같지만 '전체 회원의 구매기록을 보자. 단, 구매 기록이 없는 회원도 출력되어야 한다.'의 쿼리문을 통해 살펴보자.

```
USE sqldb;
SELECT U.userID, U.name, B.prodName, U.addr, CONCAT(U.mobile1, U.mobile2)  AS '연락처'
    FROM usertbl U
        LEFT OUTER JOIN buytbl B
            ON U.userID = B.userID
    ORDER BY U.userID;
```

LEFT OUTER JOIN문의 의미를 **왼쪽 테이블(usertbl)의 것은 모두 출력되어야 한다** 정도로 해석하면
기억하기 쉬울 것이다. 또, LEFT OUTER JOIN을 줄여서 LEFT JOIN이라고만 써도 된다.

	userID	name	prodName	addr	연락처
▶	BBK	바비킴	모니터	서울	0100000000
	BBK	바비킴	메모리	서울	0100000000
	BBK	바비킴	운동화	서울	0100000000
	BBK	바비킴	운동화	서울	0100000000
	EJW	은지원	책	경북	0118888888
	EJW	은지원	청바지	경북	0118888888
	EJW	은지원	책	경북	0118888888
	JKW	조관우	NULL	경기	0189999999
	JYP	조용필	모니터	경기	0114444444
	KBS	김범수	운동화	경남	0112222222
	KBS	김범수	노트북	경남	0112222222
	KBS	김범수	청바지	경남	0112222222
	KKH	김경호	NULL	전남	0193333333
	LJB	임재범	NULL	서울	0166666666
	LSG	이승기	NULL	서울	0111111111
	SSK	성시경	책	서울	NULL
	YJS	윤종신	NULL	경남	NULL

[그림 7-38] LEFT OUTER JOIN의 결과

[그림 7-38]과 동일한 결과를 얻기 위해서 구문을 RIGHT OUTER JOIN으로 바꾸려면 단순히 왼
쪽과 오른쪽 테이블의 위치만 바꿔주면 된다.

```
SELECT U.userID, U.name, B.prodName, U.addr, CONCAT(U.mobile1, U.mobile2)  AS '연락처'
    FROM buytbl B
        RIGHT OUTER JOIN usertbl U
            ON U.userID = B.userID
    ORDER BY U.userID;
```

INNER JOIN의 활용 중에서 구매한 기록이 있는 우수 회원들의 목록만을 뽑는 것을 해 보았었다. 이번에는 한 번도 구매한 적이 없는 유령(?)회원의 목록을 뽑아보자.

```
SELECT U.userID, U.name, B.prodName, U.addr, CONCAT(U.mobile1, U.mobile2)  AS '연락처'
    FROM usertbl U
        LEFT OUTER JOIN buytbl B
            ON U.userID = B.userID
    WHERE B.prodName IS NULL
    ORDER BY U.userID;
```

	userID	name	prodName	addr	연락처
▶	JKW	조관우	NULL	경기	0189999999
	KKH	김경호	NULL	전남	0193333333
	LJB	임재범	NULL	서울	0166666666
	LSG	이승기	NULL	서울	0111111111
	YJS	윤종신	NULL	경남	NULL

[그림 7-39] 구매 기록이 없는 회원의 명단

이번에는 FULL OUTER JOIN(전체 조인 또는 전체 외부 조인)에 대해서 살펴보자. FULL OUTER JOIN은 LEFT OUTER JOIN과 RIGHT OUTER JOIN을 합쳐진 것이라고 생각하면 된다. 그냥 줄여서 FULL JOIN이라고 부른다.

즉, 한쪽을 기준으로 조건과 일치하지 않는 것을 출력하는 것이 아니라, 양쪽 모두에 조건이 일치하지 않는 것을 모두 출력하는 개념이다. 활용도는 낮으므로 다음 실습에서 간단히 확인만 해두면 된다. 다음 실습에서는 3개 테이블의 LEFT/RIGHT OUTER JOIN 방식을 위주로 파악하자.

실습5

LEFT/RIGHT/FULL OUTER JOIN을 실습하자.
앞의 〈실습 4〉에서 3개의 테이블을 가지고 INNER JOIN 했던 결과를 OUTER JOIN으로 고려하자. 또 두 개의 조인을 고려한 FULL JOIN을 테스트하자.

step 1

앞에서 했던 〈실습 4〉 **step 2** 의 학생을 기준으로 출력된 결과를 보면, 동아리에 가입하지 않은 학생 성시경은 출력이 안됐다. OUTER JOIN으로 동아리에 가입하지 않은 학생도 출력되도록 수정하자.

간단히 INNER JOIN을 LEFT OUTER JOIN으로 변경하면 된다.

```
USE sqldb;
SELECT S.stdName, S.addr, C.clubName, C.roomNo
    FROM stdtbl S
        LEFT OUTER JOIN stdclubtbl SC
            ON S.stdName = SC.stdName
        LEFT OUTER JOIN clubtbl C
            ON SC.clubName = C.clubName
    ORDER BY S.stdName;
```

stdName	addr	clubName	roomNo
김범수	경남	바둑	102호
김범수	경남	축구	103호
바비킴	서울	봉사	104호
성시경	서울	NULL	NULL
은지원	경북	축구	103호
은지원	경북	봉사	104호
조용필	경기	축구	103호

[그림 7-40] 쿼리 실행 결과

step 2

이번에는 동아리를 기준으로 가입된 학생을 출력하되, 가입 학생이 하나도 없는 동아리도 출력되게 하자.

```
SELECT C.clubName, C.roomNo, S.stdName, S.addr
    FROM   stdtbl S
        LEFT OUTER JOIN stdclubtbl SC
            ON SC.stdName = S.stdName
        RIGHT OUTER JOIN clubtbl C
            ON SC.clubName = C.clubName
    ORDER BY C.clubName ;
```

클럽을 기준으로 조인을 해야 하므로 두 번째 조인은 RIGHT OUTER JOIN으로 처리해서 clubtbl이 조인의 기준이 되도록 설정하면 된다.

clubName	roomNo	stdName	addr
바둑	102호	김범수	경남
봉사	104호	바비킴	서울
봉사	104호	은지원	경북
수영	101호	NULL	NULL
축구	103호	조용필	경기
축구	103호	은지원	경북
축구	103호	김범수	경남

[그림 7-41] 쿼리 실행 결과

위의 두 결과를 하나로 합쳐보자. 즉, 동아리에 가입하지 않은 학생도 출력되고 학생이 한 명도 없는 동아리도 출력되게 하자. 앞의 두 쿼리를 UNION으로 합쳐주면 된다.

```
SELECT S.stdName, S.addr, C.clubName, C.roomNo
    FROM stdtbl S
        LEFT OUTER JOIN stdclubtbl SC
            ON S.stdName = SC.stdName
        LEFT OUTER JOIN clubtbl C
            ON SC.clubName = C.clubName
UNION
SELECT S.stdName, S.addr, C.clubName, C.roomNo
    FROM  stdtbl S
        LEFT OUTER JOIN stdclubtbl SC
            ON SC.stdName = S.stdName
        RIGHT OUTER JOIN clubtbl C
            ON SC.clubName = C.clubName;
```

stdName	addr	clubName	roomNo
김범수	경남	바둑	102호
김범수	경남	축구	103호
바비킴	서울	봉사	104호
성시경	서울	NULL	NULL
은지원	경북	축구	103호
은지원	경북	봉사	104호
조용필	경기	축구	103호
NULL	NULL	수영	101호

[그림 7-42] 쿼리 실행 결과

결과를 보면 동아리에 가입하지 않은 성시경 학생과 가입한 학생이 없는 수영 동아리가 모두 출력되었다.

비타민 퀴즈 7-6

Linux 가상머신의 명령어 모드에서 앞의 〈실습 5〉를 진행해 보자. 한글 입출력이 되지 않는 것은 그냥 무시하자.

7.2.3 CROSS JOIN(상호 조인)

CROSS JOIN은 한쪽 테이블의 모든 행들과 다른 쪽 테이블의 모든 행을 조인시키는 기능을 한다. 그래서 CROSS JOIN의 결과 개수는 두 테이블 개수를 곱한 개수가 된다.

[그림 7-43]과 같은 조인이 발생한다. 회원 테이블의 첫 행이 구매 테이블의 모든 행과 조인되고, 그것을 회원 테이블의 모든 행이 반복하는 것이다. 그러므로 회원 테이블의 개수인 10개와 구매 테이블의 개수인 12개가 곱해져서 120개의 결과가 된다. 이러한 CROSS JOIN을 카티션곱^{Cartesian} ^{Product}이라고도 부른다.

회원 테이블(userTbl)

아이디	이름	생년	지역	국번	전화번호	키	가입일
LSG	이승기	1987	서울	011	1111111	182	2008.8.8
KBS	김범수	1979	경남	011	2222222	173	2012.4.4
KKH	김경호	1971	전남	019	3333333	177	2007.7.7
JYP	조용필	1950	경기	011	4444444	166	2009.4.4
SSK	성시경	1979	서울			186	2013.12.12
LJB	임재범	1963	서울	016	6666666	182	2009.9.9
YJS	윤종신	1969	경남			170	2005.5.5
EJW	은지원	1978	경북	011	8888888	174	2014.3.3
JKW	조관우	1965	경기	018	9999999	172	2010.10.10
BBK	바비킴	1973	서울	010	0000000	176	2013.5.5

PK

구매 테이블(buyTbl)

순번	아이디	물품명	분류	단가	수량
1	KBS	운동화		30	2
2	KBS	노트북	전자	1000	1
3	JYP	모니터	전자	200	1
4	BBK	모니터	전자	200	5
5	KBS	청바지	의류	50	3
6	BBK	메모리	전자	80	10
7	SSK	책	서적	15	5
8	EJW	책	서적	15	2
9	EJW	청바지	의류	50	1
10	BBK	운동화		30	2
11	EJW	책	서적	15	1
12	BBK	운동화		30	2

PK   FK

[그림 7-43] CROSS JOIN(상호 조인) 방식

회원 테이블과 구매 테이블의 CROSS JOIN 구문은 다음과 같다.

```
USE sqldb;
SELECT *
  FROM buytbl
    CROSS JOIN usertbl ;
```

⚠ CROSS JOIN을 하려면 위와 동일한 구문으로 WHERE 구문 없이 FROM절에 테이블 이름들을 나열해도 된다. 이 역시 별로 권장하는 바는 아니다.

SELECT *
  FROM buytbl , usertbl ;

CROSS JOIN에는 ON 구문을 사용할 수 없다. CROSS JOIN의 용도는 테스트로 사용할 많은 용량의 데이터를 생성할 때 주로 사용한다. 예를 들어, employees DB에서 약 30만 건이 있는 employees 테이블과 약 44만 건이 있는 titiles을 CROSS JOIN시키면, 30만×44만=약 1300억 건의 데이터를 생성할 수 있다. 진짜로 데이터를 생성하면 시스템이 다운되거나 디스크 용량이 모두 찰 수 있으므로 COUNT(*) 함수로 개수만 카운트를 해보자.

```
USE employees;
SELECT  COUNT(*) AS '데이터개수'
    FROM employees
        CROSS JOIN titles;
```

[그림 7-44] 쿼리 실행 결과

⚠ 큰 샘플 테이블을 실제로 생성하고자 한다면 **CREATE TABLE … SELECT**문과 함께 사용하면 된다.

☀ **비타민 퀴즈 7-7**

> Linux 가상머신의 명령어 모드에서 sqldb의 두 테이블을 CROSS JOIN시켜서 새로운 테이블
> crossTBL을 생성해 보자. 그리고, 데이터 행이 몇 건이 생성되었는지 확인해 보자.

7.2.4 SELF JOIN(자체 조인)

SELF JOIN은 별도의 구문이 있는 것이 아니라 자기 자신과 자기 자신이 조인한다는 의미다. SELF JOIN을 활용하는 경우의 대표적인 예가 조직도와 관련된 테이블이다.

[그림 7-45]와 같이 간단한 조직도를 살펴보자.

[그림 7-45] 간단한 조직도 예

위 조직도를 테이블로 나타내 보자.

⚠ 실제라면 사번을 기본 키로 해야겠지만, 테이블의 단순화와 이해의 명확성을 위해서 직원 이름을 기본 키로 했다.

직원 이름(EMP) – 기본 키	상관 이름(MANAGER)	구내 번호
나사장	없음 (NULL)	0000
김재무	나사장	2222
김부장	김재무	2222-1
이부장	김재무	2222-2
우대리	이부장	2222-2-1
지사원	이부장	2222-2-2
이영업	나사장	1111
한과장	이영업	1111-1
최정보	나사장	3333
윤차장	최정보	3333-1
이주임	윤차장	3333-1-1

[표 7-5] 조직도 테이블

이부장을 보면 이부장은 직원이므로 직원 이름 열에 존재한다. 그러면서 동시에 우대리와 지사원의 상관이어서 상관 이름 열에도 존재한다. 만약, 우대리의 상관의 구내번호를 알려면 EMP열과 MANAGER열을 조인해야 이부장의 구내번호를 알 수 있다.

실습6

하나의 테이블에서 SELF JOIN을 활용해 보자.

step 1

우선 조직도 테이블을 정의하고 데이터를 입력하자.

1-1 테이블을 정의하자.

```
USE sqldb;
CREATE TABLE empTbl (emp CHAR(3), manager CHAR(3), empTel VARCHAR(8));
```

1-2 [표 7-5]와 동일한 데이터를 입력하자.

```
INSERT INTO empTbl VALUES('나사장',NULL,'0000');
INSERT INTO empTbl VALUES('김재무','나사장','2222');
INSERT INTO empTbl VALUES('김부장','김재무','2222-1');
INSERT INTO empTbl VALUES('이부장','김재무','2222-2');
INSERT INTO empTbl VALUES('우대리','이부장','2222-2-1');
INSERT INTO empTbl VALUES('지사원','이부장','2222-2-2');
INSERT INTO empTbl VALUES('이영업','나사장','1111');
INSERT INTO empTbl VALUES('한과장','이영업','1111-1');
INSERT INTO empTbl VALUES('최정보','나사장','3333');
INSERT INTO empTbl VALUES('윤차장','최정보','3333-1');
INSERT INTO empTbl VALUES('이주임','윤차장','3333-1-1');
```

> step 2

SELF JOIN을 활용해 보자.

2-1 우대리 상관의 연락처를 확인하고 싶다면 다음과 같이 사용할 수 있다.

```
SELECT A.emp AS '부하직원' , B.emp AS '직속상관', B.empTel AS '직속상관연락처'
    FROM empTbl A
        INNER JOIN empTbl B
            ON A.manager = B.emp
    WHERE A.emp = '우대리';
```

부하직원	직속상관	직속상관연락처
우대리	이부장	2222-2

[그림 7-46] 쿼리 실행 결과

이렇듯, 하나의 테이블에 같은 데이터가 존재하되 의미는 다르게 존재하는 경우에는 두 테이블을 서로 SELF JOIN 시켜서 정보를 확인할 수 있다.

7.2.5 UNION / UNION ALL / NOT IN / IN

앞에서 확인해 봤지만 UNION은 두 쿼리의 결과를 행으로 합치는 것을 말한다. [그림 7-47]을 보면 쉽게 이해될 것이다.

SELECT stdName, addr FROM stdTbl

stdName	addr
김범수	경남
성시성	서울
조용필	경기
은지원	경북
바비킴	서울

SELECT clubName, roomNo FROM clubTbl

clubName	roomNo
수영	101호
바둑	102호
축구	103호
봉사	104호

UNION ALL

stdName	addr
김범수	경남
성시성	서울
조용필	경기
은지원	경북
바비킴	서울
수영	101호
바둑	102호
축구	103호
봉사	104호

[그림 7-47] UNION의 결합과정

UNION 형식과 사용 예는 다음과 같다.

```
SELECT 문장1
    UNION [ALL]
SELECT 문장2
```

대신 SELECT 문장1과 SELECT 문장2의 결과 열의 개수가 같아야 하고, 데이터 형식도 각 열 단위로 같거나 서로 호환되는 데이터 형식이어야 한다. 당연히 문장1의 결과는 INT인데, 문장2의 결과는 CHAR이라면 오류가 발생할 것이다. 또한 열 이름은 [그림 7-47]에 표현되어 있듯이 문장1의 열 이름을 따른다. UNION만 사용하면 중복된 열은 제거되고 데이터가 정렬되어 나오며, UNION ALL을 사용하면 중복된 열까지 모두 출력된다.

```
USE sqldb;
SELECT stdName, addr FROM stdtbl
    UNION ALL
SELECT clubName, roomNo FROM clubtbl;
```

stdName	addr
김범수	경남
바비킴	서울
성시경	서울
은지원	경북
조용필	경기
바둑	102호
봉사	104호
수영	101호
축구	103호

[그림 7-48] 쿼리 실행 결과

NOT IN은 첫 번째 쿼리의 결과 중에서, 두 번째 쿼리에 해당하는 것을 제외하기 위한 구문이다. 예로 sqldb의 사용자를 모두 조회하되 전화가 없는 사람을 제외하고자 한다면 다음과 같이 사용하면 된다.

```
SELECT name, CONCAT(mobile1, mobile2) AS '전화번호' FROM usertbl
    WHERE name NOT IN ( SELECT name FROM usertbl WHERE mobile1 IS NULL) ;
```

name	전화번호
바비킴	0100000000
은지원	0118888888
조관우	0189999999
조용필	0114444444
김범수	0112222222
김경호	0193333333
임재범	0166666666
이승기	0111111111

[그림 7-49] 쿼리 실행 결과

NOT IN과 반대로 첫 번째 쿼리의 결과 중에서, 두 번째 쿼리에 해당되는 것만 조회하기 위해서는 IN을 사용하면 된다. 예로 전화가 없는 사람만 조회하고자 할 때 다음과 같이 사용한다.

```
SELECT name, CONCAT(mobile1, mobile2) AS '전화번호' FROM usertbl
    WHERE name IN ( SELECT name FROM usertbl WHERE mobile1 IS NULL) ;
```

name	전화번호
성시경	NULL
윤종신	NULL

[그림 7-50] 쿼리 실행 결과

7.3 SQL 프로그래밍

이번에 소개할 내용은 C, C++, C#, Java 등의 프로그래밍 언어를 공부한 경험이 있는 독자라면 비교적 반가운 부분이 될 것이다. 지금 익히는 것은 특히 chapter 10에서 배우는 스토어드 프로시저, 스토어드 함수, 커서, 트리거 부분의 기본이 되므로 잘 알아두자. SQL에서도 다른 프로그래밍 언어와 비슷한 분기, 흐름 제어, 반복의 기능이 있다. 이러한 기능을 전에 소개했던 변수와 함께 잘 활용한다면 강력한 SQL 프로그래밍이 가능하다.

SQL 프로그래밍을 진행하기 전에 우선 스토어드 프로시저를 만들고 사용하는 방법을 간단히 요약하고 넘어가자. (스토어드 프로시저는 chapter 10에서 상세히 다시 배우게 될 것이다.)

```
DELIMITER $$
CREATE PROCEDURE 스토어드_프로시저이름()
BEGIN


    이 부분에 SQL 프로그래밍 코딩..


END $$
DELIMITER ;
CALL 스토어드_프로시저이름();
```

DELIMITER $$ ~ END $$ 부분까지는 스토어드 프로시저의 코딩할 부분을 묶어준다고 보면 된다. MySQL의 종료 문자는 세미콜론(;)인데 CREATE PROCEDURE 안에서도 세미콜론이 종료 문자이므로 어디까지가 스토어드 프로시저인지 구별이 어렵다. 그래서 END $$가 나올 때까지를 스토어드 프로시저로 인식하게 하는 것이다. 그리고 다시 **DELIMITER ;**로 종료 문자를 세미콜론(;)으로 변경해 놓아야 한다. **CALL 스토어드_프로시저이름();**은 CREATE PROCEDURE로 생성한 스토어드 프로시저를 호출(=실행)한다.

결국 앞으로는 '스토어드_프로시저이름()'과 '이 부분에 SQL 프로그래밍 코딩..' 부분만 수정해서 사용하면 된다.

⚠ $$ 구분자는 //, &&, @@ 등 다른 것을 사용해도 된다. 또, 2개 연속이 아니라 하나만 사용해도 되지만, 가능하면 다른 기호와 중복되지 않도록 2개 연속을 사용하는 것이 좋다.

7.3.1 IF…ELSE

조건에 따라 분기한다. 한 문장 이상이 처리되어야 할 때는 BEGIN.. END와 함께 묶어줘야만 하며, 습관적으로 실행할 문장이 한 문장이라도 BEGIN.. END로 묶어주는 것이 좋다.

```
형식:
IF <부울 표현식> THEN
        SQL문장들1..
ELSE
        SQL문장들2..
END IF;
```

간단한 구조다. <부울 표현식Boolean Expression> 부분이 참True이라면 'SQL문장들1'을 수행하고, 거짓False이라면 'SQL문장들2'를 수행한다. 물론 'SQL문장들1' 또는 'SQL문장들2'가 한 개의 문장이라면 BEGIN.. END는 생략할 수 있다. 또, 거짓False일 경우이면서 아무 것도 할 것이 없다면 ELSE 이하는 생략하면 된다.

```
DROP PROCEDURE IF EXISTS ifProc; -- 기존에 만든 적이 있다면 삭제
DELIMITER $$
CREATE PROCEDURE ifProc()
BEGIN
  DECLARE var1 INT;  -- var1 변수 선언
  SET var1 = 100;  -- 변수에 값 대입

  IF var1 = 100 THEN  -- 만약 @var1이 100이라면,
    SELECT '100입니다.';
  ELSE
    SELECT '100이 아닙니다.';
  END IF;
END $$
DELIMITER ;
CALL ifProc();
```

위의 간단한 사용 예를 통해 쉽게 이해가 되었을 것이다.

⚠ MySQL은 사용자 정의 변수를 만들 때 앞에 @를 붙인다고 배웠다. 하지만 스토어드 프로시저나 함수 등에서는 DECLARE문을 사용해서 지역변수를 선언할 수 있다. 이 지역변수 앞에는 @를 붙이지 않고, 일반 프로그래밍 언어의 변수처럼 사용하면 된다.

이번에는 employees DB의 employees 테이블을 사용해 보자. 열에는 입사일(hire_date)열이 있는데, 직원번호에 10001번에 해당하는 직원의 입사일이 5년이 넘었는지를 확인해 보자.

```
DROP PROCEDURE IF EXISTS ifProc2;
USE employees;

DELIMITER $$
CREATE PROCEDURE ifProc2()
BEGIN
    DECLARE hireDATE DATE; -- 입사일
    DECLARE curDATE DATE; -- 오늘
    DECLARE days INT; -- 근무한 일수

    SELECT hire_date INTO hireDATE -- hire_date열의 결과를 hireDATE에 대입
        FROM employees.employees
        WHERE emp_no = 10001;

    SET curDATE = CURRENT_DATE(); -- 현재 날짜
    SET days =  DATEDIFF(curDATE, hireDATE); -- 날짜의 차이, 일 단위

    IF (days/365) >= 5 THEN -- 5년이 지났다면
                SELECT CONCAT('입사한지 ', days, '일이나 지났습니다. 축하합니다!');
    ELSE
                SELECT '입사한지 ' + days + '일밖에 안되었네요. 열심히 일하세요.' ;
    END IF;
END $$
DELIMITER ;
CALL ifProc2();
```

결과 값:
'입사한지 00000일이나 지났습니다. 축하합니다!'

⚠ **SELECT 열 이름 INTO 변수이름 FROM 테이블이름** 구문은 조회된 열의 결과 값을 변수에 대입한다.

7.3.2 CASE

IF 구문은 2중 분기라는 용어를 종종 사용한다. 즉, 참 아니면 거짓 두 가지만 있기 때문이다. 점수와 학점을 생각해 보자. 90점 이상은 A, 80점 이상은 B, 70점 이상은 C, 60점 이상은 D, 60점 미만은 F로 분할할 수 있다. 이때 5가지의 경우에 따라 경우가 달라지므로 '다중 분기'라는 용어를 사용한다. IF문으로 작성해 보자.

```
DROP PROCEDURE IF EXISTS ifProc3;
DELIMITER $$
CREATE PROCEDURE ifProc3()
BEGIN
    DECLARE point INT ;
    DECLARE credit CHAR(1);
    SET point = 77 ;

    IF point >= 90 THEN
            SET credit = 'A';
    ELSEIF point >= 80 THEN
            SET credit = 'B';
    ELSEIF point >= 70 THEN
            SET credit = 'C';
    ELSEIF point >= 60 THEN
            SET credit = 'D';
    ELSE
            SET credit = 'F';
    END IF;
    SELECT CONCAT('취득점수==>', point), CONCAT('학점==>', credit);
END $$
DELIMITER ;
CALL ifProc3();
```

결과 값:
취득점수==>77   학점==>C

IF문을 사용해서 학점 계산 프로그램을 만들었다. 위 IF문을 CASE문으로 변경할 수도 있다.

```
DROP PROCEDURE IF EXISTS caseProc;
DELIMITER $$
CREATE PROCEDURE caseProc()
BEGIN
    DECLARE point INT ;
    DECLARE credit CHAR(1);
    SET point = 77 ;

    CASE
            WHEN point >= 90 THEN
                    SET credit = 'A';
            WHEN point >= 80 THEN
                    SET credit = 'B';
            WHEN point >= 70 THEN
                    SET credit = 'C';
            WHEN point >= 60 THEN
                    SET credit = 'D';
            ELSE
                    SET credit = 'F';
    END CASE;
    SELECT CONCAT('취득점수==>', point), CONCAT('학점==>', credit);
END $$
DELIMITER ;
CALL caseProc();
```

CASE문은 혹시 조건에 맞는 WHEN이 여러 개더라도 먼저 조건이 만족하는 WHEN이 처리된다. 그리고 CASE를 종료한다.

CASE문의 활용은 SELECT문에서 더 많이 사용된다.

CASE문을 활용하는 SQL 프로그래밍을 작성하자.

sqldb의 내용이 기억나지 않는다면, chapter 06의 [그림 6-10]을 다시 보면서 실습하자.

sqldb의 구매 테이블(buytbl)에 구매액(price*amount)이 1500원 이상인 고객은 '최우수 고객', 1000원 이상인 고객은 '우수고객', 1원 이상인 고객은 '일반고객'으로 출력하자. 또, 전혀 구매 실적이 없는 고객은 '유령고객'이라고 출력하자. 이번 실습의 최종 결과를 먼저 보면 다음과 같다.

userID	name	총구매액	고객등급
BBK	바비킴	1920	최우수고객
KBS	김범수	1210	우수고객
JYP	조용필	200	일반고객
EJW	은지원	95	일반고객
SSK	성시경	75	일반고객
LSG	이승기	NULL	유령고객
YJS	윤종신	NULL	유령고객
JKW	조관우	NULL	유령고객
KKH	김경호	NULL	유령고객
LJB	임재범	NULL	유령고객

[그림 7-51] 고객등급의 분류 결과

step 0

Workbench를 종료하고 새로 실행한 후, 저장해 놓은 sqlDB.sql을 이용해서 sqldb 데이터베이스를 초기화 시키자.

⚠ 방법이 기억나지 않으면 chapter 06 〈실습 2〉의 step 6 을 참조한다. C:\SQL\sqlDB.sql 파일이 없는 독자는 chapter 06의 〈실습 2〉를 다시 수행하거나 책의 사이트인 http://cafe.naver.com/thisisMySQL/ 에서 sqlDB.sql을 다운로드 해서 C:\SQL\에 저장하자.

step 1

먼저 buytbl에서 구매액(price*amount)을 사용자 아이디(userID)별로 그룹화 한다. 또, 구매액이 높은 순으로 정렬한다.

```
USE sqldb;
SELECT userID, SUM(price*amount) AS '총구매액'
    FROM buytbl
    GROUP BY userID
    ORDER BY SUM(price*amount) DESC;
```

userID	총구매액
BBK	1920
KBS	1210
JYP	200
EJW	95
SSK	75

[그림 7-52] 쿼리 실행 결과

step 2

사용자 이름이 빠졌으므로 usertbl과 조인해서 사용자 이름도 출력하자.

```
SELECT B.userID, U.name, SUM(price*amount) AS '총구매액'
    FROM buytbl B
        INNER JOIN usertbl U
            ON B.userID = U.userID
    GROUP BY B.userID, U.name
    ORDER BY SUM(price*amount) DESC;
```

userID	name	총구매액
BBK	바비킴	1920
KBS	김범수	1210
JYP	조용필	200
EJW	은지원	95
SSK	성시경	75

[그림 7-53] 쿼리 실행 결과

step 3

그런데, buytbl에서 구매한 고객의 명단만 나왔을 뿐 구매하지 않은 고객의 명단은 나오지 않았다. 오른쪽 테이블(usertbl)의 내용이 없더라도 나오도록 하기 위해 RIGHT OUTER JOIN으로 변경한다.

```
SELECT B.userID, U.name, SUM(price*amount) AS '총구매액'
    FROM buytbl B
        RIGHT OUTER JOIN usertbl U
            ON B.userID = U.userID
    GROUP BY B.userID, U.name
    ORDER BY SUM(price*amount) DESC ;
```

[그림 7-54] 쿼리 실행 결과

그런데 결과를 보니 name은 제대로 나왔으나 구매한 기록이 없는 고객은 userID 부분이 null로 나왔다. 또, 메시지 탭을 보면 경고도 나왔다. 이유는 SELECT절에서 B.userID를 출력하기 때문이다. buytbl에는 윤종신, 김경호 등이 구매한 적이 없으므로 아예 해당 아이디가 없다. userID의 기준을 buytbl에서 usertbl 로 변경하자.

```
SELECT U.userID, U.name, SUM(price*amount) AS '총구매액'
    FROM buytbl B
        RIGHT OUTER JOIN usertbl U
            ON B.userID = U.userID
    GROUP BY U.userID, U.name
    ORDER BY SUM(price*amount) DESC
```

[그림 7-55] 쿼리 실행 결과

이제는 총 구매액에 따른 고객 분류를 처음에 제시했던 대로 CASE문만 따로 고려해 보자. (아래는 실행하지 말자.)

```
CASE
    WHEN (총구매액 >= 1500) THEN  '최우수고객'
    WHEN (총구매액 >= 1000) THEN  '우수고객'
    WHEN (총구매액 >= 1 ) THEN '일반고객'
    ELSE '유령고객'
END
```

step 6

작성한 CASE 구문을 SELECT에 추가한다. 최종 쿼리는 다음과 같다.

```
SELECT U.userID, U.name, SUM(price*amount) AS '총구매액',
       CASE
           WHEN (SUM(price*amount) >= 1500) THEN '최우수고객'
           WHEN (SUM(price*amount) >= 1000) THEN '우수고객'
           WHEN (SUM(price*amount) >= 1 ) THEN '일반고객'
           ELSE '유령고객'
       END AS '고객등급'
   FROM buytbl B
      RIGHT OUTER JOIN usertbl U
         ON B.userID = U.userID
   GROUP BY U.userID, U.name
   ORDER BY sum(price*amount) DESC ;
```

이로써 처음에 원했던 결과인 [그림 7-51]에 나오는 쿼리문을 작성했다. 무조건 제일 마지막의 쿼리문을 만들려고 하면 좀 어려울 수도 있으나, 하나씩 해결하면서 만들어 가면 그리 어렵지 않을 것이다.

비타민 퀴즈 7-8

Linux 가상머신의 명령어 모드에서 앞 〈실습 7〉을 진행해 보자.

7.3.3 WHILE과 ITERATE/LEAVE

WHILE문은 다른 프로그래밍 언어의 WHILE과 동일한 개념이다. 해당 〈부울 식〉이 참인 동안에는 계속 반복되는 반복문이다.

```
    형식:
WHILE <부울 식> DO
     SQL 명령문들…
END WHILE;
```

1에서 100까지의 값을 모두 더하는 간단한 기능을 구현해 보자.

```
DROP PROCEDURE IF EXISTS whileProc;
DELIMITER $$
CREATE PROCEDURE whileProc()
BEGIN
        DECLARE i INT; -- 1에서 100까지 증가할 변수
        DECLARE hap INT; -- 더한 값을 누적할 변수
    SET i = 1;
    SET hap = 0;

        WHILE (i <= 100) DO
           SET hap = hap + i; -- hap의 원래의 값에 i를 더해서 다시 hap에 넣으라는 의미
           SET i = i + 1;     -- i의 원래의 값에 1을 더해서 다시 i에 넣으라는 의미
        END WHILE;

        SELECT hap;
END $$
DELIMITER ;
CALL whileProc();
```

```
    결과 값:
5050
```

그런데, 1에서 100까지 합계에서 7의 배수를 제외시키려면 어떻게 해야 할까? 즉 1+2+3+4+5+6+8+9+…100의 합계를 구하고 싶다. 또, 더하는 중간에 합계가 1000이 넘으면 더하는 것을 그만두고, 출력을 하고 싶다면? 그럴 경우에는 ITERATE문과 LEAVE문을 사용할 수 있다. 다음 코드를 보자.

⚠ ITERATE문은 다른 프로그래밍 언어의 CONTINUE와 LEAVE문은 BREAK문과 비슷한 역할을 한다.

```
DROP PROCEDURE IF EXISTS whileProc2;
DELIMITER $$
CREATE PROCEDURE whileProc2()
BEGIN
    DECLARE i INT; -- 1에서 100까지 증가할 변수
    DECLARE hap INT; -- 더한 값을 누적할 변수
    SET i = 1;
    SET hap = 0;

    myWhile: WHILE (i <= 100) DO  -- While문에 label을 지정
      IF (i%7 = 0) THEN
              SET i = i + 1;
              ITERATE myWhile; -- 지정한 label문으로 가서 계속 진행
       END IF;

        SET hap = hap + i;
        IF (hap > 1000) THEN
              LEAVE myWhile; -- 지정한 label문을 떠남. 즉, While 종료.
       END IF;
        SET i = i + 1;
    END WHILE;

    SELECT hap;
END $$
DELIMITER ;
CALL whileProc2();
```

결과 값:
1029

ITERATE문을 만나면 바로 WHILE문으로 이동해서 비교(@i <= 100)를 다시 하고, LEAVE문을 만나면 WHILE문을 빠져 나온다. (여기서는 WHILE문을 myWhile이라는 label로 명명했다.)

 비타민 퀴즈 7-9

1부터 1000까지의 숫자 중에서 3의 배수 또는 8의 배수만 더하는 스토어드 프로시저를 만들어 보자. 즉, 3+6+8+9+12+15+16…..만 더해지도록 한다.

7.3.4 오류 처리

MySQL은 오류가 발생할 경우 직접 오류를 처리하는 방법을 제공한다. 우선 그 형식을 살펴보자.

```
DECLARE 액션 HANDLER FOR 오류조건 처리할_문장;
```

- **액션:** 오류 발생 시에 행동을 정의하는데 CONTINUE와 EXIT 둘 중 하나를 사용한다. CONTINUE가 나오면 제일 뒤의 '처리할_문장' 부분이 처리된다.

- **오류조건:** 어떤 오류를 처리할 것인지를 지정한다. 여기에는 MySQL의 오류 코드 숫자가 오거나 SQLSTATE '상태코드', SQLEXCEPTION, SQLWARNING, NOT FOUND 등이 올 수 있다. SQLSTATE에서 상태 코드는 5자리 문자열로 되어 있다. SQLEXCEPTION은 대부분의 오류를, SQLWARNING은 경고 메시지를, NOT FOUND는 커서나 SELECT…INTO에서 발생되는 오류를 의미한다.

- **처리할_문장:** 처리할 문장이 하나라면 한 문장이 나오면 되며, 처리할 문장이 여러 개일 경우에는 BEGIN… END로 묶어줄 수 있다.

⚠ MySQL 8.0의 오류 코드(Error Code)는 서버 오류가 1000~1906, 3000~3186까지 정의되어 있으며, 클라이언트 오류는 2000~2062까지 정의되어 있다. 예로 **SELECT * FROM noTable;**문을 실행할 때 noTable이 없을 경우에는 오류코드는 1146이, 상태코드는 '42S02'가 발생된다. 각 오류코드 상태코드에 대한 상세한 설명은 이 책에서는 지면상 어려우므로 https://dev.mysql.com/doc/refman/8.0/en/server-error-reference.html을 참조하자.

다음의 예는 테이블이 없을 경우에 오류를 직접 처리하는 코드다. DECLARE행이 없다면 MySQL이 직접 오류 메시지를 발생시키지만, DECLARE 부분이 있어서 사용자가 지정한 메시지가 출력된다.

```
DROP PROCEDURE IF EXISTS errorProc;
DELIMITER $$
CREATE PROCEDURE errorProc()
BEGIN
    DECLARE CONTINUE HANDLER FOR 1146 SELECT '테이블이 없어요ㅠㅠ' AS '메시지';
    SELECT * FROM noTable;  -- noTable은 없음.
END $$
DELIMITER ;
CALL errorProc();
```

```
결과 값:
테이블이 없어요ㅠㅠ
```

위 코드에서 1146 대신에 SQLSTATE '42S02'로 써줘도 된다. 둘 다 테이블이 없을 경우를 의미한다.

sqldb의 usertbl에 이미 존재하는 'LSG'라는 아이디를 생성시켜 보도록 하자. userID열은 기본 키로 지정되어 있으므로, 같은 ID를 입력할 수 없으므로 오류가 발생할 것이다.

```
DROP PROCEDURE IF EXISTS errorProc2;
DELIMITER $$
CREATE PROCEDURE errorProc2()
BEGIN
    DECLARE CONTINUE HANDLER FOR SQLEXCEPTION
    BEGIN
        SHOW ERRORS; -- 오류 메시지를 보여 준다.
        SELECT '오류가 발생했네요. 작업은 취소시켰습니다.' AS '메시지';
        ROLLBACK; -- 오류 발생 시 작업을 롤백시킨다.
    END;
    INSERT INTO usertbl VALUES('LSG', '이상구', 1988, '서울', NULL,
            NULL, 170, CURRENT_DATE()); -- 중복되는 아이디이므로 오류 발생
END $$
DELIMITER ;
CALL errorProc2();
```

Level	Code	Message		메시지
Error	1062	Duplicate entry 'LSG' for key 'PRIMARY'		오류가 발생했네요. 작업은 취소시켰습니다.

[그림 7-56] 쿼리 실행 결과

별로 설명할 것도 없이 구문과 결과만 봐도 이해가 되었을 것이다. **SHOW ERRORS**문은 오류에 대한 코드와 메시지를 출력한다. ROLLBACK은 진행중인 작업을 취소시키며, COMMIT은 작업을 완전히 확정시키는 구문이다.

⚠ **SHOW COUNT(*) ERRORS**문은 발생된 오류의 개수를 출력해 주며, **SHOW WARNINGS**문은 경고에 대한 코드와 메시지를 출력한다.

7.3.5 동적 SQL

〈실습 1〉에서 잠깐 살펴본 PREPARE와 EXECUTE문을 다시 확인해 보자. PREPARE는 SQL문을 실행하지는 않고 미리 준비만 해놓고, EXECUTE문은 준비한 쿼리문을 실행한다. 그리고 실행후에는 DEALLOCATE PREFARE로 문장을 해제해 주는 것이 바람직하다.

```
use sqldb;
PREPARE myQuery FROM 'SELECT * FROM usertbl WHERE userID = "EJW"';
EXECUTE myQuery;
DEALLOCATE PREPARE myQuery;
```

즉, **SELECT * FROM usertbl WHERE userID = "EJW"** 문장을 바로 실행하지 않고, myQuery
에 입력시켜 놓는다. 그리고 EXECUTE문으로 실행할 수 있다.

이렇게 미리 쿼리문을 준비한 후에 나중에 실행하는 것을 '동적 SQL'이라고도 부른다. 이 동적 SQL
은 종종 유용하게 사용될 수 있다.

또한, PREPARE문에서 ?으로 향후에 입력될 값을 비워놓고, EXECUTE에서는 USING을 이용해
서 값을 전달해서 사용할 수 있다. 이를 활용해 보자. 다음은 쿼리를 실행하는 순간의 날짜와 시간이
입력되는 기능을 한다.

```
USE sqldb;
DROP TABLE IF EXISTS myTable;
CREATE TABLE myTable (id INT AUTO_INCREMENT PRIMARY KEY, mDate DATETIME);

SET @curDATE = CURRENT_TIMESTAMP(); -- 현재 날짜와 시간

PREPARE myQuery FROM 'INSERT INTO myTable VALUES(NULL, ?)';
EXECUTE myQuery USING @curDATE;
DEALLOCATE PREPARE myQuery;

SELECT * FROM myTable;
```

이상으로 MySQL 프로그래밍 기능을 살펴보았다. 지금까지 학습한 내용은 chapter 10의 스토어
드 프로시저, 스토어드 함수, 커서, 트리거에서 적극적으로 활용될 내용이므로 잘 기억해 놓자.

MySQL 고급

테이블과 뷰

chapter 03의 [그림 3-1]에는 DBMS, 데이터베이스, 테이블에 대한 개념이 잘 표현되어 있다. DBMS를 사용한다는 것은 결국 어떠한 정보를 데이터베이스 안에 저장시켜 놓고 필요할 경우에 꺼내서 사용하는 것이라고 볼 수 있다. 이러한 정보를 넣기 위한 개체가 바로 '테이블Table'이다. 즉, 테이블은 데이터베이스를 구성하는 가장 기본적인 개체이며, 핵심이다.

테이블은 행과 열로 구성되어 있다. 이 행을 로우row나 레코드record라고 부르며, 열은 컬럼column 또는 필드field라고 부른다. 마이크로소프트 엑셀Excel을 사용해 봤다면 테이블은 이 엑셀의 시트Sheet와 거의 비슷한 구조로 되어 있다는 것을 눈치챌 수 있을 것이다.

뷰View는 테이블과 거의 똑같은 모양을 가진다. 뷰를 한마디로 정의하자면 '가상의 테이블'이라고 부를 수 있다. 그래서 뷰View를 '뷰 테이블'이라고 부르기도 하지만 정확히 얘기하면 올바른 표현은 아니다. 뷰는 실체가 없지만, 마치 실체가 있는 것처럼 보인다.

뷰를 '뷰 테이블'로도 부르는 이유는 데이터베이스를 단순 목적으로 사용하는 일반 사용자나 어플리케이션의 입장에서는 뷰나 테이블이 똑같이 보이기 때문이다. 즉, 일반 사용자는 지금 조회하고자 하는 것이 뷰이던지 테이블이던지 중요하지 않고, 단지 자신이 원하는 결과만 나오면 되기 때문이다. 단, 데이터베이스 개발자나 관리자의 입장에서는 테이블과 뷰를 명확히 구분하고 사용해야 한다.

chapter 08의 핵심 개념

chapter 08에서는 데이터베이스의 핵심 개체인 테이블에 대해서 상세히 살펴보고, 가상의 테이블인 뷰에 대해서도 함께 알아본다. chapter 08의 핵심 개념은 다음과 같다.

1. 테이블은 Workbench의 그래픽 환경 및 SQL문을 사용한 텍스트 환경 모두에서 생성할 수 있다.

2. 제약 조건Constraint이란 데이터의 무결성을 지키기 위한 제한된 조건을 의미한다.

3. 제약 조건의 종류로는 기본 키, 외래 키, Unique, Default, Null 제약 조건 등이 있다.

4. MySQL은 테이블 압축, 임시 테이블 기능을 지원한다.

5. 뷰란 한마디로 '가상의 테이블'이라고 생각하면 된다.

---

chapter 08의 학습 흐름

테이블의 생성

제약 조건: 기본 키, 외래 키 등

테이블 압축과 효율성 및 임시 테이블의 활용

뷰의 개념과 장단점

8.1 테이블

테이블의 생성 및 사용은 지금까지 계속 반복해 왔다. 별다른 설명을 하지 않았어도 사용에 별로 어려움을 느끼지 못했을 것이다. 다시 한번 확인 차원에서 간단히 테이블을 생성해 보고, 제약 조건[Constraint] 및 테이블의 수정에 대해서 자세히 알아보자.

8.1.1 테이블 만들기

MySQL Workbench에서 테이블 생성

chapter 03에서 Workbench를 이용해서 테이블을 만들어 봤다. 즉, Workbench에서 테이블을 만드는 방법은 별로 어렵지가 않았다.

테이블은 만드는 방법이 중요한 것이 아니라 테이블을 어떻게 모델링(설계)했느냐가 훨씬 중요하다. 테이블을 만드는 것은 설계에 따라서 SQL 문법이나 Workbench의 사용법에만 맞춰서 생성하면 된다. 데이터베이스 모델링은 chapter 04에서 알아보았으니 이번 chapter는 단지 테이블을 생성하고 관리하는 것에만 초점을 맞추도록 하자.

chapter 06에서 실습했던 sqldb와 동일한 형식의 tabledb를 만들자. 구조도는 [그림 8-1]과 같다.

tableDB

회원 테이블(userTbl)

아이디	이름	생년	지역	국번	전화번호	키	가입일
LSG	이승기	1987	서울	011	1111111	182	2008.8.8
KBS	김범수	1979	경남	011	2222222	173	2012.4.4
KKH	김경호	1971	전남	019	3333333	177	2007.7.7
JYP	조용필	1950	경기	011	4444444	166	2009.4.4
SSK	성시경	1979	서울			186	2013.12.12
LJB	임재범	1963	서울	016	6666666	182	2009.9.9
YJS	윤종신	1969	경남			170	2005.5.5
EJW	은지원	1978	경북	011	8888888	174	2014.3.3
JKW	조관우	1965	경기	018	9999999	172	2010.10.10
BBK	바비킴	1973	서울	010	0000000	176	2013.5.5

PK

구매 테이블(buyTbl)

순번	아이디	물품명	분류	단가	수량
1	KBS	운동화		30	2
2	KBS	노트북	전자	1000	1
3	JYP	모니터	전자	200	1
4	BBK	모니터	전자	200	5
5	KBS	청바지	의류	50	3
6	BBK	메모리	전자	80	10
7	SSK	책	서적	15	5
8	EJW	책	서적	15	2
9	EJW	청바지	의류	50	1
10	BBK	운동화		30	2
11	EJW	책	서적	15	1
12	BBK	운동화		30	2

PK   FK

[그림 8-1] 샘플로 사용할 tabledb

Workbench의 Navigator에서 테이블을 생성하고, 데이터를 입력하자.

step 0

Workbench나 쿼리를 이용해서 기본 값으로 tabledb를 생성한다.

0-1 앞의 chapter들에서 실습했던 내용들이 남아 있으면 좀 보기 싫을 수 있으므로, 우선 사용했던 데이터 베이스들을 제거하자.

```
DROP DATABASE IF EXISTS ShopDB;
DROP DATABASE IF EXISTS ModelDB;
DROP DATABASE IF EXISTS sqldb;
DROP DATABASE IF EXISTS tabledb;
```

0-2 tabledb를 생성하자.

```
CREATE DATABASE tabledb;
```

step 1

Navigator에서 [Schemas]를 클릭하고 빈 곳에서 마우스 오른쪽 버튼을 클릭한 후 [Refresh All]을 선택해서 새로 고친다. 그리고 'tabledb' 데이터베이스를 확장해서 'Tables'을 선택한 후에 마우스 오른쪽 버튼을 클릭하고 [Create Table]을 선택한다.

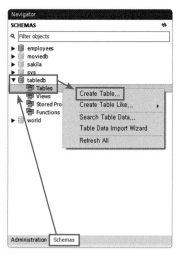

[그림 8-2] Navigator에서 테이블 생성

[그림 8-1]의 회원 테이블과 구매 테이블을 입력한다.

2-1 먼저 회원 테이블을 다음과 동일하게 입력한다. userID열을 기본 키^{Primary Key}로 설정해 준다.

[그림 8-3] 회원 테이블(usertbl) 생성

⚠ 테이블 이름이나 열 이름은 한글로 지정할 수도 있지만 권장하지 않는다. 다른 데이터베이스로 이전하거나 Linux 계열에서는 문제가 생길 수 있다.

2-2 〈Apply〉를 연속 클릭하고 〈Finish〉를 클릭해서 내용을 적용한다. 메뉴의 [File] 〉〉 [Close Tab]을 선택하고 닫자.

2-3 같은 방식으로 구매 테이블(buytbl)을 생성한다. num을 기본 키^{Primary Key} 로 설정해 준다.

[그림 8-4] 구매 테이블(buytbl) 생성 1

2-4 〈Apply〉를 클릭하면 [Apply SQL Script to Database] 창이 나온다. 순번num은 순차번호이므로 별도로 입력해 주는 것보다 시스템이 자동으로 입력시켜 주는 것이 더 낫다. 이러한 속성을 AUTO_INCREMENT라고 부르는 데, chapter 06에서 배웠다. 또한, [그림 8-1]의 구매 테이블의 userID열을 외래 키Foreign Key로 설정하자. num열에 AUTO_INCREMENT를 추가하고, 제일 마지막에 FOREIGN KEY…를 추가한다.

```
CREATE TABLE `tabledb`.`buytbl` (
  `num` INT NOT NULL AUTO_INCREMENT,
  `userid` CHAR(8) NOT NULL,
  `prodName` CHAR(6) NOT NULL,
  `groupName` CHAR(4) NULL,
  `price` INT NOT NULL,
  `amount` SMALLINT NOT NULL,
  PRIMARY KEY (`num`),
  FOREIGN KEY (userid) REFERENCES usertbl(userID)
);
```

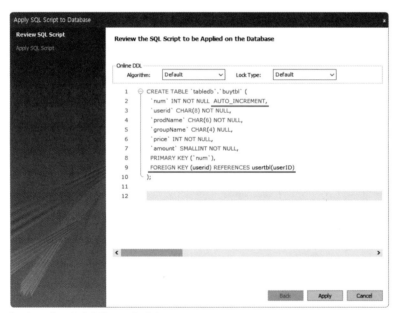

[그림 8-5] 구매 테이블(buytbl) 생성 2

2-5 〈Apply〉와 〈Finish〉를 클릭한다. 메뉴의 [File] → [Close Tab]을 선택하고 닫자. 저장을 묻는 창이 나오면 〈Don't Save〉를 클릭한다.

2-6 Navigator에서 외래 키를 확인할 수 있다.

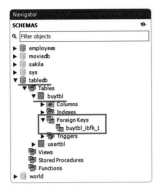

[그림 8-6] 설정된 키

step 3

이번에는 데이터를 Workbench에서 입력하자.

3-0 우선, 열린 쿼리 창을 모두 닫는다. Navigator에서 'usertbl'을 선택하고 마우스 오른쪽 버튼을 클릭한 후 [Select Rows − Limit 1000] 또는 [Select Rows]을 선택한다. SELECT문이 자동 완성되었을 것이다. 쿼리문 위쪽에 [Limit to 1000 rows]를 확인한다.

3-1 〈Insert new row〉 아이콘을 클릭한 후, [그림 8-1]의 값을 3개 행만 입력한다. 입력이 완료되었으면 오른쪽 아래 〈Apply〉를 연속 클릭하고 〈Finish〉를 클릭해서 적용시킨다.

[그림 8-7] 샘플 데이터 입력 1

메뉴의 [File] 〉〉 [Close Tab]을 선택해서 창을 닫는다.

3-2 이번에는 buytbl에서 마우스 오른쪽 버튼을 클릭하고 [Select Rows – Limit 1000]을 선택해서, [그림 8-1]의 3개 행만 입력하자. 입력 시에 num열은 자동 입력되므로 NULL 값은 그대로 두고 나머지 열만 입력한다.

num	userid	prodName	groupName	price	amount
NULL	KBS	운동화	NULL	30	2
NULL	KBS	노트북	전자	1000	1
NULL	JYP	모니터	전자	200	1
NULL	NULL	NULL	NULL	NULL	NULL

[그림 8-8] 샘플 데이터 입력 2

3-3 모두 입력했으면 오른쪽 아래 〈Apply〉를 연속 클릭한다. 그런데, 다음과 같이 오류가 발생했을 것이다.

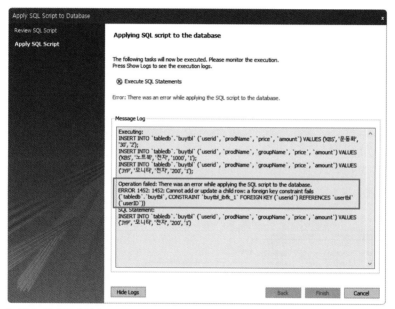

[그림 8-9] 오류 메시지

이 오류는 [그림 8-1]에 나와 있듯, 회원 테이블과 구매 테이블은 외래 키로 연결되어 있으므로 구매 테이블의 userid의 값은 반드시 회원 테이블의 userID로 존재해야 한다는 의미다. 우리는 회원 테이블에서 JYP(조용필)라는 회원은 아직 입력을 하지 않았기 때문에 생기는 문제다. (이것은 회원 가입을 하지 않고 물건을 구매하지 못하도록 업무 프로세스를 설정한 것과 동일하다.)

3-4 〈Cancel〉을 클릭하고 JYP 앞의 빈 부분을 클릭해서 선택한 후에, 마우스 오른쪽 버튼을 클릭해서 [Delete Row(s)]를 선택해서 행을 삭제하자.

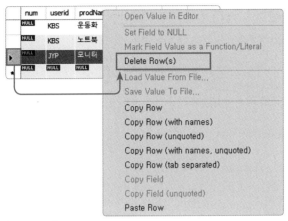

[그림 8-10] 행 삭제

3-5 다시 〈Apply〉를 연속 클릭하고 〈Finish〉를 클릭해서 데이터를 입력하자. 이번에는 잘 입력될 것이다.
3-6 메뉴의 [File] 〉〉 [Close Tab]을 선택해서 창을 닫는다.

> ☼ **비타민 퀴즈 8-1**
>
> Windows의 Workbench로 Linux 가상머신에 접속해서 tabledb를 생성하자. 이번에는 데이터도 모두 정상적으로 입력해 놓자.

잘 기억할 것은 구매 테이블의 외래 키로 설정된 userid에 데이터가 입력되기 위해서는 입력될 값이 회원 테이블의 userID열에 존재해야 한다는 점이다.

이 정도로 Workbench에서 데이터를 입력하는 방법을 마치고, 이번에는 SQL로 테이블을 생성하고 데이터를 입력하자. 앞으로 필자가 권장하는 방법은 Workbench가 아닌 SQL에서 하는 방법을 권장한다. Workbench는 편리하고 직관적이기는 하지만, MySQL이 아닌 다른 DBMS에서는 통용되는 방법이 아니므로 SQL을 사용하는 것이 더 바람직하다. 초보자의 경우에는 Workbench가 편리하게 느껴질 수도 있으나 어느 정도 MySQL에 익숙해진다면 오히려 SQL이 더 편리하고 유연하다는 것을 느끼게 될 것이다.

SQL로 테이블 생성

chapter 06에서 sqlDB를 SQL로 생성한 기억이 날 것이다. 물론, 시간이 조금 지났으므로 잊어버렸어도 상관없다. 처음부터 다시 SQL을 이용해서 테이블을 생성해 보자.

MySQL 도움말에 나오는 테이블을 생성하는 기본적인 형식은 다음과 같다.

```
형식 :
CREATE [TEMPORARY] TABLE [IF NOT EXISTS] tbl_name
    col_name column_definition
  | {INDEX|KEY} [index_name] [index_type] (key_part,...)
      [index_option] ...
  | {FULLTEXT|SPATIAL} [INDEX|KEY] [index_name] (key_part,...)
      [index_option] ...
  | [CONSTRAINT [symbol]] PRIMARY KEY
      [index_type] (key_part,...)
      [index_option] ...
  | [CONSTRAINT [symbol]] UNIQUE [INDEX|KEY]
      [index_name] [index_type] (key_part,...)
      [index_option] ...
  | [CONSTRAINT [symbol]] FOREIGN KEY
      [index_name] (col_name,...)
      reference_definition
  | check_constraint_definition

column_definition:
    data_type [NOT NULL | NULL] [DEFAULT {literal | (expr)} ]
      [AUTO_INCREMENT] [UNIQUE [KEY]] [[PRIMARY] KEY]
      [COMMENT 'string']
      [COLLATE collation_name]
      [COLUMN_FORMAT {FIXED|DYNAMIC|DEFAULT}]
      [STORAGE {DISK|MEMORY}]
      [reference_definition]
      [check_constraint_definition]
  | data_type
      [COLLATE collation_name]
      [GENERATED ALWAYS] AS (expr)
      [VIRTUAL | STORED] [NOT NULL | NULL]
      [UNIQUE [KEY]] [[PRIMARY] KEY]
      [COMMENT 'string']
      [reference_definition]
      [check_constraint_definition]
```

⚠️ MySQL은 5.0부터 테이블의 압축 기능을 제공된다. 대용량의 데이터가 들어간 테이블의 저장공간을 대폭 절약할 수 있다. 테이블 압축을 위해서는 **CREATE TABLE 테이블이름 (열 정의 …) ROW_FORMAT=COMPRESSED** 형식을 사용하면 된다. 테이블 압축한다고 사용법이 특별히 달라지는 것은 없으며, 기존과 동일하게 사용하면 내부적으로 알아서 압축이 되는 것이다. 잠시 후에 〈실습 3〉에서 확인해 보겠다.

각각의 항목에 대한 설명까지 하면 형식만으로도 100여 줄이 넘는다. 너무 복잡해 보이지만, 다양한 옵션이 모두 표현되어서 그렇지, 실제로 사용되는 것은 그렇게 복잡하지는 않다.

지금까지 실습에서 아주 간단한 테이블을 만들 경우에는 다음과 같이 사용했다.

```
CREATE TABLE test (num INT);
```

아주 간단하다. 이러한 간단한 것에 살(?)을 잘 붙이기만 하면 테이블을 생성하는 훌륭한 SQL문이된다. 실습을 통해서 테이블을 생성하는 SQL문을 하나씩 익히자.

실습2

SQL을 이용해서 테이블을 생성하자.

step 0

우선, 열린 창을 모두 닫고 쿼리 창을 하나 연다. 〈실습 1〉에서 사용한 tabledb를 삭제하고 다시 생성하자.

```
DROP DATABASE tabledb;
CREATE DATABASE tabledb;
```

step 1

[그림 8-1]을 보면서 하나씩 생성하자. 우선은 기본 키, 외래 키, NULL 값 등을 고려하지 말고 테이블의 기본적인 틀만 구성하자. 열 이름은 [그림 8-3]과 [그림 8-4]를 참조하자.

```
USE tabledb;
DROP TABLE IF EXISTS buytbl, usertbl;
CREATE TABLE usertbl -- 회원 테이블
( userID  CHAR(8), -- 사용자 아이디
  name     VARCHAR(10), -- 이름
  birthYear   INT,  -- 출생년도
  addr  CHAR(2), -- 지역경기, 서울, 경남 등으로 글자만 입력)
  mobile1  CHAR(3), -- 휴대폰의 국번(011, 016, 017, 018, 019, 010 등)
  mobile2  CHAR(8), -- 휴대폰의 나머지 전화번호(하이픈 제외)
```

```
    height    SMALLINT,  -- 키
    mDate     DATE  -- 회원 가입일
);
CREATE TABLE buytbl -- 구매 테이블
(  num INT, -- 순번(PK)
   userid  CHAR(8),-- 아이디(FK)
   prodName CHAR(6), -- 물품명
   groupName CHAR(4) , -- 분류
   price     INT , -- 단가
   amount SMALLINT -- 수량
);
```

간단하다. 1개의 열을 가진 테이블을 만들던, 100개의 열을 가진 테이블을 만들던 그냥 열 이름과 데이터 형식만 지정한 후, 콤마(,)로 분리해서 계속 나열해 주면 된다. 즉, 데이터베이스 설계서만 있으면 테이블을 만드는 건 아주 쉬운 일이다.

step 2

추가적인 옵션을 줘서 테이블을 다시 생성하자.

2-1 NULL 및 NOT NULL을 지정해서 테이블을 다시 생성한다. 아무것도 지정하지 않으면 NULL 허용이 디폴트로 설정된다. 하지만, 혼란스러울 수도 있으니 직접 NULL이나 NOT NULL을 모두 써주도록 하자.

⚠ NULL은 빈 값을 허용한다는 의미이고, NOT NULL은 반드시 값을 넣어야 한다는 의미다.

```
USE tabledb;
DROP TABLE IF EXISTS buytbl, usertbl;
CREATE TABLE usertbl
( userID  CHAR(8) NOT NULL ,
  name    VARCHAR(10) NOT NULL,
  birthYear   INT NOT NULL,
  addr     CHAR(2) NOT NULL,
  mobile1  CHAR(3) NULL,
  mobile2  CHAR(8) NULL,
  height    SMALLINT NULL,
  mDate    DATE NULL
);
CREATE TABLE buytbl
(  num INT NOT NULL ,
   userid  CHAR(8) NOT NULL ,
   prodName CHAR(6) NOT NULL,
```

```
    groupName CHAR(4) NULL ,
    price     INT  NOT NULL,
    amount    SMALLINT  NOT NULL
);
```

2-2 이번에는 각 테이블에 기본 키를 설정해 보자. 기본 키로 설정하기 위해서는 'PRIMARY KEY'문을 붙여주면 된다.

```
USE tabledb;
DROP TABLE IF EXISTS buytbl, usertbl;
CREATE TABLE usertbl
( userID  CHAR(8) NOT NULL PRIMARY KEY,
  name    VARCHAR(10) NOT NULL,
  birthYear  INT NOT NULL,
  addr      CHAR(2) NOT NULL,
  mobile1  CHAR(3) NULL,
  mobile2  CHAR(8) NULL,
  height   SMALLINT NULL,
  mDate    DATE NULL
);
CREATE TABLE buytbl
(  num INT NOT NULL PRIMARY KEY,
   userid  CHAR(8) NOT NULL ,
   prodName CHAR(6) NOT NULL,
   groupName CHAR(4) NULL ,
   price    INT  NOT NULL,
   amount   SMALLINT  NOT NULL
);
```

기본 키로 설정된 열은 당연히 NULL 값이 허용되지 않는다. 그러므로 'NOT NULL'을 빼도 관계없다.

2-3 이번에는 buytbl의 순번^{num}열에 AUTO_INCREMENT를 설정한다. (chapter 06에서 배웠다.) 주의할 점은 AUTO_INCREMENT로 지정한 열은 PRIMARY KEY나 UNIQUE로 반드시 지정해줘야 한다.

```
DROP TABLE IF EXISTS buytbl;
CREATE TABLE buytbl
(  num INT AUTO_INCREMENT NOT NULL PRIMARY KEY,
   userid  CHAR(8) NOT NULL ,
   prodName CHAR(6) NOT NULL,
   groupName CHAR(4) NULL ,
   price    INT  NOT NULL,
   amount   SMALLINT  NOT NULL
);
```

2-4 [그림 8-1]처럼 구매 테이블의 아이디 열을 회원 테이블의 아이디 열의 외래 키로 설정해 보자. 마지막 열의 뒤에 콤마(,)를 입력한 후 관련 문장을 써줘야 한다.

```
DROP TABLE IF EXISTS buytbl;
CREATE TABLE buytbl
(  num INT AUTO_INCREMENT NOT NULL PRIMARY KEY,
   userid   CHAR(8) NOT NULL ,
   prodName CHAR(6) NOT NULL,
   groupName CHAR(4) NULL ,
   price    INT  NOT NULL,
   amount   SMALLINT  NOT NULL
   , FOREIGN KEY(userid) REFERENCES usertbl(userID)
);
```

FOREIGN KEY REFERENCES usertbl(userID)문의 의미는 'usertbl 테이블의 userID열과 외래 키 관계를 맺어라' 정도로 이해하면 된다. (외래 키에 대해서는 잠시 후에 상세히 알아보겠다.) 이렇게 해서 [그림 8-1]의 테이블 구조가 완성되었다.

step 3
───

이제는 데이터를 몇 건씩 입력하자.

3-1 먼저 회원 테이블에 3건만 입력하자.

```
INSERT INTO usertbl VALUES('LSG', '이승기', 1987, '서울', '011', '1111111', 182,
  '2008-8-8');
INSERT INTO usertbl VALUES('KBS', '김범수', 1979, '경남', '011', '2222222', 173,
  '2012-4-4');
INSERT INTO usertbl VALUES('KKH', '김경호', 1971, '전남', '019', '3333333', 177,
  '2007-7-7');
```

3-2 그리고 구매 테이블의 3건을 입력하자.

```
INSERT INTO buytbl VALUES(NULL, 'KBS', '운동화', NULL, 30, 2);
INSERT INTO buytbl VALUES(NULL, 'KBS', '노트북', '전자', 1000, 1);
INSERT INTO buytbl VALUES(NULL, 'JYP', '모니터', '전자', 200, 1);
```

```
오류 메시지:
Error Code: 1452. Cannot add or update a child row: a foreign key constraint fails ~~
```

Workbench에서 했던 것과 동일하게 두 개의 행은 잘 들어가고 세 번째 JYP(조용필)는 아직 회원 테이블에 존재하지 않아서 오류가 발생했다.

3-3 usertbl에 나머지 데이터를 먼저 입력한 후, 구매 테이블의 3번째 데이터부터 다시 입력하자. 독자가 직접 한다.

지금까지 〈실습 1〉에서는 Navigator로, 〈실습 2〉에서는 SQL로 동일한 작업을 수행했다. 둘 다 똑 같은 설정을 할 수 있지만, 독자는 되도록 가급적 SQL에서 하는 방법을 우선 익히고 부가적으로 Workbench에서 하는 방법을 익히는 것이 좋겠다.

8.1.2 제약 조건

제약 조건Constraint이란 데이터의 무결성을 지키기 위한 제한된 조건을 의미한다. 즉, 특정 데이터를 입력할 때 무조건적으로 입력되는 것이 아닌, 어떠한 조건을 만족했을 때에 입력되도록 제약할 수 있다.

간단한 예로, 인터넷 쇼핑몰에 회원 가입을 해본 경험이 있을 것이다. 그런데, 만약 여러분이 동일한 아이디로 다시 회원 가입을 하면 회원 가입이 안 된다. 그 이유는 아이디 열은 동일한 것이 들어갈 수 없는 제약 조건이 설정되어 있기 때문이다.

이 외에도 제약 조건은 많은 것이 있으며, 지금까지 실습 중에 하나 둘씩 나왔었다. 이제는 제약 조건을 체계적으로 정리해 보자.

MySQL은 데이터의 무결성을 위해서 다음의 5가지의 제약 조건을 제공한다.

- PRIMARY KEY 제약 조건
- FOREIGN KEY 제약 조건
- UNIQUE 제약 조건
- CHECK 제약 조건
- DEFAULT 정의
- NULL 값 허용

⚠ CHECK 제약 조건은 MySQL 8.0.16부터 정식으로 지원한다. 이 책은 MySQL 8.0.17(Windows) 및 MySQL 8.0.16(Linux)을 사용한다.

기본 키 제약 조건

테이블에 존재하는 많은 행의 데이터를 구분할 수 있는 식별자를 '기본 키Primary Key'라고 부른다. 예로 회원 테이블의 회원 아이디, 학생 테이블의 학번 등이 이에 해당된다.

기본 키에 입력되는 값은 중복될 수 없으며 NULL 값이 입력될 수 없다. 인터넷 쇼핑몰에 회원 가입한 것을 기억하자. 대부분의 인터넷 쇼핑몰에서는 회원 테이블의 기본 키를 회원 아이디로 설정해 놓았을 것이다.

⚠ 설계 방법에 따라서 회원 아이디가 기본 키가 아닐 수도 있다. 그리고 지금 필자가 얘기하는 것은 보편적인 경우다. 회원 아이디가 아닌 주민등록번호나 Email 또는 휴대폰 번호로 회원을 구분하는 사이트도 종종 있다.

회원 가입 시에 생성하는 회원 아이디가 중복된 것을 본적이 있는가? 또, 회원 아이디 없이 회원 가입이 되는가? 아마도 없을 것이다. 이는 회원 아이디가 기본 키로 설정되어 있기 때문이다.

기본 키는 테이블에서 중요한 의미를 갖는다. 우선, 기본 키로 생성한 것은 자동으로 클러스터형 인덱스가 생성된다. (인덱스에 대한 얘기는 chapter 09에서 살펴보겠다.) 또한, 테이블에서는 기본 키를 하나 이상의 열에 설정할 수 있다. 즉, 회원 아이디와 같이 하나의 열에만 기본 키를 설정할 수도 있고, 두 개의 열을 합쳐서 기본 키로 설정할 수도 있다.

대부분의 테이블은 기본 키를 가져야 한다. 물론, 기본 키가 없이도 테이블의 구성이 가능하지만 실무적으로는 대부분의 테이블에는 기본 키를 설정해줘야 한다고 생각하자.

기본 키를 생성하는 방법은 앞에서 실습했던 CREATE TABLE문에 PRIMARY KEY라는 예약어를 넣어주면 된다.

⚠ 지금부터는 userTBL 및 buyTBL 테이블을 단순히 하기 위해서 [그림 8-1]과 달리 일부 열은 생략해서 표현했다.

```
USE tableDB;
DROP TABLE IF EXISTS buytbl, usertbl;
CREATE TABLE userTBL
( userID   CHAR(8) NOT NULL PRIMARY KEY,
  name     VARCHAR(10) NOT NULL,
  birthYear   INT NOT NULL
);
```

이렇게 설정함으로써 회원 아이디(userID)는 회원 테이블(usertbl)의 기본 키가 되었으며 앞으로 입력되는 회원 아이디는 당연히 중복될 수도 없고, 비어(NULL)있을 수도 없다.

그런데, 모든 제약 조건은 이름을 가지게 되는데, 이렇게 CREATE TABLE 구문 안에서 기본 키를 지정하면 제약 조건의 이름은 MySQL이 알아서 설정해 준다. 일반적으로 PRIMARY KEY의 이름을 알 필요는 없으며 'usertbl 테이블에 Primary Key로 지정된 것' 정도로 파악이 충분히 가능할 것이다.

테이블의 정보를 보기 위해서는 DESCRIBE문를 사용하면 된다.

```
DESCRIBE usertbl;
```

Field	Type	Null	Key	Default	Extra
userID	char(8)	NO	PRI	NULL	
name	varchar(10)	NO		NULL	
birthYear	int(11)	NO		NULL	

[그림 8-11] 테이블 정보 확인

필요하다면 PRIMARY KEY를 지정하면서 키의 이름까지 직접 지어줄 수가 있다. 예로 PK_userTBL_userID와 같은 이름을 붙여 주면 이름만으로도 'PK가 userTBL 테이블의 userID열에 지정됨'을 읽을 수 있다. 그러기 위해서는 다음과 같이 사용하면 된다.

```
DROP TABLE IF EXISTS userTBL;
CREATE TABLE userTBL
( userID   CHAR(8) NOT NULL,
  name     VARCHAR(10) NOT NULL,
  birthYear   INT NOT NULL,
  CONSTRAINT PRIMARY KEY PK_userTBL_userID (userID)
);
```

여기서 잠깐

☼ MySQL의 Primary Key 이름

MySQL은 Primary Key로 지정하면 항상 키 이름을 'PRIMARY'로 보여준다. 그러므로 지금과 같이 이름을 Primary Key의 이름을 직접 지정하는 것이 별 의미는 없다. 하지만, Foreign Key는 하나의 테이블에 여러 개가 생성될 수 있으므로 이름을 지정해서 관리하는 것이 편리하다. 참고로 테이블에 지정된 키를 보려면 **SHOW KEYS FROM 테이블이름;** 구문을 사용하면 된다.

위 구문에서 CONSTRAINT는 생략해도 된다. 만약 기본 키의 이름을 지정할 필요가 없다면 제일 마지막 행에 간단히 'PRIMARY KEY (userID)'만 써줘도 된다.

제약 조건을 설정하는 또 다른 방법은 이미 만들어진 테이블을 수정하는 ALTER TABLE 구문을 사용하는 것이다. 다음과 같이 사용할 수 있다.

```
DROP TABLE IF EXISTS userTBL;
CREATE TABLE userTBL
(   userID   CHAR(8) NOT NULL,
    name     VARCHAR(10) NOT NULL,
    birthYear    INT NOT NULL
);
ALTER TABLE userTBL
    ADD CONSTRAINT PK_userTBL_userID
        PRIMARY KEY (userID);
```

CREATE TABLE 안에 PRIMARY KEY문으로 설정한 것과 나중에 ALTER TABLE로 PRIMARY KEY를 지정하는 것은 동일하다.

쉽게 알 수 있겠지만 해석하면

- ALTER TABLE usertbl
  usertbl을 변경하자.

- ADD CONSTRAINT PK_usertbl_userID
  제약 조건을 추가하자. 추가할 제약 조건 이름은 'PK_usertbl_userID'이다.

- PRIMARY KEY (userID)
  추가할 제약 조건은 기본 키 제약 조건이다. 그리고 제약 조건을 설정할 열은 userID열이다.

정도로 해석할 수 있겠다.

기본 키는 각 테이블 별로 하나만 존재해야 하지만, 기본 키를 하나의 열로만 구성해야 하는 것은 아니다. 필요에 따라서 두 개 또는 그 이상의 열을 합쳐서 하나의 기본 키로 설정하는 경우도 종종 있다.

예로 다음과 같은 간단한 '제품 테이블'을 생각해 보자.

제품 코드	제품 일련 번호	제조일자	현 상태
AAA	0001	2023.10.10	판매완료
AAA	0002	2023.10.11	매장진열
BBB	0001	2023.10.12	재고창고
CCC	0001	2023.10.13	판매완료
CCC	0002	2023.10.14	매장진열

만약 제품코드 AAA가 냉장고, BBB가 세탁기, CCC가 TV라고 가정한다면 현재 제품코드만으로는 중복이 될 수밖에 없으므로, 기본 키로 설정할 수가 없다. 또한, 제품 일련 번호도 마찬가지로 각 제품 별로 0001번부터 부여하는 체계라서 기본 키로 설정할 수 없다.

이러한 경우에는 '제품코드 + 제품일련번호'를 합친다면 유일한 값이 될 수 있으므로 기본 키로 사용할 수 있다.

```
DROP TABLE IF EXISTS prodTbl;
CREATE TABLE prodTbl
( prodCode CHAR(3) NOT NULL,
  prodID   CHAR(4)  NOT NULL,
  prodDate DATETIME  NOT NULL,
  prodCur  CHAR(10) NULL
);
ALTER TABLE prodTbl
    ADD CONSTRAINT PK_prodTbl_proCode_prodID
        PRIMARY KEY (prodCode, prodID) ;
```

또는 CREATE TABLE 구문 안에 직접 사용할 수도 있다. 마지막 열 이후에 콤마(,)로 분리하고 제약 조건을 직접 지정하면 된다.

```
DROP TABLE IF EXISTS prodTbl;
CREATE TABLE prodTbl
( prodCode CHAR(3) NOT NULL,
  prodID   CHAR(4)  NOT NULL,
  prodDate DATETIME  NOT NULL,
  prodCur  CHAR(10) NULL,
  CONSTRAINT PK_prodTbl_proCode_prodID
      PRIMARY KEY (prodCode, prodID)
);
```

SHOW INDEX FROM prodTbl문으로 테이블의 정보를 확인하면 두 열이 합쳐져서 하나의 기본 키 제약 조건을 설정하고 있음이 확인된다.

	Table	Non_unique	Key_name	Seq_in_index	Column_name	Collation	Cardinality	Sub_part	Packed	Null	Index_type	Comment	Index_comment
▶	prodtbl	0	PRIMARY	1	prodCode	A	0	NULL	NULL		BTREE		
	prodtbl	0	PRIMARY	2	prodID	A	0	NULL	NULL		BTREE		

[그림 8-12] 두 열을 하나의 기본 키로 설정한 상태

실무에서도 종종 발생되는 형태이므로 잘 기억해 두자.

외래 키 제약 조건

외래 키^{Foreign Key} 제약 조건은 두 테이블 사이의 관계를 선언함으로써 데이터의 무결성을 보장해 주는 역할을 한다. 외래 키 관계를 설정하면 하나의 테이블이 다른 테이블에 의존하게 된다.

초보자의 경우에 외래 키를 정의하는 테이블과 외래 키가 참조하는 테이블을 가끔 혼동하는 경우가 있다.

[그림 8-1]의 예를 가지고 이해하자. 쉽게 외래 키를 정의하는 테이블인 buytbl을 '외래 키 테이블'이라고 부르고, 외래 키에 의해서 참조가 되는 테이블인 usertbl을 그냥 '기준 테이블'이라고 부르면 좀더 직관적으로 이해하기가 쉬워진다.

우선 외래 키 테이블에 데이터를 입력할 때는 꼭 기준 테이블을 참조해서 입력하므로 기준 테이블에 이미 데이터가 존재해야 한다. 앞의 실습에서 buytbl에 JYP(조용필)가 입력이 안되던 것을 확인했다. 이것은 외래 키 제약 조건을 위반했기 때문이다.

또, 외래 키 테이블이 참조하는 기준 테이블의 열은 반드시 Primary Key이거나 Unique 제약 조건이 설정되어 있어야 한다. Unique 제약 조건은 잠시 후에 살펴보겠다.

외래 키를 생성하는 방법은 CREATE TABLE 끝에 FOREIGN KEY 키워드로 설정하는 방법이 있다.

```
DROP TABLE IF EXISTS buyTBL, userTBL;
CREATE TABLE userTBL
( userID  CHAR(8) NOT NULL PRIMARY KEY,
  name    VARCHAR(10) NOT NULL,
  birthYear   INT NOT NULL
);
CREATE TABLE buyTBL
(  num INT AUTO_INCREMENT NOT NULL PRIMARY KEY ,
   userID  CHAR(8) NOT NULL,
   prodName CHAR(6) NOT NULL,
   FOREIGN KEY(userID) REFERENCES userTBL(userID)
);
```

위 예에서 보면 외래 키 테이블(buytbl)의 열^{userid}에서 참조^{references}하는 기준 테이블(usertbl)의 열(userID)은 기본 키로 설정되어 있는 것이 확인된다. 만약, 기준 테이블이 Primary Key 또는 Unique가 아니라면 외래 키 관계는 설정되지 않는다.

마찬가지로 직접 외래 키의 이름을 지정하기 위해서는 제일 아래에 다음과 같이 써주면 된다.

```
DROP TABLE IF EXISTS buyTBL;
CREATE TABLE buyTBL
(  num INT AUTO_INCREMENT NOT NULL PRIMARY KEY ,
   userID  CHAR(8) NOT NULL,
   prodName CHAR(6) NOT NULL,
   CONSTRAINT FK_userTBL_buyTBL FOREIGN KEY(userID) REFERENCES userTBL(userID)
);
```

위의 예에서는 외래 키 제약 조건의 이름을 FK_usertbl_buytbl로 설정했다. 만약 외래 키의 이름을 지정할 필요가 없다면 제일 마지막 행에 간단히 **FOREIGN KEY(userID) REFERENCES userTBL(userID)**만 써줘도 된다.

참고로, 이 예에서는 기준 테이블의 열 이름(userid)과 외래 키 테이블의 열 이름(userID)이 동일하지만 반드시 그래야 하는 것은 아니며 달라도 관계는 없다. 즉, buytbl의 userID열의 이름이 myID 등으로 기준 테이블의 userID와 이름이 달라도 상관없다.

⚠ 열 이름은 대소문자를 안 가린다. 즉, userID와 USERid는 같은 이름이다.

또, 다른 방법으로는 ALTER TABLE 구문을 이용하는 것이다.

```
DROP TABLE IF EXISTS buyTBL;
CREATE TABLE buyTBL
(   num INT AUTO_INCREMENT NOT NULL PRIMARY KEY,
    userID  CHAR(8) NOT NULL,
    prodName CHAR(6) NOT NULL
);
ALTER TABLE buyTBL
    ADD CONSTRAINT FK_userTBL_buyTBL
    FOREIGN KEY (userID)
    REFERENCES userTBL(userID);
```

설명을 덧붙이자면

- ALTER TABLE buytbl

  buytbl을 수정한다.

- ADD CONSTRAINT FK_usertbl_buytbl

  제약 조건을 더한다. 제약 조건 이름은 'FK_usertbl_buytbl'로 명명한다.

- FOREIGN KEY(userID)

  외래 키 제약 조건을 buytbl의 userID에 설정한다.

- REFERENCES usertbl(userID)

  참조할 기준 테이블은 usertbl 테이블의 userID열이다.

정도로 해석하면 되겠다.

설정된 외래 키 제약 조건은 마찬가지로 **SHOW INDEX FROM buytbl**문으로 확인할 수 있다.

	Table	Non_unique	Key_name	Seq_in_index	Column_name	Collation	Cardinality	Sub_part	Packed	Null	Index_type	Comment	Index_comment
▶	buytbl	0	PRIMARY	1	num	A	0	NULL	NULL		BTREE		
	buytbl	1	FK_userTbl_buyTbl	1	userid	A	0	NULL	NULL		BTREE		

[그림 8-13] 외래 키 제약 조건 확인

외래 키의 옵션 중에 **ON DELETE CASCADE** 또는 **ON UPDATE CASCADE**가 있는데, 이는 기준 테이블의 데이터가 변경되었을 때 외래 키 테이블도 자동으로 적용되도록 설정해 준다.

예로 **ON UPDATE CASCADE**로 설정하면 [그림 8-1]에서 회원 테이블의 김범수의 ID인 KBS가 Kim으로 변경될 경우에, 구매 테이블의 KBS도 Kim으로 자동 변경된다.

```
ALTER TABLE buytbl
    DROP FOREIGN KEY FK_usertbl_buytbl; -- 외래 키 제거
ALTER TABLE buytbl
    ADD CONSTRAINT FK_usertbl_buytbl
    FOREIGN KEY (userID)
    REFERENCES usertbl (userID)
    ON UPDATE CASCADE;
```

별도로 지정하지 않으면 **ON UPDATE NO ACTION** 및 **ON DELETE NO ACTION**을 지정한 것과 동일하다. 즉, 회원 테이블의 회원 아이디가 변경되어도 아무런 일이 일어나지 않는다는 의미다.

더 자세한 사용법은 잠시 후에 〈실습 5〉에서 확인하자.

UNIQUE 제약 조건

UNIQUE 제약 조건은 '중복되지 않는 유일한 값'을 입력해야 하는 조건이다. 이것은 PRIMARY KEY와 거의 비슷하며 차이점은 UNIQUE는 NULL 값을 허용한다는 점이다. NULL은 여러 개가 입력되어도 상관 없다. 회원 테이블의 예를 든다면 주로 Email 주소를 Unique로 설정하는 경우가 많다.

다음은 기존의 회원 테이블에 E-Mail열을 추가한 경우이다. 다음 두 문장은 모두 동일한 결과를 나타낸다.

```
USE tableDB;
DROP TABLE IF EXISTS buyTBL, userTBL;
CREATE TABLE userTBL
( userID  CHAR(8) NOT NULL PRIMARY KEY,
  name    VARCHAR(10) NOT NULL,
  birthYear  INT NOT NULL,
  email   CHAR(30) NULL  UNIQUE
);
DROP TABLE IF EXISTS userTBL;
CREATE TABLE userTBL
```

```
( userID    CHAR(8) NOT NULL PRIMARY KEY,
  name      VARCHAR(10) NOT NULL,
  birthYear   INT NOT NULL,
  email    CHAR(30) NULL ,
  CONSTRAINT AK_email  UNIQUE (email)
);
```

위의 두 번째 방법은 모든 열의 정의가 끝난 상태에서 별도로 Unique 제약 조건을 추가했다. 그래서, email 정의가 끝난 후에 콤마(,)로 구분되어 있다.

⚠ 제약 조건의 이름을 지정할 때 일반적으로 Primary Key는 PK, Foreign Key는 FK, Unique는 AK를 주로 사용한다. 참고로 Unique는 Alternate Key로도 부른다.

CHECK 제약 조건

CHECK 제약 조건은 입력되는 데이터를 점검하는 기능을 한다. 키^{height}에 마이너스 값이 들어올 수 없게 한다든지, 출생년도가 1900년 이후이고 현재 시점 이전이어야 한다든지 등의 조건을 지정한다. 먼저 테이블을 정의하면서 CHECK 제약 조건을 설정하는 방법을 살펴보자.

```
-- 출생년도가 1900년 이후 그리고 2023년 이전, 이름은 반드시 넣어야 함.
DROP TABLE IF EXISTS userTBL;
CREATE TABLE userTBL
( userID   CHAR(8) PRIMARY KEY,
  name      VARCHAR(10) ,
  birthYear   INT CHECK  (birthYear >= 1900 AND birthYear <= 2023),
  mobile1     char(3) NULL,
  CONSTRAINT CK_name CHECK ( name IS NOT NULL)
);
```

첫 번째 CHECK 제약 조건은 출생년도의 제한을 뒀다. 열을 정의한 후에 바로 CHECK 예약어로 조건을 지정했다. 두 번째 CHECK 제약 조건은 열을 모두 정의한 후에, 마지막에 추가하는 방식이다. 두 번째 방식은 CHECK 제약 조건의 이름을 직접 지정할 수 있다.

필요하다면 열을 정의한 후에 ALTER TABLE문으로 제약 조건을 추가해도 된다.

```
-- 휴대폰 국번 체크
ALTER TABLE userTbl
    ADD CONSTRAINT CK_mobile1
    CHECK  (mobile1 IN ('010','011','016','017','018','019')) ;
```

CHECK 제약 조건을 설정한 후에는, 제약 조건에 위배되는 값은 입력이 안 된다. CHECK에서 사용할 수 있는 조건은 SELECT문의 WHERE 구문에 들어오는 조건과 거의 비슷한 것이 들어오면 된다.

CHECK 제약 조건을 만들되 작동하지 않도록 하려면 제약 조건의 제일 뒤에 NOT ENFORCED 구문을 추가하면 되지만, 거의 사용할 일은 없다. 자세한 사용법은 잠시 후 〈실습 5〉를 통해서 이해하자.

DEFAULT 정의

DEFAULT는 값을 입력하지 않았을 때, 자동으로 입력되는 기본 값을 정의하는 방법이다.

예로, 출생년도를 입력하지 않으면 −1을 입력하고, 주소를 특별히 입력하지 않았다면 '서울'이 입력되며, 키를 입력하지 않으면 170이라고 입력되도록 하고 싶다면 다음과 같이 정의할 수 있다.

```
DROP TABLE IF EXISTS userTBL;
CREATE TABLE userTBL
( userID     CHAR(8) NOT NULL PRIMARY KEY,
  name       VARCHAR(10) NOT NULL,
  birthYear  INT NOT NULL DEFAULT -1,
  addr       CHAR(2) NOT NULL DEFAULT '서울',
  mobile1    CHAR(3) NULL,
  mobile2    CHAR(8) NULL,
  height     SMALLINT NULL DEFAULT 170,
  mDate      DATE NULL
);
```

또는 ALTER TABLE 사용 시에 열에 DEFAULT를 지정하기 위해서 ALTER COLUMN문을 사용한다.

```
DROP TABLE IF EXISTS userTBL;
CREATE TABLE userTBL
( userID      CHAR(8) NOT NULL PRIMARY KEY,
  name        VARCHAR(10) NOT NULL,
  birthYear   INT NOT NULL,
  addr        CHAR(2) NOT NULL,
  mobile1     CHAR(3) NULL,
  mobile2     CHAR(8) NULL,
  height      SMALLINT NULL,
  mDate       DATE NULL
);
ALTER TABLE userTBL
    ALTER COLUMN birthYear SET DEFAULT -1;
ALTER TABLE userTBL
    ALTER COLUMN addr SET DEFAULT '서울';
ALTER TABLE userTBL
    ALTER COLUMN height SET DEFAULT 170;
```

디폴트가 설정된 열에는 다음과 같은 방법으로 데이터를 입력할 수 있다.

```
-- default문은 DEFAULT로 설정된 값을 자동 입력한다.
INSERT INTO usertbl VALUES ('LHL', '이혜리', default, default, '011', '1234567',
    default, '2023.12.12');
-- 열 이름이 명시되지 않으면 DEFAULT로 설정된 값을 자동 입력한다.
INSERT INTO usertbl(userID, name) VALUES('KAY', '김아영');
-- 값이 직접 명기되면 DEFAULT로 설정된 값은 무시된다.
INSERT INTO usertbl VALUES ('WB', '원빈', 1982, '대전', '019', '9876543', 176,
    '2020.5.5');
SELECT * FROM usertbl;
```

	userID	name	birthYear	addr	mobile1	mobile2	height	mDate
▶	KAY	김아영	-1	서울	NULL	NULL	170	NULL
	LHL	이혜리	-1	서울	011	1234567	170	2023-12-12
	WB	원빈	1982	대전	019	9876543	176	2020-05-05

[그림 8-14] DEFAULT 확인

Null 값 허용

계속 실습에서 나왔으므로 이미 이해하고 있을 것이다. NULL 값을 허용하려면 NULL을, 허용하지 않으려면 NOT NULL을 사용하면 된다. 하지만, PRIMARY KEY가 설정된 열에는 NULL 값이 있을 수 없으므로 생략하면 자동으로 NOT NULL로 인식된다.

NULL 값은 '아무 것도 없다'라는 의미다. 즉, 공백(' ')이나 0과 같은 값과는 다르다는 점에 주의해야 한다.

⚠ Null 저장 시에 고정 길이 문자형(CHAR)은 공간을 모두 차지하지만, 가변 길이 문자형(VARCHAR)은 공간을 차지하지 않는다. 그러므로, Null 값을 많이 입력한다면 가변 길이의 데이터 형식을 사용하는 것이 좋다.

8.1.3 테이블 압축

테이블 압축 기능은 대용량 테이블의 공간을 절약하는 효과를 갖는다. MySQL 5.0부터 테이블 압축 기능을 제공하기 시작했으며, MySQL 8.0에서는 내부적인 기능이 더욱 강화되어 MySQL이 허용하는 최대 용량의 데이터도 오류없이 압축이 잘 작동한다. 실습을 통해서 확인해 보자.

실습3

테이블 압축 기능을 확인해 보자.

step 1

테스트용 DB를 생성한 후에 동일한 열을 지닌 간단한 두 테이블을 생성한다. 단, 하나는 열 뒤에 ROW_FORMAT=COMPRESSED문을 붙여서 압축되도록 설정한다.

```
CREATE DATABASE IF NOT EXISTS compressDB;
USE compressDB;
CREATE TABLE normalTBL( emp_no int , first_name VARCHAR(14));
CREATE TABLE compressTBL( emp_no int , first_name VARCHAR(14))
    ROW_FORMAT=COMPRESSED ;
```

두 테이블에 데이터를 30만 건 정도 입력한다. employees.DB의 employees 테이블의 데이터를 가져오자. 다음 쿼리를 하나씩 수행해 보자.

```
INSERT INTO normalTbl
    SELECT emp_no, first_name FROM employees.employees;
INSERT INTO compressTBL
    SELECT emp_no, first_name FROM employees.employees;
```

| ✔ | 289 | 22:14:54 | INSERT INTO normalTbl SELECT emp_no, first_nam... | 300024 row(s) affected Records: 300024 Duplicates:... | 2.235 sec |
| ✔ | 290 | 22:15:05 | INSERT INTO compressTBL SELECT emp_no, first_... | 300024 row(s) affected Records: 300024 Duplicates:... | 5.796 sec |

[그림 8-15] 쿼리 실행 결과

첫 번째 쿼리와 두 번째 쿼리가 실행되는데 걸린 시간을 확인하면 두 번째인 압축된 테이블에 데이터를 입력할 때 더 시간이 오래 걸린 것을 확인할 수 있다. 압축되면서 데이터가 입력되기 때문에 조금 더 시간이 걸린 것으로 예상할 수 있다.

입력된 두 테이블의 상태를 확인해 보자.

```
SHOW TABLE STATUS FROM compressDB;
```

Name	Engine	Version	Row_format	Rows	Avg_row_length	Data_length	Max_data_length	Index_length	Data_free	Auto_increment
compresstbl	InnoDB	10	Compressed	299582	25	7626752	0	0	2097152	NULL
normaltbl	InnoDB	10	Dynamic	299570	40	12075008	0	0	4194304	NULL

[그림 8-16] 쿼리 실행 결과

압축된 테이블의 평균 행 길이$^{Avg\_row\_length}$나 데이터 길이$^{Data\_length}$가 훨씬 작은 것을 확인할 수 있다. 물론, 데이터의 값의 분포에 따라서 이 압축률은 달라질 수 있으나 원래의 데이터보다 작아지는 것은 확실하다.

실습한 DB를 제거한다.

```
DROP DATABASE IF EXISTS compressDB;
```

디스크 공간의 여유가 별로 없으며 대용량의 데이터를 저장하는 테이블이라면 지금 사용한 테이블 압축을 고려하는 것도 좋은 방법이다. 압축 기능은 테이블을 생성할 때만 지정하면 그 이후로는 압축하지 않은 테이블과 사용법이 완전히 동일하다. 그러므로 테이블 생성 이후에는 별도로 신경쓰지 않아도 된다.

비타민 퀴즈 8-2

Linux 가상머신에 접속해서 텍스트 모드에서 〈실습 3〉을 진행해 보자.

8.1.4 임시 테이블

임시 테이블은 이름처럼 임시로 잠깐 사용되는 테이블이다. 우선 임시 테이블을 생성하는 형식은 다음과 같다.

```
CREATE TEMPORARY TABLE [IF NOT EXISTS] 테이블이름
(   열 정의 … )
```

구문 중에서 TABLE 위치에 TEMPORARY TABLE이라고 써주는 것 외에는 테이블과 정의하는 것이 동일하다. 결국 임시 테이블은 정의하는 구문만 약간 다를 뿐, 나머지 사용법 등은 일반 테이블과 동일하게 사용할 수 있다. 단, 임시 테이블은 세션Session 내에서만 존재하며, 세션이 닫히면 자동으로 삭제된다. 또한 임시 테이블은 생성한 클라이언트에서만 접근이 가능하며, 다른 클라이언트는 접근할 수 없다.

임시 테이블은 데이터베이스 내의 다른 테이블과 이름은 동일하게 만들 수 있다. 그러면 기존의 테이블은 임시 테이블이 있는 동안에 접근이 불가능하고, 무조건 임시 테이블로 접근할 수 있다. 예로 employees DB안에 employees라는 테이블이 있지만, 임시 테이블도 employees라는 이름으로 생성할 수 있다. 그러면 employees라는 이름으로 접근하면 무조건 임시 테이블 employees로 접근이 된다. 기존의 employees는 임시 테이블 employees가 삭제되기 전에는 접근할 수가 없다.

⚠ 기존 테이블과 임시 테이블의 이름이 같으면 혼란스러울 수 있으므로, 가능하면 임시 테이블은 기존 테이블의 이름을 사용하지 않는 것이 좋다.

임시 테이블이 삭제되는 시점은 다음과 같다.

- 사용자가 DROP TABLE로 직접 삭제
- Workbench를 종료하거나 mysql 클라이언트를 종료하면 삭제됨
- MySQL 서비스가 재시작되면 삭제됨

임시 테이블을 사용하자.

모든 쿼리 창을 닫고, Workbench를 종료하자.

0-1 Workbench를 실행해서 [Local instance MySQL]에 접속한다. 그리고 쿼리 창을 하나 열자. 이것을 Workbench 1이라고 부르겠다.

0-2 왼쪽 상단의 [Home] 탭을 클릭해서, 다시 [Local instance MySQL]에 접속한다. 그리고 쿼리 창을 하나 열자. 이것을 Workbench 2라고 부르겠다.

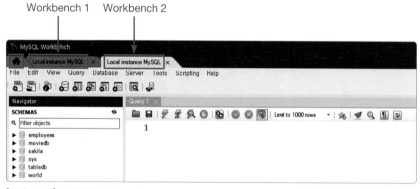

[그림 8-17] 두 개의 Workbench

(Workbench 1) 임시 테이블을 사용해 보자.

1-1 임시 테이블 2개를 생성하자. 두 번째는 기존의 employees 테이블과 동일한 이름으로 생성해 보자.

```
USE employees;
CREATE TEMPORARY TABLE  IF NOT EXISTS temptbl (id INT, name CHAR(5));
CREATE TEMPORARY TABLE  IF NOT EXISTS employees (id INT, name CHAR(5));
DESCRIBE temptbl;
DESCRIBE employees;
```

Field	Type	Null	Key	Default	Extra
id	int(11)	YES		NULL	
name	char(5)	YES		NULL	

[그림 8-18] 두 테이블 모두 동일함

두 테이블이 잘 생성되었다. 즉, 새로운 임시 테이블 이름 tempTBL은 당연히 생성되고 기존의 테이블 employees가 있더라도 무시하고 임시 테이블 employees가 생성되었다.

1-2 데이터를 입력하고 확인해 보자.

```
INSERT INTO temptbl VALUES (1, 'This');
INSERT INTO employees VALUES (2, 'MySQL');
SELECT * FROM temptbl;
SELECT * FROM employees;
```

[그림 8-19] 쿼리 실행 결과

---

step 2

(Workbench 2) Workbench 1에서 생성한 테이블에 접근해 보자. 쿼리를 하나씩 실행한다.

```
USE employees;
SELECT * FROM temptbl;
SELECT * FROM employees;
```

tempTBL은 아예 그런 테이블이 없다는 오류 메시지가 나올 것이다. 세션이 다르면 임시 테이블에 접근할 수 없다. employees 테이블은 기존의 employees 테이블이 접근해 올 것이다. 즉, 임시 테이블 employees 역시 접근할 수 없다.

---

step 3

(Workbench 1) 임시 테이블을 삭제해 보자.

3-1 DROP TABLE temptbl로 삭제해 보자. 잘 될 것이다.

3-2 Workbench를 종료하고 다시 접속해서, 다음 쿼리로 확인해 보자. 임시 테이블이 아닌 기존의 테이블이 조회될 것이다.

```
USE employees;
SELECT * FROM employees;
```

Linux 가상머신에 접속해서 〈실습 4〉를 텍스트 모드에서 진행해 보자.

힌트 1 2개의 Workbench 대신에 2개의 터미널을 사용해서 접속해 본다.

힌트 2 터미널 사이의 이동은 Ctrl + Alt + F1과 Ctrl + Alt + F2를 이용하면 된다. (일부 노트북의 키보드는 작동하지 않을 수도 있다.)

8.1.5 테이블 삭제

테이블 삭제는 간단히 다음과 같은 형식을 사용한다.

```
DROP TABLE 테이블이름 ;
```

단, 주의할 사항은 외래 키FOREIGN KEY 제약 조건의 기준 테이블은 삭제할 수가 없다. 먼저, 외래 키가 생성된 외래 키 테이블을 삭제해야 한다. [그림 8-1]의 경우에 구매 테이블(buytbl)이 아직 존재하는데, 회원 테이블(usertbl)을 삭제할 수 없다. 먼저 구매 테이블(buytbl)을 삭제한 후에, 회원 테이블(usertbl)을 삭제해야 한다.

또, 여러 개의 테이블을 동시에 삭제하려면 **DROP TABLE 테이블1, 테이블2, 테이블3;** 식으로 계속 나열하면 된다.

8.1.6 테이블 수정

테이블의 수정은 ALTER TABLE문을 사용한다. 앞에서 제약 조건을 추가할 경우에 ALTER TABLE 구문을 사용해 왔는데, 이미 생성된 테이블에 무엇인가를 추가/변경/수정/삭제하는 것은 모두 ALTER TABLE을 사용한다.

MySQL 도움말에 나오는 형식은 다음과 같다. 자주 사용되는 것만 일부 고른 것이다.

```
ALTER TABLE tbl_name
    [alter_specification [, alter_specification] ...]
    [partition_options]

alter_specification:
    table_options
  | ADD [COLUMN] col_name column_definition
        [FIRST | AFTER col_name]
  | ADD [COLUMN] (col_name column_definition,...)
  | ADD {INDEX|KEY} [index_name]
        [index_type] (key_part,...) [index_option] ...
  | ADD {FULLTEXT|SPATIAL} [INDEX|KEY] [index_name]
        (key_part,...) [index_option] ...
  | ADD [CONSTRAINT [symbol]] PRIMARY KEY
        [index_type] (key_part,...)
        [index_option] ...
  | ADD [CONSTRAINT [symbol]] UNIQUE [INDEX|KEY]
        [index_name] [index_type] (key_part,...)
        [index_option] ...
  | ADD [CONSTRAINT [symbol]] FOREIGN KEY
        [index_name] (col_name,...)
        reference_definition
  | ADD check_constraint_definition
  | DROP CHECK symbol
  | ALTER CHECK symbol [NOT] ENFORCED
  | ALGORITHM [=] {DEFAULT|INSTANT|INPLACE|COPY}
  | ALTER [COLUMN] col_name {SET DEFAULT literal | DROP DEFAULT}
  | ALTER INDEX index_name {VISIBLE | INVISIBLE}
  | CHANGE [COLUMN] old_col_name new_col_name column_definition
        [FIRST|AFTER col_name]
  | [DEFAULT] CHARACTER SET [=] charset_name [COLLATE [=] collation_name]
  | CONVERT TO CHARACTER SET charset_name [COLLATE collation_name]
  | {DISABLE|ENABLE} KEYS
  | {DISCARD|IMPORT} TABLESPACE
  | DROP [COLUMN] col_name
  | DROP {INDEX|KEY} index_name
  | DROP PRIMARY KEY
  | DROP FOREIGN KEY fk_symbol
  | FORCE
  | LOCK [=] {DEFAULT|NONE|SHARED|EXCLUSIVE}
```

```
¦ MODIFY [COLUMN] col_name column_definition
     [FIRST ¦ AFTER col_name]
¦ ORDER BY col_name [, col_name] ...
¦ RENAME COLUMN old_col_name TO new_col_name
¦ RENAME {INDEX¦KEY} old_index_name TO new_index_name
¦ RENAME [TO¦AS] new_tbl_name
¦ {WITHOUT¦WITH} VALIDATION
```

많은 부분을 생략했음에도 구문이 상당히 길고 복잡하다. 하지만, 실제로 많이 사용되는 것들은 그리 복잡하지 않다. 그냥 다음에 나오는 예로 익히자.

열의 추가

[그림 8-1]의 회원 테이블(usertbl)에 회원의 홈페이지 주소를 추가하려면 다음과 같이 사용한다.

```
USE tabledb;
ALTER TABLE usertbl
     ADD homepage VARCHAR(30)  -- 열 추가
               DEFAULT 'http://www.hanbit.co.kr' -- 디폴트 값
               NULL; -- Null 허용함
```

열을 추가하면 기본적으로 가장 뒤에 추가된다. 열을 추가하면서 순서를 지정하려면 제일 뒤에 'FIRST' 또는 'AFTER 열 이름'을 지정하면 된다. FIRST는 제일 앞에 열이 추가되며, AFTER 열 이름은 열 이름 다음에 추가한다.

열의 삭제

[그림 8-1]의 전화번호 열을 삭제하려면 다음과 같이 사용한다.

```
ALTER TABLE usertbl
     DROP COLUMN mobile1;
```

그런데, mobile1열은 특별한 제약 조건이 없기 때문에 삭제에 별 문제가 없지만, 제약 조건이 걸린 열을 삭제할 경우에는 제약 조건을 먼저 삭제한 후에 열을 삭제해야 한다.

이는 잠시 후 실습을 통해서 확인하자.

열의 이름 및 데이터 형식 변경

[그림 8-1]의 회원 이름^{name}의 열 이름을 uName으로 변경하고 데이터 형식을 VARCHAR(20)으로 변경하고, NULL 값도 허용하려면 다음과 같이 사용한다.

```
ALTER TABLE usertbl
    CHANGE COLUMN name uName VARCHAR(20) NULL ;
```

name은 기존 이름, uName은 새 이름이다. 그런데 마찬가지로 제약 조건이 걸려있는 열은 좀 문제가 있다. 이것도 잠시 후의 실습에서 확인해 보겠다.

열의 제약 조건 추가 및 삭제

열의 제약 조건을 추가하는 것은 앞에서 여러 번 확인했다. 제약 조건을 삭제하는 것도 간단하다. 기본 키를 삭제하려면 다음과 같이 한다.

```
ALTER TABLE usertbl
    DROP PRIMARY KEY;
```

그런데, 오류가 발생할 것이다. 현재 usertbl의 기본 키인 userID열은 buytbl에 외래 키로 연결되어 있기 때문이다. 그러므로 먼저 다음과 같이 외래 키를 제거한 후에 다시 기본 키를 제거해야 한다.

⚠ 만약 기존 실습에서 buyTBL을 제거했다면, userTBL의 기본 키의 제거는 오류없이 잘 진행될 것이다.

```
ALTER TABLE buytbl
    DROP FOREIGN KEY buytbl_ibfk_1;
```

여기서 외래 키의 이름은 [Navigator]에서 테이블 아래 'Foreign Keys'를 확장하면 확인할 수 있다.

지금까지 익힌 테이블의 제약 조건 및 수정 방법을 실습을 통해서 익히자.

step 1

조건을 제외하고, [그림 8-1]의 테이블을 다시 만들자. 단, 구매 테이블(buytbl)의 num열만 AUTO_ INCREMENT 및 PRIMARY KEY 속성을 주도록 하자.

⚠ AUTO_INCREMENT로 설정한 열은 PRIMARY KEY 또는 UNIQUE 제약 조건을 설정해야 한다.

```
USE tabledb;
DROP TABLE IF EXISTS buytbl, usertbl;
CREATE TABLE usertbl
( userID   CHAR(8),
  name      VARCHAR(10),
  birthYear   INT,
  addr       CHAR(2),
  mobile1   CHAR(3),
  mobile2   CHAR(8),
  height    SMALLINT,
  mDate     DATE
);
CREATE TABLE buytbl
(  num int AUTO_INCREMENT PRIMARY KEY,
   userid   CHAR(8),
   prodName CHAR(6),
   groupName CHAR(4),
   price    INT ,
   amount   SMALLINT
);
```

step 2

먼저 각각의 테이블에 데이터를 테이블당 4건씩만 입력하자. 입력 시에 김범수의 출생년도는 모르는 것으로 NULL 값을 넣고, 김경호의 출생년도는 1871년으로 잘못 입력해 보자.

```
INSERT INTO usertbl VALUES('LSG', '이승기', 1987, '서울', '011', '1111111', 182,
   '2008-8-8');
INSERT INTO usertbl VALUES('KBS', '김범수', NULL, '경남', '011', '2222222', 173,
   '2012-4-4');
```

```
INSERT INTO usertbl VALUES('KKH', '김경호', 1871, '전남', '019', '3333333', 177,
    '2007-7-7');
INSERT INTO usertbl VALUES('JYP', '조용필', 1950, '경기', '011', '4444444', 166,
    '2009-4-4');
INSERT INTO buytbl VALUES(NULL, 'KBS', '운동화', NULL    , 30,    2);
INSERT INTO buytbl VALUES(NULL,'KBS', '노트북', '전자', 1000, 1);
INSERT INTO buytbl VALUES(NULL,'JYP', '모니터', '전자', 200,  1);
INSERT INTO buytbl VALUES(NULL,'BBK', '모니터', '전자', 200,  5);
```

아직 FOREIGN KEY 제약 조건이 설정된 것이 아니므로, usertbl에 BBK(바비킴) 회원이 없지만, 입력은
잘 되었다. 또, NULL이 기본적으로 모두 허용되어 있어서 NULL 값도 모두 들어갔다.

step 3

제약 조건을 생성하자.

3-1 우선 [그림 8-1]의 기본 키 제약 조건을 생성하자.

```
ALTER TABLE usertbl
    ADD CONSTRAINT PK_usertbl_userID
    PRIMARY KEY (userID);
```

잘 설정되었다. 그런데 PRIMARY KEY로 설정하려면 당연히 NOT NULL이어야 하지만 NULL인 열에
PRIMARY KEY를 설정하면 자동으로 NOT NULL까지 설정된다.

3-2 DESC usertbl문으로 테이블을 확인해 보자. userID열이 NOT NULL로 설정된 것을 확인할 수 있다.

Field	Type	Null	Key	Default	Extra
userID	char(8)	NO	PRI	NULL	
name	varchar(10)	YES		NULL	
birthYear	int(11)	YES		NULL	
addr	char(2)	YES		NULL	
mobile1	char(3)	YES		NULL	
mobile2	char(8)	YES		NULL	
height	smallint(6)	YES		NULL	
mDate	date	YES		NULL	

[그림 8-20] 쿼리 실행 결과

외래 키를 설정해 보자.

4-1 이번에는 [그림 8-1]의 외래 키 테이블 buytbl의 userid에 외래 키를 설정하자. 기준 테이블 usertbl의 userID를 기준으로 한다.

```
ALTER TABLE buytbl
    ADD CONSTRAINT FK_usertbl_buytbl
    FOREIGN KEY (userID)
    REFERENCES usertbl (userID);
```

오류 메시지:
```
Error Code: 1452. Cannot add or update a child row: a foreign key constraint
fails (`tabledb`.`#sql-8f8_9`, CONSTRAINT `FK_usertbl_buytbl` FOREIGN KEY (`userid`)
REFERENCES `usertbl` (`userID`))
```

오류가 발생했다. 그 이유는 buytbl에는 BBK(바비킴)의 구매 기록이 있는데, 이 BBK 아이디가 usertbl에는 존재하지 않기 때문이다.

4-2 일단 문제가 되는 buytbl의 BBK행을 삭제하고, 다시 외래 키를 설정하자. 이번에는 잘 될 것이다.

```
DELETE FROM buytbl WHERE userid = 'BBK';
ALTER TABLE buytbl
    ADD CONSTRAINT FK_usertbl_buytbl
    FOREIGN KEY (userID)
    REFERENCES usertbl (userID);
```

4-3 [그림 8-1] buytbl의 네 번째 데이터를 다시 입력해 보자.

```
INSERT INTO buytbl VALUES(NULL,'BBK', '모니터', '전자', 200,  5);
```

오류 메시지:
```
Error Code: 1452. Cannot add or update a child row: a foreign key constraint fails
(`tabledb`.`buytbl`, CONSTRAINT `FK_usertbl_buytbl` FOREIGN KEY (`userid`) REFERENCES
`usertbl` (`userID`))
```

외래 키가 연결되어 활성화된 상태이므로 새로 입력하는 데이터는 모두 외래 키 제약 조건을 만족해야 한다. BBK가 아직 usertbl에 없기 때문에 나오는 오류다.

물론, 여기서도 usertbl에 BBK를 입력한 후에 다시 buytbl에 입력해도 되지만 어떤 경우에는 대량의 buytbl을 먼저 모두 입력해야 하는 경우도 있을 것이다. 그 건수는 수백만 건 이상의 대용량일 수도 있다.

이럴 때는 buytbl에 데이터를 입력하는 동안에 잠시 외래 키 제약 조건을 비활성화 시키고, 데이터를 모두 입력한 후에 다시 외래 키 제약 조건을 활성화 시키면 된다.

```
SET foreign_key_checks = 0;
INSERT INTO buytbl VALUES(NULL, 'BBK', '모니터', '전자', 200,  5);
INSERT INTO buytbl VALUES(NULL, 'KBS', '청바지', '의류', 50,  3);
INSERT INTO buytbl VALUES(NULL, 'BBK', '메모리', '전자', 80, 10);
INSERT INTO buytbl VALUES(NULL, 'SSK', '책'   , '서적', 15,  5);
INSERT INTO buytbl VALUES(NULL, 'EJW', '책'   , '서적', 15,  2);
INSERT INTO buytbl VALUES(NULL, 'EJW', '청바지', '의류', 50,  1);
INSERT INTO buytbl VALUES(NULL, 'BBK', '운동화', NULL , 30,  2);
INSERT INTO buytbl VALUES(NULL, 'EJW', '책'   , '서적', 15,  1);
INSERT INTO buytbl VALUES(NULL, 'BBK', '운동화', NULL , 30,  2);
SET foreign_key_checks = 1;
```

입력이 잘 되었을 것이다. 시스템 변수인 foreign_key_checks는 외래 키 체크 여부를 설정하는데 기본 값은 1(On)이다. 이를 0(Off)으로 잠시 변경한 후 입력하는 방법을 사용했다. 종종 유용하게 사용되는 방법이므로 잘 기억해 두자. buytbl의 구성은 완료하였다.

step 5

이번에는 CHECK 제약 조건을 설정하자.

5-1 usertbl의 출생년도를 1900~2023까지만 입력되도록 하자. 또, NULL 값을 허용하지 말고 출생년도는 반드시 입력하도록 설정하자.

```
ALTER TABLE userTBL
    ADD CONSTRAINT CK_birthYear
    CHECK ( (birthYear >= 1900 AND birthYear <= 2023) AND (birthYear IS NOT NULL) );
```

오류 메시지:
```
Error Code: 3819. Check constraint 'CK_birthYear' is violated.
```

⚠ MySQL 8.0.15까지는 CHECK 제약 조건이 형식만 제공할 뿐 실제로 작동하지 않았다. 즉 위 구분은 오류없이 잘 수행되었다. MySQL 8.0.16 이후부터 오류가 발생한다.

오류가 발생했다. 이번 실습의 **step 2** 에서 김범수(KBS)의 출생년도는 모르는 것으로 NULL 값을 넣고, 김경호(KKH)의 출생년도를 1871년으로 잘못 입력했었다.

5-2 출생년도를 김범수는 1979년으로, 김경호는 1971년으로 수정하자.

```
UPDATE usertbl SET birthYear=1979 WHERE userID='KBS';
UPDATE usertbl SET birthYear=1971 WHERE userID='KKH';
```

5-3 5-1의 CHECK 제약 조건을 다시 설정하자. 이번에는 잘 설정될 것이다.

5-4 출생년도가 잘못된 값을 입력해 보자. 오류가 발생하고 입력되지 않을 것이다. 앞으로는 출생년도에 오류가 있는 데이터는 입력되지 않는다.

```
INSERT INTO usertbl VALUES('TKV', '태권뷔', 2999, '우주', NULL  , NULL , 186,
    '2023-12-12');
```

step 6

나머지 usertbl의 정상적인 데이터를 입력하자.

```
INSERT INTO usertbl VALUES('SSK', '성시경', 1979, '서울', NULL  , NULL , 186,
    '2013-12-12');
INSERT INTO usertbl VALUES('LJB', '임재범', 1963, '서울', '016', '6666666', 182,
    '2009-9-9');
INSERT INTO usertbl VALUES('YJS', '윤종신', 1969, '경남', NULL  , NULL , 170,
    '2005-5-5');
INSERT INTO usertbl VALUES('EJW', '은지원', 1972, '경북', '011', '8888888', 174,
    '2014-3-3');
INSERT INTO usertbl VALUES('JKW', '조관우', 1965, '경기', '018', '9999999', 172,
    '2010-10-10');
INSERT INTO usertbl VALUES('BBK', '바비킴', 1973, '서울', '010', '0000000', 176,
    '2013-5-5');
```

step 7

이제부터는 정상적으로 운영하면 된다.

step 8

이번에는 바비킴 회원이 자신의 ID를 변경해달라고 한다. 즉, BBK가 아니라 VVK로 변경하는 경우다.

8-1 UPDATE문으로 변경해 보자.

```
UPDATE usertbl SET userID = 'VVK' WHERE userID='BBK';
```

오류 메시지:
Error Code: 1451. Cannot delete or update a parent row: a foreign key constraint fails (`tabledb`.`buytbl`, CONSTRAINT `FK_usertbl_buytbl` FOREIGN KEY (`userid`) REFERENCES `usertbl` (`userID`))

역시 외래 키와 관련된 오류가 발생했다. BBK는 이미 buytbl에서 구매한 기록이 있으므로 바뀌지 않는 것이다. 어떻게 할까? 앞에서 나왔듯이 잠깐 제약 조건을 비활성화한 후에, 데이터를 변경하고 다시 활성화 시켜 보자.

8-2 앞에서 배운 시스템 변수인 foreign_key_checks를 활용해 보자.

```
SET foreign_key_checks = 0;
UPDATE usertbl SET userID = 'VVK' WHERE userID='BBK';
SET foreign_key_checks = 1;
```

정상적으로 수행이 잘 되었을 것이다.

8-3 이번에는 구매 테이블(buytbl)의 사용자에게 물품 배송을 위해서, 회원 테이블과 조인시켜 보자. 즉, 구매한 회원 아이디, 회원 이름, 구매한 제품, 주소, 연락처가 출력되게 하자.

(다음 구문이 이해가 안되면, chapter 07의 INNER JOIN 부분을 다시 살펴본다.)

```
SELECT B.userid, U.name, B.prodName, U.addr, CONCAT(U.mobile1, U.mobile2)  AS '연락처'
   FROM buytbl B
      INNER JOIN usertbl U
         ON B.userid = U.userid ;
```

userid	name	prodName	addr	연락처
KBS	김범수	운동화	경남	0112222222
KBS	김범수	노트북	경남	0112222222
JYP	조용필	모니터	경기	0114444444
KBS	김범수	청바지	경남	0112222222
SSK	성시경	책	서울	NULL
EJW	은지원	책	경북	0118888888
EJW	은지원	청바지	경북	0118888888
EJW	은지원	책	경북	0118888888

[그림 8-21] 결과 값 1

잘 나온 것 같지만 눈치 빠른 독자는 뭔가 이상한 점을 느꼈을 것이다. 구매한 개수가 [그림 8-1]에는 12건이고 앞에서 12건을 모두 입력했는데 지금은 8건밖에 나오지가 않았다. 4건은 어디 갔을까?

8-4 혹시 구매 테이블에 8건만 입력된 것은 아닌지 확인하자.

```
SELECT COUNT(*) FROM buytbl;
```

데이터의 건수는 12건이 제대로 나왔을 것이다.

8-5 그렇다면 외부 조인^{OUTER JOIN}으로 구매 테이블의 내용은 모두 출력되도록 해보자. 그리고 아이디로 정렬해 보자.

```
SELECT B.userid, U.name, B.prodName, U.addr, CONCAT(U.mobile1, U.mobile2) AS '연락처'
   FROM buytbl B
      LEFT OUTER JOIN usertbl U
         ON B.userid = U.userid
   ORDER BY B.userid ;
```

userid	name	prodName	addr	연락처
BBK	NULL	모니터	NULL	NULL
BBK	NULL	메모리	NULL	NULL
BBK	NULL	운동화	NULL	NULL
BBK	NULL	운동화	NULL	NULL
EJW	은지원	책	경북	0118888888
EJW	은지원	청바지	경북	0118888888
EJW	은지원	책	경북	0118888888
JYP	조용필	모니터	경기	0114444444
KBS	김범수	운동화	경남	0112222222
KBS	김범수	노트북	경남	0112222222
KBS	김범수	청바지	경남	0112222222
SSK	성시경	책	서울	NULL

[그림 8-22] 결과 값 2

결과 값을 확인해 보니 BBK라는 아이디를 가진 회원은 이름, 주소, 연락처가 없다. 즉, usertbl에는 존재하지 않는다. 앗! 기억이 난다. 우리가 앞에서 바비킴(BBK)의 아이디를 'VVK'로 변경해서 이러한 현상이 발생했다. 그러므로, 함부로 외래 키 제약 조건을 끊고 데이터를 수정하는 것은 주의해야 한다.

8-6 우선 바비킴의 아이디를 원래 것으로 돌려 놓자.

```
SET foreign_key_checks = 0;
UPDATE usertbl SET userID = 'BBK' WHERE userID='VVK';
SET foreign_key_checks = 1;
```

일단은 정상적으로 돌아왔다. **8-3** 또는 **8-5**의 쿼리를 다시 수행하면 정상적으로 바비킴의 이름과 주소가 나올 것이다.

8-7 이러한 문제를 없애기 위해서 만약 회원 테이블의 userID가 바뀔 때 이와 관련되는 구매 테이블의 userID도 자동 변경되도록 하고 싶다.

외래 키 제약 조건을 삭제한 후에 다시 **ON UPDATE CASCADE** 옵션과 함께 설정한다.

```
ALTER TABLE buytbl
    DROP FOREIGN KEY FK_usertbl_buytbl;
ALTER TABLE buytbl
    ADD CONSTRAINT FK_usertbl_buytbl
        FOREIGN KEY (userID)
        REFERENCES usertbl (userID)
        ON UPDATE CASCADE;
```

8-8 usertbl의 바비킴의 ID를 다시 변경하고, buytbl에도 바뀌었는지 확인해 본다.

```
UPDATE usertbl SET userID = 'VVK' WHERE userID='BBK';
SELECT B.userid, U.name, B.prodName, U.addr, CONCAT(U.mobile1, U.mobile2) AS '연락처'
    FROM buytbl B
```

```
        INNER JOIN usertbl U
            ON B.userid = U.userid
    ORDER BY B.userid;
```

	userid	name	prodName	addr	연락처
▶	EJW	은지원	책	경북	0118888888
	EJW	은지원	청바지	경북	0118888888
	EJW	은지원	책	경북	0118888888
	JYP	조용필	모니터	경기	0114444444
	KBS	김범수	운동화	경남	0112222222
	KBS	김범수	노트북	경남	0112222222
	KBS	김범수	청바지	경남	0112222222
	SSK	성시경	책	서울	NULL
	VVK	바비킴	모니터	서울	0100000000
	VVK	바비킴	메모리	서울	0100000000
	VVK	바비킴	운동화	서울	0100000000
	VVK	바비킴	운동화	서울	0100000000

[그림 8-23] 결과 값 3

buytbl의 ID도 BBK에서 VVK로 변경되었다.

8-9 이번에는 바비킴(VVK)이 회원을 탈퇴하면(= 회원 테이블에서 삭제되면) 구매한 기록도 삭제되는지 확인하자.

```
    DELETE FROM usertbl WHERE userID = 'VVK';
```

역시 외래 키 제약 조건 때문에 삭제되지 않았다. 이런 경우에는 기준 테이블의 행 데이터를 삭제할 때, 외래 키 테이블의 연관된 행 데이터도 함께 삭제되도록 설정할 필요가 있다.

8-10 ON DELETE CASCADE문을 추가하면 된다.

```
    ALTER TABLE buytbl
        DROP FOREIGN KEY FK_usertbl_buytbl;
    ALTER TABLE buytbl
        ADD CONSTRAINT FK_usertbl_buytbl
            FOREIGN KEY (userID)
            REFERENCES usertbl (userID)
            ON UPDATE CASCADE
            ON DELETE CASCADE;
```

8-11 다시 삭제한 후에 buytbl에도 따라 삭제되었는지 확인해 보자.

```
    DELETE FROM usertbl WHERE userID = 'VVK';
    SELECT * FROM buytbl ;
```

num	userid	prodName	groupName	price	amount
1	KBS	운동화	NULL	30	2
2	KBS	노트북	전자	1000	1
3	JYP	모니터	전자	200	1
8	KBS	청바지	의류	50	3
10	SSK	책	서적	15	5
11	EJW	책	서적	15	2
12	EJW	청바지	의류	50	1
14	EJW	책	서적	15	1

[그림 8-24] 결과 값 4

바비킴(VVK)이 구매한 기록 4건은 삭제되고, 전체 8건만 남아 있음을 확인할 수 있다.

step 9

이번에는 usertbl에서 CHECK 제약 조건이 걸린 출생년도^{birthYear}열을 삭제해 보자.

9-1 ALTER TABLE로 출생년도을 삭제하자.

```
ALTER TABLE usertbl
    DROP COLUMN birthYear ;
```

잘 삭제된다. MySQL은 CHECK 제약 조건이 설정된 열은 제약 조건을 무시하고 제거한다.

⚠ 다른 DBMS에서는 CHECK 제약 조건이 설정된 열은 삭제되지 않는다.

이상으로 테이블의 제약 조건에 대한 실습을 마치겠다. 이번 실습으로 충분히 제약 조건의 개념과 사용법에 대해서 익혔을 것이다.

8.2 뷰

뷰^{View}는 일반 사용자 입장에서는 테이블과 동일하게 사용하는 개체다. 뷰는 한 번 생성해 놓으면 테이블이라고 생각하고 사용해도 될 정도로 사용자들의 입장에서는 테이블과 거의 동일한 개체로 여겨진다.

8.2.1 뷰의 개념

쿼리 창에서 SELECT문을 수행해서 나온 결과를 생각해 보자.

[그림 8-25] 테이블을 쿼리와 그 결과

SELECT에서 아이디, 이름, 주소를 가져와서 출력한 결과다. 그런데, 출력된 결과를 보니 SELECT의 결과가 결국 테이블의 모양을 가지고 있는 것이 확인된다.

즉, [그림 8-25]에서 나온 결과를 userID, name, addr의 3개의 열을 가진 테이블로 봐도 무방하지 않을까?

뷰는 바로 이러한 개념이다. 그래서, 뷰의 실체는 SELECT문이 되는 것이다. 위의 예를 보면 **SELECT userID, name, addr FROM usertb**문의 결과를 v_usertbl이라고 부른다면, 앞으로는 v_usertbl을 그냥 테이블이라고 생각하고 접근하면 될 것 같다.

이렇게 뷰를 생성하는 구문은 다음과 같다.

```
USE tabledb;
CREATE VIEW v_usertbl
AS
    SELECT userid, name, addr FROM usertbl;
```

이제는 뷰를 새로운 테이블로 생각하고 접근하면 된다.

```
SELECT * FROM v_usertbl;  -- 뷰를 테이블이라고 생각해도 무방
```

	userid	name	addr
▶	BBK	바비킴	서울
	EJW	은지원	경북
	JKW	조관우	경기
	JYP	조용필	경기
	KBS	김범수	경남
	KKH	김경호	전남
	LJB	임재범	서울
	LSG	이승기	서울
	SSK	성시경	서울
	YJS	윤종신	경남

[그림 8-26] 뷰의 쿼리 결과

뷰를 생성한 후에는 생성한 뷰를 그냥 테이블처럼 생각하고 접근하니 원래의 테이블을 접근한 것과
동일한 결과를 얻을 수 있었다. [그림 8-27]은 이를 그림으로 나타낸 것이다.

[그림 8-27] 뷰의 작동 방식

[그림 8-27]에서 사용자는 뷰를 그냥 테이블이라고 생각하고 접근하면 MySQL이 나머지는 알아서
처리해 준다.

그렇다면 뷰는 수정이 가능할까? 뷰는 기본적으로 '읽기 전용'으로 많이 사용되지만, 뷰를 통해서 원
테이블의 데이터를 수정할 수도 있다. 뷰를 통해서 테이블의 데이터를 수정하는 것이 그다지 바람직
하지는 않지만, 꼭 필요한 경우도 있을 수 있으니 어떠한 제한이 있는지 알아둘 필요는 있다. 이 내
용은 잠시 후에 살펴보자.

8.2.2 뷰의 장점

그렇다면 뷰를 사용하는 이유는 무엇일까? 뷰를 사용해서 얻을 수 있는 장점은 여러 가지가 있다.

① 보안에 도움이 된다

[그림 8-27]에서 뷰 v_usertbl에는 사용자의 이름과 주소만이 있을 뿐, 사용자의 중요한 개인정보
인 출생년도, 연락처, 키, 가입일 등의 정보는 들어 있지 않다.

예를 들어 아르바이트생을 고용해서 회원의 이름과 주소를 확인하는 작업을 시킨다고 가정하자. 그런데, 이 아르바이트생에게 테이블 usertbl을 접근하도록 한다면, 사용자의 중요 개인정보(키, 가입일 등)까지 모두 볼 수 있을 것이다. 이를 방지하기 위해서 테이블의 데이터를 열로 분할할 수도 있겠지만 데이터의 일관성 및 관리가 무척 복잡해져서 배보다 배꼽이 커지는 결과를 낳을 수도 있다.

이런 경우 [그림 8-27]과 같이 아이디, 이름, 주소만 보이는 뷰를 생성해서 아르바이트생은 usertbl에 접근하지 못하도록 권한을 제한하고 뷰에만 접근 권한을 준다면 이러한 문제가 쉽게 해결될 수 있다.

② 복잡한 쿼리를 단순화 시켜 줄 수 있다

다음은 물건을 구매한 회원들에 대한 쿼리다.

```
SELECT U.userid, U.name, B.prodName, U.addr, CONCAT(U.mobile1, U.mobile2) AS '연락처'
FROM usertbl U
   INNER JOIN buytbl B
      ON U.userid = B.userid ;
```

좀 복잡하다. 만약 이 쿼리를 자주 사용해야 한다면 사용자들은 매번 위와 같은 복잡한 쿼리를 입력해야 할 것이다. 이를 뷰로 생성해 놓고 사용자들은 해당 뷰만 접근하면 간단히 해결된다.

```
CREATE VIEW v_userbuytbl
AS
SELECT U.userid, U.name, B.prodName, U.addr, CONCAT(U.mobile1, U.mobile2) AS '연락처'
FROM usertbl U
     INNER JOIN buytbl B
      ON U.userid = B.userid ;
```

접근할 경우에는 v_userbuytbl을 그냥 테이블이라 생각하고 접근하면 된다. WHERE절도 사용할 수 있다. '김범수'의 구매 기록을 알고 싶다면 다음과 같이 사용하면 된다.

```
SELECT * FROM v_userbuytbl WHERE name = '김범수';
```

	userid	name	prodName	addr	연락처
▶	KBS	김범수	운동화	경남	0112222222
	KBS	김범수	노트북	경남	0112222222
	KBS	김범수	청바지	경남	0112222222

[그림 8-28] 뷰의 쿼리 결과

실습6

뷰를 생성해서 활용하자.

step 0

Workbench를 종료하고 새로 실행한 후, 저장해 놓은 sqlDB.sql을 이용해서 sqldb 데이터베이스를 초기화 시키자.

⚠ 방법이 기억나지 않으면 chapter 06 〈실습 2〉의 **step 6** 을 참조한다. C:\SQL\sqlDB.sql 파일이 없는 독자는 chapter 06의 〈실습 2〉를 다시 수행하거나 책의 사이트(https://cafe.naver.com/thisisMySQL)에서 sqlDB.sql을 다운로드해서 C:\SQL\에 저장하자.

step 1

기본적인 뷰를 생성한다. 뷰의 생성 시에 뷰에서 사용될 열의 이름을 변경할 수도 있다.

```
USE sqldb;
CREATE VIEW v_userbuytbl
AS
    SELECT U.userid AS 'USER ID', U.name AS 'USER NAME', B.prodName AS 'PRODUCT NAME',
    U.addr, CONCAT(U.mobile1, U.mobile2) AS 'MOBILE PHONE'
        FROM usertbl U
    INNER JOIN buytbl B
        ON U.userid = B.userid;

    SELECT `USER ID`, `USER NAME` FROM v_userbuytbl; -- 주의! 백틱을 사용한다.
```

	USER ID	USER NAME
▶	BBK	바비킴
	BBK	바비킴
	BBK	바비킴
		김범수
	KBS	김범수
	KBS	김범수
	SSK	성시경

[그림 8-29] 쿼리 실행 결과

뷰의 수정은 ALTER VIEW 구문을 사용하면 된다. 한글 열 이름도 가능하다. (호환성 문제로 별로 권장하지는 않는다.)

```
ALTER VIEW v_userbuytbl
AS
    SELECT U.userid AS '사용자 아이디', U.name AS '이름', B.prodName AS '제품 이름',
    U.addr, CONCAT(U.mobile1, U.mobile2)  AS '전화 번호'
        FROM usertbl U
            INNER JOIN buytbl B
                ON U.userid = B.userid ;

SELECT `이름`,`전화 번호` FROM v_userbuytbl; -- 주의 ! 백틱을 사용한다.
```

뷰의 삭제는 DROP VIEW를 사용하면 된다.

```
DROP VIEW v_userbuytbl;
```

뷰에 대한 정보를 확인해 보자.

4-1 간단한 뷰를 다시 생성하자.

⚠ CREATE VIEW는 기존에 뷰가 있으면 오류가 발생하지만, CREATE OR REPLACE VIEW는 기존에 뷰가 있어도 덮어쓰는 효과를 내기 때문에 오류가 발생하지 않는다. 즉, DROP VIEW와 CREATE VIEW를 연속 쓴 효과를 갖는다.

```
USE sqldb;
CREATE OR REPLACE VIEW v_usertbl
AS
    SELECT userid, name, addr FROM usertbl;
```

4-2 뷰의 정보를 확인해 보자.

```
DESCRIBE v_usertbl;
```

	Field	Type	Null	Key	Default	Extra
▶	userid	char(8)	NO		NULL	
	name	varchar(10)	NO		NULL	
	addr	char(2)	NO		NULL	

[그림 8-30] 뷰 정보 확인

마치 테이블과 동일하게 보여준다. 주의할 점은 PRIMARY KEY 등의 정보는 확인되지 않는다는 점이다.

4-3 이번에는 뷰의 소스 코드를 확인해 보자. 결과 전체가 안보이면 왼쪽 [Form Editor]를 클릭하자.

```
SHOW CREATE VIEW v_usertbl;
```

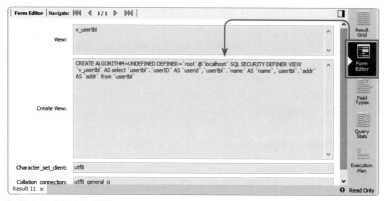

[그림 8-31] 뷰 소스 확인

---

step 5

뷰를 통해서 데이터를 변경해 보자.

5-1 v_usertbl 뷰를 통해 데이터를 수정해 보자.

```
UPDATE v_usertbl SET addr = '부산' WHERE userid='JKW' ;
```

수정이 성공적으로 수행된다.

5-2 데이터를 입력해 보자.

```
INSERT INTO v_usertbl(userid, name, addr) VALUES('KBM','김병만','충북') ;
```

```
오류 메시지:
Error Code: 1423. Field of view 'sqldb.v_usertbl' underlying table doesn't have a
default value
```

v_usertbl이 참조하는 테이블 usertbl의 열 중에서 birthYear열은 NOT NULL로 설정되어서 반드시 값을 입력해 주거나 DEFAULT가 지정되어 있으면 된다. 하지만 현재의 v_usertbl에서는 birthYear를 참조하고 있지 않으므로 값을 입력할 수 없다.

값을 v_usertbl을 통해서 입력하고 싶다면 v_usertbl에 birthYear를 포함하도록 재정의하거나 usertbl에서 birthYear를 NULL 또는 DEFAULT 값을 지정해야 한다.

이번에는 그룹 함수를 포함하는 뷰를 정의해 보자.

6-1 SUM() 함수를 사용하는 뷰를 간단히 정의해 보자. 당연히 결과는 잘 나왔다.

```
CREATE VIEW v_sum
AS
  SELECT userid AS 'userid', SUM(price*amount) AS 'total'
      FROM buytbl GROUP BY userid;

SELECT * FROM v_sum;
```

userid	total
BBK	1920
EJW	95
JYP	200
KBS	1210
SSK	75

[그림 8-32] 그룹 함수를 뷰에 포함시킴

6-2 v_sum 뷰를 통해서 데이터의 수정이 될까? 당연히 SUM() 함수를 사용한 뷰를 수정할 수는 없다. 시스템 데이터베이스 중 하나인 INFORMATION_SCHEMA의 VIEWS 테이블에서 전체 시스템에 저장된 뷰에 대한 다양한 정보를 가지고 있다.

```
SELECT * FROM INFORMATION_SCHEMA.VIEWS
    WHERE TABLE_SCHEMA = 'sqldb' AND TABLE_NAME = 'v_sum';
```

TABLE_CATALOG	TABLE_SCHEMA	TABLE_NAME	VIEW_DEFINITION	CHECK_OPTION	IS_UPDATABLE	DEFINER	SECURITY_TYPE
def	sqldb	v_sum	select `sqldb`.`buytbl`.`userID` AS `userid`,...	NONE	NO	root@localhost	DEFINER

[그림 8-33] 뷰의 정보 확인

IS_UPDATABLE열이 NO로 되어 있으므로, 이 뷰를 통해서는 데이터를 변경(INSERT, UPDATE, DELETE)할 수 없다.

이 외에도 뷰를 통해서 데이터의 수정이나 삭제할 수 없는 경우는 다음과 같다.

- 집계 함수를 사용한 뷰(집계 함수는 chapter 06에서 설명했다.)
- UNION ALL, JOIN 등을 사용한 뷰
- DISTINCT, GROUP BY 등을 사용한 뷰

지정한 범위로 뷰를 생성하고 데이터를 입력하자.

7-1 키가 177 이상인 뷰를 생성하자.

```
CREATE VIEW v_height177
AS
  SELECT * FROM usertbl WHERE height >= 177 ;

SELECT * FROM v_height177 ;
```

	userID	name	birthYear	addr	mobile1	mobile2	height	mDate
▶	KKH	김경호	1971	전남	019	3333333	177	2007-07-07
	LJB	임재범	1963	서울	016	6666666	182	2009-09-09
	LSG	이승기	1987	서울	011	1111111	182	2008-08-08
	SSK	성시경	1979	서울	NULL	NULL	186	2013-12-12

[그림 8-34] 범위를 지정한 뷰

7-2 v_height177 뷰에서 키가 177이하인 데이터를 삭제하자.

```
DELETE FROM v_height177 WHERE height < 177 ;
```

결과 메시지:
0 row(s) affected

당연히 v_height177 뷰에는 177 미만인 데이터가 없으므로 삭제될 것이 없다.

7-3 v_height177 뷰에서 키가 177 미만인 데이터를 입력해 보자.

```
INSERT INTO v_height177 VALUES('KBM', '김병만', 1977 , '경기', '010', '5555555', 158,
    '2023-01-01') ;
```

결과 메시지:
1 row(s) affected

일단 입력은 된다. v_height177 뷰를 확인해 보라. 입력된 값이 보이지 않을 것이다. 입력이 되더라도 입력된 값은 키가 177 미만이므로 v_height177 뷰에는 보이지 않는다. 직접 usertbl을 확인해야 김병만이 보인다.

7-4 그런데 키가 177 이상인 뷰를 통해서 158의 키를 입력한 것은 별로 바람직해 보이지 않는다. 즉, 예상치 못한 경로를 통해서 입력되지 말아야 할 데이터가 입력된 듯한 느낌이 든다. 키가 177 이상인 뷰이므로 177 이상의 데이터만 입력되는 것이 바람직할 듯하다. 이럴 때는 **WITH CHECK OPTION**문을 사용하면 된다.

```
ALTER VIEW v_height177
AS
  SELECT * FROM usertbl WHERE height >= 177
      WITH CHECK OPTION ;

INSERT INTO v_height177 VALUES('SJH', '서장훈', 2006 , '서울', '010', '3333333', 155,
    '2023-3-3') ;

오류 메시지:
Error Code: 1369. CHECK OPTION failed 'sqldb.v_height177'
```

키가 177 미만은 이제는 입력이 되지 않고, 177 이상의 데이터만 입력될 것이다.

---

step 8

두 개 이상의 테이블이 관련되는 복합 뷰를 생성하고 데이터를 입력하자.

```
CREATE VIEW v_userbuytbl
AS
  SELECT U.userid, U.name, B.prodName, U.addr, CONCAT(U.mobile1, U.mobile2) AS mobile
    FROM usertbl U
      INNER JOIN buytbl B
        ON U.userid = B.userid ;

INSERT INTO v_userbuytbl VALUES('PKL','박경리','운동화','경기','00000000000','2023-2-2');

오류 메시지:
Error Code: 1394. Can not insert into join view 'sqldb.v_userbuytbl' without fields
list
```

두 개 이상의 테이블이 관련된 뷰는 업데이트할 수 없다.

---

step 9

뷰가 참조하는 테이블을 삭제해보자.

9-1 두 테이블을 삭제한다.

```
DROP TABLE IF EXISTS buytbl, usertbl;
```

9-2 뷰를 다시 조회해 본다.

```
SELECT * FROM v_userbuytbl;
```

오류 메시지:

Error Code: 1356. View 'sqldb.v_userbuytbl' references invalid table(s) or column(s) or function(s) or definer/invoker of view lack rights to use them

당연히 참조하는 테이블이 없기 때문에 조회할 수 없다는 메시지가 나온다.

9-3 뷰의 상태를 체크해 보자.

```
CHECK TABLE v_userbuytbl;
```

Table	Op	Msg_type	Msg_text
sqldb.v_userbuytbl	check	Error	Table 'sqldb.usertbl' doesn't exist
sqldb.v_userbuytbl	check	Error	View 'sqldb.v_userbuytbl' references invalid table(s) or column(s) or function(s) or definer/invoker of view lack rights to use them
sqldb.v_userbuytbl	check	error	Corrupt

[그림 8-35] 뷰 상태 확인

뷰가 참조하는 테이블이 없는 것을 확인할 수 있다.

☼ **비타민 퀴즈 8-4**

Linux 가상머신에 접속해서 텍스트 모드에서 〈실습 6〉을 진행해 보자.

[힌트 1] 한글 열 이름은 지원되지 않으므로 생략한다.

[힌트 2] **SHOW CREATE VIEW 뷰이름\G**를 사용하면 코드가 깔끔하게 보인다.

이상으로 테이블과 뷰에 대한 소개와 설명을 마치겠다. 좀 더 세부적인 뷰의 내용이 더 있지만, 필자가 소개한 정도의 뷰의 개념과 기능을 사용할 수 있다면 일반적으로 MySQL을 운영하는데 충분할 것이다.

8.3 테이블스페이스

소용량의 데이터를 다룰 때는 테이블이 저장되는 물리적 공간인 '테이블스페이스^{Tablespace}'에 대해서 별로 신경쓰지 않아도 되지만, 대용량의 데이터를 다룰 때는 성능 향상을 위해서 테이블스페이스에 대한 설정을 하는 것이 좋다.

8.3.1 테이블스페이스의 개념

데이터베이스가 테이블이 저장되는 논리적 공간이라면, 테이블스페이스는 테이블이 실제로 저장되는 물리적인 공간을 말한다. 지금까지는 테이블을 생성할 때 별도의 테이블스페이스를 지정하지 않았기 때문에 시스템 테이블스페이스^{System Tablespace}에 테이블이 저장되었다. 시스템 테이블스페이스에 대한 정보는 시스템 변수 innodb_data_file_path에 관련 내용이 저장되어 있다.

```
SHOW VARIABLES LIKE 'innodb_data_file_path';
```

Variable_name	Value
innodb_data_file_path	ibdata1:12M:autoextend

[그림 8-36] 시스템 변수 확인

값의 정보는 '파일명:파일크기:최대파일크기'를 의미하는데, 기본적으로 파일은 ibdata1이고, 파일 크기는 12MB, 최대 파일 크기는 허용하는 최대값까지 자동 증가한다. MySQL 8.0에서 테이블스페이스 파일은 기본적으로 'C:\Programdata\MySQL\MySQL Server 8.0\Data' 폴더에 저장되어 있다.

[그림 8-37] 시스템 테이블스페이스 파일 확인

8.3.2 성능 향상을 위한 테이블스페이스 추가

기본 설정은 모든 테이블이 시스템 테이블스페이스에 저장되지만, 대용량 테이블을 동시에 여러 개 사용하는 상황이라면 테이블마다 별도의 테이블스페이스에 저장하는 것이 성능에 효과적이다. 다음 과 같이 각 테이블스페이스마다 별도의 대용량 테이블을 저장하는 상황을 가정해 보자.

[그림 8-38] 테이블스페이스가 분리된 테이블

간단한 실습을 통해서 테이블스페이스의 사용법을 익혀보자.

> 실습7

대용량의 데이터를 운영한다는 가정하에, 테이블스페이스를 분리해서 사용해 보자.

> step 0

먼저 각 테이블이 별도의 테이블스페이스에 저장되도록 시스템 변수 innodb_file_per_table이 ON으로 설정되어 있어야 한다. MySQL 8.0은 기본적으로 ON으로 설정되어 있다. 확인만 해보자.

```
SHOW VARIABLES LIKE 'innodb_file_per_table;
```

Variable_name	Value
▶ innodb_file_per_table	ON

[그림 8-39] 시스템 변수 확인

> step 1

[그림 8-38]에 나온 3개의 테이블 스페이스를 생성하자.

```
CREATE TABLESPACE ts_a ADD DATAFILE 'ts_a.ibd';
CREATE TABLESPACE ts_b ADD DATAFILE 'ts_b.ibd';
CREATE TABLESPACE ts_c ADD DATAFILE 'ts_c.ibd';
```

⚠️ 테이블스페이스는 데이터베이스와 관련이 없다. 그러므로 USE문으로 데이터베이스를 선택할 필요가 없다. 또한, 테이블스페이스의 확장명은 꼭 ibd이여야 한다.

step 2

파일 탐색기에서 'C:\Programdata\MySQL\MySQL Server 8.0\Data' 폴더를 확인해 보자. 아직은 빈 테이블스페이스여서 파일의 크기가 상당히 작을 것이다.

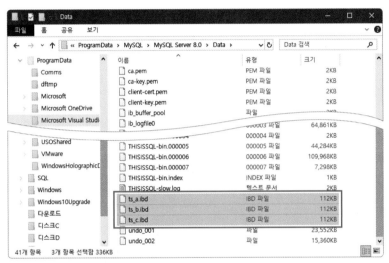

[그림 8-40] 테이블스페이스 파일 확인

step 3

[그림 8-38]처럼 각 테이블스페이스에 파일을 생성하자.

3-1 간단히 CREATE TABLE문으로 테이블을 생성할 때, 제일 뒤에 TABLESPACE문으로 저장하고자 하는 테이블스페이스를 지정하면 된다.

```
USE sqldb;
CREATE TABLE table_a (id INT) TABLESPACE ts_a;
```

3-2 테이블을 만든 후에 ALTER TABLE문으로 테이블스페이스를 변경할 수도 있다.

```
CREATE TABLE table_b (id INT);
ALTER TABLE table_b TABLESPACE ts_b;
```

대용량의 테이블을 복사한 후, 테이블스페이스를 지정해 보자.

4-1 employees 데이터베이스의 salaries 테이블에는 약 280만 건의 데이터가 저장되어 있다.

```
CREATE TABLE table_c (SELECT * FROM employees.salaries);
ALTER TABLE table_c TABLESPACE ts_c;
```

```
오류 메시지 :
Error Code: 2013. Lost connection to MySQL server during query
```

오류가 발생했다. 이유는 쿼리의 응답을 기다리는 시간이 너무 짧게 설정되어 있어서 그렇다.

4-2 Workbench 메뉴의 [Edit] ≫ [Preferences]를 선택한 후, 왼쪽에서 [SQL Editor]를 선택한다. 그리고 [MySQL Session] 부분의 'DBMS connection read timeout interval'과 'DBMS connection timeout interval' 두 개를 0으로 설정하고 〈OK〉를 클릭한다. 0은 시간 제한을 없애는 것이다.

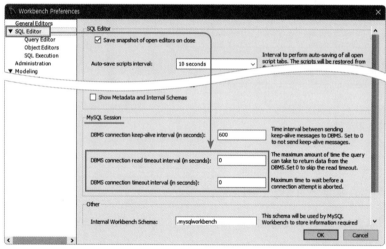

[그림 8-41] 세션 설정 시간 변경

4-3 **DROP TABLE table_c**문으로 테이블을 삭제한 후 다시 **3-1**의 쿼리를 실행하자. root의 암호를 물으면 '1234'를 입력한다. 한참 후에 쿼리가 성공적으로 실행될 것이다.

4-4 다시 파일 탐색기에서 C테이블스페이스(ts_c.ibd)를 확인해 보자. 파일 크기가 상당히 커진 것을 알 수 있다.

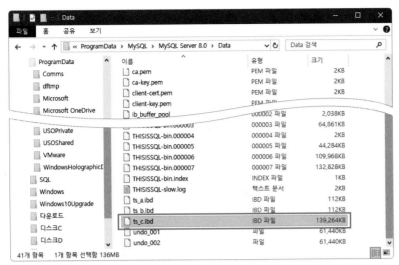

[그림 8-42] 테이블스페이스 파일 확인

이상으로 테이블스페이스에 대한 내용을 파악해 보았다. 소용량의 데이터를 사용할 경우에는 특별히 테이블스페이스를 신경쓰지 않아도 되지만, 대용량의 데이터를 운영할 경우에는 성능 향상을 위해서 테이블스페이스의 분리를 적극적으로 고려해 보는 것이 바람직하겠다.

인덱스

인덱스를 생성하는 문법은 'ALTER TABLE… ADD INDEX…' 또는 'CREATE INDEX …'의 형식만 갖추면 된다. 아주 쉽다. 하지만, 이러한 문법을 잘 외워봐야 별 의미가 없으며, 오히려 인덱스의 개념과 특성을 잘 이해하지 못하고 무분별하게 인덱스를 사용한다면 인덱스를 사용하지 않는 것보다 못할 결과를 낼 수도 있다.

인덱스의 개념을 잘 파악하는 것은 매우 중요한 일이므로 필자는 몇 번 반복해서 비슷한 패턴을 설명하게 될 것이다. 처음에는 단순한 개념에서 점점 실제로 사용되는 것과 가까운 개념들을 설명할 것이다. 혹시, 비슷한 내용이 반복되더라도 확실한 개념 파악을 위한 것이므로 잘 읽거나 직접 실습해 보기 바란다.

chapter 09의 핵심 개념

chapter 09에서는 데이터베이스 성능을 위해 중요한 역할을 하는 인덱스에 대해서 살펴본다. chapter 09의 핵심 개념은 다음과 같다.

1. 인덱스를 생성하면 검색 속도가 무척 빨라질 수 있다.

2. 인덱스의 종류로는 클러스터형 인덱스Clustered Index와 보조 인덱스Secondary Index가 있다.

3. 클러스터형 인덱스는 영어사전으로, 보조 인덱스는 책 뒤의 찾아보기로 비유할 수 있다.

4. Primary Key, Unique를 설정한 열에는 자동으로 인덱스가 생성된다.

5. 인덱스는 B-Tree 구조를 갖는다.

6. 클러스터형 인덱스는 테이블에 1개만 생성할 수 있으며, 보조 인덱스는 테이블에 여러 개를 생성할 수 있다.

7. 인덱스의 생성, 삭제를 위해서는 CREATE INDEX/ DROP INDEX문을 사용할 수 있다.

8. 클러스터형 인덱스가 보조 인덱스보다 검색 성능이 더 좋다.

---

chapter 09의 학습 흐름

인덱스의 종류

⬇

제약 조건과 관련되는 인덱스

⬇

인덱스의 내부 작동

⬇

인덱스의 생성법

⬇

인덱스의 성능

⬇

인덱스를 생성해야 하는 경우

9.1 인덱스의 개념

인덱스의 개념을 설명할 때 가장 쉬운 것은 책의 예를 드는 것이다. 독자가 데이터베이스 이론에 관련된 책을 보고 있다고 가정해 보자.

필자가 **책에서 '폭포수 모델'이라는 단어가 나온 부분을 찾아보세요.**라고 했다면 독자는 어떻게 할 것인가?

어떤 독자는 책의 첫 페이지부터 찾아보겠지만, 조금 센스(?) 있는 독자라면 책의 제일 뒤에 있는 〈찾아보기〉를 볼 것이다. 책의 제일 뒤의 〈찾아보기〉는 가나다 순서로 이미 정렬되어 있어서 'ㅍ' 부분을 찾아보면 그 중에서 쉽게 '폭포수 모델' 단어를 찾을 수 있을 것이다. 그리고 그 옆에 페이지 번호가 적혀 있어서 그 페이지를 바로 펼치면 빨리 원하는 내용을 찾을 수 있다.

[그림 9-1] 책의 '찾아보기' 개념

그런데, 어떤 책은 책의 뒷부분에 〈찾아보기〉가 없는 책들도 종종 있다. 그럴 경우에는 어떻게 할까? 책을 첫 페이지부터 넘겨가며 확인해 보는 수밖에 없다. 혹시 운이 좋아서 책의 앞부분에서 폭포수 모델이라는 글자를 찾았다고 좋아할 필요는 없다. 폭포수 모델이라는 글자가 꼭 한 번만 나온다는 보장이 없으므로, 혹시 앞에서 나왔어도 또 나올 수 있으므로 어차피 책의 끝페이지까지 계속 찾아봐야 한다.

〈찾아보기〉가 있는 책의 경우에는 혹시 몇 개의 페이지에 폭포수 모델이 나와 있어도 그 몇 개 페이지가 모두 〈찾아보기〉에 표시되기 때문에 책을 몇 번만 왔다갔다하며 펼치면 해당 내용을 모두 찾을 수 있다.

지금 얘기한 〈찾아보기〉는 MySQL의 인덱스와 상당히 비슷한 개념이다.

지금까지 우리가 사용한 테이블은 인덱스를 별로 고려하지 않았다. 즉, 뒤쪽에 〈찾아보기〉가 없는 책과 마찬가지의 테이블을 사용해 왔다. 그런데도 별 문제가 되지 않은 이유는 데이터의 양이 적었기 때문에 꼭 인덱스를 만들지 않아도 성능에는 별 문제가 되지 않았다. 책으로 치면 2~3페이지 분량의 책이어서 〈찾아보기〉가 없어도 별 불편이 없는 것과 마찬가지다.

수천 페이지로 구성된 아주 두꺼운 책을 생각해 보자. 책 뒤에 〈찾아보기〉가 없다면 책에서 무엇을 하나 찾을 때 몇 시간씩 걸릴 수가 있다. 그런데 만약 〈찾아보기〉가 있다면 몇 십 초 또는 몇 초 만에 원하는 것을 찾을 수 있을 것이다. 〈찾아보기〉가 몇 시간 걸릴 일을 몇 십 초 또는 몇 초로 줄여줬다.

실제 테이블에서도 이 정도의 성능 차이가 날 수 있다. 특히, 대용량의 테이블일 경우에는 더욱 그러하다. 이것이 인덱스를 사용하는 이유다. 결국 인덱스는 '데이터를 좀 더 빠르게 찾을 수 있도록 해주는 도구' 정도로 생각하면 된다.

인덱스의 기본적인 개념은 이 정도면 이해했을 것이다. 여기서 인덱스의 문제점이 있다. 특히, 지금까지 설명한 정도로만 이해한 후에 인덱스를 만드는 것은 글로 운전을 배운 후에 자동차를 끌고 도로로 나가는 상황과 비유될 수 있다.

인덱스도 단점이 분명 존재한다. 그래서 인덱스를 효율적으로 사용하는 것이 간단한 일은 아닌 것이다. 인덱스의 문제점도 개념적으로 우선 이해해 보자. 계속 책의 예를 들면 지금까지는 무조건 〈찾아보기〉를 보는 것이 좋을 것처럼 얘기했다. 하지만, 다른 경우를 생각해 보자. 지금 우리는 '데이터베이스 이론' 책을 보고 있다고 가정한다고 했다. **필자가 책에서 '데이터베이스'라는 단어가 나온 곳을 찾아보세요.**한다면 어떻게 될까? 만약, 이 책에 〈찾아보기〉가 있고 '데이터베이스'라는 단어에 대해서도 〈찾아보기〉가 만들어져 있다고 가정해 보자. 아마도 '데이터베이스'라는 단어는 거의 책의 모든 페이지에 나올 것이므로 〈찾아보기〉의 '데이터베이스'라는 단어 옆에 페이지 번호는 수 백 또는 수 천 개가 연속해서 나올 것이다.

〈찾아보기〉란 책의 두께보다 한참 적어야 정상인데, 이 경우에는 오히려 〈찾아보기〉가 책의 페이지 만큼 되거나 오히려 책의 내용보다 더 두꺼워질 수 있다.

또 〈찾아보기〉를 통해서 '데이터베이스'를 찾아보려고 하니 〈찾아보기〉 한 번, 실제 페이지 한 번, 〈찾아보기〉 한 번, 실제 페이지 한 번……으로 계속 〈찾아보기〉와 실제 페이지를 왔다갔다하게 될 것이다. 이 얼마나 시간과 수고의 낭비인가? 차라리 책을 그냥 처음부터 넘기면서 찾아보는 것이 훨씬 빠르고 효율적일 것이다.

⚠️ 이렇게 〈찾아보기〉를 사용하지 않고 책의 처음부터 끝까지 차례로 넘겨서 찾는 것을 MySQL은 '전체 테이블 검색Full Table Scan'이라고 한다.

만들지 않았어야 할 '데이터베이스' 단어의 〈찾아보기〉 때문에 책의 두께는 쓸데없이 두꺼워져서 무겁기만 하고, 또 〈찾아보기〉를 사용하더라도 단어를 찾는 시간이 〈찾아보기〉를 사용하지 않을 때보다 오히려 오래 걸렸다.

실제 데이터베이스에서도 이와 비슷한 일이 일어난다. 필요 없는 인덱스를 만드는 바람에 데이터베이스가 차지하는 공간만 더 늘어나고 인덱스를 이용해서 데이터를 찾는 것이 전체 테이블을 찾아보는 것보다 훨씬 느려진다.

⚠️ 실제로 데이터베이스에 인덱스를 생성해 놓아도, 인덱스를 사용하는 것이 빠를지 아니면 그냥 전체 테이블을 검색하는 것이 빠를지를 MySQL이 알아서 판단한다. 그렇더라도 쓸데 없는 인덱스를 만들어서 발생되는 문제점은 많이 있다.

인덱스는 튜닝Tuning에 즉각적인 효과를 내는 가장 빠른 방법 중에 한 가지다. 즉, 인덱스를 생성하고 인덱스를 사용하는 SQL을 만들어 사용한다면, 기존보다 아주 빠른 응답 속도를 얻을 수 있다. 또한 서버 입장에서는 적은 처리량으로 요청한 결과를 얻게 되므로, 다른 요청에 대해서도 많은 일을 할 수 있게 된다. 결과적으로 전체 시스템의 성능이 향상되는 효과도 얻게 된다.

먼저 인덱스를 만들어서 발생되는 장점과 단점을 살펴보자.

인덱스를 만들어서 발생되는 가장 큰 장점은 다음과 같다.

- 검색은 속도가 무척 빨라질 수 있다. (단, 항상 그런 것은 아니다.)
- 그 결과 해당 쿼리의 부하가 줄어들어서, 결국 시스템 전체의 성능이 향상된다.

단점은 다음과 같다.

- 인덱스가 데이터베이스 공간을 차지해서 추가적인 공간이 필요해지는데, 대략 데이터베이스 크기의 10% 정도의 추가 공간이 필요하다.
- 처음 인덱스를 생성하는데 시간이 많이 소요될 수 있다.
- 데이터의 변경 작업Insert, Update, Delete이 자주 일어날 경우에는 오히려 성능이 많이 나빠질 수도 있다.

지금 필자가 얘기한 것은 보편적인 경우이며, 예외적인 상황도 얼마든지 있다. 결국 인덱스를 잘 사용하면 검색(특히, Select) 속도가 월등히 향상되고, 시스템의 성능이 좋아지는 반면에 잘못 사용하면 오히려 사용하지 않는 것보다 더 나쁜 결과를 초래할 수 있다.

9.2 인덱스의 종류와 자동 생성

9.2.1 인덱스의 종류

MySQL에서 사용되는 인덱스의 종류는 크게 두 가지로 나뉘는데, 클러스터형 인덱스^{Clustered Index}와 보조 인덱스^{Secondary Index}다. 이 두 개를 비유하면 클러스터형 인덱스는 '영어 사전'과 같은 책이고, 보조 인덱스는 책 뒤에 〈찾아보기〉가 있는 일반 책과 같다.

> ⚠ MySQL은 클러스터형 인덱스^{Clustered Index}와 보조 인덱스^{Secondary Index}로 종류를 나누지만, 다른 DBMS에서는 클러스터형 인덱스^{Clustered Index}와 비클러스터형 인덱스^{Nonclustered Index}로 종류를 나누기도 한다. 즉, 보조 인덱스와 비클러스터형 인덱스는 거의 비슷한 개념이다.

보조 인덱스는 앞에서 설명했던 데이터베이스 이론 책과 같이 〈찾아보기〉가 별도로 있고, 〈찾아보기〉를 찾은 후에 그 옆에 표시된 페이지로 가야 실제 찾는 내용이 있는 것을 말한다. 클러스터형 인덱스는 영어 사전처럼 책의 내용 자체가 순서대로 정렬되어 있어서 인덱스 자체가 책의 내용과 같은 것을 말한다. 더 상세한 내용은 잠시 후에 다시 얘기하도록 하겠지만 우선 다음의 내용 하나만 기억해 두자. 지금은 이해되지 않아도 계속 진행하면 당연한 얘기가 될 것이다.

클러스터형 인덱스는 테이블당 한 개만 생성할 수 있고, 보조 인덱스는 테이블당 여러 개를 생성할 수 있다. 또, 클러스터형 인덱스는 행 데이터를 인덱스로 지정한 열에 맞춰서 자동 정렬한다.

> **선배의 실무 Tip**
>
> **데이터베이스 튜닝**
>
> 튜닝이란 SQL 서버가 기존보다 더욱 좋은 성능을 내도록 하는 전반적인 방법론을 말한다. (자동차의 성능을 높이기 위한 자동차의 튜닝과 개념이 비슷하다.) 튜닝은 크게 두 가지 관점으로 볼 수 있다. 하나는 응답시간^{Response Time}을 빨리하는 것이다. 즉, A라는 사용자가 쿼리문을 실행하면 '얼마나 빨리 결과를 얻는가'의 문제가 관점이 된다. 이것은 사용자의 입장에서는 아주 효과적인 것처럼 보일 수 있지만, 잘 생각해 봐야 한다. A 사용자는 기존에 1분 걸리던 것을 10초 만에 얻게 된다면, 아주 효과적으로 보일 수도 있고 마치 튜닝이 잘 된 것처럼 보여질 수는 있다. 하지만 서버의 입장에서는 기존에는 1만큼의 작업만 하던 것을 100의 작업을 해야 하는 경우도 발생할 수 있다. 이런 경우에는 한 명의 사용자에게는 결과가 빨리 나오겠지만, 전체적인 시스템의 성능은 오히려 나빠질 수도 있다.
>
> 또 다른 하나는 서버의 부하량을 최소화하는 것이다. 즉, 한 명 한 명 사용자의 응답시간보다는 서버가 처리하는 총 작업량을 줄임으로써 시스템의 전반적인 성능을 향상시켜 서버가 더 많은 일을 할 수 있도록 하는 것이다.
>
> 물론, 사용자의 응답 속도가 빠르다는 것은 서버에서 처리를 조금만 하도록 해서 빨라지는 경우도 많지만, 그렇지 않은 경우도 종종 있으므로 주의해야 한다.

9.2.2 자동으로 생성되는 인덱스

앞에서 얘기한 인덱스의 개념과 장단점을 이해했다면 이제는 본격적으로 테이블에 적용되는 인덱스를 생각해 보자. 인덱스는 우선 테이블의 열(컬럼) 단위에 생성된다.

하나의 열에 인덱스를 생성할 수도 있고 여러 열에 하나의 인덱스를 생성할 수도 있다. 우선 그냥 하나의 열당 기본적으로 하나의 인덱스를 생성할 수 있다고 생각하자.

sqlDB의 usertbl을 가지고, 인덱스를 생각해 보자.

회원 테이블(userTbl)

아이디	이름	생년	지역	국번	전화번호	키	가입일
LSG	이승기	1987	서울	011	11111111	182	2008.8.8
KBS	김범수	1979	경남	011	22222222	173	2012.4.4
KKH	김경호	1971	전남	019	33333333	177	2007.7.7
JYP	조용필	1950	경기	011	44444444	166	2009.4.4
SSK	성시경	1979	서울			186	2013.12.12
LJB	임재범	1963	서울	016	66666666	182	2009.9.9
YJS	윤종신	1969	경남			170	2005.5.5
EJW	은지원	1978	경북	011	88888888	174	2014.3.3
JKW	조관우	1965	경기	018	99999999	172	2010.10.10
BBK	바비킴	1973	서울	010	00000000	176	2013.5.5

PK

[그림 9-2] sqlDB의 회원 테이블

열 하나당 인덱스 하나를 생성하면 이 테이블에는 우선 8개의 서로 다른 인덱스를 생성할 수 있다.

이 테이블을 정의할 때는 다음과 같이 SQL문을 사용했다. (기억이 나지 않으면 chapter 06을 참조하자.)

```
CREATE TABLE usertbl
( userID   char(8) NOT NULL PRIMARY KEY,
  name     varchar(10) NOT NULL,
  birthYear   int NOT NULL,
  ......
```

usertbl의 정의 시에 userID를 Primary Key로 정의했다. 이렇게 Primary Key로 지정하면 자동으로 userID열에 클러스터형 인덱스가 생성된다.

⚠ '클러스터형 인덱스'와 'Primary Key 인덱스'는 거의 동일한 용어로 사용된다.

필자가 조금 전에 외우라고 했던 '클러스터형 인덱스는 테이블당 한 개만 생성'이라는 내용이 있었다. 그런데, Primary Key는 테이블당 몇 개가 생성이 가능할까? 당연히 기본 키Primary Key는 테이블당 하나만 생성할 수 있다. 그러므로 기본 키(1개만 가능)가 지정된 열에 클러스터형 인덱스(1개만 가능)가 생성되는 것은 자연스러운 일이다.

여기서 테이블 생성 시에 자동으로 생성되는 인덱스의 특징을 한 가지 더 짚고 넘어가자.

테이블 생성 시에 제약 조건 Primary Key 또는 Unique를 사용하면 자동으로 인덱스가 자동 생성된다.

잠깐 실습에서 확인하자.

실습1

제약 조건으로 자동 생성되는 인덱스를 확인해 보자.

`step 0`

sqlDB에서 작업을 해보자. (아무 데이터베이스에서 해도 상관은 없다.)

`step 1`

간단한 테이블을 만들어 보자.

1-1 다음 구문으로 테이블을 생성하자.

```
USE sqldb;
CREATE TABLE  tbl1
    (            a INT PRIMARY KEY,
                 b INT,
                 c INT
    );
```

1-2 구성된 인덱스의 상태를 확인하자.

```
SHOW INDEX FROM tbl1;
```

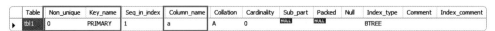

	Table	Non_unique	Key_name	Seq_in_index	Column_name	Collation	Cardinality	Sub_part	Packed	Null	Index_type	Comment	Index_comment
▶	tbl1	0	PRIMARY	1	a	A	0	NULL	NULL		BTREE		

[그림 9-3] 인덱스 확인 1

예상대로 a열에 유일한unique 인덱스가 생성되어 있는 것이 확인된다. Key_name이 PRIMARY로 된 것은 클러스터형clustered 인덱스를 의미한다.

⚠ SHOW INDEX FROM 테이블이름;의 결과에서 Non_unique열은 0이면 Unique 인덱스를, 1이면 Nonunique 인덱스를 의미한다. Key_name은 Index_name과 같은 의미로 인덱스 이름이다. PRIMARY로 표기되면 클러스터형 인덱스로 보면 된다. (예외도 있다). 보조 인덱스는 Key_name 부분에 열의 이름 또는 키 이름으로 표기된다. Seq_in_index는 해당 열에 여러 개의 인덱스가 설정되었을 때의 순서를 나타낸다. 대부분 1로 써져 있다. Null은 NULL 값의 허용 여부인데 비어 있으면 NO를 의미한다. Cardinality는 중복되지 않은 데이터 개수가 들어 있다. 이 값은 데이터를 입력하거나, ANALIZE TABLE문을 수행할 때 변경된다. Index_type은 어떤 형태로 인덱스가 구성되었는지 나타내는데 MySQL은 기본적으로 B-Tree의 구조를 갖는다. 그 외의 것은 특별히 신경쓰지 않아도 된다.

여기서 잠깐

☼ Index의 종류

Index의 종류는 Clustered Index / Secondary Index로 나눌 수 있는데, Unique Index / Nonunique Index로 나눌 수도 있다. Unique Index는 인덱스 값들이 서로 중복되지 않는 인덱스를 말한다. Primary Key나 Unique Key로 지정하면 당연히 서로 중복되는 데이터가 없기 때문에 Unique Index가 생성되는 것이다. 만약, Nonunique Index(인덱스 데이터가 중복되는 인덱스)를 생성하고 싶다면, Primary Key 및 Unique Key로 지정되지 않은 열에 인덱스를 지정하면 된다. 이는 잠시 후에 배울 'ALTER TABLE… ADD INDEX…' 또는 'CREATE INDEX …' 구문으로 생성이 가능하다. 이 책은 주로 Clustered Index / Secondary Index에 대해서만 얘기가 될 것이며, Unique Index / Nonunique Index에 대해서는 지금 얘기한 정도만 기억해 두면 되겠다.

---

step 2

Primary Key와 함께 Unique 제약 조건도 생성해 보자. UNIQUE 제약 조건은 한 테이블에 여러 개를 생성할 수 있다.

```
CREATE TABLE  tbl2
    (          a INT PRIMARY KEY,
               b INT UNIQUE,
               c INT UNIQUE,
               d INT
    );
SHOW INDEX FROM tbl2;
```

	Table	Non_unique	Key_name	Seq_in_index	Column_name	Collation	Cardinality	Sub_part	Packed	Null	Index_type	Comment	Index_comment
▶	tbl2	0	PRIMARY	1	a	A	0	NULL	NULL		BTREE		
	tbl2	0	b	1	b	A	0	NULL	NULL	YES	BTREE		
	tbl2	0	c	1	c	A	0	NULL	NULL	YES	BTREE		

[그림 9-4] 인덱스 확인 2

UNIQUE 제약 조건으로 설정하면 보조 인덱스가 자동으로 생성되는 것을 확인할 수 있다. 보조 인덱스는 테이블당 여러 개가 생성될 수 있으므로 여러 개의 보조 인덱스가 생성된 것은 아무 문제가 안 된다.

step 3

이번에는 Primary Key가 없이 Unique Key만 지정해 보자.

```
CREATE TABLE  tbl3
     (               a INT UNIQUE,
                     b INT UNIQUE,
                     c INT UNIQUE,
                     d INT
     );
SHOW INDEX FROM tbl3;
```

	Table	Non_unique	Key_name	Seq_in_index	Column_name	Collation	Cardinality	Sub_part	Packed	Null	Index_type	Comment	Index_comment
▶	tbl3	0	a	1	a	A	0	NULL	NULL	YES	BTREE		
	tbl3	0	b	1	b	A	0	NULL	NULL	YES	BTREE		
	tbl3	0	c	1	c	A	0	NULL	NULL	YES	BTREE		

[그림 9-5] 인덱스 확인 3

모두 보조 인덱스로 지정되었다. 클러스터형 인덱스가 비었다고 UNIQUE가 클러스터형 인덱스가 되는 것은 아니다.

step 4

이번에는 UNIQUE에 클러스터형 인덱스를 지정하자. UNIQUE에 NOT NULL이 포함되면 클러스터형 인덱스로 지정된다.

```
CREATE TABLE  tbl4
     (               a INT UNIQUE NOT NULL,
                     b INT UNIQUE ,
                     c INT UNIQUE,
                     d INT
     );
SHOW INDEX FROM tbl4;
```

	Table	Non_unique	Key_name	Seq_in_index	Column_name	Collation	Cardinality	Sub_part	Packed	Null	Index_type	Comment	Index_comment
▶	tbl4	0	a	1	a	A	0	NULL	NULL		BTREE		
	tbl4	0	b	1	b	A	0	NULL	NULL	YES	BTREE		
	tbl4	0	c	1	c	A	0	NULL	NULL	YES	BTREE		

[그림 9-6] 인덱스 확인 4

a열에 Non_unique 값이 0이므로 Unique 인덱스이고, Null 값이 비어 있으므로 Not Null이 된다. 그러므로 a열은 클러스터형 인덱스로 지정된 것이다.

step 5

이번에는 UNIQUE NOT NULL과 PRIMARY KEY를 모두 지정해 보자.

```
CREATE TABLE  tbl5
    (          a INT UNIQUE NOT NULL,
               b INT UNIQUE ,
               c INT UNIQUE,
               d INT PRIMARY KEY
    );
SHOW INDEX FROM tbl5;
```

Table	Non_unique	Key_name	Seq_in_index	Column_name	Collation	Cardinality	Sub_part	Packed	Null	Index_type	Comment	Index_comment
tbl5	0	PRIMARY	1	d	A	0	NULL	NULL		BTREE		
tbl5	0	a	1	a	A	0	NULL	NULL		BTREE		
tbl5	0	b	1	b	A	0	NULL	NULL	YES	BTREE		
tbl5	0	c	1	c	A	0	NULL	NULL	YES	BTREE		

[그림 9-7] 인덱스 확인 5

d열이 PRIMARY로 되었다. 이런 경우에는 d열에 클러스터형 인덱스가 생성되고, a열에는 보조 인덱스가 생성된다. 즉, 클러스터형 인덱스는 테이블당 하나밖에 지정되지 않으므로 Primary Key로 설정한 열에 우선 클러스터형 인덱스가 생성된다.

step 6

필자가 앞에서 **클러스터형 인덱스는 행 데이터를 자신의 열을 기준으로 정렬한다**고 얘기했다. 사실 이것은 chapter 06에서 sqlDB의 회원 테이블을 만들었을 때, 이미 확인한 것이나 마찬가지다. 물론 그때는 인덱스에 대해서 몰랐으므로 일부 예리한 독자는 그냥 '이상하다'라고 생각했을 정도일 것이다.

6-1 간단한 실습을 위해서 회원 테이블의 열만 정의하자.

```
CREATE DATABASE IF NOT EXISTS testdb;
USE testdb;
DROP TABLE IF EXISTS usertbl;
CREATE TABLE usertbl
( userID   char(8) NOT NULL PRIMARY KEY,
  name     varchar(10) NOT NULL,
  birthYear   int NOT NULL,
  addr        nchar(2) NOT NULL
  );
```

6-2 데이터를 입력하고 확인해 보자.

```sql
INSERT INTO usertbl VALUES('LSG', '이승기', 1987, '서울');
INSERT INTO usertbl VALUES('KBS', '김범수', 1979, '경남');
INSERT INTO usertbl VALUES('KKH', '김경호', 1971, '전남');
INSERT INTO usertbl VALUES('JYP', '조용필', 1950, '경기');
INSERT INTO usertbl VALUES('SSK', '성시경', 1979, '서울');
SELECT * FROM usertbl;
```

userID	name	birthYear	addr
JYP	조용필	1950	경기
KBS	김범수	1979	경남
KKH	김경호	1971	전남
LSG	이승기	1987	서울
SSK	성시경	1979	서울

[그림 9-8] 쿼리 결과

입력할 때는 이승기, 김범수, 김경호, 조용필, 성시경의 순서였으나 확인해본 결과 입력되어 있는 차례는 조용필, 김범수, 김경호, 이승기, 성시경이다. 이는 userID에 클러스터형 인덱스가 생성되어 있으므로 데이터가 입력되는 즉시 userID로 데이터를 정렬하기 때문이다.

6-3 이번에는 userID열의 Primary Key를 제거하고, name열을 Primary Key로 지정해 보자.

```sql
ALTER TABLE usertbl DROP PRIMARY KEY ;
ALTER TABLE usertbl
    ADD CONSTRAINT pk_name PRIMARY KEY(name);
SELECT * FROM usertbl;
```

userID	name	birthYear	addr
KKH	김경호	1971	전남
KBS	김범수	1979	경남
SSK	성시경	1979	서울
LSG	이승기	1987	서울
JYP	조용필	1950	경기

[그림 9-9] 쿼리 결과

결과를 보면 데이터의 내용은 변경이 없으나 name열로 다시 정렬되었다. name열에 클러스터형 인덱스가 생성되었기 때문이다. 이에 대한 내부적인 작동도 잠시 후에 살펴보겠다.

⚠ 지금은 데이터가 몇 건 없어서 별 문제는 없었으나, 만약에 수백만 건 이상의 데이터가 있는 상태에서 Primary Key를 변경했다면 MySQL이 엄청나게 많은 작업을 했을 것이다.

이번 실습을 통해서 몇 가지 결론을 내릴 수 있다.

- PRIMARY KEY로 지정한 열은 클러스터형 인덱스가 생성된다.

- UNIQUE NOT NULL로 지정한 열은 클러스터형 인덱스가 생성된다.

- UNIQUE(또는 UNIQUE NULL)로 지정한 열은 보조 인덱스가 생성된다.

- PRIMARY KEY와 UNIQUE NOT NULL이 있으면 PRIMARY KEY로 지정한 열에 우선 클러스터형 인덱스가 생성된다.

- PRIMARY KEY로 지정한 열로 데이터가 오름차순 정렬된다.

여기서 잠깐

☼ **제약 조건을 설정할 때 주의할 점**

제약 조건의 설정은 대개 테이블의 생성 구문에서 하거나 Alter문으로 생성한다. 그러므로 아직 데이터가 입력되기 전에 Primary Key 및 Unique 키의 열에는 인덱스가 생성되어 있기 때문에, 인덱스 자체를 구성하는 시간이 걸리지는 않는다. 하지만, 많은 데이터가 입력된 후에 Alter문으로 Unique나 Primary를 지정하면 인덱스를 구성하는 데 많은 시간이 걸릴 수도 있다. 즉, 업무시간에 함부로 기존에 운영되는 대량의 테이블의 인덱스를 생성하면 시스템이 엄청나게 느려져 심각한 상황이 발생될 수도 있으니 주의해야 한다. (최신의 MySQL 버전에서는 이전 버전에 비해 인덱스 생성 속도가 향상되기는 했지만, 그래도 데이터의 양에 따라서 몇 시간이나 그 이상의 시간이 걸릴 수도 있다.)

9.3 인덱스의 내부 작동

인덱스의 내부적인 작동을 이해하기 위해서는 우선 몇 가지 개념의 정립이 필요하다.

9.3.1 B-Tree(Balanced Tree, 균형 트리)

B-Tree는 '자료 구조'에 나오는 범용적으로 사용되는 데이터의 구조다. 이 구조는 주로 인덱스를 표현할 때와 그 외에서도 많이 사용된다. 이름에서도 알 수 있듯이 B-Tree는 균형이 잡힌 트리다. [그림 9-10]을 보자.

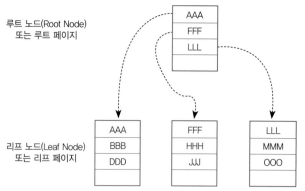

루트 노드(Root Node)
또는 루트 페이지

리프 노드(Leaf Node)
또는 리프 페이지

[그림 9-10] B-Tree의 기본 구조

노드^{Node}란 트리 구조에서 데이터가 존재하는 공간을 말한다. 즉, 갈라지는 부분의 '마디'를 뜻한다. [그림 9-10]에서는 노드가 4개가 있다. 루트 노드^{Root Node}란 노드의 가장 상위 노드를 말한다. 모든 출발은 이 루트 노드에서 시작된다. 리프 노드^{Leaf Node, 잎 노드, 말단 노드}는 제일 마지막에 존재하는 노드를 말한다. 그리고 [그림 9-10]에서는 두 단계의 레벨이 표현되었지만, 데이터가 많다면 세 단계나 그 이상으로 레벨이 깊어진다. 루트 노드와 리프 노드의 중간에 끼인 노드들은 그냥 '중간 수준 노드'라 부르겠다.

노드^{Node}는 개념적인 설명에서 주로 나오는 용어이며, MySQL이 B-Tree를 사용할 때는 이 노드에 해당되는 것이 페이지^{Page}다. 페이지란 16Kbyte(=16384 Byte) 크기의 최소한의 저장 단위다. 아무리 작은 데이터를 한 개만 저장하더라도 한 개 페이지(16 Kbyte)를 차지하게 된다는 의미다. 즉, 개념적으로 부를 때는 노드라 부르지만, MySQL에서는 노드가 페이지가 되며 인덱스를 구현할 때 기본적으로 B-Tree 구조를 사용한다.

⚠ [그림 9-10]의 예에서는 페이지당 데이터가 4개만 들어간다고 가정하고 그림을 표현했다. 참고로 MySQL은 기본적으로 한 개 페이지가 16Kbyte이지만, 다른 DBMS에서는 8Kbyte나 다른 크기도 많이 사용된다.

이 B-Tree 구조는 데이터를 검색할 때(=SELECT 구문을 사용할 때) 아주 뛰어난 성능을 발휘한다. [그림 9-10]에서 MMM이라는 데이터를 검색한다고 생각해보자. 만약, B-Tree 구조가 아니라면 루트 페이지 및 그 연결은 존재하지 않고 그냥 리프 페이지만 있을 것이다. MMM을 찾는 방법은 그냥 처음부터 검색하는 방법밖에는 없으므로 AAA부터 MMM까지 8건의 데이터(페이지는 3개 페이지)를 검색해야 그 결과를 알 수 있다.

⚠ 이렇게 데이터를 처음부터 끝까지 검색하는 것을 '전체 테이블 검색^{Full Table Search}'이라고 부른다.

이번에는 [그림 9-10]에 나온 대로 B-Tree 구조라면 우선 루트 페이지를 검색하게 된다. 모든 데이터는 정렬되어 있으므로 AAA, FFF, LLL 세 개를 읽으니 MMM은 LLL 다음에 나오므로 세 번째 리프 페이지로 직접 이동하면 된다. 세 번째 리프 페이지에서 LLL, MMM 두 개를 읽으니 찾고자 하는 MMM을 찾게 된다. 결국 루트 페이지에서 AAA, FFF, LLL 세 개와 리프 페이지에서 LLL, MMM 두 개, 합쳐서 5건의 데이터를 검색해서 원하는 결과를 찾았으며 페이지는 두 개 페이지를 읽었다.

⚠ 지금 필자가 얘기한 방식은 개념적으로 설명한 것이며, 실제 작동에는 차이가 좀 있다. 하지만, 개념적으로 이해해야 실제 작동을 쉽게 이해할 수 있으므로 우선은 개념적인 이해가 중요하다.

지금은 레벨이 2단계뿐이어서 그 효용성이 별로 크게 못 느껴질 수 있지만, 훨씬 많은 양의 데이터 (깊은 레벨)의 경우에는 그 차이가 기하급수적으로 난다.

9.3.2 페이지 분할

앞에서 데이터를 검색하는 데는 B-Tree가 효율적임을 확인했다. 이 말은 인덱스를 구성하면 SELECT의 속도가 급격히 향상될 수 있다는 것을 뜻한다.

⚠ 필자가 '향상된다'가 아닌 '향상될 수 있다'라고 표현한 이유를 알 것이다. 이 chapter의 앞부분에서 인덱스의 장단점을 설명할 때 인덱스가 항상 좋은 것은 아니라고 설명했었다.

그런데, 인덱스를 구성하면 데이터의 변경 작업(INSERT, UPDATE, DELETE) 시에 성능이 나빠지는 단점이 있다고 했다. 특히, INSERT 작업이 일어날 때 성능이 급격히 느려질 수 있다. 그 이유는 '페이지 분할'이라는 작업이 발생되기 때문이다. 이 작업이 일어나면 MySQL이 느려지고 자주 일어나면 성능에 큰 영향을 주게 된다. [그림 9-10]에 III 데이터가 새로 INSERT 되었다고 생각해 보자. [그림 9-11]과 같이 변경될 것이다.

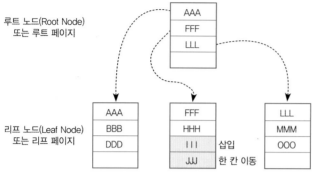

[그림 9-11] III 삽입 후

두 번째 리프 페이지에는 다행히(?) 한 칸의 빈 공간이 있어서 JJJ가 아래로 한 칸 이동되고 III가 그 자리에 삽입되었다. 정렬이 되어야 하기 때문에 JJJ가 한 칸 이동했을 뿐 별로 큰 작업은 일어나지 않았다.

이번에는 GGG를 입력해 보자. 그런데 더 이상 두 번째 리프 페이지에는 빈 공간이 없다. 이럴 때 드디어 '페이지 분할' 작업이 일어난다. MySQL은 우선 비어있는 페이지를 한 개 확보한 후에, 두 번째 리프 페이지의 데이터를 공평하게 나누게 된다.

[그림 9-12] GGG 삽입 후

데이터를 한 개밖에 추가하지 않았는데 많은 작업이 일어났다. 우선, 페이지를 확보한 후 페이지 분할 작업이 1회 일어나고 루트 페이지에도 새로 등록된 페이지의 제일 위 데이터인 III가 등록되었다. 이번에는 PPP와 QQQ 두 개를 동시에 입력해 보도록 하자.

[그림 9-13] PPP, QQQ 삽입 후

[그림 9-13]을 잘 보면 PPP를 입력하면 네 번째 리프 페이지에 빈칸이 있으므로 제일 마지막에 추가하면 된다. 별 일이 일어나지 않았다. 이번에는 QQQ를 입력하자.

그런데, QQQ를 입력하려니 네 번째 리프 페이지에는 빈칸이 없으므로 페이지 분할 작업이 일어난다. 그리고 페이지 분할 후에 추가된 다섯 번째 리프 페이지를 루트 페이지에 등록하려고 하니 루트 페이지도 이미 꽉 차서 더 이상 등록할 곳이 없어서, 루트 페이지도 다시 페이지 분할을 해야 했다. 그리고 루트 페이지가 있던 곳은 더 이상 루트 페이지가 아니라 중간 노드(=중간 페이지)가 된다. 새로운 루트 페이지를 또 할당해서 중간 노드를 가리키는 페이지로 구성된다.

결국, QQQ 하나를 입력하기 위해서 3개의 새로운 페이지가 할당되고 2회의 페이지 분할이 발생되었다.

이 예로써 인덱스를 구성하면 왜 데이터 변경(INSERT, UPDATE, DELETE) 작업이 느려지는지 (특히, INSERT) 확인할 수 있었다.

9.3.3 클러스터형 인덱스와 보조 인덱스의 구조

이번에는 클러스터형 인덱스와 보조 인덱스의 구조는 어떻게 다른지 파악해 보자.

우선 인덱스가 없이 테이블을 생성하고, 다음과 같이 데이터를 입력한 경우를 생각해 보자.

```
CREATE DATABASE IF NOT EXISTS testdb;
USE testdb;
DROP TABLE IF EXISTS clustertbl;
CREATE TABLE clustertbl -- Cluster Table 약자
( userID  CHAR(8) ,
  name    VARCHAR(10)
);
INSERT INTO clustertbl VALUES('LSG', '이승기');
INSERT INTO clustertbl VALUES('KBS', '김범수');
INSERT INTO clustertbl VALUES('KKH', '김경호');
INSERT INTO clustertbl VALUES('JYP', '조용필');
INSERT INTO clustertbl VALUES('SSK', '성시경');
INSERT INTO clustertbl VALUES('LJB', '임재범');
INSERT INTO clustertbl VALUES('YJS', '윤종신');
INSERT INTO clustertbl VALUES('EJW', '은지원');
INSERT INTO clustertbl VALUES('JKW', '조관우');
INSERT INTO clustertbl VALUES('BBK', '바비킴');
```

만약, 페이지당 4개의 행이 입력된다고 가정하면 이 데이터는 다음과 같이 구성되어 있을 것이다.

⚠️ [그림 9-14]는 필자가 이해를 돕기 위해서 가정한 것이다. MySQL의 기본 페이지는 크기는 16KB(=16384 Byte)이므로 훨씬 많은 행 데이터가 들어간다. 참고로 MySQL의 페이지 크기는 **SHOW VARIABLES LIKE 'innodb_page_size';**문으로 확인할 수 있다. 필요하다면 4KB(=4096 Byte), 8KB(=8192 Byte), 16KB(=16384 Byte), 32 KB(=32768 Byte), 64KB(=65536 Byte)로 변경할 수 있다.

데이터 페이지
(Heap 영역)

1000	
LSG	이승기
KBS	김범수
KKH	김경호
JYP	조용필

1001	
SSK	성시경
LJB	임재범
YJS	윤종신
EJW	은지원

1002	
JKW	조관우
BBK	바비킴

[그림 9-14] 인덱스 없는 테이블의 내부 구성

정렬된 순서만 확인해 보자. 입력된 것과 동일한 순서로 보일 것이다.

⚠️ 실제로는 데이터량이 적어서 한 개 페이지에 모두 들어 있을 것이다.

```
SELECT * FROM clustertbl;
```

[그림 9-15] 쿼리 결과

이 테이블의 userID에 클러스터형 인덱스를 구성해 보자. 인덱스를 생성하는 구문에 대해서는 잠시 후에 살펴보고 userID를 Primary Key로 지정하면 클러스터형 인덱스로 구성된다고 앞에서 설명했었다.

```
ALTER TABLE clustertbl
    ADD CONSTRAINT PK_clustertbl_userID
        PRIMARY KEY (userID);
```

데이터를 다시 확인하자.

```
SELECT * FROM clustertbl;
```

userID	name
▶ BBK	바비킴
EJW	은지원
JKW	조관우
JYP	조용필
KBS	김범수
KKH	김경호
LJB	임재범
LSG	이승기
SSK	성시경
YJS	윤종신

[그림 9-16] 쿼리 결과

userID로 오름차순 정렬이 되었다. Primary Key로 지정했으니 클러스터형 인덱스가 생성되어서 그렇다. 실제 데이터는 [그림 9-17]과 같이 데이터 페이지가 정렬되고 B-Tree 형태의 인덱스가 형성된다.

[그림 9-17] 클러스터형 인덱스의 구성 후

클러스터형 인덱스를 구성하기 위해서 행 데이터를 해당 열로 정렬한 후에 루트 페이지를 만들게 된다. 그런데, 필자가 클러스터형 인덱스는 영어사전과 같다고 얘기했었다. 영어사전은 책 자체가 알파벳 순서의 찾아보기(인덱스)로 구성되어 있기 때문에 찾아보기의 끝(리프 레벨)이 바로 영어 단어(데이터 페이지)다.

[그림 9-17]에서 볼 수 있듯이 클러스터형 인덱스는 루트 페이지와 리프 페이지(중간 페이지가 있다면 중간 페이지도 포함)로 인덱스가 구성되어 있으며 동시에 인덱스 페이지의 리프 페이지는 데이터 그 자체라는 것을 확인할 수 있다.

클러스터형 인덱스는 데이터의 검색 속도가 보조 인덱스보다 더 빠르다. 일부 예외 상황도 있지만, 그냥 클러스터형이 더 빠르다고 생각해도 무리가 없다. 검색의 비교는 잠시 후에 해보겠다.

이번에는 동일하게 보조 인덱스를 만들어 보도록 하자.

```
CREATE DATABASE IF NOT EXISTS testdb;
USE testdb;
DROP TABLE IF EXISTS secondarytbl;
CREATE TABLE secondarytbl -- Secondary Table 약자
( userID  CHAR(8),
  name    VARCHAR(10)
);
INSERT INTO secondarytbl VALUES('LSG', '이승기');
INSERT INTO secondarytbl VALUES('KBS', '김범수');
INSERT INTO secondarytbl VALUES('KKH', '김경호');
INSERT INTO secondarytbl VALUES('JYP', '조용필');
INSERT INTO secondarytbl VALUES('SSK', '성시경');
INSERT INTO secondarytbl VALUES('LJB', '임재범');
INSERT INTO secondarytbl VALUES('YJS', '윤종신');
INSERT INTO secondarytbl VALUES('EJW', '은지원');
INSERT INTO secondarytbl VALUES('JKW', '조관우');
INSERT INTO secondarytbl VALUES('BBK', '바비킴');
```

이렇게 하면 [그림 9-14]와 동일한 구조가 우선 형성된다.

앞에서 Unique 제약 조건은 보조 인덱스를 생성하는 것을 확인했었다. userID열에 Unique 제약 조건을 지정한다.

```
ALTER TABLE secondarytbl
    ADD CONSTRAINT UK_secondarytbl_userID
        UNIQUE (userID);
```

데이터의 순서만 우선 확인해 보자.

```
SELECT * FROM secondarytbl;
```

userID	name
▶ LSG	이승기
KBS	김범수
KKH	김경호
JYP	조용필
SSK	성시경
LJB	임재범
YJS	윤종신
EJW	은지원
JKW	조관우
BBK	바비킴

[그림 9-18] 쿼리 결과

입력한 것과 순서의 변화가 없다. 내부적으로는 [그림 9-19]와 같이 구성되어 있을 것이다.

[그림 9-19] 보조 인덱스의 구성 후

[그림 9-19]를 보면 보조 인덱스는 데이터 페이지를 건드리지 않고, 별도의 장소에 인덱스 페이지를 생성한다. 우선, 인덱스 페이지의 리프 페이지에 인덱스로 구성한 열(이 예에서는 userID)을 정렬한다. 그리고 데이터 위치 포인터를 생성한다. 데이터의 위치 포인트는 클러스터형 인덱스와 달리 주소값(페이지 번호 + #오프셋)이 기록되어 바로 데이터의 위치를 가리키게 된다. BBK의 예를 들면 1002번 페이지의 두 번째(#2)에 데이터가 있다고 기록하게 된다. 그러므로 이 데이터 위치 포인터는 데이터가 위치한 고유한 값이 된다.

⚠ 만약, 한 테이블에 클러스터형 인덱스와 보조 인덱스가 함께 존재한다면, [그림 9-19]와 구성이 조금 달라진다. 이는 잠시 후에 살펴보겠다.

이제 데이터를 검색(SELECT문)해 보도록 하자.

우선 [그림 9-17]의 클러스터형 인덱스에서 검색해 보자. 만약 JKW(조관우)를 검색한다면 단순히 몇 개 페이지를 읽을 것인가? 루트 페이지(100번)와 리프 페이지(=데이터 페이지, 1000번) 한 개씩만 검색하면 된다. 총 2개 페이지를 읽게 된다.

이번에는 [그림 9-19]의 보조 인덱스에서 검색해 보자. JKW를 검색 시에 인덱스 페이지의 루트 페이지(10번), 리프 페이지(100번) 그리고 데이터 페이지(1002번)를 읽게 되어 총 3개 페이지를 읽게 된다.

지금은 한 페이지 차이밖에 나지 않는 것처럼 보일 수도 있으나 범위로 검색하는 것을 한번 고려하자. userID가 'A'~'J'인 사용자를 모두 검색하는 것을 가정하자.

먼저 [그림 9-17]의 클러스터형 인덱스의 경우에는 루트 페이지(100번)와 1000번 페이지 2개 페이지만 읽으면 원하는 데이터가 모두 들어 있다. 어차피 리프 페이지는 정렬되어 있고 이 리프 페이지가 곧 데이터 페이지이므로, 클러스터형 인덱스는 범위로 검색 시에 아주 우수한 성능을 보인다.

다음으로 [그림 9-19]의 보조 인덱스에서 생각해 보자. 우선 루트 페이지와 리프 페이지 중 100번 페이지를 읽으면 된다. 그런데, 데이터를 검색하려 하니 범위에 해당하는 BBK, EJW, JKW, JYP 중에서 BBK와 EJW와 JYP가 서로 다른 페이지에 존재한다. 그러므로 BBK, JKW를 위해 1002페이지를, EJW를 위해 1001페이지를, JYP를 위해 1000페이지를 읽어야 한다. 결과적으로 'A'~'J'인 사용자를 모두 검색하기 위해서 보조 인덱스는 10번, 100번, 1000번, 1001번, 1002번 페이지를 읽어 총 5개 페이지를 읽었다.

이 예에서와 같이 결론적으로 클러스터형 인덱스가 보조 인덱스보다 검색이 더 빠르다고 보면 된다.

이번에는 [그림 9-17]의 클러스터 인덱스에 새로운 데이터의 입력을 생각해 보자.

```
INSERT INTO clustertbl VALUES('FNT', '푸니타');
INSERT INTO clustertbl VALUES('KAI', '카아이');
```

[그림 9-20] 클러스터형 인덱스에 두 행의 추가 후

[그림 9-20]을 보면 예상대로 첫 번째 리프 페이지(=데이터 페이지)가 페이지 분할이 일어났다. 그리고 데이터를 공평하게 분배한 후에, 루트 페이지에 등록되었다. 물론, 루트 페이지의 순서가 약간 변경되기는 했지만, 페이지 분할에 비해서 같은 페이지 내에서의 순서 변경은 시스템에 미치는 영향이 미미하다. (전에 얘기했듯이 페이지 분할은 시스템에 많은 부하를 준다.)

이번에는 [그림 9-19]의 보조 인덱스에 동일한 입력을 생각해 보자.

```
INSERT INTO secondarytbl VALUES('FNT', '푸니타');
INSERT INTO secondarytbl VALUES('KAI', '카아이');
```

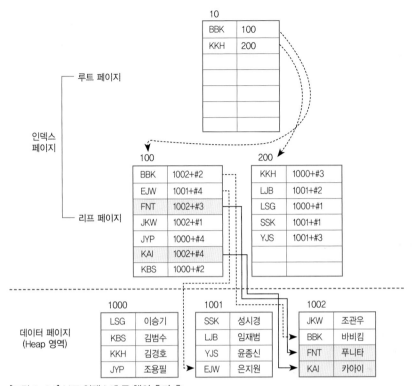

[그림 9-21] 보조 인덱스에 두 행의 추가 후

[그림 9-21]을 보면 보조 인덱스는 데이터 페이지를 정렬하는 것이 아니므로, 그냥 데이터 페이지의 뒤쪽 빈 부분에 삽입된다. 그리고 인덱스의 리프 페이지에도 약간의 위치가 조정된 것일뿐 페이지 분할은 일어나지 않았다. 결국, 클러스터형 인덱스보다 데이터 입력에서는 성능에 주는 부하가더 적었다.

⚠ 지금 필자는 설명을 위해서 데이터의 양을 조금 억지로 맞춘 경향이 있다. 하지만, 실제로 대용량의 테이블일 경우에 INSERT 작업이 대개는 클러스터형 인덱스가 더 시스템 부하가 많이 생긴다.

클러스터형 인덱스와 보조 인덱스의 개념을 설명하였다. 잘 이해했을 것으로 믿고 먼저 클러스터형 인덱스의 특징을 알아보자.

• 클러스터형 인덱스의 생성 시에는 데이터 페이지 전체가 다시 정렬된다. 그러므로 이미 대용량의 데이터가 입력된 상태라면 업무시간에 클러스터형 인덱스를 생성하는 것은 심각한 시스템 부하를 줄 수 있으므로 신중하게 생각해야 한다.

- 클러스터형 인덱스는 인덱스 자체의 리프 페이지가 곧 데이터이다. 그러므로, 인덱스 자체에 데이터가 포함되어 있다고 볼 수 있다.

- 클러스터형 인덱스는 보조 인덱스보다 검색 속도는 더 빠르다. 하지만, 데이터의 입력/수정/삭제는 더 느리다.

- 클러스터 인덱스는 성능이 좋지만 테이블에 한 개만 생성할 수 있다. 그러므로 어느 열에 클러스터형 인덱스를 생성하는지에 따라서 시스템의 성능이 달라질 수 있다.

다음은 보조 인덱스의 특징이다.

- 보조 인덱스의 생성 시에는 데이터 페이지는 그냥 둔 상태에서 별도의 페이지에 인덱스를 구성한다.

- 보조 인덱스는 인덱스 자체의 리프 페이지는 데이터가 아니라 데이터가 위치하는 주소값(RID)이다. 클러스터형보다 검색 속도는 더 느리지만, 데이터의 입력/수정/삭제는 덜 느리다.

- 보조 인덱스는 여러 개 생성할 수 있다. 하지만, 함부로 남용할 경우에는 오히려 시스템 성능을 떨어뜨리는 결과를 초래할 수 있으므로, 꼭 필요한 열에만 생성하는 것이 좋다.

잠시 후에 위 결론 중에서 어떤 열에 클러스터형 인덱스를 생성하고 어떤 열에 보조 인덱스를 생성하는 것이 좋은지를 파악해 보겠다.

> **선배의 실무 Tip**
>
> **OLTP와 OLAP에 인덱스 생성**
>
> OLTP On-Line Transaction Processing는 INSERT/UPDATE/DELETE가 실시간으로 자주 발생되므로, 꼭 필요한 인덱스만 최소로 생성하는 것이 바람직하다. 하지만, OLAP On-Line Analytical Processing는 INSERT/UPDATE/DELETE가 별로 사용될 일이 없으므로 되도록 인덱스를 많이 만들어도 별 문제가 되지 않는다. 만약, 하나의 DB가 OLAP/OLTP 겸용으로 사용된다면 두 개를 분리하는 방법을 고려하는 것이 전반적인 시스템의 성능에 도움이 될 것이다. 이 책은 대부분 OLTP DB라는 가정하에 내용이 설명되었다.

9.3.4 클러스터형 인덱스와 보조 인덱스가 혼합되어 있을 경우

지금까지는 테이블에 클러스터형 인덱스만 있거나 보조 인덱스만 있는 경우를 살펴보았다. 하지만, 현실적으로 하나의 테이블에 클러스터형 인덱스와 보조 인덱스가 혼합되어 있는 경우가 더 많다.

인덱스가 하나씩만 있는 것보다는 두 형태의 인덱스가 혼합되어서 조금 어렵게 느껴질 것 같다. 그래도 차근차근 보면 그리 어려운 얘기는 아니다. 이번에는 실습을 통해서 이해해 보겠다.

실습2

하나의 테이블에 클러스터형 인덱스와 보조 인덱스가 모두 존재할 경우를 살펴보자.

step 0

이번에는 열이 3개인 테이블을 사용해 보겠다. usertbl열에는 클러스터형 인덱스를, name열에는 보조 인덱스를 생성해 보겠다. 그리고 addr열은 그냥 참조용으로 사용하자.

```
CREATE DATABASE IF NOT EXISTS testdb;
USE testdb;
DROP TABLE IF EXISTS mixedtbl;
CREATE TABLE mixedtbl
( userID  CHAR(8) NOT NULL ,
  name    VARCHAR(10) NOT NULL,
  addr    char(2)
);
INSERT INTO mixedtbl VALUES('LSG', '이승기', '서울');
INSERT INTO mixedtbl VALUES('KBS', '김범수', '경남');
INSERT INTO mixedtbl VALUES('KKH', '김경호', '전남');
INSERT INTO mixedtbl VALUES('JYP', '조용필', '경기');
INSERT INTO mixedtbl VALUES('SSK', '성시경', '서울');
INSERT INTO mixedtbl VALUES('LJB', '임재범', '서울');
INSERT INTO mixedtbl VALUES('YJS', '윤종신', '경남');
INSERT INTO mixedtbl VALUES('EJW', '은지원', '경북');
INSERT INTO mixedtbl VALUES('JKW', '조관우', '경기');
INSERT INTO mixedtbl VALUES('BBK', '바비킴', '서울');
```

만약, 페이지당 4개의 행이 입력된다고 가정하면 이 데이터는 다음과 같이 구성되어 있을 것이다.

데이터 페이지
(Head 영역)

1000		
LSG	이승기	서울
KBS	김범수	경남
KKH	김경호	전남
JYP	조용필	경기

1001		
SSK	성시경	서울
LJB	임재범	서울
YJS	윤종신	경남
EJW	은지원	경북

1002		
JKW	조관우	경기
BBK	바비킴	서울

[그림 9-22] 인덱스가 없는 데이터 페이지

step 1

이 테이블의 userID에 클러스터형 인덱스를 먼저 생성해 보자. Primary Key로 지정하고 별다른 얘기가 없으면 디폴트로 클러스터형 인덱스가 생성된다고 얘기했었다.

```
ALTER TABLE mixedtbl
    ADD CONSTRAINT PK_mixedtbl_userID
        PRIMARY KEY (userID);
```

지금쯤은 독자도 다음의 그림을 보지 않고 구성할 수 있을 것이다.

[그림 9-23] 혼합형 인덱스 중에서 클러스터형 인덱스의 구성 후

step 2

이번에는 UNIQUE 제약 조건으로 보조 인덱스를 추가하자.

```
ALTER TABLE mixedtbl
    ADD CONSTRAINT UK_mixedtbl_name
        UNIQUE (name) ;
```

step 3

클러스터형 인덱스와 보조 인덱스가 생성되어 있는지 확인하자.

```
SHOW INDEX FROM mixedtbl;
```

Table	Non_unique	Key_name	Seq_in_index	Column_name	Collation	Cardinality	Sub_part	Packed	Null	Index_type	Comment	Index_comment
mixedtbl	0	PRIMARY	1	userID	A	10	NULL	NULL		BTREE		
mixedtbl	0	UK_mixedtbl_name	1	name	A	10	NULL	NULL		BTREE		

[그림 9-24] 생성된 인덱스 확인

그렇다면 두 인덱스가 혼합된 내부 구조를 예상해 보자. [그림 9-25]를 보면 독자의 예상과는 조금 빗나가 있을 것이다.

[그림 9-25] 혼합된 인덱스의 내부 구성

클러스터형 인덱스의 경우에는 그대로 변함이 없다. 하지만, 의외인 것이 보조 인덱스다. 우선 보조 인덱스 의 루트 페이지와 리프 페이지의 키 값(여기서는 name열)이 이름으로 구성되었으므로 일단 이름으로 정 렬되었다. 특히, 관심이 가는 것은 보조 인덱스의 리프 페이지다. 클러스터형 인덱스 페이지가 없었다면, 아 마도 '데이터 페이지의 주소값'으로 구성되어 있었을 것이지만, 지금은 클러스터형 인덱스의 키 값(여기서는 userID)을 가지게 된다. 또 한 가지 중요한 점은 보조 인덱스를 검색한 후에는 [그림 9-25]에 표현된 것처럼, 모두 다시 클러스터형 인덱스의 루트 페이지부터 검색한다는 점이다.

예를 들어보자. '임재범'이란 사람의 주소를 알고 싶다면 다음의 쿼리를 실행하면 된다.

```
SELECT addr FROM mixedtbl WHERE name = '임재범';
```

⚠ 클러스터형 인덱스가 있든지 보조 인덱스가 있든지 두 가지가 혼합되어 있든지 아님 인덱스가 아예 없든지 쿼리문의 실행 결과에는 아무런 차이가 없다. 인덱스는 단지 빨리 검색해 주는 역할을 할 뿐 결과의 내용과는 상관이 없다. 혼동하지 말기 바란다.

위 쿼리를 수행하면 다음의 순서로 검색하게 될 것이다.

① (페이지번호 10번 읽음) 보조 인덱스의 루트 페이지에서 '은지원'보다 큰 값이므로 200번 페이지에 있다는 것을 확인

② (페이지번호 200번 읽음) '임재범'은 클러스터형 인덱스의 키 값 LJB임을 확인한 후, 무조건 클러스터 인덱스의 루트 페이지로 가서 찾음

③ (페이지번호 20번 읽음) 'LJB'는 'KBS'보다 크고 'SSK'보다 작으므로 1001번 페이지에 있는 것을 확인

④ (페이지번호 1001번 읽음) 'LJB' 값을 찾고 그 주소인 '서울'을 찾아냄

그런데, 왜 이렇게 구성을 했을까? 보조 인덱스의 리프 페이지에 기존처럼 '데이터페이지의 번호 + #오프셋'으로 하면 더 검색이 빠르고 효율적이지 않을까? 그렇다. 클러스터형 인덱스와 보조 인덱스를 분리해서 서로 관련 없이 구성한다면 검색에서는 더 우수한 성능을 보일 것이다. 하지만, 치명적인 단점 때문에 그렇게 구성되지 않는다. 만약 [그림 9-25]에 'MMI 멍멍이 서울'행이 추가된다고 생각해 보자. 클러스터형 인덱스는 페이지 분할 등의 작업이 발생될 것이다. 이는 기존의 방식과 동일하다. 그리고 보조 인덱스에도 100번 페이지에만 '멍멍이 MMI'가 추가되면서 데이터의 순서가 약간 변경될 뿐 그렇게 큰 변화가 발생하지는 않을 것이다.

하지만, 만약 보조 인덱스의 리프 페이지가 '데이터 페이지의 주소값'으로 되어 있었다고 가정해 보자. 우선, 데이터의 삽입으로 인해서 클러스터형 인덱스의 리프 페이지(= 데이터 페이지)가 재구성되어서 '데이터 페이지의 번호' 및 '#오프셋'이 대폭 변경된다. 그러면 단 한 건의 행 삽입으로 데이터 페이지(=클러스터형의 리프 페이지)의 페이지 번호 및 오프셋 대폭 변경되므로 보조 인덱스 역시 많은 부분이 다시 구성되어야만 한다. 엄청난 시스템의 부하를 발생시킬 소지가 있다.

그래서 보조 인덱스와 클러스터형 인덱스가 하나의 테이블에 모두 존재하는 경우에는 [그림 9-25]와 같이 구성되는 것이다. 그렇게 되면, 이름[name]으로 검색 시에 보조 인덱스를 검색한 후에 다시 클러스터형 인덱스를 검색해야 하므로 약간의 손해를 볼 수도 있겠지만, 데이터의 삽입 때문에 보조 인덱스를 대폭 재구성하게 되는 큰 부하는 걸리지 않는다. 그런 이유로 MySQL에서는 [그림 9-25]와 같이 구성하는 것이다.

여기서 잠깐

☼ 혼합 인덱스에서 인덱스 지정 시 고려사항

시스템 성능의 향상을 위해서 조금 더 고려해야 할 사항이 있다.

[그림 9-25]를 보면 클러스터형 인덱스의 키(KKH, KBS 등)를 보조 인덱스가 저장하는 것을 확인할 수 있다. 그러므로 클러스터형 인덱스를 지정할 열(여기서는 userID)의 자릿수가 크다면 보조 인덱스에 저장되어야 할 양도 더불어서 많아진다. 그러면, 차지하는 공간이 자연히 커질 수밖에 없다. 결국 보조 인덱스와 혼합되어 사용되는 경우에는 되도록이면 클러스터형 인덱스로 설정할 열은 적은 자릿수의 열을 선택하는 것이 바람직하다.

여기서 한 가지 더 짚고 넘어가자.

인덱스를 검색하기 위한 일차 조건은 WHERE절에 해당 인덱스를 생성한 열의 이름이 나와야 한다. 물론, WHERE절에 해당 인덱스를 생성한 열 이름이 나와도 인덱스를 사용하지 않는 경우도 많다.

이에 대한 실습은 인덱스 생성 구문을 익힌 후에 다시 해보도록 하겠다.

9.4 인덱스 생성/변경/삭제

이제는 제약 조건에서 자동으로 생성되는 인덱스 외에 직접 인덱스를 생성하는 구문을 살펴보자.

⚠ CREATE INDEX문으로는 Primary Key로 생성되는 클러스터형 인덱스를 만들 수는 없다. 만약, 클러스터형 인덱스를 생성하려면 앞에서 했던 것처럼 ALTER TABLE문을 사용해야 한다. 참고로 CREATE INDEX를 사용하지 않고 ALTER TABLE문으로도 인덱스를 생성/수정/삭제할 수 있다.

9.4.1 인덱스 생성

MySQL 도움말에 나오는 인덱스를 생성하는 문법은 다음과 같다.

```
형식:
CREATE [UNIQUE | FULLTEXT | SPATIAL] INDEX index_name
    [index_type]
    ON tbl_name (key_part,...)
    [index_option]
    [algorithm_option | lock_option] ...

key_part:
    {col_name [(length)] | (expr)} [ASC | DESC]

index_option:
    KEY_BLOCK_SIZE [=] value
  | index_type
  | WITH PARSER parser_name
  | COMMENT 'string'
  | {VISIBLE | INVISIBLE}

index_type:
    USING {BTREE | HASH}

algorithm_option:
    ALGORITHM [=] {DEFAULT | INPLACE | COPY}

lock_option:
    LOCK [=] {DEFAULT | NONE | SHARED | EXCLUSIVE}
```

⚠ CREATE FULLTEXT INDEX문은 전체 텍스트 인덱스를 만드는데, chapter 11에서 다루겠다. CREATE SPATIAL INDEX문은 점, 선, 면 등의 공간 데이터와 관련된 인덱스를 생성한다. 공간 데이터에 관해서는 chapter 14에서 다룬다.

UNIQUE 옵션은 고유한 인덱스를 만들 것인지를 결정한다. 즉, UNIQUE로 지정된 인덱스는 동일한 데이터 값이 입력될 수 없다. 디폴트는 UNIQUE가 생략된(=중복이 허용되는) 인덱스다.

또한, CREATE INDEX로 생성되는 인덱스는 보조 인덱스Secondary Index가 생성된다. 그 외에 ASC 및 DESC는 정렬되는 방식이다. ASC가 기본 값이며 오름차순으로 정렬되어서 인덱스가 생성된다. index_type을 생략하면 기본 값은 B-TREE 형식을 사용한다. 그 외의 옵션은 자주 사용되지 않으므로 필요한 경우에 설명하겠다.

9.4.2 인덱스 제거

인덱스를 삭제하는 형식은 다음과 같다.

```
형식 :
DROP INDEX index_name ON tbl_name
    [algorithm_option | lock_option] ...

algorithm_option:
    ALGORITHM [=] {DEFAULT|INPLACE|COPY}

lock_option:
    LOCK [=] {DEFAULT|NONE|SHARED|EXCLUSIVE}
```

간단하게 인덱스를 삭제하는 구문은 다음과 같이 사용한다.

```
DROP INDEX 인덱스이름 ON 테이블이름;
```

- 기본 키로 설정된 클러스터형 인덱스의 이름은 항상 'PRIMARY'로 되어 있으므로 인덱스이름 부분에 PRIMARY로 써주면 된다. 또한, ALTER TABLE문으로 기본 키를 제거해도 클러스터형 인덱스가 제거된다.

- 인덱스를 모두 제거할 때는 되도록 보조 인덱스부터 삭제하도록 한다. [그림 9-25]의 혼합된 인덱스를 보면 만약 아래쪽의 클러스터형 인덱스를 먼저 삭제하면 클러스터형 인덱스의 루트 페이지가 없어진다. 보조 인덱스의 리프 페이지는 모두 루트 페이지를 지정하고 있으므로, 어쩔 수 없이 원래의 보조 인덱스의 리프 페이지에는 '페이지 번호 + #오프셋'으로 재구성되어야 한다. 그런데, 이 재구성 후에 보조 인덱스도 삭제한다면 고생해서 재구성한 것을 또 삭제하는 결과가 된다.

  만약, [그림 9-25]의 위쪽 보조 인덱스를 먼저 삭제하면 클러스터형 인덱스는 전혀 변화가 없다. 그러므로, 모든 인덱스 삭제 시에는 보조 인덱스를 먼저 제거하도록 한다.

- 인덱스를 많이 생성해 놓은 테이블은 인덱스의 용도를 잘 확인한 후에, 인덱스의 활용도가 떨어진다면 과감히 삭제해 줄 필요가 있다. 그렇지 않으면 전반적인 MySQL의 성능이 저하되는 문제를 야기할 수 있다. 한 달에 한 번 또는 일년에 한 번 사용될 인덱스를 계속 유지할 필요는 없다.

인덱스를 생성하고 사용하는 실습을 해보자.

`step 0`

Workbench를 종료하고 새로 실행한 후, 저장해 놓은 sqlDB.sql을 이용해서 sqlDB 데이터베이스를 초기화 시키자.

⚠ 방법이 기억나지 않으면 chapter 06 〈실습 2〉의 `step 6` 을 참조한다. C:\SQL\sqlDB.sql 파일이 없는 독자는 chapter 06의 〈실습 2〉를 다시 수행하거나, 책의 사이트인 http://cafe.naver.com/thisisMySQL/에서 sqlDB.sql을 다운로드해서 C:\SQL\에 저장하자.

0-1 usertbl을 주로 사용해 보도록 하자. 데이터의 내용을 확인해 보자.

```
USE sqldb;
SELECT * FROM usertbl;
```

	userID	name	birthYear	addr	mobile1	mobile2	height	mDate
▶	BBK	바비킴	1973	서울	010	0000000	176	2013-05-05
	EJW	은지원	1972	경북	011	8888888	174	2014-03-03
	JKW	조관우	1965	경기	018	9999999	172	2010-10-10
	JYP	조용필	1950	경기	011	4444444	166	2009-04-04
	KBS	김범수	1979	경남	011	2222222	173	2012-04-04
	KKH	김경호	1971	전남	019	3333333	177	2007-07-07
	LJB	임재범	1963	서울	016	6666666	182	2009-09-09
	LSG	이승기	1987	서울	011	1111111	182	2008-08-08
	SSK	성시경	1979	서울	NULL	NULL	186	2013-12-12
	YJS	윤종신	1969	경남	NULL	NULL	170	2005-05-05

[그림 9-26] 쿼리 결과

`step 1`

우선, usertbl에 어떤 인덱스가 설정되어 있는지 확인해 보자.

1-1 먼저 인덱스의 이름을 확인해 보자.

```
USE sqldb;
SHOW INDEX FROM usertbl;
```

	Table	Non_unique	Key_name	Seq_in_index	Column_name	Collation	Cardinality	Sub_part	Packed	Null	Index_type	Comment	Index_comment
▶	usertbl	0	PRIMARY	1	userID	A	2	NULL	NULL		BTREE		

[그림 9-27] 쿼리 결과

이미 몇 번 얘기했지만, PRIMARY 키의 이름은 클러스터형 인덱스를 의미한다. 현재 usertbl에는 userID 열에 클러스터형 인덱스 한 개만 설정되어 있다.

1-2 이번에는 인덱스의 크기를 확인해 보자.

```
SHOW TABLE STATUS LIKE 'usertbl';
```

Name	Engine	Version	Row_format	Rows	Avg_row_length	Data_length	Max_data_length	Index_length	Data_free	Auto_increment	Create_time
usertbl	InnoDB	10	Dynamic	10	1638	16384	0	0	0	NULL	2016-03-05 20:32:04

[그림 9-28] 쿼리 결과

결과 중에서 Data_length는 클러스터형 인덱스(또는 데이터)의 크기를 Byte 단위로 표기한 것이다. 그런데, MySQL의 페이지 크기는 기본적으로 16KB이므로 클러스터형 인덱스는 16384/(16*1024) = 1페이지가 할당되어 있다. 실제로는 데이터의 내용이 16KB까지 필요 없지만, 할당하는 값의 최소 단위가 1페이지이므로 1페이지에 해당하는16KB가 할당되어 있는 것이다. Index_length는 보조 인덱스의 크기인데, usertbl은 보조 인덱스가 없기 때문에 표기되지 않았다.

---

step 2

클러스터형 인덱스가 이미 있으므로 이 테이블에는 클러스터형 인덱스를 생성할 수 없다.

2-1 주소(addr)에 단순 보조 인덱스를 생성하자. '단순'은 중복을 허용한다는 의미로 고유(UNIQUE)와 반대라고 생각하면 된다.

```
CREATE INDEX idx_usertbl_addr
    ON usertbl (addr);
```

2-2 생성된 인덱스 이름을 **SHOW INDEX FROM usertbl;**로 확인해 보자.

Table	Non_unique	Key_name	Seq_in_index	Column_name	Collation	Cardinality	Sub_part	Packed	Null	Index_type	Comment	Index_comment
usertbl	0	PRIMARY	1	userID	A	10	NULL	NULL		BTREE		
usertbl	1	idx_userTbl_addr	1	addr	A	5	NULL	NULL		BTREE		

[그림 9-29] 쿼리 결과

Non_unique 부분이 1로 설정되어 있으므로 Unique 인덱스가 아닌 것을 확인할 수 있다.

2-3 이번에는 인덱스의 크기를 **SHOW TABLE STATUS LIKE 'usertbl';**로 확인해 보자. 그런데 보조 인덱스의 크기인 Index_length가 계속 0으로 나올 것이다.

2-4 생성한 인덱스를 실제 적용시키려면 ANALYZE TABLE문으로 먼저 테이블을 분석/처리해줘야 한다.

```
ANALYZE TABLE usertbl;
SHOW TABLE STATUS LIKE 'usertbl';
```

Name	Engine	Version	Row_format	Rows	Avg_row_length	Data_length	Max_data_length	Index_length	Data_free	Auto_increment	Create_time
usertbl	InnoDB	10	Dynamic	10	1638	16384	0	16384	0	NULL	2016-03-05 20:53:55

[그림 9-30] 단순 보조 인덱스 확인

2-5 출생년도^{birthYear}에 고유 보조 인덱스^{Unique Secondary Index}를 생성하자.

```
CREATE UNIQUE INDEX idx_usertbl_birthYear
    ON usertbl (birthYear);
```

오류 메시지:
Error Code: 1062. Duplicate entry '1979' for key 'idx_usertbl_birthYear'

김범수와 성시경의 출생년도가 1979년이기에 중복된 값이 있어서 출생년도에는 고유 보조 인덱스를 생성할 수 없다.

2-6 이름^{name}에 고유 보조 인덱스를 생성하자.

```
CREATE UNIQUE INDEX idx_usertbl_name
    ON usertbl (name);
```

다시 **SHOW INDEX FROM usertbl;**로 확인해 보자.

Table	Non_unique	Key_name	Seq_in_index	Column_name	Collation	Cardinality	Sub_part	Packed	Null	Index_type	Comment	Index_comment
usertbl	0	PRIMARY	1	userID	A	10	NULL	NULL		BTREE		
usertbl	0	idx_userTbl_name	1	name	A	10	NULL	NULL		BTREE		
usertbl	1	idx_userTbl_addr	1	addr	A	5	NULL	NULL		BTREE		

[그림 9-31] 고유 보조 인덱스 생성

2-7 이름^{name}열에 생성은 잘 되었다. 이번에는 김범수와 이름이 같은 사람을 입력해 보자. 아이디는 다르게 GPS로 하자.

```
INSERT INTO usertbl VALUES('GPS', '김범수', 1983, '미국', NULL  , NULL  , 162, NULL);
```

오류 메시지:
Error Code: 1062. Duplicate entry '김범수' for key 'idx_usertbl_name'

조금 전에 생성한 고유^{Unique} 인덱스로 인해서 중복된 값을 입력할 수 없다. 이렇게 이름이 중복된 사람을 허용하지 않는다면 실제 사용에는 문제가 발생될 수도 있다. 그러므로 고유 인덱스는 현재 중복된 값이 없다고 무조건 설정하면 안되며, 업무 절차상 절대로 중복되지 않을 경우(예로 주민등록번호, 학번, 이메일 주소 등)에만 인덱스 생성 시에 UNIQUE 옵션을 사용해야 한다.

2-8 이번에는 이름^{name}열과 출생년도^{birthYear}열을 조합해서 인덱스를 생성해 보자. 그리고 이름^{name}열에 설정했던 idx_usertbl_name 인덱스는 삭제하자.

```
CREATE INDEX idx_usertbl_name_birthYear
    ON usertbl (name,birthYear);
DROP INDEX idx_usertbl_name ON usertbl;
```

다시 **SHOW INDEX FROM usertbl;**로 확인해 보자.

	Table	Non_unique	Key_name	Seq_in_index	Column_name	Collation	Cardinality	Sub_part	Packed	Null	Index_type	Comment
▶	usertbl	0	PRIMARY	1	userID	A	10	NULL	NULL		BTREE	
	usertbl	1	idx_usertbl_addr	1	addr	A	5	NULL	NULL		BTREE	
	usertbl	1	idx_usertbl_name_birthYear	1	name	A	10	NULL	NULL		BTREE	
	usertbl	1	idx_usertbl_name_birthYear	2	birthYear	A	10	NULL	NULL		BTREE	

[그림 9-32] 두 열에 인덱스 생성

Seq_in_index열이 1과 2로 설정되어 있는 것을 확인할 수 있다. 즉, 두 열이 하나의 인덱스로 설정되어 있는 상태다.

2-9 두 열이 조합된 조건문의 쿼리에도 해당 인덱스가 사용된다. 결과는 당연히 잘 나올 것이다. 결과 창 왼쪽의 [Execution Plan]을 클릭해서 확인해 보자.

```
SELECT * FROM usertbl WHERE name = '윤종신' and birthYear = '1969'
```

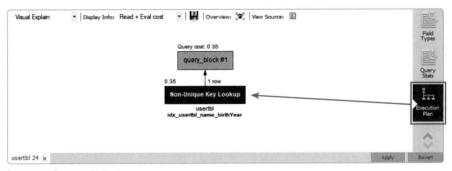

[그림 9-33] 실행 계획 확인

생성한 인덱스인 idx_usertbl_name_birthYear를 사용하고 있는 것을 확인할 수 있다. 위와 같이 name 및 birthYear가 조합된 쿼리에서는 이 인덱스가 무척 유용하지만, 이러한 쿼리가 거의 사용되지 않는다면 이 인덱스는 오히려 MySQL의 성능에 나쁜 영향을 줄 수 있다.

⚠ 'name열 인덱스'와 'name열과 birthYear가 조합된 인덱스'가 모두 있을 경우에 다음 문장은 'name열 인덱스'가 아닌 'name열과 birthYear가 조합된 인덱스'를 사용할 수도 있다. 이는 MySQL이 알아서 더 효율적인 것을 선택하기 때문이다.

```
SELECT * FROM usertbl WHERE name = '윤종신';
```

2-10 휴대폰의 국번(mobile1)열에 인덱스를 생성해 보자.

```
CREATE INDEX idx_usertbl_mobile1
    ON usertbl (mobile1);
```

당연히 잘 생성이 될 것이다. 그리고 다음의 쿼리를 생각해 보자.

```
SELECT * FROM usertbl WHERE mobile1 = '011';
```

결과도 잘 나올 것이다. 그런데, 이 인덱스는 없는 것이 훨씬 낫다. 그 이유는 국번에는 데이터의 종류가 얼마 되지 않기 때문이다. 즉, 데이터가 1000만 건이라도 결국 010, 011, 016, 017, 018, 019의 데이터만 존재할 것이다. 이렇게 데이터의 종류가 적은 열에는 인덱스를 생성하지 않는 편이 낫다. 이를 '선택도^{Selectivity}가 나쁜 데이터'라고도 얘기하는데, 잠시 후 다시 살펴보겠다.

> **step 3**

인덱스를 삭제하자.

3-1 먼저 **SHOW INDEX FROM usertbl**문으로 인덱스의 이름을 확인하자.

3-2 앞에서 삭제 시에는 보조 인덱스를 먼저 삭제하는 게 좋다고 말했다. 보조 인덱스를 삭제한다.

```
DROP INDEX idx_usertbl_addr ON usertbl;
DROP INDEX idx_usertbl_name_birthYear ON usertbl;
DROP INDEX idx_usertbl_mobile1 ON usertbl;
```

⚠ 보조 인덱스를 다음과 같이 ALTER TABLE로 삭제해도 된다.

```
ALTER TABLE usertbl DROP INDEX idx_usertbl_addr;
ALTER TABLE usertbl DROP INDEX idx_usertbl_name_birthYear;
ALTER TABLE usertbl DROP INDEX idx_usertbl_mobile1;
```

3-3 이번에는 Primary Key 지정으로 자동 생성된 클러스터형 인덱스를 삭제해 보자. Primary Key에 설정된 인덱스는 DROP INDEX문으로 삭제되지 않고, ALTER TABLE문으로만 삭제할 수 있다.

```
ALTER TABLE usertbl DROP PRIMARY KEY;
```

```
오류 메시지 :
Error Code: 1553. Cannot drop index 'PRIMARY': needed in a foreign key constraint
```

오류가 발생했다. 이유는 usertbl의 userID열을 buyTbl이 참조하고 있기 때문이다. 그러므로 먼저 참조하고 있는 외래 키 관계를 제거한 후에 다시 Primary Key를 제거해야 한다.

3-4 먼저 외래 키 제약 조건 이름을 알아내자. information_schema 데이터베이스의 referential_constraints 테이블을 조회하면 된다.

```
SELECT table_name, constraint_name
    FROM information_schema.referential_constraints
    WHERE constraint_schema = 'sqldb';
```

[그림 9-34] 쿼리 결과

3-5 외래 키를 먼저 제거하고, 기본 키를 제거한다.

```
ALTER TABLE buyTbl DROP FOREIGN KEY buytbl_ibfk_1;
ALTER TABLE usertbl DROP PRIMARY KEY;
```

삭제가 잘 되었을 것이다.

 비타민 퀴즈 9-1

Windows의 Workbench로 Linux 가상머신에 접속해서 앞의 〈실습 3〉을 진행해 보자.

9.5 인덱스의 성능 비교

인덱스를 생성하고 삭제하는 방법에 대해서 익혔으니 이번에는 클러스터형 인덱스와 보조 인덱스와 인덱스가 없을 때의 성능 차이를 직접 확인하는 실습을 해보자.

이번 실습을 통해서 어떤 인덱스가 성능이 좋은지 또, 인덱스가 있어도 인덱스를 사용하지 않는 것은 어떤 경우인지를 파악해 보자.

실습4

인덱스가 없을 때, 클러스터형 인덱스만 있을 때, 보조 인덱스만 있을 때의 성능을 비교하자. 또한 각 인덱스의 특성과 장단점도 함께 이해해 보자.

step 0

실습할 데이터베이스를 만든다.

```
CREATE DATABASE IF NOT EXISTS indexdb;
```

테스트를 위해서 어느 정도 데이터가 있는 테이블을 복사하자. employees의 employees 테이블을 emp
(인덱스 없는 테이블), emp_c(클러스터형 인덱스를 생성할 테이블), emp_Se(보조 인덱스를 생성할 테이블) 세 개로 복사하도록 하자.

1-1 employees의 employees의 개수를 파악하자.

```
USE indexdb;
SELECT COUNT(*) FROM employees.employees;
```

특별히 이 테이블을 수정한 적이 없다면 약 30만 개가 나올 것이다. 테스트를 하기에 적절한 양이다.

1-2 테이블을 3개로 복사하자.

⚠ employees.employees는 emp_no로 정렬되어 있으므로, 순서를 무작위로 만들기 위해서 RAND() 함수로 정렬했다. 결과는 데이터가 무작위로 섞이는 효과를 갖는다.

```
CREATE TABLE emp SELECT * FROM employees.employees ORDER BY RAND();
CREATE TABLE emp_c SELECT * FROM employees.employees ORDER BY RAND();
CREATE TABLE emp_Se SELECT * FROM employees.employees ORDER BY RAND();
```

1-3 SELECT * FROM 테이블명문으로 확인해 보면 세 테이블의 순서가 뒤섞여 있음을 확인할 수 있다.

```
SELECT * FROM emp LIMIT 5;
SELECT * FROM emp_c LIMIT 5;
SELECT * FROM emp_Se LIMIT 5;
```

emp_no	birth_date	first_name	last_name	gender	hire_date
443622	1963-05-02	Elvis	Bage	M	1991-07-01
293770	1959-08-23	Gianluca	Validov	M	1994-03-23
463994	1962-01-11	Jouni	Borstler	F	1986-08-18
448204	1953-05-31	Mani	Ebeling	M	1993-09-23
269311	1953-09-09	Gino	Chepyzhov	F	1995-09-28

emp_no	birth_date	first_name	last_name	gender	hire_date
474999	1962-07-29	Leon	Staudhammer	M	1989-11-07
495190	1958-04-07	Maia	Miara	F	1989-12-31
264498	1955-12-07	Gaetan	Hertweck	M	1991-04-25
406048	1956-02-03	Abdelghani	Alpay	F	1993-03-25
259326	1955-06-30	Sachar	Perly	M	1988-08-25

emp_no	birth_date	first_name	last_name	gender	hire_date
459564	1960-07-06	Heping	Baek	M	1985-06-06
61157	1954-02-25	Shim	McConalogue	F	1991-08-23
71977	1964-05-08	Jordanka	Barbanera	M	1993-04-29
497952	1953-01-31	Valeri	Plotkin	M	1997-05-16
471926	1962-10-18	Hirochika	Chaudhury	F	1999-06-02

[그림 9-35] 상위 5개 행 조회

1-4 SHOW TABLE STATUS문으로 테이블에 인덱스가 있는지 확인해 보자.

	Name	Engine	Version	Row_format	Rows	Avg_row_length	Data_length	Max_data_length	Index_length	Data_free	Auto_increment	Create_time
▶	emp	InnoDB	10	Dynamic	299088	57	17317888	0	0	4194304	NULL	2016-03-06 11:05:51
	emp_c	InnoDB	10	Dynamic	299841	57	17317888	0	0	4194304	NULL	2016-03-06 11:05:54
	emp_se	InnoDB	10	Dynamic	299389	57	17317888	0	0	4194304	NULL	2016-03-06 11:05:57

[그림 9-36] 세 테이블 모두 인덱스가 없음

CREATE TABLE… SELECT문은 제약 조건의 인덱스 등을 모두 제외하고 단지 테이블의 데이터만 복사하는 기능을 한다. 그러므로 세 테이블 모두 아직 인덱스는 없다. Data_length는 데이터 페이지 또는 클러스터형 인덱스의 크기를 의미하고 Index_length는 보조 인덱스의 크기를 의미한다. 모두 Byte 단위다. 제약 조건을 설정하거나 인덱스를 생성한 적이 없으므로 Data_length는 데이터 페이지를 의미한다.

세 테이블 모두 [그림 9-14]와 같이 데이터 페이지만 있는 상태다. 각 테이블이 약 17MB의 용량을 차지하고 있다. 페이지 수로 계산하면, MySQL은 한 페이지가 16KB이므로 17MB/16KB= 약 1057페이지를 가지고 있다. 물론 1,057페이지 모두에 데이터만 있는 것은 아니고 일부 페이지는 다른 정보를 포함하기도 한다.

---

step 2

---

emp_c에는 클러스터형 인덱스(=Primary Key 인덱스)를 emp_Se에는 보조 인덱스를 생성해 보자.

2-1 인덱스를 두 테이블에 생성한다.

```
ALTER TABLE emp_c ADD PRIMARY KEY(emp_no);
ALTER TABLE emp_Se ADD INDEX idx_emp_no (emp_no);
```

⚠ ALTER TABLE… ADD INDEX… 구문과 ALTER TABLE… ADD KEY … 구문은 동일한 구문이다.

2-2 다시 데이터를 5건씩만 확인해 보자.

```
SELECT * FROM emp LIMIT 5;
SELECT * FROM emp_c LIMIT 5;
SELECT * FROM emp_Se LIMIT 5;
```

	emp_no	birth_date	first_name	last_name	gender	hire_date
▶	443622	1963-05-02	Elvis	Bage	M	1991-07-01
	293770	1959-08-23	Gianluca	Validov	M	1994-03-23
	463994	1962-01-11	Jouni	Borstler	F	1986-08-18
	448204	1953-05-31	Mani	Ebeling	M	1993-09-23
	269311	1953-09-09	Gino	Chepyzhov	F	1995-09-28

	emp_no	birth_date	first_name	last_name	gender	hire_date
▶	474999	1962-07-29	Leon	Staudhammer	M	1989-11-0
	495190	1958-04-07	Maia	Miara	F	1989-12-3
	264498	1955-12-07	Gaetan	Hertweck	M	1991-04-2
	406048	1956-02-03	Abdelghani	Alpay	F	1993-03-2
	259326	1955-06-30	Sachar	Perly	M	1988-08-2

	emp_no	birth_date	first_name	last_name	gender	hire_date
▶	459564	1960-07-06	Heping	Baek	M	1985-06-06
	61157	1954-02-25	Shim	McConalogue	F	1991-08-23
	71977	1964-05-08	Jordanka	Barbanera	M	1993-04-29
	497952	1953-01-31	Valeri	Plotkin	M	1997-05-16
	471926	1962-10-18	Hirochika	Chaudhury	F	1999-06-02

[그림 9-37] 상위 5개 행 조회

클러스터형 인덱스가 생성된 두 번째 테이블(emp_c)만 정렬되어 있다. 그 이유는 클러스터형 인덱스만 데이터 페이지를 정렬하기 때문이라고 얘기했었다. [그림 9-17]을 보면서 이해하면 될 것이다.

2-3 생성한 인덱스를 실제로 적용시키려면 ANALYZE문을 사용해야 한다.

```
ANALYZE TABLE emp, emp_c, emp_Se;
```

	Table	Op	Msg_type	Msg_text
▶	indexdb.emp	analyze	status	OK
	indexdb.emp_c	analyze	status	OK
	indexdb.emp_se	analyze	status	OK

[그림 9-38] 쿼리 실행 결과

2-4 테이블의 인덱스를 확인해 보자.

```
SHOW INDEX FROM emp;
SHOW INDEX FROM emp_c;
SHOW INDEX FROM emp_Se;
SHOW TABLE STATUS;
```

Table	Non_unique	Key_name	Seq_in_index	Column_name	Collation	Cardinality	Sub_part	Packed	Null	Index_type	C

Table	Non_unique	Key_name	Seq_in_index	Column_name	Collation	Cardinality	Sub_part	Packed	Null	Index_type	
emp_c	0	PRIMARY	1	emp_no	A	299468	HULL	HULL		BTREE	

Table	Non_unique	Key_name	Seq_in_index	Column_name	Collation	Cardinality	Sub_part	Packed	Null	Index_type	
emp_se	1	idx_emp_no	1	emp_no	A	299339	HULL	HULL		BTREE	

Name	Engine	Version	Row_format	Rows	Avg_row_length	Data_length	Max_data_length	Index_length	Data_free	
emp	InnoDB	10	Dynamic	299238	57	17317888	0	0	4194304	
emp_c	InnoDB	10	Dynamic	299468	57	17317888	0	0	2097152	
emp_se	InnoDB	10	Dynamic	299339	57	17317888	0	5783552	2097152	

[그림 9-39] 인덱스 생성 후

의미를 잘 파악해 보자. emp 테이블은 당연히 인덱스가 없이 그대로다. 두 번째 emp_c를 보자. 인덱스 타입이 클러스터형(PRIMARY)으로 되어 있고, 인덱스가 생성되었으므로 Data_free 영역이 줄어 든 것을 확인할 수 있다. 즉, [그림 9-17]과 같은 형태가 구성된 것이다.

세 번째 emp_Se를 보자. Key_name이 PRIMARY가 아니므로 보조 인덱스가 생성된 것이다. 보조 인덱스는 인덱스를 생성해도 데이터 페이지를 건드리지 않는다는 것을 기억하는가? [그림 9-19]를 보면 데이터 페이지인 힙HEAP 영역은 [그림 9-14]와 동일하다. 즉, 데이터는 아무런 변화가 없다. 그래서 힙의 페이지 개수는 인덱스를 만들기 이전과 동일하다. 단지 [그림 9-19]의 위쪽의 인덱스 페이지만 추가로 생성된 것이다. 여기서는 5,783,552Byte(=353페이지)가 추가로 생성되었다.

step 3

MySQL 전체의 시스템 상태를 초기화하자.

3-1 쿼리 창을 모두 닫고 Workbench를 종료하자.

3-2 파워셸을 관리자 모드로 실행한 후, 다음 명령을 실행해서 MySQL 서비스를 재시작 하자.

⚠ 컴퓨터를 재부팅해도 동일한 효과다.

```
cmd
NET STOP MySQL
NET START MySQL
```

[그림 9-40] MySQL 서비스 재시작

3-3 다시 Workbench를 실행하자.

step 4

이제 테이블을 조회할 때 인덱스를 사용하는 성능의 차이를 확인해 보자.

4-0 우선 indexdb를 선택하자.

    USE indexdb;

4-1 인덱스가 없는 emp 테이블을 조회하자.

① 회원 번호로 조회해 보자. SELECT 결과는 하나가 나왔을 것이다. (결과의 내용이 중요한 것은 아니다.)

    SHOW GLOBAL STATUS LIKE 'Innodb_pages_read'; -- 쿼리 실행 전의 읽은 페이지 수
    SELECT * FROM emp WHERE emp_no = 100000;
    SHOW GLOBAL STATUS LIKE 'Innodb_pages_read'; -- 쿼리 실행 후에 읽은 페이지 수

[그림 9-41] 조회 결과 1

약 1,058페이지(=2090-1032)를 읽었다. (필자와 독자가 다를 수 있다.) 1개 데이터를 찾기 위해서 상당히 많은 페이지를 읽은 것이다.

② 실행 계획을 확인하자. SELECT문만 선택해서 다시 실행한 후 [Execution Plan]을 선택하자.

[그림 9-42] 실행 계획 1

전체 테이블 검색Full Table Scan을 했다. 전체 테이블 검색의 의미는 전체 데이터 페이지를 처음부터 끝까지 찾아본다는 의미라고 얘기했었다. 즉, [그림 9-14]와 같이 인덱스가 없으므로 전체 페이지를 읽는 수밖에는 없다.

4-2 클러스터형 인덱스가 있는 테이블을 조회해 보자.

① 정확한 테스트를 위해서 **3-2**를 다시 수행해서 MySQL 서비스를 재가동 시켜 보자.

② 동일한 데이터를 조회하자.

```
SHOW GLOBAL STATUS LIKE 'Innodb_pages_read'; -- 쿼리 실행 전의 읽은 페이지 수
SELECT * FROM emp_c WHERE emp_no = 100000;
SHOW GLOBAL STATUS LIKE 'Innodb_pages_read'; -- 쿼리 실행 후의 읽은 페이지 수
```

[그림 9-43] 조회 결과 2

놀라운 결과다. 겨우 3페이지(=3162-3159)만을 읽고 데이터를 찾아냈다.

⚠ 현재 메모리의 상태, MySQL 버전, 데이터의 분포 등의 상황에 따라서 클러스터형 인덱스가 3페이지 이상을 읽을 수도 있다. 하지만, 전체 테이블 검색과는 비교할 수 없을 정도의 적은 페이지만 읽었을 것이다. 독자도 혹시 3페이지 이상을 읽었더라도 필자와 같이 3페이지만 읽었다고 가정하고 계속 실습을 진행하자. (MySQL 서비스를 재시작하고 바로 **4-2**의 쿼리를 실행하면 3페이지와 근접하게 읽을 것이다.)

앞에서 인덱스가 없이 테이블 검색 시에는 1,058페이지를 읽었던 것과 비교해 보면 인덱스가 어느 정도로 유용한지 느낄 수 있을 것이다. [그림 9-17]에서 'JKW'를 찾기 위해 Non-Leaf Page(여기서는

데이터가 적어서 루트 페이지가 하나밖에 없음) 하나와 리프 페이지(= 데이터 페이지) 하나를 읽게

되어, 세 페이지만을 읽게 되는 것과 비슷한 방식이다.

③ 실행 계획Execution Plan을 확인하자. SELECT문만 선택해서 다시 실행한 후 [Execution Plan]을 선택

하자. 실행 계획을 보면 클러스터링 인덱스인 PRIMARY를 사용한 것을 확인할 수 있다.

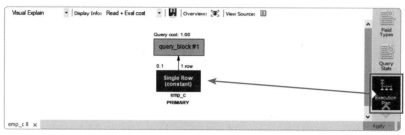

[그림 9-44] 실행 계획 2

4-3 보조 인덱스가 있는 테이블을 조회해 보자.

① 동일한 데이터를 조회하자.

```
SHOW GLOBAL STATUS LIKE 'Innodb_pages_read'; -- 쿼리 실행 전의 읽은 페이지 수
SELECT * FROM emp_Se WHERE emp_no = 100000;
SHOW GLOBAL STATUS LIKE 'Innodb_pages_read'; -- 쿼리 실행 후의 읽은 페이지 수
```

[그림 9-45] 조회 결과 3

왜 5페이지(=3167-3162)인지 예상될 것이다. [그림 9-19]를 보면 루트 페이지, 리프 페이지, 그리고

데이터 페이지까지 총 5개 페이지를 읽은 것으로 예상할 수 있다. 비록 클러스터형 인덱스가 읽은 3페

이지보다는 많지만, 5페이지라는 아주 적은 수의 페이지만 읽어서 결과를 찾아낸 것이다.

⚠ [그림 9-45]의 결과도 시스템 상황에 따라서 5페이지보다 많을 수 있다.

② 실행 계획Execution Plan을 확인하자. SELECT문만 선택해서 다시 실행한 후 [Execution Plan]을 선택

하자. 실행 계획을 보면 보조 인덱스인 idx_emp_no를 사용한 것을 확인할 수 있다.

[그림 9-46] 실행 계획 3

Key Lookup은 인덱스에서 검색된 RID(Row ID, 각 행의 고유번호)를 가지고 실제 데이터 페이지의 데이터로 찾아가는 과정을 뜻한다. [그림 9-19]의 예에서 BBK로 검색할 경우 인덱스 페이지에서 검색한 RID인 '1002+#2'의 데이터 페이지로 찾아가는 과정이라고 생각하면 쉽게 이해될 것이다.

클러스터형 인덱스에서 Key Lookup 용어를 사용하지 않은 것은 인덱스 페이지의 리프 페이지가 곧 데이터 페이지이기 때문이다. (영어 사전을 비교해서 생각하면 된다.) 이와 달리 보조 인덱스는 인덱스의 검색이 끝나도, 다시 실제 데이터로 찾아가야 하는 과정이 있다.

step 5

앞에서는 정확한 값(emp_no가 100000인 것) 하나를 조회되는 내부 방식을 확인해 보았다. 이번에는 범위로 조회해 보는 것을 확인해 보자.

5-1 인덱스가 없는 테이블을 범위로 조회해 보자.

① 약 999건의 데이터를 읽는다.

```
SHOW GLOBAL STATUS LIKE 'Innodb_pages_read'; -- 쿼리 실행 전에 읽은 페이지 수
SELECT * FROM emp WHERE emp_no < 11000;
SHOW GLOBAL STATUS LIKE 'Innodb_pages_read'; -- 쿼리 실행 후에 읽은 페이지 수
```

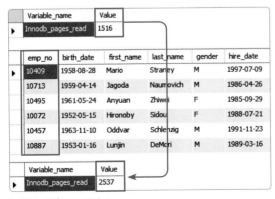

[그림 9-47] 조회 결과 4

어차피 Emp에는 인덱스가 없으므로, 전체 테이블 검색을 하고 500~1000페이지 이상을 읽어야 한다. 즉, 인덱스가 없다면 하나를 조회하든 범위로 조회하든 별 차이가 없다.

② 실행 계획Execution Plan을 확인하자. SELECT문만 선택해서 다시 실행한 후 [Execution Plan]을 선택하자.

[그림 9-48] 실행 계획 4

예상한대로 인덱스가 없으니 당연히 전체 테이블 검색을 했다.

5-2 클러스터형 인덱스 테이블을 범위로 조회해 보자.

① 동일한 데이터를 조회하자.

```
SHOW GLOBAL STATUS LIKE 'Innodb_pages_read'; -- 쿼리 실행 전에 읽은 페이지 수
SELECT * FROM emp_c WHERE emp_no < 11000;
SHOW GLOBAL STATUS LIKE 'Innodb_pages_read'; -- 쿼리 실행 후에 읽은 페이지 수
```

Variable_name	Value
Innodb_pages_read	2539

emp_no	birth_date	first_name	last_name	gender	hire_date
10001	1953-09-02	Georgi	Facello	M	1986-06-26
10002	1964-06-02	Bezalel	Simmel	F	1985-11-21
10003	1959-12-03	Parto	Bamford	M	1986-08-28
10004	1954-05-01	Chirstian	Koblick	M	1986-12-01
10005	1955-01-21	Kyoichi	Maliniak	M	1989-09-12
10006	1953-04-20	Anneke	Preusig	F	1989-06-02

Variable_name	Value
Innodb_pages_read	2544

[그림 9-49] 조회 결과 5

결과를 확인하면 상당히 적은 페이지(30페이지 미만)를 읽었을 것이다. (또한 결과도 정렬되어 있는 것에 주목하자.) 데이터는 무려 999개나 조회되었는데도, 한 개를 읽었던 'emp_no = 100000' 조건과 비슷하게 몇 개 페이지만 읽었다. 왜 그럴까?

emp_c 테이블의 구조를 예상해 보면 [그림 9-50]과 비슷하게 되었을 것이다.

⚠ [그림 9-50]은 정확한 것이 아니다. 숫자의 오차는 중요한 것이 아니므로, 대략적으로 [그림 9-50]과 같이 되었다고 생각하자.

[그림 9-50] emp_c 테이블의 내부 구조(클러스터형 인덱스)

[그림 9-50]을 보면서 답해 보자. 이제 직원번호(emp_no) 10300 이하를 읽기 위해서는 어떤 페이지를 읽어야 하는가? 루트 페이지(100번 페이지)와 리프 페이지 1개(1001번 페이지) 이렇게 2개만 읽으면 된다.

그렇다면 **SELECT * FROM emp_c WHERE emp_no < 10600**문은 몇 페이지를 읽을까? (실행은 하지 말자.) 3페이지만 읽는다. [그림 9-50]을 보면 왜 3페이지인지 알 수 있을 것이다. 루트 페이지, 1001번 페이지, 1002번 페이지만 읽으면 직원 번호 10600까지 모두 찾을 수 있다. (실제로는 3페이지 이상을 읽을 수도 있다.)

② 실행 계획Execution Plan을 확인하자. SELECT문만 선택해서 다시 실행한 후 [Execution Plan]을 선택하자.

[그림 9-51] 실행 계획 5

'Index Range Scan'이 나왔다. [그림 9-50]의 클러스터형 인덱스(PRIMARY)의 범위(이 경우에는 100과 1001~1004번 페이지)를 읽은 것으로 생각하면 된다.

⚠ 이쯤에서 쿼리문의 결과가 캐시에 남아서 예상과 다른 결과가 나올 수 있다. 필요하다면 이번 실습의 step 3 을 다시 실행하고 실습을 진행하는 것도 좋은 방법이다.

5-3 클러스터형 인덱스에서 전체 데이터를 읽어보자.

① 전체를 읽어야 하므로 LIMIT 1000000으로 충분히 지정했다. 약 30만 건이 조회될 것이다.

```
SHOW GLOBAL STATUS LIKE 'Innodb_pages_read'; -- 쿼리 실행 전의 읽은 페이지 수
SELECT * FROM emp_c WHERE emp_no < 500000 LIMIT 1000000; -- 전체 데이터를 읽음
SHOW GLOBAL STATUS LIKE 'Innodb_pages_read'; -- 쿼리 실행 후의 읽은 페이지 수
```

Variable_name	Value
Innodb_pages_read	1516

emp_no	birth_date	first_name	last_name	gender	hire_date
10409	1958-08-28	Mario	Straney	M	1997-07-09
10713	1959-04-14	Jagoda	Naumovich	M	1986-04-26
10495	1961-05-24	Anyuan	Zhiwei	F	1985-09-29
10072	1952-05-15	Hironoby	Sidou	F	1988-07-21
10457	1963-11-10	Oddvar	Schlenzig	M	1991-11-23
10887	1953-01-16	Lunjin	DeMori	M	1989-03-16

Variable_name	Value
Innodb_pages_read	2537

[그림 9-52] 조회 결과 6

1000페이지에 가까운 907페이지를 읽었다. emp_no의 최대값은 499999인데, Where 조건에서는 500000 미만을 지정했으니 결국 전체 페이지를 검색하게 된다. 그래서 전체 클러스터형 인덱스의 개

수인 1,000페이지 가까이 읽었다. (약간의 페이지 수 차이는 무시한다.)

② 실행 계획을 확인하자. SELECT문만 선택해서 다시 실행한 후 [Execution Plan]을 선택하자.

[그림 9-53] 실행 계획 6

역시 'Index Range Scan'이 나왔다. [그림 9-50]의 클러스터형 인덱스(PRIMARY)의 전체 범위를 읽은 것으로 생각하면 된다. 주의해서 볼 것은 전체의 데이터를 가져와야 하는데도, Where 조건에 emp_no가 있으므로 Index Range Scan을 수행했다.

③ [Execution Plan]의 'Index Range Scan' 상자에 마우스를 가져가면 팝업 창이 나온다. 이를 확인해 보자.

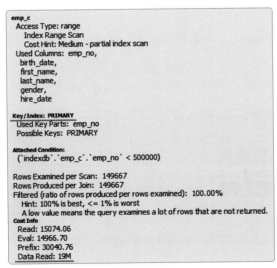

[그림 9-54] 상세 팝업 창

중간쯤에 Key/Index가 PRIMARY로 되어 있는 것을 확인할 수 있다. 그리고 제일 아래 'Data Read'에 19M를 읽었다고 나오는데 상당히 많은 양을 읽은 것이다. 전체 데이터를 읽는 것이므로 어쩔 수 없이 많은 양을 읽어야 한다.

④ 인덱스 힌트^{Hint}를 사용해서 인덱스를 사용하지 못하도록 강제로 지정할 수 있다.

```
SHOW GLOBAL STATUS LIKE 'Innodb_pages_read';
SELECT * FROM emp_c IGNORE INDEX(PRIMARY) WHERE emp_no < 500000 LIMIT 1000000;
SHOW GLOBAL STATUS LIKE 'Innodb_pages_read';
```

⚠ 인덱스 힌트는 강제로 사용하는 'USE INDEX(인덱스이름)'와 강제로 사용하지 못하게 하는 'IGNORE INDEX(인덱스이름)' 정도만 알고 있으면 된다.

Variable_name	Value
▶ Innodb_pages_read	4374

	emp_no	birth_date	first_name	last_name	gender	hire_date
▶	10001	1953-09-02	Georgi	Facello	M	1986-06-26
	10002	1964-06-02	Bezalel	Simmel	F	1985-11-21
	10003	1959-12-03	Parto	Bamford	M	1986-08-28
	10004	1954-05-01	Chirstian	Koblick	M	1986-12-01
	10005	1955-01-21	Kyoichi	Maliniak	M	1989-09-12
	10006	1953-04-20	Anneke	Preusig	F	1989-06-02

Variable_name	Value
▶ Innodb_pages_read	5273

[그림 9-55] 조회 결과 7

역시 1000페이지 가까운 899페이지를 읽었다. 전체 데이터를 읽어야 하기 때문에 인덱스를 사용하든 사용하지 않든 비슷한 결과다.

⑤ 실행 계획을 확인하자. SELECT문만 선택해서 다시 실행한 후 [Execution Plan]을 선택하자.

[그림 9-56] 실행 계획 7

인덱스 힌트 때문에 인덱스를 사용하지 않고 전체 테이블 검색(=Full Table Scan)을 했다.

⑥ [Execution Plan]의 'Full Table Scan' 상자에 마우스를 가져가면 팝업 창이 나온다. 이를 확인해 보자.

```
emp_c
  Access Type: ALL
    Full Table Scan
    Cost Hint: Very High - very costly for large tables (not so much for small ones).
No usable indexes were found for the table and the optimizer must search every row.
This could also mean the search range is so broad that the index would be useless.
    Used Columns: emp_no,
    birth_date,
    first_name,
    last_name,
    gender,
    hire_date

Key/Index: -

Attached Condition:
  (`indexdb`.`emp_c`.`emp_no` < 500000)

Rows Examined per Scan: 299335
Rows Produced per Join: 99768
Filtered (ratio of rows produced per rows examined): 33.33%
  Hint: 100% is best, <= 1% is worst
  A low value means the query examines a lot of rows that are not returned.
Cost Info
  Read: 20586.87
  Eval: 9976.84
  Prefix: 30563.70
  Data Read: 12M
```

[그림 9-57] 상세 팝업 창

중간쯤에 Key/Index가 비어 있다. 그리고 제일 아래 'Data Read'에 12M를 읽었다고 나오는데, 인덱스를 사용했을 때인 19MB보다는 적게 읽었다. 이 경우에는 인덱스를 사용하는 것보다 오히려 인덱스를 사용하지 않는 것이 데이터를 읽는 양은 적게 읽어서 효율적이라고 볼 수 있겠다.

⚠ 비록 이 경우에는 데이터를 읽은 양(Data Read)이 인덱스를 사용한 것보다 적기 때문에, 전체 테이블 검색이 효율적으로 보일 수 있다. 하지만, 전체적인 효율은 다양한 시스템의 상황이나 데이터 분포 등에 영향을 받을 수 있기 때문에, 읽은 양이 적다고 반드시 효율적이라고 보기는 어렵다. 이 예에서도 인덱스를 사용한 쿼리가 'Cost Info' 부분의 읽기(Read) 부분만 비교하면 적게 나오기 때문에 효율적이라고 볼 수도 있다.

5-4 이번에는 WHERE 조건이 없는 전체 데이터를 조회해 보자.

① 다음 쿼리를 수행하자. 약 30만 건이 조회될 것이다.

```
SHOW GLOBAL STATUS LIKE 'Innodb_pages_read';
SELECT * FROM emp_c LIMIT 1000000; -- 전체 데이터를 읽음
SHOW GLOBAL STATUS LIKE 'Innodb_pages_read';
```

[그림 9-58] 조회 결과 8

1,000페이지에 가까운 910페이지를 읽었다. 역시 전체 데이터를 가져와야 하므로 거의 모든 페이지에 접근하는 개념이다.

② 실행 계획을 확인하자. SELECT문만 선택해서 다시 실행한 후 [Execution Plan]을 선택하자.

[그림 9-59] 실행 계획 8

'Index Range Scan'이 아닌 전체 테이블 검색Full Table Scan을 했다. 즉, 전체 데이터에 접근해야 하므로 인덱스를 검색할 필요가 없기 때문이다.

5-5 이번에는 보조 인덱스 테이블을 범위로 조회해 보자.

① 직원번호가 11,000번 이하의 데이터를 조회하자.

```
SHOW GLOBAL STATUS LIKE 'Innodb_pages_read'; -- 쿼리 실행 전에 읽은 페이지 수
SELECT * FROM emp_Se WHERE emp_no < 11000;
SHOW GLOBAL STATUS LIKE 'Innodb_pages_read'; -- 쿼리 실행 후에 읽은 페이지 수
```

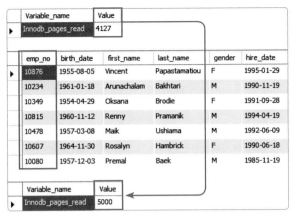

[그림 9-60] 조회 결과 9

30만 개 중에서 겨우 999개밖에 읽지 않았는데 페이지는 상당히 많은 페이지(400페이지 이상)를 읽었다. 하지만, 인덱스를 사용하지 않는 것보다는 효율적이다.

② 실행 계획을 확인하자. SELECT문만 선택해서 다시 실행한 후 [Execution Plan]을 선택하자.

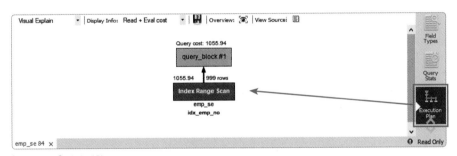

[그림 9-61] 실행 계획 9

③ 인덱스를 검색했기 때문에 'Index Range Scan'의 결과가 나왔다. emp_Se의 인덱스 구성도를 예상하면 [그림 9-62]와 비슷할 것이다.

⚠ [그림 9-62]에서도 숫자에는 연연하지 말자. 이해가 쉽도록 가정하여 지정한 것이 더 많다.

[그림 9-62] emp_Se 테이블의 내부 구조(보조 인덱스)

[그림 9-62]를 참조해서 보조 인덱스에서 10000~10999까지 검색하는 것을 생각하면 루트 페이지인 10번 페이지와 인덱스 리프 페이지인 100번 페이지만 읽으면 999개의 데이터가 있는 데이터 페이지의 주소를 알 수 있다.

이후로는 데이터 페이지에서 직원의 정보를 접근하면 된다.

④ 강제로 인덱스를 사용하지 못하도록 하고 결과를 확인해 보자.

```
SHOW GLOBAL STATUS LIKE 'Innodb_pages_read'; -- 쿼리 실행 전에 읽은 페이지 수
SELECT * FROM emp_Se IGNORE INDEX(idx_emp_no) WHERE emp_no < 11000;
SHOW GLOBAL STATUS LIKE 'Innodb_pages_read'; -- 쿼리 실행 후에 읽은 페이지 수
```

페이지도 상당히 많은 페이지(400페이지 이상)를 읽었을 것이다.

⑤ 실행 계획을 확인하자. SELECT문만 선택해서 다시 실행한 후 [Execution Plan]을 선택하자.

[그림 9-63] 실행 계획 10

인덱스를 사용하지 못하도록 힌트에서 지정했으니 전체 테이블 검색을 수행한 것을 확인할 수 있다. 'Full Table Scan' 왼쪽 상단의 숫자가 쿼리를 처리하는 데 든 비용^{Cost}이다. 필자는 약 31000 정도가 나와 있는데, [그림 9-61]에 보이는 약 1,000 정도에 비하면 엄청나게 많은 비용을 들여서 결과가 나온 것이다. 결국 전체 테이블 검색이 가장 좋지 않은 방식임을 확인할 수 있었다.

⑥ 이번에는 범위를 대폭 늘려서 쿼리를 수행해 보자. 직원번호가 400,000 미만은 모두 조회해 보자. (약 전체 데이터의 2/3에 해당하는 양이다.)

```
SHOW GLOBAL STATUS LIKE 'Innodb_pages_read'; -- 쿼리 실행 전에 읽은 페이지 수
SELECT * FROM emp_Se  WHERE emp_no < 400000 LIMIT 500000;
SHOW GLOBAL STATUS LIKE 'Innodb_pages_read'; -- 쿼리 실행 후에 읽은 페이지 수
```

힌트를 별도로 지정하지 않았으므로 인덱스를 사용할 것으로 예상했지만, 전체 테이블을 사용한 것과 마찬가지로 상당히 많은 페이지(1000페이지 이상)를 읽었을 것이다.

⑦ 실행 계획을 확인하자. SELECT문만 선택해서 다시 실행한 후 [Execution Plan]을 선택하자.

[그림 9-64] 실행 계획 10

인덱스를 사용하지 않고 전체 테이블을 검색했다. 왜일까? 만약 보조 인덱스를 사용했다면 다음과 같은 작동을 했을 것이다. [그림 9-62]를 보면서 다음 작동을 읽어보자.

- 루트 페이지인 10번 페이지를 읽어서 10,000번 직원번호부터는 100번 페이지에 있는 것을 알아냈다.
- 인덱스의 리프 페이지인 100번 페이지에 가보니 10000~11416까지의 고객 아이디가 모두 있다.
- 직원번호 10000을 찾기 위해서 페이지 1002번을 읽고, 세 번째(#3)의 데이터에 접근한다.
- 직원번호 10001을 찾기 위해서 페이지 2023번을 읽고, 299번째(#299)의 데이터에 접근한다.
- 직원번호 10002을 찾기 위해서 … …
- … … (약 40만 번 반복) … …
- 고객 아이디 399999번까지 반복

이렇게 40만 번을 데이터 페이지를 왔다갔다하며 읽어야 한다. 이렇게 읽을 바에는 차라리 인덱스가 없는 것으로 치고 데이터 페이지에서 처음부터 찾아보는 것이 더 빠르다. 그래서 MySQL이 알아서 인덱스가 있더라도 사용하지 않고 전체 테이블 검색을 수행하게 된 것이다.

⑧ 범위를 60,000으로 줄여서 수행해 보자. 실행 계획을 확인하자.

⚠ 필자는 60000번의 범위를 사용했지만, 상황에 따라서 범위를 더 줄여야 인덱스를 사용할 수도 있다.

```
SELECT * FROM emp_Se  WHERE emp_no < 60000 LIMIT 500000;
```

[그림 9-65] 실행 계획 11

실행 계획을 확인하니 인덱스를 사용했다. 즉, 적정 수량의 데이터를 읽을 경우에는 MySQL이 알아서 인덱스를 사용한다.

여기서 인덱스를 사용해야 하는 중요한 핵심을 찾을 수 있다.

기존에 생성해 놓은 보조 인덱스 중에서 전체 데이터의 대략 15% 이상을 스캔하는 경우에는 MySQL이 인덱스를 사용하지 않고 테이블 검색을 실시한다는 것이다. 이건 이 테이블에 대한 개략적인 추정치이며 상황에 따라서 다르다. 어떤 테이블의 훨씬 적은 데이터를 검색해도 테이블 스캔을 할 수도 있다.

즉, 보조 인덱스가 있어도 인덱스를 사용하지 않는다는 것이다. 만약에 응용 프로그램이 주로 전체 데이터의 15% 이상의 범위의 데이터를 검색SELECT하는 경우에는 차라리 인덱스를 만들지 않는 것이 시스템 성능에 도움이 된다. 이러한 사용하지 않는 보조 인덱스는 데이터의 변경 작업(특히 INSERT)이 발생했을 때, 시스템의 성능을 나쁘게 만들 소지가 있다.

⚠ 실무에서도 사용되지 않는 쓸모 없는 보조 인덱스를 몇 개만 삭제해도 성능이 향상되는 경우도 종종 있다.

`step 6`

이번에는 인덱스가 있어서 사용해야 하는데도, 쿼리문을 잘못 만들면 인덱스를 사용하지 않는 경우를 확인해 보자.

6-0 다음 쿼리문은 인덱스를 잘 사용했고, 겨우 3페이지(실제로는 더 읽었을 수도 있다)만 읽은 쿼리임을 이번 실습의 **4-2**에서 확인했었다.

```
SELECT * FROM emp_c WHERE emp_no = 100000;
```

6-1 그런데, emp_no에 어떤 가공을 해보도록 하자.

① 1이란 숫자는 곱해도 그 값이 바뀌지 않으므로 다음과 같은 쿼리도 동일한 쿼리가 된다. 실행해 보자.

```
SHOW GLOBAL STATUS LIKE 'Innodb_pages_read'; -- 쿼리 실행 전에 읽은 페이지 수
SELECT * FROM emp_c WHERE emp_no*1 = 100000;
SHOW GLOBAL STATUS LIKE 'Innodb_pages_read'; -- 쿼리 실행 후에 읽은 페이지 수
```

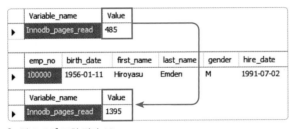

Variable_name	Value
Innodb_pages_read	485

emp_no	birth_date	first_name	last_name	gender	hire_date
100000	1956-01-11	Hiroyasu	Emden	M	1991-07-02

Variable_name	Value
Innodb_pages_read	1395

[그림 9-66] 조회 결과 12

이번 실습의 **4-2**에서는 3페이지만 읽어서 찾았던 결과를, emp_no에 1을 곱하는 작업을 했을 뿐인데 무려 1000여 페이지를 읽은 후에 찾았다. 찾은 결과는 당연히 1을 곱하든, 곱하지 않든 동일하다.

② 실행 계획을 확인하자. SELECT문만 선택해서 다시 실행한 후 [Execution Plan]을 선택하자.

[그림 9-67] 실행 계획 12

이번 실습의 **4-2**와 달리 인덱스를 사용하지 않고 전체 페이지 검색을 수행했다. 즉, MySQL이 인덱스를 사용하지 못한 것이다.

만약, 위와 같은 경우라면 **emp_no * 1 = 100000** 부분에서 '* 1'을 우측으로 넘기면 된다. 더하기가 우측으로 넘어가면 빼기로 변하고, 곱하기가 우측으로 넘어가면 나누기로 바뀌므로 다음과 같이 변경하면 MySQL은 다시 인덱스를 사용하게 될 것이며 페이지도 2~3개만 읽을 것이다. 독자가 직접 확인해 보자.

```
SELECT * FROM emp_c WHERE emp_no = 100000 / 1 ;
```

이 예에서 보았듯이 인덱스가 생성된 열에 함수나 연산을 가하게 되면, 인덱스를 사용하지 못할 수가 있으니 조심해야 한다. 즉, 인덱스가 생성된 WHERE에 나오는 열 이름에는 아무런 함수나 연산을 가하지 않아야 MySQL이 인덱스를 사용한다.

⚠ 이러한 실수는 응용 프로그램 개발자들이 잘 일으키는 경향이 강하다. 이러한 이유로 응용 프로그램 개발자도 SQL문을 공부해야 하는 것이다.

또한, 최근 버전의 MySQL은 이전 버전에 비해서 많이 향상되어 어떤 경우에는 열 이름에 함수가 적용되어도 인덱스를 사용하기도 한다. 하지만, 위 사례와 같이 그렇지 못한 경우도 많다. 그러므로, 최대한 WHERE 조건에 나오는 열 이름에는 아무런 가공을 하지 말아야 한다.

`step 7`

데이터의 중복도에 따라서 인덱스의 효용을 살펴보자.

7-0 SELECT * FROM emp문을 실행해서 gender(성별)열을 살펴보자. 남성인 'M'과 여성인 'F' 외에 다른 데이터가 입력되어 있지 않다.

	emp_no	birth_date	first_name	last_name	gender	hire_date
▶	443622	1963-05-02	Elvis	Bage	M	1991-07-01
	293770	1959-08-23	Gianluca	Validov	M	1994-03-23
	463994	1962-01-11	Jouni	Borstler	F	1986-08-18
	448204	1953-05-31	Mani	Ebeling	M	1993-09-23
	269311	1953-09-09	Gino	Chepyzhov	F	1995-09-28
	108189	1964-12-05	Jouko	Zweizig	M	1987-08-09
	283497	1955-06-07	Nakhoon	Ibel	M	1990-08-22
	58047	1962-05-22	Otmar	Gargeya	M	1988-07-19

[그림 9-68] 쿼리 실행 결과

⚠ 데이터의 중복도란 데이터의 종류가 얼마나 분포되어 있는가를 말한다. 다른 용어로 Cardinality(원소 개수)도 사용되는데 지금의 예로 gender가 2가지뿐이라면 Cardinality가 상당히 낮은 것이다. 즉, Cardinality가 높은 데이터는 데이터의 종류가 상당히 넓게 분포되어 있다는 의미다. Primary Key나 Unique는 데이터가 중복되지 않으므로 Cardinality가 높게 나올 수밖에 없다.

7-1 인덱스를 만들지 않은 emp 테이블의 gender(성별)열에 인덱스를 생성해 보자.

```
ALTER TABLE emp ADD INDEX idx_gender (gender);
ANALYZE TABLE Emp; -- 생성한 인덱스를 통계에 적용시킴
SHOW INDEX FROM Emp;
```

	Table	Non_unique	Key_name	Seq_in_index	Column_name	Collation	Cardinality	Sub_part	Packed	Null	Index_type	Comment	Index_comment
▶	emp	1	idx_gender	1	gender	A	1	NULL	NULL		BTREE		

[그림 9-69] 인덱스 정보 확인

idx_gender의 Cardinality를 확인하면 1밖에 나오지 않았다. 데이터의 종류가 거의 없다는 의미다. 즉 중복도가 상당히 높다는 의미다.

7-2 남성(M)을 조회해 보자. 약 18만 건의 데이터가 조회될 것이다. 실행 계획을 확인해 보자.

```
SELECT * FROM emp WHERE gender = 'M' LIMIT 500000;
```

[그림 9-70] 실행 계획 13

idx_gender 인덱스를 사용하고, 쿼리 비용Cost이 약 2만 정도가 나왔다. 'Non-Unique Key Lookup'에 마우스를 가져가서 팝업 창의 제일 아래를 보면 Data Read는 약 19MB 정도를 읽었을 것이다. 비록 조건

이 gender='M'으로 단순하지만 실제 데이터를 가져오기 위해서는 거의 모든 테이블의 페이지를 검색해야 한다.

7-3 강제로 인덱스를 사용하지 못하도록 한 후에, 실행 계획을 비교해 보자.

```
SELECT * FROM emp IGNORE INDEX (idx_gender) WHERE gender = 'M' LIMIT 500000;
```

[그림 9-71] 실행 계획 14

인덱스를 사용하지 않았더니 쿼리 비용이 약 3만 정도가 나왔다. 인덱스를 사용한 것보다는 훨씬 많이 나오기는 했지만, 실제로는 그렇게 많은 차이가 있는 것은 아니다. 결론적으로 데이터의 중복도가 높은 지금과 같은 경우에, 인덱스를 사용하는 것이 효율성이 없지는 않았다. 하지만 인덱스의 관리 비용과 INSERT 등의 구문에서는 오히려 성능이 저하될 수 있다는 점 등을 고려하면 인덱스가 반드시 바람직하다고 보기는 어렵다.

긴 실습을 통해서 인덱스에 대한 전반적인 것을 실습해 봤다. 지금 실습이 모든 인덱스의 내용을 포함하고 있지는 않지만, 인덱스의 가장 핵심적인 부분에 대한 개념은 충분히 반영되었으니 혹시 이해가 잘 안되었다면 나중에 다시 한번 실습해 보는 것을 권장한다.

비타민 퀴즈 9-2

Windows의 Workbench로 Linux 가상머신에 접속해서 앞의 〈실습 4〉를 진행하자.

9.6 결론: 인덱스를 생성해야 하는 경우와 그렇지 않은 경우

이제는 인덱스에 대한 결론을 확인하자. 인덱스는 잘 사용할 경우에는 쿼리의 성능이 급격히 향상되지만 그렇지 않을 경우에는 오히려 쿼리의 성능이 떨어지며 전반적인 MySQL의 성능이 나빠질 수도 있다.

그럴 수밖에 없는 것이 인덱스를 만드는 절대 기준이 있는 것이 아니라 '테이블의 데이터 구성이 어떻게 되었는지, 어떠한 조회를 많이 사용하는지' 등에 따라서 인덱스를 생성해야 하기 때문이다. 다음의 사항들은 이미 여러 번 나왔지만 잘 기억해 두는 것이 좋겠다.

① 인덱스는 열 단위에 생성된다

당연한 얘기다. 지금까지 실습에서 확인했다. 그리고 하나의 열에만 생성되는 것이 아니라 두 개 이상의 열을 조합해서 인덱스를 생성할 수 있었다.

② WHERE절에서 사용되는 열에 인덱스를 만들어야 한다

테이블 조회 시에 인덱스를 사용하는 경우는 WHERE절의 조건에 해당 열이 나오는 경우에만 주로 사용된다.

sqlDB의 usertbl을 생각해 보자.

```
SELECT name, birthYear, addr FROM usertbl WHERE userID = 'KKH'
```

위에서 name, birthYear, addr열에는 인덱스를 생성해 보았자 전혀 사용할 일이 없다. WHERE 절에 있는 userID열에만 인덱스를 생성할 필요가 있다.

③ WHERE절에 사용되더라도 자주 사용해야 가치가 있다

만약, 위의 쿼리에서 userID열에 인덱스를 생성해서 효율이 아주 좋아진다고 하더라도, 위 SELECT문은 아주 가끔만 사용되고, usertbl 테이블에는 주로 INSERT 작업만이 일어난다면? 특히, 이 경우에 userID열에 생성된 인덱스가 클러스터형 인덱스라면?

오히려 인덱스로 인해서 데이터를 입력하는 성능이 무척 나빠질 것이다.

[그림 9-20]의 클러스터형 인덱스에서 데이터가 입력되는 과정이 매번 일어나서 페이지 분할 작업이 계속 일어나게 된다. [그림 9-21]의 보조 인덱스도 데이터 페이지의 분할은 클러스터형 인덱스에 비해서 덜 일어나지만 인덱스 페이지의 페이지 분할은 종종 발생하게 될 것이다.

⚠ 이미 usertbl에 대용량의 데이터가 운영되고 있는 상태라고 가정하자. 그렇다면 이미 userID열은 Primary Key로 지정해 놓았으므로 자동으로 클러스터형 인덱스가 생성되어 있을 것이다. 이미 설정되어 있는 Primary Key를 제거하는 것도 다른 여러 쿼리문 등과의 연관성 등을 신중하게 고려해야 한다.

얘기가 복잡해진다. 그러므로 인덱스는 테이블을 정의하는 시점에 어디에 생성할 것인지를 잘 설계한 후에 지정하는 것이 가장 바람직하다. 이미 운영되고 있는 대용량의 테이블에서 인덱스를 변경하는 것은 쉽고 간단한 일이 아니다. 결국, chapter 04에서 학습했던 '데이터베이스 모델링'을 잘하는 것이 성능에도 밀접한 영향을 미친다.

④ 데이터의 중복도가 높은 열은 인덱스를 만들어도 별 효과가 없다

앞의 〈실습 4〉의 마지막 부분에서 확인해 봤지만 employees.employees 테이블에는 gender(성별)열처럼 데이터의 종류가 별로 없었다. 남성인 'M'과 여성인 'F' 두 가지 종류뿐이다. 결국, 거의 같은 데이터가 있는 열은 보조 인덱스를 만들어도 MySQL이 사용하지 않거나 사용하더라도, 크게 성능 향상의 효과가 없는 경우가 있다. 오히려 인덱스의 관리에 대한 비용 때문에 인덱스가 없는 편이 나을 수도 있다. 그러므로, 데이터의 중복도가 높은 열에는 인덱스를 만들 것인지 신중하게 판단해야 한다.

⑤ 외래 키를 지정한 열에는 자동으로 외래 키 인덱스가 생성된다

외래 키 제약 조건의 열에는 자동으로 인덱스가 생성된다. 그리고 쿼리문에서 외래 키 인덱스가 필요할 경우 MySQL이 알아서 외래 키 인덱스를 사용한다.

⑥ JOIN에 자주 사용되는 열에는 인덱스를 생성해 주는 것이 좋다

⑦ INSERT/UPDATE/DELETE가 얼마나 자주 일어나는지를 고려해야 한다

인덱스는 단지 읽기에서만 성능을 향상시키며, 데이터의 변경에서는 오히려 부담을 준다.

인덱스를 많이 만들어도 성능에는 문제가 되지 않는 테이블은 INSERT 작업이 거의 발생되지 않는 테이블이다. 예로, '고전 소설'에 대한 테이블을 생각해보자. 테이블의 열을 '일련번호, 제목, 지은이, 작성 연도, 주인공 이름, 발견한 사람, 보관된 장소, 기타'로 설계했을 때, 이 모든 열에 인덱스를 생성해도 디스크의 공간을 추가로 차지하는 것 외에는 MySQL의 성능에 별 나쁜 영향을 미치지는 않을 것이다. 고전소설의 경우에는 이미 데이터 구축이 완료된 후에는 특별히 변경될 일이 거의 없을 것이다. 즉, 이미 웬만한 고전 소설은 다 발견되었기에 추가 발견은 아주 가끔 신문에 날 정도로 잘 일어나지 않을 것이다.

결국 이 경우에는 INSERT/UPDATE/DELETE가 거의 일어나지 않으므로 혹시 조회에서 사용하지 않는 열에 인덱스를 만들어 놓아도 별 문제가 되지 않는다. 이 외에도 OLAP 데이터베이스도 비슷한 경우이다.

하지만, 이러한 특별한 경우를 제외하고 대부분의 OLTP 데이터베이스는 데이터의 입력 및 갱신이 자주 일어나게 되므로 필요 없는 열에 인덱스를 생성하면 성능에 나쁜 영향을 미칠 수밖에 없다.

그러므로 인덱스를 만들어서 SELECT의 성능을 높일 것인지, 만들지 않아서 INSERT/UPDATE/DELETE 시에 영향을 최소화할 것인지를 잘 결정해야 한다.

⑧ 클러스터형 인덱스는 테이블당 하나만 생성할 수 있다

클러스터형 인덱스를 생성할 열은 범위(BETWEEN, 〉, 〈 등의 조건)로 사용하거나 집계 함수를 사용하는 경우에는 아주 적절하다. 앞의 실습에서도 확인해 보았지만, 클러스터형 인덱스는 데이터 페이지를 읽는 수가 최소화 되어서 성능이 아주 우수하므로 조건에서 가장 많이 사용되는 열에 생성하는 것이 바람직하다. 또한, ORDER BY절에 자주 나오는 열도 클러스터형 인덱스가 유리하다. 클러스터형 인덱스의 데이터 페이지(=리프 페이지)는 이미 정렬이 되어 있기 때문이다.

⑨ 클러스터형 인덱스가 테이블에 아예 없는 것이 좋은 경우도 있다

종종 오해하기 쉬운 것은 클러스터형 인덱스는 꼭 있어야 한다는 생각이다. 하지만, 클러스터형 인덱스가 없는 것이 더 나은 경우도 종종 있다.

예로 [그림 9-2]의 회원 테이블을 생각해보자. 이 테이블의 정의는 다음과 같았다.

```
CREATE TABLE usertbl
( userID   CHAR(8) NOT NULL PRIMARY KEY,
  name     VARCHAR(10) NOT NULL,
  birthYear   INT NOT NULL,
  ……
```

이렇게 되면 데이터 페이지는 [그림 9-17]과 같이 정렬된다. 이 상태에서 대용량의 데이터가 계속 입력되는 시스템이라고 가정할 때, 무작위로 'PBB', 'BJJ', 'KMM' 등의 순서와 userID의 순서와 관계없이 입력될 것이다. 클러스터형 인덱스로 구성되었으므로 데이터가 입력되는 즉시 정렬이 계속 수행되고 페이지 분할이 끊임 없이 일어나게 될 수도 있어서, 시스템의 성능에 문제가 심각해질 수도 있다.

이런 경우에는 차라리 클러스터형 인덱스가 없는 편이 더 나을 수도 있다. 즉, Primary Key 대신에 Unique로 지정하는 편이 낫다.

```
CREATE TABLE usertbl
( userID   CHAR(8) NULL UNIQUE ,
  name     VARCHAR(10) NOT NULL,
  birthYear   INT NOT NULL,
  ......
```

주의할 점은 Unique 키에 NOT NULL을 함께 지정하면 클러스터형 인덱스가 생성되므로 NULL로 지정해야 한다. 그리고 Unique 키로 지정한 userID열에 반드시 값을 입력해야 한다면, 회원 가입을 처리하는 응용 프로그래밍 화면에서 필수로 입력되도록 프로그래밍하는 방식을 사용하는 것이 좋다.

⚠ 실제로 다음과 같은 사례가 있을 수 있다.

어느 쇼핑몰 사이트에서 회원 테이블의 회원 ID열을 Primary Key로 지정해서 자동으로 클러스터형 인덱스가 생성되었다. 쇼핑몰을 오픈한 초기에는 회원 가입하는 사람이 많지 않아서 별 문제가 없다가, '이벤트' 할인 행사로 인해서 갑자기 동시에 많은 사용자가 회원 가입을 하는 상황이 발생되었다. 문제는 클러스터형 인덱스의 키 때문에 MySQL 시스템의 성능에 심각한 문제가 발생되어 시스템이 마비되는 것과 비슷한 현상이 일어날 수도 있다는 것이다.

⑩ 사용하지 않는 인덱스는 제거하자

운영되는 응용 프로그램의 쿼리들을 분석해서 WHERE 조건에서 사용되지 않는 열의 인덱스는 제거할 필요가 있다. 그러면, 공간을 확보할 뿐 아니라 데이터의 입력 시에 발생되는 부하도 많이 줄일 수 있다.

이로써 인덱스의 내용을 살펴보았다. 다시 한번 얘기하지만 인덱스는 MySQL의 성능에 아주 큰 영향을 미치게 되므로 잘 작성하고 활용해야 한다. 특히, 데이터베이스 모델링 시점에서 인덱스에 대한 결정을 잘 내려야만 실제로 운영되는 경우에 MySQL이 원활히 운영될 수 있을 것이다. 또한, 인덱스는 한번 생성했다고 내버려 두는 것이 아니라 잘 활용되는지를 살펴서 활용이 되지 않는 인덱스라면 과감히 제거하고 주기적인 OPTIMIZE TABLE 구문이나 ANALYZE TABLE 구문으로 인덱스를 재구성을 통해서 조각화를 최소화해야만 시스템의 성능을 최상으로 유지시킬 수 있을 것이다.

스토어드 프로그램

스토어드 프로그램이란 MySQL 안에서 프로그래밍 언어와 같은 기능을 제공하는 것을 통틀어서 말한다. 스토어드 프로그램은 크게 스토어드 프로시저, 스토어드 함수, 트리거, 커서 등이 있다. (이미 chapter 03에서는 스토어드 프로시저와 트리거를 살펴봤으며, chapter 07에서도 스토어드 프로시저를 몇 번 사용해 봤다.)

지금까지와 같이 일반적인 쿼리를 계속 사용하다 보면 자주 사용되는 쿼리의 경우에는 매번 다시 입력하는 불편함이 있다. 그래서 자주 사용하는 복잡한 쿼리는 하나로 묶어서 이름을 지정한 후에, 간단히 그것의 이름만을 호출하면 쿼리가 실행되도록 설정하고 싶을 것이다.

스토어드 프로그램은 바로 이러한 일을 대신해준다. 하지만, 스토어드 프로그램은 일반 쿼리를 묶어주는 것뿐 아니라, 프로그래밍 기능을 제공하고 나아가 시스템 성능 향상에도 도움이 될 수 있다. 실제 현업에서도 일반적인 쿼리를 하나씩 사용하기보다는 쿼리의 대부분을 스토어드 프로그램으로 만들어서 사용하고 있다. 또, 많은 데이터베이스 개발자들이 거의 대부분의 시간을 스토어드 프로그램을 생성하는 데 보내는 경우도 많다. 그만큼 편리하며 많은 장점을 가지고 있는 개체들이므로 잘 알아둘 필요가 있다.

chapter 10의 핵심 개념

chapter 10에서는 MySQL 안에서 프로그래밍 언어의 기능과 비슷한 스토어드 프로그램을 학습한다. chapter 10의 핵심 개념은 다음과 같다.

1. 스토어드 프로그램은 MySQL에서 제공하는 프로그래밍 기능이다.

2. 스토어드 프로그램은 매개변수도 사용이 가능하며, 호출은 CALL문을 사용한다.

3. 스토어드 함수는 반환하는 값이 반드시 있다.

4. 커서는 일반 프로그래밍의 파일 처리와 비슷한 방법을 제공한다.

5. 트리거는 테이블의 DML문이 작동하면 자동으로 실행되도록 설정한다.

---

chapter 10의 학습 흐름

스토어드 프로시저 개요와 사용법

스토어드 함수 개요와 사용법

커서 개요와 사용법

트리거 개요와 사용법

10.1 스토어드 프로시저

스토어드 프로시저^{Stored Procedure, 저장 프로시저}란 MySQL에서 제공되는 프로그래밍 기능이라고 생각하면 된다. 이것은 일반적인 프로그래밍과는 조금 차이가 있지만 MySQL 내부에서 사용하기 위해서는 아주 적절한 방식을 제공해 준다.

10.1.1 스토어드 프로시저의 개요

스토어드 프로시저는 한마디로 쿼리문의 집합으로 어떠한 동작을 일괄 처리하기 위한 용도로 사용된다. 자주 사용되는 일반적인 쿼리를 사용하는 것보다는 이것을 모듈화 시켜서 필요할 때마다 호출만 하면 훨씬 편리하게 MySQL를 운영할 수 있다.

⚠ 스토어드 프로시저도 데이터베이스의 개체 중의 한 가지다. 즉, 테이블처럼 각 데이터베이스 내부에 저장이 된다는 의미다.

스토어드 프로시저의 정의 형식

스토어드 프로시저의 정의는 MySQL 도움말에 다음과 같이 나와 있다.

```
형식 :
CREATE
    [DEFINER = user]
    PROCEDURE sp_name ([proc_parameter[,...]])
    [characteristic ...] routine_body

proc_parameter:
    [ IN | OUT | INOUT ] param_name type

type:
    Any valid MySQL data type

characteristic:
    COMMENT 'string'
  | LANGUAGE SQL
  | [NOT] DETERMINISTIC
  | { CONTAINS SQL | NO SQL | READS SQL DATA | MODIFIES SQL DATA }
  | SQL SECURITY { DEFINER | INVOKER }

routine_body:
    Valid SQL routine statement
```

형식이 좀 복잡해 보이지만 실제로 사용하는 것은 그리 복잡하지 않다. 단지 실제 작동되는 routine_body 부분이 필요에 따라서 수십, 수백 줄이 될 수 있다.

chapter 07에서 소개했지만 좀더 간단한 형태로 살펴보자.

```
형식 :
DELIMITER $$
CREATE PROCEDURE 스토어드 프로시저이름( IN 또는 OUT 파라미터 )
BEGIN


    이 부분에 SQL 프로그래밍 코딩..


END $$
DELIMITER ;
CALL 스토어드 프로시저이름();
```

상세한 내용은 실습을 통해서 계속 알아보고, 지금은 간단한 스토어드 프로시저의 생성 예를 보자.

```
1   USE sqlDB;
2   DROP PROCEDURE IF EXISTS userProc;
3   DELIMITER $$
4   CREATE PROCEDURE userProc()
5   BEGIN
6       SELECT * FROM userTbl; -- 스토어드 프로시저 내용
7   END $$
8   DELIMITER ;
9
10  CALL userProc();
```

⚠ chapter 07에서도 설명을 했지만, 다시 한번 스토어드 프로시저의 형태를 확인해 보자.

2행의 DROP PROCEDURE는 기존에 만든 적이 있다면 삭제하기 위해서 넣었다. (중요한 것은 아니다.) 이미 설명한 적이 있지만, 3행과 7행의 **DELIMITER $$ ~ END $$**는 스토어드 프로시저를 묶어주는 부분이다. MySQL의 종료 문자는 세미콜론(;)인데 CREATE PROCEDURE 안에서도 세미콜론이 종료 문자이므로 어디까지가 스토어드 프로시저인지 구별이 어렵다. 그래서 7행의 **END $$**가 나올 때까지를 스토어드 프로시저로 인식하게 하는 것이다. 그리고 다시 8행에서 **DELIMITER ;**로 종료 문자를 세미콜론(;)으로 변경해 놓아야 한다. 10행에서는 생성한 스토어드 프로시저를 호출한다.

기존에는 **SELECT * FROM userTbl**을 매번 사용해 왔으나, 이제부터는 **CALL userProc()**라고 호출만 하면 된다. 지금의 예에서는 간단히 한 줄짜리 쿼리만 스토어드 프로시저에 포함되었지만, 실무에서는 이 한 줄이 수백, 수천 줄이 될 수도 있다. 그렇게 아주 긴 프로시저도 호출은 마찬가지로 **CALL 프로시저_이름()**으로 호출하면 된다.

스토어드 프로시저의 수정과 삭제

스토어드 프로시저의 수정은 간단히 ALTER PROCEDURE를 사용하면 되며, 삭제는 DROP PROCEDURE를 사용하면 된다.

매개 변수의 사용

스토어드 프로시저에는 실행 시에 입력 매개 변수를 지정할 수 있다. 입력된 매개 변수는 스토어드 프로시저의 내부에서 다양한 용도로 사용될 수 있다. 또한, 스토어드 프로시저에서 처리된 결과를 출력 매개 변수를 통해서 얻을 수도 있다.

입력 매개 변수를 지정하는 형식은 다음과 같다.

```
IN 입력_매개변수_이름 데이터_형식
```

디폴트 값은 프로시저의 실행 시에 매개 변수에 값을 전달하지 않았을 때, 사용되는 값이다.

입력 매개 변수가 있는 스토어드 프로시저를 실행하기 위해서는 다음과 같이 사용한다.

```
CALL 프로시저_이름(전달 값);
```

출력 매개 변수를 지정하기 위해서는 다음의 형식을 따른다.

```
OUT 출력_매개변수_이름 데이터_형식
```

출력 매개 변수에 값을 대입하기 위해서는 주로 SELECT… INTO문을 사용한다.

출력 매개 변수가 있는 스토어드 프로시저를 실행하기 위해서는 다음과 같이 사용한다.

```
CALL  프로시저_이름(@변수명);
SELECT  @변수명;
```

실제 사용 방법은은 잠시 후의 실습에서 확인하겠다.

프로그래밍 기능

이미 여러 번 사용해 봤듯이 chapter 07의 후반부에서 공부한 'SQL 프로그래밍'의 내용의 대부분이 스토어드 프로시저에 적용될 수 있다. 그렇게 함으로써 더 강력하고 유연한 기능을 포함하는 스토어드 프로시저를 생성할 수 있다. 이 부분도 잠시 후의 실습에서 확인하겠다.

스토어드 프로시저 내의 오류 처리

스토어드 프로시저 내부에서 오류가 발생했을 경우에는 **DECLARE 액션 HANDLER FOR 오류조건 처리할_문장** 구문을 사용할 수 있다. chapter 07의 후반부에서 살펴봤었다.

이어지는 실습은 좀 길지만, 스토어드 프로시저에서 가장 많이 사용되는 내용이므로 잘 익혀야 한다.

실습1

스토어드 프로시저 내용을 실습하자.

step 0

저장해 놓은 sqlDB.sql을 이용해서 sqlDB 데이터베이스를 초기화 시키자.

⚠ 방법이 기억나지 않으면 chapter 06 〈실습 2〉의 **step 6** 을 참조한다. C:\SQL\sqlDB.sql 파일이 없는 독자는 chapter 06의 〈실습 2〉를 다시 수행하거나, 책의 사이트인 https://cafe.naver.com/thisisMySQL/에서 sqlDB.sql을 다운로드해서 C:\SQL\에 저장하자.

입력 매개 변수가 있는 스토어드 프로시저를 생성하고 실행해 보자.

1-1 1개의 입력 매개 변수가 있는 스토어드 프로시저를 생성하자.

```
1  USE sqlDB;
2  DROP PROCEDURE IF EXISTS userProc1;
3  DELIMITER $$
4  CREATE PROCEDURE userProc1(IN userName VARCHAR(10))
5  BEGIN
6    SELECT * FROM userTbl WHERE name = userName;
7  END $$
8  DELIMITER ;
9
10 CALL userProc1('조관우');
```

userID	name	birthYear	addr	mobile1	mobile2	height	mDate
▶ JKW	조관우	1965	경기	018	9999999	172	2010-10-10

[그림 10-1] 쿼리 실행 결과

10행에서 '조관우'를 입력 매개 변수로 넘기면 4행에서 userName 매개 변수에 대입되고, 6행에서 '조관우'에 대한 조회가 수행된다.

1-2 2개의 입력 매개 변수가 있는 스토어드 프로시저를 생성하자.

```
1  DROP PROCEDURE IF EXISTS userProc2;
2  DELIMITER $$
3  CREATE PROCEDURE userProc2(
4      IN userBirth INT,
5      IN userHeight INT
6  )
7  BEGIN
8    SELECT * FROM userTbl
9      WHERE birthYear > userBirth AND height > userHeight;
10 END $$
11 DELIMITER ;
12
13 CALL userProc2(1970, 178);
```

userID	name	birthYear	addr	mobile1	mobile2	height	mDate
▶ LSG	이승기	1987	서울	011	1111111	182	2008-08-08
SSK	성시경	1979	서울	NULL	NULL	186	2013-12-12

[그림 10-2] 쿼리 실행 결과

4행과 5행은 보기 좋게 하기 위해서 별도의 행에 표시한 것이다. **1-1**의 예제 4행처럼, **1-2**의 3행의 한 줄에 길게 넣어도 상관없다.

1-3 출력 매개 변수를 설정해서 사용해 보자.

먼저 스토어드 프로시저를 생성한다. 그리고 테스트로 사용할 테이블을 생성하자.

```
1   DROP PROCEDURE IF EXISTS userProc3;
2   DELIMITER $$
3   CREATE PROCEDURE userProc3(
4       IN txtValue CHAR(10),
5       OUT outValue INT
6   )
7   BEGIN
8     INSERT INTO testTBL VALUES(NULL,txtValue);
9     SELECT MAX(id) INTO outValue FROM testTBL;
10  END $$
11  DELIMITER ;
12
13  CREATE TABLE IF NOT EXISTS testTBL(
14      id INT AUTO_INCREMENT PRIMARY KEY,
15      txt CHAR(10)
16  );
```

userProc3 프로시저를 생성 시에 8행과 9행에서 사용한 testTBL이라는 테이블은 존재하지 않았다. 그런데 스토어드 프로시저가 오류 없이 생성되었다. 즉, 실제 테이블이 없어도 스토어드 프로시저는 만들어진다는 의미이다. 단, 스토어드 프로시저를 호출하는 시점에는 testTBL이 존재해야 오류가 발생되지 않는다.

1-4 스토어드 프로시저를 사용해 보자.

```
1   CALL userProc3 ('테스트값', @myValue);
2   SELECT CONCAT('현재 입력된 ID 값 ==>', @myValue);
```

```
출력 결과:
현재 입력된 ID 값 ==> 1
```

호출할 때 결과 값을 @myValue 변수에 돌려 받고 출력했다. 계속 반복해서 1, 2행을 수행하면 결과 값이 2, 3, 4…로 증가하게 될 것이다.

`step 2`

스토어드 프로시저 안에 SQL 프로그래밍을 활용해 보자.

⚠ 혹, 이 부분이 잘 이해되지 않으면 chapter 07 후반부의 SQL 프로그래밍 부분을 함께 살펴보면 된다.

2-1 IF… ELSE문을 사용해 보자.

```
1   DROP PROCEDURE IF EXISTS ifelseProc;
2   DELIMITER $$
3   CREATE PROCEDURE ifelseProc(
4       IN userName VARCHAR(10)
5   )
6   BEGIN
7       DECLARE bYear INT; -- 변수 선언
8       SELECT birthYear into bYear FROM userTbl
9           WHERE name = userName;
10      IF (bYear >= 1980) THEN
11              SELECT '아직 젊군요..';
12      ELSE
13              SELECT '나이가 지긋하시네요.';
14      END IF;
15  END $$
16  DELIMITER ;
17
18  CALL ifelseProc ('조용필');
```

간단해서 별로 설명할 것은 없다. 여기서는 코드를 간단히 하기 위해서 SELECT를 사용했지만, 실제로는 이 부분에 필요한 SQL문을 코딩하면 된다.

2-2 CASE문을 사용해 보자.

```
1   DROP PROCEDURE IF EXISTS caseProc;
2   DELIMITER $$
3   CREATE PROCEDURE caseProc(
4       IN userName VARCHAR(10)
5   )
6   BEGIN
7       DECLARE bYear INT;
8       DECLARE tti  CHAR(3);-- 띠
9       SELECT birthYear INTO bYear FROM userTbl
10          WHERE name = userName;
11      CASE
12          WHEN ( bYear%12 = 0) THEN    SET tti = '원숭이';
13          WHEN ( bYear%12 = 1) THEN    SET tti = '닭';
14          WHEN ( bYear%12 = 2) THEN    SET tti = '개';
15          WHEN ( bYear%12 = 3) THEN    SET tti = '돼지';
16          WHEN ( bYear%12 = 4) THEN    SET tti = '쥐';
17          WHEN ( bYear%12 = 5) THEN    SET tti = '소';
18          WHEN ( bYear%12 = 6) THEN    SET tti = '호랑이';
```

```
19          WHEN ( bYear%12 = 7) THEN    SET tti = '토끼';
20          WHEN ( bYear%12 = 8) THEN    SET tti = '용';
21          WHEN ( bYear%12 = 9) THEN    SET tti = '뱀';
22          WHEN ( bYear%12 = 10) THEN    SET tti = '말';
23          ELSE SET tti = '양';
24      END CASE;
25      SELECT CONCAT(userName, '의 띠 ==>', tti);
26 END $$
27 DELIMITER ;
28
29 CALL caseProc ('김범수');
```

호출한 사람의 띠를 알려주는 스토어드 프로시저다.

2-3 While문을 활용해 보자. 구구단을 문자열로 생성해서 테이블에 입력하는 스토어드 프로시저를 만들자. 이번 예제는 2중 반복문을 사용해야 한다.

```
1   DROP TABLE IF EXISTS guguTBL;
2   CREATE TABLE guguTBL (txt VARCHAR(100)); -- 구구단 저장용 테이블
3
4   DROP PROCEDURE IF EXISTS whileProc;
5   DELIMITER $$
6   CREATE PROCEDURE whileProc()
7   BEGIN
8       DECLARE str VARCHAR(100); -- 각 단을 문자열로 저장
9       DECLARE i INT; -- 구구단 앞자리
10      DECLARE k INT; -- 구구단 뒷자리
11      SET i = 2; -- 2단부터 계산
12
13      WHILE (i < 10) DO   -- 바깥 반복문. 2단~9단까지
14          SET str = ''; -- 각 단의 결과를 저장할 문자열 초기화
15          SET k = 1; -- 구구단 뒷자리는 항상 1부터 9까지
16          WHILE (k < 10) DO
17              SET str = CONCAT(str, ' ', i, 'x', k, '=', i*k); -- 문자열 만들기
18              SET k = k + 1; -- 뒷자리 증가
19          END WHILE;
20          SET i = i + 1; -- 앞자리 증가
21          INSERT INTO guguTBL VALUES(str); -- 각 단의 결과를 테이블에 입력
22      END WHILE;
23 END $$
24 DELIMITER ;
25
26 CALL whileProc();
27 SELECT * FROM guguTBL;
```

txt
2x1=2 2x2=4 2x3=6 2x4=8 2x5=10 2x6=12 2x7=14 2x8=16 2x9=18
3x1=3 3x2=6 3x3=9 3x4=12 3x5=15 3x6=18 3x7=21 3x8=24 3x9=27
4x1=4 4x2=8 4x3=12 4x4=16 4x5=20 4x6=24 4x7=28 4x8=32 4x9=36
5x1=5 5x2=10 5x3=15 5x4=20 5x5=25 5x6=30 5x7=35 5x8=40 5x9=45
6x1=6 6x2=12 6x3=18 6x4=24 6x5=30 6x6=36 6x7=42 6x8=48 6x9=54
7x1=7 7x2=14 7x3=21 7x4=28 7x5=35 7x6=42 7x7=49 7x8=56 7x9=63
8x1=8 8x2=16 8x3=24 8x4=32 8x5=40 8x6=48 8x7=56 8x8=64 8x9=72
9x1=9 9x2=18 9x3=27 9x4=36 9x5=45 9x6=54 9x7=63 9x8=72 9x9=81

[그림 10-3] 쿼리 실행 결과

각 행에 주석을 달아 놓아서 어렵지 않게 이해가 되었을 것이다. 일반 프로그래밍 언어와 비슷하게 스토어드 프로시저 안에도 반복문 프로그래밍이 가능한 것을 확인했다.

2-4 이번에는 DECLARE ~~ HANDLER를 이용해서 오류 처리를 해보자. 이번 예제는 무한루프에서 1+2+3+4+… 숫자를 계속 더하는데, 합계가 정수형(int) 데이터 형식의 오버플로가 발생하면 멈추고자 한다. 그리고 오버플로 직전의 합계와 오버플로가 어느 숫자까지 더했을 때 발생하는지 체크해 보자.

```
1   DROP PROCEDURE IF EXISTS errorProc;
2   DELIMITER $$
3   CREATE PROCEDURE errorProc()
4   BEGIN
5       DECLARE i INT; -- 1씩 증가하는 값
6       DECLARE hap INT; -- 합계(정수형). 오버플로 발생시킬 예정
7       DECLARE saveHap INT; -- 합계(정수형). 오버플로 직전의 값을 저장
8
9       DECLARE EXIT HANDLER FOR 1264 -- INT형 오버플로가 발생하면 이 부분 수행
10      BEGIN
11          SELECT CONCAT('INT 오버플로 직전의 합계 --> ', saveHap);
12          SELECT CONCAT('1+2+3+4+...+',i ,'=오버플로');
13      END;
14
15      SET i = 1; -- 1부터 증가
16      SET hap = 0; -- 합계를 누적
17
18      WHILE (TRUE) DO  -- 무한 루프
19          SET saveHap = hap; -- 오버플로 직전의 합계를 저장
20          SET hap = hap + i;  -- 오버플로가 나면 11행, 12행을 수행함
21          SET i = i + 1;
22      END WHILE;
23 END $$
24 DELIMITER ;
25
26 CALL errorProc();
```

9행~13행은 INT형 오버플로가 발생하면 실행되는 부분이다. 18행~22행은 무한루프를 돌면서 20행에서 hap에 1부터 계속 더하기 때문에 언젠가는 hap에 오버플로가 발생한다. 19행에서는 오버플로가 발생하기 전의 hap의 값을 saveHap에 저장해 놓는다. 오버플로가 발생하면 11행, 12행이 실행되므로 saveHap과 오버플로가 어느 값까지 더했을 때 발생하는지를 출력한다.

---

step 3

현재 저장된 프로시저의 이름 및 내용을 확인해 보자.

3-1 INFORMATION_SCHEMA 데이터베이스의 ROUTINES 테이블을 조회하면 내용을 확인할 수 있다.

```
SELECT routine_name, routine_definition FROM INFORMATION_SCHEMA.ROUTINES
    WHERE routine_schema = 'sqldb' AND routine_type = 'PROCEDURE';
```

ROUTINE_NAME	ROUTINE_DEFINITION
caseProc	BEGIN DECLARE bYear INT; DECLARE tti CHAR(3); — 띠 SELECT birthYear into bYear FROM userTbl WHERE name = userName; CASE WHEN ...
errorProc	BEGIN DECLARE i INT; — 1씩 증가하는 값 DECLARE hap INT UNSIGNED; — 합계 DECLARE saveHap INT UNSIGNED; — 합계 DECLARE EXIT ...
ifelseProc	BEGIN DECLARE bYear INT; — 변수 선언 SELECT birthYear into bYear FROM userTbl WHERE name = userName; IF (bYear >= 1980) THEN SELECT '...
userProc	BEGIN SELECT * FROM userTbl; — 스토어드 프로시저 내용 END
userProc1	BEGIN SELECT * FROM userTbl WHERE name = userName; END
userProc2	BEGIN SELECT * FROM userTbl WHERE birthYear > userBirth AND height > userHeight; END
userProc3	BEGIN INSERT INTO testTBL VALUES(NULL, txtValue); SELECT MAX(id) INTO outValue FROM testTBL; END
whileProc	BEGIN DECLARE str VARCHAR(100); — 각 단을 문자열로 저장 DECLARE i INT; — 구구단 앞자리 DECLARE k INT; — 구구단 뒷자리 SET i = 2; — ...

[그림 10-4] 스토어드 프로시저 확인 1

그런데 스토어드 프로시저의 내용은 확인이 되지만, 파라미터는 보이지 않는다.

3-2 파라미터를 확인하려면 INFORMATION_SCHEMA 데이터베이스의 ROUTINES 테이블을 조회하면 된다.

```
SELECT parameter_mode, parameter_name, dtd_identifier
    FROM INFORMATION_SCHEMA.PARAMETERS
    WHERE specific_name = 'userProc3';
```

PARAMETER_MODE	PARAMETER_NAME	DTD_IDENTIFIER
IN	txtValue	char(10)
OUT	outValue	int(11)

[그림 10-5] 스토어드 프로시저 확인 2

3-3 SHOW CREATE PROCEDURE문으로도 스토어드 프로시저의 내용을 확인할 수 있다.

```
SHOW CREATE PROCEDURE sqldb.userProc3;
```

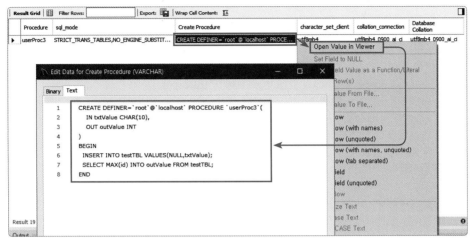

[그림 10-6] 스토어드 프로시저 확인 3

step 4

테이블 이름을 파라미터로 전달하는 방법을 알아보자.

4-1 직접 입력 파라미터로 테이블 이름을 전달해 보자.

```
1  DROP PROCEDURE IF EXISTS nameProc;
2  DELIMITER $$
3  CREATE PROCEDURE nameProc(
4      IN tblName VARCHAR(20)
5  )
6  BEGIN
7    SELECT * FROM tblName;
8  END $$
9  DELIMITER ;
10
11 CALL nameProc ('userTBL');
```

'sqldb.tblname'이라는 테이블을 알 수 없다는 오류가 발생할 것이다. MySQL에서는 직접 테이블 이름을 파라미터로 사용할 수 없다.

4-2 chapter 07의 마지막 부분에서 배운 '동적 SQL'을 활용해 보자.

```
1   DROP PROCEDURE IF EXISTS nameProc;
2   DELIMITER $$
3   CREATE PROCEDURE nameProc(
4       IN tblName VARCHAR(20)
5   )
6   BEGIN
7     SET @sqlQuery = CONCAT('SELECT * FROM ', tblName);
8     PREPARE myQuery FROM @sqlQuery;
9     EXECUTE myQuery;
10    DEALLOCATE PREPARE myQuery;
11  END $$
12  DELIMITER ;
13
14  CALL nameProc ('userTBL');
```

7행에서 넘겨받은 테이블 이름을 @sqlQuery 변수에 SELECT문으로 문자열을 생성해 놓았다. 그리고 8행
과 9행에서 SELECT 문자열을 준비하고 실행했다. 결과가 잘 나왔을 것이다.

---

step 5

스토어드 프로시저의 삭제는 다른 개체의 삭제와 마찬가지로 **DROP PROCEDURE 프로시저이름** 구문으로
삭제하면 된다.

⚠ ALTER PROCEDURE나 ALTER FUNCTION으로 스토어드 프로시저나 스토어드 함수의 내용을 바꿀 수는 없다. 내
용을 바꾸려면 DROP 시킨 후에, 다시 CREATE해야 한다.

┌─ **비타민 퀴즈 10-1** ───┐

　Windows의 Workbench에서 Linux 가상머신에 접속한 후, 앞의 〈실습 1〉을 진행해 보자.

　⚠ Linux 환경에서는 DB 이름, 테이블 이름, 스토어드 프로그램 이름 등을 모두 영문 소문자로 사용해야 한다.

└───┘

10.1.2 스토어드 프로시저의 특징

① MySQL의 성능을 향상시킬 수 있다

긴 코드로 구현된 쿼리를 실행하면, 클라이언트에서 서버로 쿼리의 모든 텍스트가 전송되어야 한

다. 하지만, 이 긴 코드의 쿼리를 서버에 스토어드 프로시저로 생성해 놓았다면 단지 스토어드 프로시저 이름 및 매개 변수 등 몇 글자의 텍스트만 전송하면 되므로 네트워크의 부하를 어느 정도는 줄일 수 있으며, 결과적으로 MySQL의 성능을 향상시킨다.

⚠ 다른 DBMS에서는 스토어드 프로시저가 처음 호출 시에 1회만 컴파일된 후, 메모리에 로딩된다. 그 이후로는 컴파일을 다시 하지 않고 메모리에 저장된 내용이 호출되므로 상당한 성능 향상이 된다. 하지만, MySQL의 스토어드 프로시저는 호출할 때마다 컴파일이 되기 때문에 다른 DBMS처럼 성능 향상이 많이 되지는 않지만, 네트워크 부하를 줄이는 등의 효과가 있으므로 어느 정도의 성능 향상 효과가 있다고 볼 수 있다.

② 유지관리가 간편하다

C#이나 Java 등의 클라이언트 응용 프로그램에서 직접 SQL문을 작성하지 않고 스토어드 프로시저 이름만 호출하도록 설정함으로써, 데이터베이스에서 관련된 스토어드 프로시저의 내용을 일관되게 수정/유지보수 등의 작업을 할 수 있다.

③ 모듈식 프로그래밍이 가능하다

한번 스토어드 프로시저를 생성해 놓으면, 언제든지 실행이 가능하다. 또한, 스토어드 프로시저로 저장해 놓은 쿼리의 수정, 삭제 등의 관리가 수월해진다. 더불어 다른 모듈식 프로그래밍 언어와 동일한 장점을 갖는다.

④ 보안을 강화할 수 있다

사용자 별로 테이블에 접근 권한을 주지 않고, 스토어드 프로시저에만 접근 권한을 줌으로써 좀 더 보안을 강화할 수 있다. 예로, 우리가 자주 사용해온 sqlDB의 userTbl을 생각해 보자. userTbl에는 고객이름/전화번호/주소/출생년도/키 등의 개인적인 정보가 들어 있다. 만약, 배송 담당자가 배송을 하고자 한다면 당연히 userTbl에 접근해야 한다. 하지만, 배송 담당자는 배송을 위한 정보인 주소/전화번호 외에 다른 정보에도 접근할 수가 있어서 보안상 문제가 발생할 소지가 있다.

이럴 경우에 다음과 같은 프로시저를 생성한 후에 배송 담당자는 userTbl에는 접근 권한을 주지 않고 스토어드 프로시저에만 접근 권한을 준다면 이 문제가 해결될 수 있다.

⚠ 뷰View도 스토어드 프로시저와 같이 보안을 강화할 수 있다고 chapter 08에서 다뤘다.

```
DELIMITER $$
CREATE PROCEDURE delivProc(
    IN id VARCHAR(10)
)
BEGIN
 SELECT userID, name, addr , mobile1, mobile2
     FROM userTbl
     WHERE userID = id;
END $$
DELIMITER ;
```

배송 담당자는 다음과 같이 스토어드 프로시저를 사용하면 된다.

```
CALL delivProc ('LJB');
```

10.2 스토어드 함수

MySQL에서 제공하는 다양한 내장 함수는 chapter 07에서 자세히 학습했다. 하지만, MySQL이 사용자가 원하는 모든 함수를 제공하지는 않으므로 필요하다면 사용자가 직접 함수를 만들어서 사용할 필요가 있다. 이렇게 사용자가 직접 만들어서 사용하는 함수를 스토어드 함수Stored Function라고 부른다. 스토어드 함수는 바로 앞에서 배운 스토어드 프로시저와 상당히 유사하지만, 형태와 사용 용도에는 약간의 차이가 있다. 자세히 알아보자.

⚠ 다른 DBMS에서는 스토어드 프로시저를 '저장 프로시저'로, 스토어드 함수를 '사용자 정의 함수'라고도 부른다.

10.2.1 스토어드 함수의 개요

스토어드 함수에 대한 정의는 MySQL 도움말에 다음과 같이 나와 있다.

```
CREATE
    [DEFINER = user]
    FUNCTION sp_name ([func_parameter[,...]])
    RETURNS type
    [characteristic ...] routine_body

func_parameter:
    param_name type

type:
    Any valid MySQL data type

characteristic:
    COMMENT 'string'
  ¦ LANGUAGE SQL
  ¦ [NOT] DETERMINISTIC
  ¦ { CONTAINS SQL ¦ NO SQL ¦ READS SQL DATA ¦ MODIFIES SQL DATA }
  ¦ SQL SECURITY { DEFINER ¦ INVOKER }

routine_body:
    Valid SQL routine statement
```

다음과 같이 좀더 간단하게 표현할 수 있다.

```
DELIMITER $$
CREATE FUNCITON 스토어드_함수이름( 파라미터 )
    RETURNS   반환형식
BEGIN

    이 부분에 프로그래밍 코딩..
    RETURN 반환값;

END $$
DELIMITER ;
SELECT 스토어드_함수이름();
```

스토어드 함수의 정의를 보면 스토어드 프로시저와 상당히 유사하다. 차이점을 몇 가지 살펴보면 다음과 같다.

- 스토어드 프로시저의 파라미터와 달리 IN, OUT 등을 사용할 수 없다. 스토어드 함수의 파라미터는 모두 입력 파라미터로 사용된다.
- 스토어드 함수는 RETURNS문으로 반환할 값의 데이터 형식을 지정하고, 본문 안에서는 RETURN문으로 하나의 값을 반환해야 한다. 스토어드 프로시저는 별도의 반환하는 구문이 없으며, 꼭 필요하다면 여러 개의 OUT 파라미터를 사용해서 값을 반환할 수 있었다.
- 스토어드 프로시저는 CALL로 호출하지만, 스토어드 함수는 SELECT 문장 안에서 호출된다.
- 스토어드 프로시저 안에는 SELECT문을 사용할 수 있지만, 스토어드 함수 안에서는 집합 결과를 반환하는 SELECT를 사용할 수 없다.

⚠ SELECT… INTO…는 집합 결과를 반환하는 것이 아니므로, 예외적으로 스토어드 함수에 사용할 수 있다.

- 스토어드 프로시저는 여러 SQL문이나 숫자 계산 등의 다양한 용도로 사용되지만, 스토어드 함수는 어떤 계산을 통해서 하나의 값을 반환하는데 주로 사용된다.

스토어드 함수를 사용하기 위해서는 먼저 다음 쿼리문으로 스토어드 함수 생성 권한을 허용해줘야 한다.

```
SET GLOBAL log_bin_trust_function_creators = 1;
```

간단히 2개의 숫자의 합계를 계산하는 스토어드 함수를 보자.

```
1  USE sqlDB;
2  DROP FUNCTION IF EXISTS userFunc;
3  DELIMITER $$
4  CREATE FUNCTION userFunc(value1 INT, value2 INT)
5      RETURNS INT
6  BEGIN
7      RETURN value1 + value2;
8  END $$
9  DELIMITER ;
10
11 SELECT userFunc(100, 200);
```

4행에서 2개의 정수형 파라미터를 전달받았다. 5행에서는 이 함수가 반환하는 데이터 형식을 지정했다. 본문인 7행에서는 RETURN문으로 정수형을 반환했다. 11행에서는 SELECT문에서 함수를 호출하면서 2개의 파라미터를 전달했다.

10.2.2 스토어드 함수 실습

실습2

스토어드 함수를 사용해 보자.

step 0

저장해 놓은 sqlDB.sql을 이용해서 sqlDB 데이터베이스를 초기화 시키자.

step 1

출생년도를 입력하면 나이가 출력되는 함수를 생성해 보자.

```
 1  USE sqlDB;
 2  DROP FUNCTION IF EXISTS getAgeFunc;
 3  DELIMITER $$
 4  CREATE FUNCTION getAgeFunc(bYear INT)
 5      RETURNS INT
 6  BEGIN
 7      DECLARE age INT;
 8      SET age = YEAR(CURDATE()) - bYear;
 9      RETURN age;
10  END $$
11  DELIMITER ;
```

별로 어렵지 않게 이해가 될 것이다. 그냥 단순히 현재의 연도(YEAR(CURDATE()))에서 입력된 출생년도를 뺀 값(즉, 나이)을 돌려주는 함수다.

step 2

이 함수를 호출해 보자.

2-1 SELECT문에서 사용할 수 있다.

```
    SELECT getAgeFunc(1979);
```

1979년생의 현재 나이가 출력되었을 것이다.

2-2 필요하다면 함수의 반환값을 SELECT… INTO…로 저장했다가 사용할 수도 있다.

```
SELECT getAgeFunc(1979) INTO @age1979;
SELECT getAgeFunc(1997) INTO @age1989;
SELECT CONCAT('1997년과 1979년의 나이차 ==> ', (@age1979-@age1989));
```

두 출생년도의 나이 차가 출력되었을 것이다.

`step 3`

함수는 주로 테이블을 조회할 때 활용된다.

```
SELECT userID, name, getAgeFunc(birthYear) AS '만 나이' FROM userTbl;
```

userID	name	만 나이
BBK	바비킴	46
EJW	은지원	47
JKW	조관우	54
JYP	조용필	69
KBS	김범수	40
KKH	김경호	48
LJB	임재범	56
LSG	이승기	32
SSK	성시경	40
YJS	윤종신	50

[그림 10-7] 쿼리 결과

`step 4`

현재 저장된 스토어드 함수의 이름 및 내용을 확인해 보자. SHOW CREATE FUNCTION문으로 스토어드 함수의 내용을 확인할 수 있다.

```
SHOW CREATE FUNCTION getAgeFunc;
```

`step 5`

삭제는 다른 데이터베이스 개체와 마찬가지로 DROP문을 사용한다.

```
DROP FUNCTION getAgeFunc;
```

비타민 퀴즈 10-2

Windows의 Workbench에서 Linux 가상머신에 접속한 후, 앞의 〈실습 2〉를 진행해 보자.

⚠ Linux 환경에서는 DB 이름, 테이블 이름, 스토어드 프로그램 이름 등을 모두 영문 소문자로 사용해야 한다.

10.3 커서

MySQL은 스토어드 프로시저 내부에 커서Cursor를 사용할 수 있다. 커서는 일반 프로그래밍 언어의 파일 처리와 방법이 비슷하기 때문에, 행의 집합을 다루기에 편리한 기능을 많이 제공해 준다.

10.3.1 커서의 개요

커서는 테이블에서 여러 개의 행을 쿼리한 후에, 쿼리의 결과인 행 집합을 한 행씩 처리하기 위한 방식이다. 혹, '파일 처리' 프로그래밍을 해본 독자라면 파일을 읽고 쓰기 위해서 파일을 오픈Open한 후에, 한 행씩 읽거나 썼던 것을 기억할 것이다. 한 행씩 읽을 때마다 '파일 포인터'는 자동으로 다음 줄을 가리킨다. 커서도 이와 비슷한 동작을 한다.

파일의 시작(BOF)			
LSG	이승기	1987	서울
KBS	김범수	1979	경남
KKH	김경호	1971	전남
JYP	조용필	1950	경기
SSK	성시경	1979	서울
LJB	임재범	1963	서울
YJS	윤종신	1969	경남
EJW	은지원	1978	경북
JKW	조관우	1965	경기
BBK	바비킴	1973	서울
파일의 끝(EOF)			

[그림 10-8] 파일 처리의 작동 개념

예를 들어 [그림 10-8]과 같은 텍스트 파일이 저장되어 있다고 생각해 보자. 이 파일을 처리하기 위해서는 다음의 순서를 거치게 될 것이다.

① 파일을 연다. (Open) 그러면 파일 포인터는 파일의 제일 시작(BOF: Begin Of File)을 가리키게 된다.
② 처음 데이터를 읽는다. 그러면 '이승기'의 데이터가 읽어지고, 파일 포인터는 '김범수'로 이동한다.
③ 파일의 끝(EOF: End Of File)까지 반복한다.
  • 읽은 데이터를 처리한다.
  • 현재의 파일 포인터가 가리키는 데이터를 읽는다. 파일 포인터는 자동으로 다음으로 이동한다.
④ 파일을 닫는다. (Close)

[그림 10-8]의 텍스트 파일을 이제는 테이블의 행 집합으로 생각해 보자. 커서를 활용하면 거의 비슷한 방식으로 처리가 가능하다. 먼저 커서의 처리 순서를 확인하고 실습을 진행하자.

10.3.2 커서의 처리 순서

커서는 일반적으로 [그림 10-9]의 순서를 통해서 처리된다.

[그림 10-9] 커서의 작동 순서

커서를 하나씩 이해하기보다는 우선 간단한 예제로 커서를 사용해 보자. 커서는 대부분 스토어드 프로시저의 내용으로 활용된다. 커서의 세부 문법을 외우기보다는 [그림 10-9]와 같이 커서를 사용하는 전반적인 흐름에 초점을 맞춰서 실습을 진행하도록 하자.

실습3

커서를 활용해 보자.

step 0

저장해 놓은 sqlDB.sql을 이용해서 sqlDB 데이터베이스를 초기화 시키자.

커서를 활용해서 고객의 평균 키를 구하는 스토어드 프로시저를 작성하자.

⚠️ 이 예제는 커서를 연습하기 위해서 MySQL 내장 함수인 AVG()와 동일한 기능을 구현한 것이다. 실제라면 이 스토어드 프로시저를 사용하는 것보다 AVG() 함수를 사용하는 것이 훨씬 효율적이다. 하지만, '홀수의 평균값'이나 '5의 배수에 해당하는 값의 평균' 등과 같은 특별한 평균은 AVG() 함수에서 사용할 수가 없으며, 커서를 활용해야 한다.

1-1 스토어드 프로시저를 작성한다.

```
1   USE sqlDB;
2   DROP PROCEDURE IF EXISTS cursorProc;
3   DELIMITER $$
4   CREATE PROCEDURE cursorProc()
5   BEGIN
6       DECLARE userHeight INT; -- 고객의 키
7       DECLARE cnt INT DEFAULT 0; -- 고객의 인원 수(=읽은 행의 수)
8       DECLARE totalHeight INT DEFAULT 0; -- 키의 합계
9
10      DECLARE endOfRow BOOLEAN DEFAULT FALSE; -- 행의 끝 여부(기본을 FALSE)
11
12      DECLARE userCuror CURSOR FOR-- 커서 선언
13          SELECT height FROM userTbl;
14
15      DECLARE CONTINUE HANDLER -- 행의 끝이면 endOfRow 변수에 TRUE를 대입
16          FOR NOT FOUND SET endOfRow = TRUE;
17
18      OPEN userCuror;  -- 커서 열기
19
20      cursor_loop: LOOP
21          FETCH  userCuror INTO userHeight; -- 고객 키 1개를 대입
22
23          IF endOfRow THEN -- 더이상 읽을 행이 없으면 Loop를 종료
24              LEAVE cursor_loop;
25          END IF;
26
27          SET cnt = cnt + 1;
28          SET totalHeight = totalHeight + userHeight;
29      END LOOP cursor_loop;
30
31      -- 고객 키의 평균을 출력한다.
32      SELECT CONCAT('고객 키의 평균 ==> ', (totalHeight/cnt));
33
```

```
34      CLOSE userCuror; -- 커서 닫기
35 END $$
36 DELIMITER ;
```

6행~8행은 고객의 평균키를 계산하기 위한 변수를 선언한다. 10행, 15행, 16행은 Loop 부분을 종료하기 위한 조건을 지정했다. 만약 행의 끝이라면 endOfRow에 TRUE가 대입되어서 23행~25행이 수행되므로 Loop가 종료된다.

18행에서는 준비한 커서를 열었다. 20행~29행은 행의 끝까지 반복하면서 고객의 키를 하나씩 totalHeight 에 누적시킨다. 더불어서 27행에서 고객의 수를 센다.

32행에서는 Loop에 빠진 후에 평균키(키의합계/고객수)를 출력한다. 34행에서 커서를 닫는다.

1-2 스토어드 프로시저를 호출하자.

```
CALL cursorProc();

결과 값:
고객 키의 평균==> 175.8000
```

step 2

고객 테이블(userTbl)에 고객 등급grade열을 하나 추가한 후에, 각 구매 테이블(buyTbl)에서 고객이 구매 한 총액에 따라서 고객 등급grade열에 최우수고객/우수고객/일반고객/유령고객 등의 값을 입력하는 스토어 드 프로시저를 작성해 보자. 역시 커서를 활용해서 작성하자.

2-1 먼저 userTBL에 고객 등급을 입력할 열을 추가한다.

```
ALTER TABLE userTbl ADD grade VARCHAR(5); -- 고객 등급 열 추가
```

2-2 스토어드 프로시저를 작성하자.

```
1  DROP PROCEDURE IF EXISTS gradeProc;
2  DELIMITER $$
3  CREATE PROCEDURE gradeProc()
4  BEGIN
5      DECLARE id VARCHAR(10); -- 사용자 아이디를 저장할 변수
6      DECLARE hap BIGINT; -- 총 구매액을 저장할 변수
7      DECLARE userGrade CHAR(5); -- 고객 등급 변수
8
9      DECLARE endOfRow BOOLEAN DEFAULT FALSE;
10
11     DECLARE userCuror CURSOR FOR-- 커서 선언
12         SELECT U.userid, sum(price*amount)
```

```
13              FROM buyTbl B
14                  RIGHT OUTER JOIN userTbl U
15                  ON B.userid = U.userid
16              GROUP BY U.userid, U.name ;
17
18      DECLARE CONTINUE HANDLER
19          FOR NOT FOUND SET endOfRow = TRUE;
20
21      OPEN userCuror;  -- 커서 열기
22      grade_loop: LOOP
23          FETCH  userCuror INTO id, hap; -- 첫 행 값을 대입
24          IF endOfRow THEN
25              LEAVE grade_loop;
26          END IF;
27
28          CASE
29              WHEN (hap >= 1500) THEN SET userGrade = '최우수고객';
30              WHEN (hap  >= 1000) THEN SET userGrade ='우수고객';
31              WHEN (hap >= 1) THEN SET userGrade ='일반고객';
32              ELSE SET userGrade ='유령고객';
33           END CASE;
34
35          UPDATE userTbl SET grade = userGrade WHERE userID = id;
36      END LOOP grade_loop;
37
38      CLOSE userCuror;  -- 커서 닫기
39 END $$
40 DELIMITER ;
```

5행~7행은 사용할 변수를 정의한다. 11행~16행은 커서를 정의하는데, 결과는 사용자 아이디와 사용자별 총 구매액이 나온다. 22행~36행은 Loop를 반복하면서 한 행씩 처리한다. 28행~33행은 총 구매액(hap)에 따라고 고객의 등급을 분류한 후에, 35행에서 고객 등급grade을 업데이트한다. 예제가 조금 어렵게 느껴질 수도 있지만, 차근차근 살펴보면 그리 어렵지 않을 것이다.

2-3 스토어드 프로시저를 호출하고, 고객 등급이 완성되었는지 확인한다.

```
CALL gradeProc();
SELECT * FROM userTBL;
```

userID	name	birthYear	addr	mobile1	mobile2	height	mDate	grade
BBK	바비킴	1973	서울	010	0000000	176	2013-05-05	최우수고객
EJW	은지원	1972	경북	011	8888888	174	2014-03-03	일반고객
JKW	조관우	1965	경기	018	9999999	172	2010-10-10	유령고객
JYP	조용필	1950	경기	011	4444444	166	2009-04-04	일반고객
KBS	김범수	1979	경남	011	2222222	173	2012-04-04	우수고객
KKH	김경호	1971	전남	019	3333333	177	2007-07-07	유령고객
LJB	임재범	1963	서울	016	6666666	182	2009-09-09	유령고객
LSG	이승기	1987	서울	011	1111111	182	2008-08-08	유령고객
SSK	성시경	1979	서울	NULL	NULL	186	2013-12-12	일반고객
YJS	윤종신	1969	경남	NULL	NULL	170	2005-05-05	유령고객

[그림 10-10] 쿼리 결과

비타민 퀴즈 10-3

Windows의 Workbench에서 Linux 가상머신에 접속한 후, 앞의 〈실습 3〉을 진행해 보자.

⚠ Linux 환경에서는 DB 이름, 테이블 이름, 스토어드 프로그램 이름 등을 모두 영문 소문자로 사용해야 한다.

10.4 트리거

트리거Trigger는 사전적 의미로 '방아쇠'를 뜻한다. 방아쇠를 당기면 '자동'으로 총알이 나가듯이, 트리거는 테이블에 무슨 일이 일어나면 '자동'으로 실행된다.

트리거는 기본적인 개념만 잘 파악하고 있다면 사용이 그다지 어렵지 않지만, 몇 가지 주의해야 할 점이 있다. 우선 트리거란 테이블에 삽입, 수정, 삭제 등의 작업(이벤트)이 발생 시에 자동으로 작동되는 개체로, 이번 chapter에서 배웠던 스토어드 프로시저와 비슷한 모양을 갖는다.

트리거에 많이 활용되는 사례 중 하나를 생각해 보자. 만약 누군가 A라는 테이블에 행을 고의 또는 실수로 삭제한다면, 삭제된 행의 내용을 복구하는 것도 어렵고, 누가 지웠는지 추적하는 것도 쉬운 일이 아니다. 이러한 경우에 A테이블에서 행이 삭제되는 순간에 삭제된 행의 내용, 시간, 삭제한 사용자 등을 B테이블에 기록해 놓는다면 이러한 문제점을 해결할 수 있을 것이다. 추후 문제 발생 시에는 B테이블의 내용을 확인하면 되기 때문이다. 이번 chapter에서 배울 트리거가 바로 이러한 기능을 수행할 수 있다.

10.4.1 트리거의 개요

chapter 08에서 데이터의 무결성을 위한 제약 조건(Primary Key, Foreign Key 등)을 공부했었다. 트리거Trigger는 제약 조건과 더불어 데이터 무결성을 위해서 MySQL에서 사용할 수 있는 또 다른 기능이다.

트리거는 테이블에 관련되어 DML문(Insert, Update, Delete 등)의 이벤트가 발생될 때 작동하는 데이터베이스 개체 중 하나다.

트리거는 테이블에 부착Attach되는 프로그램 코드라고 생각하면 된다. 스토어드 프로시저와 거의 비슷한 문법으로 그 내용을 작성할 수 있다. 그리고, 트리거가 부착된 테이블에 이벤트(입력, 수정, 삭제)가 발생하면 자동으로 부착된 트리거가 실행된다.

⚠ 다른 일부 DBMS에서는 View에도 트리거를 부착할 수 있지만, MySQL은 View에 트리거를 부착할 수 없다.

트리거는 스토어드 프로시저와 작동이 비슷하지만 직접 실행시킬 수는 없고 오직 해당 테이블에 이벤트가 발생할 경우에만 실행된다. 그리고 트리거에는 스토어드 프로시저와 달리 IN, OUT 매개 변수를 사용할 수도 없다.

우선 간단한 트리거를 보고 그 작동에 대해 이해해보자. 아직은 문법이 이해가 가지 않을 것이다. 그냥 작동되는 결과만 확인해 보자.

실습4

간단한 트리거를 생성하고 결과를 확인해 보자.

step 0

testDB에 간단한 테이블을 생성하자.

```
CREATE DATABASE IF NOT EXISTS testDB;
USE testDB;
CREATE TABLE IF NOT EXISTS testTbl (id INT, txt VARCHAR(10));
INSERT INTO testTbl VALUES(1, '레드벨벳');
INSERT INTO testTbl VALUES(2, '잇지');
INSERT INTO testTbl VALUES(3, '블랙핑크');
```

testTbl에 트리거를 부착하자.

```
DROP TRIGGER IF EXISTS testTrg;
DELIMITER //
CREATE TRIGGER testTrg  -- 트리거 이름
    AFTER  DELETE -- 삭제 후에 작동하도록 지정
    ON testTbl -- 트리거를 부착할 테이블
    FOR EACH ROW -- 각 행마다 적용시킴
BEGIN
  SET @msg = '가수 그룹이 삭제됨' ; -- 트리거 실행 시 작동되는 코드들
END //
DELIMITER ;
```

데이터를 삽입, 수정, 삭제해 보자.

```
SET @msg = '';
INSERT INTO testTbl VALUES(4, '마마무');
SELECT @msg;
UPDATE testTbl SET txt = '블핑' WHERE id = 3;
SELECT @msg;
DELETE FROM testTbl WHERE id = 4;
SELECT @msg;
```

[그림 10-11] 쿼리 결과

트리거가 부착된 테이블에 INSERT, UPDATE가 수행되면 @msg 변수에 아무것도 나오지 않지만 DELETE가 수행되자 자동으로 트리거에서 지정한 '가수 그룹이 삭제됨' 문자열이 대입되는 것을 확인할 수 있다.

이렇듯 트리거는 테이블에 부착해서 사용할 수 있다. 이 예제에서 간단히 @msg에 값을 대입하는 내용만 코딩했지만, 그 부분을 실제로 필요로 하는 복잡한 SQL문들로 대치하면 유용한 트리거로 작동할 것이다.

10.4.2 트리거의 종류

트리거(정확히는 DML 트리거)는 다음과 같이 구분할 수 있다.

AFTER 트리거

테이블에 INSERT, UPDATE, DELETE 등의 작업이 일어났을 때 작동하는 트리거를 말하며 이름이 뜻하는 것처럼 해당 작업 후에After 작동한다.

BEFORE 트리거

AFTER 트리거는 테이블에 이벤트가 작동한 후에 실행되지만 BEFORE 트리거는 이벤트가 발생하기 전에 작동하는 트리거다. AFTER 트리거와 마찬가지로 INSERT, UPDATE, DELETE 세 가지 이벤트로 작동한다.

10.4.3 트리거의 사용

MySQL 매뉴얼에 나오는 트리거의 문법은 다음과 같다.

```
CREATE
    [DEFINER = user]
    TRIGGER trigger_name
    trigger_time trigger_event
    ON tbl_name FOR EACH ROW
    [trigger_order]
    trigger_body

trigger_time: { BEFORE | AFTER }

trigger_event: { INSERT | UPDATE | DELETE }

trigger_order: { FOLLOWS | PRECEDES } other_trigger_name
```

trigger_time에서 BEFORE와 AFTER를 지정할 수 있으며 trigger_event는 INSERT/UPDATE/DELETE 중에 하나를 지정할 수 있다. trigger_order는 테이블에 여러 개의 트리거가 부착되어 있을 때, 다른 트리거보다 먼저 또는 나중에 수행되는 것을 지정한다.

삭제는 DROP TRIGGER를 사용하면 된다. 설명이 조금 복잡해 보이지만, 직접 실습으로 작동방식을 확인해 보면 쉽게 이해할 수 있다. 참고로 트리거는 ALTER TRIGGER문을 사용할 수 없다.

AFTER 트리거의 사용

다음의 경우를 생각해 보자. sqlDB의 고객 테이블(userTbl)에 입력된 회원 정보가 종종 변경되지만 누가 언제 그것을 변경했고, 또 변경 전에 데이터는 어떤 것이었는지 알 필요가 있다면 다음 실습과 같이 트리거를 활용할 수 있다.

실습5

회원 테이블에 update나 delete를 시도하면 수정 또는 삭제된 데이터를 별도의 테이블에 보관하고 변경된 일자와 변경한 사람을 기록해 놓자.

step 0

저장해 놓은 sqlDB.sql을 이용해서 sqlDB 데이터베이스를 초기화 시키자.

0-1 insert나 update 작업이 일어나는 경우에, 변경되기 전의 데이터를 저장할 테이블을 하나 생성하자.

```
USE sqlDB;
DROP TABLE buyTbl; -- 구매 테이블은 실습에 필요 없으므로 삭제
CREATE TABLE backup_userTbl
( userID   CHAR(8) NOT NULL PRIMARY KEY,
  name     VARCHAR(10) NOT NULL,
  birthYear   INT NOT NULL,
  addr       CHAR(2) NOT NULL,
  mobile1    CHAR(3),
  mobile2    CHAR(8),
  height     SMALLINT,
  mDate     DATE,
  modType   CHAR(2), -- 변경된 타입. '수정' 또는 '삭제'
  modDate   DATE, -- 변경된 날짜
  modUser   VARCHAR(256) -- 변경한 사용자
);
```

변경Update과 삭제Delete가 발생할 때 작동하는 트리거를 userTbl에 부착하자.

1-1 먼저 변경이 발생했을 때 작동하는 backUserTbl_UpdateTrg 트리거를 생성하자.

```
1 DROP TRIGGER IF EXISTS backUserTbl_UpdateTrg;
2 DELIMITER //
3 CREATE TRIGGER backUserTbl_UpdateTrg  -- 트리거 이름
4     AFTER UPDATE -- 변경 후에 작동하도록 지정
5     ON userTBL -- 트리거를 부착할 테이블
6     FOR EACH ROW
7 BEGIN
8     INSERT INTO backup_userTbl VALUES( OLD.userID, OLD.name, OLD.birthYear,
9         OLD.addr, OLD.mobile1, OLD.mobile2, OLD.height, OLD.mDate,
10         '수정', CURDATE(), CURRENT_USER() );
11 END //
12 DELIMITER ;
```

8행, 9행에 OLD 테이블이 나왔다. 잠시 후에 이 테이블에 대해서 상세히 알아보겠다. 지금은 OLD 테이블이란 update 또는 delete가 수행되기 전의 데이터가 잠깐 저장되어 있는 임시 테이블이라고 생각하면 된다.

1-2 삭제가 발생했을 때 작동하는 backUserTbl_DeleteTrg 트리거를 생성하자. backUserTbl_UpdateTrg 트리거와 거의 비슷하다.

```
1  DROP TRIGGER IF EXISTS backUserTbl_DeleteTrg;
2  DELIMITER //
3  CREATE TRIGGER backUserTbl_DeleteTrg  -- 트리거 이름
4      AFTER DELETE -- 삭제 후에 작동하도록 지정
5      ON userTBL -- 트리거를 부착할 테이블
6      FOR EACH ROW
7  BEGIN
8      INSERT INTO backup_userTbl VALUES( OLD.userID, OLD.name, OLD.birthYear,
9          OLD.addr, OLD.mobile1, OLD.mobile2, OLD.height, OLD.mDate,
10         '삭제', CURDATE(), CURRENT_USER() );
11 END //
12 DELIMITER ;
```

데이터를 변경해 보고 결과를 확인해 보자.

2-1 데이터를 업데이트도 하고 삭제도 하자.

```
UPDATE userTbl SET addr = '몽고' WHERE userID = 'JKW';
DELETE FROM userTbl WHERE height >= 177;
```

2-2 당연히 userTbl에는 수정이나 삭제가 적용되었을 것이다. 방금 수정 또는 삭제된 내용이 잘 보관되어 있는지, 결과를 확인해 보자.

```
SELECT * FROM backup_userTbl;
```

	userID	name	birthYear	addr	mobile1	mobile2	height	mDate	modType	modDate	modUser
▶	JKW	조관우	1965	경기	018	9999999	172	2010-10-10	수정	2020-03-17	root@localhost
	KKH	김경호	1971	전남	019	3333333	177	2007-07-07	삭제	2020-03-17	root@localhost
	LJB	임재범	1963	서울	016	6666666	182	2009-09-09	삭제	2020-03-17	root@localhost
	LSG	이승기	1987	서울	011	1111111	182	2008-08-08	삭제	2020-03-17	root@localhost
	SSK	성시경	1979	서울	NULL	NULL	186	2013-12-12	삭제	2020-03-17	root@localhost

[그림 10-12] 백업 테이블에 저장된 내용

수정 또는 삭제된 내용이 잘 저장되어 있다.

테이블의 모든 행 데이터를 삭제해 보자.

3-1 DELETE 대신에 TRUNCATE TABLE문으로 사용해 보자. **TRUNCATE TABLE 테이블이름**문은 **DELETE FROM 테이블이름**문과 동일한 효과를 낼 수 있다. 즉, 모든 행 데이터를 삭제한다.

```
TRUNCATE TABLE userTbl;
```

3-2 백업 테이블을 확인해 보자.

```
SELECT * FROM backup_userTbl;
```

	userID	name	birthYear	addr	mobile1	mobile2	height	mDate	modType	modDate	modUser
▶	JKW	조관우	1965	경기	018	9999999	172	2010-10-10	수정	2020-03-17	root@localhost
	KKH	김경호	1971	전남	019	3333333	177	2007-07-07	삭제	2020-03-17	root@localhost
	LJB	임재범	1963	서울	016	6666666	182	2009-09-09	삭제	2020-03-17	root@localhost
	LSG	이승기	1987	서울	011	1111111	182	2008-08-08	삭제	2020-03-17	root@localhost
	SSK	성시경	1979	서울	NULL	NULL	186	2013-12-12	삭제	2020-03-17	root@localhost

[그림 10-13] 백업 테이블에 변경 없음

그런데, 백업 테이블에 삭제된 내용이 들어가지 않았다. 이유는 TRUNCATE TABLE로 삭제 시에는 트리거가 작동하지 않기 때문이므로, DELETE 트리거는 DELETE문에만 작동한다.

이번에는 좀 다른 경우를 생각해 보자. userTbl에는 절대 새로운 데이터가 입력되지 못하도록 설정하고 만약 누군가 수정이나 삭제를 시도했다면, 시도한 사람에게는 경고 메시지를 보이게 해서 약간 겁(?)을 주자.

4-1 INSERT 트리거를 생성한다.

```
1   DROP TRIGGER IF EXISTS userTbl_InsertTrg;
2   DELIMITER //
3   CREATE TRIGGER userTbl_InsertTrg  -- 트리거 이름
4       AFTER INSERT -- 입력 후에 작동하도록 지정
5       ON userTBL -- 트리거를 부착할 테이블
6       FOR EACH ROW
7   BEGIN
8       SIGNAL SQLSTATE '45000'
9           SET MESSAGE_TEXT = '데이터의 입력을 시도했습니다. 귀하의 정보가 서버에 기록되었습니다.';
10  END //
11  DELIMITER ;
```

8행의 **SIGNAL SQLSTATE '45000'** 문은 사용자가 오류를 강제로 발생시키는 함수다. 이 구문에 의해서 사용자가 정의한 오류 메시지가 출력되고, 사용자가 시도한 INSERT는 롤백이 되어 테이블에 적용되지 않는다.

4-2 데이터를 입력해 보자.

```
INSERT INTO userTbl VALUES('ABC', '에비씨', 1977, '서울', '011', '1111111', 181, '2019-12-25');
```

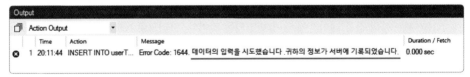

[그림 10-14] 사용자가 정의한 오류 메시지 출력

경고 메시지가 출력된 후에, INSERT 작업은 롤백이 되고 userTbl에는 데이터가 삽입되지 않았다.

> **비타민 퀴즈 10-4**
>
> Windows의 Workbench에서 Linux 가상머신에 접속한 후, 앞의 〈실습 5〉를 진행해 보자.
>
> ⚠ Linux 환경에서는 DB 이름, 테이블 이름, 스토어드 프로그램 이름 등을 모두 영문 소문자로 사용해야 한다.

트리거가 생성하는 임시 테이블

트리거에서 INSERT, UPDATE, DELETE 작업이 수행되면 임시로 사용되는 시스템 테이블이 두 개 있는데, 이름은 'NEW'와 'OLD'이다. 두 테이블은 [그림 10-15]와 같이 작동한다.

[그림 10-15] 트리거의 NEW와 OLD 테이블의 작동 개념

[그림 10-15]를 보면 NEW 테이블은 INSERT와 UPDATE 작업 시에 변경할 새로운 데이터를 잠깐 저장해 놓는다. 즉, 테이블에 INSERT 트리거나 UPDATE 트리거를 부착시켜 놓았거나, 해당 테이블에 INSERT나 UPDATE 명령이 수행되면, 입력/변경될 새 값이 NEW 테이블에 먼저 저장된 후에, NEW 테이블의 값을 테이블에 입력/변경되는 것이다. 그러므로 NEW 테이블을 조작하면 입력되는 새로운 값을 다른 값으로 대치시킬 수 있다. OLD 테이블은 DELETE와 UPDATE 작업이 수행되면, 삭제 또는 변경되기 전의 예전 값이 저장된다. 결론적으로 트리거의 작동 시에 새로 입력/변경되는 새로운 데이터를 참조하기 위해서는 NEW 테이블을 확인하면 되고, 변경되기 전인 예전 데이터를 참조하기 위해서는 OLD 테이블을 참조하면 된다.

BEFORE 트리거의 사용

BEFORE 트리거는 테이블에 변경이 가해지기 전에 작동되는 트리거다. BEFORE 트리거의 좋은 활용 예는 BEFORE INSERT 트리거를 부착해 놓으면 입력될 데이터 값을 미리 확인해서 문제가 있을 경우에 다른 값으로 변경시킬 수 있다.

다음 실습은 userTbl에 데이터를 입력할 때, 출생년도가 1900년 미만이라면 잘못 입력한 경우라고 볼 수 있으므로 아예 0으로 설정해 놔서 향후에 확인하기 쉽도록 하자. 그리고 출생년도가 올해 이후라면 현재 연도로 변경해서 입력되도록 트리거를 만들자.

실습6

BEFORE 트리거를 실습하자.

step 0

저장해 놓은 sqlDB.sql을 이용해서 sqlDB 데이터베이스를 초기화 시키자.

step 1

값이 입력될 때, 출생년도의 데이터를 검사해서 데이터에 문제가 있으면 값을 변경시켜서 입력시키는 BEFORE INSERT 트리거를 작성하자.

1-1 트리거를 생성한다.

```
1  USE sqlDB;
2  DROP TRIGGER IF EXISTS userTbl_BeforeInsertTrg;
3  DELIMITER //
4  CREATE TRIGGER userTbl_BeforeInsertTrg  -- 트리거 이름
5      BEFORE INSERT -- 입력 전에 작동하도록 지정
6      ON userTBL -- 트리거를 부착할 테이블
7      FOR EACH ROW
8  BEGIN
9      IF NEW.birthYear < 1900 THEN
10         SET NEW.birthYear = 0;
11     ELSEIF NEW.birthYear > YEAR(CURDATE()) THEN
12         SET NEW.birthYear = YEAR(CURDATE());
13     END IF;
14 END //
15 DELIMITER ;
```

5행에서 입력 전에 처리되는 트리거를 생성했다. 9행~13행은 입력되는 값이 들어 있는 NEW 테이블의 값을 검사해서 1900 미만인 경우에는 아예 0으로, 현재 연도보다 초과라면 현재 연도로 변경한다.

1-2 값을 2개 입력해 보자. 두 값 모두 출생년도에 문제가 있다.

```
INSERT INTO userTbl VALUES
    ('AAA', '에이', 1877, '서울', '011', '1112222', 181, '2022-12-25');
INSERT INTO userTbl VALUES
    ('BBB', '비이', 2977, '경기', '011', '1113333', 171, '2019-3-25');
```

1-3 SELECT * FROM userTbl문으로 확인해 보자.

userID	name	birthYear	addr	mobile1	mobile2	height	mDate
AAA	에이	0	서울	011	1112222	181	2022-12-25
BBB	비이	2020	경기	011	1113333	171	2019-03-25
BBK	바비킴	1973	서울	010	0000000	176	2013-05-05
EJW	은지원	1972	경북	011	8888888	174	2014-03-03
JKW	조관우	1965	경기	018	9999999	172	2010-10-10
JYP	조용필	1950	경기	011	4444444	166	2009-04-04

[그림 10-16] 트리거에 의해서 처리된 데이터 확인

예상대로 출생년도가 트리거에 의해서 처리되었다.

---

step 2

생성된 트리거를 확인해 보자.

2-1 SHOW TRIGGERS문으로 데이터베이스에 생성된 트리거를 확인할 수 있다.

```
SHOW TRIGGERS FROM sqlDB;
```

Trigger	Event	Table	Statement	Timing	Created	sql_mode
userTbl_BeforeInsertTrg	INSERT	usertbl	BEGIN IF NEW.birthYear < 1900 THEN SET NEW.birthY...	BEFORE	2020-03-17 21:48:45.30	STRICT_TRANS_TABLES,NO_AUTO_

[그림 10-17] 생성된 트리거 확인

---

step 3

트리거를 삭제하자.

```
DROP TRIGGER userTbl_BeforeInsertTrg;
```

☼ **비타민 퀴즈 10-5**

Windows의 Workbench에서 Linux 가상머신에 접속한 후, 앞의 〈실습 6〉을 진행해 보자.

⚠ Linux 환경에서는 DB 이름, 테이블 이름, 스토어드 프로그램 이름 등을 모두 영문 소문자로 사용해야 한다.

10.4.4 기타 트리거에 관한 내용

다중 트리거

다중 트리거Multiple Triggers란 하나의 테이블에 동일한 트리거가 여러 개 부착되어 있는 것을 말한다.
예로 AFTER INSERT 트리거가 한 개 테이블에 2개 이상 부착되어 있을 수도 있다.

중첩 트리거

중첩 트리거Nested Triggers란 트리거가 또 다른 트리거를 작동하는 것을 말한다. [그림 10-18]을 보면
서 이해하자.

[그림 10-18] 중첩 트리거의 예

① 고객이 물건을 구매하면 물건을 구매한 기록이 '구매 테이블'에 ❶ INSERT된다.

② '구매 테이블'에 부착된 INSERT 트리거가 작동한다. 내용은 '물품 테이블'의 남은 개수를 구매
한 개수만큼 빼는 ❷ UPDATE를 한다. (인터넷 쇼핑몰에서 물건을 구매하면, 즉시 남은 수량
이 하나 줄어드는 것을 보았을 것이다.)

③ '물품 테이블'에 장착된 UPDATE 트리거가 작동한다. 내용은 '배송 테이블'에 배송할 내용을
❸ INSERT하는 것이다.

하나의 '물건 구매'(INSERT) 작업으로 2개의 트리거가 연속적으로 작동했다. 이런 것은 '중첩 트리
거'라고 한다.

중첩 트리거는 때때로 시스템의 성능에 좋지 않은 영향을 미칠 수 있다. 위의 경우에 고객이 물건
을 구매하는 INSERT 작업이 일어나면 트랜잭션이 시작할 것이다. 이 트랜잭션은 마지막 배송 테
이블에 정상적으로 입력이 수행되면 트랜잭션이 종료(커밋)된다. 즉, 만약 마지막 배송 테이블에

INSERT 작업이 실패한다면 그 앞의 모든 작업은 자동으로 ROLLBACK 된다. 이것은 시스템에 부담이 되므로 성능에 나쁜 영향을 끼칠 소지가 있다. 잠시 후에, 실습에서 확인해 보자.

⚠ MySQL은 중첩 트리거Nested Triggers는 지원하지만, 재귀 트리거Recursive Trigger는 지원하지 않는다. 다른 DBMS에서는 재귀 트리거를 지원하기도 한다.

트리거의 작동 순서

하나의 테이블에 여러 개의 트리거가 부착되어 있다면, 트리거의 작동 순서를 지정할 수 있다. 트리거의 문법을 다시 한 번 살펴보면 본체 바로 위에 다음과 같은 옵션을 지정할 수 있다.

```
{ FOLLOWS | PRECEDES } other_trigger_name
```

'FOLLOWS 트리거이름'을 지정하면 지정한 트리거 다음에 현재 트리거가 작동되며 'PRECEDES 트리거이름'을 지정하면 지정한 트리거가 작동하기 이전에 현재 트리거가 작동된다는 의미다.

하나의 테이블에 여러 개의 트리거가 부착되어 있을 때, 대부분 순서는 큰 의미가 없지만 특별히 순서를 지정해야 할 경우에 이 옵션을 사용하면 된다.

실습7

중첩 트리거의 작동을 실습해 보자.

step 1

새로운 데이터베이스를 생성해서 실습하자.

1-1 기존의 쿼리 창을 모두 닫고, 새 쿼리 창을 하나 연다.

1-2 연습용 DB를 생성한다.

```
DROP DATABASE IF EXISTS triggerDB;
CREATE DATABASE IF NOT EXISTS triggerDB;
```

1-3 [그림 10-18]의 중첩 트리거를 실습할 테이블을 만든다. 실제로 물건을 구매하고 배송하기 위해서는 더 많은 열이 필요하지만, 지금은 중첩 트리거의 실습을 위해서 최소화한 테이블을 생성하자.

```
USE triggerDB;
CREATE TABLE orderTbl -- 구매 테이블
    (orderNo INT AUTO_INCREMENT PRIMARY KEY, -- 구매 일련번호
```

```
        userID VARCHAR(5), -- 구매한 회원 아이디
        prodName VARCHAR(5), -- 구매한 물건
        orderamount INT );  -- 구매한 개수
CREATE TABLE prodTbl -- 물품 테이블
   (prodName VARCHAR(5), -- 물건 이름
    account INT ); -- 남은 물건수량
CREATE TABLE deliverTbl -- 배송 테이블
    (deliverNo  INT AUTO_INCREMENT PRIMARY KEY, -- 배송 일련번호
     prodName VARCHAR(5), -- 배송할 물건
     account INT ); -- 배송할 물건개수
```

1-4 그리고 물품 테이블에는 몇 건의 물건을 넣어 놓자.

```
INSERT INTO prodTbl VALUES('사과', 100);
INSERT INTO prodTbl VALUES('배', 100);
INSERT INTO prodTbl VALUES('귤', 100);
```

step 2

중첩 트리거를 실습해 보자.

2-1 [그림 10-18]의 트리거를 구매 테이블(orderTbl)과 물품 테이블(prodTbl)에 부착하자.

```
1   -- 물품 테이블에서 개수를 감소시키는 트리거
2   DROP TRIGGER IF EXISTS orderTrg;
3   DELIMITER //
4   CREATE TRIGGER orderTrg  -- 트리거 이름
5       AFTER  INSERT
6       ON orderTBL -- 트리거를 부착할 테이블
7       FOR EACH ROW
8   BEGIN
9       UPDATE prodTbl SET account = account - NEW.orderamount
10          WHERE prodName = NEW.prodName ;
11  END //
12  DELIMITER ;
13
14  -- 배송 테이블에 새 배송 건을 입력하는 트리거
15  DROP TRIGGER IF EXISTS prodTrg;
16  DELIMITER //
17  CREATE TRIGGER prodTrg  -- 트리거 이름
18      AFTER  UPDATE
19      ON prodTBL -- 트리거를 부착할 테이블
20      FOR EACH ROW
```

```
21 BEGIN
22     DECLARE orderAmount INT;
23     -- 주문 개수 = (변경 전의 개수 - 변경 후의 개수)
24     SET orderAmount = OLD.account - NEW.account;
25     INSERT INTO deliverTbl(prodName, account)
26         VALUES(NEW.prodName, orderAmount);
27 END //
28 DELIMITER ;
```

orderTrg 트리거는 구매 테이블(orderTBL) INSERT가 발생되면 9행~10행에서 물품 테이블(prodTBL)의 개수를 주문한 개수에서 빼고 UPDATE 한다. 그런데, 물품 테이블에는 UPDATE 트리거가 부착되어 있으므로 24행~26행에서 주문 개수를 구해서 배송 테이블(deliverTBL)에 배송할 물건과 개수를 입력한다. 즉, [그림 10-18]의 차례대로 트리거가 작동할 것이다.

2-2 고객이 물건을 구매한 [그림 10-18]의 ❶ INSERT 작업을 수행하자.

```
INSERT INTO orderTbl VALUES (NULL,'JOHN', '배', 5);
```

별도의 오류가 발생하지는 않았을 것이다.

2-3 중첩 트리거가 잘 작동했는지 세 테이블을 모두 확인해 보자.

```
SELECT * FROM orderTbl;
SELECT * FROM prodTbl;
SELECT * FROM deliverTbl;
```

[그림 10-19] 결과 확인 1

[그림 10-18]의 중첩 트리거가 작동해서 ❶ INSERT, ❷ UPDATE, ❸ INSERT가 모두 성공하였다.

2-4 이번에는 배송 테이블(deliverTbl)의 열 이름을 변경해서 [그림 10-18]의 ❸ INSERT가 실패하도록 해보자.

```
ALTER TABLE deliverTBL CHANGE prodName productName VARCHAR(5);
```

2-5 다시 데이터를 입력해 보자.

```
INSERT INTO orderTbl VALUES (NULL, 'DANG', '사과', 9);
```

오류 메시지:

```
Error Code: 1054. Unknown column 'prodName' in 'field list'
```

트리거는 작동했으나, 마지막에 열 이름 때문에 ❸ INSERT가 실패했다.

2-6 테이블을 확인해 보자.

```
SELECT * FROM orderTbl;
SELECT * FROM prodTbl;
SELECT * FROM deliverTbl;
```

[그림 10-20] 결과 확인 2

데이터가 변경되지 않았다. 중첩 트리거에서 [그림 10-18]의 ❸ INSERT가 실패하면 그 앞의 ❶ INSERT, ❷ UPDATE도 모두 롤백되는 것을 확인할 수 있었다.

비타민 퀴즈 10-6

Windows의 Workbench에서 Linux 가상머신에 접속한 후, 앞 〈실습 6〉을 진행해 보자.

⚠ Linux 환경에서는 DB 이름, 테이블 이름, 스토어드 프로그램 이름 등을 모두 영문 소문자로 사용해야 한다.

이상으로 스토어드 프로그램에 해당하는 스토어드 프로시저, 스토어드 함수, 커서, 트리거에 대한 내용을 마무리 짓겠다. 앞에서도 이미 얘기했지만, 지금 소개된 스토어드 프로그램은 MySQL에서 주로 사용되는 내용을 정리했으며, 데이터베이스 개발자가 주로 활용해야 할 내용이므로 잘 기억해 놓자.

전체 텍스트 검색과 파티션

이번 chapter는 MySQL의 성능을 향상시키기 위한 몇 가지 고급 기능을 살펴보자. 먼저 살펴볼 전체 텍스트 검색Full-Text Search의 개념은 별로 어렵지 않다. 간단하게 정의하면 긴 문장으로 구성된 열의 내용을 검색할 때, 인덱스를 사용해서 빠른 시간에 검색하는 것이다.

다음으로 살펴볼 파티션Partition은 대량의 데이터를 테이블에 저장할 때, 물리적으로 별도의 테이블로 분리해서 저장시키는 기법을 말한다. 파티션의 종류로는 레인지Range, 리스트List, 컬럼Columns, 해시Hash, 키Key 파티션 등으로 분류할 수 있는데, 이 책에서는 이해하기 쉽고 활용도도 높은 레인지 파티션에 대해서 주로 살펴볼 것이다.

chapter 11의 핵심 개념

chapter 11에서는 MySQL의 성능을 향상하기 위한 방법으로 전체 텍스트 검색과 파티션에 대해서 학습한다. chapter 11의 핵심 개념은 다음과 같다.

1. 전체 텍스트 검색은 긴 문자의 텍스트 데이터를 빠르게 검색하기 위한 기능이다.

2. 전체 텍스트 인덱스는 신문기사와 같이 텍스트로 이루어진 문자열 데이터의 내용을 가지고 생성한 인덱스를 말한다.

3. 전체 텍스트 검색을 위한 쿼리는 일반 SELECT문의 WHERE절에 MATCH( ) AGAINST( )를 사용하면 된다.

4. 파티션Partition은 대량의 테이블을 물리적으로 여러 개의 테이블로 쪼개는 것을 말한다.

chapter 11의 학습 흐름

전체 텍스트 검색 개요

전체 텍스트 인덱스의 생성, 삭제

전체 텍스트 검색을 위한 쿼리

파티션 개요와 실습

11.1 전체 텍스트 검색

11.1.1 전체 텍스트 검색 개요

이번 chapter의 도입부에도 설명되었지만, 전체 텍스트 검색은 긴 문자로 구성된 구조화되지 않은 텍스트 데이터(예로, 신문 기사) 등을 빠르게 검색하기 위한 부가적인 MySQL의 기능이다.

전체 텍스트 검색은 저장된 텍스트의 키워드 기반의 쿼리를 위해서 빠른 인덱싱이 가능하다.

[그림 11-1]과 같은 데이터가 들어 있는 테이블과 인덱스를 생각해 보자. (신문기사 내용 중 ~~~ 부분은 여기서 생략된 것이지, 실제는 모두 들어 있다고 생각하자.)

신문기사 인덱스

인덱스	주소 값
교통 사고의 증가로 인해 오늘 ~~~~	
국회의원 선거 결과는 ~~~~	
미스코리아 대회가 오늘 ~~~~	
한가로운 교통 상황으로 ~~~~	

정렬되어 있음

신문기사 테이블

일자	신문기사 내용
2019.12.12	미스코리아 대회가 오늘 ~~~~
2020.5.5	한가로운 교통 상황으로 ~~~~
2021.8.8	국회의원 선거 결과는 ~~~~
2022.10.19	교통 사고의 증가로 인해 오늘 ~~~~

[그림 11-1] 신문기사 테이블과 신문기사 인덱스 개념도

[그림 11-1]의 테이블 구조는 아마도 다음과 같을 것이다. 내용은 필자가 설명을 위해서 억지로 만든 것이므로 세부적인 것은 무시하자.

```
CREATE TABLE 신문기사_테이블 (
    일자    DATE,
    신문기사내용 VARCHAR(4000)
)
GO
CREATE INDEX 신문기사_인덱스 ON 신문기사_테이블(신문기사내용);
GO
```

신문기사를 계속 입력할 때마다 테이블의 크기 및 인덱스의 크기가 커질 것이다.

이제 신문기사를 검색해 보자.

```
SELECT * FROM 신문기사_테이블 WHERE 신문기사내용 = '교통 사고의 증가로 인해 오늘 ~~~~';
```

위와 같이 검색하면 당연히 인덱스를 잘 사용하게 될 것이다. 그런데, 신문기사의 내용을 모두 안다면 위와 같은 검색을 할 이유가 없다. 그래서 아마도 chapter 06에서 배운 LIKE 검색을 사용하게 될 것이다.

즉, 교통과 관련된 신문기사를 검색하려면 다음과 같이 사용하면 된다.

```
SELECT * FROM 신문기사_테이블 WHERE 신문기사내용 LIKE '교통%'
```

이렇게 검색하면 인덱스가 정렬되어 있으므로, 해당되는 내용이 인덱스를 통해서 빠르게 검색된다.

아마도 결과는 2022.10.19일자 기사가 검색될 것이다.

그런데, 문제는 2020.5.5일자 기사도 '교통'과 관련된 기사라는 점이다. 그래서, 앞에 들어 있든지 중간에 들어 있든지 모든 '교통'과 관련된 내용을 검색하려면 다음과 같이 사용하면 된다.

```
SELECT * FROM 신문기사_테이블 WHERE 신문기사내용 LIKE '%교통%'
```

이렇게 하면 '교통'이라는 글자가 들어간 모든 기사(이 예에서는 2022.10.19일자, 2020.5.5일자 2건)가 검색될 것이다. 그런데, 문제는 이렇게 되면 인덱스를 사용할 수 없다는 점이다.

2020.5.5일자의 '교통'은 중간에 들어 있으므로 인덱스를 사용할 방법이 없으므로 당연히 MySQL은 테이블 검색(전체 테이블을 읽는 것)을 하게 된다. 만약, 10년치 기사 중에서 검색했다면 MySQL 서버는 엄청난 부하가 발생되고 그 응답시간도 어쩌면 수 분~수 시간이 걸릴 지도 모르겠다.

전체 텍스트 검색은 이러한 문제를 해결해 준다. 즉, 전체 텍스트 검색은 첫 글자뿐 아니라, 중간의 단어나 문장으로도 인덱스를 생성해 주기 때문에 지금과 같은 상황에서도 인덱스(정확히는 전체 텍스트 인덱스)를 사용할 수 있어 순식간에 검색 결과를 얻을 수 있다.

개념은 이 정도면 이해가 되었을 것이라 믿고, 실제 어떻게 구동되는지 상세히 살펴보자.

11.1.2 전체 텍스트 인덱스

전체 텍스트 인덱스(FULLTEXT Index) 생성

전체 텍스트 인덱스는 신문기사와 같이, 텍스트로 이루어진 문자열 데이터의 내용을 가지고 생성한 인덱스를 말한다. MySQL에서 생성한 일반적인 인덱스와는 몇 가지 차이점이 있다.

- 전체 텍스트 인덱스는 InnoDB와 MyISAM 테이블만 지원한다.
- 전체 텍스트 인덱스는 char, varchar, text의 열에만 생성이 가능하다.
- 인덱스 힌트의 사용이 일부 제한된다.
- 여러 개 열에 FULLTEXT 인덱스를 지정할 수 있다.

전체 텍스트 인덱스를 생성하는 방법은 3가지가 있다. 우선 형식을 살펴보자.

```
형식1 :
CREATE TABLE 테이블이름 (
  ...
  열 이름 데이터형식,
  ... ,
  FULLTEXT 인덱스이름 (열 이름)
);

형식2 :
CREATE TABLE 테이블이름 (
  ...
  열 이름 데이터형식,
  ...
);
ALTER TABLE 테이블이름
   ADD FULLTEXT (열 이름) ;

형식3 :
CREATE TABLE 테이블이름 (
  ...
  열 이름 데이터형식,
  ...
);
CREATE FULLTEXT INDEX 인덱스이름
ON 테이블이름 (열 이름);
```

실습은 잠시 후에 진행하겠다.

전체 텍스트 인덱스(FULLTEXT Index) 삭제

전체 텍스트 인덱스를 삭제하는 방법은 일반 인덱스와 비슷한 방법으로 ALTER TABLE··· DROP INDEX문을 사용한다.

```
형식 :
ALTER TABLE 테이블이름
    DROP INDEX FULLTEXT(열 이름) ;
```

중지 단어

전체 텍스트 인덱스는 긴 문장에 대해서 인덱스를 생성하기 때문에 그 양이 커질 수밖에 없다. 그러므로, 실제로 검색에서 무시할 만한 단어들은 아예 전체 텍스트 인덱스로 생성하지 않는 편이 좋을 것이다. 전체 텍스트 인덱스 생성 시에 다음과 같은 경우를 생각해 보자.

이번	선거는	아주	중요한	행사므로	모두	꼭	참여	바랍니다

위와 같은 문장에서 전체 텍스트 인덱스를 만든다면 '이번', '아주', '모두', '꼭' 등과 같은 단어로는 검색할 이유가 없으므로 제외시키는 것이 좋다. 이것이 중지 단어stopwords다.

MySQL 8.0은 INFORMATION_SCHEMA.INNODB_FT_DEFAULT_STOPWORD 테이블에 36개의 중지 단어를 가지고 있다.

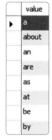

[그림 11-2] MySQL이 가지고 있는 중지 단어

필요하다면 사용자가 별도의 테이블에 중지 단어를 추가한 후 적용시킬 수도 있다. 그리고 전체 텍스트 인덱스를 생성할 때 이 중지 단어들을 적용시키면 MySQL은 중지 단어를 제외하고 전체 텍스트 인덱스를 만들어 주게 된다. 결국, 전체 텍스트 인덱스의 크기가 최소화될 수 있다. 잠시 후 실습에서 확인해 보자.

전체 텍스트 검색을 위한 쿼리

전체 텍스트 인덱스를 생성한 후에, 전체 텍스트 인덱스를 이용하기 위한 쿼리는 일반 SELECT문의 WHERE절에 MATCH() AGAINST()를 사용하면 된다.

MySQL 도움말에 나온 형식은 다음과 같다.

```
형식 :
MATCH (col1,col2,...) AGAINST (expr [search_modifier])

search_modifier:
  {
       IN NATURAL LANGUAGE MODE
     | IN NATURAL LANGUAGE MODE WITH QUERY EXPANSION
     | IN BOOLEAN MODE
     | WITH QUERY EXPANSION
  }
```

약간 복잡해 보이지만 사용은 별로 어렵지 않다. 우선 기본적으로 기억할 사항은 MATCH() 함수는 WHERE절에서 사용한다는 점이다.

• 자연어 검색

특별히 옵션을 지정하지 않거나 IN NATURAL LANGUAGE MODE를 붙이면 자연어 검색을 한다. 자연어 검색은 단어가 정확한 것을 검색해 준다.

예로, 신문newspaper이라는 테이블의 기사article라는 열에 전체 텍스트 인덱스가 생성되어 있다고 가정해 보자.

'영화'라는 단어가 들어간 기사를 찾으려면 다음과 같이 사용한다.

```
SELECT * FROM newspaper
  WHERE MATCH(article) AGAINST('영화');
```

여기서는 '영화'라는 정확한 단어만 검색되며 '영화는', '영화가', '한국영화' 등의 단어가 들어간 열은 검색하지 않는다.

'영화' 또는 '배우'와 같이 두 단어 중 하나가 포함된 기사를 찾으려면 다음과 같이 사용한다.

```
SELECT * FROM newspaper
    WHERE MATCH(article) AGAINST('영화 배우');
```

• 불린 모드 검색

불린 모드 검색은 단어나 문장이 정확히 일치하지 않는 것도 검색하는 것을 말하는데 IN BOOLEAN MODE 옵션을 붙여줘야 한다. 또한 불린 모드 검색은 필수인 '+', 제외하기 위한 '-', 부분 검색을 위한 '*' 연산자 등의 다양한 연산자를 지원한다.

'영화를', '영화가', '영화는' 등의 '영화'가 앞에 들어간 모든 결과를 검색하고 싶다면 다음과 같이 사용한다.

```
SELECT * FROM newspaper
    WHERE MATCH(article) AGAINST('영화*' IN BOOLEAN MODE);
```

'영화 배우' 단어가 정확히 들어 있는 기사의 내용을 검색하고 싶다면 다음과 같이 사용한다.

```
SELECT * FROM newspaper
    WHERE MATCH(article) AGAINST('영화 배우' IN BOOLEAN MODE);
```

정확히 '영화 배우' 단어가 들어간 결과만 출력된다.

'영화 배우' 단어가 들어 있는 기사 중에서 '공포'의 내용이 꼭 들어간 결과만 검색하고 싶다면 다음과 같이 사용한다.

```
SELECT * FROM newspaper
    WHERE MATCH(article) AGAINST('영화 배우 +공포' IN BOOLEAN MODE);
```

'영화 배우'가 들어간 결과 중에서 '공포'가 들어간 것만 검색된다.

'영화 배우' 단어가 들어 있는 기사 중에서 '남자'의 내용은 검색에서 제외하고 싶다면 다음과 같이 사용한다.

```
SELECT * FROM newspaper
    WHERE MATCH(article) AGAINST('영화 배우 -남자' IN BOOLEAN MODE);
```

결과 중에서 남자가 들어간 결과는 제외된다.

전체 텍스트 검색의 다양한 활용을 실습에서 확인하자.

실습1

전체 텍스트 검색을 실습해 보자.

step 0

MySQL은 기본적으로 3글자 이상만 전체 텍스트 인덱스로 생성한다. 이러한 설정을 2글자까지 전체 텍스트 인덱스가 생성되도록 시스템 변숫 값을 변경하자.

0-1 먼저 innodb_ft_min_token_size 시스템 변수의 값을 확인해 보자. 이 값은 전체 텍스트 인덱스를 생성할 때 단어의 최소 길이다.

```
SHOW VARIABLES LIKE 'innodb_ft_min_token_size';
```

값이 3이 나왔을 것이다.

0-2 우리는 '남자' 등의 2글자 단어를 검색할 것이므로 이 값을 2로 변경해야 한다. MySQL의 환경 설정 파일인 my.ini 파일의 [mysqld] 아래 쪽 아무 곳에나 (또는 파일의 제일 아래에) 다음 행을 추가하고 MySQL 서비스를 재시작 한다. (컴퓨터를 재부팅해도 된다.)

```
innodb_ft_min_token_size=2
```

⚠ my.ini 또는 my.cnf 파일의 편집 방법이 기억나지 않는다면 chapter 07의 〈실습 2〉의 step 4 를 참조한다.

0-3 다시 Workbench를 실행해서 [Local instance MySQL]에 접속한다.

이번 실습은 조금 긴 내용의 텍스트들이 필요하다. 주제는 영화로 선택하도록 하자.

1-1 데이터베이스 및 테이블을 생성하자.

```
CREATE DATABASE IF NOT EXISTS FulltextDB;
USE FulltextDB;
DROP TABLE IF EXISTS FulltextTbl;
CREATE TABLE FulltextTbl (
    id int AUTO_INCREMENT PRIMARY KEY,          -- 고유 번호
    title VARCHAR(15) NOT NULL,                 -- 영화 제목
    description VARCHAR(1000)                    -- 영화 내용 요약
);
```

1-2 샘플 데이터를 몇 건 입력하자. (입력 내용이 너무 많으면 책의 사이트인 https://cafe.naver.com/thisisMySQL/에서 쿼리문을 다운로드해서 사용하도록 하자.)

```
INSERT INTO FulltextTbl VALUES
(NULL, '광해, 왕이 된 남자','왕위를 둘러싼 권력 다툼과 당쟁으로 혼란이 극에 달한 광해군 8년'),
(NULL, '간첩','남한 내에 고장간첩 5만 명이 암약하고 있으며 특히 권력 핵심부에도 침투해있다.'),
(NULL, '남자가 사랑할 때', '대책 없는 한 남자이야기. 형 집에 얹혀 살며 조카한테 무시당하는 남자'),
(NULL, '레지던트 이블 5','인류 구원의 마지막 퍼즐, 이 여자가 모든 것을 끝낸다.'),
(NULL, '파괴자들','사랑은 모든 것을 파괴한다! 한 여자를 구하기 위한, 두 남자의 잔인한 액션 본능!'),
(NULL, '킹콩을 들다',' 역도에 목숨을 건 시골소녀들이 만드는 기적 같은 신화.'),
(NULL, '테드','지상최대 황금찾기 프로젝트! 500년 전 사라진 황금도시를 찾아라!'),
(NULL, '타이타닉','비극 속에 침몰한 세기의 사랑, 스크린에 되살아날 영원한 감동'),
(NULL, '8월의 크리스마스','시한부 인생 사진사와 여자 주차 단속원과의 미묘한 사랑'),
(NULL, '늑대와 춤을','늑대와 친해져 모닥불 아래서 함께 춤을 추는 전쟁 영웅 이야기'),
(NULL, '국가대표','동계올림픽 유치를 위해 정식 종목인 스키점프 국가대표팀이 급조된다.'),
(NULL, '쇼생크 탈출','그는 누명을 쓰고 쇼생크 감옥에 감금된다. 그리고 역사적인 탈출.'),
(NULL, '인생은 아름다워','귀도는 삼촌의 호텔에서 웨이터로 일하면서 또 다시 도라를 만난다.'),
(NULL, '사운드 오브 뮤직','수녀 지망생 마리아는 명문 트랩가의 가정교사로 들어간다'),
(NULL, '매트릭스',' 2199년.인공 두뇌를 가진 컴퓨터가 지배하는 세계.');
```

1-3 아직 전체 텍스트 인덱스를 만들지 않았다. 이 상태에서 '남자'라는 단어를 검색해 보자.

```
SELECT * FROM FulltextTbl WHERE description LIKE '%남자%' ;
```

	id	title	description
▶	3	남자가 사랑할 때	대책 없는 한 남자이야기. 형 집에 얹혀 살며 조카한테 무시당하는 남자
	5	파괴자들	사랑은 모든 것을 파괴한다! 한 여자를 구하기 위한, 두 남자의 잔인한 액션 본능!

[그림 11-3] 쿼리 결과

결과는 잘 나왔다. 실행 계획을 확인해보자.

[그림 11-4] 전체 테이블 검색

실행 계획을 보면 전체 테이블 검색을 하였다. 지금 데이터가 몇 건 되지 않아서 문제가 없지만, 대용량의 데이터라면 MySQL에 상당한 부하가 생길 것이다.

step 2

전체 텍스트 인덱스를 생성하고 인덱스 정보를 확인해 보자.

2-1 전체 텍스트 인덱스를 생성한다.

```
CREATE FULLTEXT INDEX idx_description ON FulltextTbl(description);
```

2-2 정보를 확인해 보자.

```
SHOW INDEX FROM FulltextTbl;
```

Table	Non_unique	Key_name	Seq_in_index	Column_name	Collation	Cardinality	Sub_part	Packed	Null	Index_type	Comment	Index_comment
fulltexttbl	0	PRIMARY	1	id	A	15	NULL	NULL		BTREE		
fulltexttbl	1	idx_description	1	description	NULL	15	NULL	NULL	YES	FULLTEXT		

[그림 11-5] 전체 텍스트 인덱스 정보 확인

description열에 생성된 인덱스의 Index_Type이 'FULLTEXT'인 것을 확인할 수 있다.

step 3

전체 텍스트 인덱스를 활용해 검색해보자.

3-1 앞 **1-3**과 동일하게 '남자'가 들어간 행을 검색해 보자.

```
SELECT * FROM FulltextTbl WHERE MATCH(description) AGAINST('남자*' IN BOOLEAN MODE);
```

	id	title	description
▶	3	남자가 사랑할 때	대책 없는 한 남자이야기. 형 집에 얹혀 살며 조카한테 무시당하는 남자
	5	파과자들	사랑은 모든 것을 파과한다! 한 여자를 구하기 위한, 두 남자의 잔인한 액션 본능!

[그림 11-6] 쿼리 결과

결과는 동일하게 나왔다. 실행 계획을 확인해보자.

[그림 11-7] 전체 텍스트 인덱스 검색

실행 계획을 보면 전체 텍스트 인덱스 검색을 하였다. 인덱스를 사용했으므로 앞에서 전체 테이블 검색을 한 성능과는 비교가 되지 않을 정도로 빠른 결과가 나왔을 것이다. (지금은 데이터가 몇 건 없어서 체감하지는 못할 것이다.)

3-2 '남자' 또는 '여자'가 들어간 행을 검색해 보자. 또한 매치되는 점수도 출력해 보자.

```
SELECT *, MATCH(description) AGAINST('남자* 여자*' IN BOOLEAN MODE) AS 점수
    FROM FulltextTbl WHERE MATCH(description) AGAINST('남자* 여자*' IN BOOLEAN MODE);
```

	id	title	description	점수
▶	5	파괴자들	사랑은 모든 것을 파괴한다 한 여자를 구하기 위한, 두 남자의 잔인한 액션 본능!	0.9771181344985962
	3	남자가 사랑할 때	대책 없는 한 남자 이야기. 형 집에 얹혀 살며 조카한테 무시당하는 남자	0.4885590672492981
	4	레지던트 이블 5	인류 구원의 마지막 퍼즐, 이 여자가 모든 것을 끝낸다.	0.4885590672492981
	9	8월의 크리스마스	시한부 인생 사진사와 여자 주차 단속원과의 미묘한 사랑	0.4885590672492981

[그림 11-8] 쿼리 결과

id와 점수를 보면 점수가 높은 순서로 정렬되어서 출력된 것을 확인할 수 있다. id가 5인 행은 '남자'와 '여자'가 모두 나와서 높은 점수가 나왔고, 나머지는 한 번만 나와서 점수가 같다. 주의할 점은 동일한 것이 여러 개 나와도 1개만 나온 것으로 처리된다. id가 3인 행은 '남자'가 두 번 나오지만 한 번으로 처리되었다.

3-3 '남자'와 '여자'가 둘다 들어 있는 영화를 출력해보자. + 연산자를 사용하면 필수로 들어 있어야 한다는 의미다.

```
SELECT * FROM FulltextTbl
    WHERE MATCH(description) AGAINST('+남자* +여자*' IN BOOLEAN MODE);
```

결과는 '파괴자들' 영화가 나왔을 것이다.

3-4 '남자'가 들어 있는 영화 중에서 '여자'가 들어있는 영화를 제외시켜보자. − 연산자는 제외시키는 의미다.

```
SELECT * FROM FulltextTbl
    WHERE MATCH(description) AGAINST('남자* -여자*' IN BOOLEAN MODE);
```

결과는 '남자가 사랑할 때' 영화가 나왔을 것이다.

이번에는 전체 텍스트 인덱스가 생성된 '단어'나 '문구'는 어떤 것들인지 확인해 보자. 또, 중지 단어도 실습해 보자.

4-1 다음 쿼리문으로 전체 텍스트 인덱스로 만들어진 단어를 확인해 보자.

```
SET GLOBAL innodb_ft_aux_table = 'fulltextdb/fulltexttbl'; -- 모두 소문자
SELECT word, doc_count, doc_id, position
    FROM INFORMATION_SCHEMA.INNODB_FT_INDEX_TABLE;
```

word	doc_count	doc_id	position
같은	1	8	61
것을	2	6	56
것을	2	7	17
고장간첩	1	4	14
광해군	1	3	74
구원의	1	6	7
구하기	1	7	52
국가대표팀이	1	13	63
권력	2	3	20
권력	2	4	69
귀도는	1	15	0
그는	1	14	0
그리고	1	14	58
극에	1	3	60
급조된다	1	13	82
기적	1	8	54
끝낸다	1	6	63

[그림 11-9] 전체 텍스트 인덱스 내용 확인

아래로 어느 정도 스크롤하면, [그림 11-9]와 같이 보일 것이다. 'word'는 인덱스가 생성된 단어나 문구를 말하고, 'doc_count'는 몇 번이나 나왔는지를 말한다.

예로, '권력'이라는 단어는 영화 '광해'와 '간첩'에서 나오므로 2로 표시된 것이다. 그런데, 자세히 살펴보면 '그', '그리고', '극에' 등의 단어도 인덱스로 생성되어 있다. 아마도 검색할 때 이런 단어로 검색하지는 않을 것이므로, 전체 텍스트 인덱스로 생성될 필요가 없는 단어들이다. 이것들 때문에 전체 텍스트 인덱스가 쓸데 없이 커지게 될 것이다. 우선, 제일 아래로 드래그해서 전체 텍스트 인덱스가 몇 단어로 생성되었는지 기억해 놓자. 필자는 130개가 생성되었다. (필자와 개수가 좀 달라도 상관없다.)

4-2 전체 텍스트 인덱스의 크기를 줄이기 위해서 '중지단어'를 추가해 보자. 먼저 앞에서 생성한 전체 텍스트 인덱스를 삭제하자.

```
DROP INDEX idx_description ON FulltextTbl;
```

4-3 사용자가 추가할 중지 단어를 저장할 테이블을 만들자. 주의할 점은 테이블 이름은 아무거나 상관없으나 열 이름은 value, 데이터 형식은 VARCHAR로 지정해야 한다.

```
CREATE TABLE user_stopword (value VARCHAR(30));
```

4-4 중지 단어를 입력하자. 지금의 예에서는 3개만 추가했다.

```
INSERT INTO user_stopword VALUES ('그는'), ('그리고'), ('극에');
```

4-5 중지 단어용 테이블을 시스템 변수 innodb_ft_server_stopword_table에 설정하자. 주의할 점은 홀따옴표 안의 DB 이름과 테이블 이름은 모두 소문자로 써야 한다.

```
SET GLOBAL innodb_ft_server_stopword_table = 'fulltextdb/user_stopword';
SHOW GLOBAL VARIABLES LIKE 'innodb_ft_server_stopword_table';
```

Variable_name	Value
innodb_ft_server_stopword_table	fulltextdb/user_stopword

[그림 11-10] 중지 단어 테이블 확인

4-6 다시 전체 텍스트 인덱스를 만들자.

```
CREATE FULLTEXT INDEX idx_description ON FulltextTbl(description);
```

4-7 다시 전체 텍스트 인덱스에 생성된 단어를 확인해 보자.

```
SELECT word, doc_count, doc_id, position
  FROM INFORMATION_SCHEMA.INNODB_FT_INDEX_TABLE;
```

word	doc_count	doc_id	position
권력	2	4	69
귀도는	1	15	0
급조된다	1	13	82
기적	1	8	54
끝낸다	1	6	63
남자	1	5	89
남자의	1	7	74
남자이야기	1	5	18
남한	1	4	0
내에	1	4	7

[그림 11-11] 3개의 단어가 안보임

필자의 경우에는 3개가 제외된 126개가 생성되었으며 제외된 단어들은 보이지 않는다. 즉, 중지 단어를 제외하고 전체 텍스트 인덱스가 생성된 것이다.

이상으로 전체 텍스트 검색의 실습을 마치겠다. 전체 텍스트 검색은 긴 텍스트 내용의 검색에서 뛰어난 성능을 발휘하게 되므로, 잘 활용한다면 MySQL의 성능 향상에 많은 도움이 될 것이다.

┌─ 비타민 퀴즈 11-1 ───

Windows의 Workbench로 Linux 가상머신에 접속해서 앞의 〈실습 1〉을 진행해 보자.

힌트 1 Linux는 /etc/my.cnf 파일을 vi 편집기로 수정해야 한다.

힌트 2 Linux에서 MySQL의 재시작은 systemctl restart mysqld 명령을 사용한다.

⚠ Linux 환경에서는 DB 이름, 테이블 이름, 스토어드 프로시저 이름 등을 모두 영문 소문자로 사용해야 한다.

11.2 파티션

11.2.1 파티션 개요와 실습

이번 chapter의 도입부에서 잠깐 설명했듯이, 파티션Partition은 대량의 테이블을 물리적으로 여러 개의 테이블로 쪼개는 것을 말한다. 예로 수십억 건의 테이블에 쿼리를 수행할 때, 비록 인덱스를 사용한다고 해도 테이블의 대용량으로 인해서 MySQL에 상당한 부담이 될 수밖에 없다.

이럴 때, 하나의 테이블이 10개의 파티션으로 나눠서 저장되어 있다, 경우에 따라서는 그 부담이 1/10로 줄어들 수도 있다.

⚠ 물론 무조건 파티션으로 나눈다고 효율적이 되는 것은 아니며, 데이터의 분포 특성이나 자주 사용되는 쿼리문이 무엇인지에 따라서 효율에 큰 차이가 있을 수 있다.

테이블의 행 데이터가 무척 많은 대용량의 데이터베이스를 생각해 보면 INSERT, UPDATE 등의 작업이 갈수록 느려질 수밖에 없다. 이럴 경우, 파티션으로 나누면 시스템 성능에 큰 도움이 될 것이다.

테이블을 분할할 때는 테이블의 범위에 따라서 서로 다른 파티션에 저장하는 것이 가장 보편적이다.

예로, 10년간의 데이터가 저장된 테이블이라면 아마도 과거의 데이터들은 주로 조회만 할 뿐 거의 변경이 되지 않을 것이다. 그러므로, 작년 이전의 데이터와 올해의 데이터를 서로 다른 파티션에 저장한다면 효과적일 수 있다.

또, 다른 예로는 각 월별로 업데이트가 잦은 대용량 데이터라면 각 월별로 파티션 테이블을 구성할 수도 있다.

⚠ MySQL 8.0은 최대 8192개의 파티션을 지원하는데, 파티션을 나누면 물리적으로는 파일로 분리된다. 그렇기 때문에 파티션 테이블은 파일이 동시에 여러 개 열린다. MySQL은 동시에 열 수 있는 파일의 개수가 시스템 변수 open_file_limit(기본 값 5000)에 지정되어 있다. 그러므로 파티션을 5000개 이상 나눌 경우에는, 시스템 변수 open_file_limit의 값을 파티션 개수에 맞게 변경시켜줄 필요가 있다.

[그림 11-12]는 sqlDB의 회원 테이블을 출생년도 별로 3개의 파티션으로 구분하기 위한 개념도다.

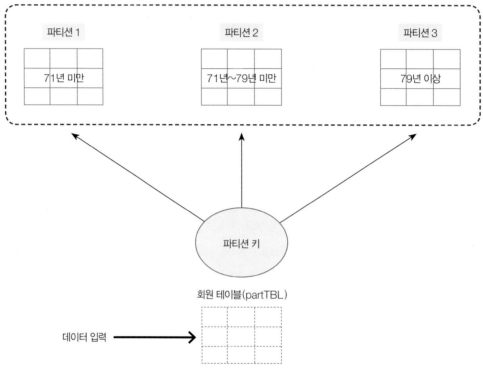

[그림 11-12] 파티션 개념도

테이블을 생성할 때, 파티션 키를 함께 지정한다. 그러면 데이터를 입력할 때 지정된 파티션 키에 의해서 데이터가 각각의 파티션에 입력되는 개념이다.

물론 사용자는 파티션이 몇 개이든 관계없이 테이블 하나에만 접근한다고 생각하면 된다. 즉, 파티션을 나눴든 그렇지 않든 MySQL 내부적인 문제일 뿐 사용자는 신경쓰지 않아도 된다.

파티션을 구현하자. 테이블은 sqlDB의 회원 테이블과 동일한 데이터를 입력하는 것으로 하겠다.

step 0

저장해 놓은 sqlDB.sql을 이용해서 sqlDB 데이터베이스를 초기화 시키자.

step 1

[그림 11–12]의 파티션으로 분리되는 테이블을 정의하자. 파티션은 다음과 같은 표로 구성될 수 있다.

파티션 이름	part1	part2	part3
파티션 일련번호	1	2	3
값	값 〈 1971	1971 〈= 값 〈 1979	1979 〈= 값 〈 최대

```
CREATE DATABASE IF NOT EXISTS partDB;
USE partDB;
DROP TABLE IF EXISTS partTBL;
CREATE TABLE partTBL (
    userID  CHAR(8) NOT NULL, -- Primary Key로 지정하면 안 됨
    name  VARCHAR(10) NOT NULL,
    birthYear INT  NOT NULL,
    addr CHAR(2) NOT NULL )
PARTITION BY RANGE(birthYear) (
    PARTITION part1 VALUES LESS THAN (1971),
    PARTITION part2 VALUES LESS THAN (1979),
    PARTITION part3 VALUES LESS THAN MAXVALUE
);
```

우선 파티션 테이블에는 Primary Key를 지정하면 안 된다. 파티션 테이블을 지정하는 문법은 테이블의 정의가 끝나는 부분에서 PARTITION BY RANGE(열 이름)로 지정한다. 그러면 열 이름의 값에 의해서 지정된 파티션으로 데이터가 저장된다. 첫 번째 파티션은 1971년 미만 출생인 회원이 저장되고, 두 번째는 1971년부터 1979년 미만 출생된 회원이 저장된다. 세 번째는 1979년 이상 출생인 회원이 저장된다. MAXVALUE는 1979 이상의 모든 값을 의미한다.

⚠ 만약 userID열을 Primary Key로 지정하면 그 열로 정렬이 되기 때문에 파티션으로 하면 안 된다. 만약 Primary Key를 지정하려면 파티션에서 사용되는 열도 함께 Primary key로 지정해야 한다. 이 예는 userID와 birthYear를 함께 Primary Key로 지정해야 한다. 또, RANGE(열 이름) 옵션은 범위를 지정하는 레인지 파티션을 만든다. 주의할 점은 열 이름은 숫자형의 데이터여야 하며 문자형은 오면 안 된다.

[그림 11-12]의 회원 테이블에 데이터를 입력한다. [그림 6-10]의 회원 테이블을 모두 입력하려니 좀 귀찮다. 그래서, sqlDB에 동일한 데이터가 있으니 그 데이터를 사용하자.

2-1 데이터를 한꺼번에 가져와서 입력한다. 입력이 되는 동시에 [그림 11-12]의 파티션 키에 의해서 데이터가 각 파티션으로 나뉘어진다.

```
INSERT INTO partTBL
    SELECT userID, name, birthYear, addr FROM sqlDB.userTbl;
```

2-2 입력한 데이터를 확인한다.

```
SELECT * FROM partTBL;
```

userID	name	birthYear	addr	
JKW	조관우	1965	경기	
JYP	조용필	1950	경기	파티션 1 (1971 미만)
LJB	임재범	1963	서울	
YJS	윤종신	1969	경남	
BBK	바비킴	1973	서울	
EJW	은지원	1972	경북	파티션 2 (1971~1979 미만)
KKH	김경호	1971	전남	
KBS	김범수	1979	경남	
LSG	이승기	1987	서울	파티션 3 (1979 이상)
SSK	성시경	1979	서울	

[그림 11-13] 데이터 확인

데이터가 출력된 결과를 보면 part1, part2, part3 파티션 순서로 조회된 것을 예상할 수 있다.

파티션을 확인해 보자.

3-1 INFORMATION_SCHEMA 데이터베이스의 PARTITIONS 테이블에 관련 정보가 들어 있다.

```
SELECT TABLE_SCHEMA, TABLE_NAME, PARTITION_NAME, PARTITION_ORDINAL_POSITION, TABLE_
ROWS
    FROM INFORMATION_SCHEMA.PARTITIONS
WHERE TABLE_NAME = 'parttbl';
```

TABLE_SCHEMA	TABLE_NAME	PARTITION_NAME	PARTITION_ORDINAL_POSITION	TABLE_ROWS
partdb	parttbl	part1	1	4
partdb	parttbl	part2	2	3
partdb	parttbl	part3	3	3

[그림 11-14] 파티션 정보 확인

결과를 보면 파티션 이름, 파티션의 일련번호, 파티션에 저장된 행 개수 등을 알 수 있다. **2-2**에서 예상한 결과와 동일한 행 개수를 가지고 있다.

3-2 범위를 지정해서 조회해보자. 1965년 이전에 출생한 회원을 조회해 보자.

```
SELECT * FROM partTBL WHERE birthYear <= 1965 ;
```

결과는 3명이 나왔을 것이다. **2-2**의 결과에서 예상하다시피 파티션1만 조회해서 결과를 가져왔을 것이다. 실제 대용량 데이터였다면 파티션2와 파티션3은 아예 접근하지도 않았으므로 상당히 효율적인 조회를 한 것이다.

3-3 어느 파티션을 사용했는지 확인하려면 쿼리문 앞에 EXPLAIN문을 붙이면 된다.

```
EXPLAIN  SELECT * FROM partTBL WHERE birthYear <= 1965;
```

	id	select_type	table	partitions	type	possible_keys	key	key_len	ref	rows	filtered	Extra
▶	1	SIMPLE	partTBL	part1	ALL	NULL	NULL	NULL	NULL	4	33.33	Using where

[그림 11-15] 사용한 파티션 확인

예상대로 파티션1만 접근해서 결과를 냈다.

---

step 4

파티션을 관리하는 방법을 익히자.

4-1 만약 파티션3을 1979~1986 미만(파티션3)과 1986 이상(파티션4)으로 분리하고자 한다면 ALTER TABLE… REORGANIZE PARTITION문을 사용하면 된다. 또한 파티션을 재구성하기 위해서 OPTIMIZE TABLE문을 수행해줘야 한다.

```
ALTER TABLE partTBL
    REORGANIZE PARTITION part3 INTO (
            PARTITION part3 VALUES LESS THAN (1986),
            PARTITION part4 VALUES LESS THAN MAXVALUE
    );
OPTIMIZE TABLE partTBL;
```

⚠ 파티션을 추가하기 위해서는 ALTER TABLE… ADD PARTITION문을 사용해야 한다. 그런데, MAXVALUE로 설정되어 있는 파티션 테이블에는 파티션을 추가할 수가 없다. 이런 경우에는 지금과 같이 파티션을 분리하는 방식으로 추가해야 한다.

4-2 다시 **3-1**에서 수행한 INFORMATION_SCHEMA 데이터베이스의 PARTITIONS 테이블을 조회해보자.

	TABLE_SCHEMA	TABLE_NAME	PARTITION_NAME	PARTITION_ORDINAL_POSITION	TABLE_ROWS
▶	partdb	parttbl	part1	1	4
	partdb	parttbl	part2	2	3
	partdb	parttbl	part3	3	2
	partdb	parttbl	part4	4	1

[그림 11-16] 사용한 파티션 확인

기존의 파티션3에 있던 데이터 3개가 파티션3에 2개, 파티션4에 1개로 자동으로 분리되었다.

4-3 이번에는 파티션을 합쳐보자. 1971 미만인 파티션1과 1971~1979 미만인 파티션2를 합쳐서 1979 미만(파티션12)으로 합쳐보자.

```
ALTER TABLE partTBL
    REORGANIZE PARTITION part1, part2 INTO (
            PARTITION part12 VALUES LESS THAN (1979)
    );
OPTIMIZE TABLE partTBL;
```

4-4 다시 **3-1**에서 수행한 INFORMATION_SCHEMA 데이터베이스의 PARTITIONS 테이블을 조회해보자.

	TABLE_SCHEMA	TABLE_NAME	PARTITION_NAME	PARTITION_ORDINAL_POSITION	TABLE_ROWS
▶	partdb	parttbl	part12	1	7
	partdb	parttbl	part3	2	2
	partdb	parttbl	part4	3	1

[그림 11-17] 사용한 파티션 확인

합쳐진 파티션12에 기존 파티션1의 데이터 4개와 파티션2의 데이터3개가 합쳐진 데이터 7개가 들어간 것이 확인된다.

4-5 파티션12를 삭제해 보자.

```
ALTER TABLE partTBL DROP PARTITION part12;
OPTIMIZE TABLE partTBL;
```

4-6 데이터를 조회해 보자.

```
SELECT * FROM partTBL;
```

userID	name	birthYear	addr
▶ KBS	김범수	1979	경남
SSK	성시경	1979	서울
LSG	이승기	1987	서울

[그림 11-18] 데이터 확인

파티션12에 있던 데이터 7건은 파티션과 함께 삭제되었다. 즉, 파티션을 삭제하면 그 파티션의 데이터도 함께 삭제되므로 주의해야 한다.

⚠ 대량의 데이터를 삭제할 때 파티션을 삭제하면 상당히 빨리 삭제된다. 파티션의 데이터를 모두 삭제할 때는 DELETE문보다는 파티션 자체를 삭제하는 것이 더 효율적이다.

☀ **비타민 퀴즈 11-2**

앞의 〈실습 2〉는 birthYear로 레인지 파티션을 사용했다. 〈실습 2〉를 addr열에 리스트 파티션을 설정해서 실습을 진행해 보자.

힌트 리스트 파티션은 다음과 같은 문법을 사용해서 5개 지역으로 나눈다.

```
PARTITION BY LIST COLUMNS(addr) (
    PARTITION part1 VALUES IN ('서울', '경기'),
    PARTITION part2 VALUES IN ('충북', '충남'),
    PARTITION part3 VALUES IN ('경북', '경남'),
    PARTITION part4 VALUES IN ('전북', '전남'),
    PARTITION part5 VALUES IN ('강원', '제주')
);
```

11.2.2 파티션의 정리

파티션은 대량의 테이블을 물리적으로 분리하기 때문에 상당히 효율적일 수 있지만, 몇 가지 제한 사항도 고려해야 한다. 파티션에서 부가적으로 기억해야 할 내용은 다음과 같다.

• 파티션 테이블에 외래 키를 설정할 수 없다. 그러므로, 단독으로 사용되는 테이블에만 파티션을 설정할 수 있다.

- 스토어드 프로시저, 스토어드 함수, 사용자 변수 등을 파티션 함수나 식에 사용할 수 없다.

- 임시 테이블은 파티션 기능을 사용할 수 없다.

- 파티션 키에는 일부 함수만 사용할 수 있다.

- 파티션 개수는 최대 8192개까지 지원된다.

- 레인지 파티션은 숫자형의 연속된 범위를 사용하고, 리스트 파티션은 숫자형 또는 문자형의 연속되지 않은 하나하나씩 파티션 키 값을 지정한다.

- 리스트 파티션에는 MAXVALUE를 사용할 수 없다. 즉, 모든 경우의 파티션 키 값을 지정해야 한다.

이상으로 전체 텍스트 검색과 파티션에 대해서 살펴봤다. 두 기능은 MySQL의 성능 향상을 위해서 상당히 유용하게 사용될 수 있으므로, 실무에서 적용 가능하다면 적극 활용하는 것을 권장한다.

MySQL
응용 프로그래밍 및
공간 데이터

chapter

12

PHP 기본 프로그래밍

지금까지는 MySQL 자체에 대해서 학습했다. chapter 12에서는 MySQL을 활용하기 위한 PHP의 필수적이고 기본적인 내용만 다루고자 한다. 다음 chapter에서는 PHP의 활용편으로 PHP와 MySQL을 연동하는 간단한 프로그램을 만들어 보겠다.

chapter 12의 핵심 개념

chapter 12에서는 PHP 프로그래밍의 기본 문법을 익힌다. 또한 PHP와 관련된 필수 HTML문도 함께 학습한다. chapter 12의 핵심 개념은 다음과 같다.

1. APM 환경의 제품인 XAMPP를 설치해서 운영한다.

2. 스크립트는 서버에서 해석되는 서버 스크립트와 클라이언트에서 해석되는 클라이언트 스크립트로 구분된다.

3. HTML은 HyperText Markup Language의 약자로 웹 페이지를 만들기 위한 대표적인 마크업 언어다.

4. PHP 코드는 확장명은 *.php로 사용하고 내용은 〈?php ~~ ?〉로 구성한다.

5. PHP는 일반 프로그래밍과 마찬가지로 조건문, 반복문, 배열 등이 지원된다.

6. PHP는 다양한 내장 함수를 제공한다.

7. HTML과 PHP의 데이터 전송을 위해서 〈FORM〉 태그를 사용한다.

---

chapter 12의 학습 흐름

| XAMPP 소개 및 설치 |
| 서버 스크립트, 클라이언트 스크립트의 개요 |
| HTML 태그 |
| PHP 기본 문법 |
| HTML과 PHP 관계 |

12.1 웹 사이트 개발 환경 구축

12.1.1 XAMPP 소개

웹 사이트를 구축하기 위해 웹 서버, 데이터베이스, 프로그래밍 언어 등 3가지 소프트웨어가 필수로 필요하다. 웹 서버의 종류는 여러 가지가 있지만, 오랫동안 다양한 운영 체제에서 작동을 지원하는 아파치Apache 웹 서버가 가장 많이 다양한 분야의 웹 사이트에서 사용되고 있다. 데이터베이스에서는 우리가 학습해온 MySQL(또는 MariaDB)이 무료였기 때문에 대부분 사용되어 왔으며 웹 프로그래밍 언어는 PHP가 Apache 및 MySQL과 함께 인기를 얻게 되었다.

Apache, MySQL, PHP 세 소프트웨어는 프로그램을 제작한 회사(또는 기관)가 각각 달라서 별도로 설치하는 것이 원칙이지만, 그럴 경우에 각 소프트웨어의 버전에 따른 충돌이나 설정을 사용자가 직접 해야 하는 번거로움이 있으며 종종 호환성 문제를 일으키기도 한다.

이러한 문제를 해결하기 위해서 세 소프트웨어를 함께 묶어서 상호 호환성이나 충돌 문제를 미리 해결해서 배포하는 소프트웨어가 있는데, 우리가 사용할 XAMPP도 그 중 한 가지다.

XAMPP는 Apache + MySQL(또는 MariaDB) + PHP + Perl의 약자로 우리가 필요한 3가지 소프트웨어를 포함하고 있으며 부가적으로 다른 기능도 제공해 준다.

이 책을 집필하는 시점의 XAMPP의 최신 버전은 [표 12-1]과 같이 5가지다.

XMAPP 버전	PHP	데이터베이스	Apache
5.6.40	5.6.39	MariaDB 10.4.6	2.4.41
7.0.33	7.0.33	MariaDB 10.4.6	2.4.41
7.1.32	7.1.32	MariaDB 10.4.6	2.4.41
7.2.22	7.2.22	MariaDB 10.4.6	2.4.41
7.3.9	7.3.9	MariaDB 10.4.6	2.4.41

[표 12-1] XAMPP의 버전

[표 12-1]을 보면 XAMPP 버전은 PHP 버전에 따라서 제공되는 것을 확인할 수 있다. 이 책에서는 PHP 7.3 버전을 기준으로 사용하겠지만, 책의 PHP 코드가 PHP 버전에는 큰 상관없이 작동될 것이다.

문제는 현재 XAMPP에서 제공하는 데이터베이스가 MySQL이 아닌 MariaDB가 포함되어 있다는 점이다. MySQL의 라이선스 문제로 인해서 현재 배포하는 XAMPP에서는 MySQL 대신에 MariaDB를 포함시켰다.

이번 chapter 및 다음 chapter에서 사용하는 웹 프로그래밍을 위해서는 MySQL과 MariaDB의 기능이 대부분 호환되므로 둘 중 어떤 것을 사용해도 상관없다.

이 책에서 사용하는 XAMPP의 버전은 PHP 7.3.9, MariaDB 10.4.6, Apache 2.4.41을 포함하고 있다. 우리는 MySQL 8.0.17을 이미 설치하고 사용하기 때문에 XAMPP에서는 PHP와 Apache만 설치해서 사용할 것이다.

⚠️ chapter 01에서도 언급했지만, MySQL을 기업에서 상업적으로 사용하기 위해서는 상용 라이선스를 취득해야 한다. 무료로 계속 사용하려면 XAMPP의 최신 버전을 설치하면 MariaDB가 포함되어 있으므로 라이선스에 별 문제가 없다. XAMPP에 포함된 MariaDB의 사용법은 MySQL과 거의 100% 호환된다고 보면 된다.

12.1.2 XAMPP 설치

웹 프로그래밍 환경을 구축하기 위해 필요한 소프트웨어를 모두 제공하는 XAMPP 7.3.9 버전을 설치하자.

실습1

XAMPP 7.3.9 버전을 설치하자.

---

step 1

XAMPP를 다운로드 하자.

1-1 https://sourceforge.net/projects/xampp/files/XAMPP%20Windows/7.3.9/ 또는 책의 자료실 (https://cafe.naver.com/thisisMySQL/)에 접속해서 XAMPP 7.3.9 버전(xampp-windows-x64-7.3.9-0-VC15-installer.exe, 152.7 MB)을 다운로드 하자.

Name ◆	Modified ◆	Size ◆	Downloads / Week ◆	
↰ Parent folder				
xampp-portable-windows-x64-7.3.9-0-VC15.7z	2019-09-03	76.1 MB	769 □	ⓘ
			140 □	ⓘ
xampp-windows-x64-7.3.9-0-VC15.zip	2019-09-03	207.4 MB	331 □	ⓘ
xampp-windows-x64-7.3.9-0-VC15-installer.exe	2019-09-03	152.7 MB	10,892 ✉	ⓘ
Totals: 6 Items		842.7 MB	13,808	

[그림 12-1] XAMPP 7.3.9 다운로드

step 2

다운로드 받은 XAMPP를 설치하자.

2-1 다운로드한 xampp-windows-x64-7.3.9-0-VC15-installer.exe를 더블클릭해서 설치를 진행한다. 잠깐 로고가 나온다.

[그림 12-2] XAMPP 설치 1

2-2 [Warning] 창이 나오면 〈OK〉를 클릭한다. C:\Program Files\ 폴더에 설치할 수 없다는 메시지다.

[그림 12-3] XAMPP 설치 2

2-3 [Setup – XAMPP]에서 〈Next〉를 클릭한다.

2-4 [Select Components]에서는 설치할 제품을 선택한다. Apache, PHP 2개만 남기고 나머지는 모두
체크를 끈 후 〈Next〉를 클릭한다.

⚠ MySQL은 기존에 설치해 놓은 8.0.17 버전을 그대로 사용한다.

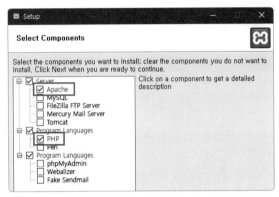

[그림 12–4] XAMPP 설치 3

2-5 [Installation folder]에서 'C:\xampp'로 되어 있을 것이다. 그대로 두고 〈Next〉를 클릭한다.

[그림 12–5] XAMPP 설치 4

2-6 [Bitnami for XAMPP]에서 〈Learn more about Bitnami for XAMPP〉의 체크를 *끄고* 〈Next〉를
클릭한다.

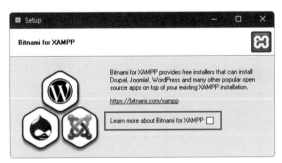

[그림 12–6] XAMPP 설치 5

2-7 [Ready to Install]에서 〈Next〉를 클릭하면 잠시 설치가 진행된다.

[그림 12-7] XAMPP 설치 6

2-8 설치 중 [Windows 보안 경고] 창이 나오면 모두 체크를 켜고 〈액세스 허용〉을 클릭한다.

[그림 12-8] XAMPP 설치 7

2-9 설치가 완료되면 〈Do you want to start the Control Panel now?〉의 체크를 끄고 〈Finish〉를 클릭해서 설치를 마친다.

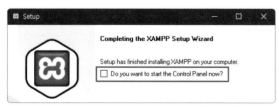

[그림 12-9] XAMPP 설치 8

2-10 지금 컴퓨터를 재부팅한다. (재부팅하지 않으면 이후 작동에 문제가 생길 수 있다.)

---

step 3

XAMPP 설치 이후에 몇 가지 환경을 설정해 줘야 한다.

3-1 파일 탐색기에서 C:\xampp\xampp-control.exe 파일을 실행하자.

[그림 12-10] XAMPP Control Panel을 관리자 권한으로 실행

3-2 언어 선택 창이 나오면 영어 그림을 선택하고 〈Save〉를 클릭한다.

3-3 [XAMPP Control Panel]이 실행되고 Apache만 활성화되어 있을 것이다.

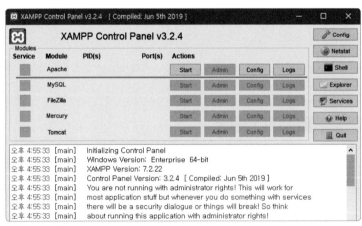

[그림 12-11] Apache 활성화 확인

3-4 Apache 오른쪽의 〈Start〉를 클릭해서 서비스를 시작하자. 최종 화면은 다음과 같다. (PID는 필자와 다를 것이다.)

[그림 12-12] 설정된 최종 화면

앞으로 컴퓨터를 재부팅하면 지금과 같이 Apache 서비스를 시작하면 된다.

3-5 오른쪽의 〈Quit〉을 클릭해서 XAMPP Control Panel을 닫는다.

---

step 4

MySQL 관리자인 root의 암호 방식을 기존의 방식으로 변경하자.

4-1 Workbench를 실행해서 localhost에 접속한다.

4-2 다음 쿼리문으로 root@localhost 사용자의 암호를 기존 방식으로 변경하자.

```
ALTER USER 'root'@'localhost' IDENTIFIED WITH mysql_native_password by '1234';
```

4-3 Workbench를 종료한다.

---

step 5

정상적으로 사이트가 작동하는지 확인하자.

5-1 메모장을 실행해서 다음을 코딩한다.

⚠ 이 책에서는 PHP에서 MySQL로 접속하는 사용자를 관리자인 root/1234로 계속 사용하겠지만, 실무 환경이라면 별도의 사용자를 만들어서 접속하는 것이 보안상 더 안전하다.

```php
<?php
    $con=mysqli_connect("localhost", "root", "1234") or die("MySQL 접속 실패");
    phpinfo();
    mysqli_close($con);
?>
```

5-2 메모장 메뉴의 [파일] 〉〉 [저장]을 클릭해서 C:\xampp\htdocs\ 폴더에 info.php 파일명으로 저장한다. 중요한 점은 [파일 형식]은 '모든 파일'을, [인코딩]은 'UTF-8'을 선택한 후 저장해야 한다.

[그림 12-13] 테스트용 PHP 파일 작성

5-3 웹 브라우저에서 http://localhost/info.php에 접속하자. 다음과 같이 나오면 Apache, PHP, MySQL이 정상적으로 잘 작동하는 것이다.

System	Windows NT THISISSQL 10.0 build 18362 (Windows 10) AMD64
Build Date	Aug 28 2019 09:21:06
Compiler	MSVC15 (Visual C++ 2017)
Architecture	x64
Configure Command	cscript /nologo configure.js "--enable-snapshot-build" "--enable-debug-pack" "--with-pdo-oci=c:\php-snap-build\deps_aux\oracle\x64\instantclient_12_1\sdk,shared" "--with-oci8-12c=c:\php-snap-build\deps_aux\oracle\x64\instantclient_12_1\sdk,shared" "--enable-object-out-dir=../obj/" "--enable-com-dotnet=shared" "--without-analyzer" "--with-pgo"
Server API	Apache 2.0 Handler
Virtual Directory Support	enabled
Configuration File (php.ini) Path	C:\WINDOWS
Loaded Configuration File	C:\xampp\php\php.ini
Scan this dir for additional .ini files	(none)
Additional .ini files parsed	(none)

[그림 12-14] Apache, PHP, MySQL의 정상 작동 화면

비타민 퀴즈 12-1

Linux 가상머신에 앞의 〈실습 1〉의 step 4 를 진행해 보자.

힌트 1 웹 서버의 홈 디렉터리는 /var/www/html 폴더다. cd 명령으로 이동한다.

힌트 2 vi 에디터로 파일을 편집해야 한다. (영문만 사용해야 함)

힌트 3 Linux용 MariaDB 관리자 root의 비밀번호는 1234로 지정했었다.

힌트 4 PC의 웹 브라우저에서 http://리눅스IP/info.php로 접근한다.

12.2 스크립트 언어 개요와 HTML 문법

12.2.1 서버 스크립트와 클라이언트 스크립트

일반적으로 HTML만을 사용해도 간단한 홈페이지를 만들 수 있다. HTML을 사용해서 작성된 사이트를 정적인 웹 사이트Static Web Site라고도 부른다. '정적'의 의미가 고정되고 변화가 없다는 의미를 갖듯이 한번 HTML로 코딩해 놓으면 별도의 변경이 없이 작성해 놓은 HTML만 제공된다.

간단한 회사소개 웹 사이트 등은 이렇게 HTML만 사용해서 구성해 놓아도 별 문제가 없다.

HTML과 함께 JavaScript 언어를 사용해서 '클라이언트 스크립트'를 작성할 수 있는데, '클라이언트 스크립트'란 클라이언트의 웹 브라우저에서 해석되는 것을 말한다. 즉, 웹 서버는 클라이언트가 요청하는 소스 코드를 변경 없이 고스란히 클라이언트에게 전송하는 역할만 한다. 그러므로 HTML이나 JavaScript만으로 구성된 코드는 웹 서버가 없어도 클라이언트의 디스크에 저장한 것을 바로 실행할 수도 있다.

[그림 12-15] 클라이언트 스크립트 개념도

⚠️ 클라이언트 스크립트의 대표적인 언어인 JavaScript도 별도의 책으로 구성되어 있을 만큼 학습할 양이 많다. 이 책에서는 HTML 태그와 서버 스크립트인 PHP만 다루며 JavaScript에 대해서는 지면상 다루지 않는다.

[그림 12-15]는 클라이언트 스크립트로 작성된 웹 페이지가 전달되고 해석되는 과정을 간단히 표현한 것으로 클라이언트에서 서버에 웹 페이지를 요청한 후부터 작동하는 개념이다.

클라이언트 스크립트와 달리 서버에서 처리해서 HTML 코드로 변환해서 전달하는 언어를 '서버 스크립트'라고 부른다. 서버 스크립트는 고정된 내용이 아니라 클라이언트가 요청될 때마다 새로 해석해서 클라이언트에게 전송하기 때문에 그 내용이 실시간으로 변경되도록 프로그래밍할 수 있다. 예를 들면 날씨 정보, 쇼핑몰 물품의 현재 남은 수량 등 실시간으로 확인이 필요한 것은 서버 스크립트로 처리해야 한다. 이렇게 실시간으로 변경되는 웹 사이트를 동적인 웹 사이트Dynamic Web Site라고도 부른다.

요즘의 웬만한 대형 사이트(쇼핑몰, 포털 사이트 등)는 거의 전부 동적인 웹 사이트라고 생각해도 무리가 없다. 동적인 웹 사이트를 구성하기 위해서는 '서버 스크립트'를 사용해서 웹 프로그래밍을 해야 한다. [그림 12-16]은 서버에서 스크립트를 해석한 후에 HTML 코드로 변환하여 전송하는 개념도다.

[그림 12-16] 서버 스크립트 개념도

서버 스크립트 언어로는 PHP, JSP, ASP.net 등이 있는데, 책에서는 그 중 MySQL과 가장 많이 활용되는 PHP를 다루는 것이다. 대부분의 서버 스크립트는 데이터베이스와 연동되어야 한다. 이 책은 MySQL 책이므로 MySQL과 PHP의 연동에 초점을 맞춰서 학습을 진행하는 것이다.

⚠️ 클라이언트의 웹 브라우저 입장에서는 정적인 웹 사이트든, 동적인 웹 사이트든 관계없이 접속되며 특별히 두 개를 구분하지도 않는다. 어차피 클라이언트에게 전달되는 코드는 HTML 또는 JavaScript 코드만 전달되기 때문이다.

12.2.2 HTML 태그

웹 사이트를 구축하기 위해서는 프로그래밍 언어가 필요하다. 그 중 대표적인 것이 HTML이다. HTML은 HyperText Markup Language의 약자로 웹 페이지를 만들기 위한 대표적인 마크업 언어다. HTML을 알아야 하는 이유는 잠시 후에 배울 PHP와 함께 조합되어 사용되어야 하므로 미리 그 문법을 확인해 보자.

⚠ HTML도 버전이 계속 업데이트되었다. 현재 일반적인 HTML이라 함은 주로 HTML 4.0 표준을 의미하며, 이 책에서 취급하는 HTML도 HTML 4.0을 기준으로 한다. 최근에는 HTML 5도 사용되는데 HTML 5는 비디오, 오디오 등의 다양한 추가 기능과 멀티미디어를 별도의 액티브X 없이도 웹 브라우저에서 바로 실행하기 위한 용도로 많이 사용된다.

먼저 HTML 태그에 대한 공통적인 특징을 몇 가지 기억하자.

- HTML 파일의 확장자는 *.htm 또는 *.html로 된다.
- HTML 파일은 텍스트 파일이므로 메모장 등에서 작성한다. 단, 웹 브라우저에서 한글이 깨져 보일 수 있으므로 인코딩 방식은 UTF-8로 저장한다.
- HTML의 태그는 대부분 〈 〉 안에 쓴다.
- HTML은 대문자와 소문자를 구분하지 않는다.
- HTML 파일은 〈HTML〉 태그로 시작해서 〈/HTML〉 태그로 종료한다.

HTML 파일의 기본 구조

HTML 파일은 다음과 같은 형식으로 구성된다.

```
형식 :
〈HTML〉
〈HEAD〉
    화면에 표시되지 않는 정보(타이틀, 인코딩 정보 등)
〈/HEAD〉

〈BODY〉
    화면에 보이는 본체(주로 태그들을 표현)
〈/BODY〉
〈/HTML〉
```

전체 코드는 〈HTML〉~〈/HTML〉 태그로 감싸져 있어야 한다. 그리고, 화면에 표시되지 않는 정보를 〈HEAD〉~〈/HEAD〉 안에 표현하고, 화면에 표시되는 정보는 〈BODY〉~〈/BODY〉 안에 표시한다.

먼저 〈HEAD〉에는 〈TITLE〉 제목 〈/TITLE〉이 가장 많이 사용되는데, 웹 브라우저의 타이틀 바에 표시되는 웹 페이지의 제목을 표시한다.

필요하다면 태그에는 속성을 표시할 수 있다. 예로 〈BODY bgcolor='green'〉은 전체 페이지의 배경색을 초록색으로 변경한다. 만약, 배경에 그림을 넣고자 한다면 〈BODY background='그림파일명'〉을 사용하면 된다.

여기서 잠깐

앞으로 HTML이나 PHP 코딩은 메모장에서 작업하면 된다. 하지만, 메모장에서 코딩하면 문법 체크/들여쓰기 등을 하지 못하므로 별도의 에디터를 사용하는 것이 훨씬 효율적이다.

PHP와 HTML 코딩을 위한 에디터는 상당히 다양하다. 몇 가지를 소개하겠으니, 독자가 스스로 골라서 사용하는 것을 권장한다.

- 노트패드++(notepad-plus-plus.org): 무료, 가볍게 사용할 수 있음(권장함).
- Sublime Text 3(www.sublimetext.com/): 유료, 평가판 사용 가능
- 이클립스(www.eclipse.org): 무료, 전문 개발자가 주로 사용
- Aptana Studio(www.aptana.com): 무료, 이클립스 기반의 개발 환경
- 에디트플러스(www.editplus.com/kr): 유료, 가볍고 상당히 인기가 높은 툴로 평가됨

HTML 태그 기본

이 책에서 사용되는 HTML 태그에 대해서 몇 가지 살펴보자. 태그 중에 단독으로 나오는 태그도 있고, 끝을 표시해줘야 하는 태그가 있으니 구분도 필요하다.

• 〈META〉

웹 페이지의 정보를 설정하는데 검색 엔진에게 문서의 내용을 요약해 주기도 하며, 언어의 설정에도 사용된다. 〈META〉 태그는 〈HEAD〉 영역에 표현된다.

```
<META http-equiv="content-type" content="text/html; charset=utf-8">
```

웹 페이지의 문자 코딩을 UTF-8로 인식되게 한다.

• ⟨BR⟩
글자의 줄을 바꿔준다.

```
안녕하세요? <BR> MySQL 학습 중입니다.
```

결과는 2줄로 출력된다.

• ⟨U⟩~⟨/U⟩, ⟨B⟩~⟨/B⟩, ⟨I⟩~⟨/I⟩
글자에 밑줄, 굵은 글씨, 이탤릭체의 모양을 지정한다.

```
<U>이건 밑줄</U> <BR> <B>이건 굵게</B> <BR> <I>이건 이탤릭</I>
```

• ⟨FONT⟩~⟨/FONT⟩
글자의 크기나 색상을 지정한다.

```
<FONT color='red' size='10' face='궁서'> 폰트 변경했어요. </FONT>
```

결과는 궁서체로 10의 크기로 빨간색 글자가 출력된다.

• ⟨HR⟩
수평선을 그어준다. ⟨HR size='픽셀수'⟩는 픽셀 수의 폭으로 선을 그어준다.

```
<HR size='10'>
```

• ⟨A⟩~⟨/A⟩
클릭하면 다른 페이지가 연결되는 링크를 설정한다. 주로 href 속성으로 연결된 홈페이지를 지정한다. target 속성을 지정하지 않으면 현재 페이지에서 열린다.

```
<A href='http://www.hanbit.co.kr' target='_blank'>한빛 홈페이지 연결</A>
```

클릭하면 새로운 페이지에서 한빛의 홈페이지가 열린다.

• 〈IMG〉
이미지 파일을 화면에 표시한다.

```
<IMG src='mouse.png' width=100 height=100>
```

mouse.png 파일이 화면에 100×100픽셀 크기로 출력된다. width와 height를 생략하면 그림의 원래 크기로 출력된다.

• 〈TABLE〉~〈/TABLE〉, 〈TR〉~〈/TR〉, 〈TH〉~〈/TH〉, 〈TD〉~〈/TD〉
표를 만드는 태그들이다. 기본적으로 〈TABLE〉~〈/TABLE〉 태그 안의 행은 〈TR〉~〈/TR〉로 구성되고, 행 안에 열이 〈TH〉~〈/TH〉 또는 〈TD〉~〈/TD〉로 구성된다. 〈TH〉는 제목 열을 표현해서 두꺼운 글씨체로 보여지며 〈TD〉는 일반 열로 표현된다.

```
<TABLE border=1>
<TR>
      <TH>아이디</TH>
      <TH>이름</TH>
</TR>
<TR>
      <TD>BBK</TD>
      <TD>바비킴</TD>
</TR>
<TR>
      <TD>LSG</TD>
      <TD>이승기</TD>
</TR>
</TABLE>
```

제목에 아이디와 이름이 있는 2행 2열짜리 테이블이 화면에 출력된다.

12.3 PHP 기본 문법

12.3.1 변수와 데이터 형식

PHP의 기본 구조와 주석

앞에서 간단히 다뤄봤지만 PHP 코드는 확장명은 *.php로 사용하고 내용은 다음과 같은 구성을 한다.

[소스 12-1] php 기본 틀

```
1  <?php
2
3  ?>
```

2행 부분에 필요한 PHP 코딩을 하면 된다. 또한, PHP의 주석은 한 줄용으로 // 와 여러 줄용으로 /* */를 사용한다.

[소스 12-2] php 주석

```
1  <?php
2   // 한 줄 주석용
3   /*
4      여러 줄
5      주석용
6   */
7  ?>
```

변수

변수는 무엇을 담는 그릇으로 생각하면 된다. 예로 다음과 같이 사용하면 왼쪽의 변수(그릇)에 오른쪽의 값이 들어간다. 또, PHP도 행의 끝에는 세미콜론(;)을 붙여야 한다.

```
$a = 100;
```

100을 변수 $a에 대입

$a

[그림 12-17] 변수에 값을 대입할 때 처리되는 방식

이미 chapter 07에서 MySQL에서도 변수를 다뤄봤다. PHP는 변수 이름 앞에 $를 붙여서 사용한다. 변수를 출력하려면 print나 echo문을 사용한다.

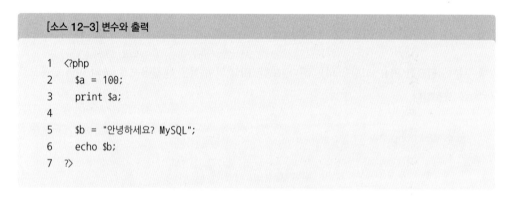

[소스 12-3] 변수와 출력

```
1   <?php
2       $a = 100;
3       print $a;
4
5       $b = "안녕하세요? MySQL";
6       echo $b;
7   ?>
```

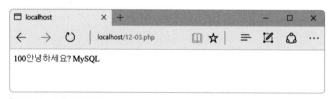

[그림 12-18] 실행 결과

PHP의 변수 이름은 몇 가지 규칙을 따라야 하는데, 요약하면 다음과 같다.

- 제일 앞에 $가 붙어야 한다.

- 문자와 숫자, 언더바(_)를 사용할 수 있지만 숫자로 시작할 수 없다. 변수 이름의 예는 다음과 같다.

  $abc (O), $abc123 (O), $_abc (O), $_abc123 (O), $123 (X), $123abc (X)

- 대소문자를 구별한다. $abc와 $ABC는 다른 변수다.

데이터 형식

PHP 데이터 형식은 정수^{int}, 실수^{double}, 문자열^{string}, 불형^{boolean}, 객체^{object}, 배열^{array} 등이 있다.

[소스 12-4] 변수의 데이터 형식

```
1   <?php
2   $a = 123;        echo gettype($a), "<br>";
3   $a = 123.123;    echo gettype($a), "<br>";
4   $a = "MySQL";    echo gettype($a), "<br>";
5   $a = true;       echo gettype($a), "<br>";
6   $a = array( 1, 2, 3); echo gettype($a), "<br>";
7   ?>
```

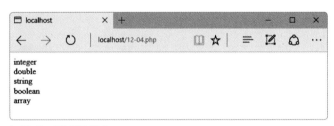

[그림 12-19] 실행 결과

gettype() 함수는 변수의 데이터 형식을 보여준다. PHP는 별도의 변수 선언이 없으며, 값을 대입하는 순간에 변수의 데이터 형식이 결정된다.

그리고 다른 값을 넣으면 변수의 데이터 형식은 새로운 값에 의해서 변경된다. 그래서 [소스 12-4]에서는 $a를 계속 재사용 했다.

문자열

문자열은 큰 따옴표(") 또는 작은 따옴표(')로 묶어야 한다. 일반적으로는 아무거나 사용해도 되지만, 우리가 사용할 예정인 SQL문을 문자열로 지정하기 위해서는 큰 따옴표로 묶고, 그 내부에 필요할 경우에 작은 따옴표로 묶어주는 방식이 바람직하다.

```
1   <?php
2       $str1 = "이것이 MySQL이다<br>";    echo $str1;
3       $str2 = 'PHP 프로그래밍<br>';     echo $str2;
4       $str3 = "SELECT * FROM userTBL WHERE userID='JYP' ";    echo $str3;
5   ?>
```

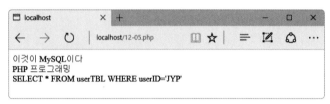

이것이 **MySQL**이다
PHP 프로그래밍
SELECT * FROM userTBL WHERE userID='JYP'

[그림 12-20] 실행 결과

4행에서 'JYP'라는 것을 사용하기 위해서 바깥은 큰따옴표로 묶어줬다.

비타민 퀴즈 **12-2**

[소스 12-1] ~ [소스 12-5]를 Linux 가상머신에 업로드한 후에, 웹 브라우저로 접속해 보자.

힌트 1 https://winscp.net/에서 WinSCP를 다운로드한 후, 설치해서 사용한다.

힌트 2 WinSCP를 실행해서 Linux 가상머신에 IP 주소로 접속한 후, 업로드 한다.

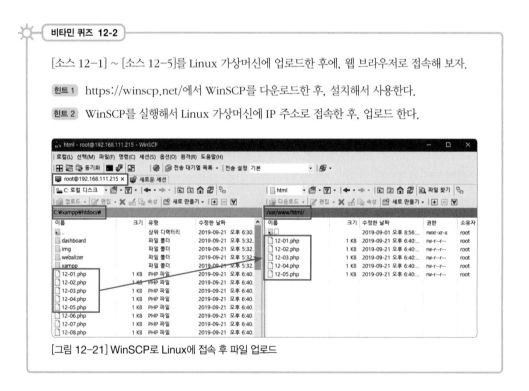

[그림 12-21] WinSCP로 Linux에 접속 후 파일 업로드

12.3.2 조건문과 반복문

if() 함수

조건에 따라서 분기하는 if() 함수는 다음의 형식을 갖는다. 다음 형식에서 else{ } 부분은 생략할 수 있다.

```
형식 :
if(조건식) {
    // 참일 때 실행
} else {
    // 거짓일 때 실행
}
```

조건식의 결과는 TRUE 또는 FALSE가 오는데 주로 비교 연산자인 ==, 〈〉, 〈, 〉, 〈=, 〉= 등이 사용된다.

[소스 12-6] if~else

```php
1  <?php
2    $a=100;
3    $b=200;
4
5    if($a > $b) {
6      echo "a가 b보다 큽니다.";
7    } else {
8      echo "a가 b보다 작습니다.";
9    }
10 ?>
```

[그림 12-22] 실행 결과

여러 개의 조건이 필요하다면 if ~ elseif를 사용할 수 있다.

```php
1   <?php
2       $jumsu=83;
3
4       if($jumsu >= 90) {
5           echo "A학점";
6       } elseif($jumsu >= 80) {
7           echo "B학점";
8       } elseif($jumsu >= 70) {
9           echo "C학점";
10      } elseif($jumsu >= 60) {
11          echo "D학점";
12      } else {
13          echo "F학점";
14      }
15  ?>
```

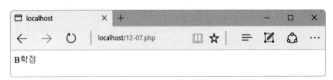

[그림 12-23] 실행 결과

elseif문을 이용해서 여러 개의 조건을 처리했다.

switch() 함수

if~elseif와 비슷하게 switch~case로 여러 개의 조건을 처리할 수 있다. default 부분은 생략할 수 있다.

```
    형식 :
switch(변수) {
    case 값1 :
        // 값1이면 이 부분을 처리
        break;
    case 값2 :
        // 값2면 이 부분을 처리
        break;
    …
    default:
        // 아무 것도 해당 안되면 이 부분을 처리
}
```

[소스 12-7]을 switch~case로 처리해 보자.

[소스 12-8] switch~case

```
1  <?php
2      $jumsu=83;
3
4      switch(intval($jumsu / 10)) {
5          case 10:
6          case 9:
7              echo "A학점"; break;
8          case 8:
9              echo "B학점"; break;
10         case 7:
11             echo "C학점"; break;
12         case 6:
13             echo "D학점"; break;
14         default:
15             echo "F학점";
16     }
17 ?>
```

결과는 [소스 12-7]과 동일하게 나왔을 것이다.

4행에서 $jumsu를 10으로 나눈 후에, intval() 함수로 정수로 변환했다. 이 예에서는 8.3에서 8로
변경되었다.

5행은 100점인 경우도 A학점으로 처리하기 위해서 추가했다. 즉, 5행, 6행에 해당되면 7행의 echo 가 처리되고 break으로 switch{ }를 빠져 나간다. 나머지도 동일한 방식으로 처리된다.

for() 함수

for문은 지정된 수만큼 반복하기 위해서 사용되는 함수다. for의 형식은 다음과 같다.

```
형식 :
for(초깃값 ; 조건식 ; 증감식) {
    // 이 부분을 반복함
}
```

간단한 예를 확인해 보자. 1부터 10까지 출력하도록 for를 활용해 보자.

[소스 12-9] for 1

```
1   <?php
2       for( $i=1; $i<=10 ; $i=$i+1 ) {
3           echo $i, " ";
4       }
5   ?>
```

[그림 12-24] 실행 결과

2행에서 $i가 1부터 $i가 10까지 1씩 증가한다. 즉, $i는 1, 2, 3… 10까지 증가하고 3행에서 반복 해서 출력된 것이다. for를 그림으로 보면 [그림 12-25]와 같다.

[그림 12-25] for문의 기본 형식

[그림 12-25]에서 for문의 형식을 보면 괄호 안에 초깃값, 조건식, 증감식이 세미콜론(;)으로 구분되어 있다. 그리고 중괄호({ }) 안에 반복할 문장들이 나온다. 반복할 문장이 하나뿐이라면 중괄호를 생략해도 된다.

여기서 반복되는 순서를 기억하자. ①②를 수행하고 ③④②가 계속 반복할 문장들을 수행한다.

for문의 활용으로 123부터 456까지의 홀수만 합계를 구해보자. 즉 123+125+127+….＿+455까지 2씩 증가하면서 합계를 구하면 된다.

[소스 12-10] for 2

```php
1   <?php
2      $hap=0;
3
4      for( $i=123; $i<=456 ; $i=$i+2 ) {
5        $hap = $hap + $i;
6      }
7
8      echo "123부터 456까지 홀수의 합계 : ", $hap;
9   ?>
```

123부터 456까지 홀수의 합계 : 48263

[그림 12-26] 실행 결과

먼저 2행에서 0으로 초기화를 해야 한다. 4행에서는 123부터 456까지 2씩 증가시켰다. 5행에서 증가시킨 값을 $hap에 누적시켰다. 그리고 8행에서 합계를 출력했다.

while() 함수

while( ) 함수는 for( ) 함수와 용도가 크게 다르지 않다. while에서는 for와 다르게 초깃값과 증감식이 없으며 조건식만 있다. 먼저 형식을 살펴보자.

```
형식 :
while(조건식) {
    // 이 부분을 반복함
}
```

while을 그림으로 표현하면 [그림 12-27]과 같다.

[그림 12-27] while문의 실행 순서

그렇다면 초깃값과 증감식은 어디에 있어야 할까? 다음 형식은 while문의 필수는 아니지만, 초깃값과 증감식의 위치를 어디에 두어야 할지를 확인할 수 있다.

```
형식 :
초깃값;
while(조건식) {
    // 이 부분을 반복함
    증감식;
}
```

for로 작성한 [소스 12-10]과 동일한 결과를 내도록 while로 작성해 보자.

```
[소스 12-11] while

1    <?php
2        $hap=0;
3
4        $i=123;
5        while( $i<=456 ) {
6           $hap = $hap + $i;
7             $i=$i+2;
8        }
9
10       echo "123부터 456까지 홀수의 합계 : ", $hap;
11   ?>
```

결과는 [소스 12-10]과 동일하게 나왔을 것이다. 4행에는 for에서 사용한 초깃값을 미리 설정했다. 그리고 7행에서는 증감식을 위치시켰다. 5행의 while에서는 조건식만 존재한다.

비타민 퀴즈 12-3

1부터 10000까지의 숫자 중에서 3의 배수에 해당하지만, 9의 배수에는 해당하지 않는 수의 합계를 구하는 프로그램을 작성하자. 그리고 Linux 가상머신에 업로드한 후에, 웹 브라우저로 접속해 보자.

힌트 3+6+12+15+21+…… 의 합계를 낸다.

12.3.3 배열

앞에서 변수의 개념을 '그릇'으로 비유해왔다. 하지만 배열을 설명하기 위해서는 그릇보다는 '(종이) 박스'가 좀더 이해하기 쉬울 것 같다. 배열은 [그림 12-30]과 같이 하나씩 사용하던 종이박스(변수)를 한 줄로 붙여놓은 것이다.

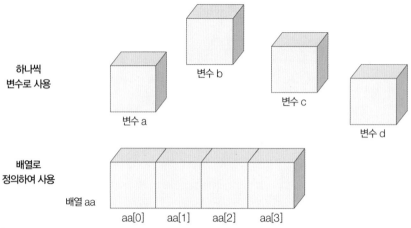

하나씩
변수로 사용

변수 b

변수 c

변수 a

변수 d

배열로
정의하여 사용

배열 aa

aa[0]   aa[1]   aa[2]   aa[3]

[그림 12-28] 배열의 개념

지금까지는 박스(변수)의 이름을 각각 \$a, \$b, \$c, \$d 이런 식으로 지정해서 사용해왔지만, 배열
은 박스(변수)를 한 줄로 붙인 후에 박스 전체의 이름(\$aa)을 지정하여 사용한다. 그리고 각각
\$aa[0], \$aa[1], \$aa[2], \$aa[3]과 같이 번호(첨자라고 한다)를 붙여서 사용하게 될 것이다. 주의할
점은 4개짜리 배열을 만들었다면 첨자는 0, 1, 2, 3 네 개를 사용하며 4는 첨자로 사용되지 않는다.

먼저 배열을 만드는 형식을 살펴보자. PHP에서 배열을 만드는 방법은 3가지가 있다.

```
형식1 :
$배열명 = array(값1, 값2, 값3 …);


형식2 :
$배열명 = range(시작값, 끝값, 증가값);


형식3 :
$배열명[0] = 값1;
$배열명[1] = 값2;
$배열명[3] = 값3;
…
```

형식2에서 증가값을 생략할 수 있으며, 형식3에서는 \$배열명이 정의되어 있지 않아도 바로 배열이
생성된다. 배열을 생성하는 간단한 예제를 살펴보자.

```
1   <?php
2     $myArray = array(100, 'MySQL', 123.123);
3     echo $myArray[0], " ", $myArray[1], " ", $myArray[2], "<br>";
4
5     $myArray = range(1,3);
6     echo $myArray[0], " ", $myArray[1], " ", $myArray[2], "<br>";
7
8     $myArray = range(1,10,2);
9     echo $myArray[0], " ", $myArray[4], "<br>";
10
11    $newArray[0] = 'This';
12    $newArray[1] = 'is';
13    $newArray[2] = 'MySQL';
14    echo $newArray[0], " ", $newArray[1], " ", $newArray[2], "<br>";
15  ?>
```

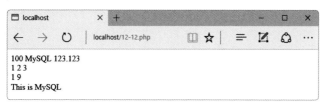

[그림 12-29] 실행 결과

2행에서는 3개짜리 배열이 생성되었다. 2행에서 알 수 있듯이 배열은 꼭 같은 데이터 형식으로 만들지 않고 서로 다른 데이터 형식으로 생성할 수 있다. 5행에서는 1부터 3까지 3개의 값으로 배열을 생성했다. 단, 배열의 첨자는 [0], [1], [2] 세 개로 생성되었다. 8행은 1, 3, 5, 7, 9 등 5개의 값으로 배열을 생성했다. 11행~13행은 처음부터 배열 첨자를 사용하면 바로 배열이 생성되면서 값이 입력된다.

배열은 그대로 사용하기보다는 for나 while과 함께 사용된다. 1부터 10까지 배열에 값을 입력한 후에, 그 배열의 합계를 구하는 프로그램을 작성해 보자.

```php
1   <?php
2       $hap = 0;
3       $myArray = range(1,10);
4
5       for($i=0; $i<10; $i++) {
6           $hap = $hap + $myArray[$i];
7       }
8         echo "배열의 합계 : " , $hap;
9   ?>
```

결과는 55로 잘 나왔을 것이다. 이 예처럼 배열의 첨자를 $i와 같이 증가하는 값으로 처리하는 것이 가장 많이 사용되는 배열의 처리 방식이다. 그리고 5행에서 배열의 길이를 10(첨자는 0~9)으로 고정했으나, 10 대신에 배열의 크기를 구하는 함수를 사용해서 count($myArray)로 써주는 것이 더 바람직하다.

배열에 대해서 활용하기 위한 PHP에서는 다양한 함수가 제공되는데, 몇 가지를 예제를 통해서 살펴보자.

```php
1   <?php
2       $myArray = range(1,10);
3
4       echo "임의로 섞은 값 ==> ";
5       shuffle($myArray);
6       foreach($myArray as $data)
7        echo $data, " ";
8
9       echo "<br>오름차순 정렬 ==> ";
10      sort($myArray);
11      foreach($myArray as $data)
12       echo $data, " ";
13
14      echo "<br>내림차순 정렬 ==> ";
15      rsort($myArray);
```

```
16    foreach($myArray as $data)
17     echo $data, " ";
18
19    echo "<br>순서를 반대로 ==> ";
20    $revArray = array_reverse($myArray);
21    foreach($revArray as $data)
22     echo $data, " ";
23 ?>
```

[그림 12-30] 실행 결과

2행에서 1부터 10까지 들어 있는 $myArray를 생성했다. 5행의 shuffle()은 배열의 내용을 임의로 섞어 준다.

6행의 foreach(배열명 as 변수)는 배열의 값을 차례대로 하나씩 변수에 넣어서 반복한다. 7행에서 echo로 값을 하나씩 출력했다. 10행의 sort()는 배열의 값을 오름차순으로 정렬하고, 15행의 rsort()는 내림차순으로 정렬한다.

20행은 좀 주의할 필요가 있는데, array_reverse()는 배열의 순서를 역순으로 바꾼다. 하지만, 다른 함수처럼 배열 자체를 바꾸지는 않고, 새로운 배열을 반환한다.

12.3.4 PHP 내장 함수

지금까지도 종종 PHP에서 제공하는 다양한 함수를 사용해왔지만, PHP는 1000개가 훨씬 넘는 많은 내장 함수를 제공하고 있다. 너무 많은 함수를 제공해서 일일이 소개하는 것은 의미도 없고 지면상으로도 어렵기 때문에, 이 책에서 사용하거나 실제 프로그래밍에서 자주 사용되는 함수를 몇 개 소개하겠다.

함수명	사용법	설명
date( )	date("포맷")	지정한 포맷으로 날짜를 반환한다. Y는 연도, m은 월, j는 일, h는 시를 의미한다.
max( ), min( )	max(배열 또는 숫자), min(배열 또는 숫자)	최대, 최소 값을 반환한다
pi( )	pi( )	파이 값을 반환한다. M_PI 상수와 동일하다.
round( ), ceil( )	round(숫자), ceil(숫자)	소수점 아래를 반올림, 올림한다.
trim( )	trim(문자열)	양쪽 공백을 제거한다.
strlen( )	strlen(문자열)	문자열의 길이를 구한다.
str_repeat( )	str_repeat(문자열, 횟수)	문자열을 횟수만큼 반복한다.
str_replace( )	str_replace(old, new, target)	target 문자열에서 old를 new로 바꾼다.
str_split( )	str_ split(문자열, 길이)	문자열을 길이만큼 잘라서 배열로 분리한다. 길이를 생략하면 1로 간주한다.
explode( )	explode(구분자,문자열)	문자열을 구분자로 분리해서 배열로 저장한다.
implode( )	implode(배열, 구분자)	배열 중간에 구분자를 넣어서, 하나의 문자열로 이어준다.
htmlspecialchars( )	htmlspecialchars(HTML코드)	HTML 코드를 해석하지 않고 그대로 웹 브라우저에 표시한다.

[표 12-2] PHP 주요 내장 함수

예제를 통해서 살펴보자.

[소스 12-15] 다양한 함수의 활용

```php
1   <?php
2       $today = "현재는 ".date("Y-m-j")." 입니다.";
3       echo $today, "<br>";
4
5       $ary = array(100, 50, 200, 7);
6       echo "최대:", max($ary) ," 최소:", min(-123, 50, 999), "<br>";
7
8       echo pi(), " ", round(M_PI), " ",ceil(M_PI), "<br>";
9
10      $str = "   This is MySQL   "; // 앞뒤에 공백 3개씩
11      $str = trim($str);
12      echo "#", $str, "#", "<br>";
```

```
13
14    echo "문자열 길이:", strlen($str), "<br>";
15
16    echo str_repeat("-", 30), "<br>";
17
18    echo str_replace( "MySQL", "마이에스큐엘", "This is MySQL"), "<br>";
19
20    $ary = str_split("This is MySQL", 3);
21    print_r($ary); echo "<br>"; // 배열을 출력한다.
22    echo "<br>";
23
24    $ary = explode(" ", "This is MySQL");
25    print_r($ary); echo "<br>";// 배열을 출력한다.
26
27    echo implode($ary, " "), "<br>";
28
29    $myHTML = "<A href='www.hanbit.co.kr'> 한빛미디어 </A> <br>";
30    echo $myHTML;
31    echo htmlspecialchars($myHTML);
32 ?>
```

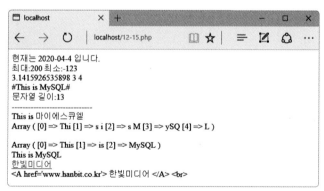

[그림 12-31] 실행 결과

⚠ 문자열을 이어주기 위해서는 단순히 .을 붙여서 이어주면 된다. 예로 다음은 세 문자열을 이어서 출력한다.

echo "문자열1"."문자열2"."문자열3";

[표 12-2]에서 설명한 함수와 실행 결과를 보면 잘 이해가 될 것이다. 이 외에 내장 함수에 대한 세부적인 목록은 http://php.net/manual/kr/funcref.php를 참조하는 것으로 하자.

PHP에서는 MySQL과 관련된 내장 함수를 제공한다. 이 책에서 주요하게 사용될 관련 함수를 몇 개 살펴보고 넘어가자.

함수명	설명
mysqli_connect( )	MySQL 서버에 연결한다.
mysqli_connect_error( )	MySQL 서버에 연결 오류가 발생 시에 그 원인을 알려준다.
mysqli_close( )	MySQL 서버에 연결된 것을 종료한다.
mysqli_select_db( )	사용할 데이터베이스를 지정한다.
mysqli_query( )	SQL문을 서버에 실행한다.
mysqli_error( )	SQL문이 서버에서 실패한 경우 그 원인을 알려준다.
mysqli_num_rows( )	SELECT문의 결과가 몇 개의 행인지 알려준다.
mysqli_fetch_array( )	SELECT문의 실행 결과에서 결과 행을 추출한다.

[표 12-3] PHP 주요 MySQL 관련 함수

이 함수들의 활용은 chapter 13에서 본격적으로 살펴보겠다. 이 외에도 MySQL 관련 함수는 http://www.php.net/manual/en/ref.mysql.php를 참조하면 된다.

⚠ PHP 4.x까지는 MySQL 관련 함수가 mysql로 시작했으나, PHP 5.x부터는 추가로 mysqli도 지원한다. mysqli가 mysql보다는 개선된 면이 많으므로 PHP 5.x 이상을 사용한다면 mysqli_ 함수를 사용하는 것을 권장한다.

12.4 HTML과 PHP 관계

12.4.1 HTML과 PHP 데이터 전송

HTML과 PHP 데이터 전송 개념

chapter 11까지는 데이터의 입력/수정/삭제를 위해서 직접 SQL문 INSERT/UPDATE/DELETE 를 사용해 왔다. 하지만, 일반 사용자가 데이터의 조회나 수정을 위해서 이러한 SQL문을 배울 수는 없다.

예로 쇼핑몰에 회원 가입하기 위해서는 원칙적으로 회원 테이블에 INSERT문을 실행해야 하지만, 현실적으로 쇼핑몰에 가입하기 위해서 이러한 SQL문을 알 수 없기 때문에 HTML 페이지로 사용자 가 사용하기 쉬운 형태의 화면을 제공해야 한다. [그림 12-32]를 보자.

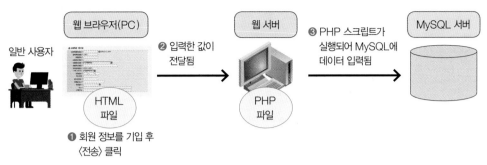

웹 브라우저(PC)　　　웹 서버　　　MySQL 서버

일반 사용자

❷ 입력한 값이
　전달됨

❸ PHP 스크립트가
　실행되어 MySQL에
　데이터 입력됨

HTML
파일

PHP
파일

❶ 회원 정보를 기입 후
　〈전송〉 클릭

[그림 12-32] 웹 브라우저에서 MySQL에 데이터 입력 개념도

PC의 웹 브라우저에서는 HTML 파일에서 회원의 이름/주소 등의 정보를 입력한 후 〈전송〉을 클릭한다. 그러면 서버의 PHP 파일이 작동되어서 HTML에서 전송 받은 데이터를 MySQL 서버에 입력한다.

이러한 작동을 위해서 HTML 파일에 〈FORM〉 태그를 사용해야 한다. 그러면 입력한 정보가 서버의 PHP 파일에 전달될 수 있다. 또, 〈FORM〉 태그 안에 데이터를 채우기 위해서 〈INPUT〉 태그도 사용해야 한다.

먼저 간단히 HTML에서 사용자의 아이디와 이름을 입력한 후, PHP 파일에 전달하는 코드를 살펴보자.

[소스 12-16] send.html 파일

```
1   <HTML>
2   <HEAD>
3   <META http-equiv="content-type" content="text/html; charset=utf-8">
4   </HEAD>
5   <BODY>
6
7   <FORM METHOD="post"  ACTION="receive.php">
8      아이디 : <INPUT TYPE ="text" NAME="userID">
9      이름 : <INPUT TYPE ="text" NAME="userName">
10     <BR><BR>
11     <INPUT TYPE="submit"  VALUE="전송">
12  </FORM>
13
14  </BODY>
15  </HTML>
```

[그림 12-33] 실행 결과

send.html 파일에서는 사용자의 아이디와 이름을 〈INPUT〉 태그로 입력 받는다.

7행~12행에서 〈FORM〉 태그로 묶어줬다. 7행의 〈FORM〉의 METHOD 속성을 post로 지정했는데, get으로 지정하는 방법도 있다. 잠시 후에 살펴보겠다. ACTION은 receive.php 파일을 지정했는데, 11행의 〈전송〉 버튼을 클릭하면 receive.php 파일로 데이터를 전송하라는 의미다. 전송할 데이터는 8행과 9행의 〈INPUT〉 태그의 내용이 전송된다. [그림 12-33]에서 〈전송〉을 클릭하는 것이 [그림 12-32]의 ①번 작동을 한 것으로 보면 된다.

send.html 파일의 내용을 받는 receive.php 코드는 다음과 같다.

[소스 12-17] receive.php 파일

```
1   <?php
2      $userID = $_POST["userID"];
3      $userName = $_POST["userName"];
4
5      echo "전달 받은 아이디 : ", $userID, "<br>";
6      echo "전달 받은 이름 : ",$userName, "<br>";
7   ?>
```

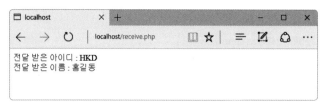

[그림 12-34] 실행 결과

2행에서 send.html의 〈FORM〉 안에 있는 〈INPUT〉 태그 중에서 NAME 속성이 userID인 값을 받아서 $userID 변수에 대입시켰다. ($_POST["이름"]은 POST 방식으로 전달받은 '이름'을 추출한다.) 그리고 5행에서 출력했다. 즉, send.html에서 입력한 아이디를 receive.php에서 받아서 출력한 것이다. 3행, 6행도 동일한 방식이다.

POST와 GET 전달 방식

[소스 12-16]과 [소스 12-17]에서 사용한 방식은 POST 전달 방식이다. [소스 12-16]의 7행에서 〈FORM〉의 METHOD 속성을 post로 지정했으며, [소스 12-17]에서는 $_POST["이름"] 방식으로 값을 전달 받았다.

또 다른 방식으로는 GET 방식이 있는데 [소스 12-16]의 7행에서 post를 get으로 변경하고, [소스 12-17]의 $_POST를 $_GET으로 변경해서 수행해 보자. 동일한 결과가 나올 것이다.

[그림 12-35] 실행 결과

결과는 동일하다. 차이점이라면, POST 방식의 결과인 [그림 12-35]에서는 주소 창에 'localhost/receive.php'만 써 있었지만, GET 방식은 주소 뒤에 '?변수=값&변수=값' 방식으로 값이 전달되는 것을 확인할 수 있다. 한글로 전달한 userName 변수는 다른 코드로 변환했기 때문에 이상해 보이는 것일뿐 결과는 '홍길동'으로 잘 나와 있다.

지금 확인했듯이 GET 방식은 전달되는 데이터가 노출되기 때문에 주의할 필요가 있다. 전달 데이터가 노출되어도 문제없는 경우에는 사용해도 되지만, 비밀번호 등과 같이 중요한 정보를 전달하는 경우에는 GET을 사용하지 말고 POST를 사용하는 것이 바람직하겠다.

 비타민 퀴즈 12-4

chapter 06의 [그림 6-10]에 나온 userTBL의 모든 열을 입력 받는 HTML과 POST 방식으로 전달받아서 결과를 화면에 출력하는 PHP 코드를 작성해 보자. 그리고, Linux 가상머신에 업로드한 후에, 웹 브라우저로 접속해 보자.

12.4.2 HTML과 PHP 혼용

HTML 문법으로만 구성된 파일의 확장명을 *.php로 저장해서 사용해도 상관없다.

[소스 12-18] 코드는 HTML뿐이지만 확장명이 *.php인 파일

```
1   <HTML>
2   <HEAD>
3   <META http-equiv="content-type" content="text/html; charset=utf-8">
4   </HEAD>
5   <BODY>
6
7   <h1> 이 파일은 *.PHP 입니다. </h1>
8
9   </BODY>
10  </HTML>
```

결과는 7행이 잘 출력되었을 것이다.

필요하다면 PHP와 HTML 코드를 섞어서 사용할 수도 있다. 다음 예를 보자.

[소스 12-19] HTML과 PHP의 혼용

```
1   <?php
2       $num1 = 100;
3       $num2 = 200;
4       $sum = $num1 + $num2;
5   ?>
6
7   <HTML>
8   <HEAD>
9   <META http-equiv="content-type" content="text/html; charset=utf-8">
10  </HEAD>
11  <BODY>
12
13  <h1> 계산 결과는 <?php echo $sum ?> 입니다. </h1>
14
15  </BODY>
16  </HTML>
```

결과는 300 숫자가 잘 나왔을 것이다. 1행~5행은 순수한 PHP 코드로 작성되어 있다. 그리고 7행 ~16행은 HTML 코드다. 주목할 것은 13행의 중간에 〈?php ~~ ?〉으로 PHP 코드가 들어있다는 점이다. 이렇게 HTML 중간중간에도 PHP 코드를 함께 사용할 수 있다.

이제는 [그림 12-34]의 ③번 MySQL과 연동되는 PHP를 코딩하면 되는데, 이에 대한 내용은 chapter 13의 MySQL과 PHP 연동에서 살펴보겠다.

PHP와 MySQL의 연동

chapter 12에서 기본적인 HTML 코드, PHP 문법에 대해서 학습했다. 이번 chapter에서는 chapter 12에서 배운 HTML과 PHP를 이용해서 우리가 지금까지 사용해온 MySQL과 연동하는 방식을 알아보겠다. 특히 이 책 전체에서 사용해온 데이터베이스 sqlDB를 생성하는 것부터 테이블 생성 및 데이터 입력/수정/삭제/조회하는 방법을 PHP에서 프로그래밍해 보겠다.

마지막으로 간단하게 '회원 테이블 관리시스템'을 만들어서 전체 PHP가 서로 연계되어 작동되는 프로그램을 작성하겠다.

이렇게 간단하게나마 PHP에서 sqlDB에 접속해서 연동하는 방법을 익힌다면, 향후 어떤 DB에도 비슷한 방식으로 PHP로 프로그래밍할 수 있을 것이다.

chapter 13의 핵심 개념

chapter 13에서는 PHP와 MySQL을 연동하여 테이블을 생성하고 데이터를 입력/수정/삭제하는 프로그램을 작성해 본다. chapter 13의 핵심 개념은 다음과 같다.

1. mysqli_connect( )는 MySQL과 접속하는 PHP 제공 함수다.

2. PHP에서 MySQL의 쿼리를 사용하기 위해서 mysqli_query(접속 연결자, SQL문) 함수를 제공한다.

3. 데이터 조회를 위해서 while문과 함께 mysqli_fetch_array(조회결과) 함수를 사용한다.

4. 작성할 회원 관리시스템은 회원의 조회/입력/수정/삭제를 웹 상에서 처리하는 응용 프로그램이다.

chapter 13의 학습 흐름

MySQL DB 접속

PHP에서 SQL문을 실행하는 방법

회원 관리시스템 구성도

회원 관리시스템 구현

13.1 PHP와 MySQL의 기본 연동

13.1.1 DB 접속

가장 기본적인 DB 접속을 확인해 보자. 이미 chapter 12에서 XAMPP를 설치한 후, 잘 작동하는지 테스트할 때 비슷한 코드를 사용해 봤지만, 다시 자세히 살펴보자.

[소스 13-1] 기본적인 데이터베이스 접속

```
1   <?php
2       $db_host="localhost";
3       $db_user="root";
4       $db_password="1234";
5       $db_name="";
6       $con=mysqli_connect($db_host, $db_user, $db_password, $db_name);
7       if ( mysqli_connect_error($con) ) {
8           echo "MySQL 접속 실패 !!", "<br>";
9           echo "오류 원인 : ", mysqli_connect_error();
10          exit();
11      }
12      echo "MySQL 접속 완전히 성공!!";
13      mysqli_close($con);
14  ?>
```

[그림 13-1] 실행 결과

2행~5행에 서버 주소, DB 사용자, 비밀번호, 접속할 DB 등을 변수에 지정해 놓았다. 그리고 6행에서 각 변수에 들어 있는 내용으로 mysqli_connect() 함수로 접속을 시도했다. 접속된 결과를 $con에 저장해 놓았다.

mysqli_connect() 함수는 파라미터로 서버 주소, DB 사용자, 비밀번호, 접속할 DB를 사용한다. localhost는 자신의 컴퓨터를 의미하며, root는 MySQL의 관리자다. chapter 02에서 MySQL을 설치할 때 root의 비밀번호는 1234로 지정했다. 아직 사용할 DB도 특별히 없기 때문에 접속할 DB도 비워 두었다.

7행~11행은 MySQL 서버 접속에 실패했을 경우에 실행된다. 접속에 실패하면 mysqli_connect_error(접속결과변수)가 True가 되기 때문이다. 오류 메시지와 접속에 실패한 오류의 원인을 출력하고 프로그램을 종료한다.

접속에 실패하지 않았다면 12행이 실행되어 성공 메시지가 출력되고, 13행에서 mysqli_close(접속결과변수)를 사용해서 MySQL 서버와 접속을 종료했다.

이번 chapter에서 사용할 대부분의 코드가 2행~11행이기 때문에 코드량을 줄이기 위해서, 앞으로는 다음과 같이 한 행으로 줄여서 코딩할 것이다.

```
$con=mysqli_connect("localhost", "root", "1234", "") or die("MySQL 접속 실패 !!");
```

접속에 성공하면 이 부분이 넘어가고 접속에 실패하면 오류 메시지를 출력하고 PHP가 종료된다.

13.1.2 SQL문을 실행하는 방법

Workbench에서 chapter 06 [그림 6-10]의 sqlDB 데이터베이스를 생성/운영하기 위해서, MySQL에 접속한 후에는 다음과 같은 순서로 사용해 왔다.

- 데이터베이스 생성: CREATE DATABASE ~~
- 테이블 생성: CREATE TABLE ~~
- 데이터 입력/수정/삭제: INSERT INTO ~~, UPDATE ~~, DELETE FROM ~~
- 데이터 조회: SELECT ~~

PHP에서도 동일한 작동을 하기 위해서 mysqli_query(접속 연결자, SQL문) 함수를 제공한다. 즉, SQL문만 잘 생성해 놓으면 PHP에서도 Workbench에서 입력했던 SQL문과 동일한 효과를 낼 수 있다.

데이터베이스 생성

sqlDB 데이터베이스를 생성하는 PHP 코드를 작성해 보자.

⚠ Workbench에서 localhost에 접속한 후에, 기존에 사용하던 sqlDB를 삭제하고 실습을 진행하자.

```php
1   <?php
2       $con=mysqli_connect("localhost", "root", "1234", "") or die("MySQL 접속 실패
            !!");
3
4       $sql="CREATE DATABASE sqlDB";
5       $ret = mysqli_query($con, $sql);
6
7       if($ret) {
8           echo "sqlDB가 성공적으로 생성됨.";
9       }
10      else {
11          echo "sqlDB 생성 실패!!!"."<br>";
12          echo "실패 원인 :".mysqli_error($con);
13      }
14
15      mysqli_close($con);
16  ?>
```

[그림 13-2] 실행 결과

4행에서 $sql 변수에 데이터베이스를 생성하는 SQL문을 고스란히 넣어 놓았다. 그리고 5행에서 mysqli_query(접속 연결자, SQL문)을 실행해서 데이터베이스를 생성했다. mysqli_query()는 성공할 경우에 True 값을 반환하므로 7행과 8행에서 성공적인 메시지가 출력되었다. 이 PHP를 한 번 더 실행하면 이미 데이터베이스가 있다는 오류가 발생할 것이다. 12행에서 오류가 발생할 경우 메시지를 출력하도록 해놓았다.

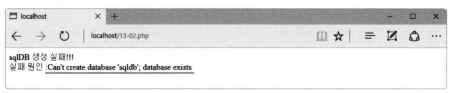

[그림 13-3] 실행 결과(두 번 실행 시)

테이블 생성

테이블을 생성해야 한다. 그런데 테이블은 데이터베이스 안에 생성해야 하므로, 이제부터는 mysqli_connect() 함수에서 데이터베이스를 지정해야 한다. 테이블을 생성하는 SQL문도 기존의 사용하던 SQL문과 다르지 않다.

[소스 13-3] 테이블 생성

```php
1  <?php
2    $con=mysqli_connect("localhost", "root", "1234", "sqlDB") or die("MySQL 접속
        실패 !!");
3
4    $sql ="
5      CREATE TABLE userTbl
6      ( userID     CHAR(8) NOT NULL PRIMARY KEY,
7        name       VARCHAR(10) NOT NULL,
8        birthYear  INT NOT NULL,
9        addr       CHAR(2) NOT NULL,
10       mobile1  CHAR(3),
11       mobile2  CHAR(8),
12       height     SMALLINT,
13       mDate      DATE
14     )
15   ";
16
17   $ret = mysqli_query($con, $sql);
18
19   if($ret) {
20       echo "userTBL이 성공적으로 생성됨..";
21   }
22   else {
23       echo "userTBL 생성 실패!!!"."<br>";
24       echo "실패 원인 :".mysqli_error($con);
25   }
26
27   mysqli_close($con);
28 ?>
```

[그림 13-4] 실행 결과

5행~14행에서 기존에 사용하던 CREATE TABLE문을 동일하게 사용해서 테이블을 생성하는 SQL문을 준비했다. 나머지는 [소스 13-2]를 제외하고는 동일한 코드다.

데이터 입력

데이터 입력을 위해서는 INSERT문을 사용해야 한다. 주의할 점은 mysqli_query()는 하나의 SQL문만 실행하므로 여러 건의 데이터를 넣기 위해서 콤마(,)로 데이터를 분리해야 한다.

[소스 13-4] 데이터 입력

```
1   <?php
2       $con=mysqli_connect("localhost", "root", "1234", "sqlDB") or die("MySQL 접속
        실패 !!");
3
4       $sql ="
5           INSERT INTO userTbl VALUES
6           ('LSG', '이승기', 1987, '서울', '011', '1111111', 182, '2008-8-8'),
7           ('KBS', '김범수', 1979, '경남', '011', '2222222', 173, '2012-4-4'),
8           ('KKH', '김경호', 1971, '전남', '019', '3333333', 177, '2007-7-7'),
9           ('JYP', '조용필', 1950, '경기', '011', '4444444', 166, '2009-4-4'),
10          ('SSK', '성시경', 1979, '서울', NULL , NULL   , 186, '2013-12-12'),
11          ('LJB', '임재범', 1963, '서울', '016', '6666666', 182, '2009-9-9'),
12          ('YJS', '윤종신', 1969, '경남', NULL , NULL   , 170, '2005-5-5'),
13          ('EJW', '은지원', 1972, '경북', '011', '8888888', 174, '2014-3-3'),
14          ('JKW', '조관우', 1965, '경기', '018', '9999999', 172, '2010-10-10'),
15          ('BBK', '바비킴', 1973, '서울', '010', '0000000', 176, '2013-5-5')
16      ";
17
18      $ret = mysqli_query($con, $sql);
19
20      if($ret) {
```

```
21      echo "userTBL이 데이터가 성공적으로 입력됨.";
22    }
23    else {
24      echo "userTBL 데이터 입력 실패!!!"."<br>";
25      echo "실패 원인 :".mysqli_error($con);
26    }
27
28    mysqli_close($con);
29 ?>
```

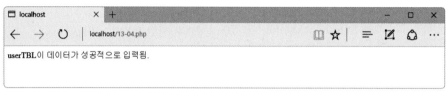

[그림 13-5] 실행 결과

5행~15행에 데이터를 10건 동시에 입력하는 SQL문을 준비했다. 역시 다시 실행하면 기본 키가 중복되었다는 오류가 발행할 것이다.

데이터 조회

앞에서 데이터베이스 생성, 테이블 생성, 데이터 입력은 MySQL에 해당 쿼리를 적용한 후에 성공여부만 확인하면 되었다. 하지만, 데이터 조회를 위한 SELECT는 조회된 결과 행을 모두 화면에 보여야 한다. 지금의 예에서는 10건의 데이터를 하나씩 화면에 출력해야 한다. 다음 코드에서 사용한 mysqli_fetch_array(조회결과) 함수는 SELECT의 결과 집합을 하나의 행씩 접근한다. 그리고, 더 이상 접근할 행이 없으면 False를 반환한다.

⚠ mysqli_fetch_array() 함수는 chapter 11에서 배운 커서^{Cursor}와 방식이 비슷하다.

참고로 mysqli_num_rows(조회결과)는 SELECT로 조회된 행의 개수를 반환한다. 필요하다면 이 함수를 사용해서 조회된 개수를 확인할 수 있다.

```php
1   <?php
2       $con=mysqli_connect("localhost", "root", "1234", "sqlDB") or die("MySQL 접속
        실패 !!");
3
4       $sql ="
5           SELECT * FROM userTBL
6       ";
7
8       $ret = mysqli_query($con, $sql);
9
10      if($ret) {
11          echo mysqli_num_rows($ret), "건이 조회됨.<br><br>";
12      }
13      else {
14          echo "userTBL 데이터 조회 실패!!!"."<br>";
15          echo "실패 원인 :".mysqli_error($con);
16          exit();
17      }
18
19      while($row = mysqli_fetch_array($ret)) {
20          echo $row['userID'], " ", $row['name'], " ", $row['height'], " ", "<br>";
21      }
22
23      mysqli_close($con);
24  ?>
```

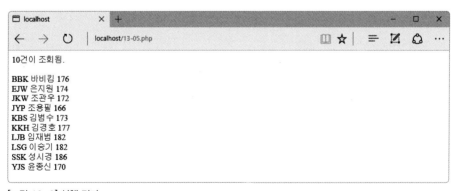

[그림 13-6] 실행 결과

5행에서는 userTBL을 모두 조회하는 SQL문을 생성해 놓았다. 11행에서는 SQL문이 성공할 경우 조회된 행의 건수를 출력하도록 했다.

19행~21행에서는 조회된 개수만큼 반복한다. mysqli_fetch_array(조회결과)는 조회된 행의 집합을 반환하며, 반환된 결과를 $row 변수에 넣었다. 그리고 20행에서 $row['열 이름']으로 접근하면 현재 행의 해당 열에 저장된 데이터가 조회된다. 결국 전체 데이터인 10건의 내용이 화면에 출력된다.

☀️ **비타민 퀴즈 13-1**

[소스 13-1] ~ [소스 13-5]를 Linux 가상머신에 업로드한 후에, 웹 브라우저로 접속해 보자.

힌트 1 ALTER USER 'root'@'localhost' IDENTIFIED WITH mysql_native_password by 'P@ssw0rd'문으로 root의 비밀번호를 바꿔야 한다.

힌트 2 mysqli_connect() 함수의 파라미터 중 암호를 수정해야 한다.

힌트 3 데이터베이스 이름과 테이블 이름은 영문 소문자로 수정해야 한다.

13.2 회원 관리시스템

13.2.1 회원 관리시스템의 구성도

앞에서 PHP에서 데이터베이스의 생성 및 테이블 생성, 데이터 입력, 데이터 조회에 대해서 모두 알아보았다. 이제는 이렇게 단편적으로 학습한 내용을 종합해서 간단한 회원 관리시스템을 만들어 보자.

회원 관리시스템은 회원의 조회/입력/수정/삭제를 웹 상에서 처리하는 응용 프로그램이다.

⚠️ 이미 언급했지만, 이 책은 화면의 디자인적인 측면은 고려하지 않았다. 화면이 너무 단순해서 마음에 들지 않는 독자라면 시간을 내서 이미지 등을 활용해서 화면을 예쁘게 스스로 구성하도록 하자.

회원 관리시스템은 [그림 13-7]과 같은 구성으로 되어 있다

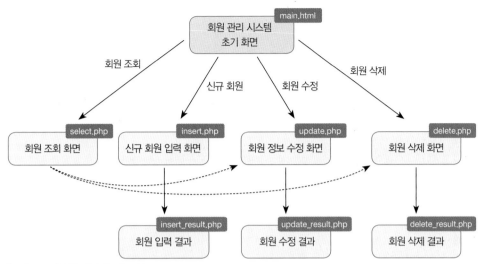

[그림 13-7] 회원 관리시스템 구성도

[그림 13-7] 구성도의 각 화면들은 다음과 같이 작동하도록 PHP 프로그래밍할 것이다.

① HTML로 회원 관리시스템의 초기화면을 만들고 [회원 조회], [신규 회원], [회원 수정], [회원 삭제] 등 4가지를 선택할 수 있도록 한다.

② [회원 조회]를 선택하면 전체 회원의 목록이 출력되도록 한다. 회원 목록의 오른쪽에 각 회원 별로 〈수정〉, 〈삭제〉 버튼을 만들어서 각 회원의 정보를 수정하거나 삭제할 수 있도록 처리한다.

③ [신규 회원]을 선택하면 신규 회원의 정보를 입력하는 화면이 나오도록 하고, 신규 회원의 정보를 모두 입력한 후 〈회원 입력〉 버튼을 클릭하면 회원이 입력되고 입력된 결과를 화면에 출력한다.

④ [회원 수정]은 수정할 회원의 아이디를 입력한 후 선택하도록 한다. 그러면 입력한 아이디의 회원 정보 화면이 나온 후, 필요한 정보를 수정하고 〈정보 수정〉 버튼을 클릭하면 회원의 정보가 수정되고 수정된 결과를 화면에 출력한다.

⑤ [회원 삭제]는 삭제할 회원의 아이디를 입력한 후 선택하도록 한다. 그러면 해당 회원의 삭제 확인을 위한 화면이 나온 후, 〈회원 삭제〉 버튼을 클릭하면 해당 회원이 삭제되고 삭제된 결과를 화면에 출력한다.

⑥ 모든 최종 화면에는 다시 초기 화면으로 돌아갈 수 있는 링크를 만든다.

13.2.2 초기 화면

초기 화면을 HTML로 다음과 같이 작성한다.

[소스 13-6] 초기 화면(main.html)

```
1   <HTML>
2   <HEAD>
3   <META http-equiv="content-type" content="text/html; charset=utf-8">
4   </HEAD>
5   <BODY>
6
7   <h1> 회원 관리시스템 </h1>
8
9   <a href='select.php'> (1) 회원 조회 (조회 후 수정/삭제 가능) </a> <br><br>
10  <a href='insert.php'> (2) 신규 회원 등록 </a> <br><br>
11  <FORM METHOD="get"  ACTION="update.php">
12     (3) 회원 수정 - 회원 아이디 : <INPUT TYPE ="text" NAME="userID">
13     <INPUT TYPE="submit"  VALUE="수정">
14  </FORM>
15  <FORM METHOD="get"  ACTION="delete.php">
16     (4) 회원 삭제 - 회원 아이디 : <INPUT TYPE ="text" NAME="userID">
17     <INPUT TYPE="submit"  VALUE="삭제">
18  </FORM>
19
20  </BODY>
21  </HTML>
```

[그림 13-8] 실행 결과

9행은 [회원 조회]를 클릭하면 select.php가 연결되게 했고, 10행은 [신규 회원 등록]을 클릭하면 insert.php가 연결되게 했다. 11행~14행은 회원 아이디를 입력하고 〈수정〉을 클릭하면 update.php를 연결하도록 했으며, 연결할 때 입력한 아이디를 get 방식으로 넘겨준다. 15행~18행도 같은 방식으로 delete.php가 연결된다.

13.2.3 회원 조회 화면

초기 화면에서 '(1) 회원 조회'를 클릭하면 나오는 코드를 작성한다. 회원 조회는 전체 회원이 조회되도록 다음과 같이 작성한다.

[소스 13-7] 회원 조회 화면(select.php)

```php
1  <?php
2      $con=mysqli_connect("localhost", "root", "1234", "sqlDB") or die("MySQL 접속
          실패 !!");
3
4      $sql ="SELECT * FROM userTBL";
5
6      $ret = mysqli_query($con, $sql);
7      if($ret) {
8          $count = mysqli_num_rows($ret);
9      }
10     else {
11         echo "userTBL 데이터 조회 실패!!!"."<br>";
12         echo "실패 원인 :".mysqli_error($con);
13         exit();
14     }
15
16     echo "<h1> 회원 조회 결과 </h1>";
17     echo "<TABLE border=1>";
18     echo "<TR>";
19     echo "<TH>아이디</TH><TH>이름</TH><TH>출생년도</TH><TH>지역</TH><TH>극번</TH>";
20     echo "<TH>전화번호</TH><TH>키</TH><TH>가입일</TH><TH>수정</TH><TH>삭제</TH>";
21     echo "</TR>";
22     while($row = mysqli_fetch_array($ret)) {
23         echo "<TR>";
24         echo "<TD>", $row['userID'], "</TD>";
```

```
25      echo "<TD>", $row['name'], "</TD>";
26      echo "<TD>", $row['birthYear'], "</TD>";
27      echo "<TD>", $row['addr'], "</TD>";
28      echo "<TD>", $row['mobile1'], "</TD>";
29      echo "<TD>", $row['mobile2'], "</TD>";
30      echo "<TD>", $row['height'], "</TD>";
31      echo "<TD>", $row['mDate'], "</TD>";
32      echo "<TD>", "<a href='update.php?userID=", $row['userID'], "'>수정</a></TD>";
33      echo "<TD>", "<a href='delete.php?userID=", $row['userID'], "'>삭제</a></TD>";
34      echo "</TR>";
35    }
36
37    mysqli_close($con);
38    echo "</TABLE>";
39    echo "<br> <a href='main.html'> <--초기 화면</a> ";
40  ?>
```

회원 조회 결과

아이디	이름	출생년도	지역	극번	전화번호	키	가입일	수정	삭제
BBK	바비킴	1973	서울	010	0000000	176	2013-05-05	수정	삭제
EJW	은지원	1972	경북	011	8888888	174	2014-03-03	수정	삭제
JKW	조관우	1965	경기	018	9999999	172	2010-10-10	수정	삭제
JYP	조용필	1950	경기	011	4444444	166	2009-04-04	수정	삭제
KBS	김범수	1979	경남	011	2222222	173	2012-04-04	수정	삭제
KKH	김경호	1971	전남	019	3333333	177	2007-07-07	수정	삭제
LJB	임재범	1963	서울	016	6666666	182	2009-09-09	수정	삭제
LSG	이승기	1987	서울	011	1111111	182	2008-08-08	수정	삭제
SSK	성시경	1979	서울			186	2013-12-12	수정	삭제
YJS	윤종신	1969	경남			170	2005-05-05	수정	삭제

<--초기 화면

[그림 13-9] 실행 결과

4행에서 전체 회원을 조회하도록 SQL문을 작성했다. 17행~38행까지 표 형태로 결과가 보이도록
했다. 18행~21행은 표의 제목을 출력한다. 22행~35행은 조회한 결과 집합의 끝까지 한 행씩 처리
한다. 각 행마다 회원의 모든 열을 24행~31행까지 출력하고 32행, 33행은 회원의 아이디로 수정이
나 삭제 화면과 바로 연결되도록 했다. 즉, 각 회원마다 수정이나 삭제가 되도록 했다. 39행에서는
초기화면으로 돌아가도록 연결했다.

13.2.4 신규 회원 등록

초기 화면에서 '(2) 신규 회원 등록'을 클릭하면 나오는 코드를 작성한다. 먼저 신규 입력 회원의 정보를 입력받는 코드를 작성한다.

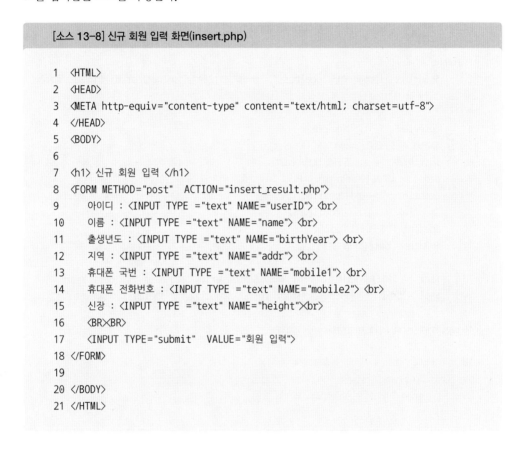

[소스 13-8] 신규 회원 입력 화면(insert.php)

```
1   <HTML>
2   <HEAD>
3   <META http-equiv="content-type" content="text/html; charset=utf-8">
4   </HEAD>
5   <BODY>
6
7   <h1> 신규 회원 입력 </h1>
8   <FORM METHOD="post"  ACTION="insert_result.php">
9       아이디 : <INPUT TYPE ="text" NAME="userID"> <br>
10      이름 : <INPUT TYPE ="text" NAME="name"> <br>
11      출생년도 : <INPUT TYPE ="text" NAME="birthYear"> <br>
12      지역 : <INPUT TYPE ="text" NAME="addr"> <br>
13      휴대폰 국번 : <INPUT TYPE ="text" NAME="mobile1"> <br>
14      휴대폰 전화번호 : <INPUT TYPE ="text" NAME="mobile2"> <br>
15      신장 : <INPUT TYPE ="text" NAME="height"><br>
16      <BR><BR>
17      <INPUT TYPE="submit"  VALUE="회원 입력">
18  </FORM>
19
20  </BODY>
21  </HTML>
```

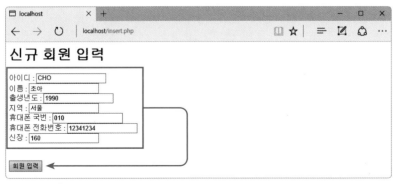

[그림 13-10] 실행 결과

[소스 13-8]의 8행~18행에서 회원의 정보를 입력 받은 후에 〈회원 입력〉을 클릭하면 insert_result.php에 post 방식으로 데이터가 전달된다. 전달받은 데이터를 MySQL에 입력하는 코드는 [소스 13-9]와 같다.

[소스 13-9] 신규 회원 입력 결과(insert_result.php)

```php
1   <?php
2       $con=mysqli_connect("localhost", "root", "1234", "sqlDB") or die("MySQL 접속
          실패 !!");
3
4       $userID = $_POST["userID"];
5       $name = $_POST["name"];
6       $birthYear = $_POST["birthYear"];
7       $addr = $_POST["addr"];
8       $mobile1 = $_POST["mobile1"];
9       $mobile2 = $_POST["mobile2"];
10      $height = $_POST["height"];
11      $mDate = date("Y-m-j");
12
13      $sql =" INSERT INTO userTbl VALUES('".$userID."','".$name."','".$birthYear;
14      $sql = $sql.",'".$addr."','".$mobile1."','".$mobile2."',".$height.",'".$mDate."')";
15
16      $ret = mysqli_query($con, $sql);
17
18       echo "<h1> 신규 회원 입력 결과 </h1>";
19      if($ret) {
20          echo "데이터가 성공적으로 입력됨.";
21      }
22      else {
23          echo "데이터 입력 실패!!!"."<br>";
24          echo "실패 원인 :".mysqli_error($con);
25      }
26      mysqli_close($con);
27
28      echo "<br> <a href='main.html'> <--초기 화면</a> ";
29  ?>
```

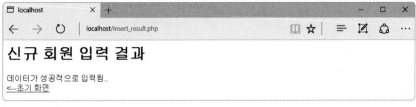

[그림 13-11] 실행 결과

[소스 13-9]의 4행~10행은 insert.php에서 넘겨 받은 값을 다시 각 변수에 대입했다. 11행의 회원 가입일은 현재 날짜를 대입했다. 13행, 14행에서 INSERT문을 만들었다. 주의할 점은 문자나 날짜를 입력할 때는 작은 따옴표(')를 사용해야 한다는 것이다. 데이터가 정상적으로 입력되면 20행이 실행되어 화면에 성공 메시지가 출력된다.

13.2.5 회원 정보 수정

초기 화면에서 '(3) 회원 수정' 부분의 회원 아이디를 입력한 후 〈수정〉을 클릭하거나, 회원을 조회한 select.php에서 각 회원의 오른쪽의 [수정]을 클릭하면 다음의 코드가 호출된다. 화면은 앞에서 생성한 CHO 사용자의 아이디를 사용해서 나온 결과다.

[소스 13-10] 회원 정보 수정 화면(update.php)

```php
1   <?php
2     $con=mysqli_connect("localhost", "root", "1234", "sqlDB") or die("MySQL 접속
        실패 !!");
3     $sql ="SELECT * FROM userTBL WHERE userID='".$_GET['userID']."'";
4
5     $ret = mysqli_query($con, $sql);
6     if($ret) {
7       $count = mysqli_num_rows($ret);
8       if ($count==0) {
9         echo $_GET['userID']." 아이디의 회원이 없음!!!"."<br>";
10        echo "<br> <a href='main.html'> <--초기 화면</a> ";
11        exit();
12      }
13    }
14    else {
15      echo "데이터 조회 실패!!!"."<br>";
16      echo "실패 원인 :".mysqli_error($con);
```

```
17      echo "<br> <a href='main.html'> <--초기 화면</a> ";
18      exit();
19    }
20    $row = mysqli_fetch_array($ret);
21    $userID = $row['userID'];
22    $name = $row["name"];
23    $birthYear = $row["birthYear"];
24    $addr = $row["addr"];
25    $mobile1 = $row["mobile1"];
26    $mobile2 = $row["mobile2"];
27    $height = $row["height"];
28    $mDate = $row["mDate"];
29 ?>
30
31 <HTML>
32 <HEAD>
33 <META http-equiv="content-type" content="text/html; charset=utf-8">
34 </HEAD>
35 <BODY>
36
37 <h1> 회원 정보 수정 </h1>
38 <FORM METHOD="post"  ACTION="update_result.php">
39    아이디 : <INPUT TYPE ="text" NAME="userID" VALUE=<?php echo $userID ?>
          READONLY> <br>
40    이름 : <INPUT TYPE ="text" NAME="name" VALUE=<?php echo $name ?>> <br>
41    출생년도 : <INPUT TYPE ="text" NAME="birthYear" VALUE=<?php echo $birthYear
          ?>> <br>
42    지역 : <INPUT TYPE ="text" NAME="addr" VALUE=<?php echo $addr ?>> <br>
43    휴대폰 국번 : <INPUT TYPE ="text" NAME="mobile1" VALUE=<?php echo $mobile1
          ?>> <br>
44    휴대폰 전화번호 : <INPUT TYPE ="text" NAME="mobile2" VALUE=<?php echo
          $mobile2 ?>> <br>
45    신장 : <INPUT TYPE ="text" NAME="height" VALUE=<?php echo $height ?>> <br>
46    회원 가입일 : <INPUT TYPE ="text" NAME="mDate" VALUE=<?php echo $mDate ?>
          READONLY><br>
47    <BR><BR>
48    <INPUT TYPE="submit"  VALUE="정보 수정">
49 </FORM>
50
51 </BODY>
52 </HTML>
```

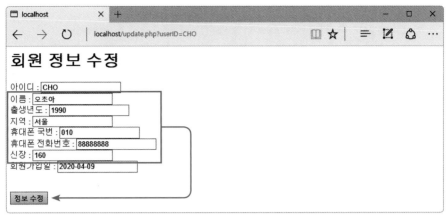

[그림 13-12] 실행 결과

[소스 13-10]의 3행에서 main.html 또는 select.php에서 넘겨 받은 아이디의 회원 정보를 조회한다. 만약 회원의 아이디가 없는 아이디라면 7행에서 결과 개수는 0개가 나온다. 그리고 8행~12행이 실행되어 메시지를 출력하고 종료한다.

20행~28행은 조회한 결과를 각 변수에 대입했다. 대입한 변수는 39행~46행의 INPUT 상자에 보여진다. 단, 아이디와 회원 가입일은 READONLY 속성을 줘서 수정하지 못하도록 했다.

필요한 회원 정보를 수정한 후에 〈정보 수정〉을 클릭하면 update_result.php에 post 방식으로 데이터가 전달된다.

[소스 13-11] 회원 정보 수정 결과(update_result.php)

```php
1   <?php
2       $con=mysqli_connect("localhost", "root", "1234", "sqlDB") or die("MySQL 접속
        실패 !!");
3
4       $userID = $_POST["userID"];
5       $name = $_POST["name"];
6       $birthYear = $_POST["birthYear"];
7       $addr = $_POST["addr"];
8       $mobile1 = $_POST["mobile1"];
9       $mobile2 = $_POST["mobile2"];
10      $height = $_POST["height"];
11      $mDate = $_POST["mDate"];
12
```

```
13      $sql ="UPDATE userTbl SET name='".$name."', birthYear=".$birthYear;
14      $sql = $sql.", addr='".$addr."', mobile1='".$mobile1."',mobile2='".$mobile2;
15      $sql = $sql."', height=".$height.", mDate='".$mDate."' WHERE userID=
           '".$userID."'";

16
17      $ret = mysqli_query($con, $sql);

18
19       echo "<h1> 회원 정보 수정 결과 </h1>";
20      if($ret) {
21          echo "데이터가 성공적으로 수정됨.";
22      }
23      else {
24          echo "데이터 수정 실패!!!"."<br>";
25          echo "실패 원인 :".mysqli_error($con);
26      }
27      mysqli_close($con);

28
29      echo "<br> <a href='main.html'> <--초기 화면</a> ";
30  ?>
```

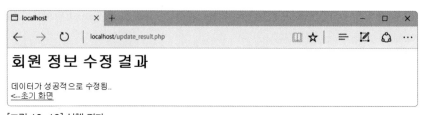

[그림 13-13] 실행 결과

[소스 13-11]의 4행~11행은 update.php에서 넘겨 받은 값을 변수에 대입했다. 13행~15행은
변수의 값을 이용해서 UPDATE문을 생성했다.

13.2.6 회원 정보 삭제

초기 화면에서 '(4) 회원 삭제' 부분의 회원 아이디를 입력한 후 〈삭제〉를 클릭하거나, 회원을 조회
한 select.php에서 각 회원의 오른쪽의 [삭제]를 클릭하면 다음의 코드가 호출된다. 화면은 앞에서
생성한 CHO 사용자의 아이디를 사용해서 나온 결과다. 삭제의 경우에는 전체 정보는 필요 없으며
아이디와 이름만 보여주면 충분하다.

```php
1   <?php
2       $con=mysqli_connect("localhost", "root", "1234", "sqlDB") or die("MySQL 접속
            실패 !!");
3       $sql ="SELECT * FROM userTBL WHERE userID='".$_GET['userID']."'";
4
5       $ret = mysqli_query($con, $sql);
6       if($ret) {
7           $count = mysqli_num_rows($ret);
8           if ($count==0) {
9               echo $_GET['userID']." 아이디의 회원이 없음!!!"."<br>";
10              echo "<br> <a href='main.html'> <--초기 화면</a> ";
11              exit();
12          }
13      }
14      else {
15          echo "데이터 조회 실패!!!"."<br>";
16          echo "실패 원인 :".mysqli_error($con);
17          echo "<br> <a href='main.html'> <--초기 화면</a> ";
18          exit();
19      }
20      $row = mysqli_fetch_array($ret);
21      $userID = $row['userID'];
22      $name = $row["name"];
23
24  ?>
25
26  <HTML>
27  <HEAD>
28  <META http-equiv="content-type" content="text/html; charset=utf-8">
29  </HEAD>
30  <BODY>
31
32  <h1> 회원 삭제 </h1>
33  <FORM METHOD="post"  ACTION="delete_result.php">
34      아이디 : <INPUT TYPE ="text" NAME="userID" VALUE=<?php echo $userID ?>
            READONLY> <br>
35      이름 : <INPUT TYPE ="text" NAME="name" VALUE=<?php echo $name ?> READONLY>
            <br>
```

```
36      <BR><BR>
37      위 회원을 삭제하겠습니까?
38      <INPUT TYPE="submit"  VALUE="회원 삭제">
39   </FORM>
40
41   </BODY>
42   </HTML>
```

[그림 13-14] 실행 결과

코드의 내용이 update.php와 거의 유사하다. 단, 삭제할 회원이 확실한지 확인만 할 것이므로 아이디와 이름만 사용했다. 또, 34행, 35행에서 수정할 수 없도록 READONLY 속성을 설정했다.

삭제할 것이 확실할 경우에 〈회원 삭제〉를 클릭하면 delete_result.php에 post 방식으로 데이터가 전달된다.

[소스 13-13] 회원 삭제 결과(delete_result.php)

```
1   <?php
2       $con=mysqli_connect("localhost", "root", "1234", "sqlDB") or die("MySQL 접속
        실패 !!");
3
4       $userID = $_POST["userID"];
5
6       $sql ="DELETE FROM userTbl WHERE userID='".$userID."'";
7
8       $ret = mysqli_query($con, $sql);
9
```

```
10    echo "<h1> 회원 삭제 결과 </h1>";
11    if($ret) {
12        echo $userID." 회원이 성공적으로 삭제됨..";
13    }
14    else {
15        echo "데이터 삭제 실패!!!"."<br>";
16        echo "실패 원인 :".mysqli_error($con);
17    }
18    mysqli_close($con);
19
20    echo "<br><br> <a href='main.html'> <--초기 화면</a> ";
21 ?>
```

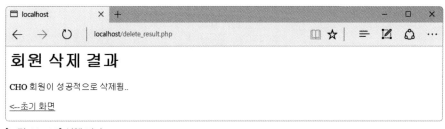

회원 삭제 결과

CHO 회원이 성공적으로 삭제됨..

<--초기 화면

[그림 13-15] 실행 결과

[소스 13-13]의 4행은 delete.php에서 넘겨 받은 아이디를 변수에 대입했다. 6행에서 변수의 값을 이용해서 DELETE문을 생성했다.

비타민 퀴즈 13-2

[소스 13-6] ~ [소스 13-13]을 Linux 가상머신에 업로드한 후에, 웹 브라우저로 접속해 보자.

이상으로 MySQL을 PHP와 연동하는 실습을 마무리하겠다. 화면 구성을 단순하게 한 것일 뿐, 실무에서 사용하는 코드와 별 차이가 없다.

MySQL과 공간 데이터

이번 chapter에서는 MySQL에서 지원하고 있는 공간 데이터의 형식에 대해서 파악해 본 후에, 쿼리 창을 통해서 공간 데이터를 입력/수정/조회하는 방법을 살펴보도록 하겠다.

chapter 14의 핵심 개념

chapter 14에서는 GIS에서 활용되는 공간 데이터와 MySQL에서 지원되는 데이터 형식과 공간 쿼리를 학습한다. 또한 공간 뷰어를 활용해서 공간 데이터를 화면에 출력하는 방법을 알아본다.

chapter 14의 핵심 개념은 다음과 같다.

1. GIS는 지도와 텍스트 정보를 컴퓨터에서 활용하는 분야다.

2. MySQL은 5.0부터 공간 데이터를 위한 Geometry 데이터 형식을 지원한다.

3. 공간 데이터의 입력은 ST_GeomFromText( ) 함수를 사용하여 입력할 수 있다.

4. MySQL은 ST_로 시작하는 다양한 공간 데이터 형식의 함수를 제공한다.

5. [왕매워 짬뽕] GIS 응용 프로젝트를 통해서 공간 데이터의 활용을 이해할 수 있다.

---

chapter 14의 학습 흐름

GIS의 개념 학습

공간 데이터의 개념과 구조

MySQL 공간 데이터 저장 방식과 버전 별 관리 방식의 변화

공간 데이터 저장을 위한 쿼리

공간 데이터 활용을 위한 함수

공간 데이터 활용 프로젝트

14.1 지리정보시스템의 개념

지리정보시스템GIS, Geographical Information System이란 다음과 같이 정의할 수 있다.

> **지표면과 지상공간에 존재하고 있는 각종 자연물(산, 강, 토지 등)과 인공물(건물, 도로, 철도 등)에 대한 위치 정보와 속성 정보를 컴퓨터에 입력 후, 이를 연계시켜 각종 계획 수립과 의사 결정 및 산업 활동을 효율적으로 지원할 수 있도록 만든 첨단 정보 시스템(출처:국토지리정보원. https://www.ngii.go.kr)**

더 쉽게 표현하자면 지도Map와 그에 따른 텍스트(속성) 정보를 컴퓨터에 입력한 후에, 그 입력된 전자지도Digital Map, 수치 지도를 교통, 환경, 농업, 생활, 시설물 관리 등의 다양한 곳에 응용하는 분야라고 생각하면 되겠다.

예로 Google Earth의 경우에는 지형에 대한 인공위성 영상, 각 주요 건물에 대한 사진 정보, 해당 위치에 대한 지명 정보 등을 모두 함께 관리하는 통합된 GIS의 사례 중 하나다.

구글 맵

카카오맵

자동차 네비게이션

구글 어스

[그림 14-1] GIS의 다양한 활용 분야

☆ GIS의 다른 정의

이 책에서 얘기한 GIS외에도 많은 다른 시각의 GIS에 대한 정의가 있을 수 있으며, 그 활용 분야도 데스크톱 컴퓨터를 넘어서, 이미 스마트폰이나 태블릿 기기 등의 모바일 기기에서 더욱 많이 사용되고 있다. 또한, GIS 자체도 하나의 학문이자 응용 분야이기에 이를 제대로 공부하기 위해서는 많은 노력과 시간을 투자해야 할 것이다. 그래서, 일부 대학에서 GIS공학과, 지리정보공학과, 공간정보공학과 등의 이름으로 학과가 개설되어 있다.

이 책에서 소개된 내용은 간단한 GIS의 개념과 MySQL에서 공간 데이터를 활용하기 위한 최소한의 기본적인 내용밖에는 소개할 수 없음을 양해해 주기 바란다.

우선, GIS를 표현하는 공간 데이터에는 벡터Vector 데이터와 래스터Raster 데이터 두 종류가 있다. 벡터 데이터에는 CAD Computer Aided Design에서 주로 사용되는 데이터를 말하며 파일 포맷으로는 *.ngi, *.shp, *.dxf 등이 있다. 래스터 데이터는 일반 그래픽 이미지와 비슷한 개념이며 인공위성에서 찍은 영상 데이터가 대표적인 GIS의 래스터 데이터다. 파일 포맷으로는 *.tiff, *.bmp 등이 있다. 이 책에서 얘기하는 공간 데이터는 주로 벡터 데이터에서 사용되는 점, 선, 면 등의 데이터를 말하며, MySQL의 공간 데이터 형식도 주로 이것들을 저장할 수 있도록 되어 있다. 래스터 데이터는 기존의 BLOB 데이터(LONGBLOB) 형식으로 처리할 수 있다.

[그림 14-1]에서 표현된 다양한 GIS를 구축하기 위해서는 속성 데이터(기존의 텍스트 기반의 데이터)와 공간 데이터(지도에 표현되는 데이터)가 필요하다.

속성 데이터(DBMS)

테이블

GIS 응용 프로그램

공간 데이터(파일)

[그림 14-2] GIS에서 사용되는 데이터의 기본 구조

[그림 14-2]에서 표현된 속성 데이터는 지금까지 사용해 온 DB에 테이블 형태로 입력 관리할 수 있었다. 그런데, 공간 데이터(=지도 데이터)는 MySQL 5.0 이전에는 별도로 관리할 수가 없었으며 일반적으로 공간 데이터는 파일 형태로 별도로 관리해 왔다.

⚠ GIS 공간 데이터 파일도 하나의 파일이므로, 앞에서 배웠던 파일 자체(BLOB 데이터)를 열에 넣어서 관리하는 방식을 사용할 수는 있다. 하지만, 이것은 진정한 GIS 데이터를 관리하기에는 부족하며 단지 GIS '파일'을 통째로 입력한 것뿐이다. 이는 잠시 후에 다시 얘기하겠다.

[그림 14-2]에 나온 GIS를 구축하기 위한 속성 데이터는 기존 DBMS에서 관리하고, 공간 데이터(파일)는 별도로 관리하게 됨으로써 데이터의 이중 관리라는 문제가 발생하며, 고가의 GIS 응용 프로그램 없이는 GIS를 활용하기가 어려운 것이 현실이었다. 이를 MySQL 5.0부터는 공간 데이터를 저장할 수 있는 새로운 공간 데이터 형식을 지원함으로써 진정한 속성 데이터와 공간 데이터의 '통합'을 지원하게 되었다.

⚠ 현재 많이 사용되는 데스크톱 GIS 소프트웨어 중 ArcGIS Desktop이라는 제품은 한 카피에 상당히 고가로 판매되고 있다.

14.1.1 공간 데이터의 기본 개념

GIS에 대한 기본적인 개념은 앞에서 설명했다. [그림 14-2]의 속성 데이터와 관련된 것은 기존에 우리가 사용해 왔던 문자, 숫자, 날짜 등의 데이터 형식들이다. 그리고, 기존에는 별도로 파일 단위로만 관리되던 공간 데이터를 각각의 개체로 저장/관리/검색하기 위해서 MySQL 5.0부터 Geometry라는 데이터 형식을 지원한다. (이에 대해서는 잠시 후에 상세히 살펴보겠다.) 그렇다면, 이러한 공간 데이터란 정확히 어떤 형태를 지니는지 살펴볼 필요가 있다. 특히, 우리나라에서 구축 및 사용되고 있는 공간 데이터를 중심으로 알아보도록 하자.

공간 데이터Spatial Data는 쉽게 지구상에 존재하는 지형정보를 표현한 데이터라고 생각하면 된다. 즉, 종이지도에 표현된 강, 도로, 나무, 건물, 가로등, 전봇대 등의 모든 표현물을 디지털 지도(정식명칭은 수치지도)상에 옮겨 놓은 데이터를 말한다.

[그림 14-3]은 국토지리정보원(http://map.ngii.go.kr)에서 배포하고 있는 수치지도 샘플이다. (샘플 데이터를 제외하고는 유상으로 구매해야 한다.)

[그림 14-3] 국토지리정보원에서 제작/보급하고 있는 수치지도 샘플과 확대한 그림

[그림 14-3]의 가운데 지도는 1/5,000 축척의 수치지도이며, 전국은 약 1만 6천여 개의 1/5,000 수치지도로 제작되어 있다. 이 수치지도는 NGI, SHP, DXF 등의 포맷 파일로 각각 저장되어 있다. [그림 14-3]의 제일 오른쪽 그림은 우리나라 전체를 포괄하는 수치지도의 색인도다. 즉, 제일 오른쪽의 작은 사각형 하나를 확대한 것이 가운데 한 장의 지도라고 생각하면 된다.

이렇게 국가에서 구축해 놓은 공간 데이터를 이용해서 많은 분야에서 이미 활용하고 있으며, 현재도 추가로 이를 활용하려고 시스템을 각 분야에서 개발하고 있다.

우리가 흔히 사용하는 자동차의 내비게이션은 이러한 공간정보가 활용되는 가장 보편적인 분야 중 하나다. 자동차의 내비게이션의 경우에는 공간 데이터와 더불어 GPS(위성위치정보)와 함께 활용되는 좋은 예이다. 또한, 구글 어스나 카카오맵, 네이버 지도 등과 같은 사이트도 공간정보를 적극 활용하는 응용 분야 중 한 가지라고 할 수 있다.

[그림 14-3]의 제일 왼쪽은 수치지도를 일부분 확대한 것이다. 이를 통해서 공간 데이터가 무엇으로 구성되는지 살펴보면, 공간 데이터는 주로 점^{Point}, 선^{Line}, 면^{Polygon}이라는 3개의 개체로서 표현된다.

형식	표현 그림	내부 구조	지도의 개체 예	MySQL의 공간 데이터 개체
점(Point)	●	1개의 x, y 좌표	가로수, 논 심볼, 텍스트 등	POINT
선(Line)	⌃⌄	여러 개의 x, y 좌표	도로, 하천 등	LINESTRING
면(Polygon)	▭	여러 개의 x, y 좌표 (단, 첫 점 = 끝점)	건물 등	POLYGON

[표 14-1] 점, 선, 면 개체의 구조

[표 14-1]에서는 공간 데이터를 표현하는 점/선/면 세 가지 구조에 대해서 설명한다. 이 세 가지 구조로 GIS의 공간 데이터를 대부분 표현하는 것이다.

14.2 MySQL에서 공간 데이터의 저장

14.2.1 기존의 공간 데이터의 관리 방식

MySQL 5.0 이전에는 수치지도상에 표현되는 개체(강, 건물 등)를 저장할 수 없었다.

⚠ 공간 데이터가 표현되는 파일 자체는 MySQL 5.0 이전에도 LONGBLOB 데이터 형식에 저장이 가능했으나, 그 내부의 개체들을 각각 행 데이터로 저장할 수는 없었다는 의미다.

그래서 일반적으로는 공간 데이터는 DB의 내부에 행 데이터가 아닌 외부의 파일로 별도로 존재하게 되었다. 응용 프로그램에서는 DB의 내용과 파일의 내용을 별도로 처리할 수밖에 없었다.

MySQL 버전	지원 데이터 타입	저장 단위	비 고
3.23 이전	없음	지도 파일의 저장경로만 텍스트로 저장	
3.23 ~ 5.0 이전	LONGBLOB	지도 파일 단위로 저장	지도(Map) 파일뿐 아니라 이미지/동영상 등 모든 파일이 저장됨
5.0 이후	LONGBLOB	지도 파일 단위로 저장	
	Geometry	개체(Entity) 단위로 저장 지원	공간 데이터 전용

[표 14-2] MySQL 버전별 공간 데이터의 저장 방식

속성과 공간 데이터의 별도 관리

수치지도 테이블(속성만 관리)

지도번호	지도이름	지도파일 경로
330000001	서울	C:\mapdata\map1.dwg
330000002	인천	C:\mapdata\map2.dwg
330000003	대전	C:\mapdata\map3.dwg

수치지도 저장 폴더(C:\mapdata\)

응용 프로그램에서 테이블을
조회한 후에, 별도로
지도 파일을 가져와서 사용

응용
프로그램

[그림 14-4] MySQL 3.23 이전 방식 - 테이블과 지도 파일이 별도로 관리

[그림 14-4]를 보면 수치지도 테이블과 수치지도가 관련 없이 별도로 관리 및 저장되고 있다. 단지, 수치지도 테이블의 하나의 열에 전자지도가 저장된 지도 파일 경로를 문자 값으로 가지고 있어서, 이를 응용 프로그램에서 읽어 들여 필요 시에 지도 저장 폴더로부터 파일을 별도로 불러들이는 방식을 사용한다.

일반적으로 많이 사용되는 방법이지만, 수치지도를 표현하는 테이블과 실제 지도 파일이 이중 관리됨으로써 관리상 문제가 발생할 소지가 다분하다. [그림 14-4]의 예로 현재는 지도 파일이 C:\mapdata\에 저장되어 있으나, 만약 디스크공간 등의 문제로 D:\mapdata\와 같은 다른 곳으로 파일을 이동하게 되면 기존의 수치지도 테이블의 '지도 파일 경로' 열의 내용도 모두 변경해줘야 하는 이중 작업을 해야만 한다.

지도 파일을 LONGBLOB열에 통째로 저장

수치지도 테이블(속성 + 수치지도 파일)

지도번호	지도이름	BLOB 데이터(파일)
330000001	서울	
330000002	인천	
330000003	대전	

파일별로 통째로 저장되어 있음

[그림 14-5] MySQL 3.23부터 5.0 이전 방식 – 수치지도 파일을 통째로 열에 저장

[그림 14-5]의 방식은 수치지도 파일을 하나의 데이터로 취급하여 테이블의 열에 저장하는 방식을 취한 것이다. 이러한 방식의 장점은 [그림 14-4]와 같이 관리의 이중성을 없애고, 수치지도의 속성 정보와 수치지도 데이터 파일 자체를 통합하여 하나의 테이블로 관리할 수 있게 되어 관리적인 측면에서 상당한 효율을 얻을 수 있다.

⚠ [그림 14-5]는 chapter 07의 '[그림 7-2] LONGTEXT, LONGBLOB 데이터 형식의 활용 예'에 나온 영화 동영상을 통째로 저장하는 것과 동일한 개념이다.

그러나, 테이블 자체의 크기가 기존의 텍스트만 저장하던 것과 달리, 수치지도 파일 크기만큼 기하급수적으로 커져서 입력/조회 등에서의 응답 속도가 상당히 느려지는 현상이 발생할 소지가 있다.

14.2.2 MySQL의 공간 데이터의 관리 방식

MySQL 5.0부터 GIS에서 사용되는 공간 데이터의 저장관리를 위해서 Geometry라는 데이터 타입을 제공해 준다. 우선 개념적으로는 [그림 14-6]과 같다.

하천(Stream) 테이블

지도일련번호	하천이름	공간 데이터
330000001	한류천	
330000001	안양천	
330000002	일산천	

건물(Building) 테이블

지도일련번호	건물이름	공간 데이터
330000001	우리빌딩	
330000002	디티오피스텔	
330000003	하나은행	

개체 단위로
각 행에 저장됨

[그림 14-6] MySQL 5.0 이후의 공간 데이터의 저장 방식

[그림 14-6]을 보면 데이터 개체 하나하나를 행 데이터로 취급함으로써 테이블에 저장하는 방식을 취한다. 쉽게 생각하면 '하천 이름'을 저장하기 위해서 CHAR 데이터 형식의 열로 생성하고 그 내부에는 '한류천' 등과 같은 실제 데이터가 입력되는 것과 마찬가지로, 공간 데이터도 GEOMETRY와 같은 데이터 형식의 열로 생성하고 그 내부에는 실제 '하천의 개체(Line의 좌표 값들)'를 입력하게 된다.

우선 간단한 일반 텍스트를 입력하기 위한 방법과 공간 데이터를 입력하기 위한 예를 보면 다음과 같다.

```
CREATE TABLE StreamTbl (
    MapNumber CHAR(10),  -- 지도일련번호
    StreamName CHAR(20),  -- 하천이름
    Stream GEOMETRY );  -- 공간 데이터(하천 개체)
INSERT INTO StreamTbl VALUES ( '330000001' , '한류천',
    ST_GeomFromText('LINESTRING (-10 30, -50 70, 50 70)', 0));
```

일반 텍스트인 지도일련번호나 하천이름은 지금까지의 방식인 CHAR나 VARCHAR로 정의하고 입력하면 되며, 선형LINESTRING으로 이루어진 하천 개체는 공간 데이터 형식인 GEOMETRY 데이터

형식으로 정의하면 된다. 입력은 그 함수^{Function}인 ST_GeomFromText()를 사용하여 입력할 수 있다. 이렇게 되면 [그림 14-6]의 하천 테이블의 첫 행이 입력되는 것이다.

⚠ 실제 하천이라면 훨씬 많은 좌표 값들로 이루어져 있을 것이다. 지금은 샘플이므로 하천의 좌표 값은 아주 간단히 3점만 입력했다.

MySQL에서 공간 데이터 개체가 데이터 형식으로 저장됨으로써 얻게 되는 또 한 가지의 특징은 공간 쿼리^{Spatial Query}가 가능해졌다는 점이다.

일반 쿼리에서 **SELECT 학생이름 FROM 학생테이블 WHERE 나이 〉 25**문과 같이 나이가 25살이 넘는 학생의 쿼리가 가능하듯이, **SELECT 하천이름 FROM 하천테이블 WHERE 하천길이 〉 10KM**문과 같이 쿼리가 가능해졌다. 더 나아가 "현재 하천에서 100M 이내에 인접한 상점들의 목록을 출력하라", "A상점에서 1KM 안에 있는 아파트의 목록과 위치를 출력하라"와 같은 공간 쿼리도 가능하다.

이러한 공간 쿼리는 별도의 GIS 소프트웨어가 있어야만 처리가 가능했으나, MySQL에서 제공하는 기능들을 활용함으로써 별도의 GIS 소프트웨어가 없이도 가능하다.

 실습을 통해서 익혀보자. 그런데, 공간 쿼리 결과를 공간 뷰어^{Spatial Viewer}를 통해서 보기 좋게 출력하기 위해서 실세계의 X, Y좌표가 아닌, 가상의 좌표 값(−80~+80)을 사용했다. 실세계의 좌표와는 다르지만 실습 결과를 간략히 표현하기 위해서 모든 X 및 Y좌표가 −80~+80 범위에 존재한다고 가정하고 실습을 진행하자.

실습1

간단한 공간 데이터 형식의 사용법을 익혀보자.

`step 0`

Workbench를 실행하고, 쿼리 창을 하나 연다.

`step 1`

공간 데이터를 입력할 테이블을 정의하자. 앞에서 살펴본 [그림 14-6]의 하천과 건물을 입력할 수 있게 하자.

1-1 연습용 데이터베이스를 생성한다.

```
DROP IF EXISTS DATABASE GisDB;
CREATE DATABASE GisDB;
```

1-2 하천(Stream)을 입력할 테이블을 생성한다.

```
USE GisDB;
CREATE TABLE StreamTbl (
    MapNumber CHAR(10),  -- 지도일련번호
    StreamName CHAR(20),  -- 하천이름
    Stream GEOMETRY ); -- 공간 데이터(하천개체)
```

1-3 [그림 14-6]에 표현된 3개의 하천을 입력하자. (하천의 좌표는 가상으로 간단히 설정했다.)

⚠ MySQL 8.0부터는 다양한 공간 좌표 시스템Spatial reference systems: SRSs을 제공한다. 필요하다면 ST_GeomFromText() 함수의 제일 뒤 파라미터를 다른 숫자로 변경해서 좌표 시스템을 다른 것으로 사용할 수 있다. 이에 대한 상세한 내용은 이 책의 범위를 벗어나므로, 직접 MySQL 8.0 매뉴얼을 참조하도록 하자.

```
INSERT INTO StreamTbl VALUES ( '330000001' , '한류천',
    ST_GeomFromText('LINESTRING (-10 30, -50 70, 50 70)'));
INSERT INTO StreamTbl VALUES ( '330000001' , '안양천',
    ST_GeomFromText('LINESTRING (-50 -70, 30 -10, 70 -10)'));
INSERT INTO StreamTbl VALUES ('330000002' , '일산천',
    ST_GeomFromText('LINESTRING (-70 50, -30 -30, 30 -60)'));
```

1-4 건물Building을 입력할 테이블을 생성한다.

```
CREATE TABLE BuildingTbl (
    MapNumber CHAR(10),  -- 지도일련번호
    BuildingName CHAR(20),  -- 건물이름
    Building GEOMETRY ); -- 공간 데이터(건물개체)
```

1-5 [그림 14-6]에 표현된 3개의 건물을 입력하자. (건물의 좌표는 가상으로 간단히 설정했다.)

```
INSERT INTO BuildingTbl VALUES ('330000005' , '하나은행',
    ST_GeomFromText('POLYGON ((-10 50, 10 30, -10 10, -30 30, -10 50))'));
INSERT INTO BuildingTbl VALUES ( '330000001' , '우리빌딩',
    ST_GeomFromText('POLYGON ((-50 -70, -40 -70, -40 -80, -50 -80, -50 -70))'));
INSERT INTO BuildingTbl VALUES ( '330000002' , '디티오피스텔',
    ST_GeomFromText('POLYGON ((40 0, 60 0, 60 -20, 40 -20, 40 0))'));
```

입력이 완료되었으면 입력한 데이터를 조회해 보자.

2-1 일반 테이블과 동일하게 조회해 보자. 3건이 잘 조회될 것이다.

```
SELECT * FROM StreamTbl;
```

MapNumber	StreamName	Stream
▶ 330000001	한류천	BLOB
330000001	안양천	BLOB
330000002	일산천	BLOB

[그림 14-7] 결과 창 1

그런데, Stream 형식은 이진 데이터 형식으로 들어가서 보이지 않는다.

2-2 Stream의 내용을 보려면 'BLOB' 글자에서 마우스 오른쪽 버튼을 클릭한 후 [Open Value in Viewer] 를 선택하면 된다.

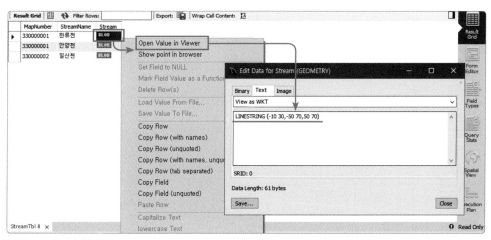

[그림 14-8] 결과 창 2

2-3 MySQL은 쿼리 결과에 공간 데이터 형식이 있을 경우에는 그래픽적으로 '공간 결과'를 제공해 준다. 오른쪽 결과를 아래로 스크롤해서 [Spatial View]를 선택하자. 그리고 전체 화면으로 보이는 아이콘과 Projection을 Equirectangular로 선택하자. 화면 배경색을 없애려면 오른쪽 Grid에서 마우스 오른쪽 버튼을 클릭한 후 [Fill Polygons]를 끄면 된다.

⚠ 공간 뷰어Spatial Viewer는 Workbench 6.2 버전부터 제공된다. 이 책은 Workbench 8.0을 사용하고 있다.

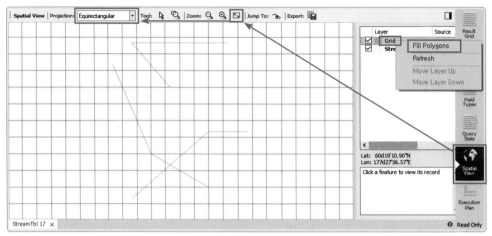

[그림 14-9] 공간 결과 1

실제 공간 그래픽 데이터가 표현된다.

2-4 이번에는 빌딩을 검색해 보자. 빌딩 내부를 클릭하면 해당 빌딩의 정보가 오른쪽 아래에 표시된다.

⚠ 앞으로는 별도로 언급하지 않아도 지도 화면을 보려면 왼쪽 [Spatial View]를 클릭한 후, 전체 화면 아이콘과 Equirectangular를 선택해서 화면을 확인하도록 하자.

```
SELECT * FROM BuildingTbl;
```

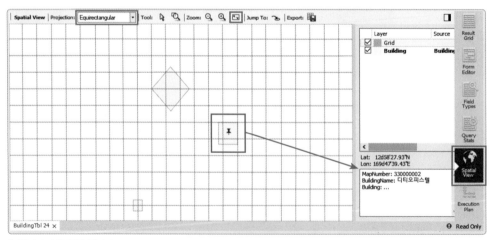

[그림 14-10] 공간 결과 2

2-5 오른쪽의 [Form Editor]를 클릭하면 빌딩 하나하나의 그림과 내용이 표현된다.

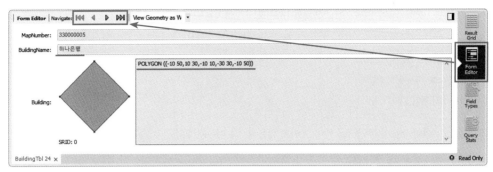

[그림 14-11] 공간 결과 3

step 3

Geometry 데이터 형식에 사용할 수 있는 공간 함수를 사용해 보자.

3-1 먼저 하천의 길이가 140m 이상인 것만 조회해 보자. 그리고 [Spatial View]에서 확인해 보자.

```
SELECT * FROM StreamTbl WHERE ST_Length(Stream) > 140 ;
```

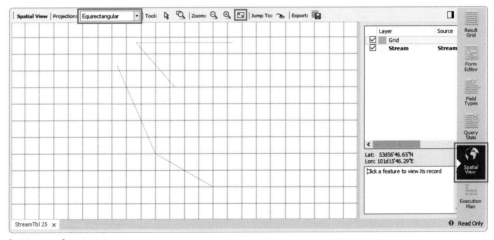

[그림 14-12] 공간 결과 4

한류천과 일산천만 나온다. 안양천은 140m 미만이라서 나오지 않았다.

⚠ 여기서 주목할 점은 StreamTbl에는 하천의 길이에 대한 열이 없다는 것이다. 즉, 공간 데이터인 Stream열에 공간 함수인 ST_Length( )를 사용해서 실시간으로 하천의 길이를 구한 것이다.

3-2 이번에는 면적이 500m² 미만인 건물의 이름과 면적을 확인해 보자.

```
SELECT BuildingName, ST_AREA(Building) FROM BuildingTbl
    WHERE ST_AREA(Building) < 500;
```

BuildingName	ST_AREA(Building)
우리빌딩	100
디티오피스텔	400

[그림 14-13] 쿼리 결과

그런데, 오른쪽에 [Spatial View] 탭이 보이지 않는다. 그 이유는 쿼리의 결과 중에서 공간 데이터 형식(여기서는 Building열)에 해당하는 열이 없기 때문이다. 아무튼, 공간 결과가 나오지 않더라도 쿼리의 목적인 면적 500m² 미만의 건물의 이름과 면적은 조회되었다.

---

step 4

하천과 빌딩을 모두 동시에 표현하려면 UNION ALL을 사용하면 된다.

```
SELECT * FROM StreamTbl
UNION ALL
SELECT * FROM BuildingTbl;
```

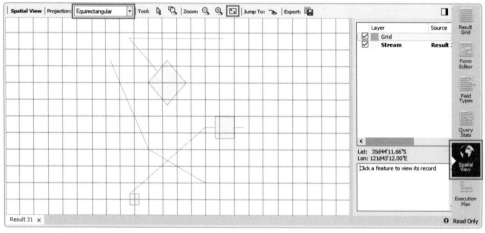

[그림 14-14] 공간 결과 5

비타민 퀴즈 14-1

Windows의 Workbench로 Linux 가상머신에 접속해서 앞의 〈실습 1〉을 진행해 보자.

힌트 Linux 환경에서는 DB이름, 테이블 이름을 모두 영문 소문자로 사용해야 한다.

14.2.3 공간 데이터 형식의 함수

공간 데이터(점, 선, 면)를 입력/출력/조회하기 위해서는 기존의 SQL 구문으로는 처리할 수가 없다. 그래서 MySQL은 공간 데이터를 처리하기 위한 공간 함수Spatial Function를 제공해 준다.

앞의 〈실습 1〉에서도 잠깐 사용해 보았지만, Geometry 형식의 열에 데이터를 입력하기 위해서 ST_GeomFromText() 함수를 이용해서 입력했었다.

⚠ ST_GeomFromText()는 Static Geometry From Text의 약어로 '텍스트로부터 정적 기하도형 입력' 정도로 해석하면 되겠다.

MySQL에서 제공하는 Geometry 데이터 형식 함수 중에서 이 책에서 주로 사용하는 함수는 [표 14-3]과 같다. 각 함수의 상세한 설명이나 전체 함수 목록은 MySQL 도움말(https://dev.mysql.com/doc/refman/8.0/en/spatial-function-reference.html)을 참조하자.

함수명	설명	비고
ST_GeomFromText()	문자열을 Geometry 형식으로 변환한다.	Point, LineString, Polygon 등
ST_AsText()	Geometry 형식을 문자열 형식으로 변환한다.	Point, LineString, Polygon 등
ST_Length()	LineString의 길이를 구한다.	
ST_Area()	Polygon의 면적을 구한다.	
ST_Intersects()	두 도형의 교차 여부를 확인한다.	0: 교차 안 함, 1: 교차함
ST_Buffer()	도형에서부터 주어진 거리만큼 떨어진 좌표 집합을 구한다.	
ST_Contains()	한 도형 안에 다른 도형이 들어 있는지 확인한다.	0: 포함 안 함, 1: 포함함
ST_Distance()	두 도형 사이의 거리를 구한다.	
ST_Union()	두 도형을 합한 결과 좌표 집합을 구한다.	
ST_Intersection()	두 도형이 교차하는 좌표 집합을 구한다.	

[표 14-3] MySQL에서 지원하는 Geometry 데이터 형식 함수

여기서 잠깐

☆ **OGC**

OGCOpen Geospatial Consortium, http://www.opengeospatial.org란 GIS와 관련된 표준을 제정하는 비 영리기구로써, 공간 데이터나 위치 정보를 포함한 각종의 콘텐츠를 기술하기 위한 XML 베이스의 마크업 언어인 GMLGeography Markup Language의 스펙도 제정하고 있다. MySQL에서 제공하는 공간 함수들은 OGC의 표준에 맞춰서 제공된다.

공간 데이터 형식 함수의 사용법을 간단히 살펴보자.

앞의 〈실습 1〉에서 사용한 두 테이블 StreamTbl과 BuildingTbl을 사용하겠다.

안양천 하천에 걸치는 건물을 추출해 보자.

```
SELECT StreamName, BuildingName, Building, Stream
   FROM BuildingTbl , StreamTbl
   WHERE ST_Intersects(Building, Stream) = 1  AND StreamName = '안양천';
```

여기서 ST_Intersects(Building, Stream) 함수는 하천^{Stream}과 건물^{Building}의 교차 여부를 추출해 주고, 교차할 경우에는 1을 돌려준다. 그러므로, 위 쿼리는 안양천과 교차하는 빌딩을 출력해 준다.

[그림 14-15] 공간 데이터 형식 함수 사용 결과 1

하천의 폭을 5m로 표현해 보자.

```
SELECT ST_Buffer(Stream,5) FROM StreamTbl;
```

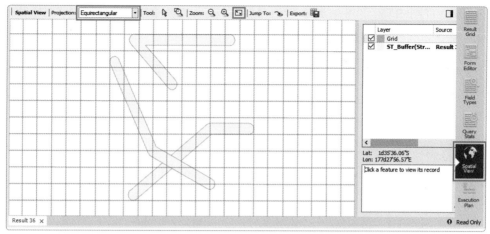

[그림 14-16] 공간 데이터 형식 함수 사용 결과 2

이 외에도 지원하는 공간 데이터 형식 함수를 모두 활용할 수 있다.

14.3 MySQL에서 진행하는 GIS 응용 프로젝트

이번에는 지금까지 배운 것을 활용해서 간단한 GIS 응용 프로젝트를 수행해 보자. 짬뽕 전문점인 [왕매워 짬뽕] 체인점 본사에서 GIS 데이터를 활용해서 서울의 체인점을 관리하는 상황을 가정해 보겠다.

[그림 14-17] [왕매워 짬뽕] 체인점 본사가 사용하는 GIS 구성도

[그림 14-17]의 지도는 [왕매워 짬뽕] 체인에서 사용하는 지도를 아주 간단히 요약해서 표현한 것이다. (데이터가 복잡하면 실습하기가 어렵다.) [그림 14-17]의 지도는 다음과 같은 것을 표현한다.

- 현재 서울의 경계선은 좌표 $(-90, -90) \sim (90, 90)$까지 사각형으로 구성되어 있다.

- 서울을 가로지르는 도로인 '강변북로'는 좌표 $(-70, -70)$, $(-50, -20)$, $(30, 30)$, $(50, 70)$ 네 좌표의 선형LineString으로 구성되어 있다.

- 지역 관리자는 '당탕이'와 '존밴이' 두 명이 있는데, 당탕이의 담당지역은 서울 왼쪽의 50%인 직사각형 모양 $(-90, -90)$, $(-90, 90)$, $(0, 90)$, $(0, -90)$의 좌표를 갖는 다각형Polygon이며, 존밴이의 담당지역은 ㄱ자 점선으로 $(-90, 0)$, $(-90, 90)$, $(90, 90)$, $(90, -90)$, $(0, -90)$, $(0, 0)$의 좌표를 갖는 서울의 약 75%를 포함하는 다각형Polygon이다.

- 당탕이와 존밴이의 구역 중에서 좌측 상단의 $(-90, 0)$, $(-90, 90)$, $(0, 90)$, $(0, 0)$의 좌표를 갖는 서울의 약 25%의 다각형은 서로 중복되는 구역이다.

- 체인점은 1호점에서 9호점까지 개설되어 있으며 각 체인점은 점Point으로 표현된다. 각각의 위치 좌표는 지도상에 표시되어 있다.

이러한 상황을 MySQL의 공간 데이터를 활용해서 실습해 보자.

실습3

[왕매워 짬뽕] 체인점을 관리하기 위한 GIS 프로젝트를 수행하자.

⚠ 이번 실습은 입력할 내용이 많으므로, 책의 사이트인 https://cafe.naver.com/thisisMySQL/에서 쿼리문을 다운로드 해서 사용하자.

---

step 0

데이터베이스를 새로 생성한다.

```
DROP DATABASE IF EXISTS KingHotDB;
CREATE DATABASE KingHotDB;
```

step 1

각 테이블을 정의하고, 가상의 샘플 데이터를 입력한다.

1-1 체인점 테이블을 생성하고 [그림 14-17]의 9개의 지점을 입력하자.

```
USE KingHotDB;
-- [왕매워 짬뽕] 체인점 테이블 (총 매출액 포함)
CREATE TABLE Restaurant
(restID int auto_increment PRIMARY KEY,   -- 체이점 ID
 restName varchar(50),                    -- 체인점 이름
 restAddr varchar(50),                    -- 체인점 주소
 restPhone varchar(15),                   -- 체인점 전화번호
 totSales  BIGINT,                        -- 총 매출액
 restLocation geometry ) ;                -- 체인점 위치


-- [왕매워 짬뽕] 1호점~9호점 입력
INSERT INTO Restaurant VALUES
 (NULL, '왕매워 짬뽕 1호점', '서울 강서구 방화동', '02-111-1111', 1000, ST_GeomFromText
   ('POINT(-80 -30)')),
 (NULL, '왕매워 짬뽕 2호점', '서울 은평구 증산동', '02-222-2222', 2000, ST_GeomFromText
   ('POINT(-50 70)')),
 (NULL, '왕매워 짬뽕 3호점', '서울 중랑구 면목동', '02-333-3333', 9000, ST_GeomFromText
   ('POINT(70 50)')),
 (NULL, '왕매워 짬뽕 4호점', '서울 광진구 구의동', '02-444-4444', 250, ST_GeomFromText
   ('POINT(80 -10)')),
 (NULL, '왕매워 짬뽕 5호점', '서울 서대문구 북가좌동', '02-555-5555', 1200, ST_GeomFromText
   ('POINT(-10 50)')),
 (NULL, '왕매워 짬뽕 6호점', '서울 강남구 논현동', '02-666-6666', 4000, ST_GeomFromText
   ('POINT(40 -30)')),
 (NULL, '왕매워 짬뽕 7호점', '서울 서초구 서초동', '02-777-7777', 1000, ST_GeomFromText
   ('POINT(30 -70)')),
 (NULL, '왕매워 짬뽕 8호점', '서울 영등포구 당산동', '02-888-8888', 200, ST_GeomFromText
   ('POINT(-40 -50)')),
 (NULL, '왕매워 짬뽕 9호점', '서울 송파구 가락동', '02-999-9999', 600, ST_GeomFromText
   ('POINT(60 -50)'));


SELECT restName, ST_Buffer(restLocation, 3) as '체인점' FROM Restaurant;
```

⚠ SELECT 문장에서 restLocation열(체인점 위치)에 ST_Buffer() 함수를 사용한 이유는 Point가 너무 작아서 잘 안보이기 때문에 화면에 크게 표시하기 위한 용도일 뿐이다.

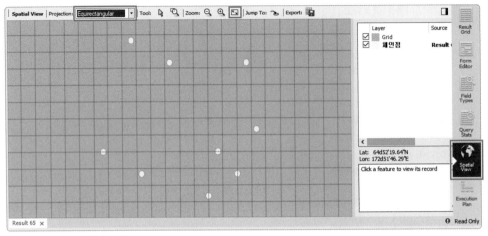

[그림 14-18] 각 체인점인 1호점 ~ 9호점의 위치

1-2 지역 관리자 테이블을 생성하고, 두 명의 직원을 입력한다.

```
-- 지역 관리자 테이블
CREATE TABLE Manager
  (ManagerID int auto_increment PRIMARY KEY,      -- 지역관리자 id
   ManagerName varchar(5),                         -- 지역관리자 이름
   MobilePhone varchar(15),                        -- 지역관리자 전화번호
   Email varchar(40),                              -- 지역관리자 이메일
   AreaName varchar(15),                           -- 담당지역명
   Area geometry SRID 0) ;                         -- 담당지역 폴리곤

INSERT INTO Manager VALUES
  (NULL, '존밴이', '011-123-4567', 'johnbann@kinghot.com',  '서울 동/북부지역',
    ST_GeomFromText('POLYGON((-90 0, -90 90, 90 90, 90 -90, 0 -90, 0  0, -90 0))')) ,
  (NULL, '당탕이', '019-321-7654', 'dangtang@kinghot.com', '서울 서부지역',
    ST_GeomFromText('POLYGON((-90 -90, -90 90, 0 90, 0 -90, -90 -90))'));

SELECT ManagerName, Area as '당탕이' FROM Manager WHERE ManagerName = '당탕이';
SELECT ManagerName, Area as '존밴이' FROM Manager WHERE ManagerName = '존밴이';
```

⚠ [그림 14-17]을 보면 당탕이 지역은 존밴이 지역과 서울의 왼쪽 상단 25% 부분이 겹친다. 공간 뷰어의 출력 결과는 존밴이 지역이 나중에 나와서, 당탕이 지역이 일부 덮어져 출력되었다.

[그림 14-19] 두 지역 관리자의 관리 지역

1-3 서울시의 도로 테이블을 생성하고, 하나의 도로(강변북로)를 입력하자.

```
-- 서울시의 도로 테이블
CREATE TABLE Road
  (RoadID int auto_increment PRIMARY KEY, -- 도로 ID
    RoadName varchar(20),                 -- 도로 이름
    RoadLine geometry );                  -- 도로 선

INSERT INTO Road VALUES
  (NULL, '강변북로', ST_GeomFromText('LINESTRING(-70 -70 , -50 -20 , 30 30,  50 70)'));

SELECT RoadName, ST_BUFFER(RoadLine,1) as '강변북로' FROM Road;
```

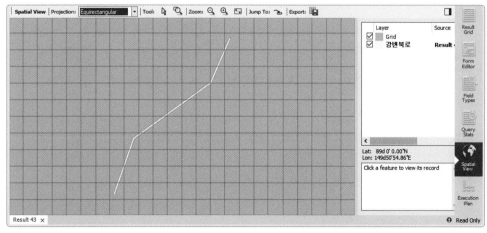

[그림 14-20] 서울시의 도로

1-4 전체를 한꺼번에 조회해 보자.

```
SELECT ManagerName, Area as '당탕이' FROM Manager WHERE ManagerName = '당탕이';
SELECT ManagerName, Area as '존밴이' FROM Manager WHERE ManagerName = '존밴이';
SELECT restName, ST_Buffer(restLocation, 3) as '체인점' FROM Restaurant;
SELECT RoadName, ST_Buffer(RoadLine,1) as '강변북로' FROM Road;
```

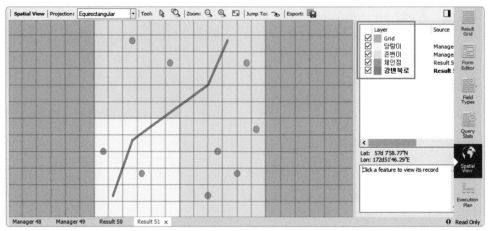

[그림 14-21] 전체 공간 데이터의 조회

위 쿼리 결과를 보면, [왕매워 짬뽕]에서 사용하던 지도인 [그림 14-17]과 동일한 것을 확인할 수 있다.

step 2

GIS 공간 쿼리를 통해서, 구축 완료한 공간 데이터를 업무에 적극 활용해 보자.

2-1 각 지역 관리자의 담당지역의 면적을 계산하자.

```
SELECT ManagerName, AreaName, ST_Area(Area) as "면적 m2" FROM Manager;
```

ManagerName	AreaName	면적 m2
존밴이	서울 동/북부지역	24300
당탕이	서울 서부지역	16200

[그림 14-22] 공간 쿼리 결과 1

다시 한 번 기억할 것은 Manager 테이블에는 면적에 대한 정보가 없으며, 단지 공간 데이터(폴리곤)만 있다. 이 공간 데이터에서 면적을 구하는 공간 함수 STArea()를 이용해서 필요한 정보를 계산한 것이다.

2-2 각 지역 관리자 별로 담당하는 체인점의 이름과 주소를 추출하자.

```
SELECT M.ManagerName,
        R.restName,
```

```
            R.restAddr,
            M.AreaName
    FROM Restaurant R, Manager M
    WHERE ST_Contains(M.area, R.restLocation) = 1
    ORDER BY M.ManagerName;
```

ManagerName	restName	restAddr	AreaName
당탕이	왕매워 짬뽕 1호점	서울 강서구 방화동	서울 서부지역
당탕이	왕매워 짬뽕 2호점	서울 은평구 증산동	서울 서부지역
당탕이	왕매워 짬뽕 5호점	서울 서대문구 북가좌동	서울 서부지역
당탕이	왕매워 짬뽕 8호점	서울 영등포구 당산동	서울 서부지역
존밴이	왕매워 짬뽕 2호점	서울 은평구 증산동	서울 동/북부지역
존밴이	왕매워 짬뽕 3호점	서울 중랑구 면목동	서울 동/북부지역
존밴이	왕매워 짬뽕 4호점	서울 광진구 구의동	서울 동/북부지역
존밴이	왕매워 짬뽕 5호점	서울 서대문구 북가좌동	서울 동/북부지역
존밴이	왕매워 짬뽕 6호점	서울 강남구 논현동	서울 동/북부지역
존밴이	왕매워 짬뽕 7호점	서울 서초구 서초동	서울 동/북부지역
존밴이	왕매워 짬뽕 9호점	서울 송파구 가락동	서울 동/북부지역

[그림 14-23] 공간 쿼리 결과 2

여기서 2호점과 5호점은 존밴이와 당탕이에 중복해서 출력된다. 그 이유는 [그림 14-17]에 나와 있듯 두 관리자의 중복되는 지역 안에 들어가기 때문이다. 즉, [그림 14-21]의 좌측 상단의 두 지점이다.

2-3 1호점에 배달이 너무 밀려서 더 이상 주문을 받을 수 없는 상황이라면, 1호점과 가까운 다른 지점으로 주문할 수 있도록 해야 할 것이다. 1호점에서 거리가 가까운 순으로 지점을 출력하자.

```
    SELECT R2.restName,
           R2.restAddr,
           R2.restPhone,
           ST_Distance(R1.restLocation, R2.restLocation) AS "1호점에서 거리"
    FROM Restaurant R1, Restaurant R2
    WHERE R1.restName='왕매워 짬뽕 1호점'
    ORDER BY ST_Distance(R1.restLocation, R2.restLocation) ;
```

restName	restAddr	restPhone	1호점에서 거리
왕매워 짬뽕 1호점	서울 강서구 방화동	02-111-1111	0
왕매워 짬뽕 8호점	서울 영등포구 당산동	02-888-8888	44.721359549995796
왕매워 짬뽕 2호점	서울 은평구 증산동	02-222-2222	104.4030650891055
왕매워 짬뽕 5호점	서울 서대문구 북가좌동	02-555-5555	106.30145812734649
왕매워 짬뽕 7호점	서울 서초구 서초동	02-777-7777	117.04699910719626
왕매워 짬뽕 6호점	서울 강남구 논현동	02-666-6666	120
왕매워 짬뽕 9호점	서울 송파구 가락동	02-999-9999	141.4213562373095
왕매워 짬뽕 4호점	서울 광진구 구의동	02-444-4444	161.24515496597098
왕매워 짬뽕 3호점	서울 중랑구 면목동	02-333-3333	170

[그림 14-24] 공간 쿼리 결과 3

결과를 보면 1호점은 자신의 위치이므로 거리가 0이고, 가장 가까운 곳은 8호점, 2호점, 5호점 순서로 되어 있다.

2-4 두 관리자의 지역을 모두 합쳐서 출력하자.

```
SELECT Area INTO @eastNorthSeoul FROM Manager WHERE AreaName = '서울 동/북부지역';
SELECT Area INTO @westSeoul FROM Manager WHERE AreaName = '서울 서부지역';
SELECT ST_Union(@eastNorthSeoul, @westSeoul) AS  "모든 관리지역을 합친 범위" ;
```

[그림 14-25] 공간 쿼리 결과 4

2-5 존밴이와 당탕이가 중복되어 관리되는 지점의 이름을 조회하자.

```
SELECT  Area INTO @eastNorthSeoul FROM Manager WHERE ManagerName = '존밴이';
SELECT  Area INTO @westSeoul FROM Manager WHERE ManagerName = '당탕이';
SELECT  ST_Intersection(@eastNorthSeoul, @westSeoul) INTO @crossArea ;
SELECT DISTINCT R.restName AS "중복 관리 지점"
    FROM Restaurant R, Manager M
    WHERE ST_Contains(@crossArea, R.restLocation) = 1;
```

[그림 14-26] 공간 쿼리 결과 5

2-6 체인점 중에서 강변북로와 가까운 곳은 자동차로 많이 방문할 수 있으므로, 주차시설을 확충하려 한다. 강변북로에서 30m 이내에 있는 짬뽕집을 조회하자.

```
SELECT  ST_Buffer(RoadLine, 30) INTO @roadBuffer FROM Road;
SELECT R.restName AS "강변북로 30M 이내 지점"
```

```
    FROM Restaurant R
    WHERE ST_Contains(@roadBuffer,R.restLocation) = 1;
```

강변북로 30M 이내 지점
▶ 왕매워 짬뽕 1호점
왕매워 짬뽕 3호점
왕매워 짬뽕 8호점

[그림 14-27] 공간 쿼리 결과 6

2-7 이번에는 강변북로에서 30m 이내에 있는 짬뽕집을 지도로 출력해 보자.

```
SELECT  ST_Buffer(RoadLine, 30) INTO @roadBuffer FROM Road;
SELECT  ST_Buffer(RoadLine, 30) as '강변로 30m' FROM Road;
SELECT  ST_Buffer(R.restLocation, 5) as '체인점' -- 지점을 약간 크게 출력
    FROM Restaurant R
    WHERE ST_Contains(@roadBuffer, R.restLocation) = 1;
SELECT RoadLine as '강변북로' FROM Road;
```

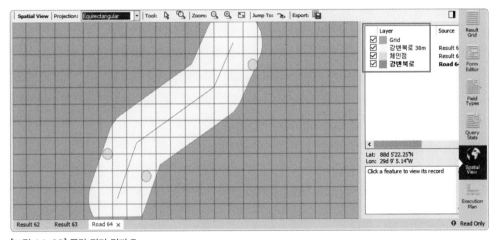

[그림 14-28] 공간 쿼리 결과 7

결과가 지도상에 잘 표현되었다.

비타민 퀴즈 14-2

Windows의 Workbench로 Linux 가상머신에 접속해서 앞의 〈실습 3〉을 진행해 보자.

힌트 Linux 환경에서는 DB 이름, 테이블 이름을 모두 영문 소문자로 사용해야 한다.

이상으로 MySQL에서 제공되는 공간 데이터를 활용해서 작은 GIS 프로젝트를 수행해 보았다. MySQL의 공간 데이터를 잘 활용한다면 고가의 상용 GIS 툴에서만 수행할 수 있었던 GIS 분석기능까지 수행할 수 있을 뿐만 아니라, chapter 15에서 배울 응용 프로그램까지 접목시킬 경우에는 MySQL의 서드 파티^{Third Party} 응용 프로그램으로써 훌륭한 상용 GIS 툴을 제작할 수 있을 것이다.

파이썬과 MySQL 응용 프로그래밍

파이썬Python은 요즘 들어 상당히 인기가 올라간 프로그래밍 언어 중 하나다. 파이썬은 최근 들어 많은 분야에서 다양하고 강력하게 활용되고 있다. IT 분야뿐 아니라 금융, 경영, 제조, 생물, 화학, 기계, 전자 등의 대부분의 산업 분야에서 활용되고 있다. 파이썬은 구글, 야후, NASA, 드롭박스 등에서 활용할 정도로 기업이나 관공서 등에서 도 완전히 자리를 잡았다.

파이썬은 다른 프로그래밍 언어보다 배우기 쉽고, 결과를 바로 확인할 수 있어서 프로그램을 처음 배우는 사람 에게도 아주 좋은 선택이라고 할 수 있다. 이번 chapter는 파이썬의 기본적인 내용을 파악한 후에, 파이썬에서 MySQL을 연동하는 방법을 살펴보고자 한다. 마지막에는 chapter 14에서 학습한 공간 데이터를 파이썬에서 접속해서 화면에 출력하는 고급 응용 프로그램을 작성해 보겠다.

만약 이미 파이썬을 학습했거나 사용 경험이 있는 독자라면 기본 문법을 설명한 앞부분은 넘어가고, MySQL과 연동 부분부터 살펴보면 된다.

chapter 15의 핵심 개념

chapter 15에서는 파이썬 개발 환경을 구축하고 파이썬 기본 프로그래밍을 학습한다. 그리고 MySQL 과 파이썬을 연동하는 방법을 알아본다. 마지막으로 파이썬에서 공간 데이터를 조회하는 응용 프로그램 을 작성한다.

chapter 15의 핵심 개념은 다음과 같다.

1. 파이썬은 최근 들어 인기가 많은 프로그래밍 언어다.

2. 파이썬 3.x 버전을 사용해서 응용 프로그램을 작성한다.

3. 파이썬은 다른 프로그래밍 언어와 마찬가지로 연산자/조건문/반복문 등의 문법을 제공한다.

4. 파이썬의 중요한 자료구조 중 하나는 리스트다. 리스트는 다른 언어의 배열과 비슷한 개념이다.

5. 파이썬은 tkinter를 통해서 윈도 프로그래밍을 지원한다.

6. MySQL과 파이썬 연동을 위해서는 pymysql 외부 라이브러리를 사용해야 한다.

7. MySQL의 공간 데이터를 조회하는 [왕매워 짬뽕] GUI 응용 프로그램을 작성할 수 있다.

---

chapter 15의 학습 흐름

파이썬 개발 환경 구축

파이썬 기본 문법 학습

MySQL과 파이썬 연동 프로그래밍

공간 데이터 조회를 위한 GUI 응용 프로그래밍

15.1 파이썬 개발 환경 구축과 문법 요약

15.1.1 파이썬 소개

파이썬Python은 귀도 반 로썸(1956년생)이라는 프로그래머가 C 언어로 제작했으며, 1991년도에 공식적으로 발표했다. 파이썬의 사전적인 의미는 비단뱀이라서 파이썬의 로고를 보면 파란색과 노란색 비단뱀 두 마리가 서로 얽혀 있다.

[그림 15-1] 파이썬 로고

파이썬은 배우기 쉬운 장점 외에도 웹 개발, 빅데이터, 인공지능, 과학, 교육 등 다양한 분야에서 적극 활용되고 있다. 파이썬의 장점을 정리하면 다음과 같다.

- 완전 무료로 강력한 기능을 사용할 수 있다.

- 읽기 쉽고 사용하기 쉽다.

- 사물인터넷과 잘 연동된다.

- 다양하고 강력한 외부 라이브러리들이 많이 있다.

- 강력한 웹 프레임워크를 사용할 수 있다.

이 책에서는 파이썬과 함께 파이썬을 MySQL과 연결해주는 대표적인 외부 라이브러리인 PyMySQL을 사용할 것이다. 이 책을 집필하는 시점의 파이썬의 최신 버전은 [표 15-1]과 같다.

파이썬 버전	정식 버전 발표일	현재 최신 버전	업데이트 마감
3.9	2020년 10월	3.9.0 (Alpha)	2025년 10월
3.8	2019년 10월	3.8.0	2024년 10월
3.7	2018년 6월	3.7.4	2023년 6월
3.6	2016년 12월	3.6.9	2021년 12월
3.5	2015년 9월	3.5.7	N/A
3.4	2014년 5월	3.4.10	N/A
2.7	2010년 7월	2.7.16	N/A

[표 15-1] 파이썬 버전(이 책을 집필하는 2019년 후반기 기준)

[표 15-1]에서 2.7 버전은 현재는 업데이트가 마감되었으며 보안 이슈와 관련되어서만 버그 패치 중이다. 파이썬 개발 커뮤니티에서는 앞으로 파이썬 2.7 버전은 더 이상 개발하지 않는다고 발표했었다. 이 책에서는 현재 안정화된 최신 버전인 3.7.4를 사용하겠지만, 3.x 버전이라면 다른 버전도 별 문제없이 사용이 가능할 것이다.

15.1.2 파이썬 설치

파이썬을 다운로드 받아서 개발 환경을 구축하자.

실습1

파이썬 3.7.4 버전을 설치하자.

step 1

파이썬을 다운로드 하자.

1-1 웹 브라우저에서 https://www.python.org/ftp/python/3.7.4/python-3.7.4-amd64.exe 주소를 직접 입력해서 책과 동일한 버전을 다운로드 하자. 또는 책의 자료실(https://cafe.naver.com/thisisMySQL/)에 접속해서 받아도 된다.

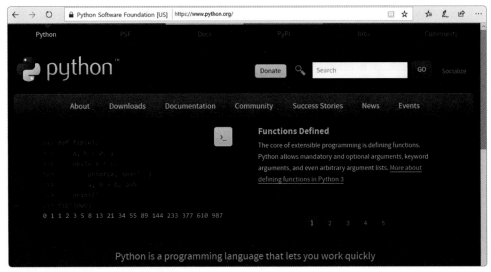

[그림 15-2] python.org 사이트 초기 화면

다운로드 받은 파이썬을 설치하자.

2-1 다운로드한 python-3.7.4-amd64.exe 파일을 더블클릭해서 설치를 진행한다. 초기 화면에서 제일 아래의 'Add Python 3.7 to PATH'를 체크하고 [Customize installation]을 클릭한다.

[그림 15-3] 파이썬 설치 1

2-2 [Optional Features] 화면에서 그대로 두고 〈Next〉를 클릭한다.

2-3 [Advanced Options] 화면에서 아래쪽 경로를 간단하게 "C:\Python\Python37"로 변경하고 〈Install〉을 클릭한다.

[그림 15-4] 파이썬 설치 2

2-4 잠시 설치가 진행된다.

[그림 15-5] 파이썬 설치 3

2-5 설치가 성공적으로 완료되면 [Disable path length limit]을 클릭한 후 〈Close〉를 클릭해서 설치를 마친다.

[그림 15-6] 파이썬 설치 4

파이썬의 기본적인 사용법을 파악하자.

3-1 Windows [시작] 〉〉 [P] 〉〉 [Python 3.7] 〉〉 [IDLE (Python 3.7 64-bit)]를 선택해서 파이썬 개발 환경을 실행하자.

[그림 15-7] 파이썬 개발환경 실행

3-2 [Python 3.7.4 Shell] 창이 열리고 "〉〉〉" 프롬프트가 나오면 파이썬 명령을 입력한다. 간단히 Hello World 프로그램을 작성해 보자. 파이썬은 인터프리터 언어이기에 한 줄을 입력하면 즉시 실행된다. 이 환경을 "대화형 모드"라고 부른다.

```
print("Hello. World!")
```

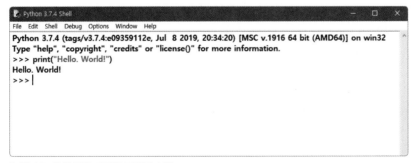

[그림 15-8] 한 줄씩 파이썬 코딩 및 실행

☼ 컴파일러 언어와 스크립트 언어

컴파일러Compiler 언어는 소스 코드를 실행 가능한 기계어로 일괄 번역한 후에 번역이 완료된 파일(예로 *.exe, *.class 등의 파일)이 실행되는 언어를 말한다. 소스 코드를 기계어로 번역하는 과정을 컴파일Compile이라고 부르며, 이 작업을 하는 프로그램을 컴파일러라고 부른다. 대표적인 컴파일러 언어로는 C, C++, Java 등이 있다. 이와 대비해서 스크립트 언어(또는 인터프리터 언어)는 소스 코드를 한 줄씩 읽어서 실행되는 언어를 말한다. 이렇게 한 줄씩 처리하는 작업을 하는 프로그램을 인터프리터Interpreter라고 부른다. 그래서 스크립트 언어는 별도의 실행 파일이 생성되지 않는다. 대표적인 스크립트 언어로는 파이썬, 자바스크립트JavaScript, 펄Perl 등이 있다.

3-3 여러 줄을 코딩한 후에 한번에 실행할 수도 있다. [Python 3.7.4 Shell] 창의 메뉴 [File] 》 [New File]을 선택한다. 그리고 새로운 창이 나오면 다음 2줄을 코딩한다. [Enter]를 눌러도 실행되지 않을 것이다. 이 환경을 "스크립트 모드"라고 부른다.

```
print("이것이 MySQL이다")
print("파이썬 연동을 학습 중입니다.")
```

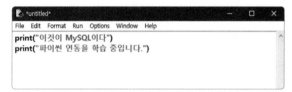

[그림 15-9] 여러 줄의 파이썬 코딩 및 실행

3-4 메뉴의 [File] 》 [Save]를 선택해서 적당한 폴더를 선택하거나 생성한 후 파일을 저장한다. 파일의 확장명은 *.py가 자동으로 붙는다.

[그림 15-10] 파이썬 소스 파일 저장

3-5 [First.py] 창의 메뉴 [Run] 〉〉 [Run Module]을 선택하면 한꺼번에 실행된다. 실행 결과는 [Python 3.7.4 Shell] 창에 나온다. 또는 F5를 눌러도 된다.

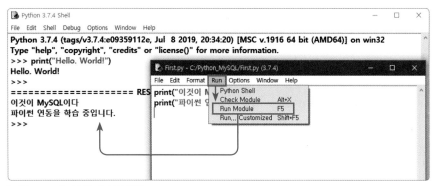

[그림 15-11] 파이썬 소스를 실행

앞으로 간단히 한 줄씩 실행하려면 대화형 모드를 사용하고, 여러 줄을 코딩한 후에 실행하려면 스크립트 모드를 사용하겠다.

3-6 메뉴의 [File] 〉〉 [Exit]을 선택하면 파이썬 개발 환경이 종료된다.

여기서 잠깐

☼ **실무 파이썬 개발환경**

실무에서는 파이썬 자체에서 제공하는 IDLE보다는 좀 더 편리하고 강력한 개발환경을 사용한다. 대표적으로 Jupyter Notebook, Pycharm, Spider, Visual Studio Code, Eclipse 등이 있다.

15.2 파이썬 문법 요약

사실 파이썬 자체를 배우기 위해서도 별도의 책이 1권 이상 필요하다. 이 책은 파이썬 책이 아니기에 너무 많은 내용을 기술할 수 없지만, 이번 chapter의 목표인 MySQL과 파이썬의 연동을 위한 필수적인 파이썬 문법을 몇 가지 학습할 필요가 있다. 실습은 간단한 한두 줄은 대화형 모드에서, 여러 줄은 스크립트 모드에서 진행하자.

⚠ 만약 파이썬을 학습한 경험이 있다면 이번 절은 넘어가고 MySQL과 연동을 위한 다음 절부터 학습을 진행하자.

15.2.1 변수와 print() 함수

변수의 선언

파이썬은 별도의 변수 선언이 없다. 그래서 변수에 값을 대입하는 순간 변수가 선언되는 효과를 갖는다.

```
boolVar, intVar, floatVar, strVar = True, 0, 0.0, ""
```

⚠ 위 구분은 다음과 같이 4줄로 써도 동일하다.

```
boolVar=True
intVar=0
floatVar=0.0
strVar = ""
```

변수 네 개를 준비했다. 이름에서 예상할 수 있듯이 boolVar에는 불값인 True를, intVar에는 정수인 0을, floatVar는 실수인 0.0을, strVar는 문자열 " "를 초기에 대입했다. 이 순간에 파이썬 내부에는 네 개의 변수가 생긴다.

변수의 종류를 확인하기 위해서는 type() 함수를 사용하면 된다.

```
type(boolVar), type(intVar), type(floatVar), type(strVar)
```

```
출력 결과:
(<class 'bool'>, <class 'int'>, <class 'float'>, <class 'str'>)
```

print() 함수

서식을 지원하는 print()문을 살펴보자. 다음 구문은 모니터상에 큰 따옴표(") 또는 작은 따옴표(') 안의 내용을 출력한다는 의미로 실행 결과는 **안녕하세요?**가 나올 것이다.

```
print("안녕하세요?")
```

이번에는 다음 두 코드의 실행 결과를 예상해 보자.

```
print("100")
print("%d" % 100)
```

모두 100이 출력되었다. 두 개의 출력된 100은 동일하게 보이지만, 사실은 완전히 다른 결과다. 첫 번째 print("100")의 결과로 나온 100은 숫자 100(백)이 아닌 글자 100(일영영)이다. 즉 print() 안의 따옴표 안에 들어 있는 것은 그것이 '글자'든 '숫자의 형태를 지닌 글자'든 무조건 글자로 취급된다.

두 번째 print("%d" % 100)의 결과로 나온 100은 완전한 숫자 100(백)을 의미한다. 서식(%d)이 지정된 숫자는 그대로 숫자의 의미를 지닌다. 다음 예를 코딩한 후 그 결과를 예측해 보자.

```
print("100+100")
print("%d" % 100+100 )
```

예상한 결과였는가? 첫 번째는 글자 그대로 100+100이 출력되고, 두 번째는 숫자 100과 숫자 100을 더한 결과로 숫자 200이 출력되었을 것이다.

여기서 print() 함수의 서식을 정확히 이해하고 넘어가도록 하자. 우선, 서식은 앞에 '%'가 붙는다. '%d'는 정수decimal를 의미한다. 또한 서식의 개수와 따옴표 뒤에 나오는 숫자(또는 문자)의 개수는 같아야 한다. 다음 예는 모두 오류가 발생한다. 무엇이 문제인지 생각해보자.

```
print("%d"  %  (100, 200) )
print("%d  %d"  %  (100) )
```

첫 번째는 %d가 하나밖에 없는데 숫자는 두 개(100, 200)가 나왔고, 두 번째는 %d가 두 개인데, 숫자는 하나(100)만 나와 서로 짝이 맞지 않아서 그렇다.

그러므로 첫 번째 예에서 두 개의 숫자를 출력하기 위해서는 %d가 두 개 나와야 하고, 숫자도 이어서 두 개가 나와야 한다. 다음과 같이 수정해야 한다. 이때 그와 대응하는 %d와 숫자는 다음과 같이 대응된다.

```
print("%d %d"  %  (100, 200) )
```

중간의 %는 왼쪽 서식과 오른쪽 값을 구분해주는 역할을 해서 꼭 써줘야 한다. 왼쪽에 %d가 두 개 나오면 오른쪽에 숫자도 괄호로 싼 후에 두 개가 나오면 된다. 여러 개의 숫자는 콤마(,)로 나눠주면 된다.

두 번째는 다음과 같이 %d를 하나 삭제하는 것이 올바른 표현이다. 그대로 두면 왼쪽 %d는 두 개지만 오른쪽 값은 하나 뿐이어서 오류가 발생한다.

```
print("%d" % (100) )
```

참고로 print()에서 사용할 수 있는 대표적인 서식에는 다음과 같은 종류가 있다.

서식	값의 예	설명
%d, %x, %o	10, 100, 1234	정수(10진수, 16진수, 8진수)
%f	0.5, 1.0 , 3.14, 3.14e3	실수(소수점이 붙은 수)
%c	"b", "한", '파'	문자 한 글자
%s	"안녕", 'abcdefg', "a"	한 글자 이상의 문자열

15.2.2 연산자

산술 연산자

파이썬에서 사용되는 기본적인 산술 연산자는 다음과 같다.

산술 연산자	설명	사용 예	사용 예의 설명
=	대입 연산자	a = 3	정수 3을 a에 대입
+	더하기	a = 5+3	5와 3을 더한 값을 a에 대입
−	빼기	a = 5−3	5와 3을 뺀 값을 a에 대입
*	곱하기	a = 5*3	5와 3을 곱한 값을 a에 대입
/	나누기	a = 5/3	5를 3으로 나눈 값을 a에 대입
//	나누기(몫)	a = 5//3	5를 3으로 나눈 뒤 소수점을 버리고 a에 대입
%	나머지 값	a = 5%3	5를 3으로 나눈 뒤 나머지 값을 a에 대입
**	제곱	a = 5**3	5의 3제곱을 a에 대입

별로 어려울 것이 없지만, 관심있게 볼 것은 나눈 몫(//)과 나머지 값(%) 정도일 것이다.

```
a=5; b=3
print(a+b, a-b, a*b, a/b, a//b, a%b, a**b)
```

```
출력 결과:
8 2 15 1.6666666666666667 1 2 125
```

대입 연산자

파이썬은 대입 연산자 = 외에도 +=, -=, *=, /=, %=, //=, **=을 사용할 수 있다.

⚠ 파이썬에는 C/C++, Java 등의 언어에 있는 증가 연산자 ++나 감소 연산자 --는 없다.

연산자	설명	사용 예	사용 예의 설명
+=		a += 3	a = a + 3과 동일
-=		a -= 3	a = a - 3과 동일
*=		a *= 3	a = a * 3과 동일
/=	대입 연산자	a /= 3	a = a / 3과 동일
//=		a //= 3	a = a // 3과 동일
%=		a %= 3	a = a % 3과 동일
**=		a **= 3	a = a ** 3과 동일

첫 번째 대입 연산자를 보면 **a += 3**은 'a에 3을 더해서 다시 a에 넣어라'라는 의미고, 이는 **a = a + 3**과 동일한 식이다. 나머지 -=, *=, /=, %= 도 마찬가지이다.

관계 연산자

관계 연산자(또는 비교 연산자라고도 한다)는 어떤 것이 큰지, 작은지, 같은지를 비교하는 것으로 그 결과는 참^{True}이나 거짓^{False}이 된다. 그러므로 주로 조건문(if)이나 반복문(while)에서 사용되며, 단독으로 사용되는 경우는 별로 없다. 일반적으로 참은 True로 표시하고, 거짓은 False로 표시한다.

$$a \langle b = \begin{cases} \text{참} & : \text{True} \\ \text{거짓} & : \text{False} \end{cases}$$

[그림 15-12] 관계 연산자의 기본 개념

[그림 15-12] 관계 연산자는 변수 a에 들어 있는 값이 변수 b에 들어 있는 값보다 작으면 참이 되고 그렇지 않으면 거짓이 된다. 파이썬에서 사용할 수 있는 관계 연산자의 종류는 다음과 같다.

관계 연산자	의미	설명
==	같다	두 값이 동일하면 참
!=	같지 않다	두 값이 다르면 참
〉	크다	왼쪽이 크면 참
〈	작다	왼쪽이 작으면 참
〉=	크거나 같다	왼쪽이 크거나 같으면 참
〈=	작거나 같다	왼쪽이 작거나 같으면 참

간단히 관계 연산자의 예제를 확인해 보자.

```
a,b = 100,200
print(a == b , a != b,  a 〉 b , a 〈 b , a 〉= b , a 〈= b)
```

```
출력 결과:
False True False True False True
```

a==b를 보면 100이 200과 같다는 의미이므로 결과는 거짓이 나왔다. 나머지 관계 연산자도 마찬가지 의미다.

문자열과 숫자의 상호 변환

문자열이 숫자로 구성되어 있을 때, int() 또는 float() 함수를 이용해서 정수나 실수로 변환할 수 있다.

```
s1, s2, s3 = "100", "100.123", "999999999999999999999999999"
print( int(s1)+1 , float(s2)+1, int(s3)+1 )
```

```
출력 결과:
101 101.123 1000000000000000000000000000000
```

문자열이 int() 함수에 의해서 정수로, float() 함수에 의해서 실수로 변경된 것이 확인된다. 그리고 상당히 큰 숫자도 int() 함수로 잘 변경된 것을 확인할 수 있다.

⚠ 파이썬은 정수 크기의 제한이 없다.

반대로 숫자를 문자열로 변환하기 위해서는 str() 함수를 사용하면 된다.

```
a=100; b=100.123
str(a)+'1'; str(b)+'1'
```

```
출력 결과:
'1001'
'100.1231'
```

출력 결과를 보면 a와 b가 문자열로 변경되어서 결과도 100+1이 아닌 문자열의 연결인 '1001'과 '100.1231'이 되었다.

15.2.3 조건문

기본 if문

다음은 참일 때는 무엇을 실행하고, 거짓일 때는 아무것도 하지 않는 가장 단순한 형태의 if문의 형태다. 조건식이 참이라면 실행할 문장을 실행하고, 조건식이 거짓이라면 실행할 것이 없다.

if 조건식:
   실행할 문장

[그림 15-13] if문의 형식과 순서도

if문을 그림으로 표현할 때는 주로 마름모 형태로 그린다. [그림 15-13]에서 알 수 있듯이 **if 조건식 :** 에서 조건식이 참이라면 **실행할 문장**이 실행되고, 거짓이라면 아무것도 실행하지 않고 프로그램을 종료한다.

```
a=99
if a < 100 :
    print("100보다 작군요.")
```

```
출력 결과:
100보다 작군요.
```

> **여기서 잠깐**
>
> ☼ **파이썬의 블록**
>
> C, Java 등은 중괄호({ })를 사용해서 프로그램의 블록block을 지정하지만, 파이썬은 블록으로 묶기 위한 기호가 별도로 존재하지 않는다. 대신에 콜론(:)과 들여쓰기를 통해서 블록을 지정한다. 콜론 이후에 들여쓰기의 줄이 맞는 행까지 하나의 블록 묶음이 된다. 블록이 필요한 구문으로는 if, for, while, def 등이 있다.

if ~ else문

참일 때 실행하는 것과 거짓일 때 실행하는 것이 다를 때는 if ~ else문을 사용한다. 조건식이 참이라면 실행할 문장 1을 실행하고, 그렇지 않으면 실행할 문장 2를 실행한다.

```
if  조건식:
    실행할 문장 1
else:
    실행할 문장 2
```

[그림 15-14] if~else문의 형식과 순서도

[그림 15-14]를 보면 조건이 참인 경우에 실행할 문장과 거짓인 경우에 실행할 문장이 다르다는 것을 알 수 있다.

```
a=200

if a < 100 :
    print("100보다 작군요.")
else :
    print("100보다 크군요.")
```

```
출력 결과:
100보다 크군요.
```

a에는 200이 들어 있으므로 3행의 조건식은 거짓이 되어 5행의 else 아래에 있는 6행을 실행한다.

15.2.4 반복문

for문의 개념과 작동

주로 사용하는 for문의 형식은 다음과 같다.

```
형식:
for 변수 in range( 시작값, 끝값+1, 증가값 ) :
    이 부분을 반복
```

range() 함수는 지정된 범위의 값을 반환한다. 앞에서 사용한 range(0, 3, 1)은 0에서 시작해서 2까지 1씩 증가하는 값들을 반환한다. 주의할 점은 3이라고 써 있으면 그것보다 하나 작은 2까지 반환한다. 즉 range(0, 3, 1)은 0, 1, 2를 반환하며, '변수'에 값을 하나씩 대입하면서 반복문을 수행하게 된다. 세 번째 증가값은 생략할 경우 1로 인식하기 때문에 range(0, 3, 1)은 range(0, 3)이라고 쓴 것과 동일하다. 필요하다면 시작값을 생략해도 된다. 시작 값을 생략하면 0으로 인식하므로 range(3)만 써도 range(0, 3, 1)과 동일하다.

다시 range()를 사용한 코드를 살펴보자.

```
for i in range(0, 3, 1) :
    print("안녕하세요? for문을 공부중입니다. ^^")
```

range(0, 3, 1)은 [0, 1, 2]와 같으므로 다음과 같이 내부적으로 변경된다.

```
for i in [0, 1, 2] :
    print("안녕하세요? for문을 공부중입니다. ^^")
```

위 구문은 i에 0, 1, 2를 차례로 대입시킨 후에 다음과 같이 3회를 반복한다.

- **1회:** i에 0을 대입시킨 후 print() 수행
- **2회:** i에 1을 대입시킨 후 print() 수행
- **3회:** i에 2를 대입시킨 후 print() 수행

결과적으로 3회의 **안녕하세요? ~~** 문장이 출력되는 것이다. 만약에 실행할 문장이 여러 개라면 print()문 아래에 줄을 맞춰서 실행할 문장을 계속 써줘도 된다.

무한루프를 위한 while문

while문에 무한루프(=무한반복)를 사용할 수 있는데 무한루프를 적용하려면 **while 조건식 :**에 들어가는 조건식을 True로 지정하면 된다.

[그림 15-15] while을 이용한 무한루프

무한루프를 반복하는 간단한 while문을 실행해 보겠다. 무한루프를 중지하려면 Ctrl + C 를 누르면 된다.

```
while True :
    print("ㅋ ", end=" ")
```

```
출력 결과:
ㅋ ㅋ ㅋ ㅋ ㅋ ㅋ ㅋ ㅋ  ~~~ 무한 반복
```

무한정 글자가 출력된다.

반복문을 탈출하는 break문

앞에서 공부했던 for문은 range() 함수에서 지정한 범위를 벗어나면 for문이 종료된다. while문은 조건식이 False가 되면 while문을 종료하거나, 무한반복의 경우 Ctrl + C 를 누르면 프로그램이 종료되었다. 하지만 계속되는 반복을 논리적으로 빠져나가는 방법이 있는데 이것이 바로 break문이다.

[그림 15-16] break문의 작동

[그림 15-16]과 같이 반복문 안에서 break문을 만나면 무조건 반복문을 빠져나온다. 먼저 간단한 코드로 확인해 보자.

```
for i in range(1, 100) :
    print("for문을 %d번 실행했습니다" % i)
    break
```

```
출력 결과:
for문을 1번 실행했습니다
```

위 예제는 for문이 100번 실행되도록 계획되었다. 그렇지만 break문을 만나서 겨우 한 번만 실행되고 종료되었다. 이 예에서는 무조건 break문을 만나게 코딩했지만, 실제로 프로그래밍할 때 break문은 무한루프 안에서 if문과 함께 사용되는 경우가 가장 일반적이다. 즉 무한루프를 돌다가 특정 조건이 되면 반복문을 빠져나가도록 할 때 사용한다.

15.2.5 리스트

리스트 개념과 생성 방법

리스트List는 [그림 15-17]과 같이 하나씩 사용하던 변수를 한 줄로 붙여놓은 것이다. 다른 언어의 배열Array과 비슷한 개념이다.

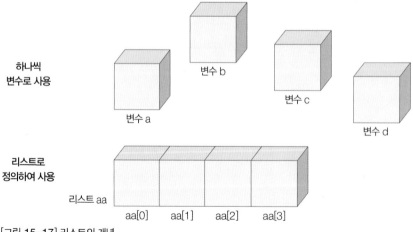

[그림 15-17] 리스트의 개념

지금까지는 변수의 이름을 각각 a, b, c, d 이런 식으로 지정해서 사용해왔지만, 리스트는 변수를 한 줄로 붙인 후에 박스 전체의 이름(aa)을 지정하여 사용한다. 그리고 각각은 aa[0], aa[1], aa[2], aa[3]과 같이 번호(첨자라고 한다)를 붙여서 사용하게 될 것이다.

리스트의 생성과 사용법

리스트의 생성 방법은 다음과 같다.

```
리스트이름 = [값1, 값2, 값3, …]
```

리스트는 대괄호([ ])안에 값들을 선언하면 된다. 예를 들어 4개의 값을 담은 정수형 리스트를 생성해 보자.

```
aa = [ 10, 20, 30, 40 ]
```

리스트에 접근하기 위해서는 aa[0] 형식의 첨자로 접근하면 된다.

```
print(aa[0])
aa[1] = 200
```

리스트의 기본 생성을 이해했으니 한발 더 나아가보자. 앞의 예에서는 첨자의 특성을 제대로 응용하지 못했다. 하지만 이 첨자도 반복문(for, while)과 결합하면 프로그래머의 수고를 충분히 덜어줄 수 있다. 여기에서는 첨자와 반복문의 관계뿐 아니라 리스트에 값을 입력하는 방법, 프로그래머가 만든 리스트의 크기를 알아내는 방법들을 살펴볼 것이다.

빈 리스트와 리스트의 추가

앞에서 배운대로 하면 4개의 빈 리스트를 생성할 경우 **aa = [0, 0, 0, 0]**로 만들 수 있다. 같은 방법으로 먼저 비어있는 리스트를 만들고 **리스트이름.append(값)** 함수로 리스트에 하나씩 추가할 수 있다.

```
aa = []
aa.append(0)
aa.append(0)
aa.append(0)
aa.append(0)
print(aa)
```

```
출력 결과:
[0, 20, 30, 40]
```

1행의 **aa = [ ]**는 아무것도 없는 빈 리스트를 생성해 준다. 그리고 append() 함수로 0값을 하나씩 4회 추가했다. 결국 **aa = [0, 0, 0, 0]**과 동일한 결과를 얻을 수 있었다. 그런데, 오히려 더 불편하게 느껴질 것이다. 지금처럼 4개 크기의 리스트를 만들 때는 **aa = [0, 0, 0, 0]**으로 리스트를 생성하는 게 더 낫다. 하지만 100개의 리스트를 만들어야 한다면? **aa = [0, 0, 0, 0… 100개 …]**로 얘기가 달라진다. 이럴 때 append()와 함께 for문을 활용하면 간단히 해결된다.

```
aa = []
for i in range(0, 100) :
    aa.append(0)
len(aa)
```

```
출력 결과:
100
```

for문으로 100번(0부터 99까지)을 반복해서 **리스트이름.append(0)**으로 100개 크기의 리스트를 만들었다. 리스트를 전부 출력하면 개수를 세기 어려워서 len(리스트) 함수로 리스트의 개수를 확인해 봤다. len(리스트)도 자주 사용되는 함수이므로 잘 기억해 놓자.

간단한 응용 프로그램을 통해서 리스트의 사용법을 완전하게 익히자. 이번 프로그램은 사용자로부터 4개의 숫자를 입력받고 그 합계를 출력해 보자. 입력 부분에 for문을 활용하면 된다. [그림 15-18]을 보자.

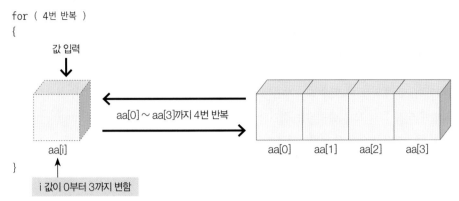

for (4번 반복)
{
값 입력
aa[i]

aa[0] ~ aa[3]까지 4번 반복

aa[0]   aa[1]   aa[2]   aa[3]

}
i 값이 0부터 3까지 변함

[그림 15-18] for문을 활용하여 리스트 값 입력하기

값을 입력하기 위해서 for문을 4번 돌면서 aa[i]의 첨자를 aa[0]~aa[3]까지 변하게 한다. 그러면 4개의 변수에 자동으로 값이 입력된다.

[소스 15-1] 리스트 활용

```
1   aa = []
2   for i in range(0, 4) :
3       aa.append(0)
4
5   for i in range(0, 4) :
6       aa[i] = int(input(  str(i+1) + "번째 숫자 : " ))
7
8   hap = 0
9   for i in range(0, 4) :
10      hap = hap + aa[i]
11
12  print(" 합계 ==> %d " % hap)
```

```
출력 결과:
1번째 숫자 : 10   ← 사용자가 입력한 값
2번째 숫자 : 20   ← 사용자가 입력한 값
3번째 숫자 : 30   ← 사용자가 입력한 값
4번째 숫자 : 40   ← 사용자가 입력한 값
 합계 ==> 100
```

1행에서 빈 리스트를 생성하고 2행, 3행에서 4번을 반복해서 4개 크기의 리스트로 만들었다. 결국 1행~3행은 **aa = [0, 0, 0, 0]**과 동일하다.

5행~6행에서는 i가 0~3까지 4번 반복된다. input() 함수의 출력 내용을 i가 0부터 시작하므로 i+1로 출력했다. 그리고 str() 함수로 숫자를 문자로 변환한 후 '번째 숫자 :'와 합쳤다. 결국 '1번째 숫자 :', '2번째 숫자 :' … 으로 출력되는 것이다. 첨자 i가 0~3까지 4회 변경되므로 aa[0], aa[1], aa[2], aa[3] 등 4개의 변수에 값을 차례대로 입력했다.

8행~10행에서도 반복문을 사용해서 4개의 리스트 값을 더했다.

여러 개의 리스트 값을 사용하기

리스트를 생성한 후에는 첨자와 함께 접근이 가능하다. 앞에서도 이미 여러 번 '리스트이름[첨자]' 형식으로 접근했다. 이번에는 음수값으로 접근해 보자.

```
aa = [10, 20, 30, 40]
print("aa[-1]은 %d, aa[-2]는 %d" % (aa[-1], aa[-2]))
```

```
출력 결과:
aa[-1]은 40, aa[-2]는 30
```

첨자는 제일 뒤에서부터 −1 값으로 사용되는 것을 확인할 수 있다. 이 예에서는 aa[−4]까지는 접근이 되므로 aa[−5]는 오류가 발생할 것이다.

리스트에 접근할 때 콜론(:)을 사용해서 범위를 지정할 수도 있다. 리스트이름[시작:끝+1]로 지정하면 리스트의 시작 위치부터 끝 위치까지 모든 값을 의미한다. 예로 aa[0:3]은 0부터 2까지, 즉 aa[0], aa[1], aa[2]를 의미한다. aa[3]은 포함되지 않는 점을 주의하자.

```
aa = [10, 20, 30, 40]
aa[0:3]
aa[2:4]
```

```
출력 결과:
[10, 20, 30]
[30, 40]
```

또는 콜론의 앞이나 뒤 숫자를 생략할 수도 있다.

```
aa = [10, 20, 30, 40]
aa[2:]
aa[:2]
```

```
출력 결과:
[30, 40]
[10, 20]
```

aa[2:]는 aa[2]부터 끝까지를 의미하며 aa[:2]는 처음부터 aa[1]까지를 의미한다. aa[2]는 포함되지 않는 점을 주의한다.

리스트 조작 함수

앞에서도 몇 개 살펴봤지만 리스트를 조작하는 함수는 여러 개가 지원된다. 우선 자주 사용되는 함수를 표로 정리해서 확인해 보겠다.

⚠️ 정확히는 함수Function와 메소드Method를 구분해야 하지만, 이 책에서는 객체지향에 대한 언급을 하지 않기에 모두 함수로 통일해서 부르겠다.

함수	설명	사용법
append()	리스트 제일 뒤에 항목을 추가한다.	리스트이름.append(값)
pop()	리스트 제일 뒤의 항목을 빼내고, 빼낸 항목은 삭제한다.	리스트이름.pop()
sort()	리스트의 항목을 정렬한다.	리스트이름.sort()
reverse()	리스트 항목의 순서를 역순으로 만든다.	리스트이름.reverse()
index()	지정한 값을 찾아서 그 위치를 반환한다.	리스트이름.index(찾을 값)
insert()	지정된 위치에 값을 삽입한다.	리스트이름.insert(위치, 값)
remove()	리스트에서 지정한 값을 제거한다. 단, 지정한 값이 여러 개일 경우 첫 번째 값만 지운다.	리스트이름.remove(지울 값)
extend()	리스트의 뒤에 리스트를 추가한다. 리스트의 더하기(+) 연산과 동일한 기능을 한다.	리스트이름.extend(추가할 리스트)
count()	리스트에 해당 값의 개수를 센다.	리스트이름.count(찾을 값)
clear()	리스트의 내용을 모두 제거한다.	리스트이름.clear()

del()	리스트에서 해당 위치의 항목을 삭제한다.	del(리스트이름[위치])
len()	리스트에 포함된 전체 항목의 개수를 센다.	len(리스트이름)
copy()	리스트의 내용을 새로운 리스트에 복사한다.	새리스트=리스트이름.copy()
sorted()	리스트의 항목을 정렬해서 새로운 리스트에 대입한다.	새리스트=sorted(리스트)

위 함수는 외우기보다는 자연스럽게 사용법을 익히는게 좋다. 다음 예제 하나면 리스트 조작과 관련된 함수를 충분히 이해할 수 있을 것이다.

[소스 15-2] 리스트 조작 함수 활용

```
1  myList = [30, 10, 20]
2  print("현재 리스트 : %s" % myList)
3
4  myList.append(40)
5  print("append(40) 후의 리스트 : %s" % myList)
6
7  print("pop() 으로 추출한 값 : %s" % myList.pop())
8  print("pop() 후의 리스트 : %s" % myList)
9
10 myList.sort()
11 print("sort() 후의 리스트 : %s" % myList)
12
13 myList.reverse()
14 print("reverse() 후의 리스트 : %s" % myList)
15
16 print("20 값의 위치 : %d" % myList.index(20))
17
18 myList.insert(2, 222)
19 print("insert(2, 222) 후의 리스트 : %s" % myList)
20
21 myList.remove(222)
22 print("remove(222) 후의 리스트 : %s" % myList)
23
24 myList.extend( [77 , 88, 77] )
25 print("extend([77, 88, 77]) 후의 리스트 : %s" % myList)
26
27 print("77 값의 개수 : %d" % myList.count(77))
```

```
출력 결과:
현재 리스트 : [30, 10, 20]
append(40) 후의  리스트 : [30, 10, 20, 40]
pop() 으로 추출한 값 : 40
pop() 후의  리스트 : [30, 10, 20]
sort() 후의 리스트 : [10, 20, 30]
reverse() 후의 리스트 : [30, 20, 10]
20 값의 위치 : 1
insert(2, 222) 후의 리스트 : [30, 20, 222, 10]
remove(222) 후의 리스트 : [30, 20, 10]
extend([77 , 88]) 후의 리스트 : [30, 20, 10, 77, 88, 77]
77 값의 개수 : 2
```

코드와 결과만으로 충분히 리스트 조작 함수를 이해할 수 있을 것이다.

2차원 리스트의 기본 개념

2차원 리스트는 1차원 리스트를 여러 개 연결한 것으로, 두 개의 첨자를 사용하는 리스트다. 앞서 1차원 리스트는 변수를 나란히 세워 놓은 것이라고 했다.

다음과 같이 리스트를 생성했다면 aa[0], aa[1], aa[2]라는 세 개의 요소가 생성된다.

```
aa = [10, 20, 30]
```

aa[0]   aa[1]   aa[2]

[그림 15-19] 1차원 리스트의 개념

이를 확장해서 다음과 같이 2차원 리스트를 정의할 수 있다.

```
aa = [ [ 1,  2,  3,  4] ,
       [5,  6,  7,  8] ,
       [9, 10,  11, 12] ]
```

이와 같이 생성하면 3행 4열짜리 리스트가 생성되며 총 요소의 개수는 3×4=12개가 된다.

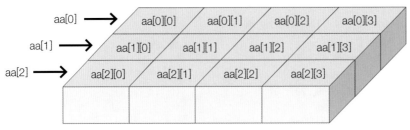

전체 리스트 이름 : aa

[그림 15-20] 2차원 리스트의 개념

2차원 리스트의 경우에 각 요소에 접근하려면 aa[0][0]과 같이 첨자를 두 개 사용해야 한다. 1차원 리스트와 마찬가지로 주의할 점은 첨자는 가로의 경우 0~2, 세로의 경우 0~3으로 변한다는 점이다. 즉 aa[3][4]와 같은 요소는 존재하지 않는다.

앞에서 2차원 리스트를 생성하기 위해서 직접 값을 대입하는 것은 아무래도 너무 단순하므로, 1차원 리스트와 마찬가지로 for문을 활용할 수도 있다. 첨자가 두 개이므로 중첩 for문을 사용해서 3행 4열짜리 리스트를 생성하고 데이터를 1~12까지 입력하겠다. 그리고 입력된 데이터를 출력하도록 해보자.

[소스 15-3] 2차원 리스트 활용

```
1  list1 = [ ]
2  list2 = [ ]
3  value=1
4  for i in range(0, 3) :
5      for k in range(0, 4) :
6          list1.append(value)
7          value += 1
8      list2.append(list1)
9      list1 = []
10
11 for i in range(0, 3) :
12     for k in range(0, 4) :
13         print("%3d" % list2[i][k], end=" ")
14     print("")
```

```
출력 결과:
  1    2    3    4
  5    6    7    8
  9   10   11   12
```

1행, 2행에서는 1차원 리스트로 사용할 list1과 2차원 리스트로 사용할 list2를 준비했다. 3행의 value는 리스트에 입력할 1~12까지의 값으로 사용할 변수다.

4행~9행까지 3회 반복하는데, 리스트의 행 단위를 만들기 위해서 반복한다. 즉, 3행짜리 2차원 리스트를 만들기 위함이다. 5행~7행은 4회 반복하는데, 1차원의 4개 항목의 리스트를 만든다. 예로 처음에는 [1, 2, 3, 4]의 리스트를 만든다. 그리고, 이 리스트를 8행에서 2차원 리스트에 추가한다. 즉, 처음에는 [[1, 2, 3, 4]]의 2차원 리스트가 만들어진다. 그리고, 9행에서 1차원 리스트를 다시 비운다. 이렇게 바깥 for문을 3회 반복하면 [[1, 2, 3, 4], [5, 6, 7, 8], [9, 10, 11, 12]]의 3행 4열짜리 2차원 리스트가 완성된다.

11행~14행은 2차원 리스트를 출력한다. 13행은 리스트이름[행][열] 방식으로 각각의 항목을 출력했다. end=" "는 print() 함수가 행이 넘어가지 않고 띄어쓰기로 되도록 하는 것이다.

14행은 한 개 행을 출력한 후, 다음 행을 출력하기 위해서 print()문을 사용했다.

15.2.6 문자열

문자열 기본

문자열을 다뤄보자.

```
ss  =  "파이썬최고"
ss[0]
ss[1:3]
ss[3:]
```

```
출력 결과:
'파'
'이썬'
'최고'
```

리스트를 접근하는 것과 문자열을 접근하는 것이 크게 다르지 않다. 리스트는 대괄호([ ])로 묶여서 나오고 문자열은 홑따옴표(' ')로 묶어서 출력되는 것만 차이점이 있을 뿐이다.

문자열도 리스트와 마찬가지로 연결하는 것은 더하기(+)를 사용한다. 또, 곱하기(*)는 문자열을 반복해 준다.

```
ss='파이썬' + '최고'
ss
ss = '파이썬' * 3
ss
```

```
출력 결과:
'파이썬최고'
'파이썬파이썬파이썬'
```

문자열의 길이를 파악할 때도 리스트와 같이 len() 함수를 사용한다.

```
ss = '파이썬abcd'
len(ss)
```

```
출력 결과:
7
```

7개의 문자열이 잘 출력되었다. 문자열도 len() 함수로 개수를 파악할 수 있기 때문에 리스트에서 했던 것처럼 for문을 사용해서 처리하는 것이 가능하다.

문자열 찾기 함수: count(), find(), rfind(), index(), rindex()

각 함수의 용도는 직접 예를 보면서 확인해 보자.

```
ss = '파이썬 공부는 즐겁습니다. 물론 모든 공부가 다 재미있지는 않죠. ^^'
ss.count('공부')
print( ss.find('공부'), ss.rfind('공부'), ss.find('공부', 5), ss.find('없다'))
print( ss.index('공부'), ss.rindex('공부'), ss.index('공부', 5))
print(ss.startswith('파이썬'), ss.startswith('파이썬', 10), ss.endswith('^^'))
```

```
출력 결과:
2
4 21 21 -1
4 21 21
True False True
```

count('찾을 문자열') 함수는 찾을 문자열이 몇 개 들었는지 개수를 센다. find('찾을 문자열') 함수는 찾을 문자열이 몇 번째 위치하는지 찾는다. 문자열은 0번째부터 시작한다. rfind('찾을 문자열') 함수는 오른쪽부터 센다. '공부'는 4번째와 21번째 위치하고 있다. find('찾을 문자열', 시작 위치) 함수는 시작 위치부터 문자열을 찾는다. find() 함수는 찾을 문자열이 없으면 −1을 반환한다. index() 함수도 find() 함수와 동일하다. 하지만, index('없다')와 같이 찾을 문자열이 없다면 index() 함수는 오류가 발생한다.

문자열 분리, 결합: split(), splitlines(), join()

split() 함수는 문자열을 공백이나 다른 문자로 분리해서 리스트를 반환한다. join() 함수는 문자열을 합쳐 준다.

```
ss = 'Python을 열심히 공부 중'
ss.split()
ss = '하나:둘:셋'
ss.split(':')
ss = '하나\n둘\n셋'
ss.splitlines()
ss='%'
ss.join('파이썬')
```

```
출력 결과:
['Python을', '열심히', '공부', '중']
['하나', '둘', '셋']
['하나', '둘', '셋']
'파%이%썬'
```

5행에서 \n은 행이 넘어가는 특수문자이다. 6행의 splitlines() 함수는 행 단위로 분리시켜 준다.

join() 함수는 사용법이 조금 다르다. 묶여질 구분자를 먼저 ss에 준비한 후에 구분자.join('문자열')로 사용했다.

map() 함수

파이썬은 map(함수명, 리스트이름) 함수를 지원한다. map() 함수는 리스트 값 하나하나를 함수명에 대입시킨다. 예로 문자열로 이루어진 리스트를 숫자로 변환하기 위해서는 다음과 같이 사용할수 있다.

```
before = [ '2022' , '12' , '31' ]
after = list (map (int , before))
after
```

```
출력 결과:
[2022, 12, 31]
```

int() 함수의 이름을 map() 함수의 파라미터로 사용했다. 즉, int('2022'), int('12'), int('31')의 연속적인 효과를 갖게 된다. 그리고 결과 값을 다시 list() 함수를 사용해서 리스트 형태로 변환했다. 파이썬의 특징이 잘 살아있는 중요한 함수이므로 잘 기억해 두자.

15.2.7 함수

함수의 개념

함수Function란 '무엇을 넣으면, 어떤 것을 돌려주는 블랙박스'다. 함수는 파이썬 프로그램 자체에서도 제공하지만, 사용자가 직접 만들어서 사용하기도 한다. 먼저, 파이썬에서 제공하는 함수를 사용하려면 다음과 같이 표현하면 된다.

```
함수이름( )
```

지금까지 우리가 가장 많이 사용해온 함수인 print()를 보자.

```
print("이것이 MySQL이다")
```

print() 함수는 괄호 안에 들어있는 내용을 화면에 출력해준다. 단순히 print() 함수에 '무엇'(이것이 MySQL이다)만 넣었을 뿐인데, 우리가 알지 못하는 곳에서 여러 과정을 거친 뒤 '어떤 일'(화면에 글자 출력)이 일어났다.

이때 우리는 print() 함수의 내부에서 어떤 일이 일어났는지 알지 못하고, 꼭 알려고 할 필요도 없다. 단지 무엇을 입력하면 그 내용을 화면에 출력해주는 기능을 하는 함수라고 생각하면 된다.

이렇게 파이썬 자체에서 제공해주는 함수도 있지만, 필요하다면 직접 함수를 새로 만들어서 사용할 수도 있다.

함수의 모양과 활용

함수를 만들어 사용하면 반복적으로 코딩해야 할 내용을 한 번만 코딩해 놓고, 필요할 때마다 가져다 사용할 수 있다. 또한 일단 함수로 만들어 놓으면 동일한 동작을 계속 사용하므로 내부 내용이 바뀔 일이 없다. 함수의 기본 형태를 살펴보자.

[그림 15-21] 함수의 형태

[그림 15-21]과 같이 함수는 매개변수Parameter를 입력 받은 후, 그 매개변수를 가공 및 처리하여 반환값을 돌려준다. 두 정수를 입력 받아서 두 정수의 합계를 반환해주는 plus() 함수를 만들어보자.

☆ 코드의 가독성을 위한 구성

파이썬은 별도의 변수 선언이나 메인 함수가 없기 때문에 코드가 좀 길어지면 가독성이 떨어진다. 그래서 필자는 함수 등이 나와서 코드가 좀 길어지면, 함수 선언부, 전역 변수부, 메인 코드로 분할해서 코드를 작성했다. 필수적인 사항은 아니지만, 다른 프로그래밍 언어와 형태가 비슷해져 코드를 읽기가 좀 더 수월해진다.

[소스 15-4] 함수의 기본

```
1  ## 함수 선언부
2  def plus( v1, v2) :
3      result = 0
4      result = v1 + v2
5      return result
6
7  ## 전역 변수부
8  hap = 0
9
10 ## 메인 코드
11 hap = plus(100, 200)
12 print("100과 200의 plus() 함수 결과는 %d" % hap)
```

```
출력 결과:
100과 200의 plus() 함수 결과는 300
```

2행~5행에 plus() 함수를 정의했다. 주의할 점은 def로 되어 있는 함수 정의 부분은 바로 실행되지 않는다. 즉, 2행~5행의 plus() 함수를 만들어서 가지고만 있는 개념이다. 코드의 실행은 7행부터다. 11행에서 plus() 함수를 호출하면 그때서야 2행~5행이 실행된다.

4행은 매개변수로 받은 두 값의 합계를 구하고 5행에서는 구한 값을 반환했다. 11행에서는 plus() 함수를 100, 200 두 개의 값을 전달하면서 호출한 후 결과를 hap에 대입했다. 12행에서는 plus() 함수에서 반환된 값을 출력했다.

지역변수와 전역변수의 이해

지역변수란 말 그대로 한정된 지역local에서만 사용되는 변수이며, 전역변수란 프로그램 전체global에서 사용되는 변수를 말한다.

[그림 15-22] 지역변수와 전역변수의 생존 범위

[그림 15-22]의 ❶을 보면, a는 현재 함수 1 안에 선언되었다. 그러므로 a는 함수 1 안에서만 사용될 수 있고, 함수 2에서는 a의 존재 자체를 알지 못한다. ❷는 전역변수 b를 보여준다. b는 함수(함수 1과 함수 2) 안이 아니라 바깥에 선언되어 있으므로 모든 함수에서 b의 존재를 알게 된다. 여기서 b가 선언된 위치는 제일 아래든 제일 위든 관계가 없으며 함수 밖에만 선언되면 된다.

간혹 지역변수와 전역변수의 이름이 같을 수 있는데, 이때는 함수 내에 지역변수가 정의되어 있는가를 확인하면 간단히 구분할 수 있다. [그림 15-23]처럼 같은 a라고 해도 함수 1의 a는 함수 내에서 따로 정의했으므로 지역변수고, 함수 2의 a는 함수 안에 정의된 것이 없으므로 전역변수다. 결론적으로 변수의 이름이 같다면 지역변수가 우선된다.

[그림 15-23] 지역변수와 전역변수의 공존

```
1   ## 함수 선언부
2   def func1() :
3       a = 10     # 지역변수
4       print("func1()에서 a의 값 %d" % a)
5
6   def func2() :
7       print("func2()에서 a의 값 %d" % a)
8
9   ## 전역변수 선언부
10  a = 20     # 전역변수
11
12  ## 메인 코드
13  func1()
14  func2()
```

```
출력 결과:
func1()에서 a의 값 10
func2()에서 a의 값 20
```

2행~4행에 정의한 func1()의 3행에서 a를 선언했는데, 함수 안에서 선언했으므로 지역변수다. 그리고 10행에서 선언한 a는 함수의 밖에 선언했으므로 전역변수다. 13행에서 func1()을 호출했다. 4행에서 변수 a를 출력하니, 지역변수 a 값 10이 출력된다. 14행에서는 func2()를 호출했다. 7행에서 변수 a를 출력하니, func2()에는 a가 없으므로 10행에서 선언한 전역변수 a의 값 20이 출력된다.

global 예약어

함수 안에서 사용되는 변수를 지역변수 대신에 전역변수로 사용하고 싶을 수도 있다. [소스 15-5]의 예로 6행의 func2()에서는 전역변수 a를 변경하지는 않고 사용만 해서 별 문제가 없었다. 하지만, 만약 3행의 변수 a가 지역변수가 아닌 전역변수의 값을 변경하고 함수 안에서 global 예약어로 a가 전역변수라는 것을 명시해야 한다.

```
1   ## 함수 선언부
2   def func1() :
3       global a   # 이 함수 안에서 a는 전역변수
4       a = 10
5       print("func1()에서 a의 값 %d" % a)
6
7   def func2() :
8       print("func2()에서 a의 값 %d" % a)
9
10  ## 전역변수 선언부
11  a = 20      # 전역변수
12
13  ## 메인 코드
14  func1()
15  func2()
```

```
출력 결과:
func1()에서 a의 값 10
func2()에서 a의 값 10
```

3행에서 global a문으로 변수 a를 전역변수로 지정했다. 이제 더 이상 지역변수 a는 존재하지 않는다. 4행에서 전역변수 a값을 10으로 변경했다. 그러므로, func1()과 func2()에서 모두 전역변수 a의 값인 10이 출력된 것이다. global 예약어는 다른 프로그래밍 언어와 좀 다른 형식이므로 잘 기억해 둘 필요가 있다.

반환값이 여러 개일 경우

일반적으로 함수는 문법상 반환값을 1개만 돌려 줄 수 있으며, 2개 이상을 반환할 수가 없다. 하지만, 프로그램을 작성하다 보면 종종 2개 이상의 반환값을 돌려줘야 할 경우가 있다. 이럴 때는 리스트에 반환할 값을 넣은 후에 리스트를 반환하면 된다. 리스트에 아무리 많은 데이터를 넣어 놓더라도 결국엔 리스트 1개를 반환하는 것이므로 문법상 아무 문제가 없다.

```
1   ## 함수 선언부
2   def multi(v1, v2) :
3       retList=[] # 반환할 리스트
4       res1 = v1 + v2
5       res2 = v1 - v2
6       retList.append(res1)
7       retList.append(res2)
8       return retList
9
10  ## 전역변수 선언부
11  myList = []
12  hap, sub = 0, 0
13
14  ## 메인 코드
15  myList = multi(100, 200)
16  hap = myList[0]
17  sub = myList[1]
18  print("multi()에서 돌려준 값 ==> %d, %d" % (hap, sub))
```

```
출력 결과:
multi()에서 돌려준 값 ==> 300, -100
```

3행에서 빈 리스트를 준비한 후에 6행, 7행에서 리스트에 값을 추가하고 8행에서는 리스트를 반환했다. 15행, 16행, 17행에서 반환한 리스트의 값을 각 변수에 대입했다.

15행~17행을 좀더 짧게 코딩하려면 다음과 같이 한 줄로 줄여서 코딩할 수 있다. 다음과 같이 코딩하면 함수에서 반환받기 위한 별도의 리스트인 myList가 필요 없다.

```
hap, sub = multi(100, 200)
```

또한 파이썬은 함수에서 2개 이상의 값을 한번에 반환해도 된다. 예로 6행~8행은 다음과 같이 한 줄로 줄여도 된다. 그러므로 3행의 resList도 필요 없다.

```
return res1, res2
```

15.2.8 윈도 프로그래밍

기본 윈도 창의 구성

가장 기본적인 윈도 창의 구성을 살펴보자.

[소스 15-8] 윈도 창 1

```
1   from tkinter import *
2
3   window = Tk()
4
5   # 이 부분에서 화면을 구성하고 처리
6
7   window.mainloop()
```

[그림 15-24] 실행 결과

가장 간단한 윈도 창을 나타내는 코드다. 1행의 tkinter는 파이썬에서 GUI 관련 모듈을 제공해주는 표준 윈도 라이브러리다. 윈도 창이 필요할 때는 꼭 써줘야 한다.

3행의 Tk()는 기본이 되는 윈도를 반환하는데 이를 '루트 윈도^{Root Window}' 또는 '베이스 윈도^{Base Window}'라고도 부른다. 3행도 반드시 써줘야 한다. 3행이 실행될 때 윈도 창이 화면에 출력된다. 3행에서 베이스 윈도를 window 변수에 넣었다. 그리고 7행에서 window.mainloop() 함수를 실행하는데, 이는 앞으로 윈도 창에 키보드 누르기, 마우스 클릭 등의 다양한 이벤트가 일어날 때, 이 이벤트를 처리하기 위해서 필요한 부분이다.

결론적으로 1행, 3행, 7행은 기본적으로 써줘야 한다고 생각하면 된다. 그리고 5행은 주석으로 했지만 앞으로 이 5행 부분에 코딩을 추가해서 윈도 창에 필요한 내용들을 구성하고 처리할 것이다.

윈도 창을 조절하는 방법을 알아보자. 윈도 창에 제목을 달고, 크기를 지정할 수 있다. 또한 윈도 창의 크기가 변경되지 않도록 고정시키는 방법도 있다.

[소스 15-9] 윈도 창 2

```
1   from tkinter import *
2
3   window = Tk()
4   window.title("윈도창 연습")
5   window.geometry("400x100")
6   window.resizable(width=FALSE, height=FALSE)
7
8   window.mainloop()
```

크기 변경 안됨

[그림 15-25] 실행 결과

4행에서는 윈도 창에 제목을 표시했고, 5행에서는 윈도 창의 초기 크기 400×100 크기로 지정했다. 6행은 가로와 세로의 크기 변경이 안되도록 설정했다.

라벨

라벨Label, 레이블은 문자를 표현할 수 있는 위젯Widget이다. 형식은 **Label(부모윈도, 옵션…)**으로 사용하면 된다. 옵션에서 위젯에 대한 다양한 설정을 해줄 수 있다. 또한, 라벨과 같은 위젯들은 pack() 함수를 호출해 줘야 화면에 나타나는 것도 기억해 두기 바란다.

[소스 15-10] 라벨 활용

```
 1  from tkinter import *
 2  window = Tk()
 3
 4  label1 = Label(window, text="This is MySQL을")
 5  label2 = Label(window, text="열심히", font=("궁서체", 30), fg="blue")
 6  label3 = Label(window, text="공부 중입니다.", bg="magenta", width=20, height=5,
        anchor=SE)
 7
 8  label1.pack()
 9  label2.pack()
10  label3.pack()
11
12  window.mainloop()
```

[그림 15-26] 실행 결과

4행의 Label() 함수는 라벨을 만들어 준다. 그리고 8행에서 pack() 함수를 통해서 해당 라벨을 화면에 표시해 줬다. **Label(부모윈도, 옵션…)**에서 부모 윈도는 2행에서 생성한 베이스 윈도인 window를 지정했다. 그러므로 베이스 윈도에 라벨이 출력된다. 옵션 중에서 text는 글자 자체를 나타낸다. font는 글꼴과 크기를 지정한다. fg는 foreground의 약자로 글자색을, bg는 background의 약자로 배경색을 지정한다. width와 height는 위젯의 폭과 높이를 설정한다.

관심있게 볼 옵션은 anchor인데, anchor는 위젯이 어느 위치에 자리 잡을지를 지정한다. 6행에서 SE는 South East의 약자다. anchor에 사용할 수 있는 값은 N, NE, E, SE, S, SW, W, NW, CENTER 등이며 기본 값은 CENTER다.

버튼

버튼^{Button}은 마우스로 클릭하면 누르는 효과와 함께 지정한 작업이 실행되도록 사용되는 위젯이다. 형식은 Button(부모윈도, 옵션…)으로 사용하면 된다. 앞에서 익힌 라벨과 달리 버튼은 눌렀을 때 어떤 작업을 해 줘야 한다. command 옵션은 버튼을 눌렀을 때 지정한 작업을 처리할 수 있다. 그 외 라벨과 동일한 옵션이 많다. 다음 코드는 버튼을 누르면 메시지 상자가 나오는 코드다.

[소스 15-11] 버튼 활용

```
1  from tkinter import *
2  from tkinter import messagebox
3
4  def clickButton() :
5      messagebox.showinfo('버튼 클릭', '버튼을 클릭했습니다.')
6
7  window = Tk()
8  window.geometry("200x200")
9
10 button1 = Button(window, text="요기 눌러요", fg="red", bg="yellow",
       command=clickButton)
11 button1.pack(expand = 1)
12
13 window.mainloop()
```

[그림 15-27] 실행 결과

2행은 5행의 메시지 상자를 사용하기 위해서 import했다. 10행에서 command 옵션에 clickButton() 함수를 호출했다. 버튼을 클릭하면 메시지 상자가 나올 것이다. 11행의 pack()에서 버튼을 화면 중앙에 표현하기 위해서 옵션을 추가했다.

위젯의 정렬

pack() 함수의 옵션 중에서 수평으로 정렬하는 방법은 **side=LEFT, RIGHT** 방식이 있다. 간단히
코드에서 확인해 보자.

[소스 15-12] 위젯 정렬 1

```
1  from tkinter import *
2  window = Tk()
3
4  button1 = Button(window, text="버튼1")
5  button2 = Button(window, text="버튼2")
6  button3 = Button(window, text="버튼3")
7
8  button1.pack(side=LEFT)
9  button2.pack(side=LEFT)
10 button3.pack(side=LEFT)
11
12 window.mainloop()
```

[그림 15-28] 실행 결과

8행~10행에서 side=LEFT 옵션을 사용했는데, 왼쪽부터 채워가라는 의미다. 이번에는 오른쪽부
터 채워가 보겠다. 앞에서는 하나씩 표현했지만, 이번에는 리스트와 for문을 활용해 보겠다.

[소스 15-13] 위젯 정렬 2

```
1  from tkinter import *
2  window = Tk()
3
4  btnList = [None] * 3
5
```

```
6    for i in range(0,3) :
7        btnList[i] = Button(window, text="버튼"+str(i+1))
8
9    for btn in btnList :
10       btn.pack(side=RIGHT)
11
12 window.mainloop()
```

[그림 15-29] 실행 결과

4행에서 빈 3개짜리 리스트를 준비했다. 6행, 7행에서는 3회를 반복하면서 버튼을 생성했다. 9행, 10행에서는 준비한 버튼리스트를 화면에 출력했다. 결과를 보면 오른쪽부터 위젯이 나타난 것을 확인할 수 있다.

pack() 함수의 옵션 중에서 수직으로 정렬하는 방법은 **side=TOP, BOTTOM** 방식이 있다. [소스 15-13]의 10행을 다음과 같이 변경하고 실행한 결과는 다음과 같다.

btn.pack(side=TOP)   또는 btn.pack(side=BOTTOM)

[그림 15-30] 실행 결과

위젯 사이에 여백 주기

pack() 함수의 옵션 중에서 위젯 사이에 여백을 주려면 **padx=픽셀값** 또는 **pady=픽셀값** 방식을 사용한다. [소스 15-13]의 10행을 다음과 같이 변경하고 실행해 보자.

btn.pack(side=TOP, fill=X, padx=10, pady=10)

[그림 15-31] 실행 결과

프레임, 엔트리, 리스트박스

프레임Frame은 화면의 구역을 나눌 때 사용한다. 엔트리Entry는 입력 상자를 표현하고, 리스트박스Listbox는 목록을 표현한다. 간단한 코드로 확인해 보자.

[소스 15-14] 프레임, 엔트리, 리스트박스

```
1   from tkinter import *
2
3   window = Tk()
4   window.geometry("200x200")
5
6   upFrame = Frame(window)
7   upFrame.pack()
8   downFrame = Frame(window)
9   downFrame.pack()
10
11  editBox = Entry(upFrame, width = 10, bg = 'green')
12  editBox.pack(padx = 20, pady = 20)
13
14  listbox = Listbox(downFrame, bg = 'yellow');
15  listbox.pack()
16
17  listbox.insert(END, "하나")
18  listbox.insert(END, "둘")
19
20  window.mainloop()
```

[그림 15-32] 실행 결과

6행, 8행에서 2개의 프레임을 생성하고 화면에 출력했다. 구역을 나눈 것일 뿐 화면에 표시되지는 않는다. 11행, 12행에서 입력을 위한 엔트리를 출력했다. 14행, 15행에서는 리스트박스를 출력하고, 17행, 18행에서는 리스트박스에 데이터를 2건 넣었다. 옵션 중 'END'는 데이터를 제일 뒤에 첨부하라는 의미다.

메뉴

실무에서 사용하는 많은 프로그램은 윈도 창뿐 아니라 상단에 메뉴도 추가해서 사용한다. 또, 메뉴를 선택하면 그 아래에 하위 메뉴가 나오고, 하위 메뉴 중 하나를 선택하면 비로소 어떤 작업이 실행된다. 예로 [파일] 〉〉 [열기]를 선택하면 파일을 선택하는 대화상자가 나오는 것을 많이 봤을 것이다. 먼저 메뉴를 만들고 활용하는 법을 살펴보자.

기본 윈도 창에 메뉴를 추가해 보자. 간단한 예로 [그림 15-33]과 같은 메뉴를 만들기 위한 구성 개념과 형식은 다음과 같다.

[그림 15-33] 메뉴의 구성 개념도

```
메뉴자체 = Menu(부모윈도)
부모윈도.config(menu=메뉴자체)

상위메뉴 = Menu(메뉴자체)
메뉴자체.add_cascade(label="상위메뉴텍스트, menu=상위메뉴)
상위메뉴.add_command(label="하위메뉴1", command=함수1)
상위메뉴.add_command(label="하위메뉴2", command=함수2)
```

메뉴는 대부분 위와 같은 형태로 구성된다. 그럼 실제로 [파일] 메뉴 아래에 [열기]와 [종료]가 있는 코드를 작성해 보자. 먼저 메뉴의 겉모양만 생성해 보겠다.

[소스 15-15] 메뉴 1

```
1   from tkinter import *
2
3   window = Tk()
4
5   mainMenu = Menu(window)
6   window.config(menu=mainMenu)
7
8   fileMenu = Menu(mainMenu)
9   mainMenu.add_cascade(label="파일", menu=fileMenu)
10  fileMenu.add_command(label="열기")
11  fileMenu.add_separator()
12  fileMenu.add_command(label="종료")
13
14  window.mainloop()
```

[그림 15-34] 실행 결과

5행에서 Menu(부모윈도)로 mainMenu 변수를 생성했다. mainMenu는 [그림 15-34]의 '메뉴 자체'를 나타내는 변수이다. 6행에서는 생성한 메뉴 자체를 윈도 창의 메뉴로 지정했다.

8행, 9행에서 상위 메뉴인 [파일] 메뉴를 생성하고, 메뉴 자체에 부착했다. [파일] 메뉴는 선택하고 끝나는 것이 아니라, 그 아래에 다른 메뉴가 확장되어야 하므로 add_cascade() 함수를 사용해야 한다. 10행에는 [파일] 메뉴의 하위에 [열기] 메뉴를 준비한다. [열기] 메뉴는 선택할 때 어떤 작동을 해야 하므로, add_command() 함수를 사용했다. 11행은 메뉴 사이의 구분줄을 넣어준다. 12행도 같은 방식으로 하위 메뉴를 생성했다.

[소스 15-15]는 메뉴의 겉모양만 있을 뿐 선택해도 아무런 작동을 하지 않는다. 이번에는 메뉴를 선택하면 작동하도록 코드를 추가해 보겠다.

[소스 15-16] 메뉴 2

```
1  from tkinter import *
2  from tkinter import messagebox
3  # 함수 선언부
4  def func_open() :
5      messagebox.showinfo("메뉴선택", "열기 메뉴를 선택함")
6
7  def func_exit() :
8      window.quit()
9      window.destroy()
10
11 # 메인 코드
12 window = Tk()
13
14 mainMenu = Menu(window)
15 window.config(menu=mainMenu)
16
17 fileMenu = Menu(mainMenu)
18 mainMenu.add_cascade(label="파일", menu=fileMenu)
19 fileMenu.add_command(label="열기", command=func_open)
20 fileMenu.add_separator()
21 fileMenu.add_command(label="종료", command=func_exit)
22
23 window.mainloop()
```

[그림 15-35] 실행 결과

19행에서 [열기] 메뉴는 선택할 때 어떤 작동을 해야 하므로 add_command() 함수를 사용했다. 그리고 선택 시에 실행될 함수 이름을 command의 값으로 사용했다. 즉, [파일]을 선택하면 하위 메뉴가 확장되고, [열기]를 선택하면 4행의 func_open() 함수가 실행된다. 21행도 같은 방식으로 하위 메뉴를 생성했다.

4행, 5행에서는 [열기]를 선택할 때 간단한 메시지 창이 나오도록 했고, 7행~9행은 [종료]를 선택할 때 프로그램이 종료되도록 했다.

대화상자

파이썬은 몇 가지의 대화상자를 제공한다. 기본적인 메시지 창을 보이는 messagebox. showinfo()를 앞에서 사용해 봤다. 그 외에도 숫자나 문자를 입력 받기 위해서 tkinter. simpledialog 모듈을 임포트한 후, askinteger() 및 askstring() 등을 사용할 수 있다. 간단한 예제로 확인해 보자.

[소스 15-17] 대화상자

```
1   from tkinter import *
2   from tkinter.simpledialog import *
3
4   # 함수 정의 부분
5   window = Tk()
6   window.geometry("400x100")
7
8   label1 = Label(window, text="입력된 값")
```

```
9   label1.pack()
10
11  value = askinteger("확대배수", "주사위 숫자(1~6)을 입력하세요", minvalue=1,
        maxvalue=6)
12
13  label1.configure(text=str(value))
14
15  window.mainloop()
```

[그림 15-36] 실행 결과

입력 대화상자를 사용하기 위해서 2행의 tkinter.simpledialog 모듈을 임포트 했다. 8행, 9행에서는 라벨을 하나 준비했다. 11행에서 **askinteger("제목", "내용", 옵션)** 함수로 정수를 입력 받는다. 옵션 중에 minvalue는 최소 값, maxvalue는 최대 값이다. 이 값을 벗어나서 입력하면 경고 창이 나오며 입력되지 않는다. 13행에서 입력 받은 숫자를 문자열로 변경해서 라벨에 썼다. 만약 실수를 입력하려면 askfloat()를, 문자열을 입력하려면 askstring()을 사용하면 된다.

캔버스

Tk()로 생성한 윈도 창에는 선, 면, 글자 등의 그림을 그릴 수가 없다. 그래서 캔버스Canvas를 윈도 창에 부착한 후에 캔버스에 선, 면, 글자 등을 표현한다. 간단한 코드로 사용법을 익히자.

[소스 15-18] 캔버스

```
1   from tkinter import *
2   from tkinter.simpledialog import *
3
4   # 함수 정의 부분
5   window = Tk()
6
```

```
7    canvas = Canvas(window, height=300, width=300) # 캔버스를 윈도 창에 부착
8    canvas.pack()
9
10   canvas.create_line([[0,0], [70,70], [30,170]], fill="blue", width=3)
11   canvas.create_polygon([[100,100], [100,150], [150,150], [150,100]], fill="red")
12   canvas.create_text([200, 200], text="이것이 MySQL이다", font=("굴림", 15))
13
14   window.mainloop()
```

[그림 15-37] 실행 결과

7행, 8행에서 캔버스를 윈도 창에 부착했다. 아직은 캔버스가 화면에 보이지는 않는다. 10행은 캔버스에 선을 그렸다. 첫 번째 파라미터는 [[x1, y1], [x2, y2], ...] 형식의 좌표 리스트를 넘기면 된다. fill은 색상을, width는 두께를 나타내는데 생략이 가능하다. 11행은 캔버스에 닫힌 면을 그렸다. 역시 첫 번째 파라미터는 좌표 리스트를 넘기면 된다. 결과를 보면 닫힌 면을 그린다. 12행은 캔버스에 글자를 그렸다. 첫 번째 파라미터는 글자의 좌표를 나타낸다. text는 글자 내용을, font는 글꼴 및 크기를 표현한다. font는 생략이 가능하다.

이상으로 '파이썬과 MySQL의 연동'을 위한 기본 파이썬 문법을 다뤘다. 당연히 전체 파이썬 문법을 다룬 것은 아니며, 꼭 필요한 내용들만 추출해서 살펴봤지만, 이정도면 잠시 후에 나올 응용 프로그램에 대한 문법은 대부분 다뤘다.

15.3 파이썬과 MySQL 연동

15.3.1 파이썬에서 MySQL 활용

pymysql 라이브러리 설치

이번에는 직접 파이썬 코드에서 MySQL을 활용하는 방법을 살펴보겠다. 파이썬 자체에는 MySQL을 인식하는 기능이 없으므로 외부 라이브러리인 pymysql을 먼저 설치해야 한다. 명령 프롬프트에서 다음 명령어를 실행해서 pymysql을 설치하자.

```
pip install pymysql
```

[그림 15-38] pymysql 설치

이제부터는 **import pymysql**문을 통해서 MySQL과 관련된 함수를 사용할 수 있다.

MySQL에 데이터 입력을 위한 파이썬 코딩 순서

[그림 15-39]와 같은 데이터베이스를 구축하는 것을 연습하자. [그림 15-39]는 일반적인 쇼핑몰이나 웹 사이트의 데이터베이스를 단순화해서 가정한 것이다.

[그림 15-39] 가상의 쇼핑몰 DBMS 구성도

먼저 Workbench를 실행해서 '한빛 쇼핑몰 DB'를 생성해 놓자.

```
DROP DATABASE IF EXISTS hanbitDB;
CREATE DATABASE hanbitDB;
```

habitDB를 생성한 후에, Workbench는 더 이상 사용하지 않으므로 종료시킨다.

파이썬에서 데이터를 입력하기 위해서는 다음과 같은 단계를 거친다. 단계가 좀 많아 보이기는 하지만, 거의 동일하게 사용되므로 한두 번 보면 익숙해질 것이다.

①	MySQL 연결	연결자 = pymysql.connect(연결 옵션)
②	커서 생성	커서 이름 = 연결자.cursor()
③	(테이블 만들기)	커서 이름.execute("CREATE TABLE 문장")
④	데이터 입력 (반복)	커서 이름.execute("INSERT 문장")
⑤	입력한 데이터 저장	연결자.commit()
⑥	MySQL 연결 종료	연결자.close()

[그림 15-40] MySQL에 데이터 입력 순서

[그림 15-40]의 순서대로 [그림 15-39]의 '한빛 쇼핑몰 DB'를 파이썬에서 구축하고 사용하겠다. 파이썬 IDLE를 실행해서 대화모드로 다음 각 문장을 실행하자.

① 데이터베이스 연결

MySQL을 사용하기 위해서는 먼저 관련 모듈인 pymysql을 임포트한 후에, **pymysql.connect (host=서버, user=사용자, passoword=암호, db=데이터베이스, charset=문자세트)**문으로 데이터베이스와 연결해야 한다. host는 자신의 컴퓨터를 의미하는 127.0.0.1을, user는 root 사용자를, password는 root의 암호인 1234를, db는 바로 앞에서 생성한 hanbitDB를, charset은 한글이 문제없도록 utf8로 지정하면 된다. 연결이 성공하면 아무 메시지도 나오지 않는다. 필자는 conn이라는 변수 이름을 데이터베이스와 연결된 연결자로 사용했다.

```
import pymysql
conn = pymysql.connect(host='127.0.0.1', user='root', password='1234',
                       db='hanbitDB', charset='utf8')
```

```
출력 결과:
아무것도 나오지 않음
```

② 커서 생성

커서Cursor는 데이터베이스에 SQL문을 실행하거나, 실행된 결과를 돌려받는 통로로 생각하면 된다. 앞의 ①에서 연결한 연결자에 커서를 만들어야 한다. 필자는 cur라는 변수를 커서로 사용했다.

```
cur = conn.cursor()
```

```
출력 결과:
아무것도 나오지 않음
```

③ 테이블 만들기

앞의 ①에서 데이터베이스를 처음 만든다면, 당연히 테이블도 없을 것이므로 이번 단계를 실행해야 한다. 하지만 ①에서 기존의 데이터베이스의 이미 만들었던 테이블에 다시 값을 입력할 예정이라면, 이번 단계는 생략하면 된다. 테이블을 만드는 SQL문을 **커서이름.execute()** 함수의 매개변수로 넘겨주면 SQL문이 데이터베이스에 실행된다.

```
cur.execute("CREATE  TABLE IF NOT EXISTS  userTable (id  char(4), userName
            char(15), email  char(20), birthYear  int)")
```

```
출력 결과:
번호
```

④ 데이터 입력

데이터 입력은 필요한 만큼 반복해서 입력하면 된다. 데이터 입력도 SQL문을 사용해야 하므로 **커서이름.execute()** 함수를 사용하면 된다.

```
cur.execute("INSERT INTO userTable VALUES( 'john' , 'John Bann' ,
    'john@naver.com' , 1990)")
cur.execute("INSERT INTO userTable VALUES( 'kim' , 'Kim Chi' ,
    'kim@daum.net' , 1992)")
cur.execute("INSERT INTO userTable VALUES( 'lee' , 'Lee Pal' ,
    'lee@paran.com' , 1988)")
```

```
cur.execute("INSERT INTO userTable VALUES( 'park' , 'Park Su' ,
    'park@gmail.com' , 1980)")
```

출력 결과:
번호

⑤ 입력한 데이터 저장

앞의 ④에서 입력한 4건의 데이터는 아직 데이터베이스에 완전히 저장된 것은 아니며, 임시로 저장된 상태이다. 이를 확실하게 저장하는 것을 커밋^{commit}이라고 부른다.

```
conn.commit()
```

출력 결과:
아무것도 나오지 않음

⑥ 데이터베이스 닫기

데이터베이스를 모두 사용했다면 앞의 ①에서 연결한 데이터베이스를 닫아야 한다.

```
conn.close()
```

출력 결과:
아무것도 나오지 않음

비타민 퀴즈 15-1

Windows의 Workbench로 Linux 가상머신에 접속해서 hanbitDB를 생성한 후에, 파이썬 코드로 userTable을 생성하고 데이터를 입력해 보자.

⚠ Linux 환경에서는 DB 이름, 테이블 이름을 모두 영문 소문자로 사용해야 한다.

데이터 입력 프로그램 작성

이번에는 사용자가 반복해서 데이터를 입력하는 코드를 작성해 보겠다. 앞에서 생성한 hanbitDB의 userTable에 Enter를 입력할 때까지 반복해서 한 행씩 데이터를 입력해 보겠다.

[소스 15-19] 데이터 입력 프로그램

```
1  import pymysql
2
3  # 전역변수 선언부
4  conn, cur = None, None
5  data1, data2, data3, data4 = "", "", "", ""
6  sql=""
7
8  # 메인 코드
9  conn = pymysql.connect(host='127.0.0.1', user='root', password='1234',
       db='hanbitDB', charset='utf8')
10 cur = conn.cursor()
11
12 while (True) :
13     data1 = input("사용자 ID ==> ")
14     if data1 == "" :
15         break;
16     data2 = input("사용자 이름 ==> ")
17     data3 = input("사용자 이메일 ==> ")
18     data4 = input("사용자 출생년도 ==> ")
19     sql = "INSERT INTO userTable VALUES('" + data1 + "','" + data2 + "','" +
           data3 + "'," + data4 + ")"
20     cur.execute(sql)
21
22 conn.commit()
23 conn.close()
```

```
출력 결과:
사용자 ID ==> su   ← 사용자가 입력한 값
사용자 이름 ==> Su Ji   ← 사용자가 입력한 값
사용자 이메일 ==> suji@hanbit.com   ← 사용자가 입력한 값
사용자 출생년도 ==> 1994   ← 사용자가 입력한 값
 ~~~ 반복해서 입력 ~~~
사용자 ID ==>   ← 사용자가 입력한 값(그냥 Enter는 종료됨)
```

4행~6행은 사용할 변수를 선언했다. data1~data4는 입력할 사용자ID, 사용자 이름, 사용자 이메일, 출생년도를 입력받을 변수이다. sql 변수는 "INSERT INTO~~"문을 입력한 data 값과 함께 문자열로 생성할 것이다.

9행~10행은 데이터베이스를 연결하고 커서를 준비했다. 테이블은 이미 생성되어 있으므로, "CREATE TABLE ~~"문은 생략했다. 12행~20행을 무한 반복하면서 data1~data4를 입력받는다. 만약, data1에서는 아무것도 입력하지 않고 Enter 를 입력하면 while문을 빠져나간다.

19행에서는 입력한 데이터를 INSERT문으로 sql 변수에 문자열로 만든다. 주의할 점은 data1~data3은 홑따옴표(')로 묶여야 하고, 마지막 data4는 정수이므로 홑따옴표(')로 묶으면 안 된다. 20행에서는 생성한 문자열을 실행해서 데이터를 입력한다. 22행과 23행은 입력한 데이터를 저장하고, 연결된 데이터베이스를 닫는다.

MySQL의 데이터 조회를 위한 파이썬 코딩 순서

파이썬에서 데이터를 조회하기 위해서는 [그림 15-41]과 같은 단계를 거친다. [그림 15-40]과 비슷한 순서를 가진다.

[그림 15-41] MySQL의 데이터 조회 순서

데이터를 조회하는 순서는 [그림 15-40]의 데이터 입력순서와 거의 동일하지만 ③, ④만 다르다. ③에서는 커서에 SELECT로 조회한 결과를 한꺼번에 저장해 놓는다. 그리고 ④에서 조회한 데이터를 한 행씩 fetchone() 함수로 접근한 후 출력하면 된다.

또한, 조회하는 것은 데이터를 입력하거나 변경하는 것이 아니므로 굳이 커밋을 해줄 필요가 없다.

데이터 조회 프로그램 작성

앞에서 입력한 테이블의 데이터를 조회하는 코드를 작성해 보자.

[소스 15-20] 데이터 조회 프로그램

```
1  import pymysql
2
3  # 전역변수 선언부
4  con, cur = None, None
5  data1, data2, data3, data4 = "", "", "", ""
6  row=None
7
8  # 메인 코드
9  conn = pymysql.connect(host='127.0.0.1', user='root', password='1234',
       db='hanbitDB', charset='utf8')
10 cur = conn.cursor()
11
12 cur.execute("SELECT * FROM userTable")
13
14 print("사용자ID    사용자이름    이메일        출생년도")
15 print("-----------------------------------------------------")
16
17 while (True) :
18     row = cur.fetchone()
19     if row== None :
20         break
21     data1 = row[0]
22     data2 = row[1]
23     data3 = row[2]
24     data4 = row[3]
25     print("%5s    %15s    %20s    %d" % (data1, data2, data3, data4))
26
27 conn.close()
```

```
출력 결과:
사용자ID      사용자이름       이메일                  출생년도
-------------------------------------------------------
john         John Bann       john@naver.com         1990
kim          Kim Chi         kim@daum.net           1992
lee          Lee Pal         lee@paran.com          1988
park         Park Su         park@gmail.com         1980
```

[소스 15-19]를 수행하면서 데이터를 추가로 입력했다면 추가로 입력한 데이터까지도 보일 것이다. [소스 15-19]와 [소스 15-20]은 대부분 비슷하다. 다른 점을 몇 가지 설명하면 12행에서 SELECT문으로 테이블을 조회했다. 조회한 결과는 cur 변수에 들어간다고 생각하면 된다. 그리고 그 결과를 18행의 fetchone() 함수로 한 행씩 추출하는 것이다. 18행은 while문 안에 있으므로 무한 반복한다. 즉, 조회한 결과의 모든 행을 추출하게 된다. 단 19행~20행에서 조회한 결과가 없으면 None값을 반환하므로 while문을 빠져나오게 된다.

fetchone() 함수로 조회된 결과가 저장된 row 변수는 튜플 형식으로 각 행 데이터에 저장된다. 예로 첫 번째 행은 ("john", "John Bann", "john@naver.com", 1990) 형식으로 저장되어 있다. 그래서 첫 번째는 data1, 두 번째는 data2… 방식으로 추출해서 25행에서 한 줄에 출력한 것이다.

⚠ 튜플Tuple이란 리스트List와 비슷한 구조이지만, 읽기 전용으로 변경할 수는 없다. 또 리스트는 대괄호([])로 구성되지만 튜플은 소괄호(())로 구성된다. 그 외에는 리스트와 사용법이 비슷하다.

15.3.2 GUI를 활용한 데이터 입력/조회 프로그램

이번에는 GUI 화면에서 데이터의 입력 및 수정이 되도록 하자. 또한, 초기화 버튼을 클릭하면 테이블이 삭제되고 다시 생성되도록 하자. 코드가 조금 길지만, 대부분이 앞에서 배운 내용과 비슷하므로 어렵지 않게 코드가 이해될 것이다.

```
1   import pymysql
2   from tkinter import *
3   from tkinter import messagebox
4
5
6   ## 함수 선언부
7   def insertData() :
8       con, cur = None, None
9       data1, data2, data3, data4 = "", "", "", ""
10      sql=""
11
12      conn = pymysql.connect(host='127.0.0.1', user='root', password='1234',
            db='hanbitDB', charset='utf8')
13      cur = conn.cursor()
14
15      data1 = edt1.get();    data2 = edt2.get();    data3 = edt3.get();
            data4 = edt4.get()
16      try :
17          sql = "INSERT INTO userTable VALUES('" + data1 + "','" + data2 + "','"
                + data3 + "'," + data4 + ")"
18          cur.execute(sql)
19      except :
20          messagebox.showerror('오류', '데이터 입력 오류가 발생함')
21      else :
22          messagebox.showinfo('성공', '데이터 입력 성공')
23      conn.commit()
24      conn.close()
25
26  def selectData() :
27      strData1, strData2, strData3, strData4  = [], [], [], []
28      conn = pymysql.connect(host='127.0.0.1', user='root', password='1234',
            db='hanbitDB', charset='utf8')
29      cur = conn.cursor()
30      cur.execute("SELECT * FROM userTable")
31      strData1.append("사용자ID");        strData2.append("사용자이름")
32      strData3.append("이메일");          strData4.append("출생년도")
33      strData1.append("-----------");     strData2.append("-----------")
34      strData3.append("-----------");     strData4.append("-----------")
```

```
35    while (True) :
36        row = cur.fetchone()
37        if row== None :
38            break;
39        strData1.append(row[0]);          strData2.append(row[1])
40        strData3.append(row[2]);          strData4.append(row[3])
41
42    listData1.delete(0,listData1.size() - 1);    listData2.delete(0,listData2.
          size() - 1)
43    listData3.delete(0,listData3.size() - 1);    listData4.delete(0,listData4.
          size() - 1)
44    for item1, item2, item3, item4 in zip(strData1, strData2, strData3,
          strData4 ):
45        listData1.insert(END, item1);          listData2.insert(END, item2)
46        listData3.insert(END, item3);          listData4.insert(END, item4)
47    conn.close()
48
49 ## 메인 코드부
50 window = Tk()
51 window.geometry("600x300")
52 window.title("GUI 데이터 입력")
53
54 edtFrame = Frame(window);
55 edtFrame.pack()
56 listFrame = Frame(window)
57 listFrame.pack(side = BOTTOM,fill=BOTH, expand=1)
58
59 edt1= Entry(edtFrame, width=10);     edt1.pack(side=LEFT,padx=10,pady=10)
60 edt2= Entry(edtFrame, width=10);     edt2.pack(side=LEFT,padx=10,pady=10)
61 edt3= Entry(edtFrame, width=10);     edt3.pack(side=LEFT,padx=10,pady=10)
62 edt4= Entry(edtFrame, width=10);     edt4.pack(side=LEFT,padx=10,pady=10)
63
64 btnInsert = Button(edtFrame, text="입력", command = insertData)
65 btnInsert.pack(side=LEFT,padx=10,pady=10)
66 btnSelect = Button(edtFrame, text="조회", command =selectData )
67 btnSelect.pack(side=LEFT,padx=10,pady=10)
68
69 listData1 = Listbox(listFrame,bg = 'yellow');
70 listData1.pack(side=LEFT,fill=BOTH, expand=1)
71 listData2 = Listbox(listFrame,bg = 'yellow')
```

```
72 listData2.pack(side=LEFT,fill=BOTH, expand=1)
73 listData3 = Listbox(listFrame,bg = 'yellow')
74 listData3.pack(side=LEFT,fill=BOTH, expand=1)
75 listData4 = Listbox(listFrame,bg = 'yellow')
76 listData4.pack(side=LEFT,fill=BOTH, expand=1)
77
78 window.mainloop()
```

[그림 15-42] 실행 화면

⚠ 다음 코드 중에서 세미콜론(;)은 줄을 분리해주는 효과를 낸다. 코드가 너무 길어져서 일부러 사용했다. 그리고 44행의 zip() 함수는 동시에 여러 개의 리스트 항목에 접근하기 위해서 사용했다.

7행~24행은 〈입력〉 버튼을 클릭할 때 실행되는 함수로 데이터를 입력하는 기능을 한다. 앞에서 이미 배운 부분을 제외하고 설명을 하자면, 15행에서는 화면의 4개의 텍스트상자에서 값을 가져온다. 16행~22행은 쿼리문을 만들어서 실행하는데 18행에서 오류가 발생해도 프로그램이 중지되지 않도록 try문을 활용했다.

26행~47행은 〈조회〉 버튼을 클릭할 때 실행되는 데이터를 조회하는 함수다. 27행의 strData1은 '사용자 ID'열의 결과를 리스트박스에 출력하기 위한 리스트다. 31행, 33행에서 제목을 리스트에 추가한 후, 39행에서 모든 사용자ID를 추가했다. 결국 strData1에는 ["사용자ID", "사용자ID", "사용자ID", ...] 형식으로 값이 저장된다. strData2~4도 마찬가지로 "사용자이름", "이메일", "출생년도"에 해당되는 데이터가 저장된다. 42행, 43행에서는 화면의 4개의 리스트박스를 일단 모두 비운 후에, 44행~46행에서 각 리스트 박스에 앞에서 준비한 strData1~4까지 값들을 다시 채운다. 결국 화면의 리스트박스에는 모든 데이터가 조회된다.

15.4 공간 데이터 조회 응용 프로그램

15.4.1 공간 데이터 조회 프로그램 구성

chapter 14에서 공간 데이터에 대해서 학습하고 Workbench에서 공간 데이터를 입력하고 조회하는 방법을 상세히 배웠다. 이번에는 공간 데이터를 조회하는 Workbench의 공간 뷰어^{Spatial Viewer}를 파이썬으로 직접 구현해 보겠다. 결과적으로 Workbench가 제공하는 공간 뷰어보다 더 깔끔한 화면으로 구성할 수 있을 것이다.

[왕매워 짬뽕] GIS 응용 프로젝트 확인

chapter 14의 〈실습 3〉에서 [왕매워 짬뽕] 본사의 GIS 응용 프로젝트를 수행했었다. 먼저 그 프로젝트에 데이터가 잘 들어 있는지 확인하고, 없다면 chapter 14의 〈실습 3〉을 다시 수행하자.

```
SELECT ManagerName, Area as '당탕이' FROM Manager WHERE ManagerName = '당탕이';
SELECT ManagerName, Area as '존밴이' FROM Manager WHERE ManagerName = '존밴이';
SELECT restName, ST_Buffer(restLocation, 3) as '체인점' FROM Restaurant;
SELECT RoadName, ST_Buffer(RoadLine,1) as '강변북로' FROM Road;
```

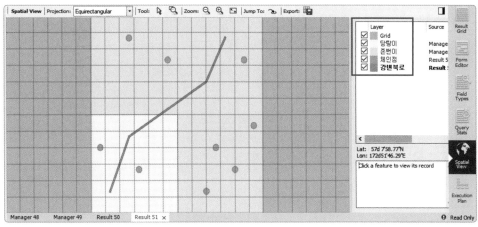

[그림 15-43] 전체 공간 데이터의 조회

화면 구성 및 함수 선언

응용 프로그램에서 구현할 메뉴와 함수를 미리 준비하자. 구성할 메뉴와 함수 이름은 [그림 15-44]
와 같다.

[그림 15-44] [왕매워 짬뽕] 응용 프로그램의 메뉴와 함수 이름

GUI 화면을 준비하고 기본적인 변수도 준비하자.

```
1  import pymysql
2  from tkinter import *
3  from tkinter import messagebox
4  from tkinter.simpledialog import *
5  import random
6
7  ## 함수 선언부
8
9  def displayRestaurant() :
10     global conn, curr, window, canvas
11     pass
12
13 def displayManager() :
14     global conn, curr, window, canvas
15     pass
16
17 def displayRoad() :
18     global conn, curr, window, canvas
19     pass
20
21 def clearMap() :
22     global conn, curr, window, canvas
23     pass
24
25 def showResMan() :
26     global conn, curr, window, canvas
27     pass
28
29 def showNearest() :
30     global conn, curr, window, canvas
31     pass
32
33 ## 전역 변수부
34 conn, curr = None, None
35 window, canvas = None, None
36
37 SCR_WIDTH, SCR_HEIGHT = 360, 360
38
```

```
39 ## 메인 코드부
40 window=Tk()
41 window.title("왕매워 짬뽕 Ver 0.1")
42 canvas = Canvas(window, height=SCR_HEIGHT, width=SCR_WIDTH)
43 canvas.pack()
44
45 mainMenu = Menu(window)
46 window.config(menu=mainMenu)
47
48 gis1Menu = Menu(mainMenu)
49 mainMenu.add_cascade(label="GIS 데이터 보기", menu=gis1Menu)
50 gis1Menu.add_command(label="체인점 보기", command=displayRestaurant)
51 gis1Menu.add_command(label="관리자 보기", command=displayManager)
52 gis1Menu.add_command(label="도로 보기", command=displayRoad)
53 gis1Menu.add_separator()
54 gis1Menu.add_command(label="화면 지우기", command=clearMap)
55 gis1Menu.add_separator()
56
57 gis2Menu = Menu(mainMenu)
58 mainMenu.add_cascade(label="GIS 데이터 분석", menu=gis2Menu)
59 gis2Menu.add_command(label="관리자별 담당 체인점", command=showResMan)
60 gis2Menu.add_command(label="가장 가까운 체인점", command=showNearest)
61
62 window.mainloop()
```

[그림 15-45] 실행 화면

1행~5행에서 코드에서 필요한 패키지를 미리 임포트했다. 34행, 35행은 데이터베이스 관련된 변수 및 윈도 화면과 관련된 변수를 전역변수로 미리 준비했다. 37행의 SCR_WIDTH, SCR_HEIGHT 는 스크린의 폭과 높이를 미리 360으로 지정했다. 이유는 chapter 14의 [왕매워 짬뽕] 프로젝트 의 전체 화면이 −90~90 정도로 180 범위로 구성했었는데, 180 크기는 화면이 좀 작아서 그 2배인 360으로 화면을 구성하기 위함이다. 45행~60행은 [그림 15−44]의 계획대로 메뉴 및 함수 이름을 준비했다. 9행~ 31행은 각 메뉴에 해당하는 함수를 미리 만들어 놓고 34행, 35행의 전역변수도 미리 지정해 놓았다.

15.4.2 공간 데이터 각 함수 구현

공통 사용 함수 작성

먼저 데이터베이스를 연결하고 해제하는 함수인 connectMySQL()과 closeMySQL()을 작성 하자. 이 두 함수는 메뉴의 각 기능에서 공통적으로 호출하게 될 것이다. 그리고 랜덤한 색상을 추 출해서 반환하는 randomColor() 함수도 작성하겠다. 추가로 메뉴의 [화면 지우기] 기능을 하는 clearMap() 함수를 완성하자.

[소스 15-23] 공통 함수 작성

```
1   def connectMySQL() :
2       global conn, curr, window, canvas
3       conn = pymysql.connect(host='127.0.0.1', user='root', password='1234',
            db='KingHotDB', charset='utf8')
4       curr = conn.cursor()
5
6   def closeMySQL() :
7       global conn, curr, window, canvas
8       curr.close()
9       conn.close()
10      curr, conn = None, None
11
12  def randomColor() :
13      COLORS = ["black", "yellow", "white", "red", "green", "blue", "magenta",
            "orange", "brown", "maroon", "coral"]
14      return random.choice(COLORS)
```

```
15
16 def clearMap() :
17     global conn, curr, window, canvas
18     canvas.destroy()
19     canvas = Canvas(window, height=SCR_HEIGHT, width=SCR_WIDTH)
20     canvas.pack()
```

1행~4행은 MySQL에 접속하고 chapter 14에서 생성한 KingHotDB에 연결 및 커서를 미리 준비한다. 6행~10행은 접속을 종료한다. 12행~14행은 다양한 색상 중에서 랜덤하게 선택한 색상을 반환한다. 16행~20행은 캔버스를 제거했다가 다시 부착함으로써 화면을 클리어하는 효과를 갖는다.

체인점 보기

chapter 14의 [그림 14-18]에는 각 체인점이 공간 뷰어에 출력되어 있다. 이와 유사한 기능을 구현하자. 이번에는 각 체인점의 위치뿐 아니라 체인점의 이름도 함께 출력되도록 하자. 색상은 랜덤하게 보이도록 처리하자.

⚠ displayRestaurant() 함수의 구조는 다른 함수들과 비슷하다. 그러므로 displayRestaurant() 함수를 잘 이해해 놓아야 다른 함수들도 수월하게 이해가 될 것이다.

[소스 15-24] [체인점 보기] 함수 작성

```
1  def displayRestaurant() :
2      global conn, curr, window, canvas
3      connectMySQL()
4
5      sql = "SELECT restName, ST_AsText((ST_Buffer(restLocation, 3))) FROM
           Restaurant"
6      curr.execute(sql)
7
8      while True :
9          row = curr.fetchone()
10         if not row :
11             break
12         restName, gisStr = row
```

```
13        start = gisStr.index('(')
14        start = gisStr.index('(', start + 1)
15        start += 1
16        end = gisStr.index(')')
17        gisStr = gisStr[start:end]        # "x y,x y,...."
18        gisList = gisStr.split(',')          # ["x y", "x y", ....]
19        newGisList = []
20        for xyStr in gisList :
21            x, y = xyStr.split(' ') # "x y"를 "x"와 "y"로 분리
22            x, y = float(x), float(y) # 실수로 형 변환
23            xyList = [ (x+90)*2, SCR_HEIGHT-(y+90)*2] # [x, y] : 화면 좌표(90,90
                  추가) 및 2배 확대
24            newGisList.append(xyList) #[ [x,y], [x,y] .... ]
25
26        myColor = randomColor()
27        canvas.create_line(newGisList, fill=myColor, width=3)
28        # 해당 위치에 글자 쓰기
29        tx, ty = xyList[0], xyList[1]+15 # 오른쪽 아래에 쓰기
30        canvas.create_text([tx, ty],fill=myColor,text=restName.split(' ')[2])
                  # 0호점만 쓰기
31
32    closeMySQL()
```

[그림 15-46] 실행 화면

3행에서 MySQL에 연결했고, 32행에서 연결을 종료했다. 5행, 6행에서 쿼리문을 준비하고 실행했는데 chapter 14 〈실습 3〉의 **1-1** 마지막 행을 사용해서 체인점을 조회한다. ST_Buffer(restLocation, 3)는 한 점을 둘러싼 일정거리(여기서는 3)의 폴리곤을 반환한다. 비록 모양은 원 모양으로 보이지만 작은 직선의 연결들이다. 그런데, ST_Buffer() 함수는 결과를 바이너리 형태로 반환하기 때문에 파이썬에서는 좌표 값을 알 수 없다. 이를 ST_AsText() 함수를 사용해서 텍스트 형태로 반환되도록 했다. ST_AsText() 함수로 반환된 결과의 예는 다음과 같다.

```
"POLYGON((x1 y1, x2 y2, x3 y3, x4 y4, ~~~ , xn yn))"
```

8행~30행은 조회된 모든 체인점을 화면에 표시한다. 12행에서 restName은 "왕매워 짬뽕 1호점"과 같은 문자열인데, 이 중 "1호점"만 추출해서 글자로 쓰려고 30행에서 split() 함수를 사용해서 ["왕매워", "짬뽕", "1호점"]으로 리스트로 분리한 후에 마지막 "1호점" 글자만 화면에 출력했다.

gisStr은 "POLYGON((x1 y1, x2 y2, ~~~, xn yn))" 형태의 문자열이다. 14행~17행은 gisStr 문자열에서 좌표 문자열인 "x1 y1, x2 y2, ~~~, xn yn"만 추출하기 위해서 괄호의 위치를 찾아내고 그 내부만 추출한 것이다. 18행은 문자열을 다시 좌표 문자열 리스트인 ["x1 y2", "x2 y2", ~~~, "xn yn"]으로 분리했다.

19행~24행은 좌표 문자열 리스트를 좌표 실수 리스트인 [[x1, y1], [x2, y2] ... [xn, yn]]으로 변경하기 위한 코드다. 23행에서는 −90~90으로 되어 있는 좌표체계를 0~180으로 변환한 후에 2배 확대했다. 그리고 Workbench의 공간 뷰어와 동일한 형태가 나오도록 y 좌표는 GUI 화면 크기인 360에서 값을 뺐다. 결국 상하가 뒤집혀서 출력됨으로써 chapter 14의 공간 뷰어와 동일한 형태로 출력된다.

26행, 27행에서는 랜덤하게 색상을 추출한 후 좌표 실수 리스트의 선들을 그렸다. 결국 작은 원모양이 완성되었다. 29행, 30행은 각 체인점의 이름을 원 모양의 약간 아래쪽에 글자로 출력했다.

관리자 보기

chapter 14의 [그림 14-19]는 공간 뷰어에 각 관리자의 담당구역이 표시되었다. 이와 동일한 방식으로 관리자의 담당구역이 출력되도록 하자. 체인점을 표시하는 [소스 15-24]와 대부분이 비슷한 코드로 작성하면 된다.

```
1   def displayManager() :
2       global conn, curr, window, canvas
3       connectMySQL()
4
5       sql = "SELECT ManagerName, ST_AsText(Area) FROM Manager ORDER BY
            ManagerName"
6       curr.execute(sql)
7
8       while True :
9           row = curr.fetchone()
10          if not row :
11              break
12          managerName, gisStr = row
13          start = gisStr.index('(')
14          start = gisStr.index('(', start + 1)
15          start += 1
16          end = gisStr.index(')')
17          gisStr = gisStr[start:end]        # "x y,x y,...."
18          gisList = gisStr.split(',')          # ["x y", "x y", ....]
19          newGisList = []
20          for xyStr in gisList :
21              x, y = xyStr.split(' ') # "x y"를 "x"와 "y"로 분리
22              x, y = float(x), float(y) # 실수로 형 변환
23              xyList = [ (x+90)*2, SCR_HEIGHT-(y+90)*2] # [x, y] : 화면 좌표(90,90
                    추가) 및 2배 확대
24              newGisList.append(xyList) #[ [x,y], [x,y] .... ]
25
26          canvas.create_polygon(newGisList, fill=randomColor())
27
28      closeMySQL()
```

[그림 15-47] 실행 화면

5행에서 당탕이 지역이 먼저 출력되도록 이름 순서로 정렬했다. 26행에서 닫힌 폴리곤으로 출력했다.

도로 보기

chapter 14의 [그림 14-20]은 공간 뷰어에 도로(강변북로)가 표시되었다. 이를 동일한 방식으로 도로가 출력되도록 하자. 담당구역을 표시하는 [소스 15-25]와 코드가 거의 비슷하다.

[소스 15-26] [도로 보기] 함수 작성

```
1   def displayRoad() :
2       global conn, curr, window, canvas
3       connectMySQL()
4
5       sql = "SELECT RoadName, ST_AsText(ST_BUFFER(RoadLine,2)) FROM Road"
6       curr.execute(sql)
7
8       while True :
9           row = curr.fetchone()
10          if not row :
11              break
12          managerName, gisStr = row
```

```
13      start = gisStr.index('(')
14      start = gisStr.index('(', start + 1)
15      start += 1
16      end = gisStr.index(')')
17      gisStr = gisStr[start:end]        # "x y,x y,...."
18      gisList = gisStr.split(',')          # ["x y", "x y", ....]
19      newGisList = []
20      for xyStr in gisList :
21          x, y = xyStr.split(' ') # "x y"를 "x"와 "y"로 분리
22          x, y = float(x), float(y) # 실수로 형 변환
23          xyList = [ (x+90)*2, SCR_HEIGHT-(y+90)*2] # [x, y] : 화면 좌표(90,90
                추가) 및 2배 확대
24          newGisList.append(xyList) #[ [x,y], [x,y] .... ]
25
26      canvas.create_polygon(newGisList, fill=randomColor())
27
28  closeMySQL()
```

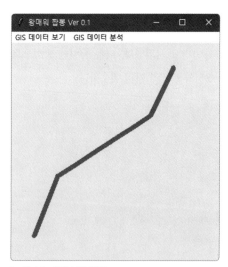

[그림 15-48] 실행 화면

앞에서 완성한 기능을 [관리자 보기], [도로 보기], [체인점 보기]의 차례대로 실행하면 chapter 14 [그림 14-21]과 같이 전체 데이터가 출력된다.

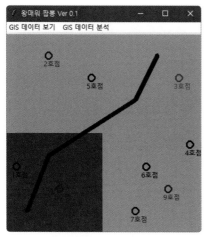

[그림 15-49] 전체 데이터가 출력된 화면

관리자별 담당 체인점

chapter 14의 [그림 14-23]은 관리자별 담당 체인점이 나오기는 하지만, 지도상에 표시되지는 않았다. 이번에는 각 담당자의 담당 체인점을 화면에 출력해 보자.

[소스 15-27] [관리자별 담당 체인점] 함수 작성

```
1   def showResMan() :
2       global conn, curr, window, canvas
3
4       displayRestaurant() # 우선 지점을 출력
5
6       connectMySQL()
7       sql = "SELECT M.ManagerName, R.restName, ST_AsText((ST_Buffer(R.
            restLocation, 3))) FROM Restaurant R, Manager M"
8       sql += " WHERE ST_Contains(M.area, R.restLocation) = 1 ORDER BY
            R.restName" # 체인점 순으로 정렬
9
10      curr.execute(sql)
11
12      saveRest = '' # 관리자가 중복된 체인점인지 체크
13      while True :
14          row = curr.fetchone()
15          if not row :
```

```
16              break
17          managerName, restName, gisStr = row
18          start = gisStr.index('(')
19          start = gisStr.index('(', start + 1)
20          start += 1
21          end = gisStr.index(')')
22          gisStr = gisStr[start:end]        # "x y,x y,...."
23          gisList = gisStr.split(',')          # ["x y", "x y", ....]
24          newGisList = []
25          for xyStr in gisList :
26              x, y = xyStr.split(' ') # "x y"를 "x"와 "y"로 분리
27              x, y = float(x), float(y) # 실수로 형 변환
28              xyList = [ (x+90)*2, SCR_HEIGHT-(y+90)*2] # [x, y] : 화면 좌표(90,90
                    추가) 및 2배 확대
29              newGisList.append(xyList) #[ [x,y], [x,y] .... ]
30
31          myColor = randomColor()
32          if saveRest == restName : # 중복 관리지역만 추가로 폴리곤으로 처리
33              canvas.create_polygon(newGisList, fill=myColor)
34
35          # 해당 위치에 글자 쓰기
36          # 관리자가 2명인 경우에는 추가 관리자 이름에 뒤에 붙여서 쓰기
37          if saveRest == restName :
38              tx, ty = xyList[0], xyList[1]+45 # 두 번째 관리자. 아래에 쓰기
39          else :
40              tx, ty = xyList[0], xyList[1]+30 # 첫 번째 관리자. 아래에 쓰기
41
42          canvas.create_text([tx, ty],fill=myColor,text=managerName) # 관리자
                이름만 추가로
43          saveRest = restName
44
45      closeMySQL()
46
47          myColor = randomColor()
48          canvas.create_line(newGisList, fill=myColor, width=3)
49          # 해당 위치에 글자 쓰기
50          tx, ty = xyList[0], xyList[1]+15 # 오른쪽 아래에 쓰기
51          canvas.create_text([tx, ty],fill=myColor,text=restName.split(' ')[2])
                # 0호점만 쓰기
52
53      closeMySQL()
```

[그림 15-50] 실행 화면

위의 결과를 보면 2호점과 5호점은 존밴이와 당탕이가 공동으로 중복 관리되는 체인점이다. 7행, 8행의 쿼리는 chapter 14 〈실습 3〉의 **2-2** 쿼리에, 추가로 공간 데이터인 R.restLocation를 출력하도록 했으며 결과를 체인점 이름으로 정렬했다. 32행, 33행에서 중복 관리되는 체인점은 폴리곤으로 내부를 채워서 표시했다. 37행~43행은 관리자가 2명일 경우에 위 결과 화면과 같이 차례대로 나타나도록 처리했다. 즉, 앞과 동일한 체인점이 나올 경우에는 추가 관리자 이름을 더 아래쪽에 표시했다.

가장 가까운 체인점

chapter 14의 [그림 14-24]는 1호점에서 가장 가까운 체인점을 순서대로 표시했지만, 지도상에 표시되지는 않았다. 이번에 입력한 체인점에서 가장 가까운 체인점을 선의 두께로 표시해 보자. 즉, 선이 두꺼울수록 가까운 체인점이다.

[소스 15-28] [가장 가까운 체인점] 함수 작성

```
1   def showNearest() :
2       global conn, curr, window, canvas
3
4       baseRest = '왕매워 짬뽕 ' +  askstring('기준 체인점', '체인점 번호를 입력하세요')
           + '호점'
5
```

```
6      connectMySQL()
7      sql = "SELECT ST_AsText(R2.restLocation), ST_Distance(R1.restLocation,
           R2.restLocation) "
8      sql += " FROM Restaurant R1, Restaurant R2 "
9      sql += " WHERE R1.restName='" + baseRest + "' "
10     sql += " ORDER BY ST_Distance(R1.restLocation, R2.restLocation) "
11     curr.execute(sql)
12
13     row = curr.fetchone() # 첫 번째(가장 가까운 거리)는 자신
14     gisStr, distance = row  # gisStr은 "POINT(-80 -30)" 형식
15     start = gisStr.index('(')
16     start += 1
17     end = gisStr.index(')')
18     gisStr = gisStr[start:end]        # "x y"
19     x, y = list(map(float, gisStr.split(' '))) # [x y]
20     baseXY = [ (x+90)*2, SCR_HEIGHT-(y+90)*2]
21
22     lineWidth = 20
23     while True :
24         row = curr.fetchone()
25         if not row :
26             break
27         gisStr, distance = row
28         start = gisStr.index('(')
29         start += 1
30         end = gisStr.index(')')
31         gisStr = gisStr[start:end]        # "x y"
32         x, y = list(map(float, gisStr.split(' '))) # [x y]
33         targetXY = [ (x+90)*2, SCR_HEIGHT-(y+90)*2]
34
35         myColor = randomColor()
36         if lineWidth < 0 :
37             lineWidth = 0
38         canvas.create_line([baseXY, targetXY], fill=myColor, width=lineWidth)
39         lineWidth -= 5 # 선 두께 감소
40
41     closeMySQL()
42
43     displayRestaurant() # 지점을 출력(위쪽에 보이려 제일 나중에 출력)
```

[그림 15-51] 실행 화면(5호점을 입력한 경우)

4행에서 현재 기준이 되는 체인점을 입력 받는다. 7행~11행은 기준 체인점에서 상대 체인점의 위치와 거리를 조회한다. 거리가 가까운 순으로 정렬해서 조회한다. 이 쿼리는 chapter 14 〈실습 3〉의 **2-3**에서 사용한 것과 비슷하다. 13행~21행은 가장 가까운 위치는 자신이므로 자신(기준 체인점)의 위치를 baseXY 변수에 리스트로 저장한다. 22행에서는 초기 선 두께를 20으로 지정하고 39행에서 −5씩 감소시켜서 선을 그린다. 23행~38행은 기준 체인점에서 각 상대 체인점까지 선을 그린다. 마지막 43행에서 전체 체인점을 다시 화면에 그려서 표시했다.

☀ **비타민 퀴즈 15-3**

[왕매워 짬뽕] 응용 프로그램을 Linux 가상머신에 접속해서 실행되도록 하자.

⚠ Linux 환경에서는 DB 이름, 테이블 이름을 모두 영문 소문자로 사용해야 한다.

지금까지 [이것이 MySQL이다]를 필자와 함께 공부하느라고 수고가 많으셨습니다. 이 책은 데이터베이스에 처음 입문하는 독자를 위해서 필수적이고 비교적 접근하기 쉬운 내용으로 구성하였습니다.

이 책이 완벽한 책은 아니며 많이 부족한 책이라는 점을 익히 알고 있습니다. 하지만 이 책을 끝까지 공부하고 잘 이해했다면 기본적인 데이터베이스의 개념과 MySQL에 대해서 충분히 익힌 것이며, MySQL을 사용하기 위한 기본 능력을 갖추게 된 것입니다. 또한, MySQL와 웹 프로그래밍 언어인

PHP의 연동 및 Python 연동 프로그래밍도 할 수 있게 되었으며, 고급 기술인 공간 데이터의 응용까지도 살펴보았습니다.

만약, 시간이 허락한다면 다시 한번 책을 공부하기 바랍니다. 그때는 훨씬 적은 시간에 책을 볼 수 있을 것이며, 처음 볼 때와 달리 더 깊은 이해가 될 것입니다.

부족한 책을 끝까지 함께 해 주신 독자의 노고에 진심으로 감사드립니다.

Linux 환경에서 MySQL 설치

실무에서는 MySQL을 Linux 환경에서 많이 사용한다. 이 책은 MySQL 입문자를 위한 것이기에 기본적으로 Windows 환경에서 실습하지만, 향후 실무에서 MySQL을 사용하기 위해서는 Linux 환경에서 MySQL을 설치하고 운영하는 것도 필수적으로 알아야 할 것이다.

문제는 Linux 자체를 이해하고 배우는 것만으로도 시간이 많이 필요하다. 그래서, 필자는 Linux의 설치나 운영은 배제하고 Linux 환경에서 MySQL을 설치하고 기본적으로 사용하는 것을 부록에서 다루고자 한다.

부록의 실습을 잘 따라한다면 향후 실무에서 만나게 되는 Linux 환경의 MySQL도 그다지 어렵지 않게 사용할 수 있을 것이다. 그리고 책의 대부분의 내용들 역시 Linux 환경에서 실습이 가능할 것이다.

그런데, 대부분의 독자는 현재 실습하는 컴퓨터 외에 Linux를 설치할 별도의 컴퓨터가 준비되어 있지 않을 것이다. 독자의 편의를 위해서 VMware라는 가상머신 환경에서 Linux를 사용할 것이다. VMware 가상머신 환경을 처음 접하는 독자도 전혀 어려울 것이 없으므로 실습을 잘 따라해 보자.

1.1 가상머신과 가상머신 소프트웨어의 개념

가상머신Virtual Machine이란 이름 그대로 진짜 컴퓨터가 아닌 '가상Virtual'으로 존재하는 '컴퓨터Computer= Machine'를 말한다. 그리고 가상머신을 생성하는 소프트웨어가 가상머신 소프트웨어다. 가상머신 소 프트웨어를 간단히 정의하면 다음과 같다.

> **컴퓨터에 설치된 운영 체제(호스트 OS) 안에 가상의 컴퓨터를 만들고, 그 가상의 컴퓨터 안에 또 다른 운영 체 제(게스트OS)를 설치/운영할 수 있도록 제작된 소프트웨어**

이 책의 실습 환경을 예로 들어 보자. 필자는 Windows 운영 체제의 PC를 한 대 가지고 있다. 이제 필자는 PC에 별도의 디스크 파티션을 나누지 않고, Linux 컴퓨터를 사용하고자 한다.

여기서, 기존의 PC에 설치되어 있는 Windows를 호스트 운영 체제(Host Operating System, 줄여서 호스트 OS)라 부르며, 그 외에 가상머신에 설치한 Linux 운영 체제를 게스트 운영 체제 (Guest Operating System, 줄여서 게스트OS)라고 부른다.

⚠ 이 책에서는 앞으로 진짜 컴퓨터(=PC)를 '호스트 컴퓨터'라고 부를 것이며, PC에 설치된 운영 체제를 '호스트 OS'라고 부 를 것이다. 또, 가상의 컴퓨터를 '가상머신' 또는 '게스트 컴퓨터'라고 부르고, 가상머신에 설치된 운영 체제를 '게스트 OS'라 고 부를 것이다. 계속 사용될 용어이므로 잘 기억해 두자.

1.2 가상머신 소프트웨어의 종류와 VMware Workstation Player 설치

가상머신 소프트웨어를 제작하는 회사는 여러 곳이 있지만, 가장 유명한 제품으로는 VMware사 (http://www.vmware.com)에서 제작된 VMware 제품이 있는데, 관련 소프트웨어도 여러 가 지가 있다. 이 중에서 이 책에서는 무료로 사용할 수 있는 VMware Workstation Player를 사용 하겠다.

VMware Workstation Player를 설치해 보자.

이 책에서 사용하는 버전은 15.0.2(파일명: VMware-player-15.0.2-10952284.exe, 약 132 MB)이지만 15.0.2 이후의 버전이라면 어떤 버전이든지 학습에 관계없을 것이다.

⚠ VMware Workstation Player는 64bit Windows에서만 설치된다.

0-1 우선, VMware Workstation Player를 독자가 직접 다운로드하자. 이 책에서 사용할 VMware Workstation Player 15 버전은 https://my.vmware.com/en/web/vmware/free#desktop_end_user_computing/vmware_workstation_player/15_0 주소에서 다운로드하거나, 책의 사이트인 https://cafe.naver.com/thisismysql/의 자료실에서 다운로드하면 된다.

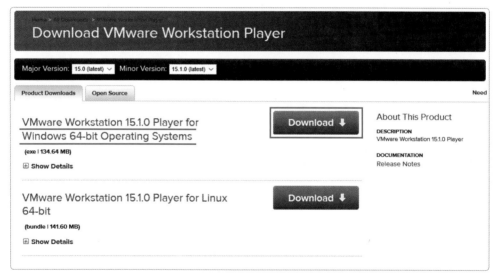

[그림 부록-1] VMware Workstation Player 다운로드

다운로드한 VMware Workstation Player 설치 파일(VMware-player-15.1.0-13591040.exe)을 실행해서 설치를 진행하자.

1-1 잠시 로고화면이 나타나고 설치 화면이 진행된다.

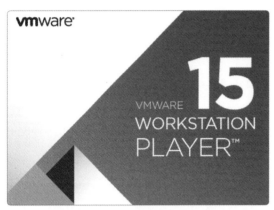

[그림 부록-2] VMware Workstation Player 설치 1

1-2 환영 메시지에서 〈Next〉를 클릭한다.

[그림 부록-3] VMware Workstation Player 설치 2

1-3 라이선스 동의 창에서 〈I accept the terms ~~〉를 선택하고 〈Next〉를 클릭한다.

[그림 부록-4] VMware Workstation Player 설치 3

1-4 VMware Workstation Player의 설치 폴더를 지정한다. 일부러 바꿀 필요는 없으므로 그냥 기본 설정으로 두고 〈Next〉를 클릭한다.

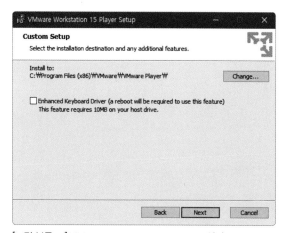

[그림 부록-5] VMware Workstation Player 설치 4

1-5 [User Experience Settings] 창에서 모든 체크를 끄고 〈Next〉를 클릭한다. (켜 놓아도 귀찮은 화면이 종종 나올 뿐 별 문제는 없다.)

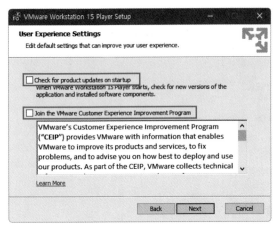

[그림 부록-6] VMware Workstation Player 설치 5

1-6 [Shortcuts]는 디폴트로 두고 〈Next〉를 클릭한다.

[그림 부록-7] VMware Workstation Player 설치 6

1-7 [Ready to install VMware Workstation 15 Player]에서 〈Install〉을 클릭한다.

[그림 부록-8] VMware Workstation Player 설치 7

1-8 잠시 동안 설치가 진행된다.

[그림 부록-9] VMware Workstation Player 설치 8

1-9 설치가 완료된 후, [Setup Wizard Complete]에서 〈Finish〉를 클릭해서 설치를 종료한다.

[그림 부록-10] VMware Workstation Player 설치 9

---

step 2

VMware Workstation Player의 설치가 완료되었다. 실행시켜 보자.

2-1 바탕화면의 〈VMware Workstation 15 Player〉 아이콘을 더블클릭해서 VMware Workstation Player를 실행한다. (또는 Windows [시작]의 [VMware Workstation Player]를 선택해도 된다.)

[그림 부록-11] VMware Workstation Player 아이콘

2-2 인증 화면이 나오는데 기본 값인 'Use VMware ~~'가 선택된 상태에서 〈Continue〉와 〈Finish〉를 클릭한다. 비 상업용으로 무료로 기간 제한 없이 사용할 수 있다.

[그림 부록–12] 인증 화면

2-3 처음으로 실행하는 VMware Workstation Player 실행 화면이 나온다.

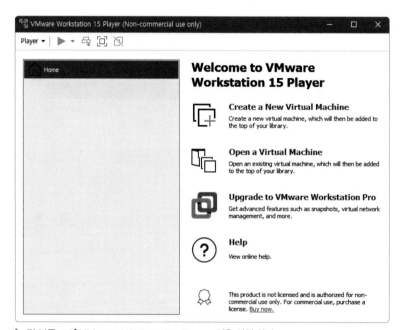

[그림 부록–13] VMware Workstation Player 처음 실행 화면

2-4 우측 상단의 〈X〉를 클릭하거나 VMware Workstation Player 메뉴의 [Player] 〉 [Exit]를 선택해서 일단 VMware Workstation Player를 종료한다.

1.3 Linux가 설치된 가상머신 파일 다운로드

이제는 가상머신을 만들고 그곳에 Linux를 설치하면 된다. 하지만, Linux를 설치하려면 많은 학습이 별도로 필요하며, 그 내용을 모두 기술하기에는 책의 지면도 문제지만 책의 성격과도 맞지 않는다.

우리는 Linux 학습이 목적이 아니라 MariaDB를 사용하는 것이 목적이므로 Linux는 이미 설치된 것을 사용하겠다.

실습2

Linux 가상머신을 다운로드하고 부팅하자.

step 1

먼저 Linux 가상머신을 준비하자.

1-1 http://cafe.naver.com/thisismysql/ 자료실에서 'Fedora 28 가상머신' 파일(Fedora28.exe, 619MB)을 다운로드 하자.

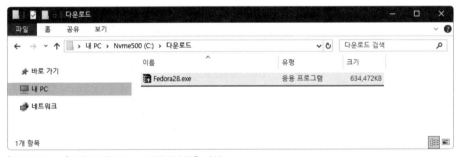

[그림 부록-14] 다운로드한 Linux 가상머신 압축 파일

1-2 Fedora28.exe를 실행해서 압축을 풀자. 압축이 풀리는 기본 폴더는 C:\Fedora28\이다.

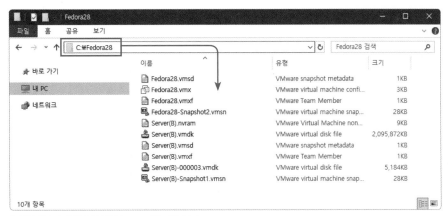

[그림 부록-15] 압축을 푼 Linux 가상머신 폴더

step 2

Linux를 부팅하자.

2-1 VMware Workstation Player를 실행하자.

2-2 VMware Workstation Player 화면의 [Open a Virtual Machine]을 클릭한 후, 앞에서 압축을 푼 C:\Fedora28\Fedora28.vmx 파일을 선택한다. 〈열기〉를 클릭한다.

[그림 부록-16] 가상머신 부팅 1

2-3 Linux 가상머신이 준비되었다. 'Play virtual machine'을 클릭해서 부팅하자.

⚠ 필자가 배포한 Linux는 인기있는 Linux 중 하나인 64bit용 Fedora Linux의 버전 28이다.

[그림 부록-17] 가상머신 부팅 2

2-4 만약 메시지 창이 나오면 제일 왼쪽의 〈I Moved It〉을 클릭한다.

[그림 부록-18] 가상머신 부팅 3

2-5 Linux 가상머신이 부팅되면 login 프롬프트가 깜박거릴 것이다. 이 상태가 일단 정상적으로 Linux가 부팅된 상태다. 즉, 한 대의 Linux 컴퓨터가 준비된 것이다.

[그림 부록-19] 가상머신 부팅 4

VMware의 기본적인 사용법을 익히자.

3-1 마우스를 가상머신의 검은색 부분에 클릭하자. 그러면 마우스 커서가 없어지고 마우스를 움직여도 반응하지 않을 것이다. 이는 Linux 컴퓨터로 마우스 포커스가 게스트 OS로 넘어갔기 때문인데, Linux는 GUI 환경이 아니라 마우스가 작동하지 않는 것이다.

3-2 키보드의 왼쪽 Ctrl + Alt 를 동시에 눌렀다 떼자. 그러면 마우스 커서가 다시 호스트 OS로 넘어온다. 자주 사용해야 할 단축키이므로 잘 기억해 놓자.

[그림 부록-20] 마우스 커서가 호스트 OS로 넘어온 상태

3-3 다시 게스트 OS를 클릭해서 마우스 커서를 게스트 OS로 옮기고, 키보드로 'root'를 입력하고 Enter 를 누르자. 그리고 비밀번호인 'password'를 누르고 Enter 를 누른다. (비밀번호를 입력하는 화면은 보이지 않으니 그냥 입력하고 Enter 를 누르면 된다.) 성공적으로 로그인이 되면 프롬프트가 #으로 바뀔 것이다.

⚠ Linux의 관리자의 아이디는 root다. 암호는 필자가 password로 지정해 놓았다. 주의할 점은 MySQL의 관리자도 root 이지만 우연히 Linux 관리자와 아이디가 같을 뿐이지 서로 관련이 없는 아이디다.

[그림 부록-21] root 사용자로 로그인

3-4 이제부터는 Linux 명령어를 모두 사용할 수 있다. 일단, **shutdown -h now** 명령을 입력해서 Linux 를 종료하자. VMware Workstation Player도 함께 종료될 것이다.

```
Fedora 28 (Server Edition)
Kernel 4.16.3-301.fc28.x86_64 on an x86_64 (tty1)

Admin Console: https://192.168.111.133:9090/ or https://[fe80::624:1bb4:c479:cfd1]:9090/

localhost login: root
Password:
Last login: Tue Jan  1 12:40:28 on tty1
[root@localhost ~]#
[root@localhost ~]# shutdown  -h  now
```

[그림 부록-22] Linux 종료

1.4 Linux에 MySQL 설치

준비된 Linux 컴퓨터에 이제는 MySQL을 설치할 차례다. MySQL과 함께 책의 PART 04에서 사용할 PHP, Apache도 미리 설치해 놓자.

⚠ Linux를 처음 접한 독자는 〈실습 3〉이 상당히 어려울 수 있으며 진행이 잘 안되는 경우도 있을 것이다. 그런 경우에는 지금 필자가 MySQL까지 설치가 완료된 가상머신을 책의 사이트(http://cafe.naver.com/thisismysql/) 자료실에 'Fedora28 가상머신(MySQL 8.0 설치완료)' 파일(Fedora28_MySQL8.0.exe, 1.30GB)로 올려놓았으니 다운로드해서 사용해도 된다. 즉, VMware를 완전히 종료한 후, C:\Fedora28\ 폴더를 삭제하고, 다시 Fedora28_MySQL8.0.exe를 실행해서 압축을 풀면 된다. 그리고 〈실습 2〉의 step 2 , step 3 을 다시 하고, 〈실습 3〉은 생략해도 된다.

실습3 ───────────────────────────────

Linux 가상머신에 MySQL, PHP, Apache를 설치하자.

step 1 ─────

Linux 가상머신을 다시 부팅하고, root로 로그인 한다. (기억이 나지 않으면 앞 〈실습 2〉의 step 2 , step 3 을 참조한다.)

step 2 ─────

MySQL을 설치한다. 다음 명령어를 차례로 입력한다. 각 명령의 결과 'Complete!'가 나와야 한다. 설치 중 Warning이 나오는 것은 무시해도 된다.

```
dnf -y install http://repo.mysql.com/mysql80-community-release-fc28-2.noarch.rpm
dnf -y install mysql-community-server
```

⚠️ 필자가 이 책을 집필하는 시점에는 위 명령이 잘 작동하며 MySQL 버전은 8.0.16이 설치된다. 만약 시간이 지나서 http 주소가 변경되거나 mysql 사이트의 파일이 변경되어, 다른 버전이 설치되거나 아래 명령이 작동하지 않을 수도 있다. 그럴 때는 다음 명령어를 대신 사용해서 설치해도 된다.

```
wget http://download.hanbit.co.kr/mysql/8.0/mysql80.tar
chmod 644 mysql80.tar
tar xf mysql80.tar
dnf -y install *.rpm
```

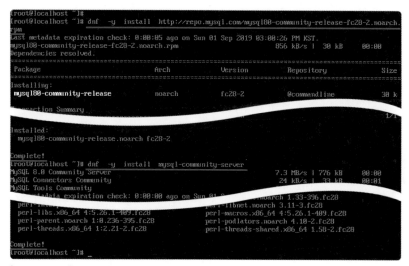

[그림 부록-23] MySQL 8.0 설치

---

step 3

MySQL 서비스를 시작하고, 외부에서 접속할 수 있도록 설정하자.

3-1 먼저 서비스를 시작하고 상시 가동할 수 있도록 하자. 아무 메시지도 안 나오면 된다.

```
systemctl start mysqld
systemctl enable mysqld
```

```
[root@localhost ~]#
[root@localhost ~]# systemctl  start  mysqld
[root@localhost ~]# systemctl  enable  mysqld
[root@localhost ~]#
```

[그림 부록-24] MySQL 서비스 시작 및 상시 가동

3-2 외부에서 MySQL에 접속할 수 있도록 방화벽 포트를 열어 주자. 'success' 메시지가 나오면 된다.

```
firewall-cmd --permanent --add-port=3306/tcp
firewall-cmd --reload
```

```
[root@localhost ~]#
[root@localhost ~]# firewall-cmd  --permanent  --add-port=3306/tcp
success
[root@localhost ~]# firewall-cmd  --reload
success
[root@localhost ~]#
```

[그림 부록-25] MySQL 방화벽 포트 열기

step 4

MySQL의 관리자인 root 사용자의 비밀번호를 변경하자.

⚠ MySQL 8.0을 지금과 같이 dnf 명령으로 설치하면 root의 비밀번호가 임시로 생성된다.

4-1 grep 'temporary password' /var/log/mysqld.log 명령으로 root 사용자의 임시 비밀번호를 알아
내자. (두 번째 줄의 root@localhost: 이후에 써있는 것이 비밀번호다.) 필자와 독자가 다른 비밀번호일
것이다.

```
[root@localhost ~]#
[root@localhost ~]# grep  'temporary password'  /var/log/mysqld.log
2019-09-01T06:08:51.081226Z 5 [Note] [MY-010454] [Server] A temporary password is generated for root
@localhost: beUfIwJXwJ.C
[root@localhost ~]# _
```

[그림 부록-26] 임시 비밀번호 알아내기

4-2 mysql -u root -p비밀번호 명령으로 MySQL 서버에 접속하자. (대소문자를 구분하고, -p 이후에 붙
여서 비밀번호를 써야 한다.) 그리고 다음 SQL을 사용해서 root의 비밀번호를 1234로 지정하자.

```
    SET GLOBAL validate_password.policy=0 ; -- 비밀번호의 복잡도를 Off 시킴
    SET GLOBAL validate_password.length=0 ; -- 비밀번호의 길이를 0으로 변경
    ALTER USER 'root'@'localhost' IDENTIFIED BY '1234' ; -- root@localhost의 비밀번호 변경
```

```
[root@localhost ~]#
[root@localhost ~]# mysql  -u  root  -pbeUfIwJXwJ.C
mysql: [Warning] Using a password on the command line interface can be insecure.
Welcome to the MySQL monitor.  Commands end with ; or \g.
Your MySQL connection id is 13
Server version: 8.0.16

Copyright (c) 2000, 2019, Oracle and/or its affiliates. All rights reserved.

Oracle is a registered trademark of Oracle Corporation and/or its
affiliates. Other names may be trademarks of their respective
owners.

Type 'help;' or '\h' for help. Type '\c' to clear the current input statement.

mysql> SET  GLOBAL  validate_password.policy=0 ;
Query OK, 0 rows affected (0.00 sec)

mysql> SET  GLOBAL  validate_password.length=0 ;
Query OK, 0 rows affected (0.00 sec)

mysql> ALTER  USER  'root'@'localhost'  IDENTIFIED  BY  '1234' ;
Query OK, 0 rows affected (0.02 sec)

mysql> _
```

[그림 부록-27] root 비밀번호 변경

4-3 'root@모든PC'의 사용자가 접속되도록 하자. 그리고 비밀번호도 1234로 지정하자.

```
CREATE USER root@'%' IDENTIFIED BY '1234';
GRANT ALL ON *.* TO root@'%' WITH GRANT OPTION;
EXIT
```

```
mysql> CREATE USER root@'%' IDENTIFIED BY '1234';
Query OK, 0 rows affected (0.01 sec)

mysql> GRANT ALL ON *.* TO root@'%' WITH GRANT OPTION;
Query OK, 0 rows affected (0.00 sec)

mysql> EXIT
Bye
[root@localhost ~]#
```

[그림 부록-28] 새로운 root 사용자 생성

---

step 5

샘플 데이터베이스를 설치하자.

5-1 먼저 책의 사이트에서 배포하는 employees.zip을 다운로드 하자.

```
wget http://download.hanbit.co.kr/mysql/8.0/employees.zip
```

```
[root@localhost ~]#
[root@localhost ~]# wget http://download.hanbit.co.kr/mysql/8.0/employees.zip
--2020-09-01 15:24:13--  http://download.hanbit.co.kr/mysql/8.0/employees.zip
Resolving download.hanbit.co.kr (download.hanbit.co.kr)... 218.38.58.196
Connecting to download.hanbit.co.kr (download.hanbit.co.kr)|218.38.58.196|:80... connected.
HTTP request sent, awaiting response... 200 OK
Length: 36625298 (35M) [application/zip]
Saving to: 'employees.zip'

employees.zip        100%[===================>]  34.93M   375KB/s    in 56s

2020-09-01 15:25:15 (637 KB/s) - 'employees.zip' saved [36625298/36625298]

[root@localhost ~]# _
```

[그림 부록-29] 샘플 데이터베이스 파일 다운로드

5-2 다운로드 받은 파일을 확인하고 압축을 풀자.

```
ls employees.zip           → 파일 확인
chmod 644 employees.zip    → 파일 속성 변경
unzip employees.zip        → 압축 풀기
rm -f employees.zip        → 파일 삭제
ls                         → 파일 확인
```

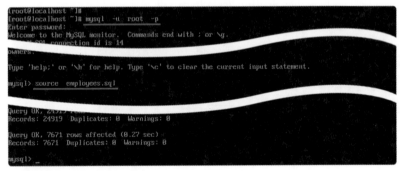

```
[root@localhost ~]#
[root@localhost ~]# ls  employees.zip
employees.zip
[root@localhost ~]# chmod  644  employees.zip
[root@localhost ~]# unzip  employees.zip
Archive:  employees.zip
  inflating: ._employees.sql
  inflating: ._employees_partitioned2.sql
            load_departments.dump

  inflating:
  inflating: test_employees_md5.sql
  inflating: test_employees_sha.sql
[root@localhost ~]#
[root@localhost ~]# rm  -f   employees.zip
[root@localhost ~]#
[root@localhost ~]# ls
anaconda-ks.cfg           load_departments.dump    objects.sql
Changelog                 load_dept_emp.dump       README
employees_partitioned2.sql load_dept_manager.dump  test_employees_md5.sql
employees_partitioned3.sql load_employees.dump     test_employees_sha.sql
employees_partitioned.sql  load_salaries.dump
employees.sql             load_titles.dump
[root@localhost ~]#
```

[그림 부록-30] 샘플 데이터베이스 파일 압축 풀기

5-3 mysql -u root -p 명령으로 비밀번호 1234를 입력해서 MySQL에 접속한다. 다음 SQL문으로 샘플 데이터베이스를 가져온다. 한동안 'Query OK' 메시지와 함께 실행될 것이다.

```
source  employees.sql ;
```

```
[root@localhost ~]#
[root@localhost ~]# mysql  -u  root  -p
Enter password:
Welcome to the MySQL monitor.  Commands end with ; or \g.
    SQL connection id is 14

owners.

Type 'help;' or '\h' for help. Type '\c' to clear the current input statement.

mysql> source  employees.sql


Query OK, 24919 rows
Records: 24919  Duplicates: 0  Warnings: 0

Query OK, 7671 rows affected (0.27 sec)
Records: 7671  Duplicates: 0  Warnings: 0

mysql>
```

[그림 부록-31] 샘플 데이터베이스 가져오기

5-4 다음 SQL문으로 데이터베이스를 확인해 보자. employees 데이터베이스가 보일 것이다.

```
show databases ;
```

```
mysql>
mysql> show  databases ;
+--------------------+
| Database           |
+--------------------+
| employees          |
| information_schema |
| mysql              |
| performance_schema |
| sys                |
+--------------------+
5 rows in set (0.04 sec)

mysql>
```

[그림 부록-32] 샘플 데이터베이스 확인

5-5 **EXIT**문을 입력해서 mysql을 종료한다.

---

step 6

압축을 푼 파일을 삭제한다.

```
rm -f *
ls
```

[그림 부록-33] 파일 삭제

---

step 7

Linux용 MySQL은 기본적으로 한글이 입력되지 않도록 설정되어 있다. 한글이 입력되도록 설정하자.

⚠ 지금 사용하는 명령어 모드에서는 한글 자체가 써지지 않는다. chapter 05에서 Workbench를 이용해서 Linux에 접속해서 한글을 입력하는 실습을 진행할 것이다.

이번 실습은 Linux를 처음 써보는 독자라면 상당히 어려울 것이다. 그럴 때는 다음 명령을 수행하고 step 7 을 생략하고 step 8 으로 넘어가자.

```
cd /etc
rm -f my.cnf
wget http://download.hanbit.co.kr/mysql/8.0/my.cnf
chmod 644 my.cnf
```

7-1 vi /etc/my.cnf Enter 명령으로 MySQL 설정 파일을 열자. 주의할 점은 다른 키는 아직 누르지 말자.

[그림 부록-34] MySQL 설정 파일 편집 1

7-2 화살표 아래쪽 키와 오른쪽 키를 눌러서 제일 하단 오른쪽으로 커서를 이동시킨 후에, 키보드의 A를

누른다. 그러면 왼쪽 아래 **-- INSERT --**가 표시된다.

[그림 부록-35] MySQL 설정 파일 편집 2

7-3 이제 입력할 수 있다. 한두 줄을 떼고 다음 6개 행을 입력한다. 글자가 틀리지 않게 주의한다. (언더바와 하이픈을 잘 구별하자). 위 5줄은 Linux용 MySQL에 한글이 입력되도록 설정하는 것이다. 마지막 줄은 대용량 데이터도 입력 가능하도록 설정했다.

```
init_connect='SET collation_connection=utf8_unicode_ci'
init_connect='SET NAMES utf8'
character-set-server=utf8
collation-server=utf8_unicode_ci
skip-character-set-client-handshake
max_allowed_packet=1024M
```

[그림 부록-36] MySQL 설정 파일 편집 3

7-4 변경된 내용을 저장하자. Esc 를 누른 후에, Shift 와 동시에 : (콜론) → wq → Enter 를 입력하면 저장된다. **:wq**가 입력되는 상황이 왼쪽 아래에 보인다.

```
init_connect='SET collation_connection=utf8_unicode_ci'
init_connect='SET NAMES utf8'
character-set-server=utf8
collation-server=utf8_unicode_ci
skip-character-set-client-handshake
max_allowed_packet=1024M


:wq
```

[그림 부록-37] MySQL 설정 파일 편집 4

7-5 성공적으로 저장된 메시지를 확인하자. 숫자는 좀 틀려도 된다.

```
init_connect='SET collation_connection=utf8_unicode_ci'
init_connect='SET NAMES utf8'
character-set-server=utf8
collation-server=utf8_unicode_ci
skip-character-set-client-handshake
max_allowed_packet=1024M


"/etc/my.cnf" 39L, 1475C written
[root@localhost ~]#
```

[그림 부록-38] MySQL 설정 파일 편집 5

7-6 systemctl restart mysqld 명령으로 MySQL 서비스를 재시작하자. 아무 메시지가 안 나오면 잘 적용된 것이며 메시지가 나오면 글자가 틀렸기 때문인 것이 대부분이다.

```
[root@localhost ~]#
[root@localhost ~]# systemctl restart mysqld
[root@localhost ~]#
```

[그림 부록-39] MySQL 서비스 재시작

step 8

아파치 웹 서버(httpd)와 PHP 기능을 설치한다.

8-1 dnf -y install httpd php php-mysqlnd 명령으로 Apache와 PHP를 설치한다.

[그림 부록-40] Apache, PHP 설치

8-2 먼저 서비스를 시작하고 상시 가동할 수 있도록 하자.

```
systemctl start httpd
systemctl enable httpd
```

```
[root@localhost ~]#
[root@localhost ~]# systemctl  start  httpd
[root@localhost ~]# systemctl  enable  httpd
Created symlink /etc/systemd/system/multi-user.target.wants/httpd.service → /usr/lib/systemd/system/
httpd.service.
[root@localhost ~]#
```

[그림 부록-41] httpd 서비스 시작 및 상시 가동

8-3 외부에서 웹 서버에 접속할 수 있도록 방화벽 포트를 열어 주자. 'success' 메시지가 나오면 된다.

```
firewall-cmd --permanent --add-service=http
firewall-cmd --reload
```

```
[root@localhost ~]#
[root@localhost ~]# firewall-cmd  --permanent  --add-service=http
success
[root@localhost ~]# firewall-cmd  --reload
success
[root@localhost ~]# _
```

[그림 부록-42] httpd 서비스 방화벽 열기

`step 9`

향후에 Linux 컴퓨터로 접속하려면 IP 주소를 알아야 한다. **ip addr** 명령으로 두 번째의 IP 주소를 확인해
놓자. 필자는 현재 192.168.111.215인데 독자는 필자와 대부분 다를 것이다.

⚠ Linux 가상머신은 부팅할 때마다 자동으로 IP 주소를 받도록 설정되어 있다. 그러므로 부팅할 때마다 IP 주소가 달라질 수
있다. 추후에 Linux로 접속하는 실습을 할 때마다 지금의 방식으로 IP 주소를 계속 확인해야 한다.

```
[root@localhost ~]#
[root@localhost ~]# ip  addr
1: lo: <LOOPBACK,UP,LOWER_UP> mtu 65536 qdisc noqueue state UNKNOWN group default qlen 1000
   link/loopback 00:00:00:00:00:00 brd 00:00:00:00:00:00
   inet 127.0.0.1/8 scope host lo
      valid_lft forever preferred_lft forever
   inet6 ::1/128 scope host
      valid_lft forever preferred_lft forever
2: ens32: <BROADCAST,MULTICAST,UP,LOWER_UP> mtu 1500 qdisc fq_codel state UP group default qlen 1000
   link/ether 00:0c:29:0c:a4:32 brd ff:ff:ff:ff:ff:ff
   inet 192.168.111.215/24 brd 192.168.111.255 scope global dynamic noprefixroute ens32
      valid_lft 1244sec preferred_lft 1244sec
   inet6 fe80::624:1bb4:c479:cfd1/64 scope link noprefixroute
      valid_lft forever preferred_lft forever
[root@localhost ~]#
```

[그림 부록-43] ip주소 확인

`step 10`

shutdown -h now 명령으로 Linux를 종료한다.

이제부터는 외부의 어떤 컴퓨터에서도 Linux에 설치한 MySQL에 root/1234로 접속할 수 있다.

VMware와 Linux를 처음 사용하는 독자라면 좀 어려웠을 것이다. 하지만, 다음 몇 가지 만큼은 꼭 기억해 놓자.

- VMware Player를 실행해서 [Open a Virtual Machine]을 선택해서 C:\Fedora28\ 폴더의 파일을 열고 부팅하면 Linux가 부팅된다.
- Linux 관리자의 아이디는 root고 비밀번호는 password다.
- MySQL에 접속하려면 **mysql -u root -p** 명령을 사용한다.
- MySQL 관리자의 아이디는 root고 비밀번호는 1234다.
- 가상머신에서 다시 호스트 OS로 마우스 포커스를 이동하려면 왼쪽 Ctrl + Alt 를 눌렀다 뗀다.
- IP 주소를 확인하려면 **ip addr** 명령을 사용한다.
- Linux를 종료하려면 **shutdown -h now** 명령을 사용한다.